椎橋隆幸・柳川重規 編

刑事訴訟法
基本判例解説
〔第2版〕

［執筆者］
渥美東洋・椎橋隆幸・柳川重規・麻妻和人・麻妻みちる
氏家仁・小木曽綾・香川喜八朗・亀井源太郎・菊池則明
倉持俊宏・清水真・滝沢誠・田中優企・檀上弘文
堤和通・中野目善則・中村真利子・成田秀樹・早野暁
堀田周吾・松田龍彦・丸橋昌太郎・三明翔・宮木康博
宮島里史・安井哲章・山本保慶

信山社

第2版 はしがき

　法律学を修得するためには判例の学習が不可欠である。判例重視の傾向は法科大学院が創設されてからはますます強くなっているように思われる。相当な期間の判例の積み重ねの中で形成された判例理論に基づく安定した法運用が社会（人々）に受け入れられるからでもあろう。

　とはいえ、判例は、基本的に、具体事案の解決に必要な結論とその法的根拠を提供するものである。科学的技術が急速に発展し、また、犯罪が国境を超える時代においては、新たな解決を迫る問題も多発している。判例の意義・射程を確認しつつ、新たな問題をいかに解決するかは常に直面する事態である。ある事件で用いられた捜査行為の適否や収集された証拠の証拠能力が問題とされるとき、関連する法規がその立法趣旨を含めて適用されるのか、また、関係する判例の射程は本事案に及ぶのかを先例を分析して当てはめる作業は法的思考力を高める上で極めて効果的である。概説書（教科書）と判例解説書を中心に学習することは刑事訴訟の実力向上にも必須の作業であろう。また、このような地道な学習が刑事訴訟法の理解への近道でもある。

　ところで、刑事訴訟法の判例の展開は続いている。そこで、第2版においては、GPS捜査、留め置き、勾留の要件、公訴時効規定と遡及処罰、公判前整理手続の主張明示をめぐる問題等をめぐる最近の判例を追加した（17件）一方で、判例としての重要性が減少した項目は削除し（16件）、全体として総項目200件とし、さらに最新の判例の動向にも対応できるように全体的に検討を加えアップデートした。執筆者特に新稿の執筆者には短時間の作業に応じていただいたことに感謝の意を表したい。

　なお、本書は故渥美東洋博士の基本構想（事実関係の重視、重要な判例は多数採り上げる）を引き継いでいるが、改訂作業に重要な役割を担って貰ったため第2版は柳川重規教授との共編とすることとした。また、安井哲章教授には編集作業の過程で多大な協力を得た。さらに、信山社の袖山貴社長、稲葉文子氏、今井守氏のお世話になった。この場を借りて御礼を申し上げたい。

　2018（平成30）年3月

椎橋　隆幸

はしがき（初版）

　此度，長い間，共に刑事法を研究し，学んできた仲間で本書を著すことにした。
　この書物の最大の目的は，わが国での刑事訴訟法の運用に当たって，主要で基本的だと思われる裁判例を示して，それが対象とした具体事例に関する刑事訴訟法の適用のあり方の現状を読者が理解する重要な手掛りにしようとするところにある。
　裁判例は，具体の事実関係への法律の適用について，検察官と被告人・弁護人との間の主張と立証の結果に基づいて，法律をどのように適用するのが最適であるかをめぐる論争を前提にしている。この前提で，裁判例が，どのような法の解釈を具体事例への法の適用が最適であるかを示した結果が，裁判例となる。
　この裁判例を通して見えてくる検察官と弁護人の法律の解釈が，どのような法律の分析に基づき，どのような事実を前提にしているのかを，まず知らなくてはならない。ついで裁判例の同様な解釈が，どのような法律と事実の分析と法律の適用への理解に由来しているのかを知らなくてはならない。
　単に，裁判例とりわけ最高裁判例の判断，法の解釈・適用の論理と結論を知るだけでは，刑事訴訟法の理解に役立つには，およそ十分ではない。
　そこで，本解説では，裁判例を通した裁判所の法律の解釈と適用について，その拠って立つ，法と法律の理解と分析のありようを示してみせるだけでなく，その理解と分析が，はたして，現行刑事訴訟法のコンセプトに基づくものか，具体事例の法適用に当たっての分析に適しているのかどうか，について若干の解説と批判的な検討を加える努力を示してみた。例えば，伝聞法則が適用されなくてはならない「供述証拠」とは，どのようなものなのか。いわゆる当事者主義の内容はどのようなものなのか。そこから，どこまで証拠は被告人側に開示されなくてはならないのか，とか，起訴状（訴因）の変更は，どのような要件が具備すれば許されるのか，等々の法律の示した原理の内容への理解につき，異った立場があるとき，何故異った立場があるのか，具体事例で，どの立場による解決が納得できる適切なものなのかを，つねに問いつづけて，裁判例を検討しつづける態度を読者が身につけることができやすいように「努力」してみた。
　学習に利用する「教科書」「概説書」「論文集」等だけでなく，裁判例を通して，刑事訴訟法のコンセプトに従った法の解釈と適用を，つねに念頭に置くうえで，読者に有益になるように努めたつもりである。
　読者の刑事訴訟法の理解に，上記の意味で役立てば，幸せである。

　　平成24年秋

　　　　　　　　　　　　　　　　　　　　　　　　　　　　　執筆者代表
　　　　　　　　　　　　　　　　　　　　　　　　　　　　　渥　美　東　洋

刑事訴訟法 基本判例解説〔第2版〕

CONTENTS

はしがき (iii)

I 捜査

(1) 強制と任意の区別
- 【1】 強制の意義と任意捜査の限界 〔最(三小)決昭51・3・16刑集30巻2号187頁〕 ……… 2
- 【2】 GPS捜査の適法性 〔最大判平29・3・15刑集71巻3号13頁〕 ……… 4

(2) 職務質問と自動車検問
- 【3】 説得のための長時間の留め置き 〔最(三小)決平6・9・16刑集48巻6号420頁〕 ……… 6
- 【4】 令状入手のための留め置き 〔東京高判平21・7・1判タ1314号302頁〕 ……… 8
- 【5】 職務質問に付随する行為 〔最(一小)決平15・5・26刑集57巻5号620頁〕 ……… 10
- 【6】 集団の停止規制 〔最(三小)決昭59・2・13刑集38巻3号295頁〕 ……… 12
- 【7】 自動車検問(1)──交通予防検問(1) 〔最(一小)決昭53・9・22刑集32巻6号1774頁〕 ……… 14
- 【8】 自動車検問(2)──交通予防検問(2) 〔最(三小)決昭55・9・22刑集34巻5号272頁〕 ……… 16
- 【9】 職務質問に伴う所持品検査(1)──米子銀行強盗事件 〔最(三小)判昭53・6・20刑集32巻4号670頁〕 ……… 18
- 【10】 職務質問に伴う所持品検査(2)──大阪覚せい剤事件 〔最(一小)判昭53・9・7刑集32巻6号1672頁〕 ……… 20
- 【11】 職務質問に伴う所持品検査(3)──第一京浜職務質問事件 〔最(三小)決平7・5・30刑集49巻5号703頁〕 ……… 22
- 【12】 武器の使用 〔最(一小)決平11・2・17刑集53巻2号64頁〕 ……… 24

(3) おとり捜査
- 【13】 おとり捜査(1)──大阪大麻所持おとり捜査事件 〔最(一小)決平16・7・12刑集58巻5号333頁〕 ……… 26
- 【14】 おとり捜査(2) ──インターネット上の薬物事犯に実施されたおとり捜査 〔東京高判平20・7・17〕 ……… 28

CONTENTS

(4) 写真撮影
- 【15】 犯行現場の写真撮影
  〔最(大)判昭44・12・24刑集23巻12号1625頁〕 30
- 【16】 自動車速度違反取締装置による写真撮影
  〔最(二小)判昭61・2・14刑集40巻1号48頁〕 32
- 【17】 被疑者の容貌等のビデオ撮影
  〔最(二小)決平20・4・15刑集62巻5号1398頁〕 34

(5) 逮捕・勾留・取調
- 【18】 宿泊を伴う取調
  ——任意取調の限界：高輪グリーンマンション事件
  〔最(二小)決昭59・2・29刑集38巻3号479頁〕 36
- 【19】 徹夜の任意取調
  〔最(三小)決平1・7・4刑集43巻7号581頁〕 38
- 【20】 外国人被疑者の取調
  〔東京高判平4・4・8判時1434号140頁〕 40
- 【21】 9日間の取調の際の自白の証拠能力
  〔東京高判平14・9・4判時1808号144頁〕 42
- 【22】 現行犯逮捕
  〔最(一小)判昭50・4・3刑集29巻4号132頁〕 44
- 【23】 準現行犯逮捕
  〔最(三小)決平8・1・29刑集50巻1号1頁〕 46
- 【24】 緊急逮捕の合憲性
  〔最(大)判昭30・12・14刑集9巻13号2760頁〕 48
- 【25】 別件逮捕(1)——狭山事件
  〔最(二小)決昭52・8・9刑集31巻5号821頁〕 50
- 【26】 別件逮捕(2)——本件基準：蛸島事件
  〔金沢地七尾支昭44・6・3刑裁月報1巻6号657頁〕 52
- 【27】 別件逮捕(3)——推定事情：東京ベッド事件
  〔東京地判昭45・2・26刑裁月報2巻2号137頁〕 54
- 【28】 別件逮捕(4)——余罪調査：六甲山事件
  〔大阪高判昭47・7・17高刑集25巻3号290頁〕 56
- 【29】 別件逮捕(5)——本件取調の要件：富士高校放火事件
  〔東京地判昭49・12・9刑裁月報6巻12号1270頁〕 58
- 【30】 勾留の要件
  〔①最決平26・11・17決定判時2245号124頁，②最決平27・10・22裁判集刑318号11頁〕 60
- 【31】 一罪一勾留の原則
  〔仙台地決昭49・5・16判タ319号300頁〕 62
- 【32】 逮捕・勾留のむしかえし——狭山事件
  〔最(二小)決昭52・8・9刑集31巻5号821頁〕 64
- 【33】 無罪判決後の勾留
  〔最(三小)決平19・12・13刑集61巻9号843頁〕 66
- 【34】 勾留の他事件の本刑への通算
  〔最(三小)判昭30・12・26刑集9巻14号2996頁〕 68
- 【35】 保釈と余罪

　　　　　　　　〔最(三小)決昭44・7・14刑集23巻8号1057頁〕 ……………………… *70*
　【36】 控告審における保釈の判断方法
　　　　　　　　〔最決平26・11・18刑集68巻9号1020頁〕 ………………………… *72*
　【37】 被告人の取調
　　　　　　　　〔最(三小)決昭36・11・21刑集15巻10号1764頁〕 ……………… *74*
　【38】 被告人の取調と弁護人の立会い
　　　　　　　　〔大阪高決昭49・7・18判時755号118頁，東京地決昭50・1・29判時766号25頁〕 …… *76*
(6) 被疑者・被告人の接見交通権
　【39】 接見指定処分と損害賠償(1)
　　　　　　　　〔最(一小)判昭53・7・10民集32巻5号820頁〕 …………………… *78*
　【40】 接見指定処分と損害賠償(2)
　　　　　　　　〔最(三小)判平3・5・10民集45巻5号919頁〕 …………………… *80*
　【41】 接見指定の合憲性
　　　　　　　　〔最(大)判平11・3・24民集53巻3号514頁〕 ……………………… *82*
　【42】 初回の接見
　　　　　　　　〔最(三小)判平12・6・13民集54巻5号1635頁〕 …………………… *84*
　【43】 面会接見
　　　　　　　　〔最(三小)判平17・4・19民集59巻3号563頁〕 …………………… *86*
　【44】 余罪捜査と接見交通(1)
　　　　　　　　〔最(三小)決昭41・7・26刑集20巻6号728頁〕 …………………… *88*
　【45】 余罪捜査と接見交通(2)
　　　　　　　　〔最(一小)決昭55・4・28刑集34巻3号178頁〕 ………………… *90*
(7) 捜索・押収・検証
　【46】 報道機関のフィルム提出――博多駅事件
　　　　　　　　〔最(大)決昭44・11・26刑集23巻11号1490頁〕 …………………… *92*
　【47】 報道機関の取材ビデオテープの差押
　　　　　　　　〔①最(二小)決平1・1・30刑集43巻1号19頁，②最(二小)決平2・7・9刑集44巻5号421頁判時1357号34頁，判タ736号83頁〕 ……………… *94*
　【48】 押収の必要性判断――①国学院映画研事件，②愛のコリーダ事件
　　　　　　　　〔①最(三小)決昭44・3・18刑集23巻3号153頁，②最(一小)決昭55・12・17刑集34巻7号721頁〕 ……………………………………… *96*
　【49】 令状による捜索・差押の範囲(1)
　　　　　　　　〔最(一小)決昭51・11・18刑集202号379頁〕 …………………… *98*
　【50】 令状による捜索・差押の範囲(2)――内縁関係
　　　　　　　　〔最(一小)決平6・9・8刑集48巻6号263頁〕 …………………… *100*
　【51】 令状による捜索・差押の範囲(3)――宅配便
　　　　　　　　〔最(一小)決平19・2・8刑集61巻1号1頁〕 …………………… *102*
　【52】 令状呈示前の立入
　　　　　　　　〔最(一小)決平14・10・4刑集56巻8号507頁〕 …………………… *104*
　【53】 フロッピーディスクの包括的差押
　　　　　　　　〔最(二小)決平10・5・1刑集52・4・275頁〕 …………………… *106*
　【54】 逮捕に伴う捜索・押収(1)――緊急捜索・押収
　　　　　　　　〔最(大)判昭36・6・7刑集15巻6号915頁〕 ……………………… *108*
　【55】 逮捕に伴う捜索・差押(2)――逮捕の現場
　　　　　　　　〔最(三小)決平8・1・29刑集50巻1号1頁〕 …………………… *110*

|【56】| 逮捕に伴う捜索・差押(3)――範囲
〔福岡高判平5・3・8判タ834号275頁〕………………………………… 112
|【57】| 血液サンプルの採取
〔仙台高判昭47・1・25刑裁月報4巻1号14頁〕………………………… 114
|【58】| 尿標本の採取(1)
〔最(一小)決昭55・10・23刑集34巻5号300頁〕……………………… 116
|【59】| 尿標本の採取(2)――連行
〔最(三小)決平6・9・16刑集48巻6号420頁〕………………………… 118
|【60】| 電話検証
〔最(三小)決平11・12・16刑集53巻9号1327頁〕……………………… 120
|【61】| エックス線照射による内容物の検査
〔最(三小)決平21・9・28刑集63巻7号868頁〕……………………… 122
|【62】| GPS捜査と検証との関係
〔最大判平29・3・15刑集登載予定〕……………………………………… 124
|【63】| 捜索差押時の写真撮影
〔最決平2・6・27刑集44巻4号385頁〕………………………………… 126
|【64】| 領　　置
〔最(二小)決平20・4・15刑集62巻5号1398頁〕……………………… 128

(8)　自己負罪拒否特権

|【65】| 交通事故の届出義務
〔最(大)判昭37・5・2刑集16巻5号495頁〕…………………………… 130
|【66】| 呼気検査
〔最(一小)判平9・1・30刑集51巻1号335頁〕………………………… 132
|【67】| 起訴状への名誉毀損文書の引用
〔最(一小)決昭44・10・2刑集23巻10号1199頁〕……………………… 134
|【68】| 起訴状への前科記載
〔最(大)判昭27・3・5刑集6巻3号351頁〕…………………………… 136

――――――――― Ⅱ　公訴の提起 ―――――――――

|【69】| 公訴権の濫用――①川本事件，②赤崎町長事件
〔①最(一小)決昭55・12・17刑集34巻7号672頁，②最(二小)判昭56・6・26刑集35巻4号426頁〕………………………………………………………………………… 138
|【70】| 刑事免責――ロッキード事件丸紅ルート
〔最(大)判平7・2・22刑集49巻2号1頁〕……………………………… 140
|【71】| 公訴時効(1)――訴因不特定の場合・内容的確定力
〔最(三小)決昭56・7・14刑集35巻5号497頁〕………………………… 142
|【72】| 公訴時効(2)――水俣判決
〔最(三小)決昭63・2・29刑集42巻2号314頁〕………………………… 144
|【73】| 公訴時効(3)――訴因変更と時効停止
〔最(三小)決平18・11・20刑集60巻9号696頁〕………………………… 146
|【74】| 公訴時効(4)――一時的な海外渡航と時効停止
〔最(一小)決平21・10・20判タ1314号144頁〕………………………… 148
|【75】| 公訴時効規定の改正と遡及処罰
〔最判平27・12・3刑集69巻8号815頁〕………………………………… 150

Ⅲ　公判前整理手続

- 【76】主張明示と自己負罪拒否特権・黙秘権
  〔最決平25・3・18刑集67巻3号325頁〕……………………… 152
- 【77】主張明示と被告人質問
  〔最決平27・5・25刑集69巻4号636頁〕……………………… 154
- 【78】証拠開示(1)
  〔最(三小)決平19・12・25刑集61巻9号895頁〕…………… 156
- 【79】証拠開示(2)
  〔最(三小)決平20・6・25刑集62巻6号1886頁，最(一小)決平20・9・30刑集62巻8号2753頁〕…………………… 158

Ⅳ　公正・迅速・公開の裁判

- 【80】裁判員裁判の合憲性
  〔最大判平23・11・16刑集65巻8号1285頁〕………………… 160
- 【81】即決裁判手続の合憲性
  〔最(三小)判平21・7・14刑集63巻6号623頁〕…………… 162
- 【82】除　斥──前審の裁判への関与
  〔最(一小)決平17・8・30刑集59巻6号726頁〕…………… 164
- 【83】迅速裁判(1)──高田事件
  〔最(大)判昭47・12・20刑集26巻10号631頁〕……………… 166
- 【84】迅速裁判(2)──大須事件他
  〔最(一小)判昭50・8・6刑集29巻7号393頁，最(二小)判昭53・9・4判時898号27頁〕……………………………………… 168
- 【85】被害者特定事項の秘匿
  〔最決平20・3・5判タ1266号149頁〕………………………… 170
- 【86】告知を受ける権利と適法手続
  〔最(大)判昭37・11・28刑集16巻11号1593頁〕…………… 172
- 【87】外国人被告人と起訴状訳本の添付の要否
  〔東京高判平2・11・29高刑集43巻3号202頁〕……………… 174
- 【88】被告人の訴訟能力
  〔最(三小)決平7・2・28刑集49巻2号481頁〕…………… 176

Ⅴ　被告人の弁護権

- 【89】弁護人の訴訟上の義務
  〔東京地判昭38・11・28下民集14巻11号2336頁〕………… 178
- 【90】国選弁護人の辞任と弁護権濫用
  〔最(三小)判昭54・7・24刑集33巻5号416頁〕…………… 180
- 【91】請求・告知と憲法37条
  〔最(大)判昭24・11・2刑集3巻11号1737頁，最(大)判昭24・11・30刑集3巻11号1857頁〕…………………………… 182
- 【92】私選不要と国選の意思
  〔最(大)決昭32・7・17刑集11巻7号1842頁〕…………… 184
- 【93】規則178条と国選弁護人
  〔最(大)判昭28・4・1刑集7巻4号713頁〕………………… 186
- 【94】氏名黙秘と弁護人選任届の効力

CONTENTS

〔最(大)判昭32・2・20刑集11巻2号803頁〕……………………… 188
【95】 被告人自身による判決宣告後の公判調書の閲覧請求権
〔最(二小)決平4・12・14刑集46巻9号675頁〕……………………… 190

───────── Ⅵ 訴因制度 ─────────

【96】 訴因の特定(1)──①白山丸事件，②覚せい剤事件
〔①最(大)判昭37・11・28刑集16巻11号1633頁，②最(一小)決昭56・4・25刑集35巻3号116頁〕……………………… 192
【97】 訴因の特定(2)
〔最(一小)決平14・7・18刑集56巻6号307頁〕……………………… 194
【98】 包括一罪における訴因の特定(3)──包括一罪における訴因の特定
〔最決平26・3・17刑集68巻3号368頁〕……………………… 196
【99】 訴因と罪数
〔最(大)判平15・4・23刑集57巻4号467頁〕……………………… 198
【100】 訴因は事実記載か法律構成か
〔①最(三小)決昭40・12・24刑集19巻9号827頁，②最(三小)判昭46・6・22刑集25巻4号588頁〕……………………… 200
【101】 訴因変更の要否(1)──大は小を含む
〔最(三小)決昭29・10・19刑集8巻10号1600頁〕……………………… 202
【102】 訴因変更の要否(2)──不意打ちなし
〔最(三小)判昭28・11・10刑集7巻11号2089頁，最(二小)決昭34・7・24刑集13巻8号1150頁〕……………………… 204
【103】 訴因変更の要否(3)──犯罪を構成する全事実の記載の必要
〔最(三小)判昭36・6・13刑集15巻6号961頁，最(三小)判昭41・7・26刑集20巻6号711頁〕……………………… 206
【104】 訴因変更の要否(4)──一回撤回された訴因事実の認定
〔最(一小)決昭63・10・24刑集42巻8号1079頁〕……………………… 208
【105】 訴因変更の要否(5)──訴因の機能と変更の要否
〔①最(三小)決平13・4・11刑集55巻3号127頁，②最決平24・2・29刑集66巻4号589頁〕……………………… 210
【106】 訴因変更の限界(1)──密接関係
〔最(二小)判昭24・1・25刑集3巻1号58頁，最(一小)判昭27・10・30刑集6巻9号1122頁〕……………………… 212
【107】 訴因変更の限界(2)──択一関係
〔最(二小)判昭29・5・14刑集8巻5号676頁〕……………………… 214
【108】 訴因変更の限界(3)──加重収賄と贈賄
〔最(一小)決昭53・3・6刑集32巻2号218頁〕……………………… 216
【109】 訴因変更の限界(4)──併合関係
〔最(二小)判昭33・2・21刑集12巻2号288頁〕……………………… 218
【110】 訴因変更の限界(5)
〔最(三小)決昭47・7・25刑集26巻6号366頁〕……………………… 220
【111】 訴因変更の限界(6)
〔福岡高那覇支判昭51・4・5判タ345号321頁〕……………………… 222
【112】 公判前整理手続後の訴因変更
〔東京高判平20・11・18高刑集61巻4号6頁〕……………………… 224
【113】 訴訟条件と訴因──名誉毀損→侮辱→時効
〔最(一小)判昭31・4・12刑集10巻4号540頁〕……………………… 226

x

【114】	訴因変更命令義務(1)	
	〔最(三小)決昭43・11・26刑集22巻12号1352頁〕	228
【115】	訴因変更命令義務(2)——日大事件	
	〔最(三小)判昭58・9・6刑集37巻7号930頁〕	230
【116】	訴因変更命令の形成力	
	〔最(大)判昭40・4・28刑集19巻3号270頁〕	232

Ⅶ 証拠法一般原則

【117】	「合理的な疑いを差し挟む余地がない」の意義	
	〔最(一小)決平19・10・16刑集61巻7号677頁〕	234
【118】	挙証責任(1)——検察側	
	〔東京高判昭25・7・29高刑集3巻2号348頁〕	236
【119】	挙証責任(2)——被告人側（名誉毀損）	
	〔東京高判昭46・2・20高刑集24巻1号97頁〕	238
【120】	情況証拠による事実認定	
	〔最判平22・4・27刑集64巻3号233頁〕	240
【121】	疫学的証明	
	〔最(一小)決昭57・5・25判時1046号15頁〕	242
【122】	厳格な証明(1)——共謀	
	〔最(大)判昭33・5・28刑集12巻8号1718頁〕	244
【123】	厳格な証明(2)——累犯前科	
	〔最(大)判昭33・2・26刑集12巻2号316頁〕	246
【124】	自由な証明（量刑資料）	
	〔最(一小)判昭25・10・5刑集4巻10号1875頁〕	248
【125】	証明の程度	
	〔最(一小)判昭48・12・13判時725号104頁〕	250
【126】	公知の事実	
	〔最(三小)決昭41・6・10刑集20巻5号365頁〕	252
【127】	同種前科による事実認定	
	〔①最判平24・9・7刑集66巻9号907頁，②最決平25・2・20刑集67巻2号1頁〕	254
【128】	前科による故意の立証	
	〔最(三小)決昭41・11・22刑集20巻9号1035頁〕	256
【129】	余罪の立証	
	〔最(大)判昭42・7・5刑集21巻6号748頁〕	258

Ⅷ 違法収集証拠の排除法則

【130】	排除法則(1)	
	〔最(一小)判昭53・9・7刑集32巻6号1672頁〕	260
【131】	排除法則(2)——家屋への立入	
	〔最(二小)判昭61・4・25刑集40巻3号215頁〕	262
【132】	排除法則(3)——所持品検査の手続の違法	
	〔最(二小)決昭63・9・16刑集42巻7号1051頁〕	264
【133】	排除法則(4)——任意同行を求める説得の違法	
	〔最(三小)決平6・9・16刑集48巻6号420頁〕	266
【134】	排除法則(5)——証拠物発見後の暴行	

　　　　　　　　　　〔最(三小)平8・10・29刑集50巻9号683頁〕………………… 268
【135】排除法則(6)
　　　　　　　　　　〔最(二小)判平15・2・14刑集57巻2号121頁〕………………… 270
【136】ポリグラフ検査結果を示した自白
　　　　　　　　　　〔最(二小)判昭39・6・1刑集18巻5号177頁〕………………… 272

────────── IX　自白法則 ──────────

【137】約束自白
　　　　　　　　　　〔最(二小)判昭41・7・1刑集20巻6号537頁〕………………… 274
【138】切り違え尋問による自白
　　　　　　　　　　〔最(大)昭45・11・25刑集24巻12号1670頁〕………………… 276
【139】接見制限と自白の任意性
　　　　　　　　　　〔最(二小)決平1・1・23判時1301号155頁〕………………… 278
【140】違法逮捕後の反覆自白
　　　　　　　　　　〔最(三小)判昭58・7・12刑集37巻6号791頁〕………………… 280
【141】不任意自白に基づいて発見された証拠物
　　　　　　　　　　〔大阪高判昭52・6・28刑月9巻5・6号334頁〕………………… 282
【142】ポリグラフ検査結果回答書の証拠能力
　　　　　　　　　　〔最(一小)決昭43・2・8刑集22巻2号55頁〕………………… 284
【143】補強の要否(1)──公判廷の自白
　　　　　　　　　　〔最(大)判昭23・7・29刑集2巻9号1012頁〕………………… 286
【144】補強の要否(2)──共犯者の供述 ①──練馬事件
　　　　　　　　　　〔最(大)判昭33・5・28刑集12巻8号1718頁〕………………… 288
【145】補強の要否(3)──共犯者の自白 ②
　　　　　　　　　　〔最(一小)判昭51・10・28刑集30巻9号1859頁〕………………… 290
【146】補強証拠能力
　　　　　　　　　　〔最(二小)決昭32・11・2刑集11巻12号3047頁〕………………… 292
【147】補強の範囲(1)──主観的側面
　　　　　　　　　　〔最(一小)判昭42・12・21刑集21巻10号1476頁〕………………… 294
【148】補強の範囲(2)──犯人と被告人との結びつき
　　　　　　　　　　〔最(三小)判昭24・7・19刑集3巻8号1348頁、最(三小)判昭25・6・13刑集4巻6
　　　　　　　　　　号995頁、最(大)判昭30・6・22刑集9巻8号1189頁〕………………… 296
【149】自白の取調請求時期──補強証拠の証明量
　　　　　　　　　　〔最(二小)決昭26・6・1刑集5巻7号1232頁〕………………… 298

────────── X　証人審問権と伝聞法則 ──────────

【150】憲法37条と被告人の証人審問権
　　　　　　　　　　〔最(三小)判昭30・11・29刑集9巻12号2524頁〕………………… 300
【151】伝聞の意義(1)
　　　　　　　　　　〔最(一小)判昭38・10・17刑集17巻10号1795頁〕………………… 302
【152】伝聞の意義(2)
　　　　　　　　　　〔東京高判昭58・1・27判時1097号146頁〕………………… 304
【153】ビデオリンク
　　　　　　　　　　〔最(一小)判平17・4・14刑集59巻3号259頁〕………………… 306
【154】証言拒否と証言利用不能

- 【155】 前の不一致供述と特信情況
  〔最(三小)判昭30・1・11刑集9巻1号14頁〕 …… 310
- 【156】 退去強制手続と検察官面前調書
  〔最(三小)判平7・6・20刑集49巻6号741頁〕 …… 312
- 【157】 捜査共助の要請に基づいて作成された書面
  〔最(二小)決平12・10・31刑集54巻8号735頁〕 …… 314
- 【158】 外国の裁判所における公判調書
  〔最(一小)決平15・11・26刑集57巻10号1057頁最(一小)決平15・11・26刑集57巻10号1057頁〕 …… 316
- 【159】 国際捜査共助の要請に基づき作成された供述調書
  〔最判平成23年10月20日刑集65巻7号999頁〕 …… 318
- 【160】 嘱託尋問調書の証拠能力──ロッキード事件丸紅ルート
  〔最(大)判平7・2・22刑集49巻2号1頁〕 …… 320
- 【161】 実況見分調書の証拠能力
  〔最(一小)判昭35・9・8刑集14巻11号1437頁〕 …… 322
- 【162】 被害犯行状況の再現結果
  〔最(二小)決平17・9・27刑集59巻7号753頁〕 …… 324
- 【163】 私人作成の燃焼実験報告書
  〔最(二小)決平20・8・27刑集62巻7号2702頁〕 …… 326
- 【164】 鑑定受託者による鑑定意見書
  〔最(一小)判昭28・10・15刑集7巻10号1934頁〕 …… 328
- 【165】 録音テープの証拠能力(1)
  〔最(一小)決昭35・3・2刑集4巻4号462頁〕 …… 330
- 【166】 録音テープの証拠能力(2)
  〔最(二小)決平12・7・12刑集54巻6号513頁〕 …… 332
- 【167】 被告人の326条2項の同意擬制と法秩法による退廷命令
  〔最(一小)決昭53・6・28刑集32巻4号724頁〕 …… 334
- 【168】 325条の任意性の調査時期
  〔最(三小)決昭54・10・16刑集33巻6号633頁〕 …… 336
- 【169】 新宿騒乱事件──現場写真の証拠能力
  〔最(二小)決昭59・12・21刑集38巻12号3107頁〕 …… 338
- 【170】 業務の通常の過程で作成された書面
  〔最(一小)決昭61・3・3刑集40巻2号175頁〕 …… 340
- 【171】 警察犬の臭気選別結果の証拠能力
  〔最(一小)決昭62・3・3刑集41巻2号60頁〕 …… 342
- 【172】 DNA鑑定
  〔最(二小)決平12・7・17刑集54巻6号550頁〕 …… 344
- 【173】 証明力を争う証拠
  〔最(三小)判平18・11・7刑集60巻9号561頁〕 …… 346

────── XI 裁判・裁判の効力・上訴・再審 ──────

- 【174】 罪となるべき事実の特定
  〔最決平22・3・17刑集64巻2号111頁〕 …… 348
- 【175】 択一的認定

CONTENTS

〔札幌高判昭61・3・24高刑集39巻1号8頁〕……………… 350
- 【176】 訴因外事実の認定
  〔最(三小)判平15・10・7刑集57巻9号1002頁〕……………… 352
- 【177】 256条2項違反を理由とする控訴棄却と一事不再理効
  〔最(大)判昭28・12・9刑集7巻12号2415頁〕……………… 354
- 【178】 検察官上訴
  〔最(大)判昭25・9・27刑集4巻9号1805頁〕……………… 356
- 【179】 弁護届の追完と上訴審の弁護人の上訴権
  〔最(一小)決昭45・9・24刑集24巻10号1399頁〕……………… 358
- 【180】 弁護人による上訴申立の代理
  〔最(大)決昭63・2・17刑集42巻2号299頁〕……………… 360
- 【181】 国選弁護人の欠如したときの控訴趣意書提出の懈怠
  〔最(三小)決昭47・9・26刑集26巻7号431頁〕……………… 362
- 【182】 上訴の利益
  〔東京高判昭40・6・3刑集18巻4号328頁〕……………… 364
- 【183】 不利益変更禁止
  〔最(二小)決平18・2・27刑集60巻2号240頁〕……………… 366
- 【184】 破棄判決の拘束力
  〔最(二小)決昭43・10・25刑集22巻11号961頁〕……………… 368
- 【185】 控訴審での審判対象——新島ミサイル事件
  〔最(大)決昭46・3・24刑集25巻2号293頁〕……………… 370
- 【186】 上告審の職権調査
  〔最(一小)判昭47・3・9刑集26巻2号102頁〕……………… 372
- 【187】 控訴審における事実の取調(1)
  ——382条の2の「やむを得ない事由」
  〔最(二小)決昭62・10・30刑集41巻7号309頁〕……………… 374
- 【188】 控訴審における事実の取調(2)
  ——裁量による新証拠の取調
  〔最(一小)決昭59・9・20刑集38巻9号2810頁〕……………… 376
- 【189】 抗告審における事実の取調(3)
  ——少年保護事件抗告審における非行事実の認定に関する事実の取調
  〔最(一小)決平17・3・30刑集59巻2号79頁〕……………… 378
- 【190】 控訴審での訴因変更
  〔最(一小)判昭42・5・25刑集21巻4号705頁〕……………… 380
- 【191】 不意打ち認定——よど号ハイジャック事件
  〔最(三小)判昭58・12・13刑集37巻10号1581頁〕……………… 382
- 【192】 事実取調と破棄自判(1)——三鷹事件
  〔最(大)判昭30・6・22刑集9巻8号1189頁〕……………… 384
- 【193】 事実取調と破棄自判(2)
  〔最(大)判昭31・7・18刑集10巻7号1147頁〕……………… 386
- 【194】 原審で主張されなかった違憲の主張
  〔最(大)決昭39・11・18刑集18巻9号597頁〕……………… 388
- 【195】 控訴審における事実誤認の調査
  〔最判平24・2・13刑集66巻4号482頁〕……………… 390

【196】 上告審における事実誤認の審査方法
〔最(三小)判平21・4・14刑集63巻4号331頁〕 ………………… *392*

【197】 終局前の裁判と抗告
〔最(一小)決昭44・9・18刑集23巻9号1146頁〕 ………………… *394*

【198】 特別抗告の許否
〔最(三小)決昭29・10・8刑集8巻10号1588頁〕 ………………… *396*

【199】 再審請求証拠の明白性(1)——白鳥事件決定
〔最(一小)決昭50・5・20刑集29巻5号177頁〕 ………………… *398*

【200】 再審請求証拠の明白性(2)——財田川決定
〔最(一小)決昭51・10・12刑集30巻9号1673頁〕 ………………… *400*

判例索引 (*403*)

凡　例

凡　例

1　法令の掲げ方
法令名は，刑事訴訟法については原則単に条数のみを表示し，刑事訴訟規則については「規則」とした。（　）内のその他の法令については『六法全書』（有斐閣）にならって略記した。

2　略語一覧
①　判例略語
大判(決)　　大審院判決(決定)
大連判(決)　大審院連合部判決(決定)
最判(決)　　最高裁判所判決(決定)
最(大)判(決)　最高裁判所大法廷判決(決定)

高判(決)　高等裁判所判決(決定)
地判(決)　地方裁判所判決(決定)
支判(決)　支部判決(決定)
簡判(決)　簡易裁判所判決(決定)

②　判例集略語
刑集　　　　大審院,最高裁判所刑事判例集
高刑集　　　高等裁判所刑事判例集
下刑集　　　下級裁判所刑事裁判例集
東高刑時報　東京高等裁判所刑事判決時報

刑月　　刑事裁判月報
裁時　　裁判所時報
判時　　判例時報
判タ　　判例タイムズ

③　文献略語
渥美・要諦　渥美東洋『刑事訴訟法要諦』（中央大学出版部，1974年）
渥美・刑訴法　渥美東洋『刑事訴訟法』（有斐閣，1982年）
渥美・新刑訴法　渥美東洋『刑事訴訟法新版』（有斐閣，1990年）
渥美・全訂刑訴法　渥美東洋『全訂 刑事訴訟法〔第2版〕』（有斐閣，2009年）
渥美・原理　渥美東洋『捜査の原理』（有斐閣，1979年）
渥美・自由と正義　渥美東洋『刑事訴訟法における自由と正義』（有斐閣，1994年）
椎橋・理論　椎橋隆幸『刑事弁護・捜査の理論』（信山社，1993年）
椎橋・展開　椎橋隆幸『刑事訴訟法の理論的展開』（信山社，2010年）
田宮・デュー　田宮裕『刑事訴訟とデュー・プロセス』（有斐閣，1972年）
田宮・入門　田宮裕『刑事訴訟法入門（三訂版）』（有斐閣，1981年）
田宮・一事　田宮裕『一事不再理の原理』（有斐閣，1978年）
平良木＝椎橋＝加藤・判例　平良木登規男＝椎橋隆幸＝加藤克佳編『判例講義刑事訴訟法』（悠々社，2012年）

松尾・原理　松尾浩也『刑事訴訟の原理』（東京大学出版会，1974年）
横井・ノート　横井大三『刑事裁判例ノート』（有斐閣，1971年）
最判解刑事篇平成23年度　最高裁判所判例解説刑事篇平成23年度
警論　警察学論集
警研　警察研究
刑ジ　刑事法ジャーナル
重判解平成23年度　ジュリスト臨時増刊平成23年度重要判例解説
ジュリ　ジュリスト
新報　法学新報
専ロ　専修ロージャーナル
曹時　法曹時報
争点　ジュリスト増刊刑事訴訟法の争点
百選〔第9版〕　別冊ジュリスト　刑事訴訟法判例百選〔第9版〕
判評　判例評論
ひろば　法律のひろば
法協　法学協会雑誌
法教　法学教室
法時　法律時報
法セ　法学セミナー

刑事訴訟法
基本判例解説
〔第2版〕

I 捜　査

(1) 強制と任意の区別

【1】任意捜査において許容される有形力の行使の限度

最(三小)決昭51・3・16刑集30巻2号187頁，判時809号29頁
道路交通違反，公務執行妨害被告事件(昭和50年(あ)第146号)
第1審・岐阜地判昭49・4・6
第2審・名古屋高判昭49・12・19

● 争点 ●
職務質問において許される有形力行使の限度

1〈事実の概略〉

　被告人は酒酔運転のうえ物損事故を起こし，K・F両巡査から運転免許証の呈示とアルコール保有量検査のための風船への呼気の吹込みを求められたが，いずれも拒否したので，両巡査は道交法違反の被疑者として取り調べるために被告人を警察署へ任意同行した。被告人は警察署で，免許証呈示には応じたが，呼気検査には再三説得されても応じず，母が来れば警察の要求に従う旨返答したので，両巡査がなおも説得しながら被告人の母の到着を待つ間，マッチを貸してほしいとの被告人の要求を断ったとき，被告人が「マッチを取ってくる。」といいながら急に椅子から立上がって出入口の方へ小走りに行きかけたので，K巡査は，被告人が逃げるのではないかと思い，被告人の左斜め前に近寄り，「風船をやってからでいいではないか。」といって両腕で被告人の左手首を摑んだところ，被告人は，すぐさま同巡査の両手を振り払い，その左肩や制服の襟を右手で摑んで引っ張り，左肩章を引きちぎったうえ，右手拳で顔面を一回殴打し，同巡査は，その間，両手を前に出して止めようとしていたが，被告人がなおも暴れるので，これを制止しながら他の巡査と2人で，これを元の椅子に腰かけさせ，その直後公務執行妨害罪の現行犯として逮捕した。第1審は，K巡査の行為は任意捜査の限界を超え，実質上被告人を逮捕するのと同様の効果を得ようとする強制力の行使で違法であるとして，被告人を無罪とした。第2審はこの判断を破棄し，K巡査の左手首を摑んだ行為は呼気検査拒否を翻意するように促す説得手段として客観的に相当だと判示した。被告人はK巡査の行為は任意捜査の限界を超えており憲法33条に違反するとして上告。

2〈決定要旨〉

上告棄却
　憲法33条違反の主張は実質は単なる法令違反の主張に過ぎず適法な上告理由に当たらないと判示したが，なお書きでつぎのように判示した。
　「捜査において強制手段を用いることは，法律の根拠規定がある場合に限り」許される。だが，この強制手段とは，「有形力の行使を伴う手段を意味するものではなく，個人の意思を制圧し，身体，住居，財産等に制約を加えて強制的に捜査目的を実現する行為など，特別の根拠規定がなければすることが相当でない手段を意味する」ものであり，右の程度に至らない有形力の行使は，任意捜査においても許される場合がある。ただ「強制に当たらない有形力の行使であっても何等かの法益を侵害し又は侵害する虞がある」のだから，「状況の如何を問わず，常に許容されるものと解するのは相当でなく，必要性，緊急性なども考慮したうえ，具体的状況のもとで相当と認められる程度において」許されると解すべきである。
　K巡査の行為は呼気検査に応じるよう被告人を説得するためになされたものでありその程度もさほど強いものではないから，性質上当然に逮捕その他の強制手段に当たるとはいえない。また，この行為は，酒酔運転の罪の疑いが濃厚な被告人をその同意を得て警察署に任意同行して被告人の母の来所を待っていたところ被告人が急に退室しようとしたためさらに説得のためにとられた抑制の措置であってその程度もさほど強くないというのであるから，これをもって捜査活動として許される範囲を超えた不相当な行為とはいえず公務の適法性を否定することができない。

3〈解　説〉

　1　本件の最高裁判例は，「説得のために」なされた停止させるための一定の有形力の行使が「任意」の範疇にあたり，許されることを示すとともに，他方で，有形力の行使を伴う場

合に完全に警察官の自由な裁量に委ねられるのではなく，一定の限界があることを示した。

職務質問における停止は，「任意」であるべしとする立場から本件の判断が示されているが，この「任意」とは，相手方の「同意」と同義ではない。判例によって，「任意」であることに言及するもの（本件）と言及しないもの（名古屋高裁金沢支判昭52・6・30判時878号118頁，東京高判昭54・7・9判時948号126頁など）とがあるが，任意に言及する場合でも，有形力の行使を伴う場合があることに示されるように，規範的観点からみて許されるのか否かを問うているのであり，事実上相手の意志に反するのか否かにより任意か否かを問うているのではない。その点で，供述の自由の任意性が問われる場合とは異なる。

2 職務質問は，都市化社会における犯罪の予防と犯罪発生後の早期に摘発・発見を狙う制度であり，不審事由がある者に停止を求め質問をすることを認める。犯罪を行おうとしているか行った者である場合には，停止を求められた現場から立ち去ろうとする動機は強いが，この場合に相手の同意が条件となると解すると，拱手傍観しなければならないこととなり，職務質問制度の目的は挫折させられる。不審事由があり停止を求める必要が高い場合に拱手傍観せざるを得ないのでは，職務質問制度の目的を達することができない。制度目的からすれば，一定限度での停止は，停止を求められた者の意に添わない場合でも，認められてよい（最（一小）判昭29・7・15刑集8巻7号1137頁）。

本件の有形力は停止を求めるためのものであり，本件では，「説得の域」にとどまる活動が求められた場合だが，米子銀行強盗事件（最判昭53・6・20刑集32巻4号670頁，前後をパトカーで挟んで停止させた事件（名古屋高裁金沢支判昭52・6・30前掲）のように，相手の意向には添わなくとも停止を求めることができる場合がある。この場合には，停止・滞在を説得しているというよりもむしろ，不審事由を解明するために，その解明に必要な限度での停止を求め，相手の意向には添わない停止をさせる活動がなされる場合である。これも一定限度で許されると見るべきであろう。

このとき有形力の行使がされるとしても，その有形力の行使は，停止目的との関連で必要最小限度のものでなければならない。

3 職務質問に伴う停止を憲法との関係から考察する必要もあるが，本件判断はその点には触れていない。職務質問に伴う停止は，行動の自由への制約を一定限度で伴い，その停止が相手方の意に反する場合もあり得るので，かかる停止が許される限界が問われる。

憲法では33条及び35条において自由の領域への干渉を伴う政府の活動について，その正当根拠を求め，その正当根拠との関係での必要最小限度の干渉を基本とする考え方を基本とする。職務質問のための停止は，逮捕の場合ほど行動の自由への制約が強いものではないが，ある程度の制約を伴うので，その干渉の正当根拠がいる。これが警職法2条1項の不審事由である。不審事由が認められるときには，全く不審な事情のない一般人の場合と比すると，外観上不審事由が認められることで不審者のプライヴァシーの期待は減少しているともいえる。かかる状況での不審事由の解明のために必要な停止は必要なものでもあり，正当根拠との関係で許され，他方，その根拠は相当理由よりは程度が低い不審事由であるので，干渉の程度は逮捕の場合よりも限定されたものでなければならない。

任意・強制の区別を問い，任意にも一定の要件の充足を求める考え方は，上記の憲法上の自由の制約に関する考え方と実質的には同趣旨のことをいわんとするものであろうが，任意処分の「相当性」に関する個別具体的事例ごとの判断よりは，相当性の判断基準をより明確化しうる，憲法33条との関連を考える対処方法の方が望ましいといえるかもしれない。

4 常に同意・承諾を前提とする立場は，警職法2条1項および憲法33条の法意に添った解釈といえるのか疑問である。本事例は，説得の域にとどまる場合を扱った事例であり，説得の域を超える場合について判断した事例ではない。

[参考文献]
① 渥美・自由と正義第7章
② 渥美東洋「各種の法執行活動，例えば職務質問，所持品検査等の活動を規律する原理を求めて」警論40巻10号61～82頁（1987年）
③ 中野目善則「職務質問に伴う停止・留め置きの限界」高橋・只木・田中・寺崎編『刑事法学の未来―長井圓先生古稀記念』649頁（信山社）（2017年）

（中野目善則）

Ⅰ 捜査 (1) 強制と任意の区別

【2】GPS捜査の適法性

最大判平成29・3・15刑集71巻3号13頁
窃盗，建造物侵入，傷害被告事件（平成28（あ）第442号）
第1審証拠調決定・大阪地決平成27・6・5判時2288号134頁
第1審・大阪地判平成27・7・10判時2288号144頁
原審・大阪高判平成28・3・2判タ1429号148頁

● 争 点 ●
GPS捜査の許容性，GPS捜査の法的性格

1〈事実の概要〉

 被告人が複数の共犯者と共に犯したと疑われていた窃盗事件に関し，組織性の有無，程度や組織内における被告人の役割を含む犯行の全容を解明するための捜査の一環として，警察は，平成25年5月23日頃から同年12月4日頃までの約6か月半の間，被告人，共犯者のほか，被告人の知人女性も使用する蓋然性があった自動車等合計19台に，同人らの承諾なく，かつ，令状を取得することなく，GPS端末を取り付けた上，その所在を検索して，被告人らの移動状況を把握する捜査を実施した（以下「本件GPS捜査」という。）。
 第1審証拠調決定及び同判決は，本件GPS捜査は検証の性質を有する強制の処分に当たるとしたが，原判決は，本件GPS捜査により取得可能な情報はGPS端末を取り付けた車両の所在位置に限られるなどプライバシーの侵害の程度は必ずしも大きいものではなかったというべき事情があること，被告人らの行動確認を行っていく上で，尾行や張り込みと併せて本件GPS捜査を実施する必要性が認められる状況にあったこと，本件GPS捜査が強制の処分に当たり，無令状でこれを行った点において違法と解する余地がないわけではないとしても，令状発付の実体的要件は満たしていたと考え得ること等を説示して，被告人の控訴を棄却したことから，被告人は，最高裁判所に上告をした。

2〈判 旨〉

 「(1)GPS捜査は，対象車両の時々刻々の位置情報を検索し，把握すべく行われるものであるが，その性質上，公道上のもののみならず，個人のプライバシーが強く保護されるべき場所や空間に関わるものも含めて，対象車両及びその使用者の所在と移動状況を逐一把握することを可能にする。このような捜査手法は，個人の行動を継続的，網羅的に把握することを必然的に伴うから，個人のプライバシーを侵害し得るものであり，また，そのような侵害を可能とする機器を個人の所持品に秘かに装着することによって行う点において，公道上の所在を肉眼で把握したりカメラで撮影したりするような手法とは異なり，公権力による私的領域への侵入を伴うものというべきである。
 (2)憲法35条は，『住居，書類及び所持品について，侵入，捜索及び押収を受けることのない権利』を規定しているところ，この規定の保障対象には，『住居，書類及び所持品』に限らずこれらに準ずる私的領域に『侵入』されることのない権利が含まれるものと解するのが相当である。そうすると，前記のとおり，個人のプライバシーの侵害を可能とする機器をその所持品に秘かに装着することによって，合理的に推認される個人の意思に反してその私的領域に侵入する捜査手法であるGPS捜査は，個人の意思を制圧して憲法の保障する重要な法的利益を侵害するものとして，刑訴法上，特別の根拠規定がなければ許容されない強制の処分に当たる（最高裁昭和50年（あ）第146号同51年3月16日第三小法廷決定・刑集30巻2号187頁参照）とともに，一般的には，現行犯人逮捕等の令状を要しないものとされている処分と同視すべき事情があると認めるのも困難であるから，令状がなければ行うことのできない処分と解すべきである。」

3〈解 説〉

 本判決は，GPS捜査を「車両に使用者らの承諾なくひそかにGPS端末を取り付けて位置情報を検索し把握する刑事手続上の捜査」と定義した上で，GPS捜査は，刑訴法197条1項但し書にいう「強制の処分」にあたることを明らかにしたものである。
 GPS（Global Positioning System）とは，地球の周回軌道上にある人工衛星三機と地上の端末の距離を自動的に電算処理した上で，地図上の座標に当該端末の位置を特定する技術である。捜査機関は，令状によらずに，小型化されたGPS端末を用いて，被疑者の所在場所や

移動情報を把握するようになり、下級審裁判例及び学説においては、GPS捜査の許容性、GPS捜査が任意処分か強制処分かが争われるようになってきた。任意処分とする下級審裁判例(福岡地判平成26・3・5 LEX/DB25503382、広島地裁福山支判平成26・2・16公刊物未登載、大阪地決平成27・1・27判時2288号134頁、福井地判平成28・12・6 LEX/DB25544761、広島高判平成28・7・21LEX/DB25543571)は、それぞれの事案に即して、概要、GPS捜査が捜査官の目視で行う尾行の捜査の補助手段であったこと、GPS端末を用いた尾行捜査の期間が比較的短かったこと、携帯電話に接続した時だけ位置情報が把握されたこと、位置情報の精度に誤差があること、位置情報が記録として蓄積されていなかったこと、GPS端末の車体への装着は車体の損傷を来すものではなく財産権の実質的な侵害を伴う可能性はないこと、位置情報は第三者に知られないで済ますことを合理的に期待できる性質のものでなくプライバシーとしての要保護性は高くないといった点を挙げていた。それに対し、強制処分とする下級審裁判例(大阪地決平成27・6・5判時2288号134頁決定、名古屋地裁判平成27・12・24判時2307号129頁、水戸地判平成28・1・22公刊物未登載、名古屋高判平成28・6・29判時2307号129頁、東京地立川支判平成28・12・22LEX/DB25544851)は、それぞれの事案に即して、概要、GPS捜査は任意捜査として許容される尾行等とは質的に異なること、GPS捜査は内在的かつ必然的に大きなプライバシー侵害を伴う捜査であったこと、GPS捜査によりプライバシー保護の合理的期待が高い空間においても位置情報を取得することができること、GPS端末の取付には私有地への立入りがあること、3ヶ月以上の相当長期にわたって続いていたこと、具体的な終期を定めることなく開始されていること、約3ヶ月間にわたって多数回の検索が成功裏に行われていたこと、位置情報の結果は保管されていたこと、測位誤差数十メートル以下の位置情報を取得できていたこと等を根拠にしていた。

本判決は、GPS捜査は、「対象車両の時々刻々の位置情報を検索し、把握する」ことによって、「公道上のもののみならず、個人のプライバシーが強く保護されるべき場所や空間に関わる者も含めて、対象車両及びその使用者の所在と移動状況を逐一把握することを可能にする」ことで、「個人の行動を継続的、網羅的に把握することを必然的に伴うから、個人のプライバシーを侵害し得る」ものであり、「個人の意思を制圧して憲法の保障する重要な法的利益を侵害する」として、その強制処分性を肯定している。本判決は、強制処分性を導き出すにあたって、本事案におけるGPS捜査の個別具体的事情、例えば、捜査の必要性・緊急性等を基礎づける事情や本件GPS捜査により侵害された利益の内容・程度等に言及することなく、また、本判決は、尾行の補助手段としてGPS捜査が行われる場合とそうでない場合を区別していないことから、GPS捜査が尾行の補助手段として行われる場合には任意処分となりそうでない場合には強制処分とするいわば二分説的な見解も明確に否定したものと思われる。

本判決については、公道上あるいは人が他人から容ぼう等を観察されることは受忍せざるを得ない場所における写真・ビデオ撮影を任意処分とした過去の判例(最大判昭和44・12・24刑集23巻12号1625頁、本書15判例。最決平成20・9・28刑集62巻5号1398頁、本書17判例)との整合性が問題となろう。写真・ビデオ撮影と異なり、GPS捜査は、公道上のみならず個人のプライバシーが強く保護されるべき場所や空間に対しても行われていること、GPS捜査の対象となる物及び範囲が限定されず時間的にも対象者も広範囲に及びうること等から、権利侵害が量的及び質的にも異なるのであって、本判決は、上記諸判例と抵触するものではないものと考えられる。

本判決は、GPS捜査を有益な捜査手法と評価している。捜査機関が適法にGPS捜査を行うためには、法律上の根拠規定がなければならないから、今後は、立法による解決が求められよう。他方で、既にGPS端末が取り付けられている車両の位置情報を検索し把握する捜査には、本判決の射程は及ばないものと考えられる。

[参考文献]
① 池田公博・法教444号72頁
② 井上正仁・判例百選[10版]64頁
③ 伊藤雅人=石田寿一・ジュリ1507号106頁
④ 宇藤崇・法教440号152頁
⑤ 清水真・法教427号41頁
⑥ 堀江慎司・論ジュリ22号138頁
⑦ 特集「捜査における位置情報の取得」刑ジャ48号30頁以下

(滝沢　誠)

I 捜査 (2) 職務質問と自動車検問

(2) 職務質問と自動車検問

【3】説得のための長時間の留め置き

最(三小)決平6・9・16刑集48巻6号420頁,判時1510号154頁
覚せい剤取締法違反,公文書毀棄被告事件(平成6年(あ)第187号)
第1審・福島地会津若松支判平5・7・14
第2審・仙台高判平6・1・20

● 争 点 ●
職務質問の現場における実力行使の限界

1〈事実の概略〉

警察官Pらは,午前11時頃,Xから意味不明な電話が駐在所にあり,その異常な言動などから覚せい剤使用の嫌疑を抱いたため,X運転車両(以下Xの車)を探していたところ,11時5分頃に発見し,停車させた。

11時10分頃から,警察官Qは,本件現場でXに対し職務質問を開始したが,Xが目をキョロキョロさせ落ち着きのない態度で,素直に質問に応じようとせず,エンジンの空ふかしや,ハンドルを切るような動作をしたため,Xの車の窓から腕を差し入れ,エンジンキーを引き抜いて取り上げた。

11時25分頃,P・Qらは,Xに覚せい剤取締法違反の前科が4犯あるとの連絡を受け,Xに対し職務質問を継続するとともに,午後5時43分頃,警察署への任意同行を求めた。そしてXの車に鍵をかけさせるためエンジンキーをXに手渡した。これに対しXは自ら運転することに固執して他の車に同乗することを拒否し,自分の車に乗り込もうとした。そこで,P・QらはXを両脇から抱え阻止した(その際,Xの車のエンジンキーは,P・Qらに戻され,以後Xに返還されていない)。

P・Qらは午後3時26分頃,Xの車および身体に対する各捜索差押許可状と尿を強制採取するための強制採尿令状を請求し,5時2分頃に発付を受け,5時43分頃からXの身体に対する捜索を行った。

続いて,P・Qらは5時45分頃,Xの両腕をつかんで警察車両に乗車させ,強制採尿令状を呈示したが,激しく抵抗されたため,両腕を押さえつけ,制圧した状態で病院に向かった。Xは,病院内で医師が採取した尿から覚せい剤が検出されたため緊急逮捕された。

第1審は,警察官らが被告人からエンジンキーを取り上げ,現場から離脱することを不可能ないし著しく困難にしたもので事実上身柄拘束があったとしたが,任意捜査として許される限度の有形力の行使であったとして,その間に得られた強制採尿令状に基づいて採取された尿の鑑定書の証拠能力を認めた。これに対し,控訴審は,職務質問の開始から令状発付までの一連の留置きを違法としたが,その程度は極めて強いとまではいえないとして,控訴を棄却した。そこで,弁護人が上告した。

2〈決定要旨〉

上告棄却

「職務質問を開始した当時,被告人には覚せい剤使用の嫌疑があったほか,幻覚の存在や周囲の状況を正しく認識する能力の減退など覚せい剤中毒をうかがわせる異常な言動が見受けられ,かつ,道路が積雪により滑りやすい状態にあったのに,被告人が自動車を発進させるおそれがあったから,……被告人運転車両のエンジンキーを取り上げた行為は,警察官職務執行法2条1項に基づく職務質問を行うため停止させる方法として必要かつ相当な行為であるのみならず,道路交通法67条3項に基づき交通の危険を防止するため採った必要な応急の措置に当たるということができる。

……これに対し,その後被告人の身体に対する捜索差押許可状の執行が開始されるまでの間,警察官が被告人による運転を阻止し,約6時間半以上も被告人を本件現場に留め置いた措置は,当初は前記のとおり適法性を有しており,被告人の覚せい剤使用の嫌疑が濃厚になっていたことを考慮しても,被告人に対する任意同行を求めるための説得行為としてはその限度を超え,被告人の移動の自由を長時間にわたり奪った点において,任意捜査

として許容される範囲を逸脱したものとして違法といわざるを得ない。
（……しかし，……諸般の事情を総合してみると，……警察官が，早期に令状を請求することなく長時間にわたり被告人を本件現場に留め置いた措置は違法であるといわざるを得ないが，その違法の程度は，いまだ令状主義の精神を没却するような重大なものとはいえない。）」

3 〈解 説〉

1 本件で警察官は，職務質問の開始から強制採尿令状の執行に至るまでのおよそ6時間半にわたり，被告人を現場に留め置いている。その過程で，警察官は被告人運転車両の窓から腕を差し入れてエンジンキーを引き抜いて取り上げているが，当該行為の適否の判断は，最高裁昭和53年9月22日決定の趣旨に従ったものといえる。そこで，この点についての解説は【7】に委ね，ここでは被告人を長時間現場に留め置いた措置の適否を検討する。

2 本件の留め置き措置（任意同行を求めるための説得行為）は，少なくとも，①職務質問を継続するための行政警察活動と②被疑者に対する令状の執行を確保するといった目的を実現するための司法警察活動で構成されている。そこで，分析的にみれば，処分の法的性格に従い，それぞれの規範に照らして適法性を判断すべきところ，本決定は，覚せい剤使用の嫌疑が濃厚になっていた事情を挙げ，本件措置が職務質問から任意捜査へと移行していることを前提に，どの時点からの措置が問題となるのかを明らかにしないまま捜査の限界を検討している。それゆえ，厳密にみれば，行政警察活動を含む活動を捜査法の問題として判断した点に疑問がないではないが，より本質的な問題の1つは，本決定が違法な「強制処分」としてではなく，「任意捜査として許容される範囲を逸脱した」違法があると結論付けた点にある。

3 この点に疑問を呈する見解は，任意処分と強制処分の区別に関する最高裁昭和51年決定（【1】）の判断枠組みに従えば，当該処分の適否は，まず強制処分該当性を検討し，該当しない場合に任意処分の限界を検討することになるところ，本件措置につき，本決定が「被告人の移動の自由を長時間にわたり奪った」と認定している以上は，「個人の意思を制圧し，身体……に制約を加えて強制的に捜査目的を実現する行為」に該当するのであるから，任意捜査の許容限度を検討するまでもなく違法な強制処分と評価できるとする（酒巻・167—68）。これに対して，本決定に賛同する見解は，同様の判断枠組みを前提にしながらも，強制処分該当性は，当該措置に「捜査の必要性，緊急性など具体的状況が付け加わっても，特別の根拠規定がない限り，その手段を許容することが相当でないような類型的事情」があるか否かによって判断すべきとして，本件措置の該当性を否定する（中谷・186）。

4 そうすると問題は，強制処分該当性をいかに判断するかにあるが，「強制の処分」が，濫用の危険を回避すべく，法律に定められた要件・手続の履践を条件に実施が許容される性質のものであることからすると，判断の基礎事情に具体的状況（必要性や緊急性）を加味することは妥当でなく，処分の性質から決せられるべきである。

本決定では，本件留め置きが実質的逮捕に該当するかについての言及はみられないが，処分の性質から，強制処分該当性を否定した上で，任意処分（捜査）の限界を検討して違法と判断したものと解される。

なお，本決定後の裁判例には，覚せい剤使用の嫌疑がある事案において，（強制採尿令状の執行の確保を目的とする）留め置きの適否を判断するに際し，令状請求準備着手前の段階（上記①の留め置き）と着手後の段階と（上記②の留め置き）とを区別すべきとするものがあるが（東京高判平成21年7月1日判タ1314号302頁，東京高判平成22年11月8日高刑集63巻3号4頁），この点は，相当性判断において考慮される，留め置く処分の必要性の内容が①と②では異なることによって生じるものであって，判断枠組み自体に変化をもたらすわけではない。

[参考文献]
① 酒巻匡・平成6年度重判解1068号165頁
② 清水真・新報102巻1号227頁
③ 上田信太郎・百選[第8版]174号6頁
④ 中谷雄二郎・最判解刑事篇平成6年度152頁

（宮木康博）

I 捜査 (2) 職務質問と自動車検問

【4】令状入手のための留め置き

東京高判平成21年7月1日東京高等裁判所判決時報刑事60巻1〜12合併号94頁,判タ1314号302頁
覚せい剤取締法違反被告事件(平成21年(う)第349号)
原審・東京地裁平成21年1月20日

● 争 点 ●

令状請求準備着手後の被疑者の留め置きの適否

1 〈事実の概略〉

午後4時39分頃,警邏中の警察官が被告人に対し職務質問を開始した。車両の運転席側のドアポケット内にスタンガンが発見されたことから,軽犯罪法違反の疑いで警察署への任意同行を求め,被告人は結局同行に応じた。午後6時頃警察署の取調室に入り,被告人は警察官らから尿の任意提出を求められたが,これに応じず,注射痕の有無の確認のために腕を見せることも拒絶した。警察官らは午後6時30分頃被告人に対する強制採尿令状を請求する準備に取り掛かり,午後8時45分頃同令状を請求し,午後9時10分頃その発付を受け,午後9時28分頃同令状を被告人に示し,強制採尿のため病院に連行した。取調室に入室してから強制採尿令状を呈示されるまでの約3時間半,取調室の出入り口のドアは開放されていたが,警察官が1,2名常時その付近に待機しており,被告人が多数回退出の意思を表明し,退出しようとする行動を取ると,その都度被告人の前に立ち塞がったり,背中で被告人を押し返したり,被告人の身体を手で払うなどして退出を阻止した。被告人は,外部と携帯電話で通話することが許されており,弁護士からは電話で,公務執行妨害罪で検挙されないよう注意すべきこと,退出する際には携帯電話でその状況を撮影すべきことなどの助言を得ていた。外部との通話は50回以上,合計時間は80分に及んだ。被告人は長女と妻を警察署に呼び寄せ,希望する飲物や筆記用具を取調室内に持ち込ませるなどした。

2 〈判 旨〉

控訴棄却(上告・後上告棄却)

以上のような事実において裁判所は,留め置きの適法性につき,大要以下のように判示した。留め置きの任意捜査としての適法性を判断するに当たっては留め置きが純粋に任意捜査として行われている段階と強制採尿に向けて行われた段階(強制手続への移行段階)とからなっていることに留意する必要がある。被告人が取調室に入室して強制採尿令状の請求準備が開始されるまでに要した時間は30分程度であり,被告人の言動からすると,留め置きはその意思に反するものではなかったと言え,また,その間やその直後に,警察官らが被告人の意思を制圧するような有形力を行使するなどしたことはうかがわれないので,この間の留め置き行為に違法な点はない。

次に,強制手続への移行段階について検討すると,覚せい剤の体内残留期間はせいぜい2週間前後であり,被告人に有利に見ても1か月を超えることはないと考えて良いから,この程度の期間であれば,被告人が捜査官との関係で所在をくらますことは可能と見られるので,強制採尿令状の請求が検討されるほどに嫌疑が濃い対象者については,強制採尿令状発付後,速やかに同令状が執行されなければ捜査上著しい支障が生じることも予想され得るといえるから,対象者の所在確保の必要性は高く,令状請求によって留め置きの必要性・緊急性が当然に失われることにはならない。本件では,強制採尿令状請求の準備に着手してから強制採尿令状が執行されるまでの留め置き時間は約2時間58分であるが,強制尿令状を請求するためには,予め受入れ先の採尿担当医師を確保しておくことが前提となるほか,強制採尿令状の請求手続が開始されてから同令状執行までには相当程度の時間を必要とすることがあり得ることからすると,この2時間58分という留め置き時間は特に著しく長いとまでは見られない。また,この間の留め置きの態様も,警察官が行使した有形力は受動的なものに留まり,積極的に被告人の意思を制圧するような行為等はされておらず,さらに,長女や妻との面会や飲食その他必要とされる物品の授受,携帯電話による外部との通話を認めるなど,場所的な行動の自由が相当制約されている以外の点では,被告人の自由が相当程度確保されており,留め置きは対象者の所在確保のために必要最小限度のものに留まっていた。そうすると,本件における強制手続への移行段階における留め置きも,いまだ任意捜査として許容される範囲を逸脱したものとまでは見られない。

最後に,強制手続への移行段階における留め置きであることを明確にする趣旨で,令状請求の準備に着手したら,その旨を対象者に告げる運用が早急に確立されるのが望まれる

が，そうした手続が行われていないことで本件の判断が左右されることにはならない。

3〈解 説〉

1 警察官が不審事由に基づいて職務質問を行った結果，覚せい剤等の自己使用または所持の嫌疑が高まった場合などにおいては，対象者に尿の任意提出または所持品の提示を求めることがある。対象者がそれらに応じないときには，いわゆる強制採尿令状または被疑者の身体・所持品に対する捜索差押許可状を入手する必要が生じる場合がある。令状請求準備開始後，令状の発付・執行までには，通常，数時間はかかるため，その間被疑者をその意思に反して職務質問の現場または任意同行後の警察署取調室に留め置くことは許されるのか，また，許されるとすればどのような根拠に基づき，どのような態様で許容され得るのかが問題となる。

2 この問題につき，最高裁平成6年決定（【3】参照）は，職務質問開始からいわゆる強制採尿令状が執行されるまでの間，被疑者を約6時間半以上も職務質問の現場に留め置いた措置につき，任意同行を求めるための説得行為としてはその限度を超え，任意捜査として許容される範囲を逸脱したものであり違法であるとした。

本件は，令状請求の準備を開始した時点を境に，それより前の段階を「純粋に任意捜査として行われている段階」とし，開始後の段階を「強制手続への移行段階」とに分け，強制手続への移行段階においては，被疑者の所在確保の必要性が高く，令状請求によって留め置きの必要性・緊急性が当然に失われることはないとして，令状執行までの数時間に亘る留め置きを任意捜査として正当化する新たな見解（いわゆる「二分論」）を示して，留め置きを適法としたものである。

3 いわゆる「二分論」の意義については，以下の3点が挙げられている。すなわち，①留め置きの目的が従来，任意同行・採尿のための説得行為との関係でのみ考慮されていたものを，令状請求の準備を開始した時点から令状執行までの間の被疑者の所在確保もこの目的に含まれることを認め，任意処分としての「相当性」を判断する上での必要性として考慮することができるとしたこと（後掲③大澤），②所在確保の必要性は，捜索の実体要件が充足されているときには，職務質問・任意同行・採尿等に応じるよう説得するために留め置く場合以上に高いものであることを認めたこと（捜索差押えの実体要件が備わり令状請求準備を開始した後の留め置きは，証拠隠滅の危険性が高い状況下において令状執行までの間証拠隠滅防止措置としての性格を有するといえる。），③この必要性の高さから，職務質問・任意同行・採尿等に応じるよう説得する場合に比較して，被疑者の移動の自由に対してより高度の制約が課されても，具体的状況の下で「相当性」が認められ，任意処分として適法とされる場合があることを認めたこと，であると解されている（後掲②柳川）。

4 「二分論」については，上記のような意義を認め得るとしても，留め置きを任意処分として許容することには別の問題も存在する。

平成6年決定とその後の高裁裁判例は，被疑者の意思に反して数時間に亘る留め置きを「実質的な逮捕には当たらない」・「個人の意思を制圧」するような有形力の行使はなかったと評価しているが，有形力の行使としては，意思の制圧がないようであっても，心理的強制により意思の制圧があったといえる場合があるのではないかとの指摘もある。すなわち，公務執行妨害罪とされるのを気にするあまり退去を断念せざるを得ない状況に被疑者を追い込むことは，意思を制圧するような心理的強制を行うことと同視され得るのではないか，との疑問も指摘されている。

また，警察が任意捜査の範囲内に止めつつ有効な留め置きの方法を考案すれば，裁判所の判断も複雑に分かれることとなり，判例によって捜査機関に対する行動規範を明示することが困難になるとの懸念も示されている。

さらには，刑訴法198条1項但書との整合性についても疑問の余地があるとされる（後掲④正木）。

5 なお，アメリカ合衆国において採用されているインパウンドメント（現状凍結）及びこの制度についての合衆国最高裁判例を参考に，立法により強制処分としての留め置きを認めるべきであるとの見解（後掲①②柳川）があるが，この見解は，本件のような留め置きの問題を根本的に解決するための示唆に富んだ方策を示したものであると思われる。

［参考文献］
① 柳川重規・新報121巻5・6号1頁
② 柳川重規・法의446号10頁
③ 大澤裕・研修770号3頁
④ 正木祐史・法セミ666号124頁

（檀上弘文）

Ⅰ 捜査 (2)職務質問と自動車検問

【5】職務質問に付随する行為

最(一小)決平15・5・26刑集57巻5号620頁，判時1829号154頁
覚せい剤取締法違反被告事件(平成11年(あ)第1164号)
第1審・東京地八王子支判平10・10・28
第2審・東京高判平11・8・23

● 争　点 ●

① 職質に付随する行為
② 制止行為の適法性

1〈事実の概略〉

　ホテルに投宿した被告人は，チェックアウト予定時刻になってもチェックアウトせず，清涼飲料水を大量に注文したこと，入れ墨をしていたこと，チェックアウト時刻の確認を求めても返事が要領を得ないこと，ドア越しに声をかけても「うるさい」と怒鳴り返すこと，料金の精算要求にも不可解な言動で対応するなどのことから，ホテル関係者は警察に通報し，現場に到着した警察官は，職質を行うことにして，内玄関に入り，声をかけると，被告人は内ドアを20～30センチ開けたが，すぐに閉めた。警察官は，被告人が全裸で，入れ墨をしているのを現認し，制服姿の自分を見るや慌ててドアを閉めたことから，職質を継続するため，ドアが閉められるのを防止するため，敷居上辺りに足を踏み入れた際，被告人が殴りかかるようにしてきたので，同人の右腕を摑んで，ついで他の警察官も左腕を摑んでソファーに座らせ，全裸のまま制圧した。被告人は目がつりあがり，顔色も悪く感じたので，「シャブでもやっているのか」と尋ねると，「警察が打ってもいいといった」等と答え，その折別の警察官は被告人が注射筒を持っているのに気付き，これを手放させ，床に落ちていた財布等を拾ってテーブルの上に置いた。被告人が名前を名乗ったので犯歴照会をすると覚せい剤取締法違反の前科があることが判明，財布の所有者を聞くと自分のものと認めた。二つ折りの財布を開くと，ファスナーの開いていた小銭入れの部分からビニール袋入りの白色結晶を抜き出した（なお，財布にかかる所持品検査について，被告人の承諾があったものとは認められない）。白色結晶につき，予試験を行うと覚せい剤の陽性反応があったので，被告人を覚せい剤所持の現行犯として逮捕し，白色結晶，注射筒，注射針を押収した。逮捕の翌々日，被告人の尿を捜索差押許可状により採取した。

2〈決定要旨〉

　ホテル宿泊者に職質を行うには，その者の意思に反して室内に入ることは原則として許されない。しかし，職質の実施に当たり，警察官は料金支払いを督促する来意を告げており，被告人はこれに何ら納得しうる説明をせず，警察官に気付くと一旦開けたドアを急に閉めて押さえるという不審な行動に出た。この状況の推移に照らせば，被告人の行動に接した警察官らが無銭飲食や薬物使用の疑いを深めるのは無理からぬことであり，職質を継続しうる状況を確保するため，内ドアを押し開け，内玄関と客室の境の敷居上辺りに足を踏み入れ，内ドアが閉められるのを防止したことは，警職法2条1項に基づく職質に付随する行為として，適法な措置であった。内ドアの内部に立ち入ったのは，被告人による突然の暴行を契機とするものであるから，上記結論を左右するものではない。
　財布にかかる所持品検査を実施するまでの間において，①被告人は不可解なことを口走り，手には注射器を握っていた上，覚せい剤取締法違反の前歴を有することが判明したのであって，被告人に対する覚せい剤事犯の嫌疑は飛躍的に高まっていた。こうした状況に照らせば，②覚せい剤がその場に存在することが強く疑われると共に，それが散逸する恐れも高く，③被告人も明確に拒否の意思表示をしてもいなかったのであり，他方，④所持品検査の態様は，床に落ちているのを拾ってテーブル上に置いた財布の，二つ折りの部分を開いた上，ファスナーの開いていた小銭入れの部分からビニール袋入りの白色結晶を発見して抜きだしたという限度に止まるものであった。以上の諸事情のもとにおいては，上記所持品検査は適法に行いうるものであった。（囲み数字は筆者挿入）
　警察官が約30分間にわたって全裸の被告人をソファーに座らせて押さえ続け，その間衣服を着用させる措置も採らなかった行為は，前記事実経過に照らせば，被告人が警察官に殴りかかった点は公務執行妨害罪を構成する疑いがあり，警察官らは，更に同様の行動に及ぼうとする被告人を警察官職務執行法5条等に基づき制止していたものと見る余地があるほか，被告人を同罪の現行犯人として逮捕することも考えられる状況にあったし，又警察官の一人が，暴れる被告人に対応するうち，結果として前記のような制圧行為を継続することとなったのであり，警察官らに令状主義の関する諸規定を先達する意図があった証跡はなく，したがって，上記行為が職務質問に付随するものとしては許容限度を超えていたとの点は，財布にかかる所持品検査によって発見された証拠を違法収集証拠として排除することに結び付くものではない。
　覚せい剤所持事件の捜査過程で収集された証拠については，違法収集証拠として排除すべき事由はないから，これを疎明資料として

発付された令状により採取された尿について，その収集手続の違法を問題とする余地はなく，尿の鑑定結果についても違法はないことになる。

3 〈解 説〉

1 我が国でのホテル・旅館等の宿泊客への一般的対応からすると，チェックアウト時間経過後も直ちに退去を求めることはないので，出立準備をするなどの宿泊客の態度を総合的に考察して，ある程度の時間内は部屋の使用継続を認めていると解される。最高裁は，「両巡査は……一連の流れの中で被告人を制止するために不可避的に内ドアの中に立ち入る結果になったものであり，意識的に内ドアの中に立ち入ったものではない」として，立入に慎重な姿勢を示している表現からすると，被告人の客室へのプライヴァシーは未だ存在すると理解していると解される。しかし本件では，「お客さん，お金払ってよ」と声をかけ，支払督促をしたにもかかわらず，これに応じようとしない本件被告人は，この時点以降は，自己の部屋へのプライヴァシーを失っていたとみるべきではないか。

2 来意告知は，合衆国では，①突然の侵入により居住者が驚愕し，攻撃的反応をする危険を取り除く，②被疑者に不必要な財産的損害を与えないようにする，③プライヴァシー保護，にあるとされる。職質目的での訪問は，いきなり室内に入る必要性は一般的にはないので，プライヴァシーの尊重さえ考慮すればよく，職質目的を達成する上で，必要最小限の来意で足りると解される。最高裁は，被告人の客室へのプライヴァシーへの期待は未だ残っているとの理解を示した上で，「お客さん，お金払ってよ」と声をかけていることから「料金支払いを督促する来意を告げている」とした。プライヴァシーが残存しているとの理解を前提とすれば，これで良いと解されよう。

3 本件では，被告人が20〜30センチ程ドアを開け，制服警察官の姿を見るやいなやドアを閉めようとした。これは街頭での職質にあって，警察官の姿を見て逃走しようとする行為と同視できるものであって，既に抱いている不審事由——無銭飲食・宿泊，覚せい剤自己使用——が深まっていったのである。従って，その時点以降，不審事由を解明するのに必要な限度で，その者に対し，敷居上辺に靴を入れドアを閉めさせないようにすることは，街頭であれば停止させる行為と同視できるので，許されるが，「停止」とは異なる行為ではある。しかし，職質を継続するための措置であることは共通しているので，この行為を「職質に付随する行為」と表現して，許したものと解される。

4 最高裁は被告人の客室へのプライヴァシーが未だ残っているとの前提に立つからこそ，立入に慎重な判断を示している。しかし，臨場を求めるホテル側の通報内容から覚せい剤の自己使用及び料金不払いの嫌疑が充分にあるものが，来意（料金督促）を告げられても，何ら納得しうる説明をせず，ドアを急に閉めて押さえる行為を行った時点以後は，支払の意思はないことが明確になったのであるから，被告人の客室へのプライヴァシーの権利も最早消滅しているのであって，この時以後は立入は自由であって良い。

5 最判昭53・6・20は，所持品検査は，「捜索に至らない程度の行為は，強制にわたらない限り，……所持品検査の必要性，緊急性，これによって害される個人の法益と保護されるべき公共の利益との権衡等を考慮し，具体的状況の下で相当と認められる限度において許容される」とした。本決定でも，決定要旨の①，②は，所持品検査の要件を満たしていることを示しており，③，④は手段の相当性を示すものであろう。なぜ相当かといえば，捜索に当たらないからである。本件財布の検査は，ファスナーの開いている小銭入れの部分からビニール入りの白色結晶を取り出したのであるから，新たなプライヴァシーの開披はなく，捜索に該当しないので，所持品検査として是認できるとしたのである。

6 本決定は，全裸の被告人をソファーに座らせて押さえ続け，その間衣服を着用させる措置もとらなかった行為は，職務質問に付随する行為としては，許容限度を超えているとしつつも，被告人が巡査に殴りかかった点は公務執行妨害罪を構成する疑いがあり，警察官らは……被告人を警職法5条に基づき制止していたものとみる余地もあるほか，被告人を同罪の現行犯人として逮捕することも考えられる状況にあったとしている。本件身柄拘束の適法性の根拠を警職法5条の制止か現行犯逮捕のいずれか又は双方に求めている。

ところで，違法排除法則は違法行為を行って入手した証拠を排除する法理であり，違法と証拠収集との間に因果関係がなければならない。本件では所持品検査の前に被告人が殴りかかってきたので制止し，その後所持品検査が行われたが，本件制止は所持品検査のために行われたものではなく，又この制止行為をしなければ所持品検査を成しえなかったというものでもない。本決定は，制止行為が職務質問に付随するものとしては許容限度を超えていたとの点は，所持品検査によって発見された証拠を違法収集証拠として排除することに結び付くものではないとしている。

（香川喜八朗）

【6】集団の停止規制

最(二小)決昭59・2・13刑集38巻3号295頁，判時1121号144頁
公務執行妨害，傷害被告事件(昭和55年(あ)第1104号)
第1審・東京地判昭53・10・27
第2審・東京高判昭55・5・22

● 争 点 ●
① 停止の要件
② 停止の根拠

1〈事実の概略〉

抗議行動を行っている集団が警備中の警察官ともみあいになった際，集団の一員が警察官Gに暴行を加えてその職務の実行を妨害した。同警察官は犯人の人相特徴を確知したが犯人が上記集団の中にまぎれ込んでしまったのでその場で現行犯逮捕することができず，上記犯行の5ないし10分後応援の警察官らとともに，上記犯人を集団中から探索し検挙するため，歩行中であった集団の先頭にまわり込むと同時に集団の列にそって並ぶ形で集団を停止させた。警察官Oはこの停止に当っていたが，集団の一員と認められるD（本件被告人）がその場から立ち去ろうとしているのを認めて「ちょっと待ってくれ」と声をかけ，その背後から肩に手をかけたところDからいきなり暴行を受け負傷した。集団停止後Gが見分して犯人でないと認められる者を順次立ち去らせたが，その間集団を停止させていたのでは6，7分であった。DはOに対する公務執行妨害及び傷害で起訴されたが，公務執行妨害罪の成否の前提として本件停止規制の適法性が争われた。

2〈決定要旨〉

本件の場合，(1)Gに対する傷害は加療約10日を要するもので，この犯罪の内容は軽微といえないこと，(2)犯人は抗議集団の中にまぎれ込んだため直ちに検挙できなかったが，犯罪発生後間もなく，犯人が右集団のなかにいる蓋然性が高く，かつGが犯人の人相特徴を明確に記憶していたので，Gが集団の者を見分すれば犯人を発見し検挙できる可能性は高い状況にあったこと，(3)集団が移動するままの状態で犯人を発見することは集団の規模，状況から困難であり，しかも右集団は漸次四散する直前の状況にあったから，犯人の検挙の目的を実現するには，集団の移動を停止させてその四散を防止する緊急の必要があり，そのためには本件のような停止以外の有効適切な方法がなかったこと，(4)停止を求めた際警察官の身体や楯が一部集団員の身体に接触することがあったが，それ以上の実力行使はなされておらず，停止を求める発言があったことと併せると，右行為は集団の者に停止を求めるための説得の手段の域にとどまるものと認めることができないわけではなく，停止させられた時間も6，7分間の短時間にすぎなかったので，本件警察官の措置によって右集団の者が受けた不利益の内容程度もさして大きいものといえないこと，(5)O警察官が被告人に対し停止を求めて肩に手をかけた行為も前記集団に対する停止措置の一環としてとらえたものであって，その有形力行使の程度も説得の手段の域にとどまることなどの事情が認められるのであって，これらの事情を総合勘案すると，本件の具体的状況のもとにおいては，O警察官が他の警察官とともに行った本件路上集団に対する前記停止措置は，被告人に対する行為を含め，犯人検挙のための捜査活動として許容される限度を超えた行為とまではいうことができず，適法な職務執行に当たると認めるのが相当である。

3 〈解 説〉

1 本件では，犯人が集団の中にまぎれ込んだ場合に，警察官がその集団の中から犯人を発見し検挙するために，その集団の移動を停止させることができるか否かが問われた。

本件では被害者たるG警察官が犯行を現認し犯人の人相特徴を知悉していて，犯人が集団内にまぎれ込むのを認めていることから，判旨にも云うよう，犯人が集団の中にいる蓋然性が高い場合であって，Gが犯人を発見しさえすれば犯人を少なくとも緊急逮捕しえた筈である。こうして判示(1)，(2)からは本件停止装置の目的が逮捕にあると理解しているものと解される。

2 逮捕目的とはいえ第三者の行動を規制するのであるからその要件，根拠がとわれねばならない。最高裁は判示(3)，(4)に示されるよう，停止の必要性，緊急性，停止以外の代替措置のないこと，及び停止によって受ける不利益の小さいことを本件の具体的事実に相応する要件として挙げている。また実力行使も「説得の域」にとどまるとの判示からは，本件停止が197条1項本文の任意処分に当たると解しているものといえよう。この意味で本件は事案の具体的情況の中に停止の適法性の要件事実があるとする点で1つの事例判決といえ，任意処分とする点は，任意捜査にも実力行使の許されることを認める最決昭51・3・16刑集30巻2号187頁と同一線上の判例といえよう。

3 夙に指摘されているところであるが，実力行使を認めながらそれを任意処分と根拠づける手法は，任意という語の本来の意味から離れ，任意処分と強制処分の境界を曖昧なものとしてきている。事態を率直に観て本件のような停止の正当化根拠を考えるべきではないか。

4 路上で集団示威運動を行う場合に，個々の集団構成員は匿名性は維持しつつも自己が集団内に存することで一定の主張を行おうとするのである。自己が他から視られるものであることを予期しており，合理的なプライヴァシーへの期待をもつものではない。またデモが公安条例等に基づく許可条件に反した行動をとれば警察官による規制を受けることも，時には構成員が逮捕されることがあることも予期している筈である。こうした規制は，集団の中で個人が自分を失い集団が暴徒化することを防ぐ上で必要なものである。本件では抗議行動の際に警察ともみあいになり既に警察官の規制措置を受けているのであって，このもみあいの際に発生した犯人が集団員であり，集団の中にまぎれこんだのである以上，見分を受けることのないプライヴァシーへの期待や，規制を受けることのない行動の自由を主張することは，合理的ではないであろう。とはいえ集団示威行動の目的達成のためにも規制が余りにも広範囲，長時間に亘るものであってはならないが，本件ではこの点必要最小限の規制が加えられたにすぎない。本件の具体的状況の中に適法性を示す要素があり，それを要件とした点は合理的である。ただ実力行使を認めつつ任意処分と位置づけるのは不合理である。犯人が集団内にまぎれ込んだのが明らかである以上，集団内で犯人の所在をつきとめる必要があるのだから，同様に所在をつきとめるためにその住居その他建造物等内で被疑者の捜索を認める220条1項1号を類推適用すべきではなかったかと思う。

[参考文献]
① 岡部泰昌・判時1133号
② 則定衛・研修429号
③ 渡邊忠嗣・最判解刑事篇昭和59年度

（香川喜八朗）

I 捜査 (2) 職務質問と自動車検問

【7】 自動車検問(1)
——交通予防検問(1)

最(一小)決昭53・9・22刑集32巻6号1774頁,判時903号104頁
公務執行妨害,傷害被告事件(昭和52年(あ)第1846号)
第1審・福井地武生支判昭52・1・24
第2審・名古屋高金沢支判昭52・9・29

● 争　点 ●
自動車検問および自動車運転者に対する職務質問における停止措置の限界

1〈事実の概略〉

　警察官P・Qは,交通違反の取締りに従事中,Xの運転する車両が赤色信号を無視して交差点に進入したのを現認した。Xの車に合図して停車させ,違反事実を告げたところ,Xは,一応違反事実を認め,自動車運転免許証を提示した。しかし,パトカーへの同行の求めには応じなかったため,P・Qは,パトカーをXの車両の前方まで移動させ,事情聴取に応じるよう説得してXを下車させた。
　その際,約1メートル離れたXに酒臭があったため,PがXに対し,「酒を飲んでいるのではないか,検知してみるか。」といって検知する旨告げたところ,Xは,急激に反抗的な態度を示し,「うら酒なんて関係ないぞ。」と怒鳴りながら,Pに提示していた自動車運転免許証を奪い取り,エンジンのかかっていた自分の車に乗り込み発進させようとした。
　そこで,Qは,運転席の窓から手を差し入れ,エンジンキーを回転してスイッチを切り,Xが運転するのを制止した。これに対してXは憤激し,P・Qに暴行を加え,傷害を負わせたことから公務執行妨害罪および傷害罪で逮捕・起訴された。
　第1審は,警察官が自動車のエンジンスイッチを切るという実力行使をしてまでXに同行を促すことは,任意同行の域を超えており,適法な職務質問とはいえないなどとして,公務執行妨害罪の成立を否定し,無罪とした。これに対し,控訴審は,警察官が窓から手を差し入れてエンジンスイッチを切った行為を適法なものとし,第1審を破棄して公務執行妨害罪の成立を認めて有罪判決を言い渡した。そこで,Xが上告した。

2〈決定要旨〉

　上告棄却
　「〔本件〕の事実関係のもとでは,Q巡査が窓から手を差し入れ,エンジンキーを回転してスイッチを切った行為は,警察官職務執行法2条1項の規定に基づく職務質問を行うため停止させる方法として必要かつ相当な行為であるのみならず,道路交通法67条3項の規定に基づき,自動車の運転者が酒気帯び運転をするおそれがあるときに,交通の危険を防止するためにとった,必要な応急の措置にあたるから,刑法95条1項にいう職務の執行として適法なものであるというべきである。」

3〈解　説〉

　1　犯罪の予防・検挙のため,警察官が走行中の車両を停止させ,運転者などに質問する行為を自動車検問という。自動車検問には,各種の態様があり,中でも,一斉検問のように外観からは不審事由が判別できない場合の実施については,依拠する根拠規定に議論がある(本書【8】参照)。本件の自動車検問(交通予防検問)では,警察官が信号を無視した自動車を発見しており,不審事由が認められることは明らかであるから,警察官職務執行法(以下「警職法」)2条1項を根拠に車両を停車させて質問することができる。もっとも,そこでの措置は,刑訴法の規定によらない限り,「身柄の拘束」などはできない旨定められていることから(3項),任意手段でのみ許されることになる。
　本件で警察官が実施した停止措置をみてみると,当初のものについては,警察官の合図によって被告人車両を道路左側に停車させた穏当なものであり,引続き任意同行を求めた説得行為も含め,適法とすることに異論はないであろう。
　2　検討を要するのは,警察官が酒気帯び運転の疑いを指摘したところ,Xが再び車に乗り込み,発進させようとしたために,警察官がエンジンキーを回転して抜き取り,運転を事実上制止した措置である。
　職務質問において許される任意手段の意義について,かつては明示または黙示の承諾・同意という心理的側面のみから捉える見解もみられたが,ここでいう任意は,3項の「身

柄の拘束」などには該当しない，すなわち，規範的なものとしての非「強制」を意味するものであって，相手方の承諾・同意がない限り，いかなる措置もとれないわけではない。警職法2条1項は，「停止させて質問する」ことを規定しているが，相手方の同意や承諾がある場合に限定する趣旨であれば，法律留保の原則からはそもそも法制化する必要はないはずだからである。また，こうした解釈は，職務質問が犯罪の予防・鎮圧等を目的とする行政警察作用として，各般の事象に対応して迅速適正に処理されるべきであるという実際上の要請からも支えられるように思われる。

もっとも，非「強制」であれば，いかなる有形力の行使でも許されるわけではない。有形力の行使は，身体の拘束とまではいえなくても，対象者の行動の自由を侵害・制約するものである以上，一定の範囲でのみ許容されるべきだからである。

3 この点，判例は，追跡して腕に手をかけて引き止めた行為（最決昭29・7・15刑集8巻7号1137頁）など，一定の有形力の行使を認めてきており，米子銀行強盗事件では，指針となる判断枠組みが示された（「捜索に至らない程度の行為は，強制にわたらない限り，所持品検査においても許容される場合がある」，「かかる行為は，限定的な場合において，所持品検査の必要性，緊急性，これによって害される個人の法益と保護されるべき公共の利益との権衡などを考慮し，具体的状況のもとで相当と認められる限度においてのみ，許容される」本書【9】参照）。

ここでは，有形力の行使を一定の範囲で認める判断枠組みとして2段階の構成をとり，まず，①当該行為の強制処分該当性を検討し，任意処分とされた場合には，②その許容された限界を，比例原則にのっとって利益衡量により判断していると解することができる。

なお，ここで示された行政警察活動の限界に関する判断枠組みは，司法警察活動である任意捜査の限界に関する最高裁昭和51年決定（【1】）との類似性が認められる。この点は，行政警察活動の規律をいかにして図るかにかかわるものであり，学説上は，①行政警察活動と司法警察活動との事実上の「類似性・連続性・連動性」（不審事由から特定の犯罪の嫌疑，獲得資料の証拠としての共通性）に着目し，前者の限界を検討する際にも捜査に関して用いられる基準を援用するアプローチ（田口守一『刑事訴訟法〔第6版〕』59頁）と②援用というかたちはとらず，本来的に警察活動全般に適用される性質の原則（警察比例の原則）から，任意捜査に関する限界と同種の基準を導き出すアプローチがある（川出敏裕「行政警察活動と捜査」法教259号76頁）。もっとも，両者は排斥しあう関係にはないため，両警察活動の限界の判断枠組みが類似のものとなる理由については，①実態面に加え，②第1段階については，警職法2条3項が強制処分は刑訴法の規定によらなければならない旨定めていること，第2段階については，法の一般原理である警察比例の原則が行政警察活動と司法警察活動の双方に共通する規制原理であるためと解してよいように思われる。

4 以上を前提に，本件についてあらためてみてみると，本件の停止措置は，エンジンキーを回転してスイッチを切ったことで，発車できない状況にしたものではあるものの，直ちに移動の自由が奪われているとまではいえないことからすれば，「身柄の拘束」とまではいえない。他方，当該行為は，被告人からの酒臭から酒気帯び運転の疑いが生じ，まさに発車させようとしている段階でとられたもので，不審事由を解明すべく職務質問を継続するために発車を阻止する必要性，緊急性が認められ，本件具体的状況の下では相当と評価できよう（なお，本決定では，道路交通法67条3項に基づく交通の危険を防止するための応急措置としても本件の停止措置は適法であるとされた）。

5 本決定以降の最高裁決定でも，職務質問に際し，被告人運転車両の窓から腕を差し入れてエンジンキーを抜き取った行為の適否について同様の枠組みで判断されており（本書【3】），任意手段としてのみ許される警察官の行為につき，具体的状況のもとで強制にわたらない有形力の行使の適否を判断する枠組みは，少なくとも判例上は概ね一致をみているとの評価が可能であろう。

[参考文献]
① 渥美東洋・判時922号172頁
② 堀籠幸男・最判解刑事篇昭和53年度407頁

（宮木康博）

【8】 自動車検問(2)
——交通予防検問(2)

最(三小)決昭55・9・22刑集34巻5号272頁, 判時977号40頁
道路交通法違反被告事件(昭和53年(あ)第1717号)
第1審・宮崎地判昭53・3・17
第2審・福岡高宮崎支判昭53・9・12

● 争　点 ●
① 交通予防検問の根拠規定
② 交通予防検問の要件

1 〈事実の概略〉

本件交通予防検問を実施したKおよびHの両巡査の所属する宮崎南警察署では, 月2回の例会で全署員に対し, 交通検問の方法について, (1)歩車道の区別のある道路では, 歩道上に立ち, 区別のない道路では道路端に立ち, 昼間は手信号で, 夜間は赤色灯を回して停止の合図をし, (2)通行車両の前にとび出したり, 路上にバリケードを設けるなど交通妨害になることは避け, (3)対象者への言葉遣いはていねいに, 不必要なことはいわず, (4)停止時間は最小限にし, 交通妨害にならないようにし, (5)停止に応じない車両も直ちに追跡せず, 車両の同一性を確認して県警本部無線指令室に無線で報告するように, (6) (5)のときは, 検問担当者の報告により, 調査し, 盗難車などの疑いのあるときは, パトカーで事後追跡をするように, 指導していた。

両巡査は, 上記の指導に従い, 飲食店の多い宮崎市北部から南部へ向かう車両の多い, 南署管内の橘橋南詰で, 時期的に飲酒運転の多い昭和52年7月8日午前2時30分ごろ, 警邏の一環として飲酒運転など交通関係違反の取締を主目的とする交通検問に従事していた。

また, 両巡査は同一方向に5分に1台ほどの割合で走行してくる全車両を橘橋南詰の道路端に立って赤色灯を回しながら検問対象にし, 検問終了時の同日午前5時15分までに, 25, 6台に停止を求め, 本件被告人を含む5人を酒気帯び運転を理由に検挙した。

被告車両は走行外観上は不審事由を伴ってはいなかったが, 停止の合図で車を道路左端に寄せ, K巡査の前に停止したので, 同巡査は被告車両の運転席のところに行き, 窓を開けてもらい, 免許証の呈示を求めたところ, 酒臭がするので酒気帯び運転の疑いで降車を求めた。素直に降車した被告人の酒臭をH巡査にも確認してもらい, 派出所まで同行を求めて吸気検査を実施したところ, 吸気1リットル中0.25ミリグラム以上のアルコールが検出され, これを被告人にも確認させたうえ, 鑑識カードを作成し, 被告人の署名押印を求め, 被告人は署名押印した。

被告人およびその弁護人は, 本件自動車検問は何ら法律上の根拠のない違法なものであるから, 検問を端緒として収集された証拠には証拠能力がない旨主張した。

第1審は不審事由が走行外観上存在する車両の停止, 質問は道交法の各種の停止を認める規定や警職法2条1項で許されることは明白だが, 不審事由が走行外観上明白ではない交通予防検問を直接明文で認める規定が欠けていることを指摘しつつも, 交通安全と交通秩序の維持のため, 予防交通検問の必要性は否定できないとして, 警察法2条1項が交通取締を警察の責務とし, 交通安全と交通秩序維持をその職責としていることに鑑みて同条項が交通予防検問を許しているものと解釈し, 被告人を道交法の酒気帯び運転を理由に有罪と認定した。

第2審も第1審とほぼ同様の理由づけで, 被告人の控訴を棄却した。

2 〈決定要旨〉

最高裁は被告人の上告には上告理由がないとしたうえ, 警察法2条1項が交通取締を警察の責務にしていることを根拠に強制力を伴わない任意手段により, それが国民の権利・自由の干渉に不必要に及ばないように求めている同条2項および警職法1条の趣旨に言及し, 自動車利用に伴う自動車運転者の当然の負担(責任)として, 交通取締に協力すべき義務を認め, 現下の交通状況に照らして, 予防検問は「相手方の任意の協力を求める形で行われ, 自動車の利用の自由を不当に制約することにならない方法, 態様で行われる限り, 適法なものと解すべきである。」

3 〈解 説〉

1 本件決定は、交通予防検問を、警察法2条、警察官職務執行法1条の趣旨から捉えて一定の条件の下に肯定した最初の最高裁判所の判断である。

2 交通予防検問を含めて、自動車に対する予防検問、車両の走行中の外観からは、警職法2条2項の、いわゆる「不審事由」を伴わないが交通違反と交通事故が発見されるに先立って行われる走行自動車への停止と質問などの警察活動を一切、法律上の根拠のないものとして認めない立場（たとえば、名古屋高金沢支判昭52・6・20判時878号11頁の第1審の判断）と、それを認める立場がある。そして、予防検問を認める立場には、その法的根拠を警職法2条1項に求めるものと、本件の第1、2審の判決および本最高裁判所の決定のとるように、警察法2条と警察官職務執行法2条1項の立法目的（趣旨）に根拠を求めるものとがある。

3 名古屋高金沢支判昭52・6・20判時878号11頁の第1審判断を別にして、わが国の実務の大勢は、法律上の根拠を警察法2条に求めるか、警職法2条2項に求めるかは別にして、一定の要件の下に、予防検問を自動車について認めている。

自動車の予防検問を認める根拠は、道路を利用する歩行者と自動車とのバランスのとれた取扱に求められ、車両利用者が、道路を利用するに当たって、歩行者以上に厚い保護を受ける理由のないことを、その理由とする。公道を歩く者に住居等でと同様のプライヴァシーの期待は認められない。

自動車の予防検問には、通常犯罪の発生の予防、発生した犯罪の摘発、犯人の検挙を目的とするものと、本件のような交通違反の予防検問とがある。前者にあっては、車両は可動性、移動性を著しく高める手段として、犯行を容易にし、犯行後の逃走を容易にし、反面、犯罪の摘発、発見、犯人の捕捉を著しく困難とする。後者にあっては、歩行者と異なり、多くの事故、それも重大な生命・身体・財産に関する損傷を伴う事故を多発させている。とくに道路交通の安全の見地から、道交法を含む関連法規は、歩行者に対するのとは異なり、多くの規律を自動車の利用に課し、そこで、取締行政当局や警察官による自動車利用者に対する規律と接触を、歩行者に比べ著しく広く、多く認めている。

このような法の立法の目的、趣旨と法状況の下で、走行中外観からは不審事由を伴わない自動車の本来の性質に考慮を払わずに、走行外観上不審事由がなければ停止を求めえないとすることは、自動車利用者に歩行者より厚くプライヴァシーを保護することになり、妥当ではない。

4 本決定は任意処分であっても、限度のあることを指摘し、特定の交通取締の目的の達成に必要な限度での、できるだけ対象者の任意協力を求める検問のみを合法とする立場をとった。物理的強制を伴わなくても、プライヴァシー侵害を伴えば強制処分だと解する立場と接近している。この点で、警職法2条1項を根拠にすれば、特定の交通違反の不審事由による停車・質問を目的とする検問では、その形式・態様・時期を具体的な不審事由がほぼ、自然に限定するのに対し、警察法2条説では、一般的な交通取締を目的とすると、検問態様等を限定しきれない虞がある。

車両の利用者と歩行者の取扱のバランスを配慮すれば、不審事由に先行する車両検問は警職法2条2項でも十分理由づけられるであろう。

法の解釈は、法律の定められている目的趣旨との関係で「文脈」、構造に添ってなされるべきものである。

また、刑事的に法の定める強制処分に比較して、強制の程度が低く、対象者への干渉の程度の低い警察活動については、その程度の差に従って、干渉の根拠を与える理由の大小・明確さにも程度の差を認める「段階的」対応を認めることが正しいと思う。正義の一つの原則「均衡原理」適用の一例である。

[参考文献]
① 渥美東洋・判タ423号13頁
② 椎橋隆幸・警研58巻8号60頁
③ 渡部保夫・最判解刑事篇昭和55年度149頁

（渥美東洋）

I 捜査 (2) 職務質問と自動車検問

【9】職務質問に伴う所持品検査
(1)――米子銀行強盗事件

最(三小)判昭53・6・20刑集32巻4号670頁，判時896号14頁
爆発物取締罰則違反，殺人未遂，強盗被告事件(昭和52年(あ)第1435号)
第1審・東京地判昭50・1・23
第2審・東京高判昭52・6・30

● 争　点 ●
① 所持品検査の必要性と法的根拠
② 所持品検査の要件

1 〈事実の概略〉

通報に基づき車を止め，銀行強盗犯人の手配人相に似た2人の男に職務質問したが，Kと被告人は黙秘した。車の後部座席にはアタッシュケースとボーリングバッグがあった。警察官は両名を下車させ質問したが，黙秘されたので，疑いを深め，前記バッグとケースの開披を求めたが拒絶された。その後，開披要求―拒絶という状況がしばらく続いた後，A巡査長はKの承諾なしに上記バッグのチャックを開けると大量の紙幣が見え，続いて施錠してあったケースをドライバーでこじ開けると被害銀行の帯封してある札束が見えたので，Kを緊急逮捕し，証拠物を差押えた。続いて，連絡を受けたO巡査部長は被告人を緊急逮捕した。第1，2審とも上記所持品検査を適法としたのに対して，被告人側が上告を申し立てた。

2 〈判　旨〉

上告棄却

「所持品の検査は，口頭による質問と密接に関連し，かつ，職務質問の効果をあげるうえで必要性，有効性の認められる行為であるから，同条項による職務質問に附随してこれを行うことができる場合があると解する。」「所持品検査は，任意手段である職務質問の附随行為として許容されるのであるから，所持人の承諾を得て，その限度においてこれを行うのが原則である」が，「職務質問ないし所持品検査は，犯罪の予防，鎮圧等を目的とする行政警察上の作用であって，流動する各般の警察事象に対応して迅速適正にこれを処理すべき行政警察の責務にかんがみるときは，所持人の承諾のない限り所持品検査は一切許されないと解するのは相当ではなく，捜索に至らない程度の行為は，強制にわたらない限り，所持品検査においても許容される場合があると解すべきで」，それは，「所持品検査の必要性，緊急性，これによって害される個人の法益と保護されるべき公共の利益との権衡などを考慮し，具体的状況のもとで相当と認められる限度においてのみ，許容されるものと解すべきである。」本件の場合，A巡査長の行為は，「猟銃及び登山用ナイフを使用しての銀行強盗という重大な犯罪が発生し犯人の検挙が緊急の警察責務とされていた状況の下において，深夜に検問の現場を通りかかったK及び被告人の両名が，右犯人としての濃厚な容疑が存在し，かつ，凶器を所持している疑いもあったのに，警察官の職務質問に対し黙秘したうえ再三にわたる所持品の開披要求を拒否するなどの不審な挙動をとり続けたため，右両名の容疑を確かめる緊急の必要上されたものであって，所持品検査の緊急性，必要性が強かった反面，所持品検査の態様は携行中の所持品であるバッグの施錠されていないチャックを開披し内部を一べつしたにすぎないものであるから，これによる法益の侵害はさほど大きいものではなく，上述の経過に照らせば相当と認めうる行為であるから，これを警職法2条1項の職務質問に附随する行為として許容されるとした原判決の判断は正当である。」また，「前記ボーリングバッグの適法な開披によりすでにKを緊急逮捕することができるだけの要件が整い，しかも極めて接着した時間内にその現場で緊急逮捕手続が行われている本件においては，所論アタッシュケースをこじ開けた警察官の行為は，Kを逮捕する目的で緊急逮捕手続に先行して逮捕の現場で時間的に接着してされた捜索手続と同一視しうるものである。」

3 〈解 説〉

1 所持品検査の法的根拠

所持品を外部から観察したり，その内容について質問することは，職務質問に付随する行為として，警職法2条1項を根拠に，一般に認められている。もっとも，警察法2条および同条と警職法2条1項とを根拠として所持品検査を認める見解もあり，それらは，警察法が組織法であり，また同条が一般条項であるため，同条を根拠にするといきおい所持品検査の許容範囲を広く認めることになると批判されていた。米軍厚木基地事件では，警職法2条1項のほかに警察法を含む法秩序全体の精神も拠り所にされた。本判例は，所持品検査を警職法2条1項の職務質問に付随する行為として許容されるとした原判決の判断を正当であるとしているところから，警察法に根拠を求めることを否定し，警職法2条に所持品検査の根拠があることを明らかにしたものといえるだろう。

2 承諾のない所持品検査が許される要件

本判例は，従来の判例と同様に，所持品検査は任意処分として許されるのだから，所持人の承諾を得て行なうのが原則であるとはしながらも，一定の要件の下に，所持人の承諾のない所持品検査を認めた。ところで，所持品検査が問題となる場合の多くは，真に任意に応じる場合ではない。そこで，任意を前提として所持品検査を認める見解の多くは，ある程度の実力の行使を認めている。しかし，実力の行使を認めつつ任意と構成する立場は，本来許されない処分をも承諾があるから，任意で許されることにしかねないという問題点がある。そこで，不審事由があり，停止，質問が許され，犯罪と所持品との関係が濃厚だと判明している場合で，放置すれば犯人の摘発・逮捕が不可能か著しく困難な場合には，相手の承諾を欠いても質問の実効化に必要かつ有効な所持品検査を率直に認めるが，それは一定の明確な基準の下でのみ許されると構成することが妥当であろう（渥美・判夕374号19頁）。本判例は承諾を欠いた所持品検査を認める基準として，「捜索に至らない程度の行為」で，「強制にわたらない限り」，「検査の必要性，緊急性，これによって害される個人の法益と保護されるべき公共の利益との権衡などを考慮し，具体的状況のもとで相当と認められる限度においてのみ」許されるとした。本判例が一定の基準を明示した意義を評価しつつも，その基準については，「その許容限界がいささか緩きに過ぎる」（三井・ジュリ679号48頁）との見解がある。これに対して，本判例の設定した基準を次のように解して積極的に支持する見解がある。相当な不審事由があるとき行なわれた停止＝質問に密接に関連し，質問の根拠となった不審事由と所持品との関係があることが判明している場合に，質問を実効化するのに必要かつ有効な所持品検査は許される（渥美・前掲20頁）。

3 本判例の意義

ところで，所持品検査の限界は，それを取巻く諸事情によって定まるもので，必ずしも一義的に定められないところにその解釈の難しさと不安定さがある（船田・捜査大系I 45頁）といわれているが，従来の判例のなかで，本判例が最高裁としてかなり具体的かつ明確な基準を示したことは高く評価されるべきである。本件では，手配人相や車種についての通報等によって銀行強盗犯人である相当な不審があったこと，職務質問によって不審事由が高まったこと，凶器を所持している疑いがあったこと，凶器がバッグのなかに入っている疑いがあったこと等がバッグの開披を正当化しうるものといえるだろう。なお，その後の施錠されているケースをこじ開けた行為については，所持品検査として認めることはできないと考えたためかはわからないが，緊急逮捕に伴う捜索手続と同一視しうるものと解している。

[参考文献]
① 渥美東洋・判夕373号14頁，同374号16頁，同375号23頁
② 岡次郎・最判解刑事篇昭53年度198頁
③ 渡邊一弘・百選［第8版］10頁
④ 笹倉宏紀・百選［第9版］10頁
⑤ 柳川重規・平良木＝椎橋＝加藤・判例7頁

（椎橋隆幸）

【10】職務質問に伴う所持品検査(2)——大阪覚せい剤事件

最(一小)判昭53・9・7刑集32巻6号1672頁,判時901号15頁
覚せい剤取締法違反有印公文書偽造,同行使,道路交通法
違反被告事件(昭和51年(あ)第865号)
第1審・大阪地判昭50・10・3
第2審・大阪高判昭51・4・27

● 争 点 ●
所持品検査の許容限度

1 〈事実の概略〉

覚せい剤事犯や売春事犯の検挙例の多い大阪市内の連れ込みホテルが密集する地帯の或るホテル附近の路上に被告人の自動車が停車していた。運転席にいた被告人のところに遊び人風の3,4人の男が近附き,被告人と話し合っているのを警察官が認めた。

ついで,その車がホテルの駐車場に入りかけると,先ほど,話を交わしていた遊び人風の男たちもそれについて行ったのを警察官は見届けた。警察官は,まず,被告人らに売春の客引きの疑いを抱き,遊び人風の男らとの話の内容に不審を認めて,先の駐車場の入口附近で車を停止させ,窓越しに運転免許証の提示を求め,(後に偽造と判明した)免許証の提示を受け,車内を見ると,車内にヤクザの組の名前と紋章(代紋)入りのフクサ様のもののなかに賭博道具の札が10枚ばかり入っているのをみつけた。

そこで,被告人はそれ以外にも違法な物を持っているのではないかと疑い,被告人の落ち着きのない態度,青白い顔色などから覚せい剤中毒の疑いもあって,職務質問を続行するため,被告人に車から降りるように求めたところ,被告人は素直にこれに応じた。被告人に所持品の提示を求めると「見せる必要はない」といって拒まれて,先の遊び人風の男も近寄り「お前そんなことをする権利があるのか」と抗議した。警察官は応援の警察官4人とともに所持品の提示をさらに求めたところ,被告人は目薬とちり紙を渡した。警察官は被告人のポケットを触わり,上衣左側内ポケットに「刃物ではないが固い物」をみつけ,その提示を求めた。被告人は黙しているので,「それなら出してみるぞ」といったら,被告人は何やらブツブツ不服めいたことをいい,不服な態度を示したが,警察官はその内ポケットに手を入れて,チリ紙包とプラスチックケース入りの注射針1本をとり出し,そのチリ紙包のなかに後に証拠となった「ビニール袋入りの覚せい剤様の粉末」が入っていたことが,被告人の面前でチリ紙包を開いた措置から判明し,押収した粉末について試薬テストをした結果,覚せい剤だとわかった。

2 〈判 旨〉

上告棄却

1 まず,所持品検査は承諾によるのが原則であるとしつつ,「捜索にいたらない程度の行為」は「強制にわたらないかぎり」,承諾がなくてもできる場合があるとして,その限界を「所持品検査の必要性,緊急性,これによって侵される個人の法益と保護さるべき公共の利益との権衡などを考慮し,具体的状況のもとで相当と認められる限度において許容される場合があると解すべきである。」

2 警察官の求めに応じて車から降りた被告人が,所持品検査を求められ,これを拒み,そこに遊び人風の男らが近寄ってきて「お前らそんな権利があるのか」と抗議したとき,職務質問を実効のあるものにするうえで,質問に妨害が入るのを避けるためには,所持品検査を肯定する「必要性ないし緊急性」を認めることができる。

3 そこで,本件,内ポケット内から物を探り当て,それを引き出す行為は所持品検査の前提条件を具備する行為であるが,「プライバシー侵害の程度の高い行為であり,かつ,その態様において捜索(傍点筆者)に類するものであるから,……職務質問に附随する所持品検査の許容限度を逸脱したものと解するのを相当とする。」しかし,この警察官の行為は「捜索」には当らず,「所持品検査の許容限度をわずかに超えて行なわれたに過ぎない。」

3 〈解説〉

1 警職法2条1項は職務質問を認める。質問＝供述入手＝を目的とする「一時の身体の自由の拘束」なので，職務質問を目的とする停止は，犯行の予防，拡大防止，関係者の逃走，証拠の散逸を予防する目的で警職法が認めたものとみるのが相当であろう。

ところで，この警職法2条1項は，いわゆる所持品捜検，または，身体捜検（フリスク）を目的とする停止を明文では定めていない。そこで，所持品検査が，職務質問に随伴する行為として許されるか否かについては見解の対立があった。所持品検査を警職法2条1項に定める，「不審事由」が備わった状況で肯定しようという明文を伴う警職法の改正提案は，昭和27年に，デモを伴った反対に会い，国会を通らなかった。ところが，不審事由が存在する状況で，所持品検査を肯定しなければ，上述のような職務質問を肯定した意味がなくなる場合が多いことも，すでに大方が認めていたところである。兇器・爆発物等の所持品の検査をなしえないために，職務質問を行なう警察官の生命・身体が脅かされ，または，その所持品たる兇器・爆発物を用いた犯罪が実行され，犯行後にしか法執行活動に出られず，それまで，拱手傍観を強いられざるをえなくなる類型である（これについては東京高判昭47・11・30高刑集25巻6号882頁厚木事件を参照）。

第2は，職務質問によって不審事由が高まり，所持品がその職務質問の対象となっている不審事由を備えていると認められる場合に，所持品検査ができないと，不審事由のあるまま，逮捕等に踏み切る要件を発見できずに，「犯人」を放置してしまうような類型の状況であり，これについては【9】米子事件が判断を示し，一定の基準を設定している。

2 米子事件で第三小法廷が設定した基準は次のようなものである。「口頭による質問と密接に関連し，かつ職務質問の効果をあげるうえで必要性，有効性の認められる行為は警職法2条1項の職務質問を実効化するに必要な附随する所持品検査として許される」といい，また，職務質問のための「停止」の場合と同様に，所持品検査も，所持人の承諾をえて，その限度で行なうのを原則だとしながら，「職務質問ないし所持品検査は，犯罪の予防，鎮圧等を目的とする行政警察上の作用であって，流動する各般の警察事象に対応して迅速適正にこれを処理すべき行政警察の責務にかんがみるときは，所持人の承諾のないかぎり所持品検査は一切許容されないと解するのは相当でなく，捜索に至らない程度の行為は，強制にわたらないかぎり，所持品検査においても許容される場合があると解すべき」とする。

3 本件の所持品検査を，第2類型のものなのに第1類型のものとみているところに問題がある。第2類型とみれば，本件所持品検査は，口頭の質問と密接に関連していないので，それだけで違法とさるべきであろう。

ところで，いわゆるフリスクし，物色し，内容を開き一べつするところまでは，「捜索」に当らないとする判例の立場には疑問はない。身体を外側から触れたり，手持ちの物品を外側から触わり，錠のかかっていない手持ちカバン等を，チャック等を開いて内容を一べつする措置は，「捜索」には当らないとするのも理解できる。

本件では内ポケットに手を突っ込み，相手側が積極的に拒まないとはいえ，内ポケットから物を取り出した行為が「捜索」に当らないとするのには疑問が残る。犯罪捜査活動にまでいたらない犯行を予防・拡大防止する警察作用には，刑事訴訟法の適用は無いとみて，このような判断にいたったとみるのがこの最高裁判所の判示への対応であろうか。

今一度，排除法則の本来の要求を直視し，捜索・押収の概念を的確に捉え直す判示を待ちたい。

[参考文献]
① 渥美東洋・判タ373・374・375号
② 三井誠「所持品検査の限界と違法収集証拠の解除」ジュリ679・680号
③ 岡次郎・最判解刑事篇昭和53年度386頁
④ 小木曽綾・法教364号6頁

（渥美東洋）

I　捜査　(2) 職務質問と自動車検問

【11】職務質問に伴う所持品検査(3)——第一京浜職務質問事件

最(三小)決平7・5・30刑集49巻5号703頁，判時1537号178頁，判夕884号130頁
覚せい剤取締法違反被告事件(平成6年(あ)第894号)
第1審・東京地判平5・11・18
第2審・東京高判平6・7・28

● 争点 ●
承諾のない自動車内検索の限界

1 〈事実の概略〉

警察官Pは，運転者Xに対し職務質問を開始したところ，免許証の不携帯や覚せい剤の前歴5件などが判明した。加えて，Pは，Xのしゃべり方が普通と異なっていたことや，停止の求めに応じずに逃走したことなども踏まえ，覚せい剤所持等の嫌疑を抱き，約20分間にわたり，所持品や車内を調べたいなどと説得した。ところが，Xがこれに応じようとしなかったため，所轄に応援を求めた。

駆け付けた覚せい剤事犯捜査係官Qは，Pからそれまでの状況を聞くとともに，皮膚が荒れ，目も充血していたことから，覚せい剤を使用しているとの疑いを持った。さらにQが説得を続けていると，窓から自動車内を覗くなどしていた警察官から，車内に白い粉状の物があるとの報告があった。そこで，QがXに車内をみせるよう求めたところ，「あれは砂糖ですよ。見てくださいよ。」などと言われたため，Qは，Xをそばに立ち会わせた上で車内に乗り込み，床の上に散らばっていた白い結晶状の物について予試験を実施した。しかし，覚せい剤の成分は検出されなかった。

そのため，Qは，Xに対し，「車を取りあえず調べるぞ。これじゃあ，どうしても納得がいかない。」などと告げ，Pらに「相手は承諾しているから，車の中をもう1回よく見ろ。絶対これは何かあるはずだ」などと指示した。Pらが懐中電灯や集光ライトを用い，シートを前後に動かすなどして自動車の内部を丹念に調べたところ，運転席下の床の上に白い結晶状の粉末の入ったビニール袋1袋が発見された。その間，Xは，その様子を眺めていたが，異議を述べたり口出しすることはなかった。その後，Xは，覚せい剤所持で現行犯逮捕され，署内で尿を提出した。

第1審および控訴審では，警察官が車内を調べた措置の適法性が争点となった。第1審は，Xに承諾があったと認定して車内を調べた行為を適法とした。これに対し，控訴審は，承諾があったとは認めず，上記行為を違法としたが，逮捕後採取された尿の鑑定書の証拠能力は肯定し，有罪を言い渡した。そのため，弁護人が上告した。

2 〈決定要旨〉

上告棄却

「警察官が本件自動車内を調べた行為は，被告人の承諾がない限り，職務質問に付随して行う所持品検査として許容される限度を超えたものというべきところ，右行為に対し被告人の任意の承諾はなかったとする原判断に誤りがあるとは認められないから，右行為が違法であることは否定し難いが，警察官は，停止の求めを無視して自動車で逃走するなどの不審な挙動を示した被告人について，覚せい剤の所持又は使用の嫌疑があり，その所持品を検査する必要性，緊急性が認められる状況の下で，覚せい剤の存在する可能性の高い本件自動車内を調べたものであり，また，被告人は，これに対し明示的に異議を唱えるなどの言動を示していないのであって，これらの事情に徴すると，右違法の程度は大きいとはいえない。

次に，本件採尿手続についてみると，右のとおり，警察官が本件自動車内を調べた行為が違法である以上，右行為に基づき発見された覚せい剤の所持を被疑事実とする本件現行犯逮捕手続は違法であり，さらに，本件採尿手続も，右一連の違法な手続によりもたらされた状態を直接利用し，これに引き続いて行われたものであるから，違法性を帯びるといわざるを得ないが，被告人は，その後の警察署への同行には任意に応じており，また，採尿手続自体も，何らの強制も加えられることなく，被告人の自由な意思による応諾に基づいて行われているのであって，前記のとおり，

警察官が本件自動車内を調べた行為の違法の程度が大きいとはいえないことをも併せ勘案すると，右採尿手続の違法は，いまだ重大とはいえず，これによって得られた証拠を被告人の罪証に供することが違法捜査抑制の見地から相当でないとは認められないから，被告人の尿の鑑定書の証拠能力は，これを肯定することができると解するのが相当であ〔る〕。」

3 〈解 説〉

1 本件では，警察官が自動車内を調べた行為の適法性が問題となったが，下級審での主たる争点は，車内検索に対するXの承諾の有無であった。本件の車内検索は，①警察官が窓の外から車内に白い粉状のものを発見したことから開始された措置，②白い粉状のものが覚せい剤ではないことが判明したのちに開始された措置に分類できる。第1審は，いずれの措置についても承諾を肯定したのに対し，原審および本決定は，少なくとも②については，承諾はなかったものと認定している。そこで，以下では②の承諾のない車内検索の適否に焦点を当てて検討する。

2 自動車内を検索する方法としては，現行法上，行政警察活動としての所持品検査と司法警察活動としての捜索が考えられる。原審は，懐中電灯や集光ライトを用い，シートを前後に動かすなどして自動車の内部を丹念に調べた行為を，「未だ具体的な被疑事件の捜査が開始された状況にない」ことを理由に，刑訴法上の捜索ではないとし，本決定も，理由は示してはいないものの，本件を承諾のない所持品検査の適否と位置づけている。

承諾のない所持品検査については，学説上，否定説も有力に主張されている。他方，判例は，警職法2条1項を根拠に，一定の要件のもとでこれを許容しており，米子銀行強盗事件では，「捜索に至らない程度の行為は，強制にわたらない限り」，「所持品検査の必要性，緊急性，これによって害される個人の法益と保護されるべき公共の利益との権衡などを考慮し，具体的状況のもとで相当と認められる限度」で許容されるとの判断が示されている（本書【9】）。

3 そこで，まず，本件の所持品検査が捜索に至っていないかが検討されねばならない。

「捜索」と「それに至らない所持品検査」との限界は，必ずしも明らかではないが，「強制の処分」が濫用の危険を回避すべく法律に定められた要件・手続の履践を条件に実施が許容される性質のものであることからすれば，その該当性判断は，法益侵害性に着目すべきであるように思われ，ここでの主たる判断要素はプライバシーへの干渉の程度ということになる。

本件の警察官らは，当初になされた窓の外から車内をみる措置にとどまらず，懐中電灯や集光ライトを用い，シートを前後に動かすなどして自動車内部を丹念に調べている。これらの態様は，捜索と評価されてしかるべきものであろう。また，その範囲も，車外からは通常見えない場所にまで至っていることからすれば，プライバシーへの干渉の程度はかなり高いものであったというべきである。

4 この点について，本決定は，単に，「所持品検査として許容される限度を超えたもの」としている。しかし，本決定が，原審の「捜索に等しいもの」との認定を是認していることにかんがみれば，その趣旨は，「任意処分の限界を超えた」からではなく，むしろ，「強制処分としてでしか許容されなかった」と理解すべきであるように思われる。

もっとも，判例には，承諾なく施錠されていないバッグのチャックを開けて内部を一瞥する行為（本書【9】参照）や承諾なく上着の内ポケットに手を入れて中身を取り出す行為（本書【10】参照）のいずれも「捜索」には至っていないと判断したものがあるが，本決定と同様に，どのような場合が「捜索」にあたるのかについての判断基準は示されていない。強制処分の意義に関する有力説によれば（本書【1】参照），所持品に係るプライバシー侵害の程度によって判断することになろう。

[参考文献]
① 柳川重規・新報103巻9号195頁。
② 浦田啓一・研修577号25頁。
③ 今崎幸彦・最判解刑事篇平成7年度218頁。

（宮木康博）

【12】武器の使用

最(一小)決平11・2・17刑集53巻2号64頁,判時1668号151頁,判タ997号169頁
特別公務員暴行陵虐致死被告事件(平成7年(あ)第463号)
第1審・広島地判昭62・6・12
第2審・広島高判平6・10・31

● 争　点 ●
警察官の武器使用の必要性と限界

1 〈事実の概略〉

　警察官Xは,地域住民から,無愛想で時折奇妙なしぐさをするAがいるとの警戒要請を受けたことから,身元確認などの必要があると考え,午前11時45分ころ,相勤の警察官Pとともに現場に向かった。Xらは,Aを発見し(第1現場),住所等を尋ね始めたところ,急に逃走した。Pが発見した際(第2現場),Aは,折り畳み式果物ナイフ(刃渡り約7.4cm,最大幅約1.58cm)の刃先を前に向けて持っている状態であった。そこで,Pは,警棒を所持していなかったため,けん銃を取り出して構え,「ナイフを捨て。はむかうと撃つぞ。」などと言って威嚇した。すると,Aは,上記ナイフを数回振り下ろして反撃の姿勢を示した後,再び逃走した。

　Xは,銃砲刀剣類所持等取締法違反および公務執行妨害の現行犯人としてAを逮捕するため追跡し,「ナイフを捨てえ。」と大声で投降するよう求めた(第3現場)。ところが,Aは,これを無視し,右手に持ったナイフと左手に持った手提げ袋を交互に振り回すようにして反抗した。そこでXは,けん銃を取り出して弾丸1発を発射し(第3現場に到着後約20秒後),Aの左手掌などに傷害を負わせた。

　Xがけん銃をいったんケースに収めた上,逃げるAを追跡したところ,Aは,「すなや,すなや。」と言って後ずさりしながら,右手に持ったナイフを2,3度振り下ろすとともに,その場にあったはで杭(くい)(長さ約171.5cm,重量約500g,直径2.2～3.2cm)1本を拾い,特殊警棒で応戦するXに殴り掛かった(第4現場)。そして,Xが特殊警棒を落とすと,今度はXに向かって前進しながら,はで杭で所構わず襲い掛かった。Xは後退しながら攻撃を防いでいたが,安静加療約3週間を要する傷害を負わされた上,その場に積んであったはで杭の山に追い詰められたため,午後0時5分ころ,けん銃を取り出してAの左大腿部をねらって撃ち(第4現場に到着後約30秒後),失血死させた(なお,はで杭の山の左右は開かれており,Xが左右に転進することは十分可能であった)。

　第1審は,発砲は正当行為および正当防衛に当たるとしてその適法性を認めてXを無罪とした。これに対し,控訴審は,発砲を違法として第1審判決を破棄して有罪を言い渡した。そこで,被告人側が上告した。

2 〈決定要旨〉

上告棄却

　「Aが第2現場以降……ナイフを不法に携帯していたことが明らかであり,また,少なくとも第3,第4現場におけるAの行為が公務執行妨害罪を構成することも明らかであるから,被告人の2回にわたる発砲行為は,銃砲刀剣類所持等取締法違反及び公務執行妨害の犯人を逮捕し,自己を防護するために行われたものと認められる。しかしながら,Aが所持していた……ナイフは比較的小型である上,Aの抵抗の態様は,相当強度のものであったとはいえ,一貫して,被告人の接近を阻もうとするにとどまり,被告人が接近しない限りは積極的な加害行為に出たり,付近住民に危害を加えるなど他の犯罪行為に出ることをうかがわせるような客観的状況は全くなく,被告人が性急にAを逮捕しようとしなければ,そのような抵抗に遭うことはなかったものと認められ,その罪質,抵抗の態様等に照らすと,被告人としては,逮捕行為を一時中断し,相勤の警察官の到来を待ってその協力を得て逮捕行為に出るなど他の手段を採ることも十分可能であって,いまだ,Aに対しけん銃の発砲により危害を加えることが許容される状況にあったと認めることはできない。そうすると,被告人の各発砲行為は,いずれも,警察官職務執行法7条に定める「必要であると認める相当な理由のある場合」に当たらず,かつ,『その事態に応じ合理的に必要と判断される限度』を逸脱したものというべきであって(なお,仮に所論のように,第3現場におけるけん銃の発砲が威嚇の意図によるものであったとしても,右判断を左右するものではない。),本件各発砲を違法と認め,被告人に特別公務員暴行陵虐

致死罪の成立を認めた原判断は，正当である。」

3〈解 説〉

1 本件は，警察官であるXが，ナイフ等で抵抗するAに対し，職務の執行として行った2度にわたる拳銃の発砲の適法性が争われた事案である。

2 警察官の武器使用について，警察官職務執行法7条は，①「犯人の逮捕若しくは逃走の防止，自己若しくは他人に対する防護又は公務執行に対する抵抗の抑止のため」，②「必要であると認める相当な理由のある場合」には，③「その事態に応じ合理的に必要と判断される限度」と規定し，警察官による武器使用の要件として，警察官の適正な職務執行という目的（①）に加え，必要性（②）と比例性（③）を要求している。

3 これを本件についてみると，Aは，ナイフを不法に携帯し（第2現場以降），逮捕行為を免れるためナイフ等を用いて激しく抵抗していることから（第3・第4現場），①の要件を満たしていることは明らかである。

問題は，②と③の要件を満たしているかである。まず，②については，①の目的のために武器使用が必要であることが相当な理由をもって認められることを明示的に要求することで，安易な武器の使用を禁じた趣旨と解される（安田・214頁）。この判断は，警察官の主観的な判断ではなく，上記趣旨からもその恣意性を排斥すべく客観的に判断されるべき要件である。もっとも，実際の逮捕現場では，その場の状況に応じた瞬時の判断に基づく臨機応変な職務執行が求められるのであり，本規定はその規範となることが予定されたものである。そうであれば，要件充足の判断に客観性が要求されるとはいえ，現場の警察官による「前提事実の認識」とその事実を前提にした「判断」が，標準的な警察官の職務執行に照らして合理的であれば足りることになろう（古田・376）。

次に，③については，①・②の要件が満たされれば武器の使用は許されるが，その場合でも，武器の種類や使用方法については，目的達成のための必要最小限度のものでなくてはならないことを要求する趣旨と解される（比例原則）。したがって，武器使用の限度は，客観的に合理的な範囲のものであることが要請され，具体的には，犯罪の性質・態様，危険の急迫性の程度，犯人の数，犯人等の抵抗の有無・その方法および程度，凶器の性質，周囲の状況等によって総合的に判断されることになる（古田・377）。

4 これまで，警察官の発砲行為により死傷の結果が生じ，刑事責任が問題となった事案で公刊された最高裁判例はないが，下級審では，付審判請求に対するものが散見される。たとえば，複数名で警察官の警棒を奪い，執拗な暴行を繰り返したため，警察官が発砲し，傷害を負わせたもの（大阪地決昭36・5・1下刑集3巻5＝6号605頁）や3人がかりで何ら落ち度のない一般市民に殴るけるの暴行を加えるなどして傷害を負わせた上，駆け付けた警察官の警棒を奪って暴行を加え，さらに拳銃を奪おうとしたため，警察官が発砲し，1名死亡，他の1名に傷害を負わせたもの（東京地八王子支決平4・4・30）などがあるが，いずれも発砲は適法と評価され，付審判請求は棄却されている。また，警察官をナイフで切りつけて逃走を図り，通行人やタクシー運転手にも危害を加えたケースでは，付審判請求が認められたものの（福岡高決平3・3・12判時1386号156頁），発砲は適法と評価され無罪が確定している。

これら下級審の事案は，警察官に対する積極的かつ執拗な加害行為が認められるものや，放置すれば一般市民にも危害が及ぶケースであり，本件に比して，必要性が高く，比例性も認められる事案であった。本決定がいずれの要件も欠くと判断したことは妥当なものといえよう。

5 なお，本決定では，明示的に議論されたわけではないが，警察官の武器使用自体が警職法7条本文に照らして違法である場合に，その殺傷結果については，刑法36条を直接適用して正当防衛を認める余地があるのかは議論のあるところであり，別途検討要する。

[参考文献]
① 清水真・判時1709号226頁
② 田中開・ジュリ1227号170頁
③ 秋吉淳一郎・最判解刑事篇平成11年度53頁
④ 石川達紘編『刑事裁判実務大系10』〔安田博延〕209頁
⑤ 田宮裕ほか編『大コンメンタール警察官職務執行法』〔古田佑紀〕364頁

（宮木康博）

(3) おとり捜査

【13】おとり捜査(1)
――大阪大麻所持おとり捜査事件

最(一小)決平16・7・12刑集58巻5号333頁，判時1869号133頁，判タ1162号137頁
大麻取締法違反，出入国管理及び難民認定法違反被告事件（平成15年(あ)第1815号）
第1審・大阪地判平13・9・11
第2審・大阪高判平15・7・7

● 争 点 ●
おとり捜査の許容性

1〈事実の概略〉

刑務所で服役中にXと知り合ったAは，自分の弟がXに頼まれ大麻樹脂を運搬したことにより検挙され服役することになったため，Xに恨みを抱いていた。そこで，Aは，平成11年中に2回，麻薬取締官事務所に対し，Xが日本国内に薬物を持ち込んだ際には逮捕するよう求めた（Xは，イラン・イスラム共和国人で，服役後，強制退去させられていたが，偽パスポートを用いて不法入国していた）。

平成12年2月26日ころ，AはXから大麻樹脂の買手を求める電話があったため，大阪であれば買手を紹介できると答えた上（Aは，Xからこの電話があるまで，大麻樹脂の取引に関し何らの働き掛けもしていない），同月28日，麻薬取締官事務所に対し，Xとの電話でのやり取りを伝えた。同事務所は，Aの情報に基づいて内偵捜査を進めたが，Xの住居や立ち回り先，大麻樹脂の隠匿場所等を把握できなかったため，他の捜査方法でXを検挙することは難しいと判断し，おとり捜査を行うこととした。そして，翌29日，Aと打ち合わせ，麻薬取締官を買手としてXに紹介させることとした。

同年3月1日，ホテルの一室で，Aの口利きにより買主として紹介された麻薬取締官から，何を売ってもらえるか尋ねられると，Xは，今日は持参していないが，東京に来れば大麻樹脂を売ることができると答えた。これに対し，麻薬取締官は，東京に出向くことは断ったが，Xが大阪に持って来るのであれば大麻樹脂2kgを買ってもいいとの意向を示した。その結果，Xがいったん東京に戻って大麻樹脂を持参し，翌日改めて取引することになった（その際，Xは，麻薬取締官から東京・大阪間の交通費を負担する旨の申出を受けたが，ビジネスであるから自己負担で持参すると答えている）。

同月2日，Xは，約束どおり，大麻樹脂約2kgを運び役に持たせてホテルの一室に運び入れたため，あらかじめ捜索差押許可状の発付を受けていた麻薬取締官の捜索を受け，現行犯逮捕された。

第1審・控訴審ともに，本件おとり捜査の適法性を認め，Xを有罪とした。これに対し，被告人側は，本件のおとり捜査は憲法13条および31条に違反するなどと主張して上告した。

2〈決定要旨〉

上告棄却

「おとり捜査は，捜査機関又はその依頼を受けた捜査協力者が，その身分や意図を相手方に秘して犯罪を実行するように働き掛け，相手方がこれに応じて犯罪の実行に出たところで現行犯逮捕等により検挙するものであるが，少なくとも，直接の被害者がいない薬物犯罪等の捜査において，通常の捜査方法のみでは当該犯罪の摘発が困難である場合に，機会があれば犯罪を行う意思があると疑われる者を対象におとり捜査を行うことは，刑訴法197条1項に基づく任意捜査として許容されるものと解すべきである。

これを本件についてみると，上記のとおり，麻薬取締官において，捜査協力者からの情報によっても，被告人の住居や大麻樹脂の隠匿場所等を把握することができず，他の捜査手法によって証拠を収集し，被告人を検挙することが困難な状況にあり，一方，被告人は既に大麻樹脂の有償譲渡を企図して買手を求めていたのであるから，麻薬取締官が，取引の場所を準備し，被告人に対し大麻樹脂2kgを買受ける意向を示し，被告人が取引の場に大麻樹脂を持参するよう仕向けたとしても，おとり捜査として適法というべきである。したがって，本件の捜査を通じて収集された大麻樹脂を始めとする各証拠の証拠能力を肯定した原判断は，正当として是認できる。」

3〈解説〉

1　本件は，大麻の有償譲渡を企図していると疑われている者に対して，おとり捜査が実施された事案である。

2　おとり捜査は，薬物犯罪等の摘発に有効

性が認められる一方で，人を欺き犯罪へと誘引して検挙する手法であることから，下級審では，国家が犯人を製造しておきながらこれを逮捕処罰するという非難を免れることはできないとして無罪とする判断もみられた（横浜地判昭26・6・19裁時87号3頁など）。

ところが，相次ぐ2つの最高裁判例が，おとり捜査の存在は被告人の犯罪の成否等には影響しない旨判示したため（最決昭28・3・5刑集7巻3号482頁〔以下28年決定〕，最判昭29・11・5刑集8巻11号1715頁），学説の中には，おとり捜査の適法性が全面的に肯定されたと評価する見方もあった。

他方で，犯罪の成否と捜査の適否は別個に考え得る問題であり，28年決定も，「誘惑者が場合によっては……教唆犯又は従犯として責を負う」としていることから，おとり捜査が違法となる余地は依然として残されているとの理解も示されていた。

本決定は，こうした議論状況の中で，訴訟法的観点からのおとり捜査の適否について最高裁が初めて正面から取り上げたものとして注目される。

3　本決定は，まず，おとり捜査を「捜査機関又はその依頼を受けた捜査協力者が，その身分や意図を相手方に秘して犯罪を実行するように働き掛け，相手方がこれに応じて犯罪の実行に出たところで現行犯逮捕等により検挙する」捜査手法であると定義した上，一定の要件の下では，197条1項の任意捜査として許容される旨判示している。

「捜査」と位置づけたことについては，学説上，既に発生した犯罪捜査の一環として行われるならばともかく，検挙しようとしている犯罪がまだ実行されていないことを理由に（将来犯罪），そもそも「捜査」といえるか疑問を呈するものもある。この点は，行政警察活動と司法警察活動との区別基準をどこに求めるかによるが，これまでの判例は，おとり捜査が任意捜査であることを所与のものとしてきたように思われる。本決定も，直接的には言及していないものの，おとり捜査の適法性の要件として過去の犯罪の嫌疑を要求していないことからすると，将来犯罪の摘発を目的とする活動が刑訴法上の捜査概念に含まれることを前提にしている，あるいは少なくとも否定はしていないと解し得る。

4　次に，本決定は，おとり捜査の適法性の要件として，①「直接の被害者がいない薬物犯罪等」であること，②「通常の捜査方法のみでは当該犯罪の摘発が困難である」こと，③「機会があれば犯罪を行う意思があると疑われる者」であることを挙げ，「少なくとも」これらの要件が満たされた場合には，任意捜査として許容される旨判示している。

①の対象犯罪については，銃器犯罪や売春事犯等が想定できる。もっとも，「少なくとも」とあることからすれば，個人法益に対する罪を対象犯罪から外す趣旨ではなく，捜査の困難性を示す要因として，密行性や被害者なき犯罪という特色をもつ犯罪類型を挙げたものと解すべきであろう。②については，おとり捜査が，一歩間違うと，「犯罪とかかわる意思のない者を犯罪者にしかねない手法」であることにかんがみ，その実施に慎重さを求めたものと解される。それゆえ，厳格な意味での補充性を要求した趣旨とまではいえないように思われる。③については，その表現から，おとり捜査を機会提供型と犯意誘発型とに分け，前者は適法，後者は違法とするいわゆる二分説を念頭に置いているようにもみえる。しかし，「少なくとも」は十分条件を示したものであり，許容される場合を例示したに過ぎないから，二分説の区別に従って捜査の適否が直ちに導き出されるわけではなく，最高裁がいかなる判断枠組みに立つのかは依然として明らかであるとはいえない。

5　本決定は，おとり捜査が一定の要件のもとに任意捜査として許容されるとし，適法とされる要件を提示するなど，一定の指針を示した点に意義が認められる。しかし，いかなる理由で違法となるのか（違法性の実質），その判断基準は何かなどは明らかにされていない（札幌地判平成28・3・3判時2319号136頁，鹿児島地加治木支判平成29・3・24〔LEX／DB25448594〕参照）。

また，本決定は，おとり捜査が違法と判断された場合，その間に得られた証拠が違法収集証拠として排除される余地があることを前提としているようである。法的帰結については，違法収集証拠排除法則のほか，触れられていない無罪，公訴棄却，免訴などについても，別途検討が必要である。

[参考文献]
① 大澤裕・平成16年重判解1291号190頁
② 佐藤隆之・ジュリ1367号131頁
③ 多和田隆史・最判解刑事篇平成16年度262頁

（宮木康博）

I 捜査 (3) おとり捜査

【14】 おとり捜査(2)
——インターネット上の薬物事犯に実施されたおとり捜査

東京高判平20・7・17公刊物未登載
覚せい剤取締法違反被告事件（平成20年（う）第1191号）
第1審・横浜地判平20・4・24

● 争 点 ●
サイバー犯罪に対するおとり捜査の適否

1 〈事実の概略〉

Xは，平成19年12月，覚せい剤を密売する目的でインターネット上にホームページを開設した。ホームページには覚せい剤を密売するための広告（覚せい剤のことはいわゆる隠語として「白」と表示され，販売単価等が記載されていた。）が掲載されるとともに，その注文フォームを利用して，覚せい剤の購入を申し込むことが可能になっていた。

神奈川県警の薬物銃器対策課は，こうした違法な薬物売買が行われているとの情報を摑んだため，他の警察署と合同で上記掲示板に掲載されている違法薬物を注文して買い受けるなどのいわゆるおとり捜査を実施した。

同課は，一連の捜査の結果，密売人としてXを割り出し，覚せい剤取締法違反（営利目的所持と広告制限違反）被疑事件について，平成20年1月30日付けで逮捕状とX方居室等の捜索差押許可状の発付を受け（逮捕状の被疑事実については，警察官がXに対して電子メールで覚せい剤の購入を申し込み，それに応じてXが密売した覚せい剤が同被疑事実における所持の対象になっていたことがうかがわれる），同月31日，各令状の執行のため，捜査員をX方居室に赴かせた。

捜査員らは，X方居室のあるマンション付近で張り込みを続けたところ，1階の出入口からXほか1名が出てきたため，Xを逮捕状により通常逮捕するとともに，覚せい剤の営利目的所持の被疑事実で現行犯逮捕した。

第1審は，Xを懲役4年および罰金30万円に処した。これに対し，Xは，量刑不当のほか，本件検挙の端緒となった覚せい剤の取引きは，捜査機関自身が行ったインターネット上で掲示板からの購入申込みによるものであり，犯人に陥れるきっかけを「捜査機関が自ら担った」ものであるから，このような違法なおとり捜査に基づいて得られた証拠はすべて違法収集証拠として証拠能力は否定されるべきであり，これらの証拠によって上記各事実を認定した原審の訴訟手続には判決に影響を及ぼすことが明らかな法令違反があると主張して控訴した。

2 〈判 旨〉

「本件においては，上記以外の捜査方法によっては密売人の特定が容易ではなく，他方で，被告人は既に覚せい剤の密売を繰り返し，その犯意を有していたところ（そもそも広告制限違反行為については既に犯行が行われていたことを捜査機関が把握しており，上記申込みはその捜査の一環でもあったといえる。），警察官がホームページの掲示板を利用するなどして被告人に対し覚せい剤を買い受ける意向を伝え，被告人がこれに応じて覚せい剤を密売することとし，現に密売をした結果，捜査機関において密売人が特定され，その後上記のような経緯をたどって被告人が検挙されるに至ったものであって，このような捜査方法は，本件のような覚せい剤事犯における捜査手法としては適法というべきである。」

3 〈解 説〉

1 IT技術の進展・普及は，匿名性・広域性・簡易性から，犯罪を容易にする一方，その摘発には高度の専門性が要求されるなどの困難をもたらした。本件は，インターネットを利用した薬物密売犯罪の摘発におとり捜査を用いた事案である。以下では，おとり捜査一般に妥当する議論のほか，サイバースペースという特殊性を踏まえた若干の検討を行う。

2 おとり捜査の適否については，機会提供型を適法，犯意誘発型を違法とする二分説が通説とされてきた。これに対し，近時では，犯意の有無によって判断する二分説に疑問を呈し，判例で示された捜査活動一般に妥当する許容性の判断枠組み（本書【1】）は，おとり捜査にも妥当するとして，当該捜査手法を用いる必要性（・緊急性）とこれによって侵害される利益の質・程度を比較衡量して相当といえるか否かを基準に据える見解が有力に主張されている。

3 判例においては，おとり捜査の許容性について3つの要件を提示して判断を加えたも

のがあるが（本書【13】以下平成16年決定），本判決は，平成16年決定を明示的には引用していない。しかし，平成16年決定で挙げられた①直接の被害者がいない薬物犯罪等の捜査であること，②通常の捜査方法のみでは当該犯罪の摘発が困難であること，③機会があれば犯罪を行う意思があると疑われる者を対象とするものであることを認定して判断していることからすれば，基本的に軌を一にするものといえる。また，本判決では，働き掛けの対象者の「犯意」の有無を問題とし，二分説と親和的な文言が用いられているものの，そのことから直ちに適否の判断を導いているわけではない。

4　そこで，平成16年決定の3要件を任意捜査の許容性に関する判断枠組みに照らしてみてみると，①〜③の事情は，本件おとり捜査の必要性を基礎づける事情であるとともに，①は，おとり捜査によって危殆化ないし侵害される直接の個人法益はないという点で相当性に関わる事情であるともいえる。また，③も，捜査機関による行為態様（働き掛けの方法・程度）といった相当性を基礎づける事情と位置づけられよう。これに対し，②は，対象犯罪が直接の被害者がいない薬物犯罪等であったとしても，その一般的類型的な必要性のみで正当化されるわけではないことを示唆するものといえる。

本件は，覚せい剤の密売事案であるが，サイバースペース上でやり取りが行われる場合，外部から犯罪行為を認識することはおよそ不可能である上，匿名性も高いため，摘発は相当困難なものとなる。したがって，法益侵害ないしその危殆化が近い将来現実化すると考えられる状況を踏まえると，捜査機関自らが販売を持ちかけるなどの方法を用いる必要性は高く認められる。他方，覚せい剤の密売事案であることから，おとり捜査によって危殆化ないし侵害される直接の個人法益はなく，捜査機関の行為態様も，犯意あるXが開設したホームページの掲示板を利用するなどして覚せい剤を購入する意向を伝えるという程度に留まっており，相当性も認められよう。

5　なお，本判決が括弧書きで「そもそも広告制限違反行為について既に犯行が行われていたことを捜査機関が把握しており，上記申込みはその捜査の一環であったともいえる。」と付言している点については，おとり捜査論議の一内容である「捜査」概念をめぐる議論が影響を与えているように思われる。すなわち，行政警察活動か司法警察活動かについての伝統的な理解によれば，その区別は，犯罪発生の前後によるところ，おとり捜査によって引き起こされる犯罪は未発生の状態にあるため，これに向けた活動は，そもそも捜査とはいえないのではないかとの疑問が呈されているからである。現在では，両者を活動目的によって区別する見解が有力であり，訴追に向けた活動は司法警察活動であるため，将来犯罪の摘発を目指すおとり捜査は，文字通り捜査と位置づけられることになる。本判決の付言は，被告人側の主張も踏まえ，捜査概念いかんが本件の結論を左右するものではないことを確認したものであろう。

6　インターネット上のおとり捜査について，わが国では，事案が蓄積されているとはいえないが，米国では，一般化しているとされ，たとえば，少年少女に対する性犯罪を摘発するために，（思わせぶりなタイトルをつけた）チャットルームを開設し，接触してきた者におとり捜査官が少年少女を装って応対する手法がとられている。裁判例には，①非常に深刻な犯罪が対象であること，②犯罪性向（predisposition）を合理的に証明できること，③やり取り（捜査官の受動性・能動性など）を記録から再現できること，④担い手への危険性がないことなどを理由に適法としたものがある（People v. Grizzle, 140 P. 3d 224（Colo. App. 2006; United States v. Brand, 467 F. 3d 179（2d Cir. 2006））。もっとも，わが国の検討に際しては，上記裁判例においても，インターネットの性質上，特定の個人ではなく広く一般市民が対象となり，性的妄想を有するが機会が提供されなければ行動に移さなかったであろう，さもなければ法に従う市民を陥れることは避けられないかもしれないとの懸念が示されていることに留意すべきであろう。

[参考文献]
① 拙稿・刑ジ20号99頁

（宮木康博）

(4) 写真撮影

【15】犯行現場の写真撮影

最(大)判昭44・12・24刑集23巻12号1625頁,判時577号18頁
公務執行妨害,傷害被告事件(昭和40年(あ)第1187号)
第1審・京都地判昭39・7・4
第2審・大阪高判昭40・4・27

● 争 点 ●
① 写真撮影の法的性格
② 写真撮影が許される要件

1〈事実の概略〉

被告人は,昭和37年6月21日,京都府学生自治会連合主催の大学管理制度改悪反対等の集団示威行進運動に参加し,先頭集団の隊列を誘導し,比較的整然と行進していたが,御池通りの交差点の中心に来たころには京都府公安委員会および京都府の警察署長が付した道交法77条の許可条件に外形的に違反する状況に至った。あらかじめ違法状況の視察,採証の職務を命ぜられていたA巡査は,上記の行進の状況および違反者を確認するため,集団の先頭部分の行進状況を写真撮影した。これに対し,被告人は「どこのカメラマンか」と難詰抗議し,同巡査が更にこれを無視する挙動に出たため憤慨し,旗竿の根元で同巡査の下顎部を一突きし,同人に約1週間の治療を要する傷害を与えたため,公務執行妨害罪で起訴された。第1審は公訴事実を認めて被告人に有罪判決(懲役1月執行猶予1年)を言い渡したが,その理由中で,人はみだりに写真を撮影されない自由を有するが,公共の福祉の観点から制限を受けることがあり,個人の権利に直接的侵害を加えたり法的義務を負わせる程度に達しない捜査方法は,捜査の有効,迅速という公益上の理由があり,かつその方法が社会的にみて相当と認められるときは任意捜査として許容される,としてA巡査の写真撮影行為は適法な職務行為であると判示した。被告人の控訴が棄却された後,被告人は,憲法21条違反,31条違反を争うほか,本件写真撮影が個人のプライバシーの権利を侵害して違法であるのに,それを適法とした原判決は第13条違反であるとして上告を申し立てた。

2〈判 旨〉

上告棄却

憲法13条は「国民の私生活上の自由が,警察権等の国家権力の行使に対しても保護されるべきことを規定している」「そして,個人の私生活上の自由の一つとして,何人も,その承諾なしに,みだりにその容ぼう・姿態(以下「容ぼう等」という)を撮影されない自由を有するものというべきである。」「しかしながら,個人の有する右自由も,国家権力の行使から無制限に保護されるわけでなく,公共の福祉のため必要のある場合には相当の制限を受けることは同条の規定に照して明らかである。」そして,犯罪の捜査は「公共の福祉のため警察に与えられた国家作用の一つであり,警察にはこれを遂行すべき責務があるのであるから,警察官が犯罪捜査の必要上写真を撮影する際,その対象の中に犯人のみならず第三者である個人の容ぼう等が含まれても,これが許される場合がありうる」「そこで,その許容される限度について考察すると,身体の拘束を受けている被疑者の写真撮影を規定した刑訴法218条2項のような場合のほか,次のような場合には,撮影される本人の同意がなく,また裁判官の令状がなくても,警察官による個人の容ぼう等の撮影が許容されるものと解すべきである。すなわち,現に犯罪が行なわれもしくは行なわれたのち間がないと認められる場合であって,しかも証拠保全の必要性および緊急性があり,かつその撮影が一般的に許容される限度をこえない相当な方法をもって行なわれるときである。」A巡査の写真撮影は,現に犯罪が行なわれている場合になされたもので,しかも集団行動の性質からいって,証拠保全の必要性および緊急性が認められ,その方法も一般的に許容される限度をこえない相当なものであったので適法な職務行為である。

3 〈解 説〉

1 写真撮影の法的性格

プライヴァシーの権利は近年ますます重要な基本権と認識されているが、本判決が個人の承諾なしに、みだりにその容ぼう・姿態を撮影されない自由を憲法13条の内容として認めたことは大きな意義を有する。この自由を肖像権と称するかを本判決は留保しているが、肖像権という言葉も定着してきている。

犯罪捜査のための写真撮影の適法性、許される要件は、写真撮影の法的性格をいかに捉えるかに大きく関わっている。写真撮影は対象者に物理力を加えたり法的義務を賦課するものではないから任意捜査であるとの立場は本件の第1、2審および多数の下級審判例が採り、また、街頭でのデモ行進に対する写真撮影についてはこの立場に立つ学説も少なくない。この中には、写真撮影が相手の意思に反して行ないうる性格を重くみて、強制捜査に準ずる要件（相当な嫌疑、証拠保全の必要性・緊急性、手段の適法性）を必要とする説もあった。写真撮影は相手の意思に反して行ないうるので、あるいは、相手の同意なしにその権利や自由を侵害するので強制捜査であるとする説は、写真撮影が無令状で許される場合として218条2項を根拠に逮捕の実質的要件を備えている者に対して許されるとしたり、220条1項2号を拡張ないし類推適用して実質的に逮捕できる状況がある場合に撮影が許されるとする立場、そして端的に写真撮影を認めている明文の規定はないので解釈論として写真撮影を適法と認めることはできないとする立場とに分かれている。さらに新たな強制処分説によれば、相手のプライヴァシーを侵害する処分は強制捜査であり、憲法33・35条の規律を受けるが、それには刑訴法に規定されている処分と規定されていない処分とがあり、後者は憲法の規律に従って、その処分の捜査における必要性と権利侵害の度合とを考慮して、適切な要件の下で許されるとする。

2 写真撮影が許される要件

本判決は写真撮影が任意処分か強制処分かを明言せずに本件写真撮影を適法とし、その許される要件として、①現行犯・準現行犯、②証拠保全の必要性・緊急性、③手段の相当性が必要だと判示した。まず、強制処分法定主義を墨守しつつ、220条1項2号を拡張ないし類推解釈するという立場は自己矛盾の感じが否めないし、本判決のとるところではなかろう。次に、写真撮影を強制処分と捉えて、現行犯・準現行犯の場合は緊急性の例外として無令状で行えることを示したのだとの説明も可能であるが、伝統的な強制捜査説の立場であれば、写真撮影という強制処分が許される根拠規定を示した筈であったといえよう。そこで、任意処分の中でも肖像権を制約する場合であるからより厳格な要件の下に写真撮影を許したという任意捜査説からの説明が多数説である。任意捜査の枠内で、処分の性質に応じて、捜査比例原則に従って、その許される要件を設定するとの考え方は柔軟であり、支持を得やすいと思われる。しかし、みだりに容ぼう等を撮影されない自由を憲法13条の内容とした本判決の意義は次のように表現するのが妥当に思われる。すなわち、他から干渉を受けないとの期待が社会一般から是認される場合に認められる客観的プライヴァシー（またはプライヴァシーの合理的期待）の侵害が許されるためには刑訴法上明定された強制処分によらなければならないが、公道のような住居ほどには他から干渉されないとの期待が厚くは認められない領域における写真撮影はその場面に相応しい要件の下で許されるとしたのが本判決の意図であろう。

［参考文献］
① 渥美東洋・判タ684号36頁
② 海老原震一・最判解刑事篇昭和44年度479頁
③ 藤木英雄・ジュリ444号87頁
④ 井上正仁・争点［第3版］46頁
⑤ 三浦守・百選［第8版］20頁
⑥ 滝沢誠・平良木＝椎橋＝加藤・判例19頁

(椎橋隆幸)

I 捜査 (4) 写真撮影

【16】自動車速度違反取締装置による写真撮影

最(二小)判昭61・2・14刑集40巻1号48頁, 判時1186号149頁
道路交通法違反被告事件(昭和59年(あ)第1025号)
第1審・東京地判昭59・1・12
第2審・東京高判昭59・7・17

● 争 点 ●
① スピード違反を取締る必要性
② 自動速度違反取締装置による写真撮影の要件

1 〈事実の概略〉

被告人は,最高速度60km毎時と指定された道路を123km毎時及び134km毎時の高速度で,また,最高速度50km毎時と指定された道路を121km毎時の高速度で自動車を運転していたところを自動速度違反取締装置(RVS)により捕捉,写真撮影され,これをもとに捜査,起訴され,第1審で懲役3月の有罪判決を受け,控訴したが棄却された。これに対して弁護人は次のような理由で上告に及んだ。すなわち,第1に,自動速度違反取締装置による速度違反取締は,(1)(運転者及び同乗者の顔写真が撮影される点で)肖像権,プライヴァシーの権利を侵害し,憲法13条に違反する,(2)(運転者と同乗者の写真が撮影され,そのことによって上記の者の人間関係についての情報が収集される点で)集会および結社の自由を侵害し,憲法21条に違反する,(3)(自動二輪車や多くの大型車が捕捉できない点で)憲法14条に定める法の下の平等に違反する,(4)(その場で弁解の機会を与えない等の点で)憲法で保護された被疑者,被告人の防禦権を侵害し,憲法31条,35条,37条に違反する,(5)(自動速度違反取締装置の設置を予告する警告板は多くのドライバーにとって気づきにくく,警告としての実効性がない点で)囮捜査とその精神を同じくし,適正手続の保障を定めた憲法31条,13条に違反する,(6)機械の正確性の保障がない。また,第2に,原判決は,最判昭44・12・24(昭和40年(あ)第1187号)に抵触する判断になるので破棄されなければならない。

2 〈判 旨〉

上告棄却
「弁護人Tの上告趣旨第1のうち,憲法13条,21条違反をいう点は,速度違反車両の自動撮影を行う本件自動速度監視装置による運転者の容ぼうの写真撮影は,現に犯罪が行われている場合になされ,犯罪の性質,態様からいって緊急に証拠保全をする必要性があり,その方法も一般的に許容される限度を超えない相当なものであるから,憲法13条に違反せず,また,右写真撮影の際,運転者の近くにいるため除外できない状況にある同乗者の容ぼうを撮影することになっても,憲法13条,21条に違反しないことは,当裁判所昭和44年12月24日大法廷判決(刑集23巻12号1625頁)の趣旨に徴して明らかであるから,所論は理由がなく,憲法14条,31条,35条,37条違反をいう点は,本件装置による速度違反車両の取締りは,所論のごとく,不当な差別をもたらし,違反者の防禦権を侵害しあるいは囮捜査に類似する不合理な捜査方法とは認められないから,所論はいずれも前提を欠き,適法な上告理由に当らない。

同上告趣旨第2は,判例違反をいうが,原判決は所論引用の前記判例に相反する判断をしていないから,所論は理由がない。

同上告趣旨第3は,単なる法令違反の主張であり,同上告趣旨第4は,量刑不当の主張であって,いずれも適法な上告理由に当らない。」

3 〈解 説〉

1 スピード違反を取締る必要性

法令違反別に交通事故の発生状況をみると、スピード違反は減少傾向にあり、また、同違反による死亡事故も減少してはいるが、検挙件数は最も多く、また、死亡事故等重大事故につながりやすいことも事実である。さて、スピード違反を取締る方法には、大別して、①追尾式測定、②定置式測定そして③固定式測定の各方法がある。固定式測定方法であるオービスⅢとRVSは道路上に設置したセンサーがその上を通過する車両の走行速度を自動的に計測し、一定速度以上の車両を前面から写真撮影する機械であり、違反者の検挙に役立てられている。そのため、無人カメラ付き自動速度取締機などとも呼ばれている（以下では自動速度違反取締装置と言う）。従来、下級審判例はオービスⅢ及びRVSによる取締方法を全て適法であるとしてきた（例えば、東京簡判昭55・1・14判時955号21頁、30頁、名古屋簡判昭55・5・15判時974号137頁、大阪地判昭58・3・16判タ504号186頁、東京高判昭58・4・25判時1107号142頁、大阪地判昭59・2・29判時1114号118頁など）。本件はRVSによる取締方法につき最高裁としては初めて適法であることを明らかにし、従来の下級審判例を確認したものである。

2 自動速度違反取締装置による写真撮影が許される要件

自動速度違反取締装置による取締方法が他の取締方法と違う大きな点は、この方法が運転者及び同乗者の写真を撮影するということである。そこで、この取締方法の適法性をめぐっては、運転者及び同乗者の写真撮影をすることが許されるのかが中心問題であるといってよいであろう。身柄の拘束を受けていない被疑者について犯罪捜査のために無令状で写真撮影が許される場合の要件として最高裁は(1)現行犯及び準現行犯、(2)証拠保全の必要性及び緊急性、(3)撮影手段の相当性が必要であると判示した（最判昭44・12・24刑集23巻12号1625頁）。本件の第1審によれば、本件は、被告人が最高速度違反の犯罪を現に実行中の状況をRVSにより捕捉、写真撮影したものであり、直ちに撮影しなければ現場を走り去ってしまうのであるから証拠保全の必要性があり、かつ緊急性も存在し、その撮影方法も運転者を急停止させる等運転を阻害することはなく、運転者の視覚を眩惑する危険がない相当な方法でなされたものと認めることができる、として本件写真撮影は前記昭和44年最高裁判所の要件を充足しているので許容されると判示した。そして、控訴審も本最高裁判決も第1審判断を支持した。一般的に、個人はみだりにその容ぼう等を撮影されない自由を有しているといえるが、死傷事故につながる虞の高いスピード違反を現に犯している者には写真撮影されない自由に対する合理的な期待があるとはいえないので判旨は正当である。また、犯人等の撮影の際に除外できない状況にある第三者の容ぼうを含むことになっても違憲ではないとした前記昭和44年判決に照らして、同乗者の写真撮影も許されるとした1、2審判決を本判決は是認した。当該違反車両内という限られた範囲の撮影であるから、プライヴァシー制約が不当に拡がる虞はないので判旨は正当といえよう。

3 本判決の意義と課題

本判決は下級審判例を是認したもので、大多数の学説とも符合するものである。本判決によって自動速度違反取締装置による取締方法が適法であることが確立されたといってよい。なお、残された問題として、速度違反車両の全てを取締ることが許されるか問題となるが、わずかな速度違反車両をこの方法で取締ることは妥当とは思われない。実務も大幅な速度違反を対象にしている。

[参考文献]
① 久米喜三郎・判タ594号27頁
② 小早川義則・ジュリ861号80頁
③ 荒木友雄・新交通百選244頁
④ 松浦繁・最判解刑事篇昭和61年度925頁
⑤ 井上正仁・警研62巻8号28頁
⑥ 酒巻匡・百選［第5版］31頁
⑦ 椎橋・理論334頁
⑧ 滝沢誠・平良木＝椎橋＝加藤・判例21頁

（椎橋隆幸）

I 捜査 (4) 写真撮影

【17】被疑者の容貌等のビデオ撮影

最(二小)決平20・4・15刑集62巻5号1398頁, 判時2006号159頁

窃盗, 窃盗未遂, 住居侵入, 強盗殺人被告事件(平成19年(あ)第839号)

第1審・京都地判平18・5・12判タ1253号312頁
第2審・大阪高判平19・3・28刑集62巻5号1520頁

● 争 点 ●

捜査機関が公道上及びパチンコ店内にいる被告人の容ぼう, 体型等をビデオ撮影することの適否

1〈事実の概略〉

金品強取の目的で被害者を殺害して, キャッシュカード等を強取し, 同カードを用いて現金自動預払機から多額の現金を窃取するなどした強盗殺人等の事件の捜査過程で, 被告人がかかわっている疑いが生じた。

警察官は, 現金自動預払機により被害者の口座から現金が引き出された際に防犯カメラに写っていた人物と被告人との同一性を判断するため, 被告人の容ぼう等をビデオ撮影することとし, 被告人宅近くに停車した捜査車両の中から, あるいは付近に借りたマンションの部屋から, 公道上を歩いている被告人をビデオカメラで撮影した。さらに, 警察官は, 前記防犯ビデオに写っていた人物がはめていた腕時計と被告人がはめている腕時計との同一性を確認するため, 被告人が遊技していたパチンコ店の店長に依頼し, 店内の防犯カメラによって, あるいは警察官が小型カメラを用いて, 店内の被告人をビデオ撮影した。

上記ビデオ撮影による画像が, 防犯ビデオに写っていた人物と被告人との同一性を専門家が判断する際の資料とされ, 第1審において証拠として取り調べられた。

第1審・控訴審ともに本件捜査活動の適法性を認め被告人に有罪判決を下したので, 被告人側は本件ビデオ撮影について, 十分な嫌疑がないにもかかわらず被告人のプライヴァシーを侵害して行なわれたものであると主張して上告した。

2〈決定要旨〉

最高裁は, 「被告人本人の上告趣意のうち, 判例違反をいう点は, 所論引用の各判例〔最判昭和44年12月24日・【15】事件, 最判昭和61年2月14日・【16】事件〕は, 所論のいうように, 警察官による人の容ぼう等の撮影が, 現に犯罪が行われ又は行われた後間がないと認められる場合のほかは許されないという趣旨まで判示したものではないから, 前提を欠き, その余は, 憲法違反をいう点を含め, 実質は単なる法令違反, 事実誤認の主張であって, いずれも刑訴法405条の上告理由に当たらない。」として上告を棄却した上で, 職権判断で次のように判示した。

「所論は, 警察官による被告人に対する前記各ビデオ撮影は, 十分な嫌疑がないにもかかわらず, 被告人のプライヴァシーを侵害して行われた違法な捜査手続……である旨主張する。」

「しかしながら, 前記事実関係及び記録によれば, 捜査機関において被告人が犯人である疑いを持つ合理的な理由が存在していたものと認められ, かつ, 前記各ビデオ撮影は, 強盗殺人等事件の捜査に関し, 防犯ビデオに写っていた人物の容ぼう, 体型等と被告人の容ぼう, 体型等との同一性の有無という犯人の特定のための重要な判断に必要な証拠資料を入手するため, これに必要な限度において, 公道上を歩いている被告人の容ぼう等を撮影し, あるいは不特定多数の客が集まるパチンコ店内において被告人の容ぼう等を撮影したものであり, いずれも, 通常, 人が他人から容ぼう等を観察されること自体は受忍せざるを得ない場所におけるものである。以上からすれば, これらのビデオ撮影は, 捜査目的を達成するため, 必要な範囲において, かつ, 相当な方法によって行われたものといえ, 捜査活動として適法なものというべきである。」

3 〈解 説〉

　本件は、被疑者の容ぼう等をビデオ撮影した行為の適否が問題となった事案である（なお、捜査機関が公道上のごみ集積所に不要物として排出されたごみを領置することの可否も争われたが、それについては、【64】を参照）。

　継続的に人の容ほうや行動等を記録するビデオ撮影は写真撮影とは異質であるとの指摘もあるが、視覚情報の機械的な記録という点で両者に大きな差はないので、写真撮影とビデオ撮影を特に区別することなく論じてよいであろう。このような撮影行為は、プライヴァシーなど個人の権利を侵害しうるものであるが、それが公道などプライヴァシーへの合理的期待が減退する場所で行なわれる場合には、公共の福祉からの制約に服するので、強制捜査ではなく任意捜査として許容されうる、というのが、最大昭44・12・24【15】以来の多数説であるといえる。

　問題は、どのような撮影行為が任意捜査として許容されるかだが、昭和44年判決は、①現に犯罪が行われもしくは行われたのち間がないと認められる場合であって、②証拠保全の必要性および緊急性があり、かつ③その撮影が一般的に許容される限度をこえない相当な方法をもって行われなければならない、という判断枠組みを示した。ただ、これらの要因はあくまで当該具体的事案に妥当するものにすぎず、撮影行為全般を規律するものではないとする見解（非限定説）が支持されており、本件最高裁もこれを採用した。その当否を検討するに、任意捜査の適法性判断について、最決昭51・3・16【1】は「必要性、緊急性なども考慮したうえ、具体的状況のもとで相当と認められるか否か」という基準を示した。これは、必要性・緊急性など捜査の正当性を基礎づける事情と、捜査によって生じた権利侵害の程度とが均衡を保っているか（相当か否か）という比較衡量的な判断枠組みであると解されるため、撮影行為によって生じる権利侵害との均衡を保つ上で「現行犯性」を常に要求しなければならない理由はないのである。

　本件と同様に既に発生した犯罪の捜査において犯人との同一性判断のために被疑者の容ほう等の撮影を行った事例として、東京地判平1・3・15判時1310号159頁がある。東京地裁は、被疑者に対する嫌疑の程度に関して「その犯罪を行なったことを疑わせる相当な理由」があったことを認定した。他方、東京地判平17・6・2判時1930号174頁では、「罪を犯したと考えられる合理的な理由の存在をもって足りる」と判示している。これらはいずれも事例判断であり、当該事案の具体的状況において、嫌疑の程度を含めた諸事情を総合的に考慮しているにすぎない。本決定も、被疑者が「犯人である疑いを持つ合理的な理由が存在していた」と認定しているが、ここにビデオ撮影一般の許容要件が示された、あるいは、殊更に緩やかな基準が採用された、と解するべきではない。あくまで、当該事案の事情を踏まえた比較衡量において、撮影行為の適否が判断されなければならないのである。

　本件では、最高裁が支持した原判決および原判決が正当とした第1審判決において、強盗殺人事件という重大事件であること、客観的資料の劣化や散逸を防ぐ観点から早期に犯人を特定する緊急性が認められること等の事情が指摘されている。他方、公道やパチンコ店内は、いずれも他人の目に触れる場所であり、プライヴァシーに対する侵害の程度は比較的低い。捜査の正当性と権利侵害の程度との間で均衡が保たれていることから、本決定は、本件撮影は捜査目的を達するために必要な範囲において、かつ、相当な方法によったものであると結論づけたといえる。

[参考文献]
① 宇藤崇・平成20年度重判解
② 鹿野伸二「判批」ジュリ1371号
③ 酒巻匡・百選[第9版]
④ 洲見光男・百選[第10版]
⑤ 菅原暁「判批」研修731号

（堀田周吾）

(5) 逮捕・勾留・取調

【18】宿泊を伴う取調
——任意取調の限界：高輪グリーンマンション殺人事件

最(二小)決昭59・2・29刑集38巻3号479頁,判時1112号31頁
殺人被告事件(昭和57年(あ)第301号)
第1審・東京地判昭54・1・31
第2審・東京高判昭57・1・21

● 争 点 ●
数日の宿泊を伴う取調と任意取調のされる限界

1〈事実の概略〉

かつて被害者と同棲したことのある被告人も被害者の殺人の捜査の対象となっていたところ，被告人は自らT警察署に出頭し本件犯行当時のアリバイを弁明したが，裏附捜査の結果その主張が虚偽であることが判明し，その後（昭和52年6月7日）同署に任意同行を求められこれに応じ，T警察署の取調室での取調で犯行を自白した。取調終了後被告人からの申出もあって，被害者殺害の件については明日供述するが今日は寮に帰るのは嫌であるからどこかの旅館に泊めてもらいたい旨の答申書を提出させ，同署近くの民間宿泊施設に被告人を宿泊させ，捜査官4，5名も同宿し，うち1名は被告人の室の隣室に泊り込むなどして被告人の挙動を監視した。翌朝（8日）捜査官らは自動車で被告人を迎えに行き，朝から午後11時頃に至るまで同署の前記取調室で取り調べ，同夜も被告人が帰宅を望まないというのでホテルに宿泊させ，翌日以降（9日，10日）も同様の取調をし，別のホテルに宿泊させ，このホテル周辺に捜査官が張り込んで被告人の動静を監視した。宿泊代金は7日から9日までの分は警察が支払い，10日の分のみ被告人に支払わせた。翌11日まで被告人の取調を続行し被告人の自白を内容とする供述調書が作成された（11日は否認）。後に被告人は本件殺人で起訴された。第1審は自白の任意性及び信用性を認め被告人を有罪とし，第2審も，第1審判断を是認し，控訴を棄却した。被告人側は，本件任意取調はその実質は逮捕であり令状主義に違反し，また黙秘権の告知の形跡がなく，このような違法な手続により得られた自白は証拠から排除されるべきであるとして，憲法31条，33条，34条，38条違反などを主張して上告した。

2〈決定要旨〉

各上告趣意は全て適法な上告理由に当らないとして上告棄却。(職権判断)

任意捜査の一環としての取調は強制手段によることができないだけでなく，さらに，「事実の性質，被疑者に対する容疑の程度，被疑者の態度等諸般の事情を勘案して，社会通念上相当と認められる方法ないし態様及び限度において」許される。本件では直接被告人から弁解を徴する必要性があったことが明らかで，任意同行の手段・方法の点において相当性を欠くとは認め難く，また，任意同行に引き続く被告人に対する取調自体についてはその際に暴行，強迫など被告人の供述の任意性に影響を及ぼすべき事跡があったものとは認め難い。しかし，本件の諸事情に徴すると，被告人は，捜査官の意向にそうように，宿泊を伴う連日にわたる長時間の取調に応じざるを得ない状況におかれていたものとみられる一面もあり，その期間も長く，任意取調の方法として必ずしも妥当なものであったとはいい難い。しかし，他面，被告人は初日の宿泊については答申書を差し出しており，また，記録上，右の間に被告人が取調や宿泊を拒否し，取調室あるいは宿泊施設から退去し帰宅することを申し出たり，そのような行動に出た証拠はなく，捜査官らが，取調を強行し，被告人の退去，帰宅を拒絶したり制止したというような事実も窺われないのであり，これらの諸事情を総合すると，右取調にせよ宿泊にせよ被告人がその意思により容認し応じたものと認められる。本件の具体的事情を総合すると，本件取調は社会通念上やむを得ないものであり任意捜査として許容される限界を超えた違法のものであったとまでは断じ難い。(なお，本件取調方法は違法であり自白の任意性に疑いがあるとする2名の裁判官の意見がある。)

3 〈解 説〉

1 本件事案の特徴は「任意同行」後の，挙動の自由がかなり制約されているともみられる状態で取調が行われた点にある。法廷意見は，本件の任意同行が，「逮捕」に当たるとする主張を適法な上告理由に当たらないとしているので，本件の任意同行とその後の行動の制約が逮捕に当たるか否かは判断しなかったようである。「任意同行」については適法であると判断している。

2 法廷意見は，「任意『取調』」の限界について初めて判断し，「強制にわたる取調——「個人の意思を制圧し，身体，住居，財産等に制約を加えて強制的に捜査目的を実現する行為など，特別の根拠規定がなければ許容することが相当でない手段」が「強制手段」だとする本書【2】事件（警察署への任意同行後の退去を阻止した活動の可否について判断した判例）の定義を引用している——は許されないだけでなく，「社会通念上の相当性」が任意取調の要件であるとする新判断を示した。従来のように取調の結果得られた自白の「任意性」を通して取調を間接的に規律するだけでなく，社会通念上の相当性を任意取調の要件とした点にも本件の意義がある。

任意取調における任意は，自己の自由な意志で取調に応じ自己の意志で供述しているのかどうかに関わる概念であり，自らの意志で取調に応じているという実体が失われれば，任意取調とはいえないであろう。職務質問の場合には，相手の意志に添わない場合でも不審事由を解明に必要な短時間の停止のための有形力の行使が一定限度で認められるが，任意取調といえるためには，実体として，本人の自らの意志で取調に応じ自らの意志で供述していることが必要である。その意味で，職質における停止の場合と同一基準で対応することには問題がある。

3 法廷意見は，本件の取調方法は「必ずしも妥当なものであったとはいい難い」が，取調の必要性と被告人が「任意に取調に応じている」事情を強調して，社会通念上許される限界を超えていないと判示した。法廷意見は，取調や宿泊の拒否，取調室や宿泊施設からの退去要求，捜査官による退去請求の拒否や制止等の事情が欠けることを指摘して，「退去の自由」の保障の重要性を強調している。「任意な意思」で取調に応じているといえるには取調からの退去の自由の保障が必須の要件となろう。退去の自由が制約ないし否定され，法執行官の求めるような供述をしなければその取調から解放されないことになると，それが過度の不当な心理的圧力となって供述の自由が害され虚偽の供述をもたらす虞があり，また，「任意」取調に応じているとされる実質を失わせることになるだろう。「取調に応じざるを得ない状況」になれば，この虞が生ずる。（この点で身柄拘束下でなされる取調の場合と同様の配慮が必要である。）本件の場合，被告人が積極的に退去を求めなかったことや捜査官が退去の申出を拒否しなかったことだけでなく，意に反して退去の自由が奪われないようにするには，被疑者が自由に退去を求めることができる状況だったのかも問われるべきだろう。

4 本件で法廷意見は取調が社会的通念上の相当性を備えていることを要件としたが，結局それは事件全体を総合して判断すべきことになり，法執行に基準を提供することとなるかは疑わしい。この「相当性」を事後的に検討するだけでは，後に「相当性」が害されていないと判断されることに賭けて供述の自由を害しかねない活動をもたらす虞があろう。そこで任意であれ被疑者として「警察署で」取調がなされるときには，供述の自由が侵害されないようにするための「予防策」の検討が必要となろう。この点で，ミランダ告知に類似する告知（黙秘権，黙秘権放棄の結果，弁護権等の告知等）を憲法38条1項の要請として「取調前に」被疑者に与えることを義務づけ，被疑者がその権利を「有効放棄」したときには取調の結果得られた供述を合法とし，その告知を欠けば得られた自白を「不任意」と強力に推定する方法が検討されるべきであろう。

[参考文献]
① 渥美・自由と正義第1章
② 渥美（代表）『米国刑事判例の動向Ⅰ』8事件（中大出版部）
③ 龍岡資晃・法曹39巻9号
④ 竹村照雄・新報92巻3・4号，河上和雄・判タ528号

（中野目善則）

I 捜査 (5) 逮捕・勾留・取調

【19】徹夜の任意取調

最(三小)決平1・7・4刑集43巻7号581頁, 判時1323号153頁
強盗致死, 有印私文書偽造, 同行使, 詐欺被告事件(昭和60年(あ)第826号)
第1審・横浜地小田原支判昭59・11・16
第2審・東京高判昭60・5・27

● 争 点 ●
① 徹夜で行われた「任意取調」の可否
② 任意取調として許される限界

1 〈事実の概略〉

昭和58年2月1日午後8時48分頃, 被害者が殺害されているのが発見され, 警察官は本件被害者と同棲し親密な関係にあった被告人から, 被害者の生前の生活状況や交友関係を中心に事情を聴取するため, 被告人を同日午後11時過ぎに平塚警察署に任意同行し, 同日午後11時半過ぎ頃から本格的取調に入り, 冒頭本件捜査への協力を要請したところ, 被告人が協力を約束したので, 夜を徹して取調を行った。翌2日午前9時半過ぎ頃に至り, 被告人は, 被害者方で被害者を殺害しその金員を持ち出した事実について自白を始めた。その後, 約1時間にわたり取調を続けたうえ, 午前11時過ぎ頃被告人に犯行の概要を記載した上申書の作成を求めたが, 被告人作成の上申書の記載及びこの間の被告人の供述は被害者名義の郵便貯金の払戻しの時期や被害者殺害の方法につきそれまで警察に判明していた客観的事実と異なっていたほか, 被害者殺害の際の同女の金品強取の意図の有無がはなはだ曖昧であったため, 上記の被告人の供述等には虚偽が含まれていると見て, 強盗殺人の容疑で取調を続けたところ, その意図を認めたのでさらに上申書の作成を求め, 午後5時頃上申書が作成された。その後, 強盗殺人と窃盗で逮捕状が請求され, 発付された。公判裁判所は強盗致死罪等の成立を認めて被告人に無期懲役を言い渡し, 原判決もこの判断を是認した。捜査段階の自白を除くと強盗の意図を認めるに足りる確実な証拠が乏しく, 公判, 控訴, 上告を通じて, 任意取調の適法性及び自白の任意性, 信用性が重要な争点となった。

2 〈決定要旨〉

上告棄却 (職権判断)

1 本件任意取調べは, 被告人に一睡もさせずに徹夜で行われ, さらに一応の自白後もほぼ半日にわたり継続してなされたものであり, 一般的に, このような長時間にわたる被疑者取調べは, たとえ任意捜査であっても, 被疑者の心身に多大の苦痛, 疲労を与えるから, 特段の事情がない限り, 容易にこれを是認できず, ことに本件においては, 被害者の殺害を認める自白をした段階で速やかに必要な裏付け捜査をしたうえ逮捕手続をとって取調べを中断するなど他にとりうる方法もあったと考えられるのだから, その適法性を肯認するには慎重を期さなければならない。そして, もし本件取調べが被告人の供述の任意性に疑いを生じさせるようなものであったときには, その取調べを違法とし, その間になされた自白の証拠能力を否定すべきである。

2 進んで取調べを願うという承諾の下になされた本件の任意取調べが殺人の自白後も長時間に及んだのは, 強盗犯意についての自白強要のためとか, 逮捕の際の時間的制限回避のためではない。殺人と窃盗に関する被告人の自白が客観的証拠と照応せず, 強盗殺人が疑われ, 虚偽の自白を含んでいると判断されたことによる。さらに, 被告人が取調べを拒否して帰宅しようとしたり, 休息を申し出た形跡はない。本件任意取調べ及びその後の取調べで, 被告人は郵便貯金の払戻時期など重要な点につき虚偽の供述や弁解を続けるなどしており, 風邪や眠気で意識がもうろうとしていたなどの状態にあったとは認め難い。

3 〈解 説〉

1 宿泊を伴う任意取調の限界について,「事案の性質, 被疑者に対する容疑の程度, 被疑者の態度等諸般の事情を勘案して, 社会通念上相当と認められる方法ないし態様及び限度において許容される」と判示した高輪グリーンマンション殺人事件 (最決昭59・2・2刑集38巻3号479頁)の基準(本書【8】事件)を基礎に, 本件では, 任意取調とはいいながら, 徹夜で行われ, さらに, 被告人の一応の自白後もほぼ半日にわたって行われた取調の結果得られ

た自白の許容性について，自白の任意性に疑いはないと判断した。本件は一般的判断というよりも，個別具体的事情を重視した判断である。

2　自白の許容性の判断の基準とされてきたのは「任意性」である。自白内容は，自白内容の信憑性の他に，自白採取方法が虚偽の自白をもたらすような性質のものか否かを考慮して判断される（例えば，切り違え尋問の事例。最判昭45・11・25刑集24巻12号1670頁――【142】事件）。本件法廷意見は一般論として，本件のような取調を被疑者の心身に多大な苦痛，疲労を与えるものだから，「特段の事情」がない限り，容易にこれを是認できないとしながら，本件では，被告人の自白が客観的な証拠と合致せずに虚偽を含むのではないかと判断されたこと，被告人の取調拒否や休息の申出がなかったこと，重要点について虚偽の供述弁解などを続けたこと，等を理由に，社会通念上，任意捜査として許容される限度を逸脱していないと判示している。自白自体が虚偽か否かという視点の他に，虚偽の自白をもたらす取調方法の規律を重視すべきであり，その点で，任意取調における「特段の事情」の強調は慎重でなければならず，被疑者の取調拒否や休息の申出が「ない」という事情を過大視すべきではないだろう。取調にあっては，憲法38条1項との関係からも，「供述の自由（供述するかしないかの自己の意志に基づく任意な選択）」の保障が必要であり，睡眠時間を制限してまでなされる取調方法が用いられれば，自己の意志に基づいた供述ではなく，結論先取りの供述となる危険も生ずる。被疑者の方では，退去の自由を主張しにくい雰囲気がある場合もあるのであるから，退去や休息の申出がないことを重視すべきではなく，実質的に被疑者として取調を受けている場合には，黙秘権の告知と退去の自由の告知を重視すべきであろう。逮捕されてはいなくとも，外界から遮断された警察署での取調が行われる場合，真に「任意」取調であるとの実体が確保されなければならない。そのためには，権利告知が重視されるべきである。積極的な権利行使を要件とする立場ではなく，供述の自由を損なわない任意取調の実体を整備する観点から任意取調の問題が考察されるべきであろう。

3　被疑者の側の虚偽の供述が介在する場合でも，睡眠時間を奪うような「任意」取調は極力避けなければなるまい。むしろそのような場合にこそ供述の自由を損なわない，取調が重要となる。本件では，殺人を自白したところで，取調を打ち切って裏付け捜査をするなどして逮捕し，その後に取調を開始する道もあったことが指摘されている。任意取調といえるには，自らの意志で取調に応じ自らの意志で供述しているとの実体が必要であろう。供述の任意性は，身柄拘束下での取調でも身柄が拘束されていない取調でも，ともに保障されなければならない。近時は，身柄拘束下での取調に際しても，限度を越えた取調がなされないようにするべく，身柄拘束の舎房の管理者と取調官を別に分け，取調のための出帰記録が採られるなどの措置が講じられ，管理官による抜き打ち査察が行われるなどの措置が講じられてきている。また，裁判員裁判対象事件での取調べのビデオ録画がなされるようになってきている。

深夜に逮捕されたような緊急状況がある場合でも，供述の自由を害さないように配慮した取調が行われなければならないのであり，「意識がもうろうとしている」状態に達すれば自由意志に基づく供述ができないので，許されないことは明らかであろうが，それほどまでに達せずとも，徹夜の取調による，睡眠という人の基本的な欲求を制限したり否定するような取調をしなくとも，翌日に取調をするなどして，捜査活動との調整をはかるべきであろう。自らの自由な意志で供述をしていることを保障することが誤判の危険をなくすとともに，人間の尊厳を保障した取調となり，正義の実現に資する捜査活動に繋がるものである。

4　供述の自由（供述するかしないかについて自由で任意な選択をする権利）を保障するためには，退去の自由の告知が重視されるべきであろう。憲法34条，38条1項及び2項，刑訴法198条2項の趣旨に添う，供述の自由の保障を踏まえた取調の規律が考えられるべきだろう。

[参考文献]
①　渥美・自由と正義第1章
②　椎橋・理論93頁

（中野目善則）

I 捜査 (5) 逮捕・勾留・取調

【20】 外国人被疑者の取調

東京高判平4・4・8判時1434号143頁, 判時1434号140頁
大麻取締法違反, 関税法違反被告事件(平成3年(う)第1340号)
第1審・千葉地判3・11・6

●争　点●
① 外国人被疑者の被疑者の取調における母国語による通訳を付した取調の要否
② 国際人権規約（B条約）との外国人被疑者取調の関係"

1 〈事実の概略〉

本件被疑者は，イラン人であり，被疑者取調及び供述調書の作成が，被疑者の母国語であるペルシャ語の通訳人を介してではなく，英語の通訳人を介して行われ，このようにして作成された被疑者（被告人）の供述調書が，被告人の有罪を認定する証拠とされた。そこで，弁護人は，控訴審において，上記取調は，全ての者の刑事上の罪の決定につき，「その理解する言語で速やかにかつ詳細にその罪の性質及び理由を告げられること」および「裁判所において使用される言語を理解すること又は話すことができない場合には，無料で通訳の援助をうけること」の各権利を保障した，市民的及び政治的権利に関する国際規約（いわゆる「B規約」）14条3項(a), (f)に違反する旨主張して，前記供述書の証拠能力を争った。

2 〈判　旨〉

控訴棄却

我が国において国内法としての自力執行力を有すると目されている「市民的及び政治的権利に関する国際規約」14条3項(a), (f)には，外国人は，刑事上の罪の決定について，「その理解する言語で速やかにかつ詳細にその罪の性質及び理由を告げられること」，「裁判所において使用される言語を理解すること又は話すことができない場合には，無料で通訳の援助をうけること」の保障を受ける権利を有することが謳われているが，ここで要請されるのは，「その理解する言語」による告知や通訳であって，所論のように「母国語」に限定されない。のみならず，これらの規定は，裁判所による刑事上の罪の決定に関するものであって，当然には公訴提起前の被疑者の取調に適用されるものではなく，他に所論のような権利を保障した国際法上の規定も原則も見あたらない。もとより，捜査官と被疑者との間に言語の疎通がなくては取調自体が成り立たないから，特段の規定を俟つまでもなく，通訳の利用は当然の事理であるが，これを被疑者の母国語に限定すべきいわれは全くない。要は，捜査官と被疑者との意志の疎通がはかれれば足りる。これを本件について見るに，被告人は通訳人を解し，「その理解する言語」である英語による取調を受け任意にこれに応じて供述しているのであって，右取調はもとより適法であり，これによって作成された供述調書の証拠能力を否定すべきいわれはない。なお，本件供述書の内容は極めて詳細かつ具体的であり，しかもペルシャ語の通訳を介して録取された供述調書の内容とも符号しており，被告人の英語に対する理解力はペルシャ語に対するそれとさして遜色がなかったことが窺われる。

3 〈解　説〉

1 近時，外国人が日本において犯罪捜査の対象となり，訴追を受けた場合の取扱いが問題とされてきている。アジアや中近東等の諸国から来日して犯罪に関係する被疑者がいる場合，これらの被疑者の取調に際して，その母国語を解する通訳官がすべてつけば問題はなかろうが，ボーダーレス時代に備えて多種多様な言語について刑事事件が関係する場合に対処できるように通訳者の育成など制度が整備されてきているとはいえ，すべての場合に被疑者の自国語で対処することは，通訳人の数が限定されていることからいっても無理であるという実状にある。このような背景の下で，本件の被疑者の母国語であるペルシャ語ではないが，被疑者が理解する英語により行われた取調の結果作成された供述調書が，証拠能力ありと判断されたものである。被疑者が全く理解できない言語による取調は，被

疑者が自己の認める事実の意味を全く理解できないままに、取調官の求めるところに従うといった事態を生みかねず問題が残るであろうが、そのような極端な事態が生ずる虞はなく、聞かれている内容を理解することができるというのであれば、供述の自由の保障上、問題は生じないと見てよいと思われる。

2 本件では、市民的及び政治的権利に関する国際規約14条3項(a)及び(f)との関係が問題とされている。同条約の同条項を、自力執行力があると解する立場に立っても、同条項は、「公正な裁判を受ける権利」を定めたものであり、その一環として定められている諸権利は、捜査段階における諸権利であるというよりもむしろ、公判における諸権利である。捜査段階での適正さを欠く取調の結果、その証拠により、結局は、公正な公判が期待できないことが懸念される場合には、同条約14条の諸権利が関係するが、同条項が保護する中心は公判における諸権利である。また、その権利も「その理解する言語による告知や通訳」であって、「母国語」に限定されてはいないことに留意すべきであろう。国際条約であることの性質上、種々の国情の国が参加して同条約を批准している関係にあり、望みうる最高の基準を定めたのが同条約とは解されない。母国語の通訳をすべての場合に準用しなければならない場合に生ずるコストは膨大であり、すべての場合に母国語による通訳を要件とする立場は、過大な要求と言うべきであろう。

本件で問題となったB規約の14条3項(a)(f)は、公判に関するものであり、捜査活動に直接適用されるものではないが、捜査段階における権利保障のあり方からみても、「被疑者の理解できる言語」による通訳を提供すれば、権利保障に欠けるところはないとみてよいであろう。犯罪が来日外国人に行われる場合や、外国の犯罪者と我が国の犯罪者が連携して犯罪を行う場合が増えて来ており、被疑者の基本権を保障する観点からも、外国人被疑者の供述の自由の保障が問われるが、被疑者の母国語ではなくとも、その被疑者の理解できる言語による通訳を介した取調であれば、供述の自由は尊重されているといえる。本件高裁の「捜査官と被疑者との意志の疎通がはかれれば足りる」とする判断は正当であろう。捜査段階において、被疑者が理解することができる言語による取調がなされていれば、無実の者を有罪と認定することに通ずるような法執行はなされてはいないと解することができる。

3 国際条約の場合、それを国内法化する手続があって初めて国内法としての効力を持つとされる場合が通常であるが、本条約に関して外務省は、B条約が直接我が国に適用されるとする立場を取っているようである。

刑事法の執行が関係する場合、その国の主権の行使が深く関わる。刑事法が関係する他の国際条約の場合にはその批准と国内法の制定とには密接な関連があり、批准に伴い、その先後に国内法が整備される場合が多い。その点でB条約に関する我が国の立場は、通常の、国内法の立法化を要するとの立場とは異なるようである。

我が国の刑事手続との関係でも、刑事手続が正義と自由の原理に立っている以上、刑事手続の最低基準を充たす必要があり、無辜が処罰されることがないようにし、根拠のない自由の剥奪がされることがないようにする配慮を働かせなければならない。我が国の刑事手続は、既にB条約の要請を充たしていると評価することができる。本件の場合には、取調において自己が何について聞かれているのかを、母国語ではないにせよ、理解できる言語により取調がされているのであるから、その基準は充たされているといえる。

[参考文献]
① ひろば48巻10号2頁「外国人犯罪と通訳人の確保」

(中野目善則)

I 捜査 (5) 逮捕・勾留・取調

【21】 9日間の取調の際の自白の証拠能力

東京高判平14・9・4判時1808号144頁
殺人被告事件(平成11年(う)第2156号)
第1審・千葉地判平11・9・8判時1713号143頁

● 争点 ●

宿泊と伴う取調の限界，9日間の宿泊を伴う取調により行われた自白の証拠能力，反復自白の証拠能力

1 〈事実の概要〉

フィリピン人である被告人は，日本人男性と婚姻し長女を出産した後，被害者と親しくなり同棲していた。平成9年11月10日午前8時30分頃，被告人は，たまたまその長女が喘息で入院していた病院に駆け込み，被害者の救助を求めたことから，病院関係者らが被告人の案内で被害者宅に赴いたところ，ベットで血まみれで倒れ，一見して死亡していると分る状態の被害者が発見された。同日午前9時50分頃，警察官は被告人を重要参考人として取り調べるために松戸警察署に任意同行を求めたところ，被告人はしぶしぶ応じた。

その後，被告人に対する宿泊を伴う任意取調は，同月17日まで続いた。その間，長女の入院していた病院あるいは警察官の手配した警察官官舎やビジネスホテルに宿泊をしながら，午前8時ないしは9時20分頃に宿泊先を出発し，宿泊先には，午後9時20分ないしは11時40分頃に到着するまで，長時間にわたる取調が行われ，昼食，夕食は取調室で与えられ，費用は警察が負担していた。当初の2日間は，病室の入口付近に警察官が複数配置され，その後，婦警用の警察官官舎では，仕切り戸の外された続きの部屋に警察官数名が，ビジネスホテルでは，屋外のロビーのような箇所に婦人警察官数名が配置され，被告人の動静が監視されていた。

同月17日からの被告人の取調は，被疑者取調に切り替わり，同月19日午後に犯行を認め上申書(自白乙3)が作成された。同日午後9時32分に被告人は通常逮捕され，翌20日に検察官に送致され，検察官の弁解録取に対し自白をし(乙4)，一度は否認したものの，同月24日に再び自白し(乙6)，翌12月10日，検察官は殺人罪で公訴を提起した。

第1審判決は，任意取調の方法として社会通念上相当ではなく違法な任意捜査であるとしつつ，自白法則及び違法収集証拠の排除法則の適用に照らしても，自白の任意性を肯定できるとして自白(乙3，4，6)の証拠能力を肯定した。弁護人は，被告人の逮捕前の9泊10日にわたる宿泊を伴う取調は実質的な強制捜査であり，違法の程度は重大であるから，自白の任意性はなく，被告人の上申書(乙3)，及び，逮捕後の被告人の自白(乙4，6)の証拠能力は否定されるべきであるにもかかわらず，原審がそれらに証拠能力を認めたことは判決に影響を及ぼすことが明らかな訴訟手続の法令違反がある等と主張した。

2 〈判旨〉

「被告人は，参考人として警察署に任意同行されて以来，警察の影響下から1度も解放されることなく連続して9泊もの宿泊を余儀なくされた上，10日間にもわたり警察官から厳重に監視され，ほぼ外界と隔絶された状態で1日の休みもなく連日長時間の取調べに応じざるを得ない状況に置かれたのであって，事実上の身柄拘束に近い状況にあったこと，そのため被告人は，心身に多大の苦痛を受けたこと，被告人は，上申書を書いた理由について，ずっと取調べを受けていて精神的に参ってしまった，朝から夜まで取調べが続き，殺したんだろうと言い続けられ，耐えられなかった，自分の家に帰してもらえず，電話などすべて駄目で，これ以上何もできないと思ったなどと供述していること，被告人は，当初は捜査に協力する気持ちもあり，取調べに応じていたものと思われるが，このような長期間の宿泊を伴う取調べは予想外のことであって，被告人には宿泊できる可能性のある友人もいたから，被告人は少なくとも3日目以降の宿泊については自ら望んだものではないこと，また，宿泊場所については，警察は被告人に宿泊できる可能性のある友人がいることを把握したのに，真摯な検討を怠り，警察側の用意した宿泊先を指示した事情があること，厳重な監視については，捜査側は被告

人に自殺のおそれがあったと説明するが，仮にそのおそれがあったとしても，任意捜査における取調べにおいて本件の程度まで徹底して自由を制約する必要性があるかは疑問であること等の事情を指摘することができるのであって，他方，本件は殺人という重大事件であり，前記のように重要参考人として被告人から事情を緊急，詳細に聴取する必要性が極めて強く，また，通訳を介しての取調べであったため時間を要したこと，被告人は自宅に帰れない事情があったことなどの点を考慮するとしても，本件の捜査方法は社会通念に照らしてあまりにも行き過ぎであり，任意捜査の方法としてやむを得なかったものとはいえず，任意捜査として許容される限界を越えた違法なものであるというべきである。」

3 〈解説〉

本判決は，9泊10日にわたる宿泊を伴う任意取調は，社会通念に照らしてあまりにも行き過ぎであり，任意捜査として許容される限界を超えた違法なものであるとしたものである。被疑者または参考人の任意取調（198条1項，223条1項）は，事案の真相を解明するために，強制にわたらない限り行うことができる。その一方で，被疑者の逮捕・勾留といった身柄拘束は，あくまで罪証隠滅あるいは逃亡の防止のみを目的としてなされ，取調のために行われるものではなく，また，逮捕・勾留の期間は1つの被疑事実につき最長23日間である（199条・203条〜209条）。しかし，重大な事案，被疑者が逃亡をしたり，罪証を隠滅するおそれがあったり，事案の真相の解明が困難な事案においては，被疑者を逮捕せずに，任意で取調を行い，その後，捜査機関あるは被疑者が用意した宿泊施設に宿泊をさせ，捜査官が被疑者の送り迎えや宿泊施設での監視をしながら取調を行うことがある。このような捜査方法は，一方では，被疑者の身柄拘束を慎重にするというという利点があるものの，他方では，強制の要素が多かれ少なかれ含まれ，事実上，令状によらない身柄拘束と評価されたり，あるいは，その後に正式な逮捕・勾留が行われると，現行法が身柄拘束期間を1つの被疑事実につき最長23日と法定している趣旨が没却される危険性もある。

従来の裁判例においては，任意同行・取調が実質的な逮捕にあたるかどうかは，被疑事件の重大性，任意同行を求めた時間，場所，同行の方法・態様，同行後の取調時間・方法，同行の必要性，被疑者の対応・属性等が考慮されてきた（例えば，殺人事件の被疑者を6畳間が2間続いた旅館に宿泊させ，その際に被疑者は奥の部屋に捜査官2名と就寝し，玄関に近い方の部屋には捜査官4名が雑魚寝し，旅館と警察署を警察用車両で送迎する形態での宿泊を伴う取調を違法とした東京地決昭55・8・13判時972・136向島こんにゃく商殺人事件）。判例は，4日にわたる宿泊を伴う取調が行われた事案において，宿泊を伴う取調の法的性格を任意処分とした上で，被疑者に対する取調は，強制手段によることができないというだけでなく，さらに，事案の性質，被疑者に対する容疑の程度，被疑者の態度等諸般の事情を勘案して，社会通念上相当と認められる方法ないし態様及び限度において，許容されると解すべきであるとした（最決昭59・2・29刑集38・3・479高輪グリーンマンション事件）。

本判決は，この判例の枠組みを前提として，その事実の具体的事実関係に即して，取調べが長期間にわたる宿泊を伴うものであったこと，宿泊時の監視状況がかなり厳しかったこと，被告人が外国人であること等を考慮し，本件取調を違法としているものと考えられる。

また，本判決は，任意取調の限界を超えた違法取調により得られた自白について，違法収集証拠の排除法則を端的に適用し，証拠能力を否定している。さらに，被告人は，事実上の身柄拘束に近い状態で違法な任意取調の下でした自白と同趣旨の自白（反復自白）を検察官の面前で行っているところ，本判決は，検察官が警察と検察官の面前での取調の間に明確な遮断の措置を講じていないとして，検察官の面前でした自白（乙4・6）の証拠能力を否定している。

[参考文献]
① 廣瀬健二・判例百選[第10版]168頁
② 大澤裕＝川上拓一・法教312号75頁
③ 川出敏裕・警察研究11号162頁
④ 椎橋隆幸・判夕719号65頁
⑤ 佐藤隆之・法教263号137頁

（滝沢　誠）

I 捜査 (5) 逮捕・勾留・取調

【22】現行犯逮捕

最(一小)判昭50・4・3刑集29巻4号132頁，判時779号127頁
傷害被告事件昭和48年(あ)第722号
第1審・宮古簡判昭47・9・27
第2審・仙台高判昭48・3・6

● 争 点 ●

密漁中の船を現認した者から事情を告げられ，依頼に応じて逮捕のために追跡を継続するのは適法な現行犯逮捕といえるか。

1〈事実の概略〉

漁業協同組合の漁業監視船しおかぜ丸は午後8時30分頃，岩手県漁業調整規則35条に違反してあわびを密漁中の大平丸を発見したところ，大平丸は逃走を始めたのでこれを捕捉すべく追跡したが，船足が遅く追跡が困難であったため，午後9時頃，付近にいた第一清福丸に事情を告げて追跡を依頼した。第一清福丸は約3時間大平丸を追跡し同船と併航するようになったので停船を求めたが，同船はこれに応じないばかりでなく3回にわたり第一清福丸の船腹に突込んで衝突させたり，ロープを流して同船のスクリューにからませたりして，追跡を妨害しようとした。

被告人は第一清福丸の船員であるが，翌日の午前零時40分頃同船が大平丸と接触した際に大平丸の逃走を防止するため，第一清福丸の船上から大平丸を操舵中のKを竹竿でたたき，突くなどして，Kに全治1週間の傷害を負わせた。

第1審裁判所は傷害罪として被告人を罰金3,000円に処し，仙台高裁は被告人の控訴を棄却した。

弁護人は，被告人の行為は正当防衛ないし自救行為に当り違法性がなく，また現行犯人を逮捕するために許される実力行使であるなどと主張して，上告した。

2〈判 旨〉

破棄自判（被告人は無罪）

「前記の経過によると，漁業監視船しおかぜ丸は，大平丸の乗組員を現に右の罪を犯した現行犯人と認めて現行犯逮捕をするため追跡し，第一清福丸も，しおかぜ丸の依頼に応じ，これらの者を現行犯逮捕するため追跡を継続したものであるから，いずれも刑訴法213条に基づく適法な現行犯逮捕の行為であると認めることができる。」

「右のように現行犯逮捕をしようとする場合において，現行犯人から抵抗を受けたときは，逮捕しようとする者は，警察官であると私人であるとをとわず，その際の状況からみて社会通念上逮捕のために必要かつ相当であると認められる限度内の実力を行使することが許され，たとえその実力の行使が刑罰法令に触れることがあるとしても，刑法35条により罰せられないものと解すべきである。これを本件についてみるに，前記の経過によると，被告人は，Kらを現行犯逮捕しようとし，同人らから抵抗を受けたため，これを排除しようとして前記の行為に及んだことが明らかであり，かつ，右の行為は，社会通念上逮捕をするために必要かつ相当な限度内にとどまるものと認められるから，被告人の行為は，刑法35条により罰せられないものというべきである。」

3 〈解 説〉

1 憲法33条，35条は，個人の自由領域への干渉には正当理由と必要性，並びに正当理由と必要性があることについての事前審査を要件にしている。自由の干渉に正当理由と必要性という実体要件だけでなく，実体要件に関する事前審査を経ることが要件（手続要件，令状要件）となるのは，第1に，自由領域への干渉をして正当理由を実現しようとする者は，どうしても実体要件の充足について性急な判断をしがちなので，正当理由の実現を第1の任務としない中立者の吟味を介在させようとするからであり，第2に，後知恵を働かせないようにしようとするからである。言い換えれば，実体要件に関する判断が，犯罪の解明，犯人の摘発という相手と競い合う活動に従事している者の熱心さから性急なものになってしまうことと，自由領域に干渉する捜査活動の結果判明したことを利用してその捜査活動の要件事実を示す誤魔化しを避けるために令状要件がある。

2 犯行それ自体が五感の作用を通して明白に知覚できるときには，周囲の状況や関連事情から犯罪事実を推論しなければならない度合いは相当に小さく，その限度で事実推論が性急なものになる危険性は小さい。また，逮捕して初めて判明した事実から犯行を現認したかのように誤魔化すのは，犯罪を行ったと疑うに足りる相当理由を構成する事実と比べて相当に困難である。さらに，犯行を現認したときに令状を請求していると逃亡または罪証隠滅がされる虞れが高い（令状入手の時間的余裕がない）。これが犯行を現認した場合の無令状の現行犯逮捕が許される（212条1項）理論根拠であろう。捜索・押収法をプライヴァシー保障の領域として理解する理論構成にプライヴァシーの期待という概念を用いると，現行犯逮捕は，犯行が現認されたためにプライヴァシーへの主観的期待がない状況での挙動の自由への干渉といえる。

3 刑訴法は準現行犯の無令状逮捕を認めている（212条2項）。これは犯行を現認しているのではなく，犯人として追呼されていること，贓物または犯行の凶器等を所持していること，身体または被服に犯罪の顕著な証拠があること，誰何されて逃走しようとすることを要件とする。ここでは逮捕の要件事実を犯行を強く推認させるものに限定することで，無令状による性急な逮捕や後知恵の危険を小さいものにしている。

4 本件では密漁中の大平丸を発見し追跡を開始したしおかぜ丸が逮捕しているのではなくて，しおかぜ丸から事情を告げられて追跡の依頼を受けた第一清福丸が逮捕している。しおかぜ丸は犯行を現認しているのに対して，第一清福丸はしおかぜ丸が提供する情報と周囲の関連事情から犯行を推論するほかない。第一清福丸が逮捕の実体要件の充足について判断を下すにあたっては，大平丸の密漁を現認していない点で犯罪事実を推論せざるをえない度合いが強く，またしおかぜ丸からの情報と周囲の事情を基礎にする点で後知恵による誤魔化しの危険性は大きい。そこで，本件を犯行を現認した場合の現行犯逮捕として扱うのには疑問が残る。むしろ，準現行犯として要件充足の有無を問うべきであったと思われる。ただ，現行犯逮捕には事前にも事後にも司法審査を予定していない。犯行を現認していない準現行犯については特に要件を厳格に解すべきである（渥美・全訂刑訴法54頁）。正当理由と必要性を欠く自由への干渉は許されない。アメリカ合衆国では，実体要件についての事後の司法審査が，緊急性の例外による無令状逮捕の憲法上の要件になっている (Gerstein v.Pugh,420.U.S.103（1975）)。

[参考文献]
① 香城敏磨・最判解刑事篇昭和50年度59頁

（堤　和通）

I 捜査 (5) 逮捕・勾留・取調

【23】 準現行犯逮捕

最(三小)決平8・1・29刑集50巻1号1頁,判時1557号145頁
凶器準備集合,傷害被告事件(平成5年(あ)第518号)
第1審・東京地八王子支判平3・3・11
第2審・東京高判平5・4・28

●争　点●
犯行現場から時間的・場所的に離れた場所での準現行犯逮捕の適否

1〈事実の概略〉

　凶器準備集合,傷害(いわゆる内ゲバ)事件が発生し,現場から直線距離で約4キロメートル離れた派出所で勤務していた警察官が,犯人が逃走中であるとの無線情報を受けて警戒中,犯行終了後約1時間を経過したころ,被告人Hが通り掛かるのを見つけた。その挙動や,小雨の中で傘もささずに着衣を濡らし靴も泥で汚れている様子を見て,警察官が職務質問のため停止するよう求めたところ,Hが逃げ出したので,追跡して追いついてみると,Hが腕に籠手を装着しているのを認めたなどの事情があったため,警察官は同人を準現行犯人として逮捕した。一方,同様に逃走犯人を検索中の別の警察官らは,本件犯行終了後約1時間40分を経過したころ,犯行現場から直線距離で約4キロメートル離れた路上で着衣等が泥で汚れた被告人Tらを発見し,職務質問のため停止するよう求めると,被告人らが小走りに逃げ出したので追跡して追いついたところ,被告人らの髪がべっとりぬれて靴は泥まみれであり,顔面に新しい傷跡があって,血の混じったつばを吐いているなどの事情があったため,Tらを本件犯行の準現行犯人として逮捕した。

2〈決定要旨〉

上告棄却
「本件の事実関係の下では,(被告人らの)逮捕は,いずれも刑訴法212条2項2号ないし4号に当たる者が罪を行い終わってから間がないと明らかに認められるときにされたものということができる。」

3〈解　説〉

　1　通常逮捕の要件は,①被疑者が罪を犯したことを疑うに足りる相当な理由(相当理由)があること,および,②逮捕の必要,すなわち罪証隠滅または逃亡の虞があることである(憲33条,刑訴199条1項2項,規則143条の3)。捜査機関が人の身柄を拘束するためには,理由と必要という二つの要件がどんな場合にも必ず備わっていなければならない(実体要件)。
　そして,捜査機関がこの実体要件が備わったことを示す疎明資料を提出し(規則143条),裁判官がこれを審査して発せられるのが逮捕状である。被疑者を逮捕する前の,裁判官による実体要件の審査を通じて,見込みによる不当な逮捕や誤認逮捕を防ぐのである。したがって,令状発付は実体要件の存在を確認するための手続要件であり,この仕組みは一般的に令状主義と呼ばれる。
　2　212条1項および213条は,「現に罪を行い,又は現に罪を行い終った者」を現行犯人として,これを「何人でも,逮捕状なくして」逮捕することを許している。犯人が今まさに犯罪を実行中であるか,今終わったばかりのところを逮捕者が目撃(現認)したのであれば,犯罪の存在と犯人－被疑者の結びつきは明白であるから,逮捕理由は通常逮捕に求められる程度以上に備わっており,裁判官の審査がなくとも誤認逮捕の虞は極めて低く,また,そのような場合であれば,一般的に言って逃亡の虞も高いであろうから,裁判官による審査を求める時間的な余裕もない。そこで,犯行を現認した者が直ちに犯人を逮捕することが許されるのである(軽微事件について217条参照)。
　212条2項は,逮捕者が犯行を現認してはいないが,それと同様に扱っても誤認逮捕の虞がないと思われる場合に,やはりこれを現行犯とみなしている。その要件は,同項1号から4号までの要件を充たしたうえ,「罪を行い終わってから間がないと明らかに認められる」ことである。文理的には,「罪を行い終わってから間がない」というのは,文字どおり犯行から時間的に間がなく,したがって,

場所的にも近いことをいうものと解される。ところが，本件逮捕は，犯行後1時間ないし1時間40分が経ち，距離的に4キロ離れていることから，文理的にはもはや「罪を行い終わってから間がない」という状況ではないため，準現行犯逮捕の要件を充たすかが問われた。

3　本決定は特段の理由を示さず，ただ，本件の事実関係の下では準現行犯逮捕が適法である，というだけなので，その理由を解析しなければならない。

上述のとおり，犯罪の犯人として捜査機関が人を逮捕するには理由と必要が要件とされるが，逮捕者が犯行を現認しているのであれば，その要件は十二分に整っているので，誰でも直ちに犯人を逮捕することができる。この逮捕は，当然，犯行と犯人を現認した場所で行われる。この現行犯逮捕の法理からすると，準現行犯逮捕の要件として，各号の要件を充たしたうえ「罪を行い終ってから間がない」ことが要求されるのは，逮捕者が犯行を現認してはいないが，それと同じように被疑者を逮捕しても誤認逮捕の虞がないような状況が備わっているからであると解される。「罪を行い終ってから間がな」ければ，犯人と被疑者の結びつきを示す証拠がまだ多く残っていると推測されるが，犯行から時間的にも場所的にも遠ざかるに従って，そうした証拠は減少するのが自然である。したがって，この文言は，逮捕の理由が十分に備わっていることを求めているのである。

このように解すると，犯行・犯行現場と逮捕現場が時間的・場所的に離れていても，事案によっては，「罪を行い終ってから間がない」という要件にあたる場合があると解する余地がある。

4　212条2項各号の要件をみると，1号の要件があれば，同時に「罪を行い終ってから間がない」ことが想定されるが，4号の「誰何されて逃走しよう」としたからといって，その者が罪を犯したかどうかは必ずしも明らかではない。このときは，それ以外にその者が「罪を行い終ってから間がない」ことを示す何らかの事情があることが求められる。

さて，本件では，職務質問を受けて被告人らが逃げ出したことは212条2項4号に該当し，犯罪が内ゲバ事件であることから，籠手を着けていたことは同2号に，血の混じった唾を吐いていたこと等は同3号にそれぞれ該当するとみてよい。そして，犯行からこれほど時間が経ち，場所を移動すれば，その間に犯行の証拠を隠滅することが通常と思われるのに，本件は多数が集合しての闘争事件で，被告人らはその興奮冷めやらぬまま，そのままの風体で現場から逃走を図ったものと思われる。

本決定のいう「本件の事実関係」とは，このような事実を指すものであろう。したがって，本件の準現行犯逮捕は，文理的には212条2項の要件を充たさないように思われるが，なお，その要件を充たしている場合であると解してよいのである。

[参考文献]
① 洲見光男・百選［第9版］15
② 清水真・判評458号（判時1591号）76頁

（小木曽綾）

Ⅰ 捜査 (5) 逮捕・勾留・取調

【24】 緊急逮捕の合憲性

最(大)判昭30・12・14刑集9巻13号2760頁，判時67号7頁
森林法違反公務執行妨害傷害被告事件（昭和26年(あ)第3953号）
第1審・徳島地脇町支昭24・6・23
第2審・高松高判昭26・7・30

● 争 点 ●

被疑者が山林でシュロの皮を窃取していたという目撃情報がある場合に，任意出頭に応じない被疑者を無令状で逮捕するのは憲法33条違反か。

1 〈事実の概略〉

巡査A・Bは，被告人が山林内でシュロの皮約90枚を盗むのを見たという知らせにより，被告人の住居に行き，任意出頭を求めたが，被告人が応じないので，A巡査が「任意出頭してくれなければ緊急逮捕する」と告げた。戸外で両巡査が見張っていると，約5分後に被告人が棒を持って屋内から現われ，「逮捕するならしてみよ」とA巡査に殴りかかり，「お前らを先に殺してやる」と暴言を吐き，両巡査との組み打ちとなった。結局被告人は組み伏せられて逮捕されたが，B巡査は被告人の暴行により加療2週間を要する傷害を受けた。この逮捕について，同日簡易裁判所裁判官から逮捕状が発せられた。

被告人は，2回にわたりシュロの皮合計約710枚を窃取した事実（森林法違反）と上記の公務執行妨害・傷害の事実で起訴され，第1審で懲役10月の有罪判決の言渡しを受け，控訴した。高松高裁は，緊急逮捕は憲法違反であるという弁護人の控訴趣意に対し，「かような逮捕もやはり逮捕状による逮捕と考えるべきであって，憲法33条の精神に反するものとは解せられない。緊急逮捕と刑事訴訟法第195条の通常逮捕との差異は，逮捕状の発付が逮捕の事前であるか事後であるかの点である。しかも事後とは言え逮捕に接着した時期において逮捕状が発せられるかぎり逮捕手続としては全体として逮捕状に基くものということができる」と判示して控訴を棄却した。これに対して被告人から刑訴法210条の違憲無効を主張して上告がなされた。

2 〈判 旨〉

上告棄却

「刑訴210条は，死刑又は無期若しくは長期3年以上の懲役若しくは禁錮にわたる罪を犯したことを疑うに足る十分な理由がある場合で，且つ急速を要し，裁判官の逮捕状を求めることができないときは，その理由を告げて被疑者を逮捕することができるとし，そしてこの場合捜査官憲は直ちに裁判官の逮捕状を求める手続を為し，若し逮捕状が発せられないときは直ちに被疑者を釈放すべきことを定めている。かような厳格な制約の下に罪状の重い一定の犯罪のみについて緊急已むを得ない場合に限り，逮捕後直ちに裁判官の審査を受けて逮捕状の発行を求めることを条件とし，被疑者の逮捕を認めることは，憲法33条規定の趣旨に反するものではない。されば所論違憲の論旨は理由がない。」

3 〈解 説〉

1 憲法33条は令状要件の例外として「現行犯」を定める。そのため、刑訴法210条が定める緊急逮捕は「現行犯」ではないので無令状の緊急逮捕は違憲であるとする見解と、逮捕直後の令状請求が義務づけられている点で緊急逮捕は令状逮捕に当たるとする見解がある。令状逮捕は事前の令状の請求と発付であることに意義がある。逮捕直後の令状請求と発付では後知恵の危険を防止できず、210条の緊急逮捕は無令状逮捕と理解すべきである。他方、正当理由と必要性という自由干渉の実体要件についての例外は認められないが、令状要件は、実体要件に関する性急な判断と後知恵の危険を避けるためのものであるから、この危険が小さいときに事前の令状請求を義務づけると、令状発付を待っている間に被疑者が逃亡しまたは証拠が破壊されてしまって、逮捕により応えるべき捜査の必要性が満足できない。実体要件の欠如は、「身体と財産の不可侵性」を保障する憲法がその領域への干渉の要件として求める政府側の理由と必要性という根拠がないことを意味するので、端的に違憲であるが、その根拠を手続的に保証する令状要件については、実体要件に関する性急な判断と後知恵の危険が小さいときには、その例外を認めて、逮捕の目的を挫折させないようにしようというのが憲法33条が定める「現行犯」の例外だと理解できる。その典型例が犯行を現認した場合の現行犯逮捕である。

2 刑訴法はこのほかに、犯行を強く推認させる限定列挙された事由を根拠とする準現行犯の無令状逮捕と、重大な犯罪について犯行を疑うに足りる「十分な理由」があるときに逮捕直後の令状請求と発付を要件とする無令状の緊急逮捕を定める。現行犯の無令状逮捕が現認性の例外であるのに対し、緊急逮捕は緊急性の例外である。実体要件が備わっていながら、令状入手の時間的余裕がない場合に令状要件の例外を認めないと、実体要件があるのに逮捕の目的を遂げられなくなる。緊急性の例外は、このように、遵守不可能な、不合理な結果を招く原則には例外を認めるという法解釈の原理に由来する（渥美・全訂刑訴法93頁）。刑訴法は、緊急逮捕の場合には、第1に、相当理由よりも嫌疑が強い犯行を疑うに足りる十分な理由を要件とし、第2に、逮捕直後の司法審査を要件とすることで、性急な判断と後知恵の危険が小さくなるとみていると考えられる。

3 ところで、逮捕は捜査機関が身柄を確保していない被疑者の逃亡と証拠破壊を阻止しようとするものなので、事前の司法審査には令状請求者たる捜査機関しか参加できない。ここでは、実体要件の充足について最も強い利害関係のある被疑者の参加がなく、そのため、正当理由と必要性はないとする立場からの批判を加味した十分な吟味がなされるようにはなっていない（一方当事者申請の手続き、ex parte proceeding）。緊急逮捕の事後の司法審査ではこのような制約はないので、これを捜査官の一方的な令状請求の手続きに限定せずに、被疑者の出頭を求めた対審構造によるもの（inter parte proceeding）にすると、後知恵の危険は一層減少するであろう（渥美・全訂刑訴法55頁）。逮捕状の発付は裁判の形式としては「命令」なので、裁判官は必要なときにはできるだけ事実の取調をして、被疑者からの資料提出の機会を与えるべきであろう（刑訴43条3項参照）。

[参考文献]
① 寺尾正二・最判解刑事篇昭30年度398頁，警察実務判例研究(任意同行・逮捕篇)(河上＝渥美＝中山＝垣見編)(牧田有信)67頁

（堤　和通）

Ⅰ 捜査 (5) 逮捕・勾留・取調

【25】別件逮捕(1)
―― 狭山事件

最(二小)決昭52・8・9刑集31巻5号821頁, 判時864号22頁
強盗強姦, 強盗殺人, 死体遺棄, 恐喝未遂, 窃盗, 森林窃盗, 傷害, 暴行, 横領被告事件(昭和49年(あ)第2470号)
第1審・浦和地判昭39・3・11
第2審・東京高判昭49・10・31

●――― 争　点 ―――●

身代金喝取の企図を被疑事実とする逮捕・勾留中に, 被害者を同じくする強盗強姦殺人の事実について取調をするのは違法な別件逮捕か。

1〈事実の概略〉

本件は, 昭和38年5月埼玉県狭山市で発生した女子高校生Yさん殺しの事件である。

被告人は, 被害者の家族に脅迫状を送り(その時点では, 被害者の死は判明していない), 身代金を喝取しようとしたが未遂に終ったという恐喝未遂の事実と, 上記事件とは関係のない窃盗・暴行の事実で逮捕・勾留(10日間延長)され, 取調を受けた。検察官は, 勾留期間満了の日に, 窃盗・暴行の事実と上記勾留中に判明した窃盗・森林窃盗等の余罪について起訴し, 恐喝未遂事件については処分留保とした。起訴後4日目に被告人は保釈許可決定により釈放されたが, その直後強盗強姦殺人, 死体遺棄被疑事件について逮捕・勾留された。検察官は, 10日間の勾留延長期間満了の日に, 被告人を強盗強姦, 強盗殺人, 死体遺棄の事実と, 処分留保のままになっていた前記恐喝未遂の事実について起訴した。

被告人は, 恐喝未遂等による逮捕・勾留(第1次逮捕・勾留)の間も強盗強姦殺人の事実について取調を受け, 恐喝未遂の事実も含めて, すべてこれを否認していたが, 強盗強姦殺人等による逮捕・勾留(第2次逮捕・勾留)後間もなく上記事実を認めるようになり, 第1審公判中も自白を維持した。第1審浦和地裁は, 被告人に死刑判決を宣告した。ところが被告人は, 控訴審の第1回公判期日において自白を翻し, 以後は一貫して無実を主張した。東京高裁は, 被告人側の事実誤認等の主張をすべてしりぞけたが, 量刑について職権調査のうえ, 第1審判決を破棄して無期懲役の判決を言渡した。これに対して, 被告人が上告を申し立てた。

2〈決定要旨〉

上告棄却

「……第1次逮捕・勾留は, その基礎となった被疑事実について逮捕・勾留の理由と必要性があったことは明らかである。そして, 『別件』中の恐喝未遂と『本件』とは社会的事実として一連の密接な関連があり, 『別件』の捜査として事件当時の被告人の行動状況について被告人を取調べることは, 他面においては『本件』の捜査ともなるのであるから, 第1次逮捕・勾留中に『別件』のみならず『本件』についても被告人を取調べているとしても, それは, 専ら『本件』のためにする取調というべきではなく, 『別件』について当然しなければならない取調をしたものにほかならない。それ故, 第1次逮捕・勾留は, 専ら, いまだ証拠の揃っていない『本件』について被告人を取調べる目的で, 証拠の揃っている『別件』の逮捕・勾留に名を借り, その身柄の拘束を利用して, 『本件』について逮捕・勾留して取調べるのと同様な効果を得ることをねらいとしたものである, とすることはできない。」

3〈解　説〉

1　憲法33条は挙動のプライヴァシーへの干渉をする際の要件を定め, 38条1項は供述するか否かの任意の選択, 供述の自由を保障する。挙動のプライヴァシーに干渉する憲法上の正当理由と必要性, 刑訴法の相当理由(199条1項)と必要性(199条2項但書)があることと令状要件の充足がなければ逮捕は許されない。他方, 逮捕されて挙動のプライヴァシーが正当, 合法な制限を受けていても被疑者には供述の自由が保障されなければならない。供述の自由の保障は被疑者が逮捕・勾留されているときに特に強い関心となる。被疑者は逮捕・勾留されると自分の見知った環境から

引き離され，自分のために考え行動してくれる者を含めて外界との連絡を遮断される。供述の自由の保障は，外界との連絡を遮断された被疑者が孤立無援感や焦燥感から供述を余儀なくされないようにすることを求める。刑訴法は明文で弁護権（203条1項，204条1項）と黙秘権（198条2項）の告知を求める。アメリカ合衆国で，①黙秘権，②黙秘権放棄の効果，③弁護人の立会いを求める権利，④国選弁護権の告知が要件とされている（Miranda v. Arizona, 384 U.S. 436（1966））のは外界との連絡を遮断された被疑者の供述の自由を保障する保護策である。

2 このように，挙動のプライヴァシーの保障と供述の自由の保障とは別の関心であり，逮捕・勾留しての身柄拘束下の取調べではこのふたつの別々の関心が働く。身柄拘束下の取調で供述の自由を保障する保護策が十分に講じられているからといって，挙動のプライヴァシーへの干渉が合法，正当であることにはならず，他方，挙動のプライヴァシーに干渉する正当理由と必要性があるからといって供述の自由の保障という関心がなくなるわけではない。別件逮捕・勾留は本件の取調に関する事情が別件を理由とする逮捕・勾留の合法性に影響を与える問題だが，ここでも，挙動のプライヴァシーの保障と供述の自由の保障というふたつの関心が融合するのではなくて，あくまでも挙動のプライヴァシーに関する問題である。別件逮捕・勾留の問題にとって本件の取調に関する事情が重要になる理由は，本件取調を目的とする別件についての理由と必要性のない挙動のプライヴァシーへの干渉がなされる場合があるからである。この事例で最高裁判所の判示が本件の取調状況に目を向けているのも，逮捕・勾留がその基礎となった別件について実体要件を充足しているか否かを判断しようとしているのである。取調自体を目的とする逮捕・勾留は，口頭供述の入手について被告発者が告発者に協力を余儀なくされる結果を生み，また，供述するかしないかの任意の選択を著しく困難にする。逮捕の必要性とは逃亡または罪証隠滅の防止であり（207条，60条，規則143条の3），これを欠くときの取調自体を目的とする逮捕・勾留は許されない。198条1項但書はこれを確認する規定である（渥美・全訂刑訴法72頁）。そこで，本件取調を目的に別件についての見せかけの理由に基づいて逮捕・勾留がなされるのが違法な別件逮捕・勾留であり，このように，ここでは取調に関する事情が挙動の自由の制限の可否にとって重要になるが，あくまでも，憲法レベルでは33条違反に問われるべき問題である。

3 本決定では，本件の取調について，「『別件』について当然しなければならない取調をしたものにほかならない」と判示する。これは，本件と別件の密接な関連を指摘するが，それ自体が別件逮捕の合法性を決める基準というのではなくて，「『別件』の逮捕・勾留に名を借り」た身柄拘束ではないことを示すひとつの事情が本件事実にあることを論じたものといえる。本決定のポイントは，「『別件』の逮捕・勾留に名を借り」た身柄拘束という，実は理由と必要を欠く，見せかけの正当理由による逮捕・勾留ではないことを根拠に合法性を是認したことにある。

[参考文献]
① 渥美東洋・警研51巻11号78頁
② 新矢悦二・最判解刑事篇昭和52年度253頁
③ 垣見隆・警察実務判例解説（任意同行・逮捕篇）129頁

（堤　和通）

Ⅰ 捜査 (5) 逮捕・勾留・取調

【26】別件逮捕(2)
——本件基準：蛸島事件

金沢地七尾支判昭44・6・3刑裁月報1巻6号657頁，判時563号14頁
殺人，死体遺棄，窃盗被告事件（昭和40年（わ）第79号）

● 争　点 ●

レコード盤4枚の窃取と，遠縁の者の家に留守中に上がり込んだ住居侵入の事実による逮捕勾留中，取調のほとんどを殺人・死体遺棄事件に費やしているのは違法な別件逮捕か。

1 〈事実の概略〉

昭和40年7月石川県珠州市蛸島町の神社の縁の下から，行方不明になっていた男子小学生の殺害死体が発見された。

被告人は，同年8月31日，いずれも同年3月中旬頃の窃盗の事実（レコード盤4枚の窃取）と住居侵入の事実（遠縁の者の家に，その留守中に上がり込んでいた）で逮捕，勾留された。この逮捕・勾留期間のほとんどが殺害された男子小学生についての取調に費やされている。9月6日被告人は男子小学生の殺人・死体遺棄を自白したので，9日あらためて殺人・死体遺棄の事実で逮捕・勾留された。被告人は，殺人・死体遺棄の事実のほか，5件の窃盗の事実（第1次逮捕・勾留の理由となった窃盗を含む）で起訴されたが，住居侵入の事実については起訴されていない。弁護人は，本件殺人・死体遺棄についての被告人の自白は，違法かつ不当な別件逮捕・勾留による身柄拘束のもとで収集されたものであって，証拠能力を欠くと主張して争った。

2 〈判　旨〉

被告人は無罪

「被疑者の逮捕・勾留中に，逮捕・勾留の基礎となった被疑事実以外の事件について当該被疑者の取調べを行なうこと自体は法の禁ずるところではないが，それはあくまでも逮捕・勾留の基礎となった被疑事実の取調べに附随し，これと併行してなされる限度において許されるにとどまり，専ら適法に身柄を拘束するに足るだけの証拠資料を収集し得ていない重大な本来の事件（本件）について被疑者を取調べ，被疑者自身から本件の証拠資料（自白）を得る目的で，たまたま証拠資料を収集し得た軽い別件に籍口して被疑者を逮捕・勾留し，結果的には別件を利用して本件で逮捕・勾留して取調べを行ったのと同様の実を挙げようとするが如き捜査方法は，いわゆる別件逮捕・勾留であって，見込捜査の典型的なものというべく，……結局，かかる別件逮捕・勾留は令状主義の原則を定める憲法33条並びに国民の拘禁に関する基本的人権の保障を定める憲法34条に違反するものであるといわなければならない。」

本事件について考えると，捜査当局は，当初から被告人に対して殺人・死体遺棄事件の嫌疑を抱いたが，それは極めて薄弱なものであったので，別件の被疑事実につき逮捕状の発付を受けたうえ，本件殺人・死体遺棄事件につき被告人にポリグラフ検査を実施し，かつ，アリバイの存否につき親族等を取調べたうえで，右逮捕状を執行していること，右被疑事実自体軽微なもので，逮捕・勾留の必要・理由が乏しかったこと，同勾留期間中のほとんどが本件殺人・死体遺棄事件の取調に費やされていること等の事実から，「第1次逮捕・勾留は，捜査当局が専ら本件殺人・死体遺棄事件について被告人を取調べ，被告人から証拠資料（自白）を得ることを意図して行ったものと認めざるを得ないのであって，これが前述した違法かつ不当な別件逮捕・勾留に該当することは明らかであると言うべきである。」

3 〈解 説〉

1 別件逮捕・勾留は，本件取調を目的とする別件についての見せかけの理由と必要に基づく逮捕・勾留として違法だと理解できる。これは，別件基準説といわれる。これに対し，別件逮捕・勾留では本件取調に関する事情が逮捕・勾留の合法性を決める要素になることから，本件基準説といわれる立場も示されてきている。本件基準説は，別件逮捕・勾留を本件捜査のための身柄拘束とみて，たとえ別件についての身柄拘束要件が具備していてもこれを違法とするのか，あるいは，捜査官に本件取調の意図があることが別件での逮捕・勾留の適否に影響があることを強調するにとどまるのか，そのいずれで法理論上の意味は異なる。本件基準説が前者の内容であれば，別件について要件を充足している逮捕・勾留が本件捜査との関係で違法となる根拠を提示しなければならないのに対して，後者は本件取調に関する事情が逮捕・勾留の適否に影響するというにとどまり，その限度では【25】事例の解説でみたように別件基準説に完全に一致する。本件基準説による別件逮捕違法論の根拠としては，令状主義の潜脱と，取調目的の逮捕・勾留の禁止違反があげられるが，前者については，逮捕の理由になっている別件ではなくて本件についての司法審査を求める根拠を問わなければならないし，後者の取調のみを目的とする逮捕・勾留は別件についての理由と必要を欠くものとして別件基準説が当然に違法とするものである。このようにみると，本件基準説は，別件基準説が当然の内容としていることをことさらに取り上げる重複した議論か，または（本件についての要件充足を求めるという）根拠の示されていない議論になる。

2 蛸島事件といわれる本裁判例は，左にあげた事実経過に対して，①取調目的の逮捕・勾留の禁止違反，②別件による逮捕・勾留後に本件による逮捕・勾留をなすことが予定されている点で逮捕・勾留に関する時間的制約を潜脱するものであること，③別件による逮捕・勾留が専ら本件取調を意図してなされているのに，本件について事前の司法審査を経ない点で令状主義に違反することを判示している。この裁判例は，別件による逮捕・勾留が実質的に本件の捜査を目的とすることに目を向けて合法性を決めているので，別件から本件へ視座を転換するものであると評価された（松尾浩也「別件逮捕と自白の許容性」ジュリ432号111頁）。東京ベッド事件（【27】事例）の裁判例もこれと同様の考え方に立っている。

確かに，別件基準説は，憲法が示す自由保障の構想に合致するが，どのような場合に見せかけの理由による逮捕・勾留があるとみるのかについては，予防策の性格を帯びるものを含めて，具体的な何らかの基準を用意する余地はある。しかし，別件についての要件充足の有無以外の基準から逮捕・勾留の合法性を決めようとする裁判例の多くは，別件の逮捕・勾留中に別件についての取調がまったく行われていないか，あるいは逮捕・勾留が別件によることの形式・体裁を整えるためにのみ別件取調がなされているにすぎない（福岡地小倉支判昭46・6・16日刑月3巻6号783頁（曲川事件））。そして，別件についての取調がまったくないような場合には，このことが別件についての逮捕・勾留の理由と必要を欠くことを推測させる。このような場合は，そもそも別件についての逮捕・勾留の理由と必要を欠く違法な身柄拘束がなされた事例として理解すべきだという指摘（小林充「別件逮捕・勾留に関する諸問題」曹時27巻12号14頁）は適切なものであろう。

[参考文献]
① 川出敏裕・百選[第6版]15
② 後藤昭・争点〈新〉22

（堤　和通）

Ⅰ 捜査 (5) 逮捕・勾留・取調

【27】別件逮捕(3)
——推定事情：東京ベッド事件

東京地判昭45・2・26刑裁月報2巻2号137頁，判時591号30頁

放火，同未遂被告事件（昭和42年（合わ）第74号，昭和42年（合わ）第88号，昭和42年（合わ）第140号，昭和42年（合わ）第143号

● 争　点 ●

他家の庭先に入った住居侵入の事実による逮捕・勾留中，かねてから疑いのあった連続放火事件について終始取調をしているのは違法な別件逮捕か。

1〈事実の概略〉

被告人は，東京都港区麻布の東京ベッド製造会社の火災（焼死者1名）とその周辺の連続放火未遂事件の容疑者として，かねてから捜査当局に注目されていたが，深夜他家の庭先に入ったところを尾行中の警官に目撃され，住居侵入の現行犯として逮捕された。捜査当局は，上記の住居侵入の事実に3年半前の窃盗の事実を合わせて勾留状の発付を受け（第1次勾留），もっぱら放火事件につき被告人を取り調べ，自白を得た。勾留延長1日目に被告人は放火未遂事件についての逮捕状を執行され，勾留された（第2次勾留）。検察官の勾留延長請求は，「別件勾留中，終始放火事件についての取調がなされている」との理由で却下された。被告人は放火1件，同未遂7件につき公訴を提起されたが，第1次勾留の基礎となった住居侵入と窃盗の事実については不起訴処分となった。

公判では，被告人は自白を翻し，終始犯行を否認した。弁護人は，自白調書の許容性，任意性を争い，無罪を主張した。

2〈判　旨〉

被告人は無罪

1　いわゆる余罪捜査，すなわち「甲事実による身柄拘束を利用して乙事実を捜査する」方法は，被疑者の長期身柄拘束を避けるという利点の反面，余罪についての司法審査を経ず，かつ，被疑者に防禦対象を明らかにしないまま余罪自体について強制処分が認められたと同様の効果をもたらすという，「余罪たる乙事実が制度上・手続上明確な形となってあらわれないことから生ずる弊害の面を無視してはならない。」したがって，このような捜査方法は，甲事実の取調中の被疑者が自発的に乙事実を自白した場合，乙事実が甲事実より軽微な場合，同種事犯または密接な関連性がある事犯の場合など「裁判所に課せられた司法的抑制機能をくぐり，被疑者の防禦権を実質的に阻害することにならない場合に限定して」是認されるにすぎない。

2　いわゆる別件逮捕・勾留による捜査，すなわち「ある重要犯罪について，証拠関係が不十分なため直ちに逮捕・勾留の令状の発布を求め得ないのに，捜査機関が当初より右の重要事件の捜査に利用する目的で，その事件とは直接関連性もなく事案も軽微で，それ自体では任意捜査でもこと足りるような被疑事実を捉えて，まず，これによって逮捕・勾留の令状を求めて身柄を拘束し，その拘束期間のほとんど全部を，本来のねらいとする事件の取調べに流用するような捜査方法は，当初より令状による司法的事前抑制を回避しようとの意図があり，また他罪の令状による強制処分を利用して本命としている犯罪の捜査を実行し，被疑者から自白を獲得したうえこれに基づいて本命たる被疑事実についての逮捕・勾留の令状を得ようという見込み捜査の内容を含んでおり，被疑者の身柄拘束は，形式的には他事実に原因しているけれども，実質的にはその身柄拘束はもっぱら本命たる被疑事実の捜査に向けられているのであって，かような捜査方法は，……逮捕の理由となった犯罪を明示する令状を保障した憲法33条，抑留・拘禁に関する保障を定めた同法34条の各規定をかいくぐるものであり」許されないものというべきである。

3 〈解 説〉

1 別件逮捕・勾留は本件取調を目的とする理由と必要のない別件に基づく身柄拘束として違法とされる。通常逮捕の場合，逮捕状は逮捕の必要がないことが「明らか」なときでなければ発付される（199条2項但書）。また，令状の請求・発付は一方当事者申請の手続きで，令状請求者の立場に対して強い利害関係のある被疑者から逮捕の理由と必要はないとする批判が加えられることはない。令状要件は捜査機関の性急な判断と後知恵の危険を避けるうえで重要だが，令状の発付は実体要件の充足を必ずしも意味するわけではない。社会の関心を集める重大な犯罪について嫌疑があっても，その重大犯罪で逮捕・勾留するだけの実体要件が具備していないときに，捜査機関に判明している事実からその被疑者が他の犯罪を行ったことを疑うに足りる十分な根拠が認められる場合がある。十分な証明ができるような事実が判明していて犯罪の嫌疑に十分な根拠があり，なおかつそれが軽微な事案であれば逮捕の理由と必要性はない場合があるであろう。ところが，このような場合には，その軽微な犯罪について捜査機関は逮捕の実体要件である犯罪の嫌疑を十分に示すことができる。他方，証拠を十分収集していて，なおかつ軽微な事案では逃亡の虞れと罪証隠滅の虞れがないか極めて低く，逮捕の必要性はないと考えられる場合であっても，逮捕状は逮捕の必要のないことが明らかでなければ発付され，また，令状請求・発付は一方当事者申請の手続で必要性の有無について十分な司法審査がなされるようには必ずしもなっていない。そこで，逮捕の実体要件を充足していない重大犯罪の解明を目的に十分な嫌疑のある軽微な犯罪を理由に逮捕がなされているときには，違法な別件逮捕として評価すべき場合が生じてくる。そのため，法理論上，違法な別件逮捕・勾留とは実体要件を欠く別件を理由とする本件取調目的の逮捕・勾留をいう（別件基準説）が，実際上，重大犯罪の容疑のある被疑者が比較的軽微な犯罪で逮捕・勾留され，その逮捕・勾留のすべてかあるいはほとんどの期間にわたって重大犯罪の取調がなされているようなときに別件逮捕・勾留の問題が持ち出される。また，形式上の逮捕の理由とは別に余罪の取調を目的とするものであるか否かの判断は容易ではない。そこで，多くの裁判例が，別件と本件の関連性，本件の重要性，別件が軽微な事案か否か，本件が発覚した経緯，別件による逮捕・勾留中の取調状況等を判断要素として，違法な別件逮捕・勾留に当たるか否かを決するアプローチを採っている。

2 本件が判示する「令状による司法的事前抑制」の回避本件を理由とする逮捕・勾留についての裁判所の審査を指しており，本件基準説のひとつの理論構成が明らかにされている。本事例は，①本件が重大犯罪であること，②別件が本件と直接関連しないこと，③別件がそれ自体では任意捜査でも足りるような軽微な事案であること，④別件による逮捕・勾留期間のほとんどを本件取調に当てていることをあげて，このような捜査方法は別件を形式的な理由とする実質的には本件捜査を目的とする逮捕・勾留であるとしている。本裁判例は，このように，なかなかわかりにくい捜査機関の意図・目的を推認する類型事情をあげて，この事情の存否にしたがって類型的に，身柄拘束理由について事前の司法審査のない本件取調を目的とする違法な逮捕・勾留か否かを判断するアプローチを採っている（渥美東洋『判例による刑事訴訟法入門』83頁）。

3 本事例では，第1次逮捕・勾留を違法な別件逮捕・勾留であるとして，第2次逮捕・勾留を第1次逮捕・勾留と不可分一体の関係にあって全体として違法・不当な捜査方法であるとして，いずれの期間の自白調書も証拠から排除し無罪判決を導いている（第1審で確定）。

（堤　和通）

Ⅰ 捜査 (5) 逮捕・勾留・取調

【28】別件逮捕(4)
——余罪捜査：六甲山事件

大阪高判昭47・7・17高刑集25巻3号290頁，判タ285号122頁
強盗殺人，死体遺棄，詐欺被告事件（昭和46年（う）第1048号）
第1審・大阪地判昭46・5・15
差戻第2審・大阪高判昭57・7・30

● 争 点 ●

詐欺を被疑事実とする逮捕・勾留中，7日目以降が別の殺人容疑の取調に充てられている場合，詐欺事件について勾留の理由があってもなお違法な別件逮捕になるか。

1〈事実の概略〉

警察は2月以上も行方不明であった女性の行方を捜しているうちに同女から数十万円を借り，同女と情交関係にあった被告人に疑いをもった。そして，被告人が信用金庫2カ所から合計185,000円を詐取した事実をつきとめ，上記詐欺の容疑で被告人を逮捕・勾留した。この第1次逮捕・勾留期間中はじめの6日間は，もっぱら詐欺事件の取調に費やされたが，7日目からは某女の殺人容疑についての取調に当てられた。勾留期間満了の前日被告人は殺人の事実について自白し，死体の遺棄場所を明らかにした。被告人は，勾留期間満了の日に詐欺罪で起訴され，その4日後に強盗殺人・死体遺棄の事実で逮捕され，20日間の勾留を経て強盗殺人・死体遺棄罪で起訴された。

第1審大阪地裁は，殺人についての取調が開始された時点でも，詐欺事件についての勾留の理由があったことを認めたが，本件取調の許容限度を逸脱した違法な見込捜査である等の理由で，第1次勾留中の自白調書を「任意性に疑いのある自白」として排除し，また第2次逮捕・勾留中の自白調書については，その逮捕・勾留自体が証拠として許容されない資料による不法拘禁に当るうえ，第1次勾留中の自白と不可分的に一体として評価すべきものであるとして，その証拠能力を認めず，結局強盗殺人・死体遺棄については無罪とし，

詐欺についてのみ有罪とした。これに対して，当事者双方が控訴した。

2〈判 旨〉

破棄差戻

（検察官の控訴趣意について）「既に適法になされている被疑者の逮捕勾留中に，当該逮捕勾留の基礎となった被疑事実以外の事実について被疑者を取調べることは一般に禁止されるところではなく，またこれら取調べをしようとする事実毎に新に裁判所の許可を得なければ取調べをすることができないものでもなく，逮捕勾留の基礎となった事実について逮捕勾留の理由及び必要が存続している間に，この事実の取調べに附随し，これと並行して他の事実について被疑者を取り調べる限り，右取調べをもって令状主義に反するものということはできない。ただ当初から当該逮捕勾留の基礎となった事実について取調べる意図がなく，あるいは簡単にその事実の取調べを終った後，もっぱら被疑者との結びつきについての資料のない本来の狙いとする他の事実について被疑者を取調べて自供を得る目的をもって，前者の事実について被疑者を逮捕勾留し，その拘禁中に後者の事実について被疑者を取調べることは令状主義を潜脱し，被疑者の拘禁をもっぱら自白獲得の手段とする違法な捜査であるといわなければならない。」本事件についてこれをみるに，捜査当局は，詐欺事実による勾留の理由および必要性の存続中に，同事件と並行して某女失踪事件につき被疑者を取調べ，自供を得，かつ死体を発見すると，すぐに改めて強盗殺人等による逮捕・勾留を請求したものであって，令状主義を潜脱する違法な捜査ということは，できない。捜査当局に，第1次逮捕・勾留による拘禁状態を利用して，失踪事件についても被疑者を取調べる意図のあったことは否定できず，このような捜査方法は「決して好ましいものではない」が，右詐欺の事実は原審において執行猶予つきとはいえ，懲役2年の刑が科せられた程の重要性をもつ事件であり，かような事情からみても，これが令状主義を潜脱した違法のものということはできない。

3 〈解 説〉

1　本件基準説は捜査機関の本件取調の意図と取調の実態に着目して別件による逮捕・勾留の合法性を決める。別件基準説は別件による逮捕・勾留が形式上のもので見せかけの理由と必要しかないことを判断するうえで本件取調に関する事情に目を向ける。このようにみると，いずれの立場からも，余罪取調の問題は別件による逮捕・勾留の適否にとって重要性があることになる。余罪取調に関する事情から別件による逮捕・勾留が見せかけのもので本件取調を目的とすることが判明すれば，本件基準説からは本件についての司法審査を回避していることから，別件基準説では別件の実体要件を欠くことから違法な身柄拘束となる。

2　【27】事例の東京ベッド事件の裁判例は，余罪の軽重や発覚した経緯，取調状況を違法な別件逮捕・勾留か否かを決める類型事情とするアプローチを採っている。これは，あくまでも余罪取調に関する事情に目を向けて別件による逮捕・勾留の合法性を決めようとするものだが，別件逮捕・勾留の合法性が問われた裁判例の多くは，逮捕・勾留の合法性自体は問題にせずに，余罪取調の限界を論じる傾向にあるといわれる。そうした事例では，別件逮捕・勾留中の本件取調で入手した自白の許容性が中心の争点であるために，あえて逮捕・勾留の合法性を取り上げなくても，余罪取調の可否から結論を導くことができることが背景事情にあると指摘されている。このようなアプローチは，余罪取調の制限を通した違法な別件逮捕・勾留の抑制というねらいがあるとしても妥当でないと考えられる。なぜなら，余罪取調を制限するのは供述の自由の保障という関心であるのに対し，別件逮捕・勾留は挙動のプライヴァシーの保障という関心から合法性が決まるからである。別件逮捕・勾留中の本件に関する供述が証拠から排除されても，それが身柄拘束の違法性によるのかそれとも供述の自由の侵害かまたは供述の任意性に疑いがあることによるのかで相当に意味が異なる。この違いは，自由社会の基礎をなすものとして自由の原理が最も強い関心を寄せる挙動のプライヴァシーが侵害されているときと，供述の自由の保障と可視性の向上を図る取調手続きの予防策違反から供述の任意性に疑いがあるとされるとき等に顕著に現われる。前者は委縮効果を懸念する自由の原理が働く場合であり，後者はその推定が働くかまたは単なる証拠法上の取り扱いにとどまるものである。挙動のプライヴァシーの保障と供述の自由の保障は別個の関心なので，余罪取調の制限を通して違法な別件逮捕・勾留を抑制しようというのは理論的に成り立たない。

3　本事例は，逮捕・勾留の理由となっている犯罪事実の取調に付随し，これと並行して行われる限度では余罪取調は許されると判示して，余罪取調の限界を設けようとしている。しかし，この事案での余罪取調が付随的，並行的な限度にとどまっているとする点も疑問視されている（松本一郎『刑事訴訟法基本判例解説〔第2版〕』40）。詐欺の被疑事実による第1次逮捕・勾留中に，被疑者が殺人容疑での取調のために留置場から呼び出された時間は，初日が8時間20分，2日目が6時間25分，3日目が9時間30分，4日目が8時間50分で，その間の詐欺についての被疑者取調は4日目になされたにとどまる。松本教授は，「本事件における余罪捜査が本判決のいう許容限度内のものであった」ということを疑問視され，本判決のいう余罪捜査についての基準は「一般論として通用しえても，いわゆる別件逮捕・勾留を抑制する手段としては無力」であることを示唆されている（前掲書）。

[参考文献]
① 川出敏裕・百選［第6版］15
② 後藤昭・争点〈新〉22

（堤　和通）

Ⅰ 捜査 （5）逮捕・勾留・取調

【29】別件逮捕(5)
——本件取調の要件：富士高校放火事件

東京地決昭49・12・9刑裁月報6巻12号1270頁，判時763号16頁
証拠調請求事件（昭和48年(合わ)第476号，昭和48年(刑わ)第172号，昭和48年(刑わ)173号，昭和48年(刑わ)174号，昭和48年(刑わ)第175号）

● 争　点 ●

窃盗を被疑事実とする逮捕・勾留中，窃盗と並行して放火事件の取調がなされる場合に，取調受忍義務がないことを告知するほか，任意捜査の限度内にあるものでなければ違法か。

1 〈事実の概略〉

被告人は，警察官の制服制帽の窃盗の被疑事実で逮捕・勾留された。捜査当局は窃盗事件と並行して放火事件について取り調べることにし，午前中は主として窃盗（自供した11件の余罪を含む）の，午後は主として放火の取調を行った。被告人は，逮捕後9日目に放火について自白し，窃盗事件の起訴後2日目に放火の被疑事実で逮捕・勾留され起訴された。

本決定によると，第1次逮捕・勾留中窃盗についての取調時間は合計約20時間（ただし，控訴審の認定では約26時間），放火についての取調時間は約90時間（控訴審の認定では約70時間）となっており，取調時間の大部分が放火事件の取調にあてられている。

本決定は，自白調書についての検察官の証拠調請求に対する証拠決定である。

2 〈決定要旨〉

勾留執行停止期間満了後に作成された検察官調書4通を除き，その余の自白調書の取調請求を却下する。「本件についての捜査の意図を伴った別件による被疑者の身柄拘束の許否の問題」と，「別件による身柄拘束中の被疑者について，本件の取調べをすることの許否及びその限度という問題」とは，区別して考える必要がある。前者についていえば，右のような身柄拘束の許否は，「別件について逮捕勾留の要件があるか否かによって決せられるべきである。」別件による逮捕勾留の要件が満たされている限り，「右身柄拘束の期間内に，捜査官が併せて本件についての捜査をする意図を有するからといって，そのことだけで，別件による逮捕勾留が許されなくなると言うことはない。」

しかし，別件逮捕勾留が認められる場合でも，被疑者について，どの程度の本件の取調をすることが出来るかという問題は，別途考慮すべきである。被疑者は，いわゆる余罪の取調については刑訴法198条1項の取調受忍義務を有しないと解すべきであるから，余罪取調は「純粋に任意捜査としての取調べ」に限られるものであり，それが実質上強制捜査としての取調と同視できる場合には，違法となるというべきである。

ところで，被疑者の取調が任意捜査の限度内のものであったか，あるいは強制捜査の域に達していたかは，取調の実体を実質的に観察して決する必要がある。本件について任意捜査としての取調をする際には，捜査官は，「本件についての嫌疑の内容を告知したうえで，右事実について取調受忍義務がないことを明確に告知し，被疑者の誤解を解くよう努めるべき」である。右の告知があったときは，その取調は任意捜査としてのそれであったと一応推定してよいが，告知があっても「被疑者が事実上これを拒絶し難いような態度と雰囲気のもとに，長時間にわたり追求的な取調べが行われたような場合には，右は，強制捜査としての取調べの実体を有するとの評価を免れない。」

本件第1次拘束中の取調は，放火について取調受忍義務のないことの告知なしに連日長時間にわたってなされており，違法である。また第2次拘束中のそれも，健康回復前の取調は以前の違法が遮断されておらず，違法というべきである。よって，右期間中の自白調書は，すべて証拠能力を欠く。

3 〈解 説〉

1　本件基準説に立つ裁判例は，捜査機関の本件取調の意図を実態に着目して別件逮捕・勾留を違法とするが，こうした事案のすべては，少なくとも事後的に判断するかぎり別件についての身柄拘束の理由と必要性自体に疑問があるとされている（松本一郎『刑事訴訟法基本判例解説（2版）』41）。これは，本件基準説の適用結果が，本件取調に関する事情を参照しながらあくまでも別件についての逮捕・勾留の理由と必要の有無を判断する別件基準説と同様のものになっていることを意味する。余罪取調に関する事情は別件逮捕・勾留の合法性にとって重要だが，別件基準説は挙動のプライヴァシーと供述の自由の保障が別個の関心であることに即して，別件による逮捕・勾留の合法性の問題と，逮捕・勾留下での（余罪）取調の可否の問題を峻別する。

2　本事例はこのふたつの問題を峻別したうえで，前者については別件を基準に判断し，後者については余罪取調の限界という観点からその可否を判断する典型例とされている（松本前掲書，同様のアプローチを採るものとして旭川地決昭48・2・3刑月5巻2号166頁（いわゆる忠別川事件））。余罪取調の限界づけは，東京ベッド事件のように，①取調できる被疑事実の範囲，②取調ができる程度（身柄拘束期間に占める割合）から試みるアプローチもみられるが，本裁判例の特徴はこの限界づけを取調受忍義務の有無に求めた点にある。

3　余罪取調の受忍義務について裁判例は一致していない。受忍義務を否定する裁判例には本裁判例のほかに神戸地決昭50・3・10判時1016号138頁，東京地決昭56・11・18判時1027号3頁等がある。もっともいずれも逮捕勾留事実についての取調受忍義務は認めている。受忍義務を肯定する裁判例には本事例の控訴審判断である東京高判昭53・3・29判時892号29頁，仙台高判昭55・8・29判時980号69頁等がある。この裁判例の理論根拠は，198条1項但書の反対解釈から導きだされる逮捕・勾留下での取調受忍義務を前提にしたうえで，この義務が被疑者の逮捕・勾留という状態に着目したものであって，特定の犯罪事実ごとに発生するものではないことに求められている。取調受忍義務の内容は必ずしも明らかでないが，これが取調への出頭と取調完了までの不退去をいい，したがって，出頭の求めに応じないことを禁止されていったん出頭すると退去を許されるまで滞留する義務があることをいうというのであれば，供述の自由を侵害する取調を許してしまうことになる。このような義務が逮捕・勾留下にあることから逮捕・勾留事実について生じると解することはできない。他方で，被疑者の不出頭と退去の選択は権利として保障されているとまでいうことはできないので，被疑者が不出頭，退去の選択をしても捜査機関側は出頭・滞留を説得することが許される。このような供述の自由を侵害しない程度の協力義務は，その被疑者が被疑事実に近いことを示す相当理由があることから生じる。そうすると，身柄拘束の理由と必要がある逮捕・勾留事実に関する取調かそれとも余罪の取調かというのは被疑者の協力義務に関係しない。このように，取調受忍義務の有無から余罪取調の限界づけを試みるアプローチは妥当でない。また，198条1項但書は取調目的の逮捕・勾留を禁止する規定であって，反対解釈は誤りである（渥美・新45頁）。

［参考文献］
① 河上和雄・争点〈新〉23
② 川出敏裕・百選［第6版］34
③ 泉幸伸・警察実務判例解説（取調べ・証拠篇）9頁

（堤　和通）

Ⅰ 捜査 (5) 逮捕・勾留・取調

【30】 勾留の要件

①最(一小)決平26・11・17集刑315号183頁，判時2245号124頁
勾留請求却下の裁判に対する準抗告の決定に対する特別抗告事件(平成26年(し)第578号)
②最(二小)決平27・10・22集刑318号11頁
勾留請求却下の裁判に対する準抗告の決定に対する特別抗告事件(平成27年(し)第597号)

● 争　点 ●
勾留の要件の存否の判断方法

■■■ 1 〈①事実の概略〉 ■■■

　検察官は，「被疑者は，午前8時12分頃から午前8時16分頃までの間，京都市営地下鉄烏丸線の五条駅から烏丸御池駅の間を走行中の車両内で，当時13歳の女子中学生に対し，右手で右太腿付近及び股間をスカートの上から触った」との被疑事実で被疑者(本件犯行を否認)の勾留を請求したが，原々審は，勾留の必要性がないとして勾留請求を却下した。これに対し，検察官が準抗告したところ，原決定は，「被疑者と被害少女の供述が真っ向から対立しており，被害少女の被害状況についての供述内容が極めて重要であること，被害少女に対する現実的な働きかけの可能性もあることからすると，被疑者が被害少女に働きかけるなどして，罪体について罪証を隠滅すると疑うに足りる相当な理由があると認められる」として勾留の必要性を肯定し，勾留を認めた。

■■■ 2 〈①決定要旨〉 ■■■

原決定取消・準抗告棄却
　被疑者は，前科前歴がない会社員であり，原決定によっても逃亡のおそれが否定されていることなどに照らせば，本件において勾留の必要性の判断を左右する要素は，罪証隠滅の現実的可能性の程度と考えられ，原々審が，勾留の理由があることを前提に勾留の必要性を否定したのは，この可能性が低いと判断したものと考えられる。本件事案の性質に加え，本件が京都市内の中心部を走る朝の通勤通学時間帯の地下鉄車両内で発生したもので，被疑者が被害少女に接触する可能性が高いことを示すような具体的な事情がうかがわれないことからすると，原々審の判断が不合理であるとはいえないところ，原決定の説示をみても，被害少女に対する現実的な働きかけの可能性もあるというのみで，その可能性の程度について原々審と異なる判断をした理由が何ら示されていない。

■■■ 3 〈②事実の概略〉 ■■■

　検察官は，「被疑者は，成年後見人として，Aの財産を管理していたが，A名義の通常郵便貯金口座から現金300万円を払い戻してBに貸付横領した」との被疑事実で被疑者の勾留を請求したが，原々審は，勾留の必要性がないとして勾留請求を却下した。これに対し，検察官が準抗告したところ，原決定は，(1)本件事案の性質及び内容，特に，被害者が成年被後見人で現在死亡していることや被害額，被疑者の供述内容等に照らすと，被疑者が，関係者に働きかけるなどして罪証を隠滅すると疑うに足りる相当な理由が認められ，また，被疑者の身上関係等を併せ考慮すると，被疑者が逃亡すると疑うに足りる相当な理由も認められる，(2)家庭裁判所からの告発が平成23年になされ，捜査が相当遅延しているが，現時点では，本件の公訴時効の完成が迫っており，起訴不起訴を決する最終段階に至っていることからすると，勾留の必要性がないとまではいえない旨説示し，勾留を認めた。

■■■ 4 〈②決定要旨〉 ■■■

原決定取消・準抗告棄却
　本件は，被害額300万円の業務上横領という相応の犯情の重さを有する事案ではあるものの，平成20年11月に起きた事件であり，平成23年6月に大阪家庭裁判所から大阪府警察本部に告発がされ，長期間にわたり身柄拘束のないまま捜査が続けられていること，本件前の相当額の余罪部分につき公訴時効の完成が迫っていたにもかかわらず，被疑者は警察からの任意の出頭要請に応じるなどしていたこと，被疑者の身上関係等からすると，本件が罪証隠滅・逃亡の現実的可能性の程度が高い事案であるとは認められない。原決定は，捜査の遅延により本件の公訴時効の完成が迫ったことなどを理由に，勾留の必要性がないとまではいえない旨説示した上，原々審の裁判を取り消したが，この説示を踏まえても，勾留の必要性を認めなかった原々審の判断が不合理であるとしてこれを覆すに足りる理由

があるとはいえず，原決定の結論を是認することはできない。

5 〈解 説〉

被疑者の勾留は，適法な逮捕後に（逮捕前置主義），検察官が法定の制限時間内に請求し（203条以下），裁判官による勾留質問（207条1項・61条）と審査を経て発付された勾留状に基づいて行われる強制処分である。その実体要件は，①被疑者が罪を犯したことを疑うに足りる相当な理由があること（207条1項・60条1項柱書），②勾留の理由（ⓐ定まった住居を有しない，ⓑ罪証を隠滅すると疑うに足りる相当な理由がある，ⓒ逃亡し又は逃亡すると疑うに足りる相当な理由がある）のいずれかに該当すること（207条1項・60条1項各号）及び③勾留の必要性があること（87条1項参照）である。本件では，実体要件の内，勾留の必要性の存否が問われ，各事案の具体的な事実を踏まえると罪証隠滅や逃亡の現実的可能性の程度が高くないことを理由に，勾留の必要性を認めた原決定が取り消された。

勾留の理由は勾留の必要性を類型化したものであり，一般的には，勾留の理由が存在すれば勾留の必要性の存在も推定される。もっとも，実務上，罪証隠滅や逃亡のおそれについては，勾留の必要性の存否の判断の中でその程度を具体的かつ慎重に検討することにより，適正な勾留の確保が図られている。

罪証隠滅のおそれの存否・程度は，具体的な事実を踏まえて，罪証隠滅の対象，罪証隠滅行為の態様，罪証隠滅の余地（客観的可能性及び実効性）及び罪証隠滅の意図（主観的意図）に基づき判断される。また，逃亡のおそれの存否・程度は，具体的な事実を踏まえて，所在不明になるおそれという客観的要素と刑事訴追を免れる意思という主観的要素に基づき，生活不安定，処罰の回避及びその他の理由により所在不明になる可能性を指標として判断されるのが一般的である。

勾留の必要性は，勾留による公益的利益と被疑者が被る不利益を比較衡量し，勾留することが相当か否かについて，勾留の理由の程度に加え，事案の軽重（犯罪の種類，法定刑の軽重，犯行の動機・態様・結果，被害の程度，起訴価値など），逮捕時間内での事件処理の可能性，示談の成否，前科前歴の有無，被疑者の年齢や健康状態，勾留による不利益の程度（結婚・就職・試験等の予定，勤務先解雇のおそれ，仕事などへの影響），身柄引受人の存否，家族の受ける不利益，捜査上の著しい怠慢や落ち度の有無などに基づき判断される。

①事件では，被疑者が被害少女に接触して供述の変更を求めるという罪証隠滅行為が想定された。しかし，両者に面識がない中で，朝の通勤・通学時間帯に発生した電車内での痴漢事件であるため，被疑者が被害少女の所在を把握することは難しいなどの本件の事情の下では，その具体的かつ現実的な可能性が認められなかったため，勾留の必要性が否定された。これまでも，罪証隠滅のおそれの程度について，学説や下級審判例（大阪地決昭38・4・27下刑集5巻3・4号444頁，札幌地判昭40・2・15下刑集7巻2号260頁など）では，単なる抽象的な危険性では足りず，確実性までは要求されないが，具体的な蓋然性が認められることが求められていた。①事件は，最高裁として初めて，これと同様の見解を採用することを明言したものである。そして，②事件は，①事件の判断を踏襲すると共に，逃亡のおそれについても同様に具体的かつ現実的な可能性が求められることを判示した。

また，①事件では，原決定について，「原々審の…判断が不合理であるとはいえないところ…原々審と異なる判断をした理由が何ら示されていない」と判示し，準抗告審において原々審の判断を取り消す場合には，その判断が不合理であることを具体的に示すことが必要であるとした。最高裁はその理由を明言していないが，準抗告審は事後審として原裁判の当否を判断することが求められているとの考えに基づくものである。

近時，裁判員制度の施行や弁護活動の活性化などにより，勾留請求却下率や保釈率（勾留状が発付された人員に対する保釈を許可された人員の割合）が上昇傾向にあり，被疑者・被告人の勾留の当否の判断がより厳格になってきている。本決定は，そのような実務の傾向と軌を一にするものである。

[参考文献]
① 『令状に関する理論と実務Ⅰ』別冊判タ34号
② 「特集・勾留・保釈の運用」刑ジャ52号21頁
③ 松田正照・東洋法学60巻1号181頁
④ 伊藤徳子・新報124巻3・4号193頁

(田中優企)

Ⅰ 捜査 (5) 逮捕・勾留・取調

【31】 一罪一勾留の原則

仙台地決昭49・5・16判タ319号300頁
勾留取消請求事件(昭和49年(む)第109号)

●争点●
常習一罪の関係にある犯罪事実での再勾留の可否

1 〈事実の概略〉

被疑者は，昭和49年2月18日に甲県A警察署に賭博被疑事件で逮捕されたのち，引き続き勾留され，同年3月7日，賭博開張図利，常習賭博(常習賭博については，同年2月3日，同月4日，同月14日の賭博の事実)で管轄する簡易裁判所に起訴された。

被疑者は，その後の同年2月1日の常習賭博の事実について取調を受けた後，同年4月1日に保釈を許可された。

被疑者は，その後任意捜査により同年2月1日及び昭和48年5月初めころの常習賭博の事実の取調を受け，検察官は，昭和49年4月12日，同月27日に，前記裁判所に対し，これらの事実につき訴因の追加請求をした。

一方，同県B警察署は，昭和49年1月4日，乙の供述により，昭和48年5月19日の常習賭博の事実(以下「本件」という。)を把握し，同年4月27日，乙の供述に基づき，被疑者の関与が判明した。

そのため，被疑者は，同年5月9日，B警察署捜査官により本件常習賭博の事実で通常逮捕され，同月12日に勾留されたが，当該逮捕状請求書中の規則142条1項8号所定の欄には，被疑者が本件以前に逮捕・勾留された旨の記載がなされていなかった。

これに対し，被疑者の弁護人が，本件についての勾留の裁判に付き，一罪一勾留の原則に反する違法であるとしての勾留取消請求を行った。

2 〈決定要旨〉

本件勾留を取り消す。

「本件常習賭博は，昭和48年5月19日になされたものであり，前記起訴にかかる常習賭博と一罪をなすものであり」「(本件は昭和49年1月4日にB警察署に認知されていたのだから，事件自体が全く認知されていなかった場合と異なり，前記起訴にかかる事実の) 逮捕勾留中に同時に捜査を遂げうる可能性が存したのである。」「従って本件逮捕勾留は，同時処理の可能性のある常習一罪の一部についての逮捕勾留であるから，一罪一勾留の原則を適用すべきである。」「本件逮捕勾留は一罪一勾留の原則により適法視しえないものであるが，本件は常習賭博中の一部の事件である関係上，一個の犯罪事実につき再度の逮捕勾留がなされた場合に該当すると思料されるので，再逮捕勾留の適否が問題となる。刑訴法199条3項，刑訴規則142条1項8号は，同一犯罪事実につき前に逮捕状の請求又は発付のあった場合にはその事実およびさらに逮捕状を請求する事由を逮捕状請求書に記載することを義務づけている。右は不当な逮捕のむし返しを防ぐという司法抑制の実効性を確保するための措置であり，この記載を欠くことにより裁判官の判断を誤らせる虞れを生じさせるものであるから，右記載を欠く逮捕状請求は違法無効であり，逮捕の前置を欠くことになるのでその勾留も違法とすべきである。」「本件において実質的に再逮捕状の発付につきその司法審査を誤る可能性が存したかどうかであるが前記認定のごとく被疑者は保釈後，本件と一罪をなす常習賭博事件中，未取調の事件につき任意捜査に応じて取調を受けているのであり，本件につき一般的な逮捕要件としては格別，再逮捕の必要性が存するかどうかについては多大な疑問が残り，また，逮捕状発付当時以前に逮捕勾留がなされたことを窺わせる資料も存しなかったのであって前掲記載を欠いたことにより実質的に司法審査を誤る可能性は十分存したと言わざるをえない。」「以上のごとく本件逮捕勾留は，……一罪一勾留の原則に反して違法であるとともに，再逮捕と解してもその手続上および実質上の要件を欠き違法無効なものであ」り，本件勾留は逮捕前置主義に違反し，勾留請求が却下されるべきだったとして，勾留を取り消した。

3 〈解 説〉

　一罪一勾留の原則とは，同一の犯罪事実については，一回の勾留しか許されないとする原則であり，刑事訴訟法に，その旨の明文の規定はないものの，形式的には199条3項や規則142条1項8号が捜査官に対し同一の被疑者・同一の犯罪事実について逮捕状を請求する場合にはこれを裁判所に通知するよう義務付けていること，実質的には同一の犯罪事実について何度でも逮捕・勾留をすることができるとすれば，法が厳格に規定している身柄拘束期間の制約が無意味になりかねないこと，などから，一般に承認されている。
　しかし，前記各規定が存在することからして，法は，一定の例外的な場合に通常の勾留に比して厳格な要件の下であれば，再勾留を許容していると解されている。
　本決定は，常習一罪の一部について再勾留を許す場合の判断枠組みにつき，一定の指針を示したものである。
　すなわち，本決定は，まず，一罪一勾留の原則の「同一の犯罪事実」の範囲について，①原則として常習一罪の関係にある複数の犯罪事実相互についても適用されるが，②例外的に，捜査機関が当初の勾留中に事案自体を認知していなかった場合のように，捜査官にとって当初の勾留時に同時処理の可能性がない場合には適用されないとした。
　その上で，本決定は，当該勾留が一罪一勾留の原則に違反する場合でも，身柄拘束の必要性や手続の適正等の要素を考慮した上，例外的に再勾留が許される場合があり得ることを示唆したものである。
　本決定の事案においては，被疑者が保釈後も任意の取調に応じていること，常習賭博の法定刑が比較的軽いことなどを考慮するとき，別の日の事実で改めて逮捕・勾留して捜査を遂げる必要性が乏しい感は否めず，勾留が取り消されたのは結論としてやむを得ないともいえるが，この判断枠組みにより，実務上現れる諸問題を本決定の基準ですべて解決できるかというと若干の疑問が残る。
　すなわち，本決定の基準は，検察官の同時処理の可能性の程度について，先行する勾留事実の捜査の際，捜査機関が犯罪事実自体を認知さえしていれば，当該被疑者の関与まで割り出していなくとも，同時処理の可能性を認めるというもののようである。
　しかし，このような基準を用いると，①常習累犯窃盗で勾留したものの，事実を否認し，証拠上も決め手に欠けることなどから処分保留で釈放した後，その被疑者を，最初の勾留以前に発生し，被害届が提出されていた事実に付き，常習累犯窃盗の事実で再勾留することも，②店舗形式の常習賭博の事実で，被疑者を現行犯逮捕・勾留して起訴した後，例えば売上帳等をもとに過去数か月分の違法営業の事実を明らかにして，組織犯罪処罰法3条1項5号（組織的な常習賭博）へ訴因変更するべく，過去数か月の常習賭博ないし組織的な常習賭博の事実で再勾留することも，どちらも一罪一勾留の原則に反し違法となろう。
　しかし，前者の場合，各事実相互間の証拠関係が共通することはまれであり，自白事件であれば格別，複数の否認事案を最大20日間の勾留期間中にまとめて同時処理することは相当困難である上，窃盗罪であれば再逮捕・再勾留できることに比べると不合理である。
　また，後者の場合，当初の勾留事実よりもはるかに大きな被疑事実について，最初の勾留期間中に全容を解明するか，起訴後勾留を使って捜査を遂げるほかないというのもまた不合理であるように思われる。
　したがって，常習一罪の関係にある事案について，再度の勾留を認めるか否かについては，実際の事実関係・証拠関係に鑑み，当初の勾留段階で同時処理する余地があったかどうかを基準とした上で，勾留の必要性を通常の事案に比してやや厳格に考慮して対処するのが相当であるように思われる。
　なお，本稿のうち，意見にわたる部分は筆者の私見である。

[参考文献]
① 秋葉康弘・新実例刑事訴訟法Ⅰ・118頁
② 田中康郎・百選[第8版]45頁
③ 河原俊也・百選[第9版]43頁
④ 河村博・百選[第10版]38頁

（山本保慶）

Ⅰ 捜査 (5) 逮捕・勾留・取調

【32】 逮捕・勾留のむしかえし
―― 狭山事件

最(二小)決昭52・8・9刑集31巻5号821頁,判時864号22頁
強盗殺姦,強盗殺人,死体遺棄,恐喝未遂,窃盗,森林窃盗,傷害,暴行,横領被告事件(昭和49年(あ)第2470号)
第1審・浦和地判昭39・3・11
第2審・東京高判昭49・10・31

● 争 点 ●

身代金喝取を被疑事実とする逮捕・勾留中に,被害者を同じくする強盗強姦殺人の事実の取調がなされている場合に,当初の勾留に続いて強盗強姦殺人の事実で逮捕・勾留するのは再逮捕・再勾留に当るか。

1 〈事実の概略〉

本件は,昭和38年5月埼玉県狭山市で発生した女子高校生殺しの事件である。

被告人は,被害者の家族に脅迫状を送り(その時点では,被害者の死は判明していない),身代金を喝取しようとしたが未遂に終ったという恐喝未遂の事実と,上記事件とは関係のない窃盗・暴行の事実で逮捕・勾留(10日間延長)され,取調を受けた。検察官は,勾留期間満了の日に,窃盗・暴行の事実と上記勾留中に判明した窃盗・森林窃盗等の余罪について起訴し,恐喝未遂事件については処分留保とした。起訴後4日目に被告人は保釈許可決定により釈放されたが,その直後強盗強姦殺人,死体遺棄被疑事件について逮捕され,勾留された。検察官は,10日間の勾留延長期間満了の日に,被告人を強盗強姦,強盗殺人,死体遺棄の事実と,処分留保のままになっていた前期恐喝未遂の事実について起訴した。

被告人は,恐喝未遂等による逮捕・勾留(第1次逮捕・勾留)の間も強盗強姦殺人の事実について取調を受けたが,恐喝未遂の事実も含めて,すべてこれを否認した。しかし,強盗強姦殺人等による逮捕・勾留(第2次逮捕・勾留)後間もなく上記事実を認めるようになり,第1審公判中も自白を維持した。第1審浦和地裁は,被告人に死刑判決を宣告した。ところが被告人は,控訴審の第1回公判期日において自白を翻し,以後は一貫して無実を主張した。東京高裁は,被告人側の事実誤認等の主張をすべてしりぞけたが,量刑について職権調査のうえ,第1審判決を破棄して無期懲役の判決を言渡した。これに対して,被告人が上告を申し立てた。

2 〈決定要旨〉

上告棄却

「『別件』中の恐喝未遂と『本件』とは,社会的事実として一連の密接な関連があるとはいえ,両者は併合罪の関係にあり,各事件ごとに身柄拘束の理由と必要性について司法審査を受けるべきものであるから,一般に各別の事件として逮捕・勾留の請求が許されるのである。しかも,第1次逮捕・勾留当時『本件』について逮捕・勾留するだけの証拠が揃っておらず,その後に発見,収集した証拠を併せて事実を解明することによって,初めて『本件』について逮捕・勾留の理由と必要性を明らかにして,第2次逮捕・勾留を請求することができるに至ったものと認められるのであるから,『別件』と『本件』とについて同時に逮捕・勾留して捜査することができるのに,専ら,逮捕・勾留の期間の制限を免れるため罪名を小出しにして逮捕・勾留を繰り返す意図のもとに,各別に請求したものとすることはできない。また,『別件』についての第1次逮捕・勾留が専ら『本件』の被疑事実に利用されたものでないことはすでに述べたとおりであるから,第2次逮捕・勾留が第1次逮捕・勾留の被疑事実と実質的に同一の被疑事実について再逮捕・再勾留したものでないことは明らかである。」

3 〈解 説〉

1　39条3項の接見指定や208条2項，208条の2の勾留期間の延長は逮捕・勾留の理由となっている犯罪事実についてでなければならない。接見指定は，接見を通して被疑者が逃亡または罪証隠滅の虞れがあるときに，すなわち，接見によって逮捕・勾留の目的が挫折してしまう虞れがあるときに認められる（39条3項の「捜査のため必要があるとき」）。逮捕・勾留理由ではない犯罪事実についてはその目的が挫折するはずの逮捕・勾留がないので，接見指定の根拠にならない。また，勾留理由たる犯罪事実以外の犯罪事実の相当理由と必要性を根拠とする勾留期間の延長を認めると，身柄拘束についての自動的な事後の司法審査を可能とする逮捕前置主義に違反することになる。このような場合には，捜査機関の活動は逮捕・勾留事実を根拠にするものでなければならない。しかし，このことは，逮捕・勾留の効力が勾留理由たる犯罪事実の範囲にしか及ばないこと（事件単位説）を意味するわけではない。事件単位説は，取調との関係で，理由と必要のある合法な身柄拘束下での，供述の自由を保障する保護策を講じた任意の供述を求める取調を逮捕・勾留事実に限定しようとする点に誤りがあるだけではない。事件単位説は，身柄拘束との関係で，事件を単位に一事件ごとに逮捕・勾留を繰り返しうるとし，不当に捜査機関に有利で，被疑者に不利な長期の身柄拘束を認める点で誤っている。余罪の取調は供述の自由を保障する保護策の講じられているところでこれを禁止すべき理由はなく，また，逃亡の防止と罪証隠滅の防止は，逮捕・勾留理由たる犯罪事実だけでなく発覚している余罪に対しても効力が及んでいる。したがって，逮捕・勾留の効力は捜査機関に発覚しているため，被疑者について捜査を行うことが可能な他の犯罪事実にまで及ぶと解すべきである（手続き単位説）。そこで，逮捕・勾留の理由となっている犯罪事実だけでなく，その逮捕・勾留の段階で発覚しており捜査の円滑を担保されていた余罪たる犯罪事実についても逮捕・勾留の効力は及んでいるので，その後の余罪を理由とする逮捕は再逮捕と解すべきである（199条3項，規則142条1項8号参照）。再逮捕は，その特段の必要性を要件とするか，または逮捕の期間を再逮捕の必要性のある期間に限定するなどして慎重に扱わなければならない（渥美・全訂刑訴法70頁）。

事件単位説は，事件の真相究明に主な関心を寄せ，真相を究明する裁判所の権限と責務を核にして刑事手続を構想する大陸法系の裁判モデルに親和性があるといえ，他方，手続単位説は，国の刑罰制度に巻き込まれた個人の自由の縮限，不安定な地位を較量の一貫した要素として刑事手続を構想する英米法系の裁判モデルに親和性があるといえる。このような相違が逮捕・勾留の効力，むしかえしの規律に関連して顕著に示される。

2　本決定で，最高裁判所は，第2次逮捕・勾留が「専ら，逮捕・勾留の期間の制限を免れるため罪名を小出しにして逮捕・勾留を繰り返す意図のもとに，各別に請求」されたものでなく，第1次逮捕・勾留が「専ら『本件』の被疑事実に利用されたものでないこと」を認定したうえで，第2次逮捕・勾留が再逮捕・再勾留でないことを結論づけている。逮捕・勾留の及ぶ範囲を事件単位でなくその逮捕・勾留で捜査の円滑が担保されている犯罪事実まで射程に入れて再逮捕・再勾留の問題を扱っている。

[参考文献]
① 佐々木真郎・警察実務判例解説（任意同行・逮捕篇）137頁

（堤　和通）

I 捜査 (5) 逮捕・勾留・取調

【33】 無罪判決後の勾留

最(三小)決平19・12・13刑集61巻9号843頁,判時1992号152頁
勾留の裁判に対する異議申立て棄却決定に対する特別抗告事件(平成19年(し)第369号)
原々審・東京高決平19・9・7
原　審・東京高決平19・9・28刑集61巻9号888頁

● 争　点 ●
第1審で無罪とされた被告人の再勾留要件

1 〈事実の概略〉

外国人である被告人は,マレーシアの空港から飛行機で成田国際空港に到着したが,被告人のスーツケース内から覚せい剤約2キロが発見されたことから現行犯逮捕・勾留され,覚せい剤取締法違反等により起訴された。平成19年8月22日,第1審千葉地裁は,覚せい剤の故意が認定できないとして被告人を無罪とした。被告人は釈放されたが(345条),本邦在留資格がないため入国管理局に収容された。同月27日,検察官は,第1審無罪判決を不服として控訴し,他方,検察官の職権発動の申立を受けた第1審裁判所は,同日被告人を勾留したが,同年9月5日東京高裁第4刑事部(抗告審)は,「1審裁判所が再勾留できるのは,1審の無罪判決に,決定的な誤りを発見したときとか,それに匹敵するほどの特段の事情がある場合でなければならない」として勾留を取り消した(東京高決平19・9・5判タ1258号346頁)。上記被告事件の訴訟記録は同月6日,東京高裁に到達し,事件は第5刑事部(控訴裁判所)に配点され,検察官の職権発動の申立を受けて控訴裁判所は,翌7日,勾留質問を経て,職権により被告人を勾留した(本件再勾留。「原原決定」)。原決定(東京高裁第6刑事部)は,弁護人の異議(428条2項)を棄却して本件再勾留を維持したことから,特別抗告に及んだのが本件である。

2 〈決定要旨〉

抗告棄却
「第1審裁判所において被告人が犯罪の証明がないことを理由として無罪判決を受けた場合であっても,控訴裁判所は,その審理の段階を問わず,職権により,その被告人を勾留することが許され,必ずしも新たな証拠の取調を必要とするものではないことは,当裁判所の判例(最高裁平成12年(し)第94号同年6月27日第一小法廷決定・刑集54巻5号461頁)が示すとおりである。しかし,刑訴法345条は,無罪等の一定の裁判の告知があったときには勾留状が失効する旨規定しており,特に,無罪判決があったときには,本来,無罪推定を受けるべき被告人に対し,未確定とはいえ,無罪の判断が示されたという事実を尊重し,それ以上の被告人の拘束を許さないこととしたものと解されるから,被告人が無罪判決を受けた場合においては,同法60条1項にいう『被告人が罪を犯したことを疑うに足りる相当な理由』の有無の判断は,無罪判決の存在を十分に踏まえて慎重になされなければならず,嫌疑の程度としては,第1審段階におけるものよりも強いものが要求されると解するのが相当である。そして,このように解しても,上記判例の趣旨を敷えんする範囲内のものであって,これと抵触するものではない」「原決定は,記録により,本件無罪判決の存在を十分に踏まえて慎重に検討しても,被告人が,上記起訴に係る覚せい剤取締法違反等の罪を犯したことを疑うに足りる相当な理由があると認められるとして本件再勾留を是認したものと理解でき,その結論は,相当として是認することができる。」

3 〈解　説〉

1 勾留されている被告人に無罪等の裁判の告知がされると,その勾留状は効力を失うが(345条),控訴裁判所は再び勾留することが可能か。可能として,どのような要件が必要であろうか。
学説上,再勾留否定説はあるが,大勢はこれを肯定し,①通常の勾留と同一の要件を備えていれば時期的な制限はない(非制限説),②通常の勾留より高度な要件が必要で時期も制限される(制限説),③時期的制限はないが,原判決破棄が予想され,身柄拘束が必要な例

外的場合に限定される（中間説）と説く。判例上は，本決定引用の東電OL事件判例（12年決定）が，審理段階を問わず再勾留可能との判断を示したものの，その要件については格別明示していない。もっとも，12年決定の遠藤，藤井反対意見が，再勾留には「無罪判決を覆して有罪判決がなされ得るに足る嫌疑が必要」とした上，その判断のため控訴趣意書等が提出されるなどして実質的な審理が開始された段階まで待つ必要があるとしたのに対し，多数意見は審理段階の制限はないとしたから，嫌疑の程度についても反対意見と対立するとも解された（しかし，本決定の近藤補足意見は，12年決定の多数意見も「高い嫌疑」を要求しているが，結論が別れたのはその充足の評価の違いがあったものとする）。本決定は，12年決定でなお不明確であった再勾留につき，「無罪判決の存在を十分に踏まえて慎重になされ」るべきと明言した上，嫌疑の程度につき，「1審段階におけるものよりも強いものが要求される」ことを明らかにし，この解釈は12年決定を敷えんするものとしたのである。

2 憲法39条の議論はあるにせよ，判例（本書【178】）は事実誤認による検察官控訴を許容する（382条）。そうであれば第1審無罪判決に控訴審が拘束される理由はない。また，事後審という控訴審の性格から，再勾留の要件が一義的に決まるともいえない。控訴審裁判所は，審理の進行（被告人に弁論権はなく出頭義務はない。389条，390条），罪証隠滅の防止，将来の刑執行確保等の事情を勘案した上，60条の要件を検討し，独自に再勾留を判断できるはずである（第1審執行猶予宣告の事案で再勾留を是認した最判昭29・10・26裁判集刑事99号507頁，八海事件で第3次控訴審による勾留を是認した最決昭41・10・19刑集20巻8号864頁はこれを前提とするとも解される）。345条は，無罪等の判決告知により，逃亡や罪証隠滅のおそれが減少し，刑執行確保の必要性も低下し，真実無実であれば早期釈放の必要性が高いこと等から，一旦勾留が失効する旨を示したにとどまり，その後の身柄拘束に関しては何ら規定するものではないと解するのが前記先例にも適合的である。12年決定は，本決定と同種事案でもこの趣旨を確認したとみることもできたが，本決定はそのように割り切らなかった。逆に，第1審判決破棄・有罪の予想（抗告弁護人の主張）までは要求していない。そもそも本案についての心証（判決宣告まで不定ともいえる）やその予測（これも刻々変化しうる）と付随的手続である勾留要件の嫌疑とは同一視できないはずである。本決定にいう「強い嫌疑」も，一般的に，第1審で勾留が認められる場合の嫌疑の程度よりも強いものが必要であることを意味し，当該事件の嫌疑の程度が第1審段階より控訴審段階でより強くなっている必要があるという意味ではない（松田後掲）。

3 本決定の理由付けについては，なお検討を要する。345条の趣旨が，第1審の無罪判断の尊重にあるという多数意見に対しては，そうであれば，第1審の結論を覆す程度の嫌疑が再勾留に必要との結論も論理的には可能といえ，必ずしもその結論を直接導く理由といえるかは疑問である。同条の趣旨から再勾留の制約論を導く議論を立てるのは無理との指摘が妥当しよう（酒巻後掲）。「本来無罪推定を受けるべき」との表現も，無罪推定は，もともと，検察側が立証責任を果たさない限り被告人は無罪とされるとの証明責任の原則をいうもので，広義でも適正手続の要求程度の意味にとどまるから，この理由付けが十分説得的かは議論の余地があろう。

4 その後，最高裁は，第1審が裁判員裁判である事案で，「刑訴法345条の趣旨及び控訴審が事後審査審であることを考慮しても，勾留の理由及び必要性が認められるときは，その審理の段階を問わず，被告人を勾留することができる」（最決平23・10・5刑集65巻7号977頁）と判示し，この論点についての最高裁の三つの小法廷の判断が出揃う形となった。

[参考文献]
① 松田俊哉・最判解刑事篇平成19年度476頁
② 滝沢誠・新報115巻5・6号347頁
③ 飯田喜信・百選[第9版]99
④ 酒巻匡・百選[第8版]98
⑤ 石井一正「刑事控訴審の理論と実務」102頁以下

（菊池則明）

Ⅰ 捜査 (5) 逮捕・勾留・取調

【34】勾留の他事件の本刑への通算

最(三小)判昭30・12・26刑集9巻14号2996頁，判時69号3頁
詐欺横領被告事件(昭和28年(あ)第5047号)
第1審・静岡地判昭28・1・30
第2審・東京高判昭28・8・17

● 争 点 ●

一部無罪となった事件の未決勾留日数は，併合審理された，勾留状の出ていない他の事件の刑に算入することができるか。

1 〈事 実〉

被告人は，A事件(詐欺罪)，B事件(詐欺罪)，C事件(詐欺罪)，D事件(詐欺罪)，E事件(横領罪)について，昭和27年7月12日静岡地方裁判所に起訴され，さらにF事件(横領罪)について，同年9月30日同地方裁判所に追起訴された。同地裁は，前記6事件を併合審理したうえで，昭和28年1月30日，すべての事件について有罪を認定し，被告人を懲役三年に処する旨の判決を言い渡した。これに対して，被告人が東京高裁に控訴を申し立てたところ，東京高裁は，A，C，D，E，F事件については有罪を認定しつつ，B事件について犯罪の証明がないとして無罪とした。ところが，被告人は，無罪となったB事件に基づいて勾留されており，他の有罪となった5事件の各事実については勾留状が発付されていなかったため，本刑に，本件未決勾留日数を参入することができるかが問題となった。

この点について，東京高裁は，被告人を懲役2年としたうえで，B事件に基づく未決勾留日数100日を本刑に参入すると言い渡した。

これに対して，検察側は，「未決勾留は，原判決が無罪とした詐欺の公訴事実を原由とするものであるから，この日数を勾留の原由となっていない他の公訴事実により有罪とされた本刑に算入することは，大審院判例に違反する」として上告を申し立てた。

2 〈判 旨〉

上告棄却

「検察官が同一被告人に対し数個の被疑事実につき公訴を提起した場合，それが一個の起訴によると，またはいわゆる追起訴によると，さらにまた各別個の起訴によるとを問わず，そのうち一つの公訴事実についてすでに正当に勾留が認められているときは，検察官は他の公訴事実について勾留の要件を具備していることを認めても，それについてさらに勾留の請求をしないことがあるのは，すでに存する勾留によって拘束の目的は達せられているからであって，このような場合，数個の公訴事実について併合審理をするかぎり，一つの公訴事実による適法な勾留の効果が，被告人の身柄につき他の公訴事実についても及ぶことは当然であるから裁判所が同一被告人に対する数個の公訴事実を併合して審理する場合には，無罪とした公訴事実による適法な勾留日数は他の有罪とした公訴事実の勾留日数として計算できるものと解するを相当とする。されば本件において原判決が無罪とした公訴事実につき発せられた勾留状の執行により生じた未決勾留日数の一部を他の有罪の言渡をした公訴事実の本刑に算入する旨言い渡したことをもって違法ということはできない。所論引用の大審院判例は前示の趣旨に反する限り変更すべきものであるから所論は採用できない。」

3 〈解 説〉

未決勾留日数は，その全部または一部を本刑に参入することができる(刑21条)。同条の趣旨は，判例によると，「未決勾留は，その名の示すごとく未だ有罪，無罪の決定しない被疑者に対し審理の必要上course される刑事訴訟手続上の自由の拘束であって，もとより刑罰の執行ではない。従って，その目的も，拘束の場所も，その処遇も，その効果も刑罰の執行と異なるものである。たゞ自由拘束の一点において自由刑の執行と類似するところあるが故に刑法二一条は，裁判所に対し諸般の事情を参酌してその勾留日数の全部又は一部を本刑に算入することを許容するに過ぎない」とされる。

未決勾留を参入する本刑とは，原則として未決勾留の基礎となった事件(以下，勾留事実とする。)である。問題は，勾留事実が無罪となった場合，他の併合審理されている非勾留事実の刑に未決勾留日数を算入することができるか，できるとしたらどのような場合か，である。

大審院判決大9・3・18刑録26輯195頁は，「令状ハ之ヲ発シタル公訴事実ニ限リ効力ヲ有スルモノナルヲ以テ本刑ニ算入スルコトヲ得ヘキ未決勾留日数ハ右本刑ヲ以テ処断スヘキ当該公訴事実ニ付キ発シタル勾留状ノ執行ニ依リ生シタル未決勾留日数ナルコトヲ要ス」(旧字体を新字体に変更)として，事件単位の原則を徹底して，勾留事実にしか本刑への参入を認めなかった。

本件は，この大審院判例を一部変更して，併合審理されている，他の非勾留事実の刑への未決勾留の参入を認めたものである。この背景にある事情としては，実務上，ある事実に勾留状が発せられている場合には，あえてすべての事件につき勾留状を出すことはなく，他の事件については別件勾留中という処理が行われることが通例であり，いずれの事件が勾留の基礎となるかはいわば偶然によることが多いということがある(後掲・調査官解

68

説463頁，橋爪68頁）。確かに，このような実態にかんがみれば，勾留事実がたまたま無罪となったからといって，未決勾留を一切本刑に参入できないのは不合理といえよう。なお，無罪となった事件の勾留に対しては，刑事補償による救済も考えられるが，被告人にとっては金銭的補償よりも，身柄拘束に対する救済は同じ身柄拘束の観点から本刑への参入によって救済するべきであろう（後掲・熊本5頁，橋爪68頁参照。）。もちろん，本刑への参入が認められた無罪事件は，刑事補償の対象から外れることになる（最決昭34・10・29刑集13巻11号3076頁）。

それでは本件は，事件単位説の原則に立つものといえるであろうか。確かに，事件単位説を徹底すれば，本件のような形式的には勾留事実が無罪になった場合，他の併合審理されている，非勾留事実の本刑に，未決勾留日数を参入することができないということになろう。

これに対して，勾留の効果が及ぶ範囲を同時に処理するべき手続の範囲と考える手続単位説からは，このような問題は生じない。勾留の効果は，形式的に勾留の基礎となっている事件だけではなく，併合審理されている他の事件にも及んでいると考えるからである。その意味では，本件が手続単位説の趣旨と親和性の高いものであることは否定できないように思われる（手続単位説について詳しくは，後掲・渥美参照）。

ただ，事件単位の原則は，勾留の基礎や法律上の効果が及ぶ範囲を論ずるものであって，勾留の効力が事実上及んだ範囲を事後的にどう評価するべきかについて論ずるものではない。そうすると，上記実務慣行に鑑みて，未決勾留の本件参入の問題を，勾留が事実上及んだ範囲から検討することは，事件単位の原則と矛盾するものではないといえよう（後掲・熊本5頁，橋爪62頁，光藤53頁など）。

もっとも，本件は，「検察官は他の公訴事実について勾留の要件を具備していることを認めても，それについてさらに勾留の請求をしないことがあるが，それはすでに存する勾留によって拘束の目的は達せられているから」と説示していることから，(1)非勾留事実について勾留の要件を具備していない場合に，同事実の刑に未決勾留日数を算入することができるか，(2)当該勾留が非勾留事実に利用されたことを要するか，という点について明らかではなかった（後掲・松田307頁）。

この点について，最決平18・8・30刑集60巻6号457頁は，2件の窃盗罪（勾留事実）と不法在留罪（非勾留事実）について併合審理し，不法在留罪については懲役刑及び罰金刑を選択し，併合処理したうえで，その刑期及び所定金額の範囲内で被告人を懲役3年・5年間執行猶予及び罰金30万円に処し，同法21条を適用して未決勾留日数のうち60日を1日5000円に換算し，上記非勾留事実に由来する罰金刑に算入した事案について，「刑法は，併合罪関係にある数罪を併合審理して刑を言い渡す場合，その数罪を包括的に評価して，それに対し1個の主文による刑を言い渡すべきものとしているから，その刑が刑法21条にいう『本刑』に該当すると解すべきであり，この理は，その刑が懲役刑と罰金刑を併科するものであるときでも異なるところはないというべきである。」として，非勾留事実に由来する罰金刑に対して，未決勾留日数を算入したことに違法はないとした。また翌日の最決平18・8・31刑集60巻6号489頁も，併合審理された，非勾留事実に由来する罰金刑について同様の判断している（30日決定は，非勾留事実の刑が懲役刑及び罰金刑であったのに対して，31日決定は，非勾留事実に関する刑が罰金刑のみであった点で異なる。）。

同決定と併せて考えると，併合審理されている主文が1個の刑は，主刑が複数併科されていても，統一刑全体が本刑に当たり，上記(1)や(2)の制限を受けることなく，いずれの主刑にも未決勾留を算入することができるということができよう。

なお，本件及び平成18年決定は，併合審理された併合罪（主文1個）に関するものであり，併合審理された主文2個のケースについては射程をもたない。この点について，最判昭39・1・23刑集18巻1号15頁（以下，39年判決という。）は，A罪（非現住建造物放火罪：非勾留事実）と，確定判決（道路交通法違反）をまたがるB罪（詐欺罪，非現住建造物放火罪：勾留事実）につき併合審理し，A罪，B罪それぞれに懲役刑を科すいわゆる主文2個に対して，未決勾留日数の参入をいずれの罪に算入するかを明示しなかった事案について，「本件におけるごとく被告人に対し二個の刑が言渡された場合の未決勾留日数の裁定通算については，未決勾留日数の裁定通算を定めた刑法二一条の法意に照らし，まず勾留状が発せられた罪に対する刑を本刑として未決勾留日数中通算すべき日数をその刑に算入するものと解するを相当とする」として，原則として未決勾留日数の参入は勾留事実に限定されることを明らかにしている。

[**参考文献**]
① 鈴木茂嗣「事件単位の原則」判タ296号32頁(1973年)
② 渥美東洋「勾留と勾留状記載の犯罪事実以外の犯罪事実との関係－手続単位説の提唱－」新報71巻5号61頁(1964年)95頁。
③ 橋爪信「未決勾留日数の参入に関する諸問題」判タ1133号63頁(2003年)
④ 吉川由己夫・最判解刑事篇昭和30年度455頁
⑤ 松田俊哉・最判解刑事篇平成18年度296頁
⑥ 大野勝信＝松田俊哉・最判解刑事篇平成18年度361頁
⑦ 熊本典道・刑事判例評釈集26巻5頁
⑧ 光藤景皎・百選[第3版]52頁

（丸橋昌太郎）

【35】保釈と余罪

最(三小)決昭44・7・14刑集23巻8号1057頁,判時561号82頁
保釈許可取消,保釈請求却下の決定に対する特別抗告事件(昭和44年(し)第38号)
第1審・大分地
第2審・福岡高昭44・6・4

● 争 点 ●

裁量保釈の許否を判断する際に,勾留の基礎となっていない他の事件を考慮することは許されるか。

1 〈事 実〉

本件調査官解説によれば,事件の経緯は,次のとおりである。

「被告人は,暴力行為等処罰に関する法律1条の罪(多衆の威力を示してする脅迫。以下,暴力行為の事実という。)により,逮捕,勾留のうえ大分地裁に起訴され,その後2件の恐喝罪により相次いで追起訴されて,同一裁判官のもとにおいて審理中であった。2件の恐喝の事実については勾留状は発せられていない。

第1審裁判所は,弁護人の請求により被告人の保釈を許可した。これに対し,検察官から抗告の申立があり,抗告審は,本件勾留理由である暴力行為の事実は刑訴法89条3号(常習として長期3年以上の懲役にあたる罪を犯したものであるとき)に該当すると認め,なお同法90条による裁量保釈も適当とは認められないと判断し,抗告を認容して保釈許可決定を取り消し,保釈請求を却下した……。

そして,抗告審は,その際に,「審理の経過,事案の内容,被告人の経歴,行状,犯行の手口,態様等諸般の事情を参酌する意味において,仮りに甲事実のみについて勾留がなされ,乙,丙事実については勾留がなされていない場合であっても,乙,丙事実について全くこれを度外視して単純に甲事実について保釈を適当であると裁量することは軽率の誹りを免れないであろう」と判示した。

これに対して,弁護人から,「保釈当否の判断は,その性質上勾留事実のみを基準として行われるべきであり,その際勾留されていない追起訴事実の審理刑の執行確保まで併せ考慮することは許されない」とし,また抗告審の上記判示は高松高判昭和41年10月20日下刑集8巻10号1346頁に反するとして,特別抗告が申し立てられた。

2 〈決定要旨〉

「被告人が甲,乙,丙の三個の公訴事実について起訴され,そのうち甲事実のみについて勾留状が発せられている場合において,裁判所は,甲事実が刑訴法89条3号に該当し,従つて,権利保釈は認められないとしたうえ,なお,同法90条により保釈が適当であるかどうかを審査するにあたつては,甲事実の事案の内容や性質,あるいは被告人の経歴,行状,性格等の事情をも考察することが必要であり,そのための一資料として,勾留状の発せられていない乙,丙各事実をも考慮することを禁ずべき理由はない。原決定も,この趣旨を判示したものと認められる。所論引用の高松高等裁判所昭和41年10月20日決定(下級裁判所刑事裁判例集8巻10号1346頁)は,勾留状の発せられている起訴事実について裁量保釈が適当と認められる場合には,勾留状の発せられていない追起訴事実の審理のために被告人の身柄拘束の継続が必要であることを理由として保釈を拒否すべきではない旨を判示したものであつて,本件と事案,論点を異にし,適切ではないから,所論のうち判例違反の論旨は,前提を欠くことに帰する。」

3 〈解 説〉

本件は,保釈の許否を判断する際に,勾留の基礎となっている事実(以下,勾留事実とする。)以外の事実を考慮できるかどうかが問題となったものである。

被告人は,有罪が確定するまで無罪の推定を受けるので,裁判所は,保釈の請求があった場合には,一定の除外事由がある場合を除き,これを許されなければならない(89条。同条による保釈のことを「権利保釈」という)。裁判所は,除外事由がある場合であっても,適当と認めるときは,職権で保釈をすることができる(90条。同条による保釈のことを裁量保釈という)。権利保釈の除外事由は,一般的・類型的に保釈が適当ではない場合であるので,裁量保釈として保釈する場合には,当該除外事由を具体的・個別的に覆す特別の事情が求められるというべきであろう(東京地決昭48・1・18刑月5巻1号89頁)。

権利保釈の除外事由は,89条1号から6号に定められている。すなわち,1被告人が死刑又は無期若しくは短期一年以上の懲役若しくは禁錮に当たる罪を犯したものであるとき(1号),2被告人が前に死刑又は無期若しくは長期十年を超える懲役若しくは禁錮に当たる罪につき有罪の宣告を受けたことがあるとき(2号),3被告人が常習として長期三年以上の懲役又は禁錮に当たる罪を犯したものであるとき(3号),4被告人が罪証を隠滅すると疑うに足りる相当な理由があるとき(4号),5被告人が,被害者その他事件の審判に必要

な知識を有すると認められる者若しくはその親族の身体若しくは財産に害を加え又はこれらの者を畏怖させる行為をすると疑うに足りる相当な理由があるとき（5号），6被告人の氏名又は住居が分からないとき（6号），である。1号ないし3号は，抽象的・類型的に，保釈保証金の担保によっては逃亡を防止できないと考えられるものである。4号ないし6号は，抽象的・類型的に，保釈することによって刑罰権の適正な実現に支障をきたすものといえよう。

権利保釈の除外事由や裁量保釈を判断するにあたって，勾留事実以外の他の犯罪事実を考慮することは許されるであろうか（学説の整理については，後掲・大コンメ155頁以下が詳しい）。

権利保釈の除外事由に関する該当性判断については，除外事由の2号及び6号は，もともと勾留事実に関するものではないので，除外事由の1号，3号，4号，5号に関して非勾留事実を直接考慮することが許されるかということが問題となる。言い換えれば，除外事由の各号に定める「罪」や「事件」が勾留事実に限られるかどうかである。

この点について，除外事由1号，3号は，逃亡の防止しようとするものであるから，非勾留事実も対象とすることができ，4号，5号は，罪証隠滅を防止しようとするものであるから，勾留事実に限られるとするものがある（後掲・金谷130頁）。下級審の（裁）判例は，1号については，併合審理されている罪も含めるとしたもの（仙台高決昭40・9・25下刑集7巻9号1804頁）があるが，3号については常習性の罪名を他の併合審理されているものでよいとしたものはなく，4号，5号についても勾留事実に限定されるとするものが多くみられる（東京高決昭39・9・10東高刑時報15巻9号189頁など）。

1号については，実際に科される刑は併合処理されたあとの刑であるので，未決勾留における本刑の解釈と同様に，1号の罪に併合審理されている併合罪の関係にある罪も含まれるという解釈もありうるであろう。ただ，事件単位の原則から考えると，少なくとも1号の直接的な判断対象は勾留事実に限られるというべきである。

裁量保釈の判断基準は，既述の通り，除外事由を覆す，被告人の保釈を相当とする特別な事情が求められる。そして，特別の事情は，事件の軽重，事案の性質・内容，犯情，被告人の性格，経歴，行状，前科・前歴，家族関係，健康状態，審理の状況，勾留機関及び共犯者があるときは共犯者の状況等，諸般の事情を総合考量して判断するとされる（後掲・三井ほか263頁）。判断の対象とする事件は，裁量保釈といっても，除外事由による一般的・類型的な保釈不相当の評価を覆す事情の判断であるから，基本的には，除外事由と同様に，勾留事実となる。

もっとも，権利保釈の除外事由の判断にせよ，裁量保釈の判断にせよ，基本的に，勾留事実を判断対象とするものであるから，その判断の一資料として，他の事件を考慮することは許されるというべきである（後掲・中山ほか160頁以下及び164頁以下，大久保275頁）。例えば，権利保釈の除外事由3号の常習性を判断するに当たって，併合審理されている他の同種犯罪を考慮することは許されるというべきであろう（権利保釈の除外事由3号の常習性の判断につき，東京高決昭29・7・15裁判特報1巻1号24頁など。なお，有罪が確定していないので慎重に判断するべきとしたものとして名古屋高決昭30・1・13裁特2巻1＝9号3頁）。また裁量保釈における被告人の性格，経歴，行状などを判断するにあたっても同様のことがいえよう。

本件は，権利保釈の除外事由3号に該当するものとしたうえで，裁量保釈の許否が検討されたものであった。対象となる事件は，暴力行為等処罰に関する法律一条の罪（多衆の威力を示してする脅迫）であるが，常習性判断にあたってはもちろんのこと，被告人の性格，経歴，行状を判断する一資料として，他の併合審理されている同種犯罪の恐喝事件を考慮することは何ら問題ないというべきである。

なお，弁護人が引用する（高松高決昭41・10・20下刑集8巻10号1346頁）は，勾留の基礎となっている2件の比較的軽微な窃盗事件の証拠調べを終えたあと，公務執行妨害罪および傷害罪により追起訴されたという事案において，窃盗事件に基づく勾留を裁量保釈相当であるとしたうえで，追起訴事実による身柄の拘束は新たな勾留によるべきものとしたものである。つまり，同決定は，［仮に追起訴の事件を一資料として考慮したとしてもなお］裁量保釈が相当であるとした点において本件と異なるものである。この場合，追起訴事実について改めて勾留状を発するかどうかが検討されることになる。

[参考文献]
① 金谷利廣「権利保釈の除外事由」司法研修所報28号123頁
② 三井誠ほか・刑事手続（上）243頁以下[仁田陸郎＝安井久治]
③ 大久保太郎・最判解刑事篇昭和44年度271頁
④ 中山善房ほか・大コンメンタール刑事訴訟法第2巻153頁以下[川上拓一]
⑤ 岩井宜子・百選[第5版]78頁
⑥ 佐藤文哉・百選[第3版]56頁

（丸橋昌太郎）

【36】抗告審における保釈の判断方法

最(一小)決平26・11・18刑集68巻9号1020頁,判時2245号124頁
保釈許可決定に対する抗告の決定に対する特別抗告事件(平成26年(し)第560号)
抗告審・東京高裁平26・10・29

● 争　点 ●

裁量保釈の決定に対する抗告審の判断方法

1 〈事実の概略〉

被告人は,共犯者4名と共謀した架空取引に関する詐欺事件で起訴・勾留され,公判で共犯者らとの共謀や欺罔行為を否認し争う中で,原々審に対し保釈を請求した。これに対して,原々審は,89条4号(罪証隠滅のおそれ)に該当するものの,90条(職権〔裁量〕保釈)に基づき,最重要証人に対する主尋問が終了した段階で,保証金額を300万円とし,共犯者や関係者との接触禁止等の条件を付して保釈を許可した。原々審は,その理由として,原審に送付した意見書(423条2項後段参照)の中で,①被告人が共犯者や関係者に対し実効性のある罪証隠滅行為に及ぶ現実的可能性が高いとは言えないこと,②本事件における被告人の立場からすれば,仮に有罪でもその刑の重さには限度があるところ,被告人の勾留が相当長期(約9か月)に及んでいることを挙げた。

この保釈許可決定に対し,検察官が抗告したところ,原決定は,原々審の決定を取り消し,本件保釈請求を却下した。原決定の理由は,大要,次の通りである。①共謀及び欺罔行為の立証は共犯者や関係者の供述に大きく依存する。共犯者はいずれも否認しており,その応訴態度によれば,その公判供述で立証するのは極めて困難である。被告人も争っており,共犯者と通謀し,関係者に働き掛けるなどして,罪証隠滅に出る可能性は決して低いものではなく,罪証隠滅のおそれは相当に強度であり,89条4号に該当する事由がある。②罪証隠滅のおそれが相当に強度であることに鑑みれば,被告人と弁護人の意思疎通の必要性が高いこと,被告人の身柄拘束が相当長期に及んでいること,本事件の関係者の中には執行猶予判決を受けた者がいることなどを考慮しても,多数の証人予定者が残存する中で,未だ被害者1名の尋問さえも終了していない段階で被告人を保釈することは,原々審の裁量の範囲を超えている。

なお,本件当時の90条は,「裁判所は,適当と認めるときは,職権で保釈を許すことができる。」と規定していた。

2 〈決定要旨〉

原決定取消・準抗告棄却

抗告審は,原決定の当否を事後的に審査するものであり,被告人を保釈するかどうかの判断が現に審理を担当している裁判所の裁量に委ねられていること(刑訴法90条)に鑑みれば,抗告審としては,受訴裁判所の判断が,委ねられた裁量の範囲を逸脱していないかどうか,すなわち,不合理でないかどうかを審査すべきであり,受訴裁判所の判断を覆す場合には,その判断が不合理であることを具体的に示す必要がある。

しかるに,原決定は,これまでの公判審理の経過及び罪証隠滅のおそれの程度を勘案してなされたとみられる原々審の判断が不合理であることを具体的に示していない。本件の審理経過等に鑑みると,保証金額を300万円とし,共犯者その他の関係者との接触禁止等の条件を付した上で被告人の保釈を許可した原々審の判断が不合理であるとはいえない。

3 〈解説〉

1 保釈は,定められた額の保証金等を納付させ,必要に応じて適当と認める条件を付して,被告人の勾留の執行を停止し,被告人を拘禁状態から解放する裁判とその執行をいい,権利保釈(89条),裁量保釈(90条)及び義務的保釈(91条)の3種類がある。実務上は,保釈請求があった場合には,まず権利保釈の当否を判断し,これに当たらないときは,続けて裁量保釈の許否を判断するものとされる。本件では,受訴裁判所(当該被告事件の分配を受け,審理を担当する裁判体)たる原々審が認めた裁量保釈について検察官が抗告した場合に,抗告審がこれを審査する際の判断方法が問われた。

2 裁量保釈の場合,基本的には受訴裁判所の自由な裁量に委ねられる。もっとも,90条

にいう「適当と認めるとき」とは具体的合理性のある場合のことをいい，権利保釈の除外事由（89条各号）に該当する場合は，原則として保釈は適当でないのであるから，裁量保釈を認めるためには，被告人の釈放を相当とする特別の事情が必要であるとする見解が有力である。そして，特別の事情の有無は，事件の軽重，事案の性質・内容，犯情，被告人の性格・経歴・行状・前科・前歴，家族関係，健康状態，審理の状況，勾留期間，共犯者の状況など諸般の事情を総合考慮して判断される。

3　保釈許可決定に対して検察官が抗告（420条2項）又は準抗告（429条1項2号）した場合，抗告審（及び準抗告審）は，事後審（前審の記録に基づいて原判断の当否を審査する方式）として，保釈許可決定の当否を審査することになる。この際，抗告審の審査の範囲は，保釈許可決定が「違法であるかどうかにとどまらず，それが不当であるかどうか」にも及ぶ（最決昭29・7・7刑集8巻7号1065頁）。そして，本決定は，さらに一歩踏み込んで，その審査をする際の判断方法は，「受訴裁判所の判断が，委ねられた裁量の範囲を逸脱していないかどうか，すなわち，不合理でないかどうか」であることを明示した（なお，本決定以前に「裁量の範囲の逸脱」の有無に言及したものとして，最決平24・10・26刑集308号481頁，最決平26・3・25集刑313号319頁がある）。

保釈請求があった場合，受訴裁判所は，保釈請求書，保釈理由を疎明する資料（被告人の誓約書，親族の上申書，示談書など），検察官提出の資料に加え，検察官に対する求意見（92条1項），必要に応じた事実の取調べ（43条3項），弁護人との面接を踏まえて保釈の許否を判断する。この点，受訴裁判所と抗告審で，判断資料を得るための審理方法自体に相違はないとされる。しかし，受訴裁判所は，当該被告事件を審理しており，直接主義・口頭主義の下，公判廷において証人や被告人の供述を直接見聞きするなどしている。そのため，受訴裁判所による裁量保釈の許否の判断に重きが置かれることになることから，本決定が判示するように，「受訴裁判所の判断を覆す場合には，その判断が不合理であることを具体的に示す必要がある」ことになる。このような思考方法は，控訴審における事実誤認の審査において，①382条の事実誤認とは，第一審判決の事実認定が論理則・経験則等に照らして不合理であることをいい，②控訴審が第一審判決に事実誤認があるというためには，第一審判決の事実認定が論理則・経験則等に照らして不合理であることを具体的に示す必要がある，と判示した最判平24・2・13刑集66巻4号482頁でも採用されている（同判決については，本書195事件を参照）。本決定で示された判断方法は，最判平27・4・15集刑316号143頁でも踏襲されている。

また，本件の争点について，本件の場合と受訴裁判所が保釈請求を却下した場合とで区別する理由はないので，本決定の射程は後者にも及ぶ。

4　従来，保釈率（勾留状が発付された人員に対する保釈を許可された人員の割合）や保釈請求率（勾留状が発付された人員に対する保釈請求の人員の割合）は低下傾向にあった。その要因としては，国選弁護人選任率の上昇，要通訳外国人被告人の事件の増加，保釈率の低い薬物事件等の増加，保釈保証金の高額化，保釈基準（罪証隠滅のおそれや裁量保釈）の厳格化（類型化・抽象化）などが挙げられている。しかし，裁判員制度の施行に伴い，連日的な開廷の下，公判廷での充実した防御活動を行うためには被告人と弁護人の綿密な打ち合わせを要することから，保釈の運用の見直しを求める提言などもあって，近時の保釈率は上昇傾向にある。本決定は，そのような近時の状況と軌を一にするものである。

5　なお，平成28年刑訴法改正により，刑訴法90条は，裁量保釈の判断の際に考慮すべき事情として実務上確立している解釈を明記する形で，「裁判所は，保釈された場合に被告人が逃亡し又は罪証を隠滅するおそれの程度のほか，身体の拘束の継続により被告人が受ける健康上，経済上，社会生活上又は防御の準備上の不利益の程度その他の事情を考慮し，適当と認めるときは，職権で保釈を許すことができる。」と改正された（圏丸部分の追加）。

[参考文献]
① 大コンメンタール刑事訴訟法（第2版）第2巻161頁
② 『令状に関する理論と実務Ⅱ』別冊判タ35号
③ 松本芳希・ジュリ1312号128頁
④ 「特集・勾留・保釈の運用」刑ジャ52号21頁
⑤ 伊藤雅人・細谷泰暢・最判解刑事篇平成26年度313頁
⑥ 山田峻悠・新報122巻3・4号385頁

（田中優企）

I 捜査　(5) 逮捕・勾留・取調

【37】 被告人の取調

最(三小)決昭36・11・21刑集15巻10号1764頁，判時281号30頁
窃盗同未遂被告事件(昭和36年(あ)第1776号)
第1審・秋田地判昭35・11・22
第2審・仙台高秋田支判昭36・6・21

● 争　点 ●
被告人取調の可否

1 〈事実の概略〉

　起訴後第1回公判期日に先立つ段階で，検察官は被告人を起訴事実について取り調べ，検察官に対する供述調書が作成された。起訴後は被告人を取り調べることは許されず，したがって上記検面調書は起訴事実を立証する証拠として用いることは許されないと被告人が主張したが，原審裁判所はそれを却けてつぎのように判示した。

　「検察官は公訴を提起し，それを維持する公の機関であるので，公訴を維持する限度内の捜査は起訴後もこれができるといえるのはもちろんである。ところで起訴後の検察官の証拠収集はもっぱら任意捜査に限られるべきで，強制捜査に属するものはすべて公判廷での訴訟行為を通じてなさねばならない。

　本件での起訴後の供述は任意に録取され調書にとられたものだから，所論の各調書には証拠能力があり，したがってそれを証拠に採用することは違法ではない。」

　この原審判断に対し，被告人は上告を申し立て，ここでは，被告人の取調は強制捜査に当るとも主張した。

　「現行法のとるところ，被告人の人権の尊重，法の趣旨，明文の規定なきこと等により，公訴維持のため検察官の起訴後の取調は否定的に解されねばならぬところであり，仮りに1歩ゆずってみても，検察官の起訴後の取調べは公訴維持に必要な限度での任意捜査に限られるべきである。ところが本件起訴後の取調べの態様は被告人が勾留中になされた取調べであり任意捜査でなく強制捜査である。被告人の供述は任意な供述でなく，強制力による供述であることは明らかであるから……被告人の供述を録取した書面は証拠能力がな(い)。」

2 〈決定要旨〉

　上告棄却
　「刑訴法197条は，捜査については，その目的を達するため必要な取調をすることができる旨を規定しており，同条は捜査官の任意捜査について何ら制限をしていないから，同法198条の『被疑者』という文字にかかわりなく，起訴後においても，捜査官はその公訴を維持するために必要な取調を行うことができるものといわなければならない。なるほど起訴後においては被告人の当事者たる地位にかんがみ，捜査官が当該公訴事実について被告人を取り調べることはなるべく避けなければならないところであるが，これによって直ちにその取調を違法とし，その取調の上作成された供述調書の証拠能力を否定すべきいわれはなく，また，勾留中の取調べであるのゆえをもって，直ちにその供述が強制されたものであるということもできない。……しかも，右供述調書は，第1審公判において，被告人およびその弁護人がこれを証拠とすることに同意している。したがって，原判決には所論のような違法は認められない。」

3 〈解　説〉

　本決定以前には，学説上は消極説(団藤)と積極説(平野)と中間説(横井大三，起訴後は裁判所の許可がなければ被告人取調はできないとする)とに分かれ，消極説は被告人の当事者としての地位を強調し，積極説は被告人とともに被疑者の当事者たる地位をも認め，捜査を「弾劾化」するためには，被疑者も被告人も取調に当り，同一の取扱をするのがよく，双方とも任意取調に限って許されると主張していた。実務上も3派に分かれていた。

　1つは消極に解する立場で被告人の当事者たる地位を強調する(例，福岡高判昭31・6・23刑集9巻6号619頁)。積極説は本判決と大体において同様の考え方による。中間説は，当事者が対等の地位で活動すべき本舞台は公判手

続であるから，それ以前の起訴後第1回公判期日までは被告人取調は合法だとする（例，大阪高判昭32・2・6裁判所時報4巻4号43頁）。

中間説は起訴前は198条の取調，第1回公判期日後は311条の被告人質問により，供述を入手する機会があるが，起訴後第1回公判期日まではそれが欠けているので，捜査機関の被告人取調を肯定すべきであるという。

本決定は，このような法状況の下で，積極説（若干中間説よりの）を採ることを表明した。被告人の当事者たる地位に鑑み，被告人取調はなるべく避けるべきだというので，おそらく第1回公判期日以降の被告人取調は原則として許さない趣旨であろう。

だが，本決定は，被告人について197条の取調だけを肯定したので，198条の取調と相違した197条の取調の内容が問題となる。しかも，判例は，おそらく198条の身柄拘束下の取調も任意捜査と解しているであろうから，ますます両者の取調の区別の基準を立てるのはむずかしかろう。だが，そういった以上被疑者取調とそれ以外の取調を要件，手続の双方から具体的に区別しなければならないだろう。被告人が自発的に取調に応じたこととか，取調に応ずる義務のないことを知悉したうえで供述したことを区別の基準にしたり（例，大阪高判昭43・7・25判時525号6頁），弁護人の立会いを区別の基準にしたり（大阪高判昭49・7・18判時755号118頁，東京地決昭50・1・29判時766号15頁）する下級審の判断が示されてもいる。

ところで，そもそも被告人取調を肯定できるであろうか。法は捜査と起訴後の手続を段階的に区別し，起訴後は裁判は「公開の公判」でなされると予定し，起訴後の弁護人の助力は極めて強く求められている（憲37条3項参照）。このような事情の下で，公開の公判外で密行裡に，弁護人の援助なく実質的な裁判が展開されてよいものだろうか。

また，捜査段階では，被疑者は取調を受け，強制的に自己に不利益な証拠を入手されたりする。この被疑者の地位と同じ程度の地位しか被告人に肯定しなくてよいのであろうか。捜査段階は事案の解明に主眼が置かれる段階であるのに対して，公判では捜査結果たる起訴事実について検察官と被告人との間のダイヤローグを通した事実認定を保障するところに主眼がある。

こう解すれば，被疑者の「任意」な地位と同等の地位しか保障しない「弾劾的」理解は，その立場によると公判での真の弾劾主義と論争・当事者主義を実現できなくさせてしまうものになってしまうという理由で却けられるべきだろうと思う。身柄拘束下の被疑者取調を取調受忍義務のある強制とみて，被告人取調をそのような条件では否定する見解も，被疑者に取調受忍義務を肯定する点に大きな難点がある。公判の論争主義—当事者主義構造からみれば，原則として起訴事実についての被告人取調は否定さるべきだろう。先の下級審の傾向などを出発点とした動向が注目される。

この判示以降相当な時間が経過しているが，まだ，被告人の起訴後の「必要となった」場合の取調について，周到で的確なルールが全く定められていない。

公判手続の停止を条件に，起訴事件について補充捜査が特に必要となったことが認められることを公判裁判所の認定を条件に被告人取調を認めるなど具体的な工夫をした法規則の改正が求められる。

さらに，起訴後の被告人取調を広く弾劾システムの要求に反して認めつづけ，その結果を調書にとって，公判の証拠にするなど，憲法の基本的要請を無視しつづけて来た「調書偏重」が今問われている。しかも，公判であれば，弁護人の助力は憲法上のものなのに，これを「かいくぐる」点にも起訴後の被告人取調を安易に肯定する立場には大きな反省が求められている。

[参考文献]
① 吉川由己夫・最判解刑事篇昭和36年度286頁
② 鴨良弼・判時286号・判評・6頁
③ 渥美東洋・判タ323号35頁
④ 白石篤史・警察基本判例・実務200（別冊判例タイムズ26）429頁

（渥美東洋）

I 捜査 (5) 逮捕・勾留・取調

【38】被告人の取調と弁護人の立会い

①大阪高判昭49・7・18判時755号118頁
窃盗被告事件（昭和49年（う）第332号）
第1審・大阪簡判昭49・2・13
②東京地決昭50・1・29判時766号25頁
供述調書の取調請求被告事件（昭和47年（刑わ）第3053号）

●争 点●
被告人取調における弁護人立会いの要否

1 〈①事実の概略〉

（大阪の事例）電気会社の倉庫などから白黒テレビ，冷蔵庫，それにカラーテレビ等を窃取したとして被告人は大阪簡易裁判所に起訴された。ところで，起訴後の勾留中の同年6月5日に，まだ弁護人が選任されていない段階で，司法警察員が被告人を取り調べ，その結果，被告人の上記司法警察員に対する供述を録取した書面が作成された。

第1審の有罪認定に対し，被告人は控訴を申し立て，控訴趣意は事実誤認を理由とするものであった。第1審裁判所は事実誤認を認めなかったが，上記の起訴後の司法警察員による被告人取調によって作成された被告人の司法警察員に対する供述録取書面の証拠能力を職権で問題とし，〈判旨〉のごとき判示をした。この証拠を排しても原判決の認定を支えうるとしたうえで被告人は，結局本件犯行によって現実に利得したものをすべて，物を返還したり，被害弁償したりして返還し，被害もほとんど回復されているとして，刑の執行に猶予を与え，社会更生の機会を与えなければ明らかに，刑が重すぎ正義に反するとして，原判決を破棄し，執行猶予3年附の懲役1年の有罪判決を自判して下した。

2 〈①判 旨〉

破棄自判
「刑事訴訟法198条1項によれば，逮捕勾留されている被疑者は，逮捕勾留の基礎となっている被疑事実については，捜査官による取調に対し出頭義務及び取調受忍義務を負うものと解されること，起訴後においては当事者たる地位を有すること，本件においては，……取調には弁護人の立会がなかったのは勿論，当時被告人にはいまだ弁護人が選任されていなかったことが窺われることなどにかんがみると，右起訴後の取調は違法である。」

3 〈②事実の概略〉

（東京の事例）被告人の兇器準備集合等被告事件の第15回公判において，昭和47年6月6日に公訴提起された日時以降同月7日，いまだ弁護人が選任されていない段階に作成された被告人の供述録取書面が検察官によって取調請求された。

4 〈②決定要旨〉

却 下
現行刑訴法には被告人取調を禁ずる規定はないが，直ちにそこから起訴前の被疑者取調と同様の要件の下で許容されるとはいえない。被告人の当事者たる地位への変化に伴い，刑訴法197条1項本文の認める任意捜査の方法，時期も一定の制約を受けると解したのち，「被告人は公判廷においては，当事者として弁護人の立会のもとで供述する権利があり，かつこの権利は当事者としての地位にとって基本的なものというべく（憲法37条3項参照），したがって，被告人である以上被疑者とは異なり，右権利の保障は原則として公判廷外での捜査官による任意捜査についても及ぶものと解するのが相当である。

すなわち，被告人が任意に取調に応ずる場合でも，本件のように，任意的弁護事件でいまだ弁護人が選任されていない場合は，捜査官が被告人に対して弁護人選任権を告知したのみでは十分でなく，さらに，弁護人の選任を希望するならば弁護人の選任がなされた後その立会の下で取調を受けうることも告知する必要があり，そのうえで，被告人が弁護人の立会は必要でない旨を明示して取調に応じた場合等の特別の事情のない限り，捜査官が弁護人を立ち会わせることなく当該被告事件について取調することは，……被告人の弁護（権）を奪うことになり，……任意捜査の方法

として許されない。」

5〈解 説〉

1　下級審が，被告人に対する公訴提起後の被告事件についての捜査機関による取調について，積極・消極・起訴後第1回公判期日前までの段階でのみ許すというように混乱していた状況で，本書【37】の最高裁判例が，起訴後第1回公判期日前の段階での被告人取調について，198条によってではなく，197条の任意取調を理由に積極説の見解をとるに至った。

2　ところで，前記最高裁判所の見解は，被告人の公判での当事者としての主体的地位に照らし，できるだけ避けるべきとしつつ198条は取調対象を被疑者と限定しているが，197条の任意捜査の対象には限定のないことを理由に，捜査機関の被告人取調を是認したものであったため，その趣旨は必ずしも明快なものとはいえなかった。そこで，被告人の主体的地位を害さないことを示す徴表を何に求めるかについて下級審で工夫がこらされ，昭和43年12月9日の判決（判時574号83頁）は，被告人が自発的に応じたときか，取調室への出頭義務がなく退去も自由であることを十分に知って取調に応じた場合をその徴表と解した。

3　本件大阪高裁の判断は，198条の取調と197条の取調を区別する具体的要件を問題にし，前者では勾留中は出頭・不退去義務を課す一種の強制取調と解し，後者は，任意取調として，しかも被告人の主体的地位を問題にし，弁護人の立会いを要件とするとして，2つの取調を区別し，本件では197条の任意取調と認むべき要件が具備されていないので，本件被告人取調を違法としたものである。ちなみに，198条1項但書は，逮捕・勾留されていない者は，取調の要求に対し出頭滞留義務のないことを定めたもので，もし，このときかかる義務を課すと，取調を目的とする自由の拘束を許す結果となり，弾劾主義に反するので，そのことを明らかにしたものに止まり，判旨のように強制取調を認めたものと解するのには大いに疑問が残る。

4　東京地裁の本件決定は，197条の任意捜査の一種だと被告人取調を理解しつつ，被告人の当事者としての地位に照らして，弁護人の助言と立会いなき起訴後の手続は被告人を当事者とする公判構造に違反するものとして，いかに任意捜査であっても許されないと判示したのである。この判示は，被告人に対する任意取調を合憲・合法なものにする要件を公判での被告人の弁護権（憲37条3項）に求める点で，大阪の判決よりも，公判についての現行憲法を含む法の立場について周到な配慮を払っている。たとえ，被告人が逮捕・勾留されていなくても，起訴後の手続にあっては，被告人は弁護人の助力を受けた状態で行為することが保障されていると憲法を理解するかぎり，弁護権を侵害した被告人に対する取調を政府には許さないとする立場をとっているのである。

そして，被告人が弁護権を公判におけるのと同様に放棄したと認定しうる特別事情を認めうる場合には，弁護権の侵害がないので，被告人取調を任意取調として肯定しうるとするのである。任意捜査でさえ，起訴後は被告人の地位に鑑み制約を受けると判示している。この意味で，強制の状況を払拭する要件を問題にした米国のミランダ判決に依ったよりは，マサイヤ事件やスパノ事件の判断に近いものである。公判での被告人の当事者としての立場への理解が肝要である。

［参考文献］
① 田宮裕・百選［第3版］24頁
② 渥美東洋・判タ323号35頁

（渥美東洋）

Ⅰ 捜査 (6) 被疑者・被告人の接見交通権

(6) 被疑者・被告人の接見交通権

【39】 接見指定処分と損害賠償 (1)

最(一小)判昭53・7・10民集32巻5号820頁,判時903号20頁
国家賠償請求上告事件（昭和49年(オ)第1088号）
第1審・大阪地判昭46・12・24
第2審・大阪高判昭49・7・22
差戻第2審・大阪高判昭55・3・14

● 争 点 ●
39条3項の「捜査のため必要があるとき」の解釈

1 〈事実の概略〉

1 大阪府警警備部警備課および枚岡警察署は，昭和40年4月25日午前10時頃，枚岡市し尿処理場設置への反対運動に伴う威力業務妨害等の被疑者として，地元住民H，TおよびYを逮捕し，それぞれを布施，寝屋川，河内の各警察署に分散して留置した。

2 警備課勤務のMには内部的に弁護人と被疑者との接見の日時についての指定権があったが，逮捕中の被疑者Tが甲を弁護人に専任する旨申し出たので，Mは甲に連絡をとり，甲の妻に，接見日時の指定について協議する目的でMに電話してもらいたい旨を甲に伝達するように依頼した。

3 この伝言を受けた甲がMに電話をかけたところ，接見には指定書を要するといわれ，指定書などは法律上必要ないはずだとして意見をたたかわし，その後捜査本部でない布施署に出向いた。被疑者Hに弁護人を選任する意思のあることを確認したのち，甲はHとの接見を警察官に求めたところ，指定書がなければ接見を許さないといわれた。甲はHとの接見をする署の取調室のある奥の方へ行こうとしたところ，この警察官は，捜査主任から接見指定を受けなければ接見を認めないとの理由で，甲に暴力を振い，治療に4日を必要とする右手背挫創の傷害を負わせた。その後，何回か応酬が相互にあったのち，警察官はMに電話し，甲に受話器を渡した。甲はMと話をしたがMは接見を禁止するのではなく，指定日時の交渉をするだけだとだけ繰り返すのみで，Hとの間で弁護人選任届書を作成する目的での接見すらなしえなかった。

その後Mが布施署に到着し，警察での指定の実情について話したのち乙弁護士がHと午後8時25分から35分までの10分間接見した。

4 大阪高等裁判所は，上記のような事実を前提にして，警察官には接見指定権限はなかったが，接見要求を捜査主任官に取り次ぎ，速やかに接見の日時の指定を受けて甲に告知すべきだったのに，警察官にはその意思が全くなかったとしかいえないので，接見を拒んだ上記警察官の態度は違法であるとして，甲の弁護人としての接見交通の侵害による慰謝料を金10万円の限度で認容した。ただ暴行と名誉毀損を理由とする損害賠償を却下する原判決には不服申立がなかったので最高裁判所の審判の対象にはならなかった。

2 〈判 旨〉

破棄差戻

1 一般論として，「捜査機関は，弁護人等から被疑者との接見の申出があったときは原則として何時でも接見の機会を与えなければならないのであり，現に被疑者を取調中であるのか，実況見分，検証等に立ち会わせる必要がある等，捜査の中断による支障が顕著な場合には，弁護人等と協議して，できるだけ速やかに接見のための日時を指定し，被疑者が防禦のため弁護人と打ち合わせることのできるような措置をとるべきである。」

この判示を接見交通権は憲法34条の要請であるから，刑訴法39条3項の指定は，必要やむをえない場合の例外措置であるとの判断に基づいて引き出した。

2 本件に即しては，しかし，接見申出を受けた警察官が内部的に指定権限を制限されていたため，指定権を有する捜査主任官の指定を受けるように弁護士に求め，さらに弁護士の申出を主任官に伝達した等の事情があると

きには，主任官の指定がないことを理由に接見を拒んでも国家賠償法1条1項にいう違法行為に当たらないと判示した。

3 〈解 説〉

1 身柄を拘束された被疑者・被告人の弁護人，または弁護人となろうとする者との自由な接見交通の保障は憲法上の要請である（憲法34条前段）。しかも，憲法は弁護人の助力を「権利」として定め（憲法34・37条3項），単なる手続の「公正」を担保する手段に留めてはいない。

したがって，弁護人の助力は，被疑者・被告人の「利益」を保護する制度であるから，この利益を確保する接見交通，たとえばそれによって黙秘権の行使のための準備などを想定する接見交通を制限する措置は，直接に弁護権の侵害となるとみられるべきである。

ところが，刑訴法39条3項にいう「捜査の必要」と弁護権の保障との関係については，下級審には異なった理解があり，かつては，取調を容易にするための状況を確保することも広く「捜査の必要」と解釈する傾向が強かった。最近の下級審の傾向は，本判決の基準に近くなってきている。東京地裁が，一般的，抽象的な捜査への支障を生む程度の事情は捜査の必要とはいえず，より具体的に捜査のために被疑者の身柄を必要とする場合のみを「捜査の必要」の状況とみるべきだとして，被疑者を現に取調中，またはそれに準ずる場合以外には，およそ接見制限をなしえないとしたのは，最近の典型的な下級審の判断の例である（東京地決昭48・2・5判時697号103頁）。

本判決は，国家賠償に関する判断であるとはいえ，自由な身柄拘束下にある被疑者と弁護人又は弁護人とならんとする者との間の接見は憲法34条前段の要請であり拘束下にある被疑者の「権利」として保障されているものであり刑訴法39条1項はそれを受けた規定であるから，同条3項は，捜査の必要上，やむをえない場合を定めた例外規定であると理解し，「捜査の必要」を示す例外状況の1つとして，被疑者の取調中，実況見分，検証等への被疑者の立会いの必要があるときを挙げ，そのような状況にある場合でも，弁護人と十分協議して，日時・場所を指定し，捜査の必要が認められる場合であっても，自由接見の制限が「防禦」に支障をきたさない配慮がなされなければならないことを明言した，最初の最高裁判所の判例である。

2 具体的に接見を制限する必要がある場合だけのみを捜査の必要だと解し，このような意味での捜査の必要がある場合でも，接見制限を必要とする状況をできるだけ早く解消させ，身柄拘束下にある被疑者と弁護人との自由な接見を可能にする日時の指定について捜査官は弁護人と協議のうえ十分配慮すべきだとする判示は，当然のことを判示したものとはいえ，かつての法運用を想起すると画期的なものである。

3 漫然と接見を否定し，捜査官が，抽象的に捜査に必要だと感じたときには，捜査官が指定書を弁護人に交付したときにはじめて被疑者との接見が認められる，いわゆる一般的指定処分は，捜査の具体的必要が欠けている場合には許されないことが，この判決で明確にされた。

4 だが，まだまだ問題は残されている。取調を実施するには，たしかに弁護人の立会は支障となるかもしれないが，弁護人との事前の接見は，取調に具体的な支障をきたすものとはいえないからである。密行裡の外界から遮断されている身柄拘束の圧力のかかった取調の状況等から，身柄拘束を受けている被疑者を解放しようとするのが憲法34条前段の弁護権の保障の重大なねらいの1つだと解すべきであろう。そうだとすると，判例には，さらにもう1歩の前進を求めなければならないように思われる。

[参考文献]
① 久岡康成・ジュリ693号197頁
② 時岡泰・最判解民事篇昭和53年度267頁
③ 中西武夫・警察関係基本判例解説100〔別冊判例タイムズ9〕187頁
④ 椎橋隆幸・憲法判例百選Ⅰ〔第2版〕230頁

（渥美東洋）

Ⅰ 捜査 (6) 被疑者・被告人の接見交通権

【40】接見指定処分と損害賠償（2）

最(三小)判平3・5・10民集45巻5号919頁，判時1390号21頁
損害賠償請求・同附帯上告事件（昭和58年（オ）第379号，昭和58年（オ）第381号）
第1審・富山地判昭54・9・28
第2審・名古屋高金沢支判昭57・12・22

● 争　点 ●
「捜査のため必要があるとき」の解釈

1〈事実の概略〉

A弁護士は昭和48年10月4日午後0時40分ころ，富山県の魚津警察署へ赴き，勾留中の被疑者Tとの接見および物（小六法と週刊誌）の授受を申し出た。同署の警察官は接見につき一般的指定がされていたので，K検察官に電話で指示を仰いだ。K検察官は指定書を取りに来ること，物の差入れには裁判所の接見禁止取消決定が必要である旨指示し，同警察官はK検察官の指示をA弁護士に伝えて，指定書を持参しない限り接見等の申出を拒絶すると伝えた。A弁護士は魚津警察署から富山検察庁までは往復2時間以上も要し，現に取調が行われていないのであれば指定書なしで会わせるべき旨再度申し入れたが，同警察官は，それはK検察官の指示によるもので，指示内容はK検察官に電話で直接確認してもらってもよいといって，これに応じなかった。A弁護士は同警察官およびK検察官の違法な接見の拒絶により弁護権が侵害されたとして，富山県警および国に対し100万円の慰謝料の支払を求めた。第1審，原審ともK検察官の接見禁止の措置は違法であるとして，各々，8万円，5万円の支払を命じた。それに対し国側は，原審は39条3項の「捜査のため必要があるとき」の解釈を誤り，また，同条項の正しい解釈と信じて行ったK検察官の具体的指定には過失がないのだから，これら2点につき審理不尽，理由不備の違法があるとして上告に及んだ。

2〈判　旨〉

上告棄却

「右にいう捜査の中断による支障が顕著な場合には，捜査機関が，弁護人等の接見等の申出を受けた時に，現に被疑者を取調べ中であるとか，実況見分，検証等に立ち合わせているというような場合だけでなく，間近い時に右取調べ等をする確実な予定があって，弁護人等の必要とする接見等を認めたのでは，右取調べ等が予定どおり開始できなくなるおそれがある場合も含むものと解すべきである」そして「捜査機関が右日時等を指定する際いかなる方法を採るかは，その合理的裁量にゆだねられているものと解すべきである」が，「その方法が著しく合理性を欠き，弁護人等と被疑者との迅速かつ円滑な接見交通が害される結果になるようなときには，それは違法なものとして許されない」，本件の場合，「K検察官は，魚津警察署の警察官から電話による指示を求められた際，同警察官に被上告人側の希望する接見等の日時等を聴取させるなどして同人との時間調整の必要を判断し，また必要と判断したときでも弁護人等の迅速かつ円滑な接見交通を害しないような方法により接見等の日時等を指定する義務があるところ，こうした点で被上告人と協議する姿勢を示すことなく，ただ一方的に，当時往復に約2時間を要するほど離れている富山地方検察庁に接見指定書を取りに来させてほしい旨を伝言して右接見等の日時等を指定しようとせず，かつ，刑訴法39条1項により弁護人等に認められている被疑者に対する物の授受について，裁判所の接見禁止決定の解除決定を得ない限り認められないとしたものであるから，同検察官の措置は，その指定の方法等において著しく合理性を欠く違法なものである」（坂上裁判官の補足意見がある）

3 〈解 説〉

1 「捜査の必要」をめぐる学説・先例

身柄を拘束された被疑者・被告人に弁護権を保障した憲法34条を受けて、刑訴法39条1項は身柄拘束下の被疑者に弁護人との自由な接見交通権を保障した。同時に同条3項は「捜査のため必要があるとき」は例外的に上記の自由な接見交通を制限できることを定めている。接見制限(指定)の根拠となる「捜査のために必要なとき」の意義につき最高裁は杉山事件において「現に被疑者を取調中であるとか、実況見分、検証等に立ち合わせる必要がある等捜査の中断による支障が顕著な場合」であると判示した(最判昭53・7・10民集32巻5号820頁)。この判示部分の解釈については、①現に取調中、実況見分、検証等に立ち合わせている場合に限定したとの物理的限定説(岡部・判時919号177頁など)、②取調中等のほか取調を開始しようとしているとき、検証等に同行しようとしているときなども含まれるとする準限定説(時岡・曹時32巻2号130頁)、③現に取調中等は例示であって、重点は「捜査の中断による支障が顕著な場合」にあり、それは捜査全般の必要性から判断されるとする説(河上・法時54巻3号20頁、則定・研修417号48頁など)、④取調中、実況見分、検証等に立ち合わせている場合等で、しかも捜査の中断による支障が顕著な場合であるとする説(椎橋・後掲、光藤・口述刑訴法(上)118頁など)とに分かれていた。本判決は杉山判決に基本的に依拠しながらも、取調中などに加えてさらに、間近い時に取調等をする確実な予定がある場合をも含むと判示したので、①説は採っておらず、言葉遣いの類似性からみても②説に最も近い立場を採っていると解釈することは説得力があるようにもみえる(田宮・ジュリ989号81頁)。しかし、①②説は何故そのような場合に接見制限が許されるかにつき理論的に説明が出来ない難点がある。すなわち、刑訴法は取調目的のための身柄拘束を認めていない(60条、199条参照)から、取調中等であれば常に接見制限をしてよいとはいえないのである。他方、被疑者の取調、検証等は犯罪捜査の重要な方法であり刑訴法もそれらを認めている。また、接見を逃亡・罪証隠滅のために利用することは当然のことながら許されない。

2 本判決の意義

このように考えると、憲法の保障に由来する接見交通権を制限できる「捜査のため必要があるとき」とは、逮捕・勾留の目的を挫折させられる場合(接見が逃走や罪証隠滅に結びつくことを示す場合)と取調が全くできなくなっているような例外的な場合とに限定されるとする(渥美・新40頁)のが法の趣旨に適した解釈であろう。このような接見交通権についての法の趣旨をも念頭に置いて考えると、本判決が、罪証隠滅の虞を不当に広く解釈し接見交通権の侵害になるような立場に立っていないことは明らかであるが、罪証隠滅の虞が具体的に認定しうる場合にそれを含めないとの考えまで示しているとはいえないであろう。現実に被疑者の身柄を捜査機関が利用していること(これはまさに調整の問題である)よりも適正な司法の運用を阻害することの方が接見を制限する正当な根拠があるからである。ところで、取調中等であれば当然に接見を制限してよいというものではなかろう。取調中であっても一時取調を中断して弁護人との接見をさせても捜査の中断による支障が顕著となるとは限らない場合があるからである。取調前あるいは取調中であっても短時間、被疑者の権利を告知し、その置かれた状況を知悉させるための接見は供述の自由を確保する上でも必要なことである。坂上補足意見が、取調が一段落した時点とか取調開始予定を若干遅らせて接見を認めることが常に捜査の中断による支障が顕著な場合に結びつくとは限らない、としていることをも併せて読むと本判決は④説を前提としているとも解釈できる。

[参考文献]
① 渥美東洋・判時1409号182頁
② 椎橋・理論132頁
③ 佐藤歳二・最判解刑事篇平成3年度17頁

(椎橋隆幸)

Ⅰ 捜査 (6) 被疑者・被告人の接見交通権

【41】接見指定の合憲性

最(大)判平11・3・24民集53巻3号514頁, 判時1680号72頁
損害賠償請求事件(平成5年(オ)第1189号)
第1審・福島地判平2・10・4判時1370号108頁, 判タ751号88頁
第2審・仙台高平5・4・14判時1463号70頁

―――● 争 点 ●―――
接見指定を認めた刑訴法39条3項本文の合憲性

1 〈事実の概略〉

本件は, 恐喝未遂事件で勾留中の被疑者に接見しようとした弁護士(原告)が, 留置担当の警察官および検察官に指定書の受領・持参を求められ, 9回にわたり接見を妨害されたとして, 国と福島県に対して国家賠償請求を求めた民事訴訟である。

原告の請求を全部棄却した原審を不服として, 原告らが上告したが, その上告理由に39条3項本文の規定の憲法違反を主張するものが含まれていたため, その部分については大法廷での審理に付されることとなった。

2 〈判 旨〉

最高裁は, 概ね次のように判示し, 論旨理由なしとする判決を下した。
＜憲法34条前段について＞
①憲法34条前段の弁護人依頼権は, 「単に被疑者が弁護人を選任することを官憲が妨害してはならないというにとどまるものではなく, 被疑者に対し, 弁護人を選任した上で, 弁護人に相談し, その助言を受けるなど弁護人から援助を受ける機会を持つことを実質的に保障しているものと解すべきである。」
②刑訴法39条1項は, 「憲法34条の右の趣旨にのっとり, 身体の拘束を受けている被疑者が弁護人等と相談し, その助言を受けるなど弁護人等から援助を受ける機会を確保する目的で設けられたものであり, その意味で, 刑訴法の右規定は, 憲法の保障に由来するものであるということができる……。」
③「もっとも, ……これが刑罰権ないし捜査権に絶対的に優先するような性質のものと

いうことはできない。そして, 捜査権を行使するためには, 身体を拘束して被疑者を取り調べる必要が生ずることもあるが, 憲法はこのような取調べを否定するものではないから, 接見交通権の行使と捜査権の行使との間に合理的な調整を図らなければならない。」
④刑訴法39条3項本文は, 「刑訴法において身体の拘束を受けている被疑者を取り調べることが認められていること……, 被疑者の身体の拘束については刑訴法上最大でも23日間……という厳格な時間的制約があること……などにかんがみ, 被疑者の取調べ等の捜査の必要と接見交通権の行使との調整を図る趣旨で置かれたものである。」
⑤「なお, ……身体の拘束を受けている被疑者に取調べのために出頭し, 滞留する義務があると解することが, 直ちに被疑者からその意思に反して供述することを拒否する自由を奪うことを意味するものでないことは明らかである」。
⑥「刑訴法は, 身体の拘束を受けている被疑者を取り調べることを認めているが, 被疑者の身体の拘束を最大でも23日間(又は28日間)に制限しているのであり, 被疑者の取調べ等の捜査の必要と接見交通権の行使との調整を図る必要があるところ, (1)刑訴法39条3項本文の予定している接見等の制限は, 弁護人等からされた接見等の申出を全面的に拒むことを許すものではなく, 単に接見等の日時を弁護人等の申出とは別の日時とするか, 接見の時間を申出より短縮させることができるものにすぎず, 同項が接見交通権を制約する程度は低いというべきである。また, ……(2)捜査機関において接見等の指定ができるのは, 弁護人等から接見等の申出を受けた時に現に捜査機関において被疑者を取調べ中である場合などのように, 接見等を認めると取調べの中断等により捜査に顕著な支障が生ずる場合に限られ, しかも, (3)右要件を具備する場合には, 捜査機関は, 弁護人等と協議してできる限り速やかな接見等のための日時等を指定し, 被疑者が弁護人等と防御の準備をすることができるような措置を採らなければならないのである。このような点からみれば, 刑訴

法39条3項本文の規定は，憲法34条前段の弁護人依頼権の保障の趣旨を実質的に損なうものではないというべきである。」

＜憲法37条3項について＞

「憲法37条3項は……公訴提起後の被告人に関する規定であって，これが公訴提起前の被疑者についても適用されるものと解する余地はない。」。

＜憲法38条1項について＞

「憲法38条1項の不利益供述の強要の禁止の定めから身体の拘束を受けている被疑者と弁護人等との接見交通権の保障が当然に導き出されるとはいえない。」

3〈解 説〉

接見指定の行使は，身柄拘束後の被疑者の取調を重視する捜査実務と被疑者段階での弁護活動が最も激しく衝突する場面である。その対立は，「捜査のため必要があるとき」の解釈や，従来の実務慣行であった一般的指定の当否という形で裁判上顕在化し，これまでも多数の判例が存在する。しかし，従来から学説上異論のあった39条3項の合憲性について，最高裁が本大法廷判決以前に明確に言及したことはない。

接見交通権と憲法の関係について，本判決は，接見交通権が憲法の保障に由来するものであると判示した最判昭53・7・10【39】を踏襲した上で，しかしそれは国家による刑罰権の発動ないしそのための捜査権の行使に絶対的に優先するものではないとした。憲法上の権利であれば法律（39条3項）のみを根拠とした制約は許されないことになるから，ここでは，39条1項の接見交通権が憲法34条前段により直接保障される権利であるとの見解は否定されている。

最高裁大法廷は，接見交通権が捜査権との関係で合理的な調整に服することを明らかにし，39条3項本文はそのための規定であるとした。そして，これが憲法34条前段の弁護人依頼権の趣旨を実質的に損なうものではないことの理由付けとして，(1)接見指定が接見交通権を制約する程度は低いこと，(2)接見指定が許されるのは，接見を認めると取調の中断等により捜査に顕著な支障が生ずる場合に限られること，(3)指定する場合にも被疑者側の防御の準備に配慮すべきこと，を挙げている。(2)の点について本判決は，上記昭和53年判決，最判平3・5・10【40】，最判平3・5・31集民163号47頁と同様に，「捜査のため必要があるとき」の意義に関していわゆる準限定説（現に取調等をしている場合だけでなく間近い時にそれが予定されている場合にも接見指定を認める見解）を採用しているが，接見指定の範囲がそのように限定されるのであれば，弁護人依頼権の保障の趣旨は損なわれないということである。

なお，以上の判示をする前提として，身柄拘束後の被疑者の取調が憲法上そもそも許容されていなければならない。上告人は，取調受忍義務は憲法38条1項に違反するのであり，取調受忍義務を否定するならば被疑者の意思により中断できる取調の実施が接見指定の理由たりえないと主張した。これに対して，最高裁大法廷は，「身体の拘束を受けている被疑者に取調べのために出頭し，滞留する義務があると解することが，直ちに被疑者からその意思に反して供述することを拒否する自由を奪うことを意味するものでないことは明らかである」と判示した。身体拘束下の被疑者の出頭・滞留義務と供述の自由（供述拒否権）とを峻別することで，現在の捜査実務の在り様を肯定したのである。

また，刑訴法39条3項但書が「その指定は，被疑者が防禦の準備をする権利を不当に制限するようなものであつてはならない。」と規定していることとの関係では，本判決以降，初回の接見の申し出に対して特別の措置をとるべきことを判示した最判平12・6・13【42】や，いわゆる面会接見ができるような特別の配慮をすべき義務があることを認めた最判平17・4・19【43】などがある。これらも，接見交通権と捜査権との合理的調整が模索された例である。

[参考文献]
① 大坪丘・最判解民事篇平成11年度
② 佐藤隆之・百選［第10版］
③ 洲見光男「判批」現代刑事法2巻3号
④ 田中開＝成瀬剛・百選［第9版］

（堀田周吾）

I 捜査 (6) 被疑者・被告人の接見交通権

【42】初回の接見

最(三小)判平12・6・13民集54巻5号1635頁，判時1721号60頁
損害賠償請求事件(平成7年(オ)第105号)
第1審・東京地判平5・10・15
第2審・東京高判平6・10・26

● 争 点 ●

① 初回接見の重要性
② 初回接見の申出に対して捜査機関が採るべき措置

1 〈事実の概要〉

被疑者Xは，平成2年10月10日午後3時53分ころ，東京都公安条例違反(デモ行進の許可条件違反)の容疑で現行犯逮捕され，午後4時10分ころ，警察署に引致された。Xは午後4時15分ころ，救援連絡センターに登録された弁護士を弁護人に選任する旨述べた。救援連絡センターの弁護士Lは，午後4時25分ころ，警察署に赴き，玄関口においてXの弁護人となろうとする者としてXとの即時の接見を求めたが，A警備課長はXを取調中なのでしばらく接見を待ってほしい旨を繰り返し述べ午後4時40分ころ，署内に引き揚げた。Lが上記センターの弁護士であることを確認した後，A課長は，午後5時28分ころ，B巡査部長に対し，Xの取調を一時中断して留置場において食事をさせた後，再び取調をするように指示した。午後5時45分ころ再び玄関口においてA課長はLに対して，Xは取調中なので接見させることができない，接見の日時を翌日午前10時以降と指定する旨を告げて署内に引き揚げた。Lは，午後6時10分頃警察署から退去した。一方，B巡査部長は，午後6時10分ころ，Xの逮捕現場で実況見分を行っていた捜査員から応援依頼を受け，その補助に赴いたため，Xの夕食は午後の6時15分ころ終了したにもかかわらず，Xの取調は行われなかった。Xらは，即時の接見を拒否し，接見の日時を翌日とする指定は違法だとして東京都に損害賠償を求めた。第1審は翌日の接見指定は違法だとしてXらの請求を一部認容したが，原審は，これを違法ではないとして請求を全部棄却した。Xらは原判決には39条3項の解釈適用に誤りがある等として上告に及んだ。

2 〈判 旨〉

Xらの敗訴部分を一部破棄，同部分についての東京都の控訴を棄却

最高裁はまず，39条3項本文の「捜査のため必要があるとき」の解釈につき，平成11年3月24日大法廷判決を確認した後，次のように判示した。「弁護人等の申出に沿った接見等を認めたのでは捜査に顕著な支障が生じるときは，捜査機関は，弁護人等と協議の上，接見指定をすることができるのであるが，その場合でも，その指定は，被疑者の防御の準備をする権利を不当に制限するようなものであってはならないのであって(刑訴法39条3項ただし書)，捜査機関は，弁護人等と協議してできる限り速やかな接見等のための日時等を指定し，被疑者が弁護人等と防御の準備をすることができるような措置を採らなければならない……」「とりわけ，……弁護人となろうとする者と被疑者との逮捕直後の初回の接見は，身体拘束された被疑者にとっては，弁護人の選任を目的とし，かつ，今後捜査機関の取調べを受けるに当たっての助言を得るための最初の機会であって，直ちに弁護人を依頼する権利を与えられなければ抑留又は拘禁されないとする憲法上の保障の出発点を成すものであるから，これを速やかに行うことが被疑者の防御の準備のために特に重要である。」したがって，捜査機関としては，接見指定の要件が具備された場合でも，その指定に当たっては，「即時又は近接した時点での接見を認めても接見の時間を指定すれば捜査に顕著な支障が生じるのを避けることが可能かどうかを検討し，これが可能なときは，……たとい比較的短時間であっても，時間を設定した上で即時又は近接した時点での接見を認めるようにすべきであ」る。本件は，弁護人の選任を目的とするLからの初めての接見の申出であり，Lは警察署に赴いているのであるから，「比較的短時間取調べを中断し，又は夕食前の取調べの終了を少し早め，若しくは夕

食後の取調べの開始を少し遅らせることによって，右目的に応じた合理的な範囲の時間を確保することができた」と考えられるのに，それをせず，一方的に翌日に接見の日時を指定した措置は違法である。

3〈解 説〉

1 「捜査の必要」をめぐる学説・判例

接見指定の要件である「捜査のため必要があるとき」の解釈につき学説は，①被疑者を取調中，実況見分，検証に立ち会わせている場合など被疑者の身柄を現に利用している場合に限るとする物理的限定説，②①の場合に加えて，間近に，確実に①の処分を予定している場合も含むとする準物理的限定説，③罪証隠滅のおそれを含めた捜査全般の必要から捜査に支障がある場合とする捜査全般必要説に分かれていた。

判例は(a)「現に被疑者を取調中であるとか，実況見分，検証等に立ち会わせる必要がある等捜査の中断による支障が顕著な場合」（最判昭53・7・10民集32・5・820 杉山事件判決）とした後，(b)(a)の場合だけでなく「間近い時に右取調等をする確実な予定があって，接見等を認めたのでは，右取調等が予定どおり開始できなくなるおそれがある場合も含む」とし（最判平3・5・10民集45・5・919 浅井事件判決。また，最判平3・5・31裁判集民事163・47 若松事件判決），(c)(b)の事情があって，弁護人の申出に沿った接見を認めると，取調等が予定どおり開始できなくなるおそれがある場合などは，原則として取調の中断等により捜査に顕著な支障が生じる場合に当たると判示した（最判平11・3・24民集53巻3号514頁 安藤事件判決）。(c)の大法廷判決は従来の判例の立場を確認したものと一般に解されている。

2 「捜査の中断による支障が顕著な場合」

判例は，「捜査の必要」を取調中等に加えて取調等が間近に確実に予定されている場合も「捜査の必要」に含まれると判示した。他方で，取調中等やそれらの間近な予定がある場合には全て接見が制限されるのも妥当でない場合があるとの認識もあった。浅井事件判決は取調べ中等だけでなくそれらが間近に確実に予定されている場合も接見指定の要件に当たるとした一方，これらの要件に当たる場合でも直ちに機械的に指定権を行使すべきではなく，接見を認めた場合の捜査への影響，捜査の中断による支障が顕著な場合か否かを慎重に検討すべきことを指摘していた。浅井事件判決の坂上補足意見はそのことを明確に述べている。平成11年大法廷判決が，弁護人の申出に沿った接見を認めると取調等が予定どおり開始できなくなるおそれがある場合などは，原則として取調の中断等により捜査に顕著な支障が生ずる場合に当たるとしたのは，例外もあり得るので，その点を慎重に検討すべきことをも要請しているといえよう。本判決は，先例を踏襲しつつ，当初は取調中であり，夕食後も取調を予定していたため，接見指定の要件があったことは認めつつも，弁護人となろうとする者が警察署に赴いており，また，弁護人の選任を目的とした初回の接見であることを重視して，夕食前後の時間を調整して，初回の接見の目的を実現するための短時間の接見であれば，捜査の中断による支障が顕著な場合には当たらないとの判断があったものと思われる。

[**参考文献**]
① 渥美・全訂刑訴法64頁
② 椎橋・展開51頁
③ 矢尾渉・最判解刑事篇平成12年度522頁
④ 吉村典晃・百選［第9版］80頁，川出敏裕・百選［第8版］78頁
⑤ 柳川重規・平良木＝椎橋＝加藤・判例47頁

（椎橋隆幸）

Ⅰ 捜査 (6) 被疑者・被告人の接見交通権

【43】 面会接見

最(三小)判平17・4・19民集59巻3号563頁，判時1896号92頁，判タ1180号163頁

国家賠償請求上告，同附帯上告事件(平成12年(受)第243号)

第1審・広島地判平7・11・13
第2審・広島高判平11・11・17

● 争 点 ●

① 検察官は，検察庁庁舎内に接見設備がないことを理由に，被疑者との接見を求める弁護人の申出を拒否できるか
② 検察官は，申出を拒否されてもなお弁護人が即時の接見を求めた場合に，いかなる措置を採るべきか

1 〈事実の概略〉

1 弁護士Xは，非現住建造物等放火被疑事件で逮捕・勾留中の被疑者Y（当時17歳）に，勾留場所が警察署留置場から広島少年鑑別所に変更されたことを早く伝えて元気づけようと考え，広島地検で取調のため待機中のYと接見するため，午後2時20分頃，検察官Aに電話で接見を申し出た。

これに対し，Aは，広島地検には接見設備が無いので接見できない旨，接見指定していないので，接見設備のある場所であれば自由に接見できる旨を述べて，申出を拒否した。

Xは，午後2時35分頃，広島地検に赴き，再度申し出たが，Aは前と同様の理由で申出を拒否した。なおも，Xは，検察事務官Bに，取調まで時間があるはずなので今すぐ会わせてほしい旨，Yが待機中の部屋でも執務室でもよいし，戒護の点で問題があるならば裁判所の勾留質問室で会わせてほしい旨を述べたが，接見できなかった。その後，Yの取調が，午後5時45分頃まで行なわれた。

その後，Yは少年鑑別所に押送され，Xは，午後7時30分から約30分間，Yと接見した。

2 その後，Yは，処分保留のまま釈放されたが，同日，別件の現住建造物等放火被疑事件で逮捕された。Xは，当該事件の弁護人選任届を受領しておらず，また，Yが否認していたため，黙秘権について再度教示する必要があると考え，午前10時5分頃，広島地検に赴き，Aに接見を申し出た。Aは，広島地検には接見設備が無いので接見できない旨，そのことは弁護士会も了承していることである旨を述べて，申出を拒否した。

Xは，午前10時50分頃，他の弁護士とAの執務室に赴き，庁舎内での即時の接見を申し出たが，Aは前と同様の理由で申出を拒否した。

その後，Aは，午後0時5分頃まで，Yから弁解を聴いた後，広島地裁にYの勾留を請求した。午後4時，Yは勾留質問のため同地裁に押送され，Xは同地裁内の接見室でYと接見し，当該事件の弁護人に選任された。

2 〈判 旨〉

破棄自判

1 弁護人等から検察庁庁舎内に滞在中の被疑者との接見の申出があった場合，検察官は，取調を開始するまでに相当の時間があるとき，又は，当日の取調が既に終了しており勾留場所等へ押送されるまでに相当の時間があるときなど，これに応じても捜査に顕著な支障が生ずるおそれがない場合には，上記の申出に応じるべきである。

「もっとも，被疑者と弁護人等との接見には，被疑者の逃亡，罪証の隠滅及び戒護上の支障の発生の防止の観点からの制約があるから，検察庁の庁舎内において，弁護人等と被疑者との立会人なしの接見を認めても，被疑者の逃亡や罪証の隠滅を防止することができ，戒護上の支障が生じないような設備のある部屋等が存在しない場合には，上記の申出を拒否したとしても，これを違法ということはできない。そして，上記の設備のある部屋等とは，接見室等の接見のための専用の設備がある部屋に限られるものではないが，その本来の用途，設備内容等からみて，接見の申出を受けた検察官が，その部屋等を接見のためにも用い得ることを容易に想到することができ，また，その部屋等を接見のために用いても，被疑者の逃亡，罪証の隠滅及び戒護上の支障の発生の防止の観点からの問題が生じないことを容易に判断し得るような部屋等でなければならない。」

本件の場合，広島地検庁舎内には，弁護人等と被疑者との立会人なしの接見を認めても，被疑者の逃亡や罪証の隠滅を防止することができ，戒護上の支障が生じないような設

備のある部屋等は存在しないので，Xの接見の申出を拒否したことは違法ではない。

2 「しかしながら，上記のとおり，刑訴法39条所定の接見を認める余地がなく，その拒否が違法でないとしても，同条の趣旨が，接見交通権の行使と被疑者の取調べ等の捜査の必要との合理的な調整を図ろうとするものであることに鑑みると，検察官が上記の設備のある部屋等が存在しないことを理由として接見の申出を拒否したにもかかわらず，弁護人等がなお検察庁の庁舎内における即時の接見を求め，即時に接見をする必要性が認められる場合には，検察官は，例えば立会人の居る部屋での短時間の「接見」などのように，いわゆる秘密交通権が十分に保障されないような態様の短時間の「接見」（以下，便宜「面会接見」という。）であってもよいかどうかという点につき，弁護人等の意向を確かめ，弁護人等がそのような面会接見であっても差し支えないとの意向を示したときは，面会接見ができるように特別の配慮をすべき義務があると解するのが相当である。そうすると，検察官が現に被疑者を取調べ中である場合や，間近い時に取調べをする確実な予定があって弁護人等の申出に沿った接見を認めたのでは取調べが予定どおり開始できなくなるおそれがある場合など，捜査に顕著な支障が生ずる場合は格別，そのような場合ではないのに，検察官が，上記のような即時に接見をする必要性の認められる接見の申出に対し，上記のような特別の配慮をすることを怠り，何らの措置を執らなかったときは，検察官の当該不作為は違法になる。」

本件の場合，いずれの接見拒否についても，短時間の接見であれば捜査に顕著な支障が生ずるおそれがあったとまではいえず，また，即時に接見をする必要性もあったので，Aが，立会人の居る部屋でのごく短時間の面会接見でも差し支えないかなどXの意向を確かめずにXの申出に対して何らの配慮もしなかったことは違法である（但し，本件当時，上記見解が検察官の職務行為の基準として確立していなかったこと等を理由に，Aの過失は否定した）。

3 〈解 説〉

1 39条3項但書の「捜査のため必要があるとき」については，最判平11・3・24民集53巻3号514頁で確立した基準に従い，被疑者の身柄利用の有無に加えて，「捜査に顕著な支障が生ずるおそれ」の有無を実質的に判断することが求められる（【41】を参照）。それゆえ，本判決の二つの例示が示すように，被疑者が検察庁に押送されるのは取調べ等のためであり，常に被疑者の身柄を利用する必要があるので「捜査に顕著な支障が生ずるおそれ」あると形式的に判断することは許されない。

2 その上で，本判決は，接見制限には，同項但書による場合以外に，内在的制約による「逃亡・罪証隠滅のおそれ及び戒護上の支障」を理由とする場合があることを示した。刑訴法は，逃亡・罪証隠滅のおそれを逮捕・勾留の実体要件の一つとしている以上，被疑者の身柄利用にかかわる接見交通権に対する制約としてこれらが顕在化することも，また，被疑者を逮捕・勾留している以上，戒護上の支障の有無について考慮することも，法は当然に予定しているといえる。

3 本判決の意義は，「面会接見」という新たな接見形態を認めた点にある。本件の接見目的からすれば，「秘密性」が確保された通常の「接見」でなくとも，本判決に言う「面会接見」でも，その目的を十分に果たすことができた。つまり，「秘密性」よりも「即時性」が求められていた。また，立会人のいる「面会接見」の形態であれば，通常の「接見」に比べて，「逃亡及び罪証隠滅のおそれ及び戒護上の支障」を抑えることは可能である。さらに，被疑者及び弁護人が，「秘密性」の意味やこれを放棄した場合の結果について十分に理解した上でなされるのであれば放棄が許されてもよい。それゆえ，本判決が，通常の「接見」に加え，「面会接見」という新たな形態を認めたことの意義は大きいのである。

4 なお，本判決後に，当該被疑事件の担当検察官及び検察事務官が面会接見に立ち会うことの可否について争われた事例として，名古屋高判平19・7・12判時1997号66頁と広島高判平24・2・22判タ1388号155頁がある。

[参考文献]
① 森義之「判解」最判解民事篇平成17年度(上)236頁
② 川出敏裕「判批」刑ジ1号169頁
③ 田中優企「接見交通権の新局面(二)」新報114巻7・8号145頁

（田中優企）

I 捜査 (6) 被疑者・被告人の接見交通権

【44】余罪捜査と接見交通(1)

最(三小)決昭和41・7・26刑集20巻6号728頁，判時453号3頁，判タ194号126頁
検察官並びに司法警察職員の処分に対する準抗告棄却決定に対する特別抗告事件(最高裁昭和41年(し)39号)
準抗告審　千葉地決昭41・5・21

●争　点●

① 起訴後余罪につき接見指定をすることの可否
② 検察官等が接見指定の権限を持たないのに，この権限があるものと誤解して39条第1項の接見を拒否した場合，これに不服のある者による準抗告を申立の可否

1〈事実の概略〉

同僚である医療従事者，自己の担当患者らに，チフス菌・赤痢菌を感染させ，故意に腸チフス・赤痢に罹患させた13件の傷害事件の嫌疑が，国立大学付属病院の勤務医Xに生じた。Xがその内の一部の事件につき起訴され，勾留されたため，弁護人となろうとする複数の弁護士が接見しようとした。しかし，これらの者からの接見申出が司法警察職員及び検察官によって拒否されたため，上記弁護士らは39条3項本文による接見交通の制限は被疑者に限るものであり，これを被告人に対して適用することは違法であること等を骨子として，準抗告を申し立てた。

本件接見拒否は，検察官又は司法警察職員が39条3項本文を根拠とし，その解釈を誤り，被告人の接見交通権を被疑者のそれと同様に取り扱ったものとは認められない。また，刑訴法は司法的色彩の強い行政処分である39条3項の処分その他所定の処分については，不服申立を準抗告の対象として規定しているが，被告人と弁護人となろうとする者との接見への規制は，関係人の良識に委ねられ，これに関する調整につき格別の司法的措置をとっていないことは，430条・39条を対照考察すれば誠に明白であるから，準抗告の対象とはならない旨，原決定は判示し，準抗告申立を棄却した。

これに対して申立人は最高裁に対し，原決定が本件処分に対し430条1項の準抗告を許さなかったのは，同条項の解釈を誤ったものであり，違法である。仮に，本件接見拒否行為が39条3項の処分に該当しないとしても，被疑者段階でさえ430条による救済が認められているので，被告人段階での違法な接見拒否に対して司法上の救済方法がない旨判断したのは，憲法31条に違反する等として本件特別抗告を申し立てた。

2〈決定要旨〉

原決定取消・差戻

「本件検察官および司法警察員は，被告人の弁護人（弁護人となろうとする者についても同じ。）であっても，余罪の関係では被疑者の弁護人であり，したがって，刑訴法39条1項の接見については，なお同条3項の指定権に基づく制約をなしうるものとの解釈のもとに，本件4名の接見を拒否した疑いが濃厚であり，これに反する原決定の判断は，重大な事実誤認の疑いがあるといわなければならない。」「およそ，公訴の提起後は，余罪について捜査の必要がある場合であっても，検察官等は，被告事件の弁護人または弁護人となろうとする者に対し，39条3項の指定権を行使しえないものと解すべきであり，検察官等がそのような権限があるものと誤解して，同条1項の接見等を拒否した場合，その処分に不服がある者は，同430条により準抗告を申し立てうるものと解するのを相当とする。」

3〈解　説〉

1 余罪と接見指定

我が国の捜査実務・裁判実務は，いわゆる事件単位説を採用しているため，同一人物が，被疑事実Aについては逮捕・勾留されているが，被疑事実Bについては未だ逮捕・勾留されていないという事態が比較的頻繁に起こり得る。この場合に，被疑事実Bの捜査の必要を根拠として接見指定した結果，その反射的不利益として，被疑事実Aに関する弁護人と被疑者との接見を制限すること許されない。なぜなら，39条3項本文の接見指定処分は，本来自由であるべき39条1項の接見交通権を

例外的に制限し得る処分として規定された権限なのであるから，「捜査のため必要」という概念も，目下，逮捕・勾留されている事件の「捜査のため必要」であることを前提とするものと解すべきだからである。

この考え方に従うと，既に公訴提起されている被告事件Cがある時，被疑事実Dの捜査の必要を理由に接見を制限した結果，D事件の被疑者は同時にC事件の被告人でもあるところ，身柄は唯一不可分なのだから，反射的不利益として被告人が被告事件に関して弁護人と接見することもできなくなる事態も生じ得るが，そのような解釈は採り得ない旨を判示したのが，本件最決である（尚，捜査機関は1回の身柄拘束で判明している犯罪の嫌疑を一括して解決すべきであり，被疑事実ごとに分割した身柄拘束の細切れ的繰り返しをすべきではない旨を説く手続単位説においても，同一人物に関するある犯罪の嫌疑の捜査を終了し，公訴提起がなされた直前又は直後に別の犯罪の嫌疑が判明した場合にまで，新たな逮捕・勾留を認めないという趣旨ではないから，事件単位説を採った場合ほどは頻繁に発生する訳ではないものの，手続単位説を採った場合でも，同一人物がD事件に関しては被告人勾留をされているものの，別のD事件に関しては捜査段階にあり，未だ逮捕も勾留もされていない状況は生じ得るので，本件最決は身柄拘束の効力に関して事件単位説を採用するか否かにかかわらず意義のあるものであるといえよう）。

ところで，本件最決を前提とすると，余罪被疑事実について逮捕・勾留されているならば，捜査のため必要であることを理由に接見指定が許されることになり，その反射的不利益として被告事件に関する接見交通も制限を受けることになる（最決昭和55年4月28日刑集34巻3号178頁【44】）。とはいえ，公訴が提起されれば，訴訟当事者としての主体的地位を保障されるべきである。また，捜査段階は流動性に富み，どの事件がいかなる形で公訴提起されるのか予測が困難なことも少なくない反面，公訴提起されれば，検察官の主張であり立証の目標が何であるかは訴因の形で明示されるので（256条3項），起訴後でなければ防禦の準備は事実上困難である。しかも，罪状認否の行われる第1回公判期日前，更にはそれ以前に公判前整理手続が実施される場合，その前には被告人と弁護人との入念な打ち合わせができていなければ充実した防禦は不可能である。そこで，余罪被疑事件の捜査のため必要であることを理由とした接見指定のため，反射的に被告事件に関する被告人と弁護人との接見が制限されるとしても，その不利益が最小限度になるよう十分な配慮が必要となろう。具体的には，余罪被疑事実に関する接見指定がなされている場合，被告事件の受訴裁判所は，かかる接見指定の事実はおろか，余罪被疑事件の存在自体を知り得ないので，余罪被疑事件に関する接見指定の反射的不利益として被告事件の防禦のための接見が事実上制限されている旨，捜査機関が受訴裁判所に連絡すべき義務があろうし，捜査機関又は弁護人からその旨の連絡を受けた受訴裁判所は第1回公判期日又は公判前整理手続期日の指定に際して，かかる事情を考慮すべき義務を負うものと解すべきであろう。

2　準抗告の適否

430条の文言は，準抗告の対象となり得る39条3項の処分を被疑者と弁護人との接見等に関する処分に限っているように読むことができる。しかし，430条の制度趣旨は，本来自由であるべき弁護人と被疑者・被告人との接見交通権が，捜査機関の行為によって不合理な制約を受けた場合，その違法状態を迅速に解消することにある。そうであれば，本件事案のように，余罪被疑事件の捜査の必要を根拠にした接見指定によって，反射的に被告事件に関する接見交通権が制約を受けた場合についてもなお，39条3項の「処分」に含まれ，430条の準抗告の対象となるものと解すべきであろう。

[参考文献]
① 鬼塚賢太郎・最判解刑事篇昭和41年度146頁
② 渥美東洋「接見交通」ジュリ500号423頁
③ 椎橋・理論145頁
④ 清水真・百選[第9版]84頁
⑤ 松本一郎『刑事訴訟法基本判例解説[第3版]』23頁
⑥ 小林充・増補令状基本問題下195頁

（清水　真）

Ⅰ 捜査 (6) 被疑者・被告人の接見交通権

【45】余罪捜査と接見交通(2)

最(一小)決昭55・4・28刑集34巻3号178頁,判時965号26頁
検察官の接見指定に関する準抗告棄却決定に対する特別抗告事件(昭和55年(し)第39号)
第1審・水戸地判昭55・4・17

● 争　点 ●
余罪捜査の必要を理由とする被告人の接見交通権制限の可否

1 〈事実の概略〉

被告人は昭和55年3月15日収賄被告事件について勾留されたまま起訴され,同年4月7日別件の収賄被告事件について追起訴され,さらにその後余罪である別件の収賄被疑事実に基づいて逮捕され,同月10日勾留されていたところ,検察官により同月16日,弁護人との接見を拒否され,具体的指定を受けた。

弁護人は次の理由で準抗告を申し立てた。「被告人は起訴後,余罪2件を理由に再度逮捕・勾留され,検察官により,具体的指定処分(接見できる日時,場所を,捜査官が被害者と弁護人に通知して,接見を制限する処分,刑訴39条3項参照)を受けた。接見交通の自由は憲法34条,37条3項の弁護権の具体的内容であり,その制限は例外的のものであり,刑訴法39条3項は接見指定を「公訴提起前に限(っ)」ている。また,最高裁判所は,およそ起訴後は,余罪捜査の必要があるときでも,検察官は39条3項の指定をなしえないと解すべき」としている(本書【43】)」というのである。

準抗告は次の理由で却下された。
つまり,被告事件の勾留と被疑事件の勾留が競合する場合,被疑事件の捜査の必要を理由に接見指定権を検察官に肯定すると接見交通に重大な制約となることはいわれるとおりだが,いったん起訴されたのち,どのように余罪捜査の必要が生じようとも接見指定を一切否定するのも行き過ぎであり,すでに公判が開始されているかどうかなどの被告事件の訴訟の進行状況,事件の軽重,それまでの接見状況に応じた接見時間の大幅な緩和などの配慮をして,被告人の防禦権と余罪捜査の必要性との調和を図るのが相当であり,検察官に全く接見指定権がない前提で,具体的指定の取消を求める弁護人の申立には理由がない,というものであった。

なお,裁判所は,「いずれにせよ,接見交通の問題は,迅速処理が必要であり,検察官と弁護人の相互信頼の下に自主的に解決されるのが望ましい」として,接見指定の内容に裁判所は全く手を触れない態度をとった。

これに対し,弁護人は特別抗告を申し立てた。その理由は,1.接見交通権は憲法37条3項,34条の具体的内容であり,したがって刑訴法39条3項による指定は極めて例外的のものと解しなければならない。2.最高裁判所も,起訴後の余罪捜査の必要性を理由とする検察官の刑訴法39条3項に基づく指定権は認められないとしている。3.原決定は,起訴後余罪たる被疑事件で逮捕・勾留されている者といない者に分けて,前者につき検察官の指定権を認めるが,そうすると,被疑事件を理由に逮捕・勾留すれば,起訴後に自由に捜査官が指定できることになり,起訴後の弁護人・被告人の活動が大幅に害される。

本件では第1回公判が間近になっても,過去3回追起訴し,逮捕・勾留を理由にいずれも接見指定処分している,というものであった。

2 〈決定要旨〉

抗告棄却
判例違反を理由とする引用判例(【43】事件)は余罪たる被疑事件で逮捕・勾留されていない場合に関するもので本件とは事案を異にする。その余は刑訴法39条3項の解釈の誤りを主張するに帰し同法433条の抗告理由に当らないとしたうえ,なお書で,「被告勾留事件に余罪たる被疑事件の逮捕・勾留が競合する場合,検察官等は,被告事件について防禦権の不当な制限にわたらないかぎり,……指定権を行使できるものと解すべきであ(る)。」

3 〈解 説〉

1 身柄を拘束されている被疑者・被告人に、身柄拘束の目的より以上の不当な圧力や不利益が与えられるのを極力避けるため、憲法34条は、身柄被拘束者にその弁護人、または弁護人となろうとする者との自由な接見を保障している。さらに、起訴後は、憲法31条の内容とされる、被告人の起訴事実について告知・聴聞を受ける権利（【86】参照）、無罪の仮(推)定に基づく公正・公平・迅速・公開の裁判を受ける権利（憲37条1項）、有利な証拠の証拠調を求め、不利な証拠の証明力を争う権利（同条2項）を被告人に保障するとともに、これら権利を実効的なものとするための弁護人の助力を受ける権利（同条3項）を保障している。

これらの権利の保障を内容とする刑事公判の構造が、当事者・論争主義にほかならないのである。このように、起訴後は被告人が弁護人の助力を十分に受けながら、検察官を相手にその主張である起訴事実に対し、双方の間にいわば挑戦的な防禦つまり、相対立する立場でのダイヤローグの機会をもつことを権利として保障しようとしているのである。

この内容の1つが、弁護人との接見交通である。接見交通を内容とする弁護権が「権利」と定められ、被疑者・被告人の利益を守る手段であると憲法が定めている点と、起訴後の論争主義構造に照らして、起訴後の接見制限には極めて厳格でなければならない。

2 最高裁判所は、この自覚に立って、余罪たる被疑事件について逮捕・勾留されていない場合には、捜査官は勾留されている被告人を被疑事件について取り調べたりして捜査するためには、接見制限の権限はないと判示していた（千葉大チフス菌事件）。本決定によれば、この千葉大事件の判示内容は、逮捕・勾留することができるほど充分に根拠が固まっていない事件について、または、それほどまで必要のない事件については、捜査の必要は高くないとみられるので、かかる類型では、検察官らに被告人と弁護人との接見指定権限を肯定しないとしたものと解してよいだろう。

だが、特別抗告の理由に示されているように、具体的に「被告事件についての防禦権の不当な制限にわたらない限り」、被疑事件で身柄拘束されている場合には捜査官に指定権を肯定すると、余罪の起訴を遅らせ、再三、別の被疑事件を理由に逮捕・勾留し、接見制限をする途を残すことになるであろう。余罪事件の逮捕・勾留は起訴前の逮捕・勾留であるから、39条3項にいう「公訴の提起前」の身柄拘束に当り、捜査官の接見指定権限の範囲内にあると形式的に解釈したのであれば、問題は大きい。刑訴法81条が、弁護人と接見制限措置を裁判所に対してすら明文では肯定していないのは、先述のような内容の当事者主義構造の公判を実現するには、起訴後の接見交通はつねに被告人側の防禦のために必須のものであり、接見交通の制限は防禦に、つねに支障をきたすとの前提をとるといえるからである。もとより、極めて例外的に弁護人との接見を排して余罪捜査、とりわけ取調が必要な場合があるだろう。

しかし、余罪で逮捕・勾留しうる事例にあっては、余罪を含めた全事件の捜査終了後に全事件を起訴するなりして、起訴後の接見制限を避けるべきであり、そうしえない特段の必要が捜査機関側により証明されないかぎり接見指定権を捜査官に否定すべきではなかろうか。

［参考文献］
① 椎橋隆幸・刑法雑誌26巻1号79頁
② 金築誠志・最判解刑事篇昭和55年度87頁
③ 植村立郎・警察実務判例解説〔取調べ・証拠篇〕〔別冊判例タイムズ12〕132頁
④ 清水真・百選［第9版］84頁
⑤ 高倉新喜・百選［第10］80頁

(渥美東洋)

(7) 捜索・押収・検証

【46】報道機関のフィルム提出
――博多駅事件

最(大)決昭44・11・26刑集23巻11号1490頁，判時574号11頁
取材フィルム提出命令に対する抗告棄却決定に対する特別抗告事件(昭和44年(し)第68号)
第1審：福岡地判昭44・8・28
第2審：福岡高決昭44・9・20

● 争　点 ●
① 報道の自由と取材の自由との位置・関係
② 取材の自由と公正な刑事裁判の実現との調整

1 〈事実の概略〉

　昭和43年1月，原子力航空母艦エンタープライズの佐世保入港阻止を狙う学生約300名が博多駅に下車した際，警備の警官隊と衝突し，警官隊の行為が特別公務員暴行陵虐等にあたるとして付審判請求がなされた。福岡地裁は真相の把握に困難をきたしたためNHKと民放3社に対して現場を報道のために撮影したフィルムの提出命令を発した。報道機関側は抗告を棄却された後，次の理由で特別抗告を申し立てた。すなわち，報道の自由は憲法21条の枢要な地位を占めるが，報道の自由を全うするには取材の自由も不可欠のものとして保障されなければならない。従来，報道機関に広く取材の自由が確保されてきたのは報道機関が取材の結果を報道以外の目的に供さないという信念と実績があり，国民にもこれに対する信頼があったからである。ところが，取材フィルムを刑事裁判のために使う提出命令が適法とされると国民の報道機関に対する信頼は失われその協力は得られず，その結果，真実を報道する自由は妨げられ，ひいては国民の知る権利に不当な影響をもたらすので，本件提出命令は憲法21条に違反する。

2 〈決定要旨〉

特別抗告棄却
　「報道機関の報道は，……国民の『知る権利』に奉仕するものであり」「表現の自由を保障した憲法21条の保障のもとにあることはいうまでもない。また，このような報道機関の報道が正しい内容をもつためには，報道の自由とともに，報道のための取材の自由も，憲法21条の精神に照らし，十分尊重に値いする」「しかし，取材の自由といっても，もとより何らの制約を受けないものではなく，たとえば公正な裁判の実現というような憲法上の要請があるときは，ある程度の制約を受けることのあることも否定することができない」「公正な刑事裁判の実現を保障するために，報道機関の取材活動によって得られたものが，証拠として必要と認められるような場合には，取材の自由がある程度の制約を蒙ることとなってもやむを得ないところというべきである。しかしながら，このような場合においても，一面において，審判の対象とされている犯罪の性質，態様，軽重および取材したものの証拠としての価値，ひいては，公正な刑事裁判を実現するにあたっての必要性の有無を考慮するとともに，他面において取材したものを証拠として提出させられることによって報道機関の取材の自由が妨げられる程度およびこれが報道の自由に及ぼす影響の度合その他諸般の事情を比較衡量して決せられるべきであり，これを刑事裁判の証拠として使用することがやむを得ないと認められる場合においても，それによって受ける報道機関の不利益が必要な限度を越えないように配慮されなければならない」本件の場合「報道機関の本件フィルムが証拠上きわめて重要な価値を有し，被疑者らの罪責の有無を判定するうえに，ほとんど必須のものと認められる状況にある。他方，本件フィルムは，すでに放映されたものを含む放映のために準備されたものであり，それが証拠として使用されることによって報道機関が蒙る不利益は，報道の自由そのものではなく，将来の取材の自由が妨げられるおそれがあるというにとどまるものと解され……この程度の不利益はなお忍受されなければならない程度のものというべきである」

3 〈解 説〉

1 報道の自由と取材の自由との関係

公正な刑事裁判の実現と報道の自由とは共に民主的で自由な社会を維持・発展させていく上で重要である。両者はある場合には補い合い、ある場合には対立したりする。刑事裁判は国民の重大な関心事であり、刑事裁判についての重要な情報は国民に知らせなくてはならない。他方、偏った、興味本位の情報は裁判を誤らせたり、個々の刑事司法の運用を阻害したりする。両者の利益が対立する場面においては両者を調整する必要がある場合も生じる。

本決定はまず、報道の自由が国民の「知る権利」に奉仕するもので、憲法21条の保障するものと判示している。現代のような大衆社会において国民個々人が各局面において自己決定をしていくためには多くの正しい情報を得る必要があり、個人の自己表現を最大の価値とみる現代の日本社会においては自己決定に役立つ情報を「知る権利」に奉仕する報道の自由として憲法上の保障であるとした点は意義が大きい。また、報道の自由が保障されるためにはその前提となる取材の自由も保障されなければならない。本決定は取材の自由については憲法21条の精神に照らし、十分尊重に値すると判示した。これは取材の自由も保障されるものとしながら、報道の自由とは程度に違いがあるもの、言葉を換えれば「手段的価値」あるものに止まるものと評価している。そして、取材の自由も無制限ではなく、公正な裁判の実現という憲法上の要請があるときは制約されてもやむを得ないと判示する。

2 取材の自由と公正な刑事裁判の実現との比較衡量

本決定は次に、共に保障されるべき利益が対立する場合には両者の利益を比較衡量して判断するとの手法を採用した。この「比較衡量論」は従来の「公共の福祉論」による権利・利益の制約に比較してより客観的・合理的な手法だと一般に高く評価されている。本件ではこの比較衡量は公正な刑事裁判の実現と取材の自由との間で行われ、具体的には一方で、①犯罪の性質・態様・軽重、②情報の証拠としての価値、③公正な刑事裁判を実現する上での必要性の有無が、他方で、提出命令によって取材の自由が妨げられる程度および報道の自由に及ぼす影響の度合等が比較衡量されたのである。本件では、一方の公正な刑事裁判を実現する利益としては、事案が多数の警察官と学生との衝突の際の公務員職権濫用罪等の成否にかかわり、しかも審理が被疑者および被害者の特定すら困難であり、さらに第三者の新たな証言も期待できない状況に至っていたため、中立の立場から犯行現場を撮影した報道機関の本件フィルムは極めて重要な価値を有し、事件の真相を解明するうえで殆ど必須のものと認められる場合だったのである。他方で、本件では既に放映されたフィルムが中心に問題となっているので、報道の自由そのものの問題ではない。衡量されたのは取材の自由が妨げられるおそれであり、具体的には取材された者が将来取材を拒否することにより取材に悪影響を及ぼさないかが考えられるが、本件での取材フィルムは付審判請求事件で警察官等を起訴すべきか否かの判断に殆ど必須のものとしてその提出が命じられた場合であるから、取材を受けた者が当該フィルムを裁判で使用されることによって将来取材を拒否するだろうという関係にある訳でもないから、報道の自由に対する影響が大きいともいえない。報道機関も犯罪事実を内容とするフィルムが既に報道されている場合に、それを裁判に利用することをいかなる場合でも拒むことができるとはいえないであろう。

[参考文献]
① 渥美東洋・ひろば42巻5号4頁
② 松本一郎・別冊判タ9号84頁
③ 平野龍一・警研43巻5号111頁
④ 船田三雄・最判解刑事篇昭和44年度421頁

(椎橋隆幸)

Ⅰ 捜査 (7) 捜索・押収・検証

【47】報道機関の取材ビデオテープの差押

① 日本テレビ事件
最(二小)決平1・1・30刑集43巻1号19頁, 判時1300号3頁
検察事務官がした押収処分に対する準抗告棄却決定に対する特別抗告事件(昭和63年(し)第116号)
準抗告審・東京地決昭63・11・30
② TBS事件
最(二小)決平2・7・20刑集44巻5号421頁, 判時1357号34頁
司法警察職員がした押収処分に対する準抗告棄却決定に対する特別抗告事件(平成2年(し)第74号)
準抗告審・東京地決平2・6・13

● 争 点 ●
報道機関の取材ビデオテープの差押の可否と要件

① 日本テレビ（日テレ）事件

==== 1 〈事実の概略〉 ====

リクルートコスモス社員Mはリクルート疑惑に関する国政調査権の行使等に手心を加えて貰いたい趣旨で国会議員Nに対し3回にわたり現金供与の申込をした。Nの依頼・協力を受けて日本テレビ社員はNの宿舎においてMとNの会談の状況（現金供与申込を含む）を隠しカメラで撮影した。その後NはMの贈賄工作を公表しMを告発したが、その際隠し撮りしたビデオテープの存在を明らかにした。捜査機関は上記ビデオテープ以外の証拠の捜査では事案の全容を十分解明できなかったため、差押許可状を得て上記ビデオテープ4巻を差押えた。上記ビデオテープはマザーテープであったが、一部は再三放映され、一部は未放映であったが編集済みのものが差押当日に放映されている。日本テレビは、上記差押は取材の自由を保障した憲法21条に違反するとして準抗告を申し立てたが東京地裁がこれを棄却したため、更に特別抗告を申し立てた。

==== 2 〈決定要旨〉 ====

特別抗告棄却
報道のための取材の自由も憲法21条の趣旨に照らし十分尊重されるべきであるが、適正迅速な捜査のためにある程度の制約を受けることもやむを得ない。差押の可否は、犯罪の性質、内容、軽重等及び差押えるべき取材結果の証拠としての価値ひいては適正迅速な捜査の必要性と押収により報道の自由が妨げられる程度及び将来の取材が受ける影響その他諸般の事情を比較衡量して決すべきである。本件のビデオテープは、証拠上極めて重要な価値を有し、事件の全容を解明し犯罪の成否を判断する上でほとんど不可欠のものと認められる。他方、申立人の受ける不利益は将来の取材の自由が妨げられるおそれがあるという不利益にとどまる。その他諸般の事情を総合して考えれば本件差押はやむを得ない。

② TBS事件

==== 1 〈事実の概略〉 ====

TBS（東京放送）が放映したテレビ番組「ギミア・ぶれいく」の中に暴力団組長による債権取立てのシーンがあり、それは暴力団事務所で被害者を脅迫する等して債権回収を迫るものであったため、警察は、この放映を端緒として暴力行為、傷害被疑事件の捜査を開始し、暴力団組長等を逮捕・勾留した後、東京簡裁裁判官の発した差押許可状に基づき、TBS本社内においてビデオテープ29巻（すべてマザーテープ）を差押えた。TBSは上記差押処分の取消しを求めて準抗告を申し立てたが、準抗告裁判所はビデオテープ4巻の差押を合憲、適法と判断し、すでに還付済みの25巻のビデオテープについては申立の利益がないとして準抗告を棄却した。TBSは上記差押は憲法21条に違反する等として特別抗告に及んだ。

==== 2 〈決定要旨〉 ====

特別抗告棄却
本件のビデオテープの差押えは、悪質な傷害、暴力行為等処罰に関する法律違反被疑事件の捜査のため、被疑者、共犯者の供述が不十分で、関係者の供述も一致せず、傷害事件の重要な部分を確定し難かったため行われたもので、右ビデオテープは事件の全容を解明して犯罪の成否を判断するうえで重要な証拠価値を持つものであった。他方、右ビデオ

94

テープは放映のための編集を終了し，編集に係るものの放映を済ませているので申立人の不利益は報道の自由が奪われるというものではなかった。また，本件の取材協力者は放映を了承していたのでその身元を秘匿するなどの利益は殆ど存在しない。さらに，暴行を現認しながら，犯罪者の協力により撮影を続けるような取材を取材の自由の一態様として保護する必要性は疑わしい（奥野久之裁判官の反対意見がある）。

3 〈解 説〉

1 取材の自由と適正な捜査の比較衡量

日テレ事件，TBS事件はともに，博多駅事件最高裁決定【45】に基本的にならい，報道のための取材の自由は十分尊重されるべきであるが，公正な刑事裁判の実現という要請がある場合には一定の制約があることを認めて，公正な裁判の実現のために不可欠な適正迅速な捜査の遂行の要請がある場合に，取材の自由が制約される場合のあること，また，その制約である差押の可否の決定に当っては，取材の自由と適正迅速な捜査の必要という両者の対立する諸利益を比較衡量して判断する立場を採っている。報道前のビデオテープを差押えることは表現の自由に対する重大な干渉となるが，一度報道した内容は一般国民の批判にさらされるので，報道前の内容よりも他から干渉を受けないとの期待は弱くなるのである。両事件のビデオテープは既に放映されており，その中に国民そして捜査機関が看過することのできない犯罪に係わる場面がふくまれていたのである。

2 両事件で比較衡量された事情

(1)両事件において差押が適法とされたのはそれぞれにつき特殊な事情があったことも軽視できない。日テレ事件では，一方で，国会議員に対する贈賄という重大な事件の解明にほとんど不可欠であったこと，つまり，Mは未放映のビデオテープ中に自己の無罪を証明する証拠があると主張し，その解明なくしてMを起訴することはMの防禦そして不当な起訴を避けるという意味で必要であったこと。また，Mの主張が真実であればNの収賄の容疑も浮かび上がる可能性もあり，この点の解明も必要であったこと。他方，Nの依頼によりビデオ撮影が行われたことから，取材源の秘匿は問題とならない場合であった。

(2)TBS事件でも，ビデオテープは既に編集・放映を済ませていたので差押によって報道の自由が奪われる不利益はなく，また，ビデオ撮影が暴力団組長の協力を得て行われ，同人は放映を了承していたのでその身元を秘匿する必要もなかった。むしろ，放映は協力者たる犯罪者の側から同人らの不都合にならないような形で行われており，本来の目的である筈の暴力団の実態を明らかにするものといえるかが疑問であり，このような放映は国民の知る権利に奉仕する報道とは言い難いこと。このような取材の方法を保護する必要性は疑わしく，将来同種の取材が困難になってもその不利益はあまり考慮に値しないだろう。他方で，薬物事犯，企業への不正な方法での干渉など社会的に問題の多い暴力団の組長等による暴力行為等処罰に関する法律違反，傷害事件を解明する必要は高く，ビデオテープがその解明に重要だったのである。

3 両決定の意義

(1)両事件のような特殊事情がある場合に，取材の自由と捜査の必要とを比較衡量して差押の可否を決定することは妥当な方法といえよう。両事件とも事案に即した判断であることも確認しておく必要があるだろう。

(2)報道の自由に関係する取材活動に対してはその制約が不当に拡がらないように配慮する必要がある。両事件において，報道機関への捜索は行われず，ビデオテープの差押のみが行われた（日テレ事件では捜査機関と日テレ側との事前折衝が行われた）。特定した対象物についてのみ差押がなされ，当該事件に関係のない報道機関の情報への侵害が行われないようにして，プライヴァシー制約を最小限度に止めたことは賢明な方法であったと思われる。

[参考文献]
① 渥美東洋・ひろば42巻5号4頁
② 永井敏雄・曹時42巻4号172頁
③ 山田利夫・曹時44巻10号319頁
④ 田中開・百選[第7版]46頁
⑤ 佐藤隆之・ジュリ1099号140頁

（椎橋隆幸）

I 捜査 (7) 捜索・押収・検証

【48】押収の必要性判断
―――①國学院映画研事件，②愛のコリーダ事件

①最(三小)決昭44・3・18刑集23巻3号153頁，判時548号22頁
司法警察職員のした差押処分を取り消す裁判に対する特別抗告事件(昭和43年(し)第100号)
第1審・東京地決昭43・11・22
②最(一小)決昭55・12・17刑集34巻7号721頁，判時993号133号
差押許可の裁判及び差押処分に対する各準抗告棄却決定に対する特別抗告事件(昭和55年(し)第9号)
第1審・東京地決昭55・1・11

● 争 点 ●
押収の必要性判断の要否

1 〈①事実の概略〉

昭和43年の新宿騒擾事件の採証目的で捜査機関が令状を入手して国学院大学・映画研究会の部室を捜索し，当日の状況を撮影したフィルム等を押収した。準抗告を受け，準抗告審は同フィルムの差押を取り消し，次のように判示した。

つまり，必要性が示されれば第三者の所有物も押収できるが，第三者の利益と押収の必要性の比較衡量が大切であり，本件事実との関係では上記フィルムの押収の必要性はそれほど高くなく，他方，学園祭で上映する利益など第三者が差押により被る不利益とを比較衡量すると，強制差押までは許されないと判示した。

これに対し，検察官から特別抗告が申し立てられた。その中心的理由は，必要性判断は専ら捜査機関の権限に属するので，一見明白な瑕疵がなく，著しく合理性を逸脱していないかぎり，裁判所は必要性審査はできない，というところにあった。

2 〈①決定要旨〉

抗告棄却
適法な抗告理由に当らないとしつつ，職権で次の判示をした。「刑訴法218条1項によると，検察官もしくは検察事務官または司法警察職員は，『犯罪の捜査をするについて必要があるとき』に差押をするとができるのであるから，……不服の申立を受けた裁判所は，差押の必要性の有無についても審査することができるものと解するのが相当である。」そして，証拠や没収対象物は差押の必要性が高いが，この場合でも，犯罪の態様，軽重，証拠価値，重要性，隠滅・破損を受ける虞の有無，差押により被る被差押者の不利益の程度等その他諸般の事情に照らして明らかに差押の必要が欠ける場合まで差押を認める理由はないので，原審が差押の必要性について審査権をもつとの前提でした判断に違法はないとした。

3 〈②事実の概略〉

「愛のコリーダ」と題する単行本の販売または販売目的での所持が猥褻文書販売，販売目的所持にあたるとして起訴された。

第1審は，右単行本は猥褻文書にあたらないとして無罪を言い渡した。無罪判決後確定前に，被告人が上記単行本を増刷し，販売を開始したところ，捜査機関は，同様に刑法175条に当たるとの理由で捜索差押許可状の発付を求め，それを入手して同所を捜索・押収した。被差押人が準抗告したところ，準抗告審は第1審の無罪判決は法律上当然には捜査機関を拘束しないとして準抗告を棄却した。被差押人は，この差押は出版の自由を害し，事前検閲の結果となるので，それを禁じた憲法21条に違反し，第1審が無罪とした行為を理由とする捜索・押収には正当理由が欠けるとして，憲法35条，21条違反を主張して特別抗告を申し立てた。

4 〈②決定要旨〉

抗告棄却
本件抗告の理由はすべて適法な抗告理由に当たらないと判示し，さらに，1審の無罪判断は捜査機関を拘束しないとの原審判断は正当であると，なお書きで判示した。これには，団藤・中村両裁判官の次のような意見がある。
実際に押収された物は，右単行本の若干の校正刷等にとどまっているので，当該差押は違法ではないと判示しつつも，元々当該差押

許可状が許した差押対象物は抗告人が増刷した書物を販売に先立って差押さえてしまって，その後の予定された増刷さえできなくさせようとする捜査機関の意図を実現させるに足るほどに網羅的であったと認定した。この認定に基づいて，一時的抑止にせよ，許される表現とそうでない表現との区別が微妙な事例では，少なくともその抑止措置は必要最小限にしないと憲法21条の禁ずる事前検閲に当たりかねないと判示した。

5 〈解 説〉

1 令状発付に当たる裁判官に強制処分の必要性を審査する権限があるのかという議論は現行法の制定当初から始められた。逮捕に関しては，「明らかに」その必要性がないと認めるときには逮捕状の発付をしない旨が定められ，この議論に妥協がはかられた（昭和28年改正，199条2項但書）。

その後，当事者が互に独立して並行して証拠採取を認めるのが弾劾主義に合致するという，わが国にのみ独特のいわゆる弾劾的捜査観が有力となり，一方当事者が自分に有利な証拠を集めるのに強制力をもつのは弾劾主義に反するので，強制力付与の根拠となる令状の要件の審査はすべて令状発付官にあると解するのが弾劾的捜査観に合致するといわれた。

最高裁はこのような考え方でこの問題を解決せずに，第1事件では218条1項の「捜査の必要」を令状入手の要件としているとみて準抗告裁判所（おそらく令状発付に当る数判官にも）に捜索・押収の必要性の審査権限を肯定した。だが，ここでも最高裁は逮捕の場合を念頭に置いてか，「明らかに」その必要がないときには令状を発付する必要はないという基準を妥協的に示すにとどまっている。

第2事件の決定で注目を惹くのは団藤・中村両裁判官の捜索・押収の必要性を総合的に判断するときの重要な「被押収者」の被る不利益に出版物の発表・刊行の抑制があることを憲法21条との関係で指摘している点である。出版物の捜索・押収令状の発付は「裁判官による事前抑制」であり，事前検閲の性質を帯びることが正しく指摘された。憲法21条の保護を受けないものであることが明白な場合は別として，少なくともその保護が及ぶか否かが微妙な事例では，捜索・押収の必要性とその限度について，かならず令状発付官は審査する責務を負うことになる。

2 憲法35条は，捜索場所と押収対象物の明示を欠く場合を一般令状の場合に当るとして，それを禁ずる。

したがって，押収対象物の明示とは，物理的な特定ではなく，没収対象物または証拠として入手する理由と必要のある物に限定することを意味し，捜索場所の明示とは，その押収対象物の存在する蓋然性の高い場所に捜索を限定すべきことを意味すると解すべきであろう。一般令状の禁止は，個人のプライヴァシーへの配慮に基づくものであるから，捜索・押収を許すに当たり裁判官は没収対象物や証拠の入手の必要とプライヴァシーの保護の必要との利益衡量を求められているとみるべきである。

そうすると，憲法35条により，令状発付官は捜索・押収の必要性の審査をするように求められていることになる。この点への令状発付官の審査は要急性からみて，第1事件のいうように「明らかに」必要のない場合の請求却下の形をとることになるだろうが，準抗告審では必要性の挙証責任は捜査機関にあるとみるべきだろう。

[参考文献]
① 青柳文雄・ひろば22巻5号
② 小田中聰樹・警研46巻1号
③ 光藤景皎・昭和44年度重判解
④ 横山晃一郎・判評124号
⑤ 河上和雄・警察実務判例解説〔捜索・差押え篇〕（別冊判例タイムズ10）11頁
第2事件につき
⑦ 桑田連平・最判解刑事篇昭和44年度39頁
渥美東洋・昭和55年度重判解222頁
⑧ 島伸一・警研60巻11号33頁
⑨ 大野市太郎・警察実務判例解説〔捜索・差押え篇〕（別冊判例タイムズ10）149頁
⑩ 神作良二・最判解刑事篇昭和55年度439頁

（渥美東洋）

Ⅰ 捜査 (7) 捜索・押収・検証

【49】令状による捜索・差押の範囲(1)

最(一小)判昭51・11・18集刑202号379頁, 判時837号104頁
賭博開帳図利, 賭博被疑事件(昭和49年(あ)第1260号)
第1審・大阪地判昭48・9・26
第2審・大阪高判昭49・3・29

● 争 点 ●
捜索差押許可状により許される差押の範囲

1 〈事実の概略〉

暴力団○連合○組若頭補佐等が共謀の上, 県会議員Mに所携のけん銃を突き付けて脅迫し, 同人から1,000万円を喝取したとの被疑事実により, 捜索すべき場所として「○連合○組事務所及び附属建物一切」, 差押さえるべき物として「本件に関係ある, 一, 暴力団を標章する状, バッチ, メモ等, 二, 拳銃, ハトロン紙包みの現金, 三, 銃砲刀剣類等」と記載された捜索差押許可状に基づき, 司法警察員は同事務所を捜索し, ○連合会名入り腕章, ハッピ, 組員名簿と共に, 賭博を証するメモ196枚を差押さえた。本件被告人は, 前記恐喝被疑事実での捜索中に得られた賭博開帳および賭博を証するメモの写し, 被告人の供述調書を証拠として賭博開帳図利及び賭博容疑で起訴された。第1審は, これらの証拠から賭博開帳図利・賭博罪で被告人を有罪とした。

これに対し原審大阪高裁は, 本件メモが賭博の状況ないし寺銭等の計算関係を記録した賭博特有のメモであることは一見して明らかであり,「(本件)メモは, 前記捜索差押許可状請求書記載の被疑事件から窺われるような恐喝被疑事件に関係があるものとはとうてい認められず, また『暴力団を標章する状, バッチ, メモ等』に該当するとも考えられないから, 右メモの差押は, 令状に差押の目的物として記載されていない物に対してなされた違法な措置であるといわざるをえず, その違法の程度も憲法35条および刑事訴訟法219条1項所定の令状主義に違反するものであるから決して軽微であるとはいえず, ……かかる証拠を罪証に供することは刑事訴訟における適正手続を保障した憲法31条の趣旨に照らし許されない」として, 第1審判決を破棄し, 被告人を無罪とした。これに対し, 検察官は, 判例違反, 憲法解釈の誤り等を理由に上告した。

2 〈判 旨〉

破棄自判(控訴棄却)

「(本件捜索差押許可状の)記載物件は, 右恐喝被疑事件が暴力団である○連合○組に所属し又はこれと親交のある被疑者らによりその事実を背景として行われたというものであることを考慮するときは, ○組の性格, 被疑者らと同組のとの関係, 事件の組織的背景などを解明するために必要な証拠として掲げられたものであることが, 十分に認められる。そして, 本件メモ写しの原物であるメモには, ○組の組員らによる常習的な賭博場開帳の模様が克明に記録されており, これにより(恐喝被疑事件の) 被疑者であるPと同組との関係を知りうるばかりでなく, ○組の組織内容と暴力団的性格を知ることができ, 右被疑事件の証拠となるものであると認められる。してみれば, 右メモは前記許可状記載の差押の目的物にあたると解するのが, 相当である。

憲法35条1項及びこれを受けた刑訴法218条1項, 219条1項は, 差押は差し押えるべき物を明示した令状によらなければすることができない旨を定めているが, その趣旨からすると, 令状に明示されていない物の差押が禁止されるばかりでなく, 捜査機関が専ら別罪の証拠に利用する目的で差押許可状に明示された物を差し押えることも禁止されるものというべきである。……この点から本件メモの差押の適法性を検討すると, それは, 別罪である賭博被疑事件の直接の証拠となるものではあるが, 前記のとおり, 同時に恐喝被疑事件の証拠となりうるものであり, ○連合名入りの腕章・ハッピ, 組員名簿等とともに差し押えられているから, 同被疑事件に関係のある『暴力団を標章する状, バッチ, メモ等』の一部として差し押えられたものと推認することができ, 記録を調査しても, 捜査機関が専ら別罪である賭博被疑事件の証拠に利用す

る目的でこれを差し押えたとみるべき証拠は，存在しない。」

3 〈解 説〉

本件は，恐喝被疑事件についての捜索差押許可状執行中に発見された，明らかに賭博罪の証拠たるメモの差押が，令状に記載されていない別罪の証拠物の差押であり違法ではないかとして争われた事案である。

本件における恐喝については，被疑者らが暴力団に所属していることを背景として行われたものであることに留意する必要がある。したがって，犯行の動機・目的や被疑者らの所属する組織が暴力団であること等を立証するための証拠として，「暴力団を標章する状，バッチ，メモ等」が令状に記載されていたと思われる。本件で問題となったメモは，その記載から，この組織の構成員らによる常習的な賭博開帳が行われていたことを示すものであり，賭博が暴力団の資金源になるなど，常習賭博・賭博開帳の事実からその組織の性格が暴力団であることを立証するための有力な証拠となると考えられるものである。すなわち，最高裁は，暴力団の威力を背景として行われた本件被疑事実においては，賭博開帳の事実は暴力団的性格を窺わせるものであるから，本件の賭博に関するメモは恐喝被疑事件に関係のある「暴力団を標章するメモ」に該当すると解した。

原判決は，本件メモが一見して賭博開帳の事実を示すものであり，恐喝被疑事実を理由とした捜索差押許可状執行中に発見・押収されたもので，現に被告人は賭博開図利及び賭博の罪で起訴されたことから，恐喝被疑事件とは関連性がないと評価したものであろう。しかし，証拠によって示される内容は，常に単一の事項（犯罪事実）に限定されるものではない。一つの証拠が複数の犯罪を立証するための証拠たり得る場合もある。また，適法に差押さえられた証拠から他の被疑事実が浮かび上がり，その証拠を別の被疑事実を立証するための証拠に用いることは当然に許されるはずである。

ただし，本件のように，被疑事実の背景事情に関する物にまで捜索・押収対象を広げることについては，本来捜索・押収の対象をできる限り限定することを要求する法の趣旨に反するのではないかとの疑問もあり，本件は，賭博開帳と恐喝とについて，一般的にこのような関連性が認められたものとまではいえず，本件恐喝が暴力団への所属を背景としてなされたという事情を考慮して，恐喝被疑事実との関連性を肯定する結論に至ったものと解すべきであろう。

また，本件については，恐喝被疑事実を理由とする捜索差押許可状執行中に偶々発見された，常習賭博開帳の事実を示すメモを差押さえたものと解する見解がある。この見解によれば，本件メモは，常習賭博開帳を行ったことを疑うに足りる相当理由を具備した証拠であり，令状請求の時間的余裕を欠く「緊急性の例外」の認められる状況での緊急押収（差押）と解することになる。前述のような，捜索・押収対象の拡張についての懸念を考えると，適法の立ち入った捜索すべき場所において，偶々発見した，捜索の根拠となった犯罪とは別の犯罪証拠の押収を認める方が，理論的にも明確であり，むしろ濫用の危険が少ないと見解は傾聴に値する。

さらに，本件において，最高裁は，憲法35条1項及びこれを受けた刑訴法218条1項，219条1項の趣旨からすると，令状に明示されていない物の差押が禁止されるばかりでなく，捜査機関が専ら別罪の証拠に利用する目的で差押許可状に明示された物を差押えることも禁止されるものというべきであるとしているが，本件メモの差押については，専ら別罪である賭博開帳の罪の証拠に利用する意図で差押さえられたと評価し得る事情はないと結論付けている。

［参考文献］
① 滝沢誠・百選［第10版］46頁
② 安井哲章・百選［第9版］52頁
③ 的場純男・百選［第8版］52頁
④ 浜邦久・研修344号61頁
⑤ 安冨潔・法学研究50巻8号72頁，及びこれらに掲記の諸論文・判例評釈を参照。

（檀上弘文）

【50】令状による捜索・差押の範囲(2)——内縁関係

最(一小)決平6・9・8刑集48巻6号263頁,判時1516号162頁,判夕868号158頁
覚せい剤取締法違反被告事件(平成5年(あ)第852号)
第1審:京都地判平4・10・22
第2審:大阪高判平5・7・20

● 争 点 ●

甲の居住する場所に対する捜索差押許可状に基づいてそこに同居する者がその場で携帯していたボストンバッグについて捜索することができるか

1 〈事実の概略〉

京都府A警察署の警察官は、当時、被告人乙の内妻であった甲に対する覚せい剤取締法違反被疑事件につき、乙及び甲が同居するマンションの居室を捜索場所とする捜索差押許可状の発付を受けて同室付近に赴いた。警察官は、在室していた乙が外出しようとして同室の玄関扉を開け、外の様子をうかがうような態度を示したので、それを機に室内に入り込んだが、甲が不在であったため、乙に捜索差押許可状を提示して捜索を開始した。その際、乙がボストンバッグをもっていたので、警察官は、再三にわたりそのバッグを任意提出するよう求めたが、乙はこれを拒否してバッグを抱え込んだので、抵抗する乙の身体を制圧して強制的にそのバッグを取り上げてその中を捜索したところ、その中から本件覚せい剤が発見された。そこで警察官は、乙を現行犯逮捕し、それに伴い本件覚せい剤を差押さえた。
第一審京都地裁は、本件捜索差押手続の適法性を認め、被告人を覚せい剤営利目的所持の罪で有罪判決を言い渡した。第二審大阪高裁も第一審判決を是認し、被告人の控訴を棄却した。被告人は、マンションの居室を捜索場所とする捜索差押許可状に基づいて、被告人の携帯物を捜索することは許されないと主張して上告を申し立てた。

2 〈決定要旨〉

上告棄却
「警察官は、被告人の内妻であった甲に対する覚せい剤取締法違反被疑事件につき、同女及び被告人が居住するマンションの居室を捜索場所とする捜索差押許可状の発付を受け、……右許可状に基づき右居室の捜索を実施したが、その際、同室に居た被告人の携帯するボストンバッグの中を捜索したというのであって、右のような事実関係の下においては、前記捜索差押許可状に基づき被告人が携帯する右ボストンバッグついても捜索できるものと解するのが相当である」。

3 〈解 説〉

本決定は、場所に対する捜索差押許可状執行中に、当該捜索場所に居る者の携帯品に対しても捜索を実施することができるか否かについて、最高裁判所として初めて判断を下したものである。
憲法35条は、個人のプライヴァシーの保護を目的とし、政府による、個人のプライヴァシーへの不当な干渉を防止するために、①犯罪が行われたことを疑うに足りる相当な理由の存在、②その犯罪を立証する証拠物又は没収対象物であると疑うに足りる相当な理由がある物に押収対象を限定すること、③押収対象物が存在する蓋然性の高い場所に捜索場所を限定すること(実体要件)、さらに、原則として、この要件の充足を確認するための令状発付手続を経ること(令状要件)を求める。
さて、刑訴法は、捜索の対象として、「人の身体、物又は住居その他の場所」と規定し(222条1項、102条1項)、「人の身体及び物」を「場所」と区別している(なお、107条1項、219条1項参照)が、一般的に、住居等の捜索場所とする捜索差押許可状の執行に当たり、その場所に存在する物については、全体として捜索の許可を受けたものと解され、令状の効果が及ぶとされる。他方で、捜索場所に居合せた者の身体(及び着衣)については、身体に対する捜索によって侵害される権利・利益は、場所に対する権利・利益とは異質であり、より重大であると解され、捜索対象としての場所には含まれないとされている(後掲宇藤・46頁、川出・49頁、酒巻・130頁、島田・231頁、三井誠『刑事手続法(1)〔新版〕』45頁など)。
しかしながら、場所に対するプライヴァシーと物に対するプライヴァシーとは、別個独立にプライヴァシーの保護が与えられるため、場所に対するプライヴァシーの侵害が許容されたとしても、当然に物に対するプライヴァシーの侵害が許容されるわけではない。

ただし，捜索押収令状請求時に，捜索場所に押収対象物がどのような状態で存在しているのかにつき，捜査機関に判明していることは通常稀であるので，捜索場所に存在する物の中に押収対象物が存在する「相当な理由」が認められると解してよい（蓋然性判断）と考えるべきであろう。勿論，捜索場所に存在する物であっても，その中に押収対象物を隠すことが物理的に不可能である場合には，実体要件が認められないため，捜索は許容されない。

本件は，場所に対する捜索差押許可状に基づく，当該捜索場所に居る者の携帯品に対する捜索の是非についての事案であるが，「携帯品」といっても，捜索場所に居合せた者が自己の物を偶々その場に置いた物なのか，また，まさに携帯（把持）していても元々その場所に存在していた物を偶々携帯していたのかが判然としない場合も少なからず生じ得る。また，押収対象となっているものを隠匿するのは，「携帯品」の中と「身体・着衣」の中とどちらの場合にも起こり得るものである。このように考えると，上記のような区別は実際のところそれほど意味はないといえよう（後掲井上・345頁以下，前掲三井・45頁以下参照）。

したがって，「携帯品」であろうと「身体・着衣」であろうと，その「空間」に捜索の実体要件が認められるか否かによって判断されることになろう。通常は，偶然に捜索場所に居合せた者（の「身体・着衣」）及びその者の所有・所持する「携帯品」に対しては，偶然にその場所に居合せたという事情から，捜索の実体要件が認められないとの評価に至ることにはなろう。

本件においては，被告人は偶々捜索場所に居合わせた第三者ではなく，被疑者甲の同居人である。さらには，被告人の行動・様子等から，捜索理由たる被疑事件の証拠を隠し持っているのではないかと疑うに足りる合理的根拠となり得る事情がある。すなわち，捜索の実体要件が認められ，被疑者の居室を捜索場所とする捜索差押許可状に基づいて被告人携帯のボストンバッグを捜索することが許容された事案であったと評価することができよう。

また，本件は，適法に捜索場所に立ち入った際の状況，すなわち，その場所に居合せた者の挙動からその携帯品の中に押収対象物が存在する蓋然性が高いことが認められ，それを放置すれば罪証隠滅のおそれがあるといえ，捜索・押収の実体要件を充足しており，捜索・押収に際しての「必要な処分」としての，「令状執行に伴う緊急捜索・押収」を肯定したものと解することもできよう（渥美『全訂刑事訴訟法』［第2版］118頁）。

本決定以前には，下級審において，場所に対する捜索差押許可状の執行に際して捜索場所に居た者の身体・着衣ないしは携帯品の内容物を捜索することができるとの判断が示されていたが（東京地決昭44・6・6刑月1・6・709，京都地決昭48・12・11刑月5・12・1679，函館地決昭55・1・9刑月12・1＝2・51，東京地判昭63・11・25判タ696・234，東京高判平6・5・11判タ861・299），それらは，捜索・差押の際の証拠隠匿その他の捜索妨害行為を阻止し，現場を保存するための付随的処分（ないしは隠匿される前の状態への原状回復の処分）と解してきたように思われる（後掲清水・232頁，前掲三井・46頁）。このように解すれば，本件における，捜査官の行った，被告人の携帯品に対する捜索は，捜索差押許可状の執行に当たりこれを実効化する目的で証拠の隠匿等の捜索妨害阻止のための合理的な付随的処分・現場保存的措置として適法であるとの評価も可能であろう。ただし，本決定では，本件携帯品（ボストンバッグ）の捜索を適法とした理由が明示されておらず，また本件捜索の性格（「場所に対する捜索」と解したのか，「必要な処分」と解したのか）も明らかではない。今後は，これらに加えて，捜索がその場に居合わせた者の身体・着衣に及んだ場合（後掲酒巻・131頁は，本件捜索の対象が人の所持・携帯品であり，その者の身体・着衣ではなかったということを極めて重要な事実と位置付けている。）には，どのような理由でどのようなことが許容されるのかについても，注目していく必要があると思われる。

[参考文献]
① 小川正持・最判解刑事篇平成6年度110頁
② 原田和往・百選［第10版］42頁
③ 宇藤崇・百選［第9版］46頁
④ 河村博・百選［第8版］48頁
⑤ 酒巻匡・ジュリ1147号128頁
⑥ 島伸一・平成6年度重判解169頁
⑦ 清水真・判評447号77頁（判時1558号231頁），同・新報105巻1号193頁
⑧ 井上正仁『任意捜査と強制捜査（新版）』276頁以下
⑨ 島田仁郎・新関他『増補令状基本問題 下』231頁
及びこれらに掲載の文献を参照されたい。

（檀上弘文）

I 捜査 (7) 捜索・押収・検証

【51】令状による捜索・差押の範囲(3)——宅配便

最(一小)決平19・2・8刑集61巻1号1頁，判時1980号161頁，判タ1250号85頁
覚せい剤取締法違反被告事件(平成18年(あ)第1733号)
第1審・青森地弘前支判平18・3・2
第2審・仙台高秋田支判平18・7・25

● 争 点 ●

被疑者方居室に対する捜索差押許可状により同居室を捜索中に被疑者あてに配達され同人が受領した荷物について同許可状に基づき捜索することの可否

1〈事実の概略〉

警察官が被告人Xに対する覚せい剤取締法違反被疑事件につき捜索差押許可状の発付を受けXの居宅を捜索したところ，注射器4本，チャック付きビニール袋23枚，チャック付きビニール袋が230枚在中しているチャック付きポリ袋1袋，電子計量器1台等が発見された。捜索実施中，宅配業者から伝票に依頼主兼受取人としてXの氏名が記載された荷物が配達され，Xは受取伝票にその姓を署名してこれを受け取った。

警察官らは，この荷物の中に覚せい剤が入っているのではないかとの疑いを持ち，Xに対しこの荷物を開封するよう説得したが，Xは，心当たりのない荷物であり，開封したくない，宅配業者に返却したいなどとして開封を拒否した。Xのこのような態度に対し，警察官らが「権限で開ける」旨を告げたところ，Xは「権限で開けるのであれば，好きなように見ればいい」旨発言した。そこで，警察官らがこの荷物を開封したところ，その中からビニール袋入り覚せい剤5袋を発見したため，Xを覚せい剤所持の現行犯で逮捕し，前記覚せい剤を逮捕の現場で差押さえた。

第一審は，本件荷物の開封は，警察官職務執行法所定職務質問に付随して行われる所持品検査として適法であるとして，Xを有罪とした。これに対し，Xは，職務質問に付随する所持品検査として適法であるためには対象者の任意の承諾が必要であるが，本件ではそれがないこと，また，令状呈示の時点では本件荷物はX宅に届けられておらず，その後も本件荷物に覚せい剤が存在することをうかがわせる形跡はないので，本件令状による本件荷物の捜索は許されないなどとして控訴した。

原審は，職務質問に付随する所持品検査としては，Xの任意の承諾があったと解するには疑問があるものの，捜索差押許可状に基づく捜索差押の範囲がその許可状を被疑者に示した時点で捜索場所に存在する物に限定されなければならないとすべき明文上の根拠はないこと，執行の途中で被疑者が捜索場所で所持・管理するに至った物について捜索差押を行ったとしても，新たな居住権・管理権の侵害が生じるわけではないから，そこに令状主義逸脱の問題はないこと，さらに，当時の外形的・客観的状況からすれば，本件荷物を開封する時点において，本件荷物の中に本件令状で差押さえるべき物とされている覚せい剤等が入っている蓋然性が十分に認められる状況にあったといえ，かつ警察官らが本件荷物を開封する行為は，捜索差押許可状の執行についての必要な処分に当たるといえるとして，控訴を棄却した。これに対して，Xは，捜索差押許可状の効力は被疑者に示された時点で捜索すべき場所に存在する物品にのみ及び，令状呈示後に搬入された物品には及ばないなどと主張して上告した。

2〈決定要旨〉

上告棄却

「原判決の認定によれば，警察官が被告人に対する覚せい剤取締法違反被疑事件につき，捜索場所を被告人方居室等，差し押さえるべき物を覚せい剤等とする捜索差押許可状に基づき，被告人立会いの下に上記居室を捜索中，宅配便の配達員によって被告人あてに配達され，被告人が受領した荷物について，警察官において，これを開封したところ，中から覚せい剤が発見されたため，被告人を覚せい剤所持罪で現行犯逮捕し，逮捕の現場で上記覚せい剤を差し押さえたというのである。所論は，上記許可状の効力は令状呈示後に搬入された物品には及ばない旨主張するが，警察官は，このような荷物についても上記許可状に基づき捜索できるものと解するのが相当であるから，この点に関する原判断は結論において正当である。」

3 〈解 説〉

　本件は，覚せい剤取締法違反を理由として発付された，被疑者方居室に対する捜索差押許可状に基づいて同居室を捜索中に，被疑者宛に配達され同人が受領した荷物に対する捜索が，同許可状に基づく捜索として適法とされた事案である。

　憲法35条は，いわゆる「憲法上保護された領域」に対する政府の干渉が許される要件として，①犯罪が行われたと疑うに足りる相当な理由（正当理由）の存在，②その犯罪を立証する証拠物又は没収対象物と思料する物のみが押収対象物として限定されること，③押収対象物が存在する蓋然性の高い場所のみが捜索場所として限定されること（実体要件），を設定し，この「実体要件」の存在を確認する令状発付手続を経ることを原則とする（渥美『全訂　刑事訴訟法〔第2版〕』88頁）。

　この実体要件は，令状「執行時」に存在していなければならない。令状発付裁判官は，令状「請求時」に実体要件があることを認め，それが令状「執行時」まで存続していると予期されるため令状を発付しているのである。したがって，一旦実体要件が認められ令状が発付されても，令状「執行時」に実体要件が欠けていることは判明した場合には，令状執行は，違憲・違法となる（前掲渥美・89頁）。

　ところで，「捜索すべき場所」については，一般的に，その場所内に存在する「物」は，当該物につき他の排他的な管理権が及んでいる場合を除いては，「捜索すべき場所」の一部と見做され，捜索の対象とされる（後掲香川・195頁，島根・188頁）。この点，原審は，「執行の途中で被疑者が捜索場所で所持・管理するに至った物について捜索差押を行ったとしても，新たな居住権・管理権の侵害が生じるわけではない」としつつ，捜索当時の外形的，客観的状況から判断すれば，本件荷物の中に覚せい剤が入っている蓋然性が十分に認められる状況であった，としている。しかしながら，本件捜索場所及び宅配便はともに被疑者の管理権に服しており，原審も新たな侵害は生じないと述べているのであるから，さらに，荷物の中に覚せい剤の存在する蓋然性を検討する必要はないといえよう（後掲上富・38頁，池田・202頁）。本決定で，最高裁が「原判断は結論において正当である」として，原審の理由づけを採用していないのは，このような考えがあったからと思われる。

　さて，令状に記載されている押収対象物については，当該捜索場所への搬入・同場所からの搬出が生じ得るといえる。殊に覚せい剤は，そもそも使用され，譲渡・譲受される物であるから，令状執行時に捜索場所に存在する覚せい剤は，令状発付時に捜索場所に存在していた（又は存在すると予期された）ものとは別のものである場合がある。令状発付裁判官は，令状発付時から令状執行時の間，全く同一の覚せい剤が捜索場所に存在し続けていると予期しているために令状を発付しているのではない。実体要件として要求される押収対象物の特定も，このような意味での「同一の物」であることを求めているわけではないと解することができよう（後掲柳川・8頁）。

　このように，令状発付裁判官が，令状発付時に，令状執行時までに覚せい剤が搬入され（，当該捜索場所に存在す）ることもあり得ると予期していたと解すれば，当該場所に存在することとなった時期が，令状執行前か令状執行中かは問題ではなく，現に捜索場所に存在する物の中に押収対象物が存在する蓋然性のある物の捜索として認められることになる。すなわち，捜索差押令状の執行それ自体と解することになる。なお，本件のような捜索中の覚せい剤の搬入が，令状発付時に，令状発付裁判官に予期されているものではないと解するのであれば，捜索中に捜索場所に搬入された荷物の捜索（・押収）は捜索差押令状の執行に伴う「必要な処分」によるもの，すなわち緊急捜索（・押収）と解することになると思われる（前掲渥美・117頁）。

[参考文献]
① 入江猛・最判解刑事篇平成19年度1頁
② 島根悟・警論60巻4号184頁
③ 香川喜八朗・刑ジ9号193頁
④ 柳川重規・研修726号3頁
⑤ 池田公博・平成19年度重判解200頁
⑥ 松代剛枝・判タ1267号51頁
⑦ 大久保隆志・百選〔第10版〕44頁
など
原判決について
① 小野正弘・研修700号153頁
② 上冨敏伸・研修702号29頁
③ 隂良行・警察公論62巻1号107頁

（檀上弘文）

Ⅰ 捜査 (7) 捜索・押収・検証

【52】令状呈示前の立入

最(一小)決平14・10・4刑集56巻8号507頁, 判時1802号158頁, 判タ1107号203頁
覚せい剤取締法違反被告事件(平成14年(あ)第413号)
第1審・京都地判平13・7・26
第2審・大阪高判平14・1・23

● 争 点 ●
① 捜索令状の事前呈示の趣旨はいかなるものか
② 証拠破壊の危険がある場合, 身分偽装, 破錠・解錠等を令状呈示前に行えるか

1〈事実の概略〉

警察官らは, 覚せい剤取締法違反の被疑事実で令状を入手し, 被疑者宿泊中のホテルへ捜索・差押に赴いた。被疑者の在室を確認の上, 当初はホテル従業員を装いシーツ交換を申し出るなどしてドアを開けさせようとしたが, 被疑者が応じなかった。その後, ホテル支配人に令状の発付を告げてマスターキーを借り受け, 来意を告知することなくドアを開けて入室し, ベッドに寝ていた被疑者に捜索である旨告げて, 興奮して動こうとした被疑者を制止し, 直後に令状を呈示して捜索を開始した。捜索の結果, 室内及び被告人の携帯品からビニール入り覚せい剤一袋と注射器数本が押収された。

起訴ののち, 被告人は捜索着手が令状呈示の前であったこと等を理由とし, 本捜索の執行手続の違法を主張したが, 公判裁判所(京都地判平13・7・26)は本件令状執行を「捜索差押の実効性を確保するため必要」「手段方法も社会通念上相当な範囲内」とし, 控訴審たる原審(大阪高判平14・1・23)も本件の開錠を「令状呈示に先立ち, 必要かつ許容される適法な準備行為」と評して被告人は有罪とされ, 上告に及んだ。

2〈決定要旨〉

上告棄却
なお, 職権で次のように判断を示した。
警察官らは, 捜索差押許可状執行の動きを察知されれば, 覚せい剤事犯の前科もある被疑者が, 短時間のうちに差押対象物件を破棄隠匿するおそれがあったため, (上記のような)捜索・差押を実施したことが認められる。以上のような事実関係の下においては, 捜索差押許可状の呈示に先立って, 客室のドアをマスターキーで開けて入室した措置は, 社会通念上相当な態様で行われていると認められるから, 刑訴法222条1項, 111条1項に基づく処分として許容される。また, 同法222条1項, 110条による捜索差押許可状の呈示は, 手続の公正を担保するとともに, 処分を受ける者の人権に配慮する趣旨に出たものであるから, 令状の執行に着手する前の呈示を原則とすべきであるが, 前記事情の下においては, 警察官らが令状の執行に着手して入室した上その直後に呈示を行うことは, 法意にもとるものではなく, 捜索差押の実効性を確保するためにやむを得ないところであって, 適法というべきである。したがって, これと同旨の原判断は正当である。

3〈解 説〉

222条1項が準用する110条には, 令状の事前呈示を求める直接の文言はないが, その法意について従来の判例は, 「手続の公正を保持し執行を受ける者の利益を尊重する(東京高判昭58・3・29)」, 「捜索差押によって証拠を確保すべき要請と捜索差押を受ける者の人権に配慮すべき要請の調和を図る法意(東京高判平8・3・6)」等として, 本件同様いずれも事前呈示を原則としている。

憲法35条が, 捜索に先立って公正中立の裁判官から令状が発せられることを求めているのは, プライヴァシーを開く合理的な根拠, 場所の範囲及び対象物を特定して示し, 捜査機関の独断専行により, 市民の合理的なプライヴァシーの期待が損なわれぬようにすること, 及び後知恵の危険を排除するためである。このため, 裁判官の事前審査が確実に存在すれば, その成果たる令状の存在ないしその内容を捜索対象者に呈示することは, 必ずしも憲法あるいは刑訴法の要請下にあるとはいえない, との考え方も成り立ちうる。しかしながら, 令状を事前に呈示することを原則とす

ることにより，あらかじめ特定された捜索の許容範囲を捜査官が超えていないかを捜索対象者が理解し，問題があると考える場合には捜索の現場で異議を唱え，あるいは準抗告や証拠排除請求といった形で事後のチェックが可能となり，もって法執行の問題点を是正することが期待でき，さらには無用の混乱を回避できるので，結果として令状執行上の問題の解消につながる。本決定が「令状の執行に着手する前の呈示を原則とすべき」とするのも同様の趣旨と考えてよいであろう。

111条の「必要な処分」につき，「令状呈示前の数分間になされた警察官らの室内立入は，捜索活動というよりは，むしろその準備行為ないし現場保存的行為というべきであり，本来の目的である捜索行為そのものは令状呈示後に行われていることが明らかであるから，社会的に許容される範囲内のもの（大阪高判平6・4・20）」という高裁判例と，本件での「令状の執行に着手して入室した上その直後に呈示を行うことは，法意にもとるものではない」との文言には，若干の理論的差異が見て取れる。すなわち，前者の立場であれば執行着手後呈示の例外を認める必要はなく，110条のみの問題で，後者であるなら110条で執行着手後の例外を認め，その例外を認めるべき合理的な理由及び111条1項の必要な処分の範囲を判断することになる。

もっとも，この点に拘ることはあまり生産的とは思われない。法律上の要請あるいは憲法上の権利といえども，もとより合理的な理由が存在する場合に例外や制約が一切認められないものではないので，仮に事前呈示が憲法上の要請であったとしても，例外なく事前呈示を要件とし，そのために法執行に支障があってもやむを得ないものとは考えにくい。その上で，令状執行直後，あるいは令状執行に隣接して令状呈示がなされることにより，その目的が実質的に担保されるならば，必ずしも「事前」呈示に拘泥する必要はない。また，呈示相手の不在，呈示を拒まれた場合なども呈示要請自体の合理的例外と考えられ，無呈示での執行が許される。

「社会通念上相当な態様」とはどのような手法を含むのであろうか。本件のように証拠破壊の危険の存在が前提となる場合，警察官が来意を告知せず，何らかの形で家屋内へ侵入することが必要となる場合がある。この際，警察官が身分を偽装して被疑者に開扉させた例（前掲平成6年大阪高判）や，合鍵ないしマスターキーを用いた例（前掲平成8年東京高判）を適法とする一方で，緊急性に乏しい状況下でガラス戸を破壊して立ち入った手法を違法とした例（東京高判平15・8・28）もある。学説は詐称・欺罔行為を社会的により穏当な手段とするものと，問題視するものとに分かれる。

合鍵を用いる方法は財産上の損害がないか，あっても極小であるため，詐称・欺罔よりも好ましいといえるかもしれないが，上記の合鍵やマスターキーを用いた事例は何れも一戸建て家屋ではなく，マンションあるいはホテルの例であることに注意を要する。一戸建てでは合鍵を用いることは期待できないから，破錠か詐称・欺罔のいずれかを選ぶことになる。結局のところ，何れかの方法が「より望ましい」と考えるにしても，その方法が不適切な場合は想定しうる。例えば被疑者に前科があり，しかも以前の検挙の際に同様の手法が用いられていた場合など，一定の方法以外では許容され得ない，とは考えにくい。そのため実務では，当分の間は各種手法の併用が続くと思われる。

［参考文献］
① 田中開・平成14年度重判解178頁
② 永井敏雄・ジュリ1240号122頁
③ 加藤克佳・百選［第8版］50頁
④ 菊池浩・百選［第9版］50頁
⑤ 香川喜八朗・現代刑事法6巻1号78頁
⑥ 松田龍彦・新報111巻1＝2号267頁

（松田龍彦）

I 捜査 (7) 捜索・押収・検証

【53】フロッピーディスクの包括的差押

最(二小)決平10・5・1刑集52巻4号275頁, 判時1643号192頁, 判タ976号146頁
捜索差押え許可の裁判及び司法警察職員の処分に対する準抗告棄却決定に対する特別抗告事件(平成10年(し)第45号)
準抗告審・浦和地裁平10・2・27

● 争 点 ●
フロッピーディスク等につき内容を確認せずに差押さえることの適否

1 〈事実の概略〉

埼玉県警察は、オウム真理教が、いわゆる越谷アジトで使用する普通貨物自動車が、「自動車から排出される窒素酸化物の特定地域内における総量の削減等に関する特別措置法(NOx規制法)」に抵触するため、同法の特定地域外のナンバーとするべく、使用の本拠地について虚偽の申請をし、自動車登録ファイルに不実の記録をさせ、これを備え付けさせたという電磁的公正証書原本不実記録、同供用の嫌疑を抱き、捜索場所を同アジトの建物等とし、差押さえるべき物を組織的犯行であることを明らかにするための磁気記録テープ、光磁気ディスク、フロッピーディスク(以下、FDという。)、パソコン一式等、本件に関係のある自動車の登録に関する書類等とする捜索差押許可状の発付を得た。そして、同許可状に基づき、パソコン1台、FD合計108枚等を差押さえた。なお、警察は、申立人らが、コンピュータを起動させる際にそこに記録されている情報を瞬時に消去するソフトを開発しているとの情報を得ていたことから、本件捜索差押の現場でFD等の内容を確認することなく、それらを包括的に差押さえた。

申立人は、それらの差押処分等の取消を求めて、準抗告を申し立てた。原審浦和地裁は、捜査目的を達するため、被疑事実についての情報等が記録、保存されている蓋然性が高いと認められる磁気記録媒体それ自体を差押さえることに違法な点は存しないとして、本件捜索差押許可の裁判についての適法性を認め、次いで、本件において差押さえられたノート型パソコン1台、FD108枚等の差押については、本件が組織的に敢行された可能性が強いところ、いずれも本件の組織的背景及び組織的関与を裏付ける情報等が記載又は記録されている蓋然性が高く、本件被疑事実自体の証明のほか、本件犯行に至る経緯、動機、とりわけ上記組織的背景及び組織的関与の有無の解明に資するものと認められることに加え、本件捜索差押許可状記載の「差押さえるべき物」に各該当することも明らかであって、本件各差押物件と本件被疑事実との関連性は優に認められ、以上に鑑みれば各差押の理由及び必要性もまた肯認できるなどとして、準抗告を棄却した。これに対して、申立人は、FD等の磁気記録媒体を差押目的物とすることは、一般探索的な捜索差押を容認するものであり、また、差押さえられたFDの中には何も記録されていないものもあるから、申立人らの任意の協力の申し出を聞き入れずに無差別的に差押さえたことは、憲法35条に違反するなどと主張して特別抗告を申し立てた。

2 〈決定要旨〉

特別抗告棄却
「差し押さえられたパソコン、FD等は、本件の組織的背景及び組織的関与を裏付ける情報が記録されている蓋然性が高いと認められた上、申立人らが記録された情報を瞬時に消去するコンピュータソフトを開発しているとの情報もあったことから、捜索差押えの現場で内容を確認することなく差し押さえられたものである。令状により差し押さえようとするパソコン、FD等の中に被疑事実に関する情報が記録されている蓋然性が認められる場合において、そのような情報が実際に記録されているかをその場で確認していたのでは記録された情報を損壊される危険があるときは、内容を確認することなしに右パソコン、FD等を差し押さえることが許されるものと解される。」

3 〈解 説〉

本件における争点は、捜索差押許可状執行の際の押収対象物の特定性の問題である。
憲法35条は、個人のプライヴァシーの保護を目的として、捜査機関による一般的・探索的捜索・押収を禁止し、その実現のため「押収する物を明示する令状」に基づくことを求める。しかしながら、コンピュータのハード

ディスク，FD等の電磁的記録媒体は，その中に膨大な量の情報が記録・蔵置されており，またそれ自体では可視性・可読性がなく，その内容を確認するためにはパスワードが必要な場合もあり，さらには，記録情報の加工・消去が容易であること等の特徴がある。なお，今日のコンピュータの普及状況を見る限り，OSについてはかなりの共通化が認められ(後掲津村・125頁，池田・ジュリ94頁)，また捜査官のもつ知識・技術等も近年は飛躍的に増大・向上していることに鑑みれば，当該電磁的記録媒体の内容確認には必ずしも困難を伴うものではないともいえようが，上記特徴からみて，なお慎重な対応が求められる。このように電磁的記録媒体の取扱には依然一定の配慮が求められることからすれば，その捜索・押収の実施が長時間に及ぶ場合もあろう。電磁的記録媒体の内容確認が厳格に要求されればなおのことである。

本件は，①FD等の中に被疑事実に関する情報が記録されている蓋然性が認められ，②現場で確認していたのでは情報を損壊される危険があるため，その内容を確認することなくFD等の差押を許容した。①については，以下のように考えることができると思われる。すなわち，帳簿や書類などは，内容を充分に精査しなければ関連性の有無を正確に識別できないはずであるが，捜索の現場では，一応関連性があると認められるもの，つまり蓋然性の認められるものを押収している(後掲柳川・82頁)。さらにいえば，これまでも，ビデオテープの差押に関しては，捜索現場で大量に発見された場合，全てのビデオテープの内容を確認することなく差押が行われてきたのではなかろうか。ビデオテープも電磁的記録の一種であり，それ自体は可視性・可読性はない。他方，ビデオテープは本件のような電磁的記録に比べて，その場での確認が技術的には容易であり，証拠破壊の可能性も一般的には低いと評価できるにもかかわらず，その内容を確認することなく差押が認められてきたように思われる。これとてもその場にあるビデオテープには被疑事実との関連性を有するとの蓋然性が認められるからこそ許容されてきたといえよう。

②については，被処分者らが，情報を瞬時に消去するソフトを開発しているとの疑いがあったことから，その場での内容確認を行わ

ないこともやむを得ない一場合を示したものといえよう。このような罪証隠滅の虞の存在以外に，技術的に困難な場合にも同様に許容し得ると思われる(後掲川出・183頁，笹倉・84頁)。また，捜索・押収活動により長時間現場を封鎖することは被処分者にとっても大きな負担であり，それよりもむしろできる限り速やかに捜索・差押の処分を終了した方が被処分者にとっては不利益が少ないともいえ，この点からも内容を確認せずに押収することには合理性があるといえよう(勿論，押収後の速やかな内容確認と関連性のないことが明らかになった時点での迅速な還付の徹底は求められよう)。本件との関連では，大阪高判平成3・11・6判タ796号264頁が指摘されているが，本件同様，被疑者が被処分者たる組織の構成員で，罪証隠滅の虞が相当程度高いことが認められる事案である。

なお，第177回国会(平成23年4月1日付)に提出され，2011(平成23)年6月17日に可決成立した「情報処理の高度化等に対処するための刑法等の一部を改正する法律」により，①コンピュータの差押に代えて，データを他のCD-R等に複写・移転・印刷し，そのCD-R等の差押，②記録命令付差押として，令状により，プロバイダ等のデータ保管者にCD-R等への記録を命じての当該CD-R等の差押，③電気通信回線で接続している記録媒体(メールボックスやストレージサーバの特定記録領域など)からの差押対象物たるコンピュータ等への複写を行った上での当該コンピュータの差押，④プロバイダ等に対する業務上記録している通信記録の電磁的記録(通信ログ)の保全要請等が可能となるなど，刑訴法の改正が行われた。

[参考文献]
① 池田修・最判解刑事篇平成10年度78頁，同・ジュリ1142号93頁
② 宇藤崇・百選[第10版]48頁
③ 平木正洋・百選[第9版]54頁
④ 甲斐行夫・研修605号13頁
⑤ 川出敏裕・平成10年度重判解181頁
⑥ 津村政孝・法教221号124頁
⑦ 安冨潔・判評487号64頁(判時1679号242頁)
⑧ 柳川重規・現代刑事法1巻5号79頁
⑨ 笹倉宏紀・ジュリ1191号80頁
⑩ 檀上弘文・捜査研究571号50頁など．

(檀上弘文)

I 捜査 (7) 捜索・押収・検証

【54】 逮捕に伴う捜索・押収(1)
── 緊急捜索・押収

最(大)判昭36・6・7刑集15巻6号915頁,判時261号5頁
麻薬取締法違反被告事件(昭和31年(あ)第2863号)
第1審・大阪地判昭30・12・9
第2審・大阪高判昭31・6・19

● 争 点 ●

捜索開始時に被逮捕者不在だが,後に被逮捕者が帰宅した捜索・押収は,逮捕に伴う捜索・押収に当たるか(積極)

1 〈事実の概略〉

麻薬取締官等4名は,路上での職務質問により麻薬を所持していたS女を現行犯逮捕し,同女の供述に基づき麻薬の入手先である被疑者A宅に同人を緊急逮捕すべく赴いたが同人は他出中であった。しかし,同所にはAの17歳の娘M子が留守番をしており,本件での麻薬を中身は知らずに父に頼まれS女に渡した旨供述した。麻薬譲渡の容疑でM子を緊急逮捕せんとしたが,かわいそうに思い逮捕を差し控え,Aが帰宅次第逮捕する態勢にあった取締官等はM子の同意を得て同人宅の捜索を開始し,麻薬およびS女の所持にかかわる麻薬を包んだ部分が切られた雑誌等を発見し,捜索継続中Aが帰宅したので上記証拠物を押収しAを緊急逮捕した。Aは麻薬不法譲渡と不法所持の罪で起訴され,第2審は上記捜索・差押は緊急逮捕着手後に開始されなければならないにもかかわらず本件では緊急逮捕に先立って捜索活動が行われており違法といわざるを得ないこと,本件での麻薬譲渡に関する証拠破壊の虞はなく,別罪=麻薬所持=のための捜索と解するほかなく,この点でも違法であること,娘の同意は適法な承諾と解しえないこと,等を理由に第1審判決の麻薬所持につき有罪を破棄し無罪を言い渡した。これに対し,検察官は,第1に,逮捕と捜索・差押は時間的に密着しており後の正当手続に包摂せしめて考察せられ得べく,一応適法性を有するに至ったものであると解されること,本件のA宅での捜索・差押えは,Sの現行犯逮捕された犯罪に関連するものであること,被告人は当該証拠に対して第1審で同意していること,等を理由に上告した。

2 〈判 旨〉

破棄差戻

憲法35条が捜索・押収につき令状主義の例外を認めているのは,無令状でその逮捕に関連して必要な捜索・押収等の強制処分を行うことを認めたとしても,人権の保障上格別の弊害もなく,かつ,捜査上の便宜にも適うことが考えられる。もっとも,「逮捕する場合において」と「逮捕の現場で」の意義は,前者は単なる時点よりも幅のある逮捕する際をいうのであり,後者は場所的同一性を意味するに止まるものと解するを相当とし,なお,前者の場合は逮捕との時間的接着を必要とするけれども,逮捕着手時の前後関係は問わないと解すべきであり,このことは刑訴法220条1項1号の規定の趣旨からも窺うことができる。したがって,被疑者がたまたま他出不在であっても帰宅次第緊急逮捕する態勢の下に捜索・差押がなされ,かつ,これと時間的に接着して逮捕がなされるかぎり,その捜索・差押は,なお,緊急逮捕する場合その現場でなされたとするを妨げるものではない。したがって,原判決は憲法,刑訴法の解釈を誤った違法があるというべく破棄を免れない。

なお,本判決には,右の多数意見に対し,本件での捜索・差押が違法であるとする,垂水,横田,藤田,奥野,河村(大),小谷各裁判官の補足,少数意見があるが,前4名の裁判官は,違法であるが証拠能力を否定するに足りない,とか,被告人の第1審での同意があった点をあげて多数意見の結論に賛成し,後2名の裁判官は違憲違法な手続で得られた証拠の証拠能力を否定すべき旨判示した。

3 〈解 説〉

1 本件では,憲法35及び刑訴法220条1項2号との関係が問われた。本件で,無令状捜索・押収と逮捕場所との同一性及び逮捕との時間的接着性を要件とする考え方が示されたが,被疑者が帰宅しなければ「逮捕に伴う」捜索・押収として構成できない難点を伴っており,捜索・押収の原理との関連が検討されなければならない。

2 法廷意見は,逮捕に伴う捜索・押収に格別の弊害が「ない」と判示するが,本件の事例ではそうはいえても,一般的にそういえる

わけではない。逮捕が一般探索的捜索・押収に利用されることを禁止しなければならない。逮捕の場合は，行動の自由，行動のプライヴァシーが関心対象であり，捜索・押収は場所のプライヴァシーが関心対象である。逮捕に伴う捜索・押収の場合に両者が重なるが，両者の関心の対象及び要件は異なる。前者のプライヴァシーが失われたことで自動的に後者のプライヴァシーが失われることにはならない。逮捕に伴う捜索押収はたまたま両者が重なった場合であり，その場で捜索・押収しなければ証拠破壊の危険があるため，無令状捜索・押収が許される場合である。

3 憲法35条は一般探索的捜索・押収を禁止し，そのねらいを実現するために，実体要件と手続要件を定める。すなわち，捜索・押収によって，他から干渉を受けることはないだろうというプライヴァシーの合理的期待が成立する私人の領域に政府が干渉を加えるには，ある者が犯罪を行ったと疑うに足りる相当な理由があり，その相当理由と関連する物に捜索・押収対象物が限定されており，その限定されたものが捜索・押収場所に存在する蓋然性が高いか低くはない，という実体要件が充足され，さらに，実体要件についての後知恵の危険を避けるため，裁判官が，この実体要件の存在を捜索・押収に「先立って」審査し確認したうえで令状を発付し，令状入手の時間的余裕がある場合には，必ず入手しなければならないという，手続要件（令状要件）を充足することが必要である（渥美・新64頁）。後者の手続要件は，令状入手の時間的余裕がない場合はなしで済ませることができる（憲法及び法は法執行の不可能を強いてはいない）が，実体要件は，捜索・押収を行うには必ず充足されていなければならない。これらの要件は，プライヴァシーに干渉を加える法執行官憲の裁量を必要最小限度の範囲にとどめるという自由保障の要請に由来し，一般探索的捜索押収，漁り目的での捜索押収の禁止という基本目的を実現するための要件である。捜索・押収は，国家は社会の安全を確保する観点から法執行活動を行うがその際の自由への干渉は必要最小限度のものでなければならないという自由保障の原理を踏まえたものでなければならない。

4 刑訴法220条1項2号もこの立場を前提とする。憲法35条は逮捕に伴う捜索・押収を認め，刑訴法220条1項2号も「逮捕の現場」での捜索・押収を認める。これは，逮捕場所では，その場所を捜索し押収する実体要件が整っており，かつ，その場で，すぐに捜索・押収しなければ，共犯者や家族による証拠破壊の危険を回避して証拠を確保する緊急性があるからである。したがって，見込みで捜索をするために，たまたま被逮捕者が立ち寄った場所を，相当理由もないのに捜索するといった，逮捕状を一般探索的捜索・押収の便法として使う方法は，形式的には逮捕に伴うものであっても，許されない。法廷意見は，逮捕との「時間的接着」があればよいとして，本件捜索・押収を正当としたが，この理由づけはたまたま被疑者が帰宅すれば合法だが，そうでなければ違法となるという難点を生む。逮捕が先行していなくとも，適法な逮捕のための立入に付随して捜索・押収が行われた本件のような場合，立入の正当理由はあり，立入後に，逮捕されるべき者の家屋を捜索・押収すべき実体要件はあったのである。麻薬の所持及び譲渡の相当理由はあるといえる場合であり，その相当理由と関連する物に捜索・押収が特定され，その証拠が存在する蓋然性もあった場合であり，かつ，捜索・押収令状入手の時間的な余裕がない緊急状況にあった。構造的には，実体要件がある場合の逮捕に伴う捜索・押収と同様の場合であり，見込みの，一般探索的捜索・押収の場合ではない。

憲法35条にいう「33条の場合」，刑訴法220条1項2号の「逮捕の現場」には，この緊急捜索・押収の場合も含むと解することができる（渥美・下記参考文献）。憲法35条，刑訴法220条のねらいを踏まえた法の解釈が必要とされるのが，本件の緊急捜索・押収の場合である。

5 令状要件 逮捕に伴う捜索押収を無令状で行えるのは，被疑者や共犯者・家族などによる証拠破壊の危険に対処するためであり，その場所も相当理由と関連する範囲に限定される。被逮捕者の直接の支配下にある範囲でのみ捜索・押収することができるという考え方は，令状入手のために現場を凍結し立入を禁ずるインパウンドの制度が採用されていない現状では，証拠破壊の余地を大きく残すこととなるので，適切とはいえない。

［参考文献］
① 渥美・新105，129頁

（中野目善則）

I 捜査 (7) 捜索・押収・検証

【55】逮捕に伴う捜索・差押(2)
―― 逮捕の現場

最(三小)決平8・1・29刑集50巻1号1頁, 判時1557号145頁
凶器準備集合, 傷害被告事件(平成5年(あ)第518号)
第1審・東京地八王子支判平3・3・11
第2審・東京地判平5・4・28

● 争 点 ●
逮捕の現場から離れた場所での身体の捜索と所持品の差押の適否

1 〈事実の概略〉

凶器準備集合, 傷害(いわゆる内ゲバ)事件が発生し, 被告人Hが店舗裏搬入口付近で, 被告人Tらが道幅の狭い道路上でそれぞれ準現行犯人として逮捕された。このとき, Hは腕に籠手を装着しており, 被告人Tらはバッグ等を所持していた。この籠手およびバッグ等は, いずれも逮捕の時に警察官がその存在を現認したものの, 逮捕後直ちには差押えられず, 被告人Hの逮捕場所からは約500メートル, 被告人Tらの逮捕場所からは約3キロメートルの直線距離がある警察署に各被告人を連行した後に差押えられた。被告人Hの逮捕現場は, 逮捕直後の興奮さめやらぬ同人の抵抗を抑えて籠手を取りあげるのに適当な場所ではなく, 逃走を防止するためにも至急同人を警察車両に乗せる必要があった。また, 警察官が車内において実力で籠手を差押さえようとすると, 同人が抵抗してさらに混乱を生ずるおそれがあったため, そのまま同人を警察署に連行し, 約5分後に到着した後間もなくその差押が実施された。被告人Tらが逮捕された場所も, 車両が通る危険性等があり, 警察官は, 逮捕場所近くの駐在所でいったん被告人らの所持品の差押に着手したが, これを取りあげようとしたが, 被告人らの抵抗を受け, 実力で差押えようとすると不測の事態をきたすなど混乱を招くおそれがあるとしてやむなくこれを中止し, その後警察車両に被告人らを乗せて警察署に連行して, 逮捕の時点から約1時間後に差押を実施した(本書【23】と同一事件)。

2 〈決定要旨〉

上告棄却

「刑訴法220条1項2号によれば, 捜査官は被疑者を逮捕する場合において必要があるときは逮捕の現場で捜索, 差押え等の処分をすることができるところ, (この)処分が逮捕した被疑者の身体又は所持品に対する捜索, 差押えである場合においては, 逮捕現場付近の状況に照らし, 被疑者の名誉等を害し, 被疑者らの抵抗による混乱を生じ, 又は現場付近の交通を妨げるおそれがあるといった事情のため, その場で直ちに捜索, 差押えを実施することが適当でないときには, 速やかに被疑者を捜索, 差押えの実施に適する最寄りの場所まで連行した上, これらの処分を実施することも, 同号にいう『逮捕の現場』における捜索, 差押えと同視することができ, 適法な処分と解するのが相当である。」

3 〈解 説〉

1 捜索・差押について法が定める要件は, ①正当な理由があること=犯罪の捜査に必要なこと(憲35条1項, 刑訴218条1項), ②捜索場所および差押対象物を明示すること(憲35条1項, 刑訴219条1項), ③裁判官がこれを審査して令状を発すること(憲35条1項, 2項, 刑訴218条1項, 219条1項, 規則155条, 156条)であるが, ①と②を敷衍すると, ①正当な理由とは, 被疑者が罪を犯したと思料されることであり(規則156条1項), ②捜索場所に被疑事実の証拠が存在する蓋然性があること, である(捜索場所や差押対象物を明示することができるのは, そこに行けばその被疑事実の証拠があると思料されるからである。222条1項, 102条2項, 規則156条3項参照)。この要件を充たさない場所については, 侵入, 捜索及び押収を受けない権利(プライバシー)が侵されてはならず, 逆にいえば, 捜索・押収が許されるのは, この要件を充たす場所に限定されなければならない。①②が捜索・押収の実体要件であり, ③の裁判官が発する令状は, 実体要件の存在を事前に審査することで見込みによるプライバシー侵害を防止する狙いをもつ手続要件である。

2　220条1項2号は,「逮捕する場合」の「逮捕の現場」における無令状の差押,捜索,検証を許しているが,この時間的,場所的な広がりがどの程度まで及ぶのかが明らかではない。本件では,最大3キロ移動しての差押であるし,東京高判昭44・6・20高刑集22巻3号352頁〔百選〔第10版〕23〕の事案では,ホテルの5階で大麻所持の現行犯で逮捕された被疑者が宿泊していた7階の居室の無令状捜索が行われた。

まず,被疑者を逮捕することが許されるのだから,被逮捕者が凶器等の危険物を持っていることが現認できる場合は,それによる自傷他害を防止し,逮捕を完遂するため,これを直ちに差押さえることができる。また,被逮捕者の身体または所持品にそのような物が隠されていることを疑う事情があれば,危険物が存在する蓋然性のある範囲を捜索し,凶器等が発見されれば,これを差押さえることが許される。

次に,差押対象物が被疑事実の証拠である場合は,本来,捜索・差押に必要とされる令状を要しないというのであるから,令状の機能・役割から考えればよい。

先にみたとおり,捜索・差押の実体要件は,正当理由と証拠物存在の蓋然性である。被疑者が被疑事実の証拠と思われる物を持っていることが現認される場合,被疑者の逮捕要件が整っている以上,捜索・押収の正当理由も備わっている。押収対象物はすでに目に見える状態で特定されているから,プライバシーの権利はないうえ,被疑事実の証拠に占有の権利を認める必要はないから,これを差押える実体要件も備わっていることになる。令状の役割は,実体要件の存在を審査することにあるから,裁判官の審査を経なくとも実体要件の存在が明らかであり,対象物を直ちに差押えなければ被疑者による証拠破壊の虞があって,裁判官の審査を受ける時間的な余裕がないのであれば,これを直ちに差押えることを許してよい。

被疑者の身体にしろ,逮捕場所にしろ,証拠物は現認できないが,それが存在する蓋然があれば,対象物が存在すると思われる場所を捜索しなければならないが,この場合も,令状を請求すれば発せられる事情があり,その請求を待つ間に証拠物破壊の虞があるのであれば,捜索・差押の要件のうち欠けるのは令状だけであるから,直ちに対象場所を捜索しても不当なプライバシーへの侵入はない。

3　先に挙げた東京高判昭44年6月20日は,被告人ら二人が大麻を吸っているところを目撃した者からの通報で駆け付けた警察官がホテル5階のロビーで被告人を逮捕した事案であるが,被疑者はすでに大麻所持で逮捕されているから捜索理由は備わっており,ホテルの居室であればさらに大麻が隠匿されていることが疑われ,被疑者が逮捕されても共犯者による証拠破壊の疑いがあることから,被疑者が宿泊していた7階の居室の無令状捜索は「逮捕の現場」でのものとしてよいと判示された。

しかし,本件は,同じく逮捕の場所から物理的に離れた場所で無令状の差押が行われたものであるが,東京高判の事例が,未だ開かれていない部屋のプライバシーに侵入した事案であるのに対して,本件では,被疑者が身につけていた籠手や所持していたバッグを逮捕現場から離れた場所で差押えたという事案である。逮捕現場から離れると,通常は新たなプライバシーを開くことになるので,それを正当にする要件の有無が問われるが,本件では,逮捕現場で適法に対象物を差押えることができる場合で,ただ,それをするのに適した状況ではなかったため,場所を移動して同じ対象物を差押えたにすぎない。このとき,場所を移動することによって対象者のプライバシーや占有権への新たな侵入が生じるわけではない。したがって,逮捕の現場から離れた場所での無令状差押も,220条1項2号にいう逮捕の現場における差押と「同視することができ」ると解してよいのである。

[参考文献]
① 小木曽綾「無令状の捜索・押収」中央ロー・ジャーナル3巻2号3頁
② 小林充「逮捕に伴う無令状捜索・差押えの許される限界」『増補令状基本問題(下)』275頁

(小木曽綾)

I 捜査 (7) 捜索・押収・検証

【56】逮捕に伴う捜索・差押(3)
——範囲

福岡高判平5・3・8 判夕834号275頁
覚せい剤取締法違反被告事件(平成3年(う)第160号)
第1審・福岡地判平3・3・28

● 争 点 ●
職務質問を継続するために立ち入った，被質問者と関係を有する者の住居での無令状捜索の適否

1 〈事実の概略〉

被告人が，営利目的で5キロの覚せい剤を車のトランクに隠しているとの確度の高い匿名電話を受けた警察官は，被告人が父親代わりに面倒をみているK子の住居付近に張り込み，被告人とK子が車のトランク等から荷物を取り出して同女方に運び込むのを目撃した。その後，被告人がペーパーバッグと携帯電話機を抱えるようにしてK子方から出てきて車の運転席ドアを開けようとしたので，張込みをしていた5名の警察官が駆けつけ，警察手帳を示しながら声をかけたところ，被告人は，路上に携帯電話機を投げ捨て，ペーパーバッグを抱えて全力で走り出した。2名の警察官が被告人を追いかけるとともに，別の警察官が被告人に続いてK子方から出てきた同女を呼び止め職務質問を実施した。被告人は，逃走途中で抱えていたペーパーバッグを隣接する共同住宅の敷地内に向かって放り投げた後，ゆく手を塞いだ警察官に衝突して転倒した。警察官は，被告人を立たせ，上記共同住宅敷地内から被告人の投げ捨てたペーパーバッグを拾って来てその中身を尋ねたが，被告人はこれに答えなかった。警察官が被告人を促し，K子方に赴き，K子に対し，話を聴くために同女方に入っていいかどうかを尋ねたところ，同女がこれを承諾したので，警察官は被告人らとともにK子方に入った。警察官が，被告人に対し前記ペーパーバッグの中身について再度質問したが，被告人が知らないというので，さらに中身を確認してもいいかと尋ねたところ，被告人は，「勝手にし

ない。しょんなかたい。もう往生した」と言った。そこで，警察官は被告人の承諾があったものと判断して，ペーパーバッグの中から新聞紙包みを取り出し，それを開披して覚せい剤入りのポリ袋を取り出したうえ，「覚せい剤ではないか」などと質問したが，被告人は黙っていた。他方，K子に対し，「他に覚せい剤を隠していないか。あったら出しなさい」と告げると，被告人は大声で「K子見せんでいいぞ」などと怒鳴ったが，K子が「いいですよ。室内を捜して下さい」と答えたので，警察官が手分けして同女方を捜索したところ，台所流し台の下に新聞紙に包まれているポリ袋入り覚せい剤2袋を発見した。そこで，被告人およびK子は覚せい剤の営利目的による共同所持の現行犯人として逮捕された。

2 〈判 旨〉

原判決破棄

「刑訴法220条1項2号（の)，『逮捕する場合』とは，逮捕との時間的な接着性を要するとはいえ『逮捕する時』という概念よりも広く，被疑者を逮捕する直前及び直後を意味するものと解される。なぜなら，被疑者を逮捕する際には，逮捕の場所に被疑事実に関連する証拠物が存在する蓋然性が強いこと，捜索等が適法な逮捕に伴って行われる限り，捜索差押状が発付される要件をも充足しているのが通例であること，更に，証拠の散逸や破壊を防止する緊急の必要もあることから，同条項は令状主義の例外としての捜索等を認めたものと解されるところ，このような状況は，必ずしも被疑者の逮捕に着手した後だけでなく，逮捕に着手する直前においても十分存在し得ると考えられるからである。そうすると，本件においては，(警察官)が，被告人の目前においてペーパーバッグを開披し，ポリ袋入り覚せい剤一袋を確認した時点では，被告人を……覚せい剤所持の現行犯人として逮捕する要件が充足されており，実際にも，警察官らは，K子方の捜索をした後とはいえ，被告人を右覚せい剤所持の現行犯人として逮捕している……。しかしながら，同条項にいう

『逮捕の現場』は、逮捕した場所との同一性を意味する概念ではあるが、被疑者を逮捕した場所でありさえすれば、常に逮捕に伴う捜索等が許されると解することはできない。すなわち、住居に対する捜索等が生活の平穏やプライバシー等の侵害を伴うものである以上、逮捕に伴う捜索等においても、当然この点に関する配慮が必要であると考えられ、本件のように、職務質問を継続する必要から、被疑者以外の者の住居内に、その居住者の承諾を得た上で場所を移動し、同所で職務質問を実施した後被疑者を逮捕したような場合には、逮捕に基づき捜索できる場所も自ずと限定されると解さざるを得ないのであって、K子方に対する捜索を逮捕に基づく捜索として正当化することはできないというべきである。更に、K子方に対して捜索がなされるに至った経過からすれば、同女方の捜索は、被告人が投げ捨てたペーパーバッグの中から発見された覚せい剤所持の被疑事実に関連する証拠の収集という観点から行われたものではなく、被告人が既に発見された覚せい剤以外にもK子方に覚せい剤を隠匿しているのではないかとの疑いから、専らその発見を目的として実施されていることが明らかである。そして、……二つの覚せい剤の所持が刑法的には一罪を構成するとしても、訴訟法的には別個の事実として考えるべきであって、一方の覚せい剤所持の被疑事実に基づく捜索を利用して、専ら他方の被疑事実の証拠の発見を目的とすることは、令状主義に反し許されないと解すべきである。」

3 〈解 説〉

被疑者を逮捕する際の逮捕現場における無令状差押・捜索の根拠は本書【57】の解説に示したとおりであるが、本判決はこれとほぼ同一の根拠を示したうえ、逮捕に先立つ捜索・差押を認めている（本書【56】参照）。

また、逮捕現場に逮捕理由たる犯罪の証拠が存在する蓋然性があればこそ許される無令状差押・捜索であるから、「被疑者を逮捕した場所でありさえすれば、常に逮捕に伴う捜索等が許されると解することはできない」ということも、「職務質問を継続する必要から、被疑者以外の者の住居内に、その居住者の承諾を得た上で場所を移動し、同所で職務質問を実施した後被疑者を逮捕したような場合には、逮捕に基づき捜索できる場所も自ずと限定される」ということも本判決は正しく指摘している。この解釈は、222条1項が準用する102条2項が、被告人以外の者が支配する領域については、その場所に差押えるべき物が存在することを特に求めていることと一致している。

ところが、本判決は具体的な事実、すなわち、K子の住居について、捜索の理由があるかどうかや、被疑事実に関する証拠が存在する蓋然性を検討することなく、被告人に対する職務質問のために立ち入った住居では逮捕に伴う捜索・差押をすることは許されないとの結論に至っている。これはおそらく、被告人が投げ捨てた覚せい剤の所持罪と、K子方に被告人が所持していた覚せい剤の所持罪は別罪を構成するので、ある被疑事実を利用して被疑者以外の支配する領域について別罪での無令状捜索をすることは許されない、との理解によるものであろう。

しかし、本件の捜査の端緒は、被告人が5キロに及ぶ覚せい剤を営利目的で所持しているとの疑いであるから、被告人が投げ捨てた覚せい剤とK子宅に所持していた覚せい剤がそれぞれ別罪の証拠となると解するべきではなかろう。本件でK子宅に覚せい剤が存在することを疑うに足りる事情があることは事実の概略に記載のとおりであり、そうすると、本判決が示した、無令状捜索・差押の論理および逮捕に先立つ捜索・差押を認める法解釈と、本件の無令状捜索が違法であるとの結論には論理的な整合性が欠けるように思われる。

[参考文献]
① 渡邉一弘・百選[第7版]28

（小木曽綾）

【57】 血液サンプルの採取

仙台高判昭47・1・25刑裁月報4巻1号14頁
業務上過失致死, 道路交通法違反被告事件(昭和46年(う)第281号)
第1審・仙台地判昭46・8・4

●争 点●
被疑者の同意のない血液サンプル採取の適否

1〈事実の概略〉

被告人は,自宅で清酒約1合を飲んだのち自動車で飲食店に赴いてさらに清酒約1合5勺を飲んでから約2時間睡眠をとり,被害者を助手席に同乗させ同店を出発して運転中,前方注視を怠って先行車と接触し横転,同乗者を死亡させる事故を起こした。被告人は傷害を負って失神し,直ちに事故現場近くのH救急病院に搬入され,H医師により治療を受けたが,その際,H医師は看護師に指示して被告人の中静脈から注射器を使用して血液約5グラム(2ミリリットル)を採取させた。H医師はかねて警察本部長から警察署警察医に委嘱されており,血液中アルコール濃度検査の資料として警察の依頼に応えるつもりで採血した(H医師は証人尋問に際し,「交通外傷の患者ですね,酒気があったり酒を飲んだりした場合に一応注射する前に検査するだけの血液の量を警察の方から依頼されていますものですから5グラムずつとっております」と述べている)。治療を終えるまで約一時間を経過したが,被告人は治療の終わる直前頃に意識を回復したもので,採血には気づかず,もとより承諾を求められたことも承諾したこともなかった。K警察官は,事故現場に急行したうえH救急病院に赴き採取された血液の入った試験管を受け取って帰署し,これをA警察官に引き継ぎ,Aはこの血液入りの試験管を署の冷蔵庫に保管してから,警察本部刑事部鑑識課宛の鑑定嘱託書を作成した。鑑定の結果,血液1ミリリットルにつき1.3ミリグラムのアルコール含有が判明し,その旨の鑑定結果を記載した鑑定書が作成され,321条4項により証拠調べされた。原判決は,被告人の承諾も身体検査令状もなくしてなされた採血には憲法31条および1条の趣旨に鑑みて重大な手続違背があり,これを資料としてなされた鑑定結果等は証拠能力を欠くから排除されるべきであるとして無罪裁判を下した。

2〈判 旨〉

控訴棄却

「H医師が同署の警察医を委嘱されている(ことから,同)医師……の採血行為が警察の捜査活動と無関係な私人の行為であ……る(との)……所論は当らず,たとえ採血が治療の際に行われ僅か約5グラムすなわち2ミリリットルという少量で身体の健康にどれほどの影響も及ぼさない程のものにすぎなかったにしても捜査官としては任意の承諾のもとに血液の提出を受けえない以上医師(H)……に対して刑事訴訟法第223条に基づく鑑定の嘱託をなし同法第225条第168条第1項による鑑定処分許可状を求める手続を践むべき場合であったことは否み難い。この点につき原判決は同法第218条の身体検査令状によるべき場合であったというが同条の身体検査はあくまで検証としてすなわち身体の外部から五官の作用によって為しうる程度のものに限られるべきで軽度であるにせよ身体に対する損傷を伴い生理的機能に障害を与えるおそれのある血液の採取はいささか検証の限度を超えると思われ特別の知識経験を必要とする医学的な鑑定のための処分としての身体検査によるのが相当と思料される……。さらに所論は採血につき緊急時の治療行為に伴う被告人の黙示の承諾が推定される場合であったとみることができないこともないというが,採血という人身に対する直接の侵犯を伴う場合とは類を異にする家宅捜索の如き場合にあってすら犯罪捜査規範第108条は任意の承諾が得られると認められる場合においてもなお令状発付を受けて捜索しなければならない旨定めているように,令状主義の制約を潜脱する名目に堕す虞れの著しい暗黙の承諾を首肯するに足る根拠もな(い)。」

3 〈解 説〉

1　法は、強制処分として、捜索・差押、検証、鑑定等を定めている。捜索・差押は物を発見・保全する行為、検証は、裁判の時まで物の状態を保全しておくことができないときに五官の作用でその物の性質・形状等を感知・記録する行為であり、鑑定は、専門的な知識・法則を具体的事実に適用して得られた判断を、専門知識を欠く捜査機関や裁判所の判断資料とするために行われる活動である。このうち、検証の対象が身体であるときはこれを身体検査と呼び、特に身体検査令状によることが要求されている（218条1項、5項、6項）。

いわゆる飲酒運転は、体内にアルコールを保有することが犯罪成立要件であるため、被疑者から採血して血中アルコール濃度を測る必要がある。近年では、DNA型の検査においても対象者がサンプル採取に同意しない場合は、採血が実施される。医師によって行われる少量の採血自体は、医療行為として行われるものと同じであることから、被疑者がこれに同意すれば、いわゆる任意捜査として実施することができると考えられるが、被疑者がこれに同意せず、あるいは本件のように意思表示ができない状態にある場合、被疑者の身体への侵襲を伴うことから、これをいかに規律すべきかが問われる。

2　体内の血液は捜索・差押が想定するような証拠「物」とは言い難いうえ、採血行為は、対象物の性質・形状を感知することとも異なる。また、法は、捜査官でもできる検証としての身体検査（外表の観察にとどまる）と、専門家によって実施され、必要があれば体内への侵襲を伴うことも可能な鑑定としての身体検査（たとえば血液型鑑定やDNA型鑑定のための採血）を区別しているというのが一般的な理解である。そうすると、被疑者の同意のない採血は、捜索・差押にも検証としての身体検査にも該当しないことになる。

他方、鑑定のために採血する場合、鑑定人は鑑定に必要な処分として身体検査をすることができ、対象者がこれを拒んだ場合には、裁判官に身体検査を請求することができるとの定め（168条1項、172条、139条）が適用されるが、鑑定受託者には身体検査を強制することのできる定めが準用されない（225条1項、4項）。おそらく、捜査機関が嘱託する鑑定受託者が、裁判所の任命する鑑定人と同じように身体検査を強制することができるとすることがためらわれたためであろうが、この法に従う限り、鑑定受託者が被疑者の同意のない採血をすることは不可能である。この点からすると、本判決は鑑定処分許可状によるべきであったと判示するが、意識のない者に対してこの許可状のみで採血を実施することができるかどうかは明らかではない。

3　そこで、実務は、採血には専門知識と経験・技術を必要とするという観点から鑑定処分許可状と、直接強制が可能になるという観点から身体検査令状とを併用してきた。しかし、鑑定受託者がその鑑定資料を得るために身体検査をするのであれば捜査機関から裁判官に鑑定処分許可状を請求することになるが（225条1項、2項）、採血者と鑑定受託者が異なる本件のような場合に、医師（専門家）がすべきであるからといって採血に鑑定処分許可状を求めるのが正しいとは思われない。実務は採血の場合は身体検査令状と鑑定処分許可状の併用を続けているとされるが、ことの本質は、人の体内から血液を採取する行為の危険性を防止しつつ、捜査に必要な資料を得ることにある。そうであれば、医師による採血を条件とする身体検査令状によっても採血は可能であろうし、血液であっても体内にある証拠物の採取と考えれば、強制採尿令状の判例（本書【60】参照）に倣って条件付きの捜索・差押許可状によることも不合理ではなかろう。

なお、本件と福岡高判昭50年3月11日刑事裁判月報7巻3号143頁を比較検討するとよい。

[参考文献]
① 小林充「被疑者の血液型検査のための採血に必要な令状」『増補令状基本問題（下）』369頁

（小木曽綾）

Ⅰ 捜査 (7) 捜索・押収・検証

【58】 尿標本の採取(1)

最(一小)決昭55・10・23刑集34巻5号300頁,判時980号17頁
覚せい剤取締法違反被告事件(昭和54年(あ)第429号)
第1審・名古屋地一宮支判昭53・5・1
第2審・名古屋高判昭54・2・14

● 争　点 ●
強制採尿の可否,要件

1 〈事実の概略〉

　覚せい剤譲渡の疑いを理由とする逮捕中に，被告人の両腕に静脈注射痕と思われるものが多数認められたことなどから被告人は覚せい剤自己使用の嫌疑を受けた。逮捕官憲は，そこで被告人に尿の任意提出を再三求めたが拒まれ続けた。ついに，警察は裁判官から鑑定処分許可状と身体検査令状の発付を受け，鑑定受託者たる医師に強制採尿を依頼した。同医師は，一旦自然排尿の機会を与えたのち，被告人を医務室で抗拒できない状況下で，被告人の尿道にゴム製導尿管（ネラトン・カテーテル）を挿入して，約100ccの尿を採取した。この採尿標本を県警本部犯罪科学研究所で鑑定したところ，採尿した標本から覚せい剤が検出され，被告人は覚せい剤使用罪でも起訴された。
　第1審が起訴事実を認め有罪を言い渡したところ，被告人は強制採尿は「黙秘権侵害」（憲法38条1項）に当るので鑑定結果を証拠から排除するのが相当だとの理由で控訴した。
　控訴審は強制採尿は供述の採取ではなく，黙秘権侵害に当らないと判示しつつ，カテーテルを使用した強制採尿は令状による医師の手によるものであっても，被疑者の尊厳を著しく害し，令状執行手続の限度を超える違法なものだと判示した。だが，この違法は憲法および刑訴法の所期する令状主義の精神を没却するほど重大でないとして（【8】および【132】事件参照），鑑定書の証拠能力を認め，控訴を棄却した。被告人は憲法31条，38条1項違反などを理由に，これに対して上告した。

2 〈決定要旨〉

上告棄却
　黙秘権侵害の主張は，尿採取は供述採取でないので前提を欠き，その他の主張は適法な上告理由に当たらないと判示したうえ，職権で強制採尿につき次のように判示した。任意提出を拒む者からの強制採尿は身体侵害，屈辱感を与える行為だが，医師等の技能習熟者が適切に行えば，身体上，健康上格別の障害を生ずる危険は比較的少なく，生ずるとしても軽微である。
　また，検証による身体検査でも同程度の屈辱感を生む場合もあるので，捜査方法として絶対に許されないとする理由はない。被疑事件の重大性，嫌疑の存在，当該証拠の重要性とその取得の必要性，適当な代替手段の欠如等犯罪捜査上真にやむをえないと認められる場合は，最終手段として適切な法律上の手続を経て行うことが許されるが，実施に当り被疑者の身体の安全と人格の尊厳の保護に十分留意すべきである。適切な法律手段を考えると，「体内に存在する尿を犯罪の証拠物として強制的に採取する行為は捜索・差押の性質を有するものとみるべきであるから，捜査機関がこれを実施するには捜索・差押令状を必要とすると解すべきである。
　ただし，右行為は人権の侵害にわたるおそれがある点では，一般の捜索・差押と異り，検証の方法としての身体検査と共通の性質を有しているので，身体検査令状に関する刑訴法218条5項が右捜索・差押令状に準用されるべきであって，令状の記載要件として，強制採尿は医師をして医学的に相当と認められる方法により行わせねばならない旨の条件の記載が不可欠であると解されなければならない。」このように一般基準を樹立したうえ，覚せい剤自己使用は法定刑が懲役10年以下の重大犯罪で，嫌疑があり，否認事件では証拠を要し，任意提出が拒まれたようなやむをえない状況で，従来の実務にならって身体検査と鑑定処分許可の両令状の発付を受け，医師の適切かつ安全な方法で実施され，他に代替手段がなかったので，令状の形式は別に，本件採尿は適法であると判示した。

3 〈解　説〉

　1　身体に対する検証は身体侵害と屈辱感を伴うため，特別に身体検査令状という独立の形式が刑訴法に定められ，身体検査には令状

発付官は適当な条件を附することができるとされている（218条1・5項）。本決定は，実質的には強制採尿に当る措置を法律上規律する方式に，この身体検査令状を想定しつつ，従来身体検査は体内の検査には及びえないとか，身体を傷つける身体検査は法にいう身体検査の限界を超えるとかいわれてきていた。そのため本決定は体内に覚せい剤が取り込まれたことを示す証拠を獲得入手し，体内に覚せい剤を取り込んだ行為を立証する目的で行われ，尿標本の入手活動は「体内に存在する覚せい剤の「捜索・押収」に法律上当たる」との前提に立っている。また，専門家の知見を伴う採証活動は従来鑑定とみる見解が多かったので，専門家の執行への助力を求めるにとどまる体内の証拠物の捜索・押収は鑑定ではないと示唆して，鑑定嘱託であれば直接強制をなしうるという難点（225条4項は172条を準用していないので結局は，身体検査の直接強制を認める139条の準用もないことになる）を取り除いてもいるのである。そして，供述採取，つまり相手方に伝達行為を求める活動に採尿は当らないとして，憲法38条1項の黙秘権の問題も取り除いた。

ただ，憲法38条1項は，本来「黙秘権」を保障したものではなく，被告人の起訴後の公判での供述義務を否定し，何人も公判では被告人に供述を求める権利が無いことを明らかにする「自己負罪拒否特権」を定めたものである。したがって，起訴前には憲法38条1項の適用はないと解しており，起訴前の被疑者取調を規律するのは憲法38条2項の「任意性」の要求である。

2　科学的手段を用いる採証方法は，従来の捜査方法に比べて，個人のプライヴァシー（尊厳もその一つである）を害する度合いが強いものが多い。だが，新たな科学的手段の助けを借りなければ，重大な犯罪の摘発や解明が覚束なくなる場合を処理しなければならない。このような関心を寄せるべき領域は社会が豊かになり都市化すればするほど広がってきている。この領域の一つである，覚せい剤の自己使用罪の捜査での強制採尿の基準が本決定でひとまず樹てられたのである。社会的には家庭の崩壊，衝動的な重大犯行，心身双方の健康損傷等々の重大問題を惹起し，他方で組織的暴力団の資金源として暴力団の抬頭にもつながる覚せい剤事件の摘発・解明は現下の緊急かつ重大問題の一つである。覚せい剤自己使用は尿の任意提出を欠くとその立証は著しく困難となる。そこで，プライヴァシーの侵害の度を低めつつ，有効に覚せい剤自己使用を立証できる捜査方法の開発が求められてきた。血液からの覚せい剤の検出も，多量の血液を要することや検出可能な時間が極めて短いことなどから，尿採取に比して，強制の度合いも信頼性も乏しく実用に耐えないといわれる。今のところ，カテーテル使用の採尿が，医師を含む大方の見方では，最も確実で妥当な方法だといわれている。不審事由が表面にあるときには，被疑者にはプライヴァシーの保障につながる自分への介入はないだろうという期待を持つことはまずできず，その期待の程度は低い。

また放尿による証拠の散逸を想定すると，尿採取には緊急を要することにも配慮しないわけにはいかない。

3　従来の実務は，採血，採尿を検証としてとらえ，身体検査令状と鑑定許可状を併用して認めるというものであった。身体検査への医師の介在を求めて鑑定許可状を与え，直接強制を認めうる点に着目して身体検査令状の併用をも考えたのである（222条による139条の準用）。さらに，本件の第2審のように，直接強制を身体検査に認めつつ，それは体外の身体状況の検査か，少なくとも身体損傷を伴わない体内検査の限度までしか許されないと解する有力な見解もあった。これらの難点の解消のために捜索・押収令状によることを求め，憲法31条の要求として強制採尿にあっては医師による適切な医学的助力を条件にしたのが本決定の立場である。

最高裁判所が開発した「憲法上の捜索・押収」令状が，ここでは用いられているということもできる。

[参考文献]
① 葛野尋之・百選58頁
② 稲田輝明・最判解刑事篇昭和55年度175頁

（渥美東洋）

I 捜査 (7) 捜索・押収・検証

【59】尿標本の採取(2)
——連行

最(三小)決平6・9・16刑集48巻6号420頁、判時1510号154頁
覚せい剤取締法違反、公文書毀棄被告事件(平成6年(あ)第187号)
第1審・福島地会津若松支判平6・1・20
第2審・仙台高判平6・1・20

● 争 点 ●
強制採尿令状による採尿場所への連行の適否

1 〈事実の概略〉

覚せい剤使用が疑われる被告人に対し職務質問を経て強制採尿令状が発付され、警察官が、被告人の両腕をつかみ警察車両に乗車させたうえ、同人に令状を呈示したが、被告人は警察官に頭を打ち付けるなどして激しく抵抗し、興奮状態で暴れたため、警察官は、被告人の両腕を制圧して警察車両に乗せたまま、職務質問現場を出発し、約40分後に病院に到着した。到着後約30分経過した時点から約12分間、ベッドに寝かせた被告人から医師がカテーテルを使用して尿を採取した(本書【1】と同一事案)。

2 〈決定要旨〉

上告棄却
「身柄を拘束されていない被疑者を採尿場所へ任意に同行することが事実上不可能であると認められる場合には、強制採尿令状の効力として、採尿に適する最寄りの場所まで被疑者を連行することができ、その際、必要最小限度の有形力を行使することができるものと解するのが相当である。けだし、そのように解しないと、強制採尿令状の目的を達することができないだけでなく、このような場合に……令状を発付する裁判官は、連行の当否を含めて審査し、右令状を発付したものとみられるからである。その場合、右令状に、被疑者を採尿に適する最寄りの場所まで連行することを許可する旨を記載することができることはもとより、被疑者の所在場所が特定し

ているため、そこから最も近い特定の採尿場所を指定して、そこまで連行することを許可する旨を記載することができることも、明らかである。
本件において、被告人を任意に採尿に適する場所まで同行することが事実上不可能であったことは、前記のとおりであり、連行のために必要限度を超えて被疑者を拘束したり有形力を加えたものとはみられない。また、前記病院における強制採尿手続にも、違法と目すべき点は見当たらない。」

3 〈解 説〉

1 強制採尿については、昭和55年10月23日最高裁決定が、条件付き捜索・差押許可状をもってすべきであると判示した(本書【58】参照)。
そのような採尿令状が発せられた場合、捜査機関は採尿に適した場所まで被疑者に同行を求めることになるが、本件では、これに被疑者の真摯な同意が得られない際、捜査機関が被疑者をその意思に反し、あるいはその意思にかかわらず採尿場所まで連行することができるかどうかが問われた。
2 条件付きの捜索・差押許可状によって採尿ができるとの判断についても、法は条件付きの身体検査令状の定めはおいているが、「物」の発見・保全処分である捜索について条件をつけることを定めてはいないので(218条6項)、強制採尿令状は裁判所が創設した新しい強制処分許可状であって、三権分立に反するとの批判があった。この立場によれば、捜索・差押令状は体内から尿を差押えることを許可するだけで、人の身柄についての処分ではないので、強制採尿令状によって被疑者を連行するのはなおのこと許されないことになろう。
本決定は結論として、「強制採尿令状の効力として、採尿に適する最寄りの場所まで被疑者を連行することができ、その際、必要最小限度の有形力を行使することができる」とし、その理由として、①「そのように解しないと、強制採尿令状の目的を達することができない」ということと、②「令状を発付する

裁判官は，連行の当否を含めて審査し，右令状を発付したものとみられる」ことを挙げている。

このうち①は，事実上の理由である。被疑者の衣服を脱がせて尿道にカテーテルを挿入することを許す令状が発せられているとき，被処分者の名誉や健康への障害を考えれば，この処分をどこででも実施してよいとは到底思われない。その意味で，採尿令状が出ている以上，対象者がこれに同意しないとき，採尿に適した場所へ連行することができるというのは，通常人として当然のバランス感覚である。

しかし，これは事実上の必要からの議論であって，狭い意味での法律論ではない。そこで，本決定は，令状発付裁判官は連行の当否を含めて審査して採尿令状を発している，というのだが，これでは，上述の批判に応えることにはならない。強制採尿令状の発付や，これによる連行を批判する見解は，議会の授権がない限り，そもそも裁判官にはそのような審査をする権限自体がない（強制処分法定主義に反する）といっているからである。これに応えるには，裁判官にその審査権限があることを説明しなければならない。

3　197条1項但書は，強制処分には法律上の根拠があることを求める。これは，憲法がよってたつ自由主義，議会制民主主義体制下では，個人の自由を制限したり，そのプライバシーに侵入したりする捜査活動については，①捜査機関（行政府）がこれを用いることを許すかどうか，②これを許す場合には，どのような要件によるべきか，ということを主権者たる国民が議会を通じてあらかじめ定めなければならない，という法思想を表現したものと解される。そこで，たとえば，通信傍受は現行法に定めがなかったが，そのような捜査手段を捜査機関に認め，その実施について厳格な要件を定める法律が制定されるに至った（222条の2，犯罪捜査のための通信傍受に関する法律）。

しかし，発付されるべき令状の種類について見解の相違はあるにせよ，強制採尿の理由と必要がある際に，裁判官がこれを許可することができること，すなわち，採尿が現行法による授権の範囲内にあることにほとんど異論はない。そして，これに条件をつけることや，採尿に適した場所への連行は，被処分者の権利を制限し，またはプライバシーに侵入するわけではなく，むしろその利益を保護するための措置であるから，主権者の授権がなければ許されないものではなく，強制処分法定主義の趣旨に反しない。また，採尿のための連行は刑訴法上の「逮捕」でもない。

以上のことを併せ考えれば，強制採尿の令状発付裁判官には，必要に応じて被疑者を採尿に適した最寄りの場所に連行することを許す権限があると解することができる。

なお，本件以降，強制採尿令状には，医師をして適当な方法により採尿を実施すべきことのほか，必要があるときは，被疑者を採尿に適する最寄りの場所まで連行することができる旨が条件として記されている。

[参考文献]
① 原田國男・百選［第7版］66～67頁
② 酒巻匡・平成6年度重判解165～168頁

（小木曽綾）

I 捜査 (7) 捜索・押収・検証

【60】 電話検証

最(三小)決平11・12・16刑集53巻9号1327頁, 判時1701号163頁, 判タ1023号138頁
覚せい剤取締法違反, 詐欺, 同未遂被告事件(平成9年(あ)第636号)
第1審・旭川地判平7・6・12
第2審・札幌高判平9・5・15

● 争 点 ●
検証許可状による電話傍受の合憲性・適法性

1 〈事実の概略〉

警察官は, 旭川簡易裁判所裁判官に対し, 氏名不詳の被疑者らに対する覚せい剤取締法違反被疑事件について, 電話傍受を検証として行うことを許可する旨の検証許可状を請求した。警察官の提出資料によれば, 犯罪事実は, 営利目的による覚せい剤の譲渡しであり, その嫌疑は明白であった。同犯罪は暴力団による組織的, 継続的な覚せい剤密売の一環として行われたものであり, 密売の態様は, 暴力団組事務所のあるマンションの居室に設置された電話で客から覚せい剤買受けの注文を受け, その客に一定の場所に赴くよう指示し, その場所で覚せい剤の譲渡しに及ぶというものであったが, 電話受付担当者と譲渡し担当者は別人であり, それらの担当者や両者の具体的連絡方法などを特定するに足りる証拠を収集することができなかった。上記居室には2台の電話機が設置されており, 1台は覚せい剤買受けの注文を受け付けるための専用電話である可能性が極めて高く, もう1台は受付担当者と譲渡し担当者との間の覚せい剤密売に関する連絡用電話である可能性があった。上記2台に関する電話傍受により得られる証拠は, 覚せい剤密売の実態を解明し被疑者らを特定するために重要かつ必要なものであり, 他の手段を用いて上記目的を達成することは著しく困難であった。

裁判官は, 検証すべき場所及び物を「日本電信電話株式会社旭川支店113サービス担当試験室及び同支店保守管理にかかる同室内の機器」, 検証すべき内容を「(前記2台の電話)に発着信される通話内容及び同室内の機器の状況(ただし, 覚せい剤取引に関する通話内容に限定する)」, 検証の期間を「平成6年7月22日から同月23日までの間(ただし, 各日とも午後5時00分から午後11時00分までの間に限る)」, 検証の方法を「地方公務員2名を立ち会わせて通話内容を分配器のスピーカーで拡張して聴取するとともに録音する。その際, 対象外と思料される通話内容については, スピーカーの音声遮断及び録音中止のため, 立会人をして直ちに分配器の電源のスイッチを切断させる。」と記載した検証許可状を発付した。

警察官は, 上記検証許可状に基づき, 上記記載の各制限を遵守して, 電話傍受を実施した。その結果, 被告人らは覚せい剤取締法違反等により逮捕・起訴された。弁護人らは, 憲法21条2項, 憲法31条, 刑訴法197条1項но書違反を主張したが, 第一審は弁護人らの主張を斥けて被告人らに有罪判決を下した。弁護人側は, 控訴を申し立てたが, 控訴棄却とされたため, さらに憲法31条, 35条, 13条, 21条2項違反等を理由に上告した。

2 〈決定要旨〉

上告棄却

「電話傍受は, 通信の秘密を侵害し, ひいては, 個人のプライバシーを侵害する強制処分であるが, 一定の要件の下では, 捜査の手段として憲法上全く許されないものではないと解すべきで……ある。そして, 重大な犯罪に係る被疑事件について, 被疑者が罪を犯したと疑うに足りる十分な理由があり, かつ, 当該電話により被疑事実に関連する通話の行われる蓋然性があるとともに, 電話傍受以外の方法によってはその罪に関する重要かつ必要な証拠を得ることが著しく困難であるなどの事情が存する場合において, 電話傍受により侵害される利益の内容, 程度を慎重に考慮した上で, なお電話傍受を行うことが犯罪の捜査上真にやむを得ないと認められるときには, 法律の定める手続に従ってこれを行うことも憲法上許されると解するのが相当である。」「本件当時, ……電話傍受を直接の目的とした令状は存していなかったけれども, ……前記の一定の要件を満たす場合に, 対象の特定に資する適切な記載がある検証許可状により電話傍受を実施することは, 本件当時においても法律上許されていたものと解するのが相当である。(1)電話傍受は, 通話内容を聴覚により認識し, それを記録するという点で, 五官の作用によって対象の存否, 性質, 状態, 内容等を認識, 保全する検証としての性質をも有するということができる。(2)〔略〕(3)検証許可状の『検証すべき場所若しくは物』(刑訴法219条1項)の記載に当たり, 傍受すべき通話, 傍受の対象となる電話回線, 傍受実施の方法及び場所, 傍受ができる期間をできる限り限定することにより, 傍受対象の特定という要請を相当程度満たすことができる。(4)身体検査令状に関する同法218条5項は, その規定する条件の付加が強制処分の範囲, 程度を減縮させる方向に作用する点において, 身体検査令状以外の検証許可状にもその準用を肯定し得ると解されるから, 裁判官は, 電話傍受の実施に関し適当と認める条件, 例えば, 捜査機関以外の第三者を立ち会わせて, 対象外と思料される通話内容の傍受を速やかに遮断する措置を採らせなければならない旨を検証の条件として付することができる。(5)なお, 捜査機関において, 電話傍受の実施中, 傍受

すべき通話に該当するかどうかが明らかでない通話について，その判断に必要な限度で，当該通話の傍受をすることは，同法129条所定の『必要な処分』に含まれると解し得る。もっとも，検証許可状による，法律や規則上，通話当事者に対する事後通知の措置や通話当事者からの不服申立ては規定されておらず，その点に問題があることは否定し難いが，電話傍受は，これを行うことが犯罪の捜査上真にやむを得ないと認められる場合に限り，かつ，前述のような手続に従うことによって初めて実施され得ることなどを考慮すると，右の点を理由に検証許可状による電話傍受が許されなかったとまで解するのは相当でない。」
なお，元原利文裁判官の反対意見がある。

3 〈解 説〉

平成11年8月18日に「犯罪捜査のための通信傍受に関する法律（通信傍受法）」の制定及び刑事訴訟法の改正が成立したが，本決定はその公布後施行前に出されたものである。

本決定は，電話傍受が通信の秘密，ひいては個人のプライヴァシーを侵害する強制処分であると判示しつつ，一定の要件の下では捜査手段として憲法上認められることを明示した。

電話傍受は，その性質上，対象者に気付かれないうちに行われることになるため，プライヴァシーへの干渉の程度・影響が大きく，その活動を適切に規律し，濫用を防止する必要性は高い。他方で，電話（通信）が犯罪の手段となるか，犯罪を助長する場合，または電話での会話内容が犯罪の証拠となる場合においてさえも，犯罪捜査の対象とすることができないと解することには合理性がないといえよう。本決定は，捜査機関が電話傍受を行うことに対して，通常の捜索・差押が許される要件よりもさらに厳格な要件の充足を求めることにより，電話傍受の認められる場合を示している。

また，本決定は，電話傍受につき，刑訴法上の検証としての性質とその枠内に収まらない部分のあることを指摘している。後者の点について，本決定は，身体検査令状に関する218条5項の規定する条件の付加が強制処分の範囲，程度を縮減させる方向に作用するので電話検証にも準用できることを認めた上で，電話検証の実施に関し適当と認める条件を付加することによりプライヴァシーの不当な侵害を防止することで電話傍受を肯定している。このような考え方は，強制採尿の実施に当たり，218条5項を準用した条件付き捜索差押許可状に基づくことを明言した，最高裁昭和55年決定（最決昭55・10・23刑集34巻5号300頁）と同様であるといえる。この事案でいえば，身体からの尿の採取は，捜索・差押の性質を有するが，その枠内に収まらない部分もあり，その点に対する工夫として，身体検査令状の場合の条件の付加についての規定が準用されている。これとて，捜索・差押という強制処分の範囲，程度を縮減させる方向に作用するものと解することができよう。このような判例の考え方に対しては，条件を付さなければ許容されない処分を認めることは，裁判所による「法創造」であり許されないとの見解もあるが，既述のように，本件（及び昭和55年決定）における条件の付加は強制処分の範囲，程度を縮減させる方向に作用するものである。さらにいえば，具体的な証拠収集活動については，法の原理・原則や趣旨に反しないように工夫する（条件を付加する）ことにより，（新たに）有効な捜査手段として許容され得ることは不合理ではない。このような方向で行われる裁判所による法創造さえも許容しない立場は，法解釈の硬直をもたらし，科学技術の進歩に伴う新たな捜査手法の模索を阻害するものといえる。

電話傍受は，通話内容が傍受対象に該当するかの判断をしなければならないため，犯罪に無関係な通話も含めて，とりあえず全ての通話を聴取することになるので特定性の要件を充足せず違憲であるとの見解もある。しかしながら，通常の捜索・差押においても，捜索すべき場所に立ち入った際に，その場所に捜索・差押の理由となった被疑事実と関係のある物だけが存在する場合は稀であり，犯罪と無関係な証拠も存在する場合が殆どである。その場合，一見して被疑事実と無関係であると判断できる物でない限り，とりあえずは被疑事実との関係の有無をその場で判断することになる。文書・書類の場合は，まさに被疑事実との関係の有無を判断するために，とりあえずその内容を全て確認することになる。このような確認行為が必要であるからといって，特定性の要件と充足していないと主張されることはまずあり得ない。

反対意見において，元原裁判官は，被処分者への事前告知（令状の事前呈示）を欠くことは電話傍受の性質上やむを得ないものとしつつも，事後の告知及び不服申立手段（準抗告）を欠くことから，検証としての電話傍受は許されないとしているが，本決定は，事後の不服申立手続を欠くことが検証としての電話傍受を違法とする決定的な根拠とはなりえないと解している。

なお，通信傍受法については，平成28年5月24日に刑事訴訟法等の一部を改正する法律が成立し，対象犯罪の新たな追加等，通信傍受法の合理化・効率化が図られている。

[参考文献]
① 池田修＝飯田喜信・最判解刑事篇平成11年度220頁
② 渥美東洋・判タ781号13頁
③ 椎橋隆幸・百選［第8版］72頁
④ 安村勉・百選［第9版］72頁
⑤ 清水真・百選［第10版］70頁，及びこれらに掲載の諸論文・評釈等を参照

（檀上弘文）

I 捜査 (7) 捜索・押収・検証

【61】エックス線照射による内容物の検査

最(三小)決平21・9・28刑集63巻7号868頁,判時2099号160頁
国際的な協力の下に規制薬物に係る不正行為を助長する行為等の防止を図るための麻薬及び向精神薬取締法等の特例等に関する法律違反,覚せい剤取締法違反被告事件(平成19年(あ)第798号)
第1審・大阪地判平18・9・13
第2審・大阪高判平19・3・23

● 争　点 ●

宅配便の荷物にエックス線を照射して内容物を確認する行為の規律方法

1 〈事実の概略〉

警察官は，かねてから覚せい剤密売の嫌疑で有限会社A（以下「本件会社」という。）に関する内偵捜査を進めていたが，本件会社関係者が暴力団関係者から宅配便により覚せい剤を仕入れている疑いが生じたことから，宅配便業者の営業所に対して，本件会社の事務所宛ての宅配便荷物の配達状況について照会した。その結果，同事務所には短期間のうちに多数の荷物が届けられており，それらの配送伝票の一部に不審な記載のあることが判明した。そこで，警察官は，同事務所に配達される予定の宅配便荷物のうち不審なものを借り出してその内容を把握する必要があると考え，上記営業所の長に対し協力を求めたところ承諾が得られたので，約2月の間に5回，同事務所に配達される予定の宅配便荷物各1個を同営業所から借り受けたうえ，関西空港内大阪税関においてエックス線検査を行った。その結果，1回目の検査においては覚せい剤とおぼしき物は発見されなかったが，2回目以降の検査においては，いずれも，細かい固形物が均等に詰められている長方形の袋の射影が観察された。検査を経た上記各宅配便荷物は，検査後，上記営業所に返還されて通常の運送過程に戻り配達された。警察官は，本件エックス線検査について，荷送人や荷受人の承諾も，何らの令状も得ていなかった。

2 〈決定要旨〉

上告棄却

「本件エックス線検査は，荷送人の依頼に基づき宅配便業者の運送過程下にある荷物について，捜査機関が，捜査目的を達成するため，荷送人や荷受人の承諾を得ることなく，これに外部からエックス線を照射して内容物の射影を観察したものであるが，その射影によって荷物の内容物の形状や材質をうかがい知ることができる上，内容物によってはその品目等を相当程度具体的に特定することも可能であって，荷送人や荷受人の内容物に対するプライヴァシー等を大きく侵害するものであるから，検証としての性質を有する強制処分に当たるものと解される。そして，本件エックス線検査については検証許可状の発付を得ることが可能だったのであって，検証許可状によることなくこれを行った本件エックス線検査は，違法であるといわざるを得ない。（ただし，本件エックス線検査の射影の写真等を一資料として発付された捜索差押許可状に基づいて実施された捜索で発見された覚せい剤の証拠能力は肯定された。）」

3 〈解　説〉

1　本件では，宅配便業者が運送を引き受けた荷物を，荷送人および荷受人不知の間に，宅配便業者の承諾を得て持ち出し，内容物の検査を行ったことが，任意捜査なのか強制処分なのかが問われた。本決定はこれを検証の性質を有する強制処分とするが，この問いを解決するには，①強制処分をいかに定義すべきか，②エックス線検査が個人の権利・利益にどの程度侵入するものか，③宅配便業者の同意を得て荷物をもちだしたことが結論に影響するか，といった点を検討する必要がある。

2　まず，本書［1］事件は，強制処分を，意思の制圧によって身体，住居，財産等に制約を加えて捜査目的を実現する行為と定義した。身体の自由が制限される場合や，物理的侵入が伴う捜査活動にあっては，対象者がこれを認識しないことは考えられないが，現代では，物理的な侵入を用いず，したがって，相手の意思を「制圧」しなくとも個人の支配

する領域に侵入することが可能になっている。「意思の制圧」は、ある捜査が実施されることを拒否しているにもかかわらず、それに反してこれを実現することを指すが、上述のとおり、対象者不知の間にプライヴァシーに侵入することは可能であり、そうであれば、対象者がそれを知れば拒否すると思われるような捜査活動も強制処分として民主的コントロールを及ぼすべきである。そこで、強制処分を、判例の定義より広く、相手の意思にかかわらず個人の重要な権利に制約を加える行為とすべきであるとの説が現れることになった。通信傍受などはその典型で、これには立法措置がとられることとなった（222条の2、犯罪捜査のための通信傍受に関する法律）。

憲法35条は、「住居、書類及び所持品」について「侵入、捜索及び押収」を受けることのない権利を保障しているが、これは、「住居、書類及び所持品」自体の不可侵だけではなく、そこに侵入されないという個人の期待を保護した条項であると理解すべきであり、物理的であると非物理的であるとを問わず、その期待を犯す行為は強制処分として議会の授権を要すると解される。

本決定は、「射影によって荷物の内容物の形状や材質をうかがい知ることができる上、内容物によってはその品目等を相当程度具体的に特定することも可能であって、荷送人や荷受人の内容物に対するプライヴァシー等を大きく侵害するものであるから」これを強制処分であるとしており、個人の意思の制圧を強制処分の基準とする先例とは異なった基準を用いているが、本決定と昭和51年最高裁決定との関係については二通りの解釈が可能である。一つは、対象者の腕に手をかけるような物理的な制約を伴う活動については、意思の制圧が強制処分の定義となり、被物理的なプライヴァシーへの侵入については、その侵入の程度が大きいもの（現行法が定める強制処分と匹敵するような程度のもの）を強制処分とする、という解釈である。いま一つは、個人の意思の制圧を伴うような行為であれば、当然、対象者の自由やプライヴァシーへの制約が大きいのだから、自由やプライヴァシーへの制約・侵入の程度の大きさを強制処分と任意捜査の区別基準とすれば足り、意思の制圧という基準は本決定が示した基準に吸収されたとする解釈である。

3　本件の第1審は、エックス線検査による方法は、その射影により内容物の形状や材質を窺い知ることができるだけで、内容物が具体的にどのようなものであるかを特定することは到底不可能であるから、この方法によるプライヴァシー侵害の程度は極めて軽度のものにとどまる、と述べて、これを任意捜査と判断している。1審判断の法律的思考は最高裁と同一であるが、結論の差異は、本件の検査がどの程度内容物を鮮明に映し出すことができるかという事実評価の違いに由来する。

4　本件の検査は、荷送人・荷受人双方不知の間に実施されているが、荷物を預かるに際しては、宅配便業者の承諾を得ている。預かった荷物の管理権は運送業者にあり、したがって、宅配便業者がその持ち出しに同意した以上、これをエックス線で検査することは任意捜査として許されるとする余地があるとの解釈が示されることがあるが、①問われるのは荷物の管理権ではなく、それに侵入をうけない権利（プライバシー）であり、このプライバシー権が帰属するのは、荷送人・荷受人であること、②宅配便の約款には、内容物が運送を引き受けられない物であるかを点検する権限が業者にあるとする定めがあるが、これは荷送人の同意と立会いを要件としていることから、本件で宅配便業者の同意を得て荷物を検査したことは、本件の結論に影響しないとみるべきだろう。

なお、本決定は、エックス線検査を検証の性質を有する強制処分と判示している。検証は、五官の作用で物の存在・性質および状態を認識・感知する処分とされてきたが、最高裁は、本決定で、外からは見えない物の中身をエックス線照射という方法で感知する行為も検証に含めると判示したことになる。

【参考文献】
① 井上正仁・百選［第9版］33
② 正木祐史・法セ660号128頁

（小木曽綾）

Ⅰ 捜査 (7) 捜索・押収・検証

【62】GPS捜査と検証との関係

最大判平成29・3・15刑集71巻3号13頁
窃盗,建造物侵入,傷害被告事件(平成28(あ)第442号)
第1審証拠調決定・大阪地決平成27・6・5判時2288号134頁
第1審・大阪地判平成27・7・10判時2288号144頁
原審・大阪高判平成28・3・2判タ1429号148頁

● 争 点 ●
GPS捜査と既存の強制処分との関係,GPS捜査に対する検証許可状の発付の可能性

1〈事実の概要〉

本書2事件と同一事件である。
第1審証拠調決定及び同判決は,本件GPS捜査は検証の性質を有する強制の処分に当たり,検証許可状を取得することなく行われた本件GPS捜査には重大な違法があるとした。これに対し,原判決は,本件GPS捜査に重大な違法があったとはいえないと説示し,被告人の控訴を棄却した。最高裁判所大法廷は,捜査及び令状発付の実務への影響に鑑み,原判決の説示についても判示した。

2〈判 旨〉

「GPS捜査は,情報機器の画面表示を読み取って対象車両の所在と移動状況を把握する点では刑訴法上の『検証』と同様の性質を有するものの,対象車両にGPS端末を取り付けることにより対象車両及びその使用者の所在の検索を行う点において,『検証』では捉えきれない性質を有することも否定し難い。仮に,検証許可状の発付を受け,あるいはそれと併せて捜索許可状の発付を受けて行うとしても,GPS捜査は,GPS端末を取り付けた対象車両の所在の検索を通じて対象車両の使用者の行動を継続的,網羅的に把握することを必然的に伴うものであって,GPS端末を取り付けるべき車両及び罪名を特定しただけでは被疑事実と関係のない使用者の行動の過剰な把握を抑制することができず,裁判官による令状請求の審査を要することとされている趣旨を満たすことができないおそれがある。さらに,GPS捜査は,被疑者らに知られず秘かに行うのでなければ意味がなく,事前の令状呈示を行うことは想定できない。刑訴法上の各種強制の処分については,手続の公正の担保の趣旨から原則として事前の令状呈示が求められており(同法222条1項,110条),他の手段で同趣旨が図られ得るのであれば事前の令状呈示が絶対的な要請であるとは解されないとしても,これに代わる公正の担保の手段が仕組みとして確保されていないのでは,適正手続の保障という観点から問題が残る。
これらの問題を解消するための手段として,一般的には,実施可能期間の限定,第三者の立会い,事後の通知等様々なものが考えられるところ,捜査の実効性にも配慮しつつどのような手段を選択するかは,刑訴法197条1項ただし書の趣旨に照らし,第一次的には立法府に委ねられていると解される。仮に法解釈により刑訴法上の強制の処分として許容するのであれば,以上のような問題を解消するため,裁判官が発する令状に様々な条件を付す必要が生じるが,事案ごとに,令状請求の審査を担当する裁判官の判断により,多様な選択肢の中から的確な条件の選択が行われない限り是認できないような強制の処分を認めることは,『強制の処分は,この法律に特別の定のある場合でなければ,これをすることができない』と規定する同項ただし書の趣旨に沿うものとはいえない。
以上のとおり,GPS捜査について,刑訴法197条1項ただし書の『この法律に特別の定のある場合』に当たるとして同項が規定する令状を発付することには疑義がある。GPS捜査が今後も広く用いられ得る有力な捜査手法であるとすれば,その特質に着目して憲法,刑訴法の諸原則に適合する立法的な措置が講じられることが望ましい。」

3〈解 説〉

本判決は,「車両に使用者らの承諾なくひそかにGPS端末を取り付けて位置情報を検索し把握する」GPS捜査の法的性格を刑訴法197条1項但し書にいう「強制の処分」にあたるとしたうえで,刑事訴訟法に規定されている既存の強制処分との関係で,GPS捜査は検証と同様の性質を有するが,検証許可状に基づいてGPS捜査を実施することはできないとしたものである。
検証(218条1項)とは,捜査官がその証拠に接した時と全く同様の臨場感をもって,事実認定者である裁判官が証拠に接することができるように,五官の作用をもって,証拠の示す状況を正確に保全する活動をいう。判例の中には,司法警察員が申立人方居室内で捜索差押をするに際して捜索差押許可状記載の

「差し押えるべき物」に該当しない印鑑，ポケット・ティッシュペーパー等の写真撮影（最決平成2・6・27刑集44巻4号385頁，本書63判例），犯罪捜査のための通信傍受に関する法律（平成11年法律137号）が成立する以前に捜査機関が電話の通話内容を通話当事者の同意を得ず行われた電話傍受（最決平成11・12・16刑集53巻9号1327頁，本書60判例），荷送人の依頼に基づき宅配便業者の運送過程下にある荷物について，捜査機関が，捜査目的を達成するため，荷送人や荷受人の承諾を得ずに，これに外部からエックス線を照射して内容物の射影を観察する行為（最決平成21・9・28刑集63巻7号868頁，本書61判例）を検証としている。

刑訴法にはGPS捜査を直接規律する規定がないことから，GPS捜査を強制処分とする下級審裁判例の中には，その法的性格を検証とするもの（大阪地決平成27・6・5判時2288号134頁，名古屋地判平成27・12・24判時2307号129頁，水戸地判平成28・1・22公刊物未登載，東京地立川支決平成28・12・22LEX/DB25544851，名古屋高判平成28・6・29判時2307号129頁）と，立法論的指摘として，令状の事前呈示に代わる条件，対象者，期間の特定等を求める指摘をするものがあった（前掲平成28年名古屋高裁判決）。

本判決は，GPS捜査は，「情報機器の画面表示を読み取って対象車両の所在と移動状況を把握する点では刑訴法上の『検証』と同様の性質を有する」としている。しかし，GPS捜査を検証と位置付けると，検証許可状の実施にあたっては処分を受ける者に検証許可状を呈示しなければならないから，呈示をしていたのでは捜査目的を達成することができないこともありうる。もっとも令状の事前呈示は，「手続の公正を担保するとともに，処分を受ける者の人権に配慮する趣旨に出たものであるから，令状の執行に着手する前の呈示を原則とすべきであ〔り〕」，捜索差押えの実効性を確保するためにやむを得ないのであれば，事後の呈示も許されるが（最決平成14・10・4刑集56巻8号507頁，本書52事件。捜索差押許可状の事案），いずれにしても，処分を受ける者に呈示をしなければならない。しかし，検証許可状によりGPS捜査が行われても，GPS端末を装着された対象車両に乗車する者が被疑者のみに限られず，それ以外の者も対象車両を運転したり乗車したりすることもあり，被疑事実及び被疑者を特定・限定することも困難である。本判決は，令状の事前呈示の要請との関係で，これに代わる公正の担保の手段が仕組みとして確保されていないこと，実施可能期間の限定，第三者の立会い，事後の通知等を挙げ，現行の検証処分として位置付けることはできないと結論付けている。なお，刑訴法220条1項2号に基づき，被疑者を逮捕する場合に，逮捕の現場で，令状によらずGPS捜査を検証処分として行うことも許容されないこととなろう。

本判決は，これらの問題を解消するための手段として，裁判官が検証許可状を発付する際に様々な条件を付すことを検討している。しかし，本判決は，「多様な選択肢の中から的確な条件の選択が行われない限り是認できないような強制の処分を認めること」になり，197条1項ただし書の趣旨に沿うものとはいえないとして，検証許可状に条件を付すことを否定している。もっとも，判例は，いわゆる強制採尿令状の発付（最決昭和55・10・23刑集34巻5号300頁，本書58判例）及びそれによる連行につき（最決平成6・9・16刑集48巻6号420頁，本書59判例）につき，一定の条件を付すことを許容しているが，そもそも，いわゆる強制採尿令状に関する令状請求を受けた裁判官の付す条件は，既存の捜索・差押えという枠組みに収まる場合の条件付与であって，既存の検証という枠組みに収まらないGPS捜査とは性質を異にするものであろう。本判決は，GPS捜査を有用な捜査手法であるとしており，立法府に対して，本判決の趣旨に沿った立法を行うこと求めたものともいえよう。

なお，GPS端末を車両に使用者らの承諾なくひそかにGPS端末を取り付けないで行う捜査や検証許可状により行われている被疑者の使用する携帯電話に対する位置情報の探索，コントロールドデリバリーや身代金にGPS端末を取り付けその行方を突き止めるような捜査の場合には，本判決の射程は及ばないものと考えられる。その一方で，ドローン等を利用して追跡及び至近距離からの継続的な撮影が行われた場合，これらを強制の処分といえるかは，本判決の射程範囲を超えており，別途検討されることとなろう。

[参考文献]
① 池田公博・法教444号72頁
② 井上正仁・判例百選[10版]64頁
③ 伊藤雅人＝石田寿一・ジュリ1507号106頁
④ 宇藤崇・法教440号152頁
⑤ 清水真・法教427号41頁
⑥ 堀江慎司・論ジュリ22号138頁
⑦ 特集「捜査における位置情報の取得」刑ジャ48号30頁以下

（滝沢　誠）

I 捜査 (7) 捜索・押収・検証

【63】 捜索押収時の写真撮影

最(二小)決平2・6・27刑集44巻4号385頁，判時1354号160頁
捜索差押許可状の発行及び差押処分に対する準抗告棄却
　決定に対する特別抗告事件(平成2年(し)第9号)
準抗告審・東京地裁平2・1・11

● 争　点 ●

捜索押収令状の執行時に，押収物として令状に記載のない，印鑑，ポケットティッシュ等を写真撮影する活動の適法性と準抗告の可否（消極）

1 〈事実の概略〉

被疑者Aに対する建造物侵入未遂被疑事件に関し捜索押収令状が発付され，申立人B方居室で捜索押収が実施された。押収すべきものは，「(1)，Aの本件犯行計画のメモ類，(2)，Aの生活情況を示す預金通帳，領収書，請求書，金銭出納帳，日記帳」と記載されていた。この捜索・押収に際し，写真撮影が行われた。この捜索・押収に対し準抗告が申し立てられ，その1つとして，その写真撮影の違法性を理由に，そのネガ及び写真の廃棄又は申立人への引渡を求める申立がなされた。準抗告審は，証拠物の証拠価値保存のための発見現場での写真撮影や捜索差押手続の適法性担保のための執行状況の写真撮影は捜索差押に付随するものとして許されるが，写真撮影がなされた，印鑑，ポケット・ティッシュペーパー，電動ひげ剃り機，洋服ダンス内の背広は，本件捜索押収令状記載の押収物のいずれにも該当せず，かつ，これらの物件の写真が床面に並べられ，あるいは接写で撮影されており，捜索差押手続の適法性の担保にも資さないから，許される範囲を超えるが，違法な写真撮影により得られたネガ及び写真の廃棄又は申立人への返還を求める準抗告の申立は，いずれも430条・426条の文理上認められない不適法なものであるとして，上記準抗告申立を棄却した。この判断に特別抗告が申し立てられた。

2 〈決定要旨〉

抗告棄却

法廷意見（職権判断）差押許可状記載の「差し押さえるべき物」に該当しない印鑑等4点の物の写真撮影は，それ自体としては「検証」としての性質を有すると解されるから，刑訴法430条2項の準抗告の対象となる「押収に関する処分」には当たらない。したがって，その撮影により得られたネガ及び写真の廃棄又は申立人への引渡を求める準抗告の申立は不適法である。

藤島裁判官の補足意見

検証には原則として検証許可状が必要であり，捜索差押手続の適法性担保のための執行状況の写真撮影や差押物件の写真撮影は，検証と解すべきであり，捜索差押許可状により許容されている行為であると解されるのに対し，捜索差押許可状に明記された物件以外の物の無令状での写真撮影は，捜索差押手続きに付随した検証行為とはいえず，本来は検証許可状を必要とするので，違法だが，検証には刑訴法430条の準抗告の規定の準用がないことは条文上明らかであり，準抗告は現行刑訴法上認められない。もっとも，日記帳の内容を逐一撮影し，収賄献金先などのメモを検証許可状なく撮影するような場合には実質的には日記又はメモが押収されたものと観念し，これを「押収に関する処分」とし刑訴法430条3項の準抗告の対象とし，同法426条2項によりネガ及び写真の廃棄または引渡を命ずることができるとの考え方もあり得ようが，本件では，印鑑等4点の物の外形のみを撮影したものであり，右のような実質上の押収があったとはいえないので，刑訴430条の準抗告の対象とはならない。

3 〈解　説〉

1　本件法廷意見は，本件の写真撮影を「検証」と解して，検証に対する準抗告を認める明文規定の欠如を理由に，準抗告申立を棄却した判断を正当と解した。

2　刑訴法430条自体が押収または押収『物』の還付に関する処分に関する準抗告を定め

て，有体物に中心を置いた規定ぶりとなっている。ネットワークで遠隔地に保存された犯罪の証拠たる情報の取得についても，それをダウンロードした押収対象たる端末を差押え，また，サーバーに保存された情報を別の媒体に記録させ，それを差押えるという構成を取る刑訴法の規定（法218条）等にも示されるように，刑訴法の「差押え（押収）」は「有体物」に焦点を合わせた規定ぶりとなっており，有体物ではない情報を取得する活動については，通信傍受の場合には「検証」と解し（本書【60】事件），X線による内容物の確認の場合にも，「検証」と解してきている（本書【61】事件）。刑訴法に関して，差押え（押収）と検証を分けて解しているのが，現在の最高裁判所の解釈であり，刑訴法の立場であると解することができる。

3　刑訴法上の「検証」に当たる活動が憲法上の「捜索・押収（差押え）」に当たる場合がある。両方の当事者の同意のない通信傍受は，「検証」令状によると解されてきている（本書60事件）が，内容的には憲法上の捜索・押収である。刑訴法上の捜索・押収を中心に見ると，通信傍受のような，他から干渉を受けないとの期待（プライヴァシーの期待）に干渉する政府の活動が，刑訴法上の捜索・押収ではないとすると，刑訴法の規律の対象から外れ，政府による干渉が一般探索的なものであってはならないことを求める憲法上35条の捜索・押収の定めとのギャップが生ずる。かかる活動を「検証」であると解する法解釈は，憲法35条の，一般探索的捜索・押収の禁止の趣旨を活かし，捜索・押収対象物が有体物ではなく，物理的侵入を伴わない場合でも，政府による干渉を受けないと期待するのが合理的な領域への干渉に当たる場合には，刑訴法上の「検証」と解して，刑訴法を適用する判断であり，憲法35条と刑訴法の捜索・押収のギャップを埋める法解釈であると解することができる。

4　他方，立入りの正当根拠があり，適法な立入りにより適法に見られてしまった場所には，他から見られることはないという期待はもはやない。写真撮影は一律に令状によることを要する検証に当たるのではなく，検証に当たらない場合もある（本件は，後に裁判官が五感で認識できるように証拠を保全した活動であるというよりも，捜索・押収の執行状況を撮影したにとどまると解することができる場合であろう）。検証に当たると解するとしても，プライヴァシーの期待がないところでの写真撮影は，令状によることを要しない活動と解すべきであろう。本件は，適法に視認できた範囲の対象物の外形を写真撮影したのにとどまり，実質的に新たなプライヴァシーへの干渉を伴う捜索・押収と同等の意味を持つ写真撮影がなされた場合ではない。状況との関連での，プライヴァシーの期待の有無，程度に関する判断が必要であろう（不審事由がある，公開の場所での無令状での写真撮影やビデオ撮影が許されるとした最高裁判例（本書17事件）参照）。

5　検証であるとしても，明文規定がないことのみで救済を否定すると，プライヴァシーへの深い干渉を伴う政府の活動に関する異議に正当根拠がある場合にまで救済を否定することになりかねないのであり，不当な政府の活動からの救済を趣旨とする準抗告の趣旨に悖る場合も生じよう。プライヴァシーの内容を分析して，本件の写真撮影の性質が，準抗告を認めるべき利益を欠く場合だと判断した藤島裁判官の意見は傾聴に値しよう。

[参考文献]
① 最判解刑事篇平成2年度・大谷調査官及びそこに引用の文献，渥美や・新64頁以下
② 渡邉一弘・百選[第9版]35，74頁

（中野目善則）

Ⅰ 捜査 (7) 捜索・押収・検証

【64】領　置

最(二小)決平20・4・15刑集62巻5号1398頁, 判時2006号159頁

窃盗, 窃盗未遂, 住居侵入, 強盗殺人被告事件(平成15年(わ)第1717号, 平成15年(わ)第1889号, 平成16年(わ)第20号)

第1審・京都地判平18・5・12
第2審・大阪高判平19・3・28

● 争　点 ●
公道上に出されたごみ袋の押収の適否

1〈事実の概略〉

　本件は, 金品強取の目的で被害者を殺害して, キャッシュカード等を強取し, 同カードを用いて現金自動預払機から多額の現金を窃取するなどした強盗殺人, 窃盗, 窃盗未遂の事案であり, 捜査の端緒は, 被害者が行方不明になったとしてその姉から警察に対し捜索願が出されたことにある。行方不明となった後に現金自動預払機により被害者の口座から多額の現金が引き出され, あるいは引き出されようとした際の防犯ビデオに写っていた人物が被害者とは別人であったことや, 被害者宅から多量の血痕が発見されたことから, 被害者が凶悪犯の被害に遭っている可能性があるとして捜査が進められた。その過程で, 被告人が本件にかかわっている疑いが生じ, 警察官は, 前記防犯ビデオに写っていた人物と被告人との同一性を判断するため, 被告人の容ぼう等をビデオ撮影するなどの捜査をし, また, 被告人およびその妻が自宅付近の公道上にあるごみ集積所に出したごみ袋を回収し, そのごみ袋の中身を警察署内において確認し, 前記現金自動預払機の防犯ビデオに写っていた人物が着用していたものと類似するダウンベスト, 腕時計等を発見し, これらを領置した。このダウンベストと腕時計は, 第1審において証拠として取り調べられたが, 被告人側は上記ダウンベストおよび腕時計の各領置手続は, 令状もなくその占有を取得し, プライバシーを侵害した違法な捜査手続であるなどと主張した。

2〈決定要旨〉

　上告棄却
　「ダウンベスト等の領置手続についてみると, 被告人及びその妻は, これらを入れたごみ袋を不要物として公道上のごみ集積所に排出し, その占有を放棄していたものであって, 排出されたごみについては, 通常, そのまま収集されて他人にその内容が見られることはないという期待があるとしても, 捜査の必要がある場合には, 刑訴法221条により, これを遺留物として領置することができるというべきである。また, 市区町村がその処理のためにこれを収集することが予定されているからといっても, それは廃棄物の適正な処理のためのものであるから, これを遺留物として領置することが妨げられるものではない。」

3〈解　説〉

　1　221条は,「被疑者その他の者が遺留した物」および「所有者, 所持者もしくは保管者が任意に提出した物」を捜査機関が領置することができる旨を定める(101条も参照)。

　領置は, 押収の一種であり, 遺留された物または任意提出を受けた物の占有を捜査機関側に移し, これを保全する行為である。物の取得の時点では任意捜査の一環であるが, 捜査機関は領置した物の返還に応ずる義務はないという点では, 強制処分の性格を有するともいえる。

　法は被疑者のほか, それ以外の者が遺留した物の領置を認める。これは, 遺留物が犯罪に関係するかどうかはすぐには分からないので, とりあえず保全し, それを証拠として保全する理由や必要がないことが分かったときにはこれを還付すればよい, という趣旨であるが(123条, 124条), そのように解してもよいのは, 遺留物は少なくとも占有権が放棄されているとみなしてよいからである。また, 所有者, 所持者, 保管者がある物を任意に提出したのであれば, 占有権が明示的に放棄されているから, 領置には裁判官の審査を要しないのである。

　2　捜査機関がごみとして排出された物を押

収して証拠物を探すことは本件以前にも行われていたが、本件は、被疑者が公道上に出したごみが遺留物にあたり、適法に領置することができるかどうかについてのはじめての最高裁判断である。本決定はこれを肯定するが、これには、①そのごみ袋が置かれていた場所がどこか、②ごみ袋（内容物）の所有、占有権の有無、③ごみ袋の内容を見られない権利が保障されるべきかどうか、といった点が検討されなければならない。憲法35条および刑訴法218条以下が保障するプライバシー権の保障は、そこに侵入されないという期待があり、対象物の財産権への期待が保護されるところに及ぶのであって、そのような期待がないところには及ばないからである。

①ごみ袋が、たとえば集合住宅の私有地内の集積所にあった場合には、その場所への立入の権限の有無が問題となろう。押収対象物はごみであっても、それを押収するには、住居に侵入されない権利を侵すことになるからであるが、この際には、その集積所が外から容易に立入可能な場所か、それとも、たとえば鍵がかかった場所か、といったことがプライバシーへの侵入程度を判断する際の要素となろう。しかし、本件のごみは公道上の集積所におかれていたから、その場所について私人のプライバシーが及ぶと考えることはできない。

②個人がごみとして処分した以上、それについてごみを出した者の所有および占有権は放棄されているとみることができる。これを自治体が収集するにしても、それは焼却処理等のためであるし、本決定がいうように、ごみの所有・占有権が自治体に移ったとみる必要はない。また、公道上にごみを出した以上、誰かがそれを拾っていく可能性についてごみを出した者は受容しているとみなければならないだろう。

③ごみの内容物を見られないプライバシーの権利が保障されるべきか、という点については、（ア）ある物をごみとして出したのは自治体等の収集を期待してのことであって、捜査機関がこれを押収し、内容物を見ることはその予測の範囲外であり、ごみとして出された物についても、なお、内容物を見られない権利が保障されるべきである、という考え方と、（イ）ごみとして出した以上、前述のようにこれを誰かが拾い、中を見るかもしれないことは当然に予測されることで、そうであれば、ごみ袋についてプライバシーの権利は放棄されたとみるべきである、という考え方があり得よう。本決定は、「排出されたごみについては、通常、そのまま収集されて他人にその内容が見られることはないという期待があるとしても、捜査の必要がある場合には、221条により、これを遺留物として領置することができる」としている。「内容がみられない期待がある」ということと、「それでもその物を領置できる」ということの間の論理的なつながりは説明されていないが、最高裁は、おそらく上述の（イ）の見解に立って結論したものと思われる。

[参考文献]
① 『条解刑事訴訟法（第4版）』210頁、421頁
② 小木曽綾「無令状の捜索・押収」中央ロー・ジャーナル3巻2号9頁

（小木曽綾）

I 捜査 (8) 自己負罪許否特権

(8) 自己負罪許否特権

【65】交通事故の届出義務

最(大)判昭37・5・2刑集16巻5号495頁，判時302号4頁
重過失致死道路交通取締法違反被告事件（昭和35年(あ)第636号）
第1審・東京地判昭34・3・24
第2審・東京高判昭35・2・10

● 争 点 ●
① 自己負罪拒否特権と黙秘権の違い
② 交通事故の届出義務は自己負罪拒否特権を侵害しないか

1〈事実の概要〉

被告人は自動車運転免許を有しないものであるが，酒に酔った状態で小型自動車を運転し，制限時速を超えた時速約60キロで進行中，脇見して前方注視を怠った重大な過失により，同一方向に進行中の自転車に乗った被害者に追突して同人を路上にはね落とした。被告人は被害者を救護することなく，また，所轄警察署に届け出てその指示を受けるなどの法令に定められた必要な措置を講じなかった。被害者は付近の病院に運ばれたが，間もなく死亡した。

2〈判旨〉

道路交通取締法は，道路における危険防止及びその他交通の安全を図ることを目的とするものであり，……（その）目的に鑑みるときは，（同法施行令67条は），警察署をして，速に，交通事故の発生を知り，被害者の救護，交通秩序の回復につき適切な措置を執らしめ，以つて道路における危険とこれによる被害の増大とを防止し，交通の安全を図る等のため必要かつ合理的な規定として是認せられねばならない。しかも，同条2項掲記の「事故の内容」とは，その発生した日時，場所，死傷者の数及び負傷の程度並に物の損壊及びその程度等，交通事故の態様に関する事項を指すものと解すべきである。したがつて,右操縦者，乗務員その他の従業者は，警察官が交通事故に対する前叙の処理をなすにつき必要な限度においてのみ，右報告義務を負担するのであつて，それ以上，所論の如くに，刑事責任を問われる虞のある事故の原因その他の事項までも右報告義務ある事項中に含まれるものとは，解せられない。また，いわゆる黙秘権を規定した憲法38条1項の法意は，何人も自己が刑事上の責任を問われる虞ある事項について供述を強要されないことを保障したものと解すべきことは，既に当裁判所の判例とするところである。したがつて，令67条2項により前叙の報告を命ずることは，憲法38条1項にいう自己に不利益な供述の強要に当らない。

3〈解 説〉

1 自己負罪拒否特権と黙秘権の違い

憲法38条1項は，「何人も，自己に不利益な供述を強要されない」と規定している。これは，自己負罪拒否特権を保障していると理解されているが，黙秘権を保障していると説明されることもある。自己負罪拒否特権と黙秘権は同じものなのか，それとも両者の果たしている役割は違うのだろうか。

自己負罪拒否特権とは，自己の刑事責任に関する不利益な供述，すなわち有罪判決の基礎となるべき事実や量刑上不利益となるべき事実等についての供述を義務づけられないことを保障する規定である。条文で「強要」という文言が使われているため，「無理じいに要求すること」(広辞苑)と理解しがちであるが，憲法38条1項にいう「強要」は，法的に義務づけることを意味する。例えば，不履行に対して刑事罰が用意されている場合などである。ただし，禁止されているのは「自己の刑事責任に関する不利益な供述」の法的義務づけであって，自己の刑事責任と結びつかないものや供述に含まれないものについては，たとえその提出を法的に義務づけるものであっても，自己負罪拒否特権の保障の範囲には含まれないことになる。

黙秘権は，「供述，沈黙，否認」の自由を意味する。黙秘権が保障されている被疑者・被告人は，自ら進んで犯罪事実を供述してもよいし，沈黙をしてもよいし，否認してもよい

のである。そして，黙秘権の効果として重要なのは，否認したという事実を不利益に推認してはならないという点である。

自己負罪拒否特権で保障されるのは，自己の刑事責任を基礎づける供述であるため，自己に有利な供述を法的に義務づけたとしても自己負罪拒否特権侵害は生じない。これに対して，黙秘権は供述の自由であるため，自己に有利な供述の法的義務づけは黙秘権を侵害することになる。このように，両権利の違いは，供述・証言の内容，法的義務づけの有無に求められることになる。

2 交通事故の届出義務は自己負罪拒否特権を侵害しないか

届出内容が自己の刑事責任を基礎づけるものであれば，これを義務づけられた者の自己負罪拒否特権を侵害することになる。しかしながら，自己負罪拒否特権の侵害は，供述の内容が自己の刑事責任を基礎づけた場合に発生するのであって，届出を義務づけた段階では，まだ侵害の可能性が生じているに過ぎない。したがって，届出を義務づけられた時点で自己負罪の危険が高度に生じている場合にはその時点で自己負罪拒否特権侵害が発生していることになるが，通常は，届出内容を証拠として科刑を基礎づけた段階で自己負罪拒否特権侵害が生じたと考えることになる。

届出義務と自己負罪拒否特権との関係が問題となった判例は，届出義務の不履行を処罰の対象としている案件であり，届出義務の履行結果を証拠として利用することの可否が問題となった案件ではないことに注意を要する。本件においても訴因として構成されているのは無免許運転，重過失致死，救護・報告義務違反の三点であり，他の判例と同様に，あくまでも報告義務を履行しなかった事実が起訴内容となっている。したがって，自己負罪拒否特権侵害は直接的には生じていないことになる。

しかしながら，道路交通取締法施行令67条で届出を義務づけられているのは「事故の内容」であるため，届出の段階で自己負罪の危険が高度に生じているかを検討しなければならない。なぜならば，死亡事故が発生している場合には捜査・訴追に移行することが通常であり，事故の内容は重過失致死罪や業務上過失致死罪等の構成要件要素となり得るものだからである。この点について，最高裁は，令67条の「事故の内容」を限定し，「（事故の）発生した日時，場所，死傷者の数及び負傷の程度並に物の損壊及びその程度等」とし，交通事故の態様に関する事項に絞り込んだ。これは，道路交通取締法を改正した道路交通法における報告すべき事項と符合するものである。事故の原因等，刑事責任を直接基礎づける事項を除外することにより，違憲論を退けている。また，届出を義務づける目的が捜査目的ではなく，交通の安全等の行政目的であることも強調している。

[参考文献]
① 松尾浩也・憲法百選Ⅱ［第3版］254頁
② 田原義衞・最判解刑事篇昭和37年度124頁

（安井哲章）

I 捜査 (8) 自己負罪拒否特権

【66】 呼気検査

最(一小)判平9・1・30刑集51巻1号335頁，判タ931号131頁
道路交通法違反被告事件(平成8年(あ)第600号)
第1審・大阪地堺支判平7・12・15
第2審・大阪高判平8・5・7

●争　点●
① 呼気検査と刑事手続の関係
② 呼気検査の結果は供述としての性格を有するか

1 〈事実の概要〉

被告人は，酒気を帯びて普通乗用自動車を運転し，それが発覚して免許取消になった後に無免許で酒気を帯びて普通乗用自動車を運転し，さらにもう一度，飲酒して無免許で普通貨物自動車を運転した。この三度目の運転をした際，道路交通法67条2項の規定に基づき警察官から呼気の検査に応じるように求められたが，これを拒んだ。そこで警察官は，道路交通法120条1項11号所定の呼気検査拒否罪の現行犯人として被告人を逮捕し，警察署に連行するとともに，身体検査令状及び鑑定処分許可状を得て医師による血液採取及び血液鑑定を実施し，その結果，被告人の酒気帯び運転の事実が明らかになった。被告人は，酒気帯び運転，無免許かつ酒気帯び運転，呼気検査拒否罪で起訴され，有罪となった。

2 〈判　旨〉

「上告趣旨は，道路交通法67条2項の規定による警察官の呼気検査を拒んだ者を処罰する同法120条1項11号の規定が憲法38条1項に違反するというものである。しかしながら，憲法38条1項は，刑事上責任を問われるおそれのある事項について供述を強要されないことを保障したものと解すべきところ，右検査は，酒気を帯びて車両等を運転することの防止を目的として運転者らから呼気を採取してアルコール保有の程度を調査するものであって，その供述を得ようとするものではないから，右検査を拒んだ者を処罰する右道路交通法の規定は，憲法38条1項に違反するものではない。」

3 〈解　説〉

1 呼気検査の目的

道路交通法は，道路における危険を防止し，その他交通の安全と円滑を図り，道路の交通に起因する障害の防止に資することを目的とする。呼気検査が関わる酒気帯び運転は，上記道路交通法の目的に抵触する運転方法であり，運転者や同乗者のみならず，不特定多数の者の生命・身体に危険を生じさせるものである。したがって，禁圧の必要性が高度に認められる。酒気帯び運転を防止するための措置として，アルコール保有量を確認する呼気検査が設けられており，検査を拒んだ者や検査を妨げた者に対しては，罰則が用意されている。

このように，呼気検査制度自体の目的は正当であるが，政令で定める程度を超えるアルコール濃度が検出された場合には，酒気帯び運転罪等の捜査に移行することになる。そこで，①行政手続である呼気検査が，実質的には酒気帯び運転罪等の捜査になっていないか，②呼気検査結果を酒気帯び運転罪等の裁判で被告人に不利益な証拠として用いることの当否が，自己に不利益な供述の法的義務づけを禁止する自己負罪拒否特権との関係で問題となる。

①に関しては，事実上，呼気検査が酒気帯び運転の捜査としての機能を果たしているとの評価が可能ではあるが，呼気検査はあくまでも道路交通法の目的を達成するための手段として設けられたものである。検査制度自体は予防を目的としたものであるため，行政手続ということになる。②に関しては，呼気検査制度が自己負罪拒否特権を侵害すると判断されてはじめて問題となる。すなわち，検査制度が供述を法的に義務づけるものなのかが問われるのである。

2 行政手続と自己負罪拒否特権の保障

行政手続と自己負罪拒否特権との関係については，最判昭47・11・22（川崎民商事件判決）が，「純然たる刑事手続においてばかりではなく，それ以外の手続においても，実質上，

刑事責任追及のための資料の取得収集に直接結びつく作用を一般的に有する手続には、ひとしく及ぶ」と判示している。川崎民商事件判決の基準に従うと、呼気検査は、運転者が任意に応じない場合には刑罰でもって強制することになるため、自己に不利益な供述の法的義務づけを禁止する自己負罪拒否特権に違反しているように見える。なぜなら、呼気検査の結果アルコール保有量が政令で定める程度を超えていた場合には、酒気帯び運転罪等の捜査へ移行することになるため、呼気検査は「刑事責任追及のための資料の取得収集に直接結びつく作用を一般的に有する手続」であるといえるからである。被告人側は、上告趣意においてこの点を指摘している。しかしながら、憲法38条1項の規定で禁止されているのは、自己に不利益な「供述」の法的義務づけである。したがって、呼気検査の法的義務づけが「供述」の法的義務づけと評価されなければ自己負罪拒否特権の適用はないのである。

3 呼気検査の法的義務づけは「供述」の法義務づけといえるか

本件で最高裁は、「憲法38条1項は、刑事上責任を問われるおそれのある事項について供述を強要されないことを保障したもの」であるとし、自己負罪拒否特権の保障範囲を「供述」に限定することを確認した。その上で、呼気検査が供述を得ようとするものではないことを理由として、呼気検査を拒む者を処罰する道路交通法の規定は憲法38条1項に違反しないと結論づけている。

呼気検査（検査結果）は、警察官と対象者との間で言葉が伝達されているわけではないという意味で、供述ではない。また、呼気検査で明らかになるのは、人の身体に残存するアルコール保有量であって、人の意思形成過程ではない。したがって、アルコール保有量を提出させる行為は意思伝達的性質を有するものでもない。以上の理由から、呼気検査を拒む者を処罰する規定の存在は呼気検査を法的に義務づけるものではあっても、供述あるいは意思伝達を義務づけるものではないため、自己負罪拒否特権を侵害するものではないこ

とになる。したがって、呼気検査結果は、自己負罪拒否特権の保障が及ばない物的証拠と評価されることになる。

[参考文献]
① 三好幹夫・最判解刑事篇平成9年度42頁
② 中野目善則・百選[第8版]70頁
③ 小早川義則・百選[第7版]68頁
④ 前田＝星・刑事訴訟法判例ノート114頁
⑤ 檀上弘文・平良木＝椎橋＝加藤・判例81頁
⑥ 辻裕教・研修598号29頁
⑦ 小泉良幸・平成9年度重判解18頁
⑧ 長沼範良・ジュリ1141号186頁
⑨ 田村泰俊・新報104巻12号213頁
⑩ 清水真・判評470号52頁

（安井哲章）

Ⅰ 捜査 (8) 自己負罪許否特権

【67】起訴状への名誉毀損文書の引用

最(一小)決昭44・10・2刑集23巻10号1199頁，判時573号92頁，判タ240号223頁
名誉毀損被告事件(昭和43年(あ)第2800号)
第1審・大阪地裁判決昭41・2・19
第2審・大阪高裁判決昭43・11・25

● 争 点 ●
名誉毀損文書の原文の一部を起訴状に引用することが訴因を明示する方法として許されるか

1 〈事実の概略〉

X党所属の大阪府議会議員である被告人は，Y党所属の同僚議員甲と推知される人物がアメリカに公務出張した前後の行状について描いた文章を執筆し，出版社に投稿したところ，誌上に「外遊はもうかりまっせ──大阪府会滑稽譚」との標題で掲載された。甲の告訴に基づき，検察官は上記文章の内容は虚偽の事実であり，甲に対する名誉毀損罪が成立するとして公訴を提起した。起訴状に公訴事実を記載するに当たって，上記文章の全体の約3分の1にあたる3頁（約3,500字）を原文のまま引用した。
弁護人は第1審より，名誉毀損罪の成立を争うほか，本件起訴状は，裁判官に予断を生ぜしめる虞のある書類の内容を引用したものであって，256条6項に違反するから，本件起訴は無効であるため，公訴棄却されるべきである旨主張していた。
第1審はこの主張を排斥して，被告人を有罪とし，さらに控訴審も公訴を棄却した。これに対し，弁護人は，原判決は予断排除に関する二つの判例（最判昭27・3・5刑集6巻3号351頁【68】，最判昭33・5・20刑集12巻7号1398頁）に違反する旨主張して，上告した。

2 〈決定要旨〉

上告棄却
「本件起訴状における『外遊はもうかりまっせ，大阪府会滑稽譚』と題する文章原文の引用は，検察官が同文章のうち犯罪構成要件に該当すると思料する部分を抽出して記載し，もつて罪となるべき事実のうち犯罪の方法に関する部分をできるかぎり具体的に特定しようとしたものであって，刑訴法256条3項に従って本件訴因を明示するための方法として不当とは認められず，また，これをもって同条6項にいう裁判官に事件につき予断を生ぜしめるおそれのある書類の内容を引用したものというにはあたらない。」

3 〈解 説〉

本決定は，名誉毀損罪を構成する文章の原文を長文にわたって起訴状に引用したことが，起訴状一本主義を定める256条6項に違反するかどうかについて判断した事例である。
公訴の提起は起訴状を提出して行わなければならず（256条1項），その起訴状には公訴事実の明示をしなければならないとされている（同条2項）。そしてその公訴事実は，訴因を明示して記載し，かつ訴因にはできる限り，日時，場所，方法をもって罪となるべき事実を記載しなければならないとされている（同条3項）。その一方で，256条6項は，起訴状には裁判官が事件に関して予断を抱くような虞のある書類その他のものを添付，あるいは引用してはならないと規定している。このような起訴状一本主義が採られるのは，起訴状を提出するにあたって，起訴状にそのような具体的な証拠を添付・引用すれば，裁判官は，公判に先立って検察官提出の証拠のみに基づいて心証を形成してしまうことになり，弾劾主義・当事者主義のもとで公平な裁判所による裁判を受ける権利（憲37条1項・2項）を被告人から奪ってしまうことになるためである。
このように起訴状を，事実認定者である裁判官に対して，検察官が公訴事実に関する証拠を提供し証明を行う手段とすることは許されていない。しかし，同時に当事者主義の下では，被告人が十分に防御活動を行うことができるように，自らがいかなる事実で告発されているのかを知らされていなくてはならず，起訴状には公訴犯罪事実について，訴因

の形式で日時，場所，方法が具体的に記載されなければならないとされているのである。

　起訴状への訴因の具体的な記載を欠いた場合には，起訴状公訴事実の記載を欠く，あるいは被告人への告知を欠くものとしてその起訴状は無効となる。その一方で，訴因の明示・特定に必要な事実のほかに，証拠の存在や内容を示すなど証明機能を果たすような資料の添付・引用がされれば，起訴状一本主義に反し，やはりその起訴状は無効となる。256条の下では，この二つの要請を同時に満たす場合のみが適法な起訴状となるのである。

　これら二つの要請は，訴因を詳細に明示すればするほど，事実認定者に予断を抱かせるおそれが強まるという関係に立つことがあり，訴因明示の要請と，起訴状一本主義の要請をいかに調和させるかが問題となる。この点について最高裁は，訴因の明示の要請を優先させる立場をとっている。例えば，公職追放令違反行為に使用されたビラの原文を引用した起訴状について「訴因を明示するため犯罪構成要件にあたる事実若しくは，これと密接不可分の事実」を記載することは適法であるとし，（最判昭26・4・10刑集5巻5号842頁参照）。さらに，恐喝罪の起訴状に脅迫文の全文を記載した事例において，脅迫文書の記載内容を表示するにはこれを要約摘記すべきであるとしつつも，脅迫状の趣旨が「婉曲暗示的であって，起訴状に脅迫文書の内容を具体的に真実に適合するように要約摘示しても相当詳細にわたるのでなければその文書の趣旨が判明し難いような場合には，起訴状に脅迫文書の全文と殆んど同様の記載をしたとしても」適法であるとした（最判昭33・5・20刑集12巻7号1398頁参照）。さらに，本決定では，最高裁は要約摘示の方法によるべきかどうかにつき言及することなく，かなり長文にわたる名誉毀損文書の原文引用も許されるとした。

　恐喝罪における脅迫文書や名誉毀損罪における名誉毀損文書は，犯罪の方法として特定しなければならず，起訴状に記載しなければならないが，その一方で，文書自体が証拠になるものでもあることから，その引用は証明機能を営むことになってしまい起訴状一本主義から問題が生ずる。両者の調和という点について，一般論としては，要約摘示が可能であれば，その方法によるべきであろう。しかし，文書にはさまざまな形態・内容のものがあり，一律に全部あるいは一部の引用を禁じ，要約摘示しなければならないとするのは妥当ではない。脅迫文書や名誉毀損文書の内容が，すべて直接的な表現でなされているとは限らず，比喩的で婉曲な表現が用いられているときなどはその内容を要約摘示することは容易ではなく，むしろ内容を不明確にしてしまうおそれがあるし，文書のニュアンスなどが問題となるときにこれを要約することは不適切であろう。

　このように，訴因による検察官の罪となるべき事実の主張と，添付・引用の区別の限界は必ずしも明確ではないので，訴因を正確に伝達するために必要な限度での引用かどうか，それを超えて，公訴犯罪事実に無関係な事件の経過や情況についての引用を行っていないかどうかを，具体的事案ごとに判断するのが妥当だと思われる。

［参考文献］
① 大久保太郎・最判解刑事篇昭和44年度363頁
② 石川才顕・警研45巻4号
③ 萩原太郎・百選［第3版］31

（麻妻和人）

Ⅰ 捜査 (8) 自己負罪許否特権

【68】起訴状への前科記載

最(大)判昭27・3・5刑集6巻3号351頁, 判時103号4頁
詐欺被告事件(昭和25年(あ)第1089号)
第1審・仙台地裁古川支部
第2審・仙台高判昭25・3・2

● 争 点 ●

① 公訴事実につき裁判官に予断を生ぜしめるおそれのある事項を起訴状に記載することの違法性
② 詐欺の起訴状に詐欺の前科を記載することと裁判官の予断

1 〈事実の概略〉

被告人は「被告人は詐欺罪によりすでに二回処罰を受けたものであるが,……一定の住所なく徒食放浪中満州からの引揚者であるかの如く装って金品を騙取することを企て,昭和24年6月上旬から7月下旬まで別表のとおり47回に亘ってA外46名方で同人などに対し『満州から一人で引き揚げて来たのだが魚屋を始める資本がなくて困っている。金でも物でもよいから恵んでくれ。』と申欺いてその旨誤信させ精米合計4斗5升現金合計200円を交付させ騙取したものである。」という起訴状で仙台地裁古川支部に起訴され, 第1審で有罪とされた。

そこで, 被告人は仙台高等裁判所に控訴し, 同裁判所は「刑事訴訟法256条第6項には『起訴状には, 裁判官に事件につき予断を生ぜしめる虞のある書類その他の物を添付し, 又はその内容を引用してはならない』と規定しているのであるから前科の事実は, それが常習累犯窃盗のように法律上犯罪構成要件となっているか, または事実上犯罪事実の内容を為す場合でない限り, 裁判官に事件につき予断を生ぜしめる虞あるものとして起訴状にこれを記載してはならないものと解する。本件においては詐欺罪の前科二犯あるという事実は法律上犯罪構成要件を為すものでもなく, 又, 本件詐欺の内容を為すものでもないから, これを起訴状に引用することは刑事訴訟法第256条6項に違反するものといわなければならない。しかるに同条項にいわゆる起訴状一本主義は……厳格な効力規定と解するので……右の起訴状の瑕疵は性質上後にこれを払拭するのに由ないものであるから, かかる瑕疵ある起訴状は無効である。」として第1審判決を破棄し, 公訴棄却を言い渡した。

これに対して, 検察官は, 被告人のかつての悪性を表示するに過ぎない前科の記載なら当然余事記載として起訴状自体の無効を招来するが, 本件のように前科が起訴状記載の犯行の累犯加重の原由たるべき前科であるような場合には, これをもって直ちに裁判官に予断を抱かしめる虞ある事項の記載ということはできず, 原判決は256条6項の解釈を誤った違法がある, として上告した。

2 〈判 旨〉

上告棄却

「公訴犯罪事実について, 裁判官に予断を生ぜしめるおそれのある事項は, 起訴状に記載することは許されないのであって, かかる事項を起訴状に記載したときは, これによってすでに生じた違法性は, その性質上もはや治癒することができないものと解するを相当とする。

本件起訴状によれば, 詐欺罪の公訴事実について, その冒頭に, 『被告人は詐欺罪により既に二度処罰を受けたものであるが』と記載しているのであるが, このように詐欺の公訴について, 詐欺の前科を記載することは, 両者の関係からいって, 公訴犯罪事実につき, 裁判官に予断を生ぜしめるおそれのある事項にあたると解しなければならない。所論は, 本件被告人の前科は, 公訴による犯罪に対し, 累犯加重の原由たる場合であって, 検察官は, 裁判官の適正な法令の適用を促す意味において, 起訴状の記載要件となっている罰条の摘示をなすと同じ趣旨の下に, これを起訴状に記載したものであると主張するが, 前科が, 累犯加重の原由たる事実である場合は, 量刑に関係のある事項でもあるから, 正規の手続に従い(刑訴296条参照), 証拠調の段階においてこれを明らかにすれば足りるのであって, 特にこれを起訴状に記載しなければ, 論旨の

いう目的を達することができないという理由はなく，従って，これを罰条の摘示と同じ趣旨と解することはできない。もつとも被告人の前科であっても，それが，公訴犯罪事実の構成要件となっている場合（例えば常習累犯窃盗）又は公訴犯罪事実の内容となっている場合（例えば前科の事実を手段方法として恐喝）等は，公訴犯罪事実を示すのに必要であって，これを一般の前科と同様に解することはできないからこれを記載することはもとより適法である。」

3 〈解説〉

1 起訴状一本主義

256条6項は，起訴状には裁判官が事件に関して予断を抱くような虞のある書類その他のものを添付，あるいは引用してはならないと規定している。いわゆる起訴状一本主義と呼ばれる原則であり，これは弾劾主義，当事者論争主義から求められる原則である。すなわち，公判は検察官が提示した罪となるべき事実の主張である訴因が具体的な証拠によって支えられているかどうかを審査する場であり（弾劾主義），その訴因をめぐって当事者が攻撃・防御が行うものとされている（当事者主義）。当事者による立証・反証が終了してはじめて，事実認定者は，訴因に示された罪となるべき事実の主張が合理的な疑いを容れない程度に証明されたかを判断できるのであり，それ以前に事実認定者が事件について予断を持つことは許されない。それゆえ，この原則に違反した場合，その瑕疵は裁判の基本構造を害する致命的な瑕疵であり，治癒することはできないものとして，公訴棄却される。

2 起訴状に詐欺の前科を記載することの可否

前科の記載は，形式的には添付・引用ではないが，争点を混乱させるばかりでなく，事実認定者が，被告人が以前犯罪を犯したことを前提に，起訴されている犯罪も行ったのではないかという予断を抱いてしまう虞が生ず。従って，不必要な前科記載は，添付・引用に準じて，256条6項違反となる。

しかし，前科の記載が許される場合がある。まず，前科自体が犯罪の構成要件になっている場合である。これらの犯罪では同種の犯罪を反復して行うことが犯罪成立の要件となっていることから，常習性を示す前科の存在は犯罪成立の要件として起訴状に記載しなければならない。これに対して，前科が累犯加重事実となる場合（刑56条・57条）には，前科は量刑の際に考慮されなければならない事実であって，公訴事実の認定に不可欠の事実ではないので証拠調べの段階で始めて明らかにされるべきものであって，起訴状に記載することは違法となる。本判決もこの立場に立つものである。

次に，前科の事実が犯罪を遂行するための手段として用いられた場合である。例えば，自らの殺人強盗などの前科を示して，相手に恐怖心を生じさせ，それを利用して恐喝を行ったような場合には，前科事実が犯罪遂行手段となっており，起訴状には犯罪の方法を明示しなければならないので，この場合には，前科は起訴状に記載しなければならない。

本判決は，詐欺罪の起訴状に詐欺罪の前科を記載することは違法であり，その治癒は認められず起訴状は無効であるとしたものである。判例は前科記載と，それ以外の余事記載とで区別する傾向にあるが，形式的に過ぎると思われる。起訴状一本主義が求められる根拠に照らしてケースバイケースで処理されるべきであろう。

[参考文献]
① 青柳文雄・百選[第4版]18
② 三井誠・法教170号67頁
③ 津村政孝・法協197号42頁

（麻妻和人）

II 公訴の提起

【69】 公訴権の濫用
── ①川本事件, ②赤崎町長事件

①最(一小)決昭55・12・17刑集34巻7号672頁(川本事件)
傷害被告事件(昭和52年(あ)第1353号)
第1審・東京地判昭50・1・13
第2審・東京高判昭52・6・14
②最(二小)判昭56・6・26刑集35巻4号426頁(赤崎町長選事件)
公職選挙法違反被告事件(昭和55年(あ)第353号)
第1審・八橋簡判昭53・7・11
第2審・広島高松江支判昭55・2・4

● 争 点 ●
公訴権濫用の認定基準

1 〈①事実の概略〉

　チッソ株式会社東京本社では,水俣病による損害の補償を得るべく会社首脳との直接交渉を求めて本社ビルに赴く水俣病患者および支援者と,これを阻止しようとする同社および子会社の従業員らとの間でしばしば小競り合いが繰り返されていた。自らも患者であり,交渉のリーダーであった被告人は,昭和47年7月19日から同年10月25日までの間に,そうした小競り合いの中で5回にわたって殴ったり咬みついたりして,警備に当たっていた社員のうち4人に対しそれぞれ全治1,2週間の打撲傷,挫傷,咬傷などの傷害を負わせたとして起訴された。公判で被告人側は,(1)本件の傷害は,被告人らの正当な交渉申込みを会社が阻止しようとして紛争した際のいずれも軽微なものであり,(2)国は,極めて悲惨な態様で多数の住民を死亡または罹患させたチッソの刑事責任の追及を怠ったのみならず,交渉申入れの過程におけるチッソ従業員の,被告人を含む患者ならびに支援者に対する暴行,傷害の刑事責任も追及しないで,かえって患者である被告人が正当な交渉を申入れる過程で行った些細な傷害をとらえて起訴したもので,このような起訴は著しく差別的,偏頗な訴追であって,公訴権の濫用であると主張した。また,第1審判決以前に損害賠償請求訴訟で患者側が勝訴し,会社との補償協定も結ばれて,本件についてもチッソ社長より被告人について特に寛大な処分を願う旨の上申書が提出された。第1審は,弁護人の主張を退け,罰金5万円,執行猶予1年の刑を言い渡したため,被告人が控訴し,公訴権濫用の主張を退けたのは法令の解釈適用を誤ったものであるなどと主張した。第2審判断に対し検察官は憲法14条1項

の解釈の誤り,判例違反,法令違反を主張して上告した。

2 〈①決定要旨〉

　上告棄却　主張はすべて適法な上告理由に当らないとしたうえ,刑訴法411条に著しく正義に反する場合の職権破棄の適否について職権判断を加え,その必要なしと判示した(これに対し,公訴棄却の理由を欠くのに公訴棄却すること自体が重大な誤りであり,411条を適用せよとの藤崎意見,それにそもそも公訴権濫用法理自体を否定しないければ著しく正義に反するとして411条の適用を求める本山意見がある)。起訴不起訴につき法律上広汎な裁量権を認められている検察官の裁量権の逸脱が起訴を無効にする場合は,法のこの立場に照らし極限的な場合,「例えば公訴の提起自体が職務犯罪を構成するような極限的な場合に限られるものというべきである。」

3 〈②事実の概略〉

　被告人は町長選に立候補して当選したEの選挙運動に従事した選挙人だが,Eの女婿Dや助役のNらとともに選挙運動中,D,Nらと共謀したと疑われるS,Wらから集票活動の報酬として現金,物の供与を受け,饗応を受けたことで略式請求をされ,罰金15万円,公民権停止3年間の略式命令を言い渡された。被告人は被饗応者と受供与者全員が処罰されたのに,供与者,饗応者たるE,D,Nが略式請求を受けなかったのは地位による差別だとして正式裁判を請求した。第1審は警察が不当に差別的意図により捜査したと認められないかぎり不合理な捜査とはいえないことを主な理由に,本件捜査と公訴は憲法14条違反の不平等訴追とはいえないと判示した。被告人は不平等訴追を理由に控訴した。第2審の広島高裁松江支部は,被告人の控訴を容れて第1審判断破棄,不平等訴追を理由とする公訴棄却の自判をした。B,D,Nらにとって不利な証拠の入手をできなくさせるような不可解な捜査への手心が加えられた疑いがあり,何の合理的理由なく社会的身分の高いEらを被告人より有利に扱う意図的差別捜査により起訴された場合は,令状主義の精神を没却するほどの重大な違法行為で入手した証拠の排除を示唆した〔73〕事件と不当に長い遅延を理由に免訴を言い渡した〔96〕事件に照らし,捜査手続上の,憲法の基本的人権の保障規定の趣旨を没却するような,重大な違法は公訴を無効にすると解すべきだと判示した。他事件との比較のうえ不平等を個別的に論ずることを原則として禁じた川本事件に留意しつつ,対向関係にある者の間の差別にあっては個別的比較のうえ不平等を論ず

ることが許されると判示した。そして，憲法14条違反で対向関係にある犯行者のみが起訴されたときは憲法31条に違反し刑訴法338条4号の準用ないし類推適用により公訴棄却するのが正しいと判示した。検察官は捜査機関に差別意図が欠けていたこと，本来処罰されるべき者の捜査と訴追は不合理か差別のみを禁ずる憲法14条に違反しないとして上告した。

4 〈②判 旨〉

破棄自判（控訴棄却）　「思想，信条，社会的身分又は門地などを理由に，一般の場合に比べ捜査上不当に取り扱われたものではないときは，」かりに原判決のいうように，対向関係にある者の一部が捜査上不当に有利な扱いを受けたため，訴追を免れたとしても，そのことが被告人自身への捜査を憲法14条違反にさせるとはいえないことは当裁判所の判例の趣旨に徴して明らかだと判示した。なお，検察官の措置には不当差別や裁量の逸脱等は無いというのだから，被告人に対する起訴の効力を否定する理由はないとも判示した。

5 〈解 説〉

1 第一事件では最高裁は第2審と同様に，この事例を不平等訴追とは扱わなかった。第2審は川本被告の行為は株式会社チッソのとった不誠実な態度を追及し，企業の有害物質排出行為に世間の注目を集めるのに有用な一連の真摯な運動の一環として，川本被告に対する会社関係者の不誠実な対応に由来する宥恕すべき行き過ぎだとみている。そして，第2審は傷害を理由とする川本被告人への訴追が，むしろ被告人のリードする「自主交渉運動」（会社の役員らと被害者が直接面談して解決を探す方策を求める運動）を不当に妨害する虞をもつ不当訴追とみていたようである。これに対し，本件で最高裁は，自主交渉運動の意義を評価しても，相手方の不誠実さはともかく，会社関係者に咬傷を負わせる行為は限度を超えているので，それを訴追し，交渉に傷害を伴うことは許されないとする警告程度の刑（第1審判決は罰金5万円執行猶予1年）を科すのが相当だと考えたようである。このように248条の訴追裁量の逸脱として問題をとらえ，本決定はこの場合には検察官の選択に最大限の尊重を払う立場を選んだ。つまり，訴追裁量はあるにせよ（248条），検察官は公益の代表者として（検察庁法4条），公共の福祉の維持と基本的人権の保障を全うするために誠実にその訴追上の権限を行使するように求められ，その濫用を禁ぜられている（1条，規則1条2項）ので，裁量の逸脱が起訴を無効にする場合のあることは否定できないとしつつ，起訴を無効にするには，職権濫用とか収賄といった職務犯罪を構成するか，それに類する極限的な場合（例えば嫌疑が明らかにない事件や訴追の要がないことが明白なほどの軽微事件の意図的起訴など）に起訴行為自体が当る場合に限定されるべきだと判示した。この判示は憲法14条違反の差別的訴追についての基準ではなく，法律上の検察官の裁量違反についてのものである。自主交渉運動が加害者と被害者のダイヤローグの実現に重要だとの視点は重い。

2 第2の町長選事件では不平等訴追の判断の基準の一つだけ示した。憲法14条は「思想，信条，社会的身分又は門地」による一般的差別を禁ずるにとどまり，具体的事例での捜査・訴追上の差別をすべて禁ずるものでないことを従来の判例の趣旨に添うと判示した（最判昭23・10・6刑集2巻11号1275頁，同23・5・26刑集2巻5号517頁，同33・3・5刑集12巻3号384頁，最判昭23・9・14刑集5巻10号1933頁，同昭33・10・24刑集12巻14号2385頁，最判昭30・5・10刑集9巻6号1006頁）。憲法14条の禁ずるのは社会的身分や立場等一般的にいえる基準に立つ差別（米国ではCategoricalな差別と表現する）にとどまるから，判旨は妥当である。そこで，もし供与者を一般的に受供与者より不利に扱い圧倒的に多く訴追するとの傾向が示せれば憲法上の不平等訴追は問題となる。本件は個別的な差別についての判断である。そこで，対向的差別は一般的に憲法14条の禁ずる差別にならないとか，不平等訴追を最高裁判所は考えないとみるのは当らない。平等原理への十分な理解こそ重要である。

しかも，本件の具体的判決を起訴された者とされなかった者との個別事情を具体的に比較することも重要である。法の適用は具体的事例についての法適用の裁判官による任意の選択にもある。この選択が倫理に反することは，法適用・解釈の正統性を大きく損なうことになる。

不起訴とされた，家族の一員は，積極的に饗応に参加したり，共謀の中心にいた者ではなかったのに対し，略式起訴された被告人は，相互に積極的に法違反行為に出ている。

この二者を全て区別しないのが，適切だとは解さなかったのが，この判示の核心をなしていると思われる。「違法事例に反して扱われてはならない」というのも正義の要求でもある。

[参考文献]
① 渡部保夫・最判解刑事篇昭和55年度392頁
　田淵浩二・百選〔第10版〕88頁
② 渥美東洋・重判解昭和56年度192頁
　佐藤隆之・警察基本判例・実務200〔別冊判例タイムズ26〕87頁
　木谷明・最判解刑事篇昭和56年度158頁

（渥美東洋）

II 公訴の提起

【70】刑事免責
——ロッキード事件丸紅ルート

最(大)判平7・2・22刑集49巻2号1頁，判時1527号3頁
外国為替及び外国貿易管理法違反，贈賄，議院における証人の宣誓及び証言等に関する法律違反被告事件（昭和62年（あ）1351号）
第1審・東京地判昭58・10・12
第2審・東京高判昭62・7・29

● 争 点 ●
① 刑事免責と自己負罪拒否特権
② 刑事免責を与えて得られた嘱託尋問調書の証拠能力

1〈事実の概略〉

ロッキード社（ロ社）のL1011型機の全日空への売込み活動に当たっていた被告人Hが，担当のO，Iの他，ロ社の当時の社長コーチャンと共謀のうえ，当時内閣総理大臣であった田中角栄に対し，同型機の全日空による選定購入を運輸大臣に働きかけ行政指導させあるいは直接全日空に働きかけるなどの協力を依頼するとともに，成功報酬として現金5億円の供与を約束し，全日空による同型機の購入決定後，上記約束に基づき，Eを介して上記贈賄が供与された事件がロッキード事件だが，捜査段階において，米国在住の証人であるコーチャン，クラッターらから証言を得てこの事件の重要部分を解明すべく，米国裁判所に証人尋問が嘱託された。その際，検事総長及び東京地検検事正が起訴猶予確約の宣明書を発したうえ，司法共助を求めた。だが，同証人が証人尋問手続で刑事訴追の虞を理由に証言を拒否し，米国裁判所が日本の最高裁判所による不起訴のorderまたはrulingを求めたため，検事総長による不起訴の宣明が改めてなされ最高裁判所も不起訴宣明をし，その後に，証人尋問を嘱託された米国裁判所において証言が採取され，既に作成されていたものを含め，証人らの証人尋問調書が我が国に送付された。

この証人尋問調書を被告人（E及びH）の有罪証拠に用いることができるとの立場に立って公判裁判所，及び控訴審は，被告人らを有罪とした。控訴審（原審）では，この嘱託尋問調書の適法性が争われ，適法と判示され，さらに，上告審で争われた。

2〈判 旨〉

上告棄却

1 刑事免責制度は，自己負罪拒否特権に基づく証言拒否権の行使により，犯罪事実の立証に必要な供述を獲得することができないという事態に対処するため，共犯関係にある者の内一部の者に対して刑事免責を付与することによって自己負罪拒否権を失わせて供述を強制し，その供述を他の者の有罪を立証する証拠としようとする制度であって，本件証人尋問が嘱託されたアメリカ合衆国においては，一定の許容範囲，手続要件の下に採用され，制定法上確立した制度として機能しているものである。

2 この制度は合目的的な制度として機能する反面，犯罪に関係のある者の利害に直接関係し，刑事手続上重要な事項に影響を及ぼす制度であるところからすれば，これを採用するかどうかは，これを必要とする事情の有無，公正な刑事手続の観点からの当否，国民の法感情から見て公正感に合致するかどうかなどの事情を慎重に考慮して決定されるべきものであり，これを採用するのであれば，その対象範囲，手続要件，効果などを明文をもって規定すべきものである。だが，我が国刑訴法は，この制度に関する規定を置いていないから，結局，この制度を採用していないというべきであり，刑事免責を付与して得られた供述を事実認定の証拠とすることはできない。

3 このことは国際司法共助の過程で右制度を利用して獲得された証拠についても全く同様である。国際司法共助により得られた証拠でも，それが我が国刑事裁判上事実認定の証拠とできるかどうかは我が国の刑訴法等の関係法令にのっとって決せられるべきものであり，我が国の刑訴法が刑事免責制度を採用していない右の趣旨にかんがみると，証拠とすることはできない。

3〈解 説〉

1 解説では①刑事免責の意義（判旨1）を中

心に検討し，②刑事免責を利用して得た証拠の証拠能力を否定した判断（判旨2及び3）については，【161】事件で解説する。

2 米国における現在の刑事免責（immunity イミュニティ）は，18 U.S.C §6002以下で定められている。組織犯罪や贈収賄などなどの密行性の高い犯罪において，司令者などの中心的支配者を明らかにして組織犯罪に対処するべく内部事情に精通する者から情報を得たり，刑事責任がより大きな者を訴追するべくより刑事責任がより小さな者から情報を得る必要がある場合がある。6002条に定めるイミュニティは，かかる場合に，この自己負罪拒否特権との抵触を回避するための措置であり，刑事免責が認められれば自己負罪の虞はなくなるので，一般の証人と同様，証言をしなければならない立場に立つことになる。

自己負罪許否特権との抵触を避けるために免責を与えるべき範囲について，tranactional immunity（行為免責）とuse immunity（使用免責）の二つがあり，かつては前者による場合もあったが，現在では後者でよいとされている。前者の行為免責は，証言をした事項全体に互り免責する場合であり，証言とは全く別のソースから証言した被疑者の証言の内容たる犯罪が証明される場合でも，刑事責任を問えないとするのに対し，後者の使用免責は，証言及びその証言に由来する証拠を利用した訴追は許されないが，それとは独立した証拠で被告人の有罪を証明できる場合には証言にかかる事件に関する訴追は妨げられないとするものであり，後者の方が前者よりも免責の範囲が狭い。Kastiger v. United States, 406 U.S. 441（1972）は使用免責が与えられれば自己負罪拒否特権との抵触はない旨判示した。

米国法においては，この刑事免責を付与するに当たっては，担当の合衆国検事の判断によれば，かかる免責を付与して証言その他の情報を入手することが公共の利益の実現に必要であり且つその証言を求められている者が自己負罪拒否特権を理由にその証言を拒んでいるか拒む虞があるときに，合衆国アターニージェネラル等の一定の高位責任者の承諾を得て，合衆国ディストリクト・コートに証言命令を申請し，同裁判所裁判官が証言命令を発する。この証言手続においては偽証罪の制裁があり，証言の義務づけに従わない場合の制裁もある。

3 ロッキード事件においてこの刑事免責を利用して得られた証言は，事件の解明に極めて重要な意義を持つものであった。

当時の田中内閣総理大臣に対し航空機の選定を廻り便宜を図ってもらうべくロ社のコーチャン及びクラッターの両氏が5億円の賄賂を田中内閣総理大臣に送ったことが米国の委員会で明らかとなり，内閣総理大臣の収賄を立証するには贈賄者側の贈収賄にかかる証言を得ることが必要とされ，米国に検事を派遣したが，賄賂を送ったとされる両氏は，自己負罪の虞を理由に証言を拒み，今後日本には行かないとの立場を取っていた。米国に証人尋問が嘱託されたが，両氏の行為は我が国の贈収賄に当たる虞があったため，米国への証人尋問に際し，刑事免責を付与した手続により証言が採取されることとなった。担当検事及び最高検察庁は，両氏に免責を付与することを明らかにしていたが，米国裁判所は免責に関するrulingを求めて来たため，最高裁判所が，刑事免責を与えることを確認した不訴追の宣言の確認書を発付した。かかる手続を経て，両氏から贈賄に関する証言が得られた。

この両氏の証言は，内閣総理大臣という一国の最高権限を持つ者による航空機の選定を廻る犯罪（収賄罪）を立証するためにきわめて重要なものであり，この公益性の観点からすれば，両氏の我が国での刑事責任を免責を与えた措置は適切なものであったといえる。

4 刑事訴訟法の改正により，他人の事件について，検察官と協議し合意をする制度が導入され，（法350条の2～350条の15），刑事免責の制度が導入され（法157条の2，157条の3），平成30年6月2日までに実施される運びとなっている

[参考文献]
① 渥美東洋・ひろば48巻10号
② 井上正仁・ジュリ1069号13頁

（中野目善則）

Ⅱ 公訴の提起

【71】 公訴時効(1)
―― 訴因不特定の場合・内容的確定力

最(三小)決昭56・7・14刑集35巻5号497頁，判時1013号3頁
公正証書原本不実記載同行使被告事件(昭和55年(あ)第1499号，昭和55年(あ)第1500号)
第1審・大阪地判昭54・10・24，大阪地判昭54・12・10
第2審・大阪高判昭55・8・28，大阪高判昭55・8・28

● 争 点 ●

① 訴因が，表示登記の原本不実記載・同行使なのか，保存登記のそれなのかのいずれなのかが判明せず，補正を許さないほど不特定であるとして公訴が棄却されたときの，時効停止の効力の及ぶ範囲
② 表示登記を理由とする後訴と内容的確定力の関係

1 〈事実の概略〉

　被告人らは昭和50年12月26日，公正証書原本不実記載・同行使の事実により起訴されたが(以下「旧起訴」という)，裁判所は，上記公訴事実の記載中，罪となるべき事実の特定に最も重要な公正証書原本不実記載の内容として「登記」と記載された部分が，文字どおりに不実の「保存登記」をなさしめた点を示しているのか「表示登記」の誤記であるのかが一見して明らかでなく，併合関係に立つと考えられる上記二つの登記に関する不実記載のいずれともとれるような記載の存することなどの理由を挙げて，訂正乃至補正が許されないほど訴因が不特定であるとして，上記公訴を棄却し，上記判決はその後確定した。その後昭和53年6月28日，検察官が，「保存登記」と「表示登記」の双方についてそれぞれ公正証書原本不実記載・同行使の公訴事実により改めて公訴を提起したところ，第1審は，旧起訴には，公訴提起の不存在と目される程度の重大な瑕疵があって本件各公訴事実につき公訴時効の進行を停止する効力がなく，各公訴事実の公訴時効は本件起訴当時すでに完成しているとして，被告人らを免訴した。これに対し，検察官が控訴した。控訴審は，旧起訴は本件の「保存登記」に関して公訴時効進行停止の効力を有しないが，「表示登記」に関しては時効進行停止の効力を有するとし，第1審判決のうち「表示登記」に関する部分を破棄・差戻，「保存登記」の部分に関する検察官の控訴を棄却した。被告人は，2個の公訴事実のうちいずれを起訴したのか明らかでない公訴に公訴時効停止の効力を認めた誤りがあり，また，旧起訴が「表示登記」に関するものだとする原判断は確定判決の内容的確定力を無視しているとして上告した。

2 〈決定要旨〉

上告棄却（職権判断）

1 「刑訴法254条が，公訴時効の停止を検察官の公訴提起にかかわらしめている趣旨は，これによって，特定の罪となるべき事実に関する検察官の訴追意思が裁判所に明示されるのを重視した点にあると解されるから，起訴状の公訴事実の記載に不備があって，実体審理を継続するのに十分な程度に訴因が特定されていない場合であっても，それが特定の事実について検察官の訴追意思を表明したものと認められるときは，右事実と公訴事実を同一にする範囲において，公訴時効の進行を停止する効力を有すると解するのが相当である。」本件で，旧起訴状の公訴事実は「表示登記」又は「保存登記」のいずれかが一見まぎらわしく訴因の特定は十分でないが，旧起訴状の公訴事実記載の犯行の日時，場所，方法及び不実登記の対象となる建物は，すべて本件の「表示登記」に関する公訴事実と同一であること，不実登記の内容も建物の所有名義を偽る点で両者は共通していること，さらに，旧起訴審において検察官が公訴事実中「保存登記」とあるのは「表示登記」の誤記であるとの釈明をしその旨の訴因補正の申立をしていることなどを総合考察すると，旧起訴によって検察官が，「表示登記」に関する本件公訴事実と同一性を有する事実につき公訴を提起する趣旨であったと認めるのに十分であり，右事実に関する公訴時効の進行の停止を認めた原審判断は正当である。

2 後訴の受訴裁判所を拘束するのは，訴因不特定の判示部分のみであり，表示登記と保存登記のいずれの公訴事実が起訴されたのが一見明らかではないという趣旨に解しうる部分は，訴因の不特定の判断を導くための根拠の一つとしてあげられたもので，後訴の受訴裁判所を拘束しない（伊藤裁判官は，反対意見で，「確定判決の主文を導くうえで必須不可欠な理由となる重要な判断」について内容的確定力が生じ，公訴事実不特定との判断と本件後訴の裁判所の判断は矛盾し，被告人の法的地位を不安定にし，裁判の権威を損なう，と判示した）。

3 〈解 説〉

1 本件では，法廷意見は，検察官の起訴意思は，表示登記に関する公正証書原本不実記載・同行使にあると解した。本件では旧起訴及びその釈明等から，被告人は，公訴事実に関する検察官の意図が表示登記に関する公正証書原本不実記載・同行使の起訴にあることを察知でき，被告人は，有利な証拠の保全措置を講ずることはでき，被告人に著しい防御上の不利益がなかったと解することができる場合であろう（木谷解説193頁）。

訴因の特定の観点からは補正を許さない程度の瑕疵で公訴が棄却されたとしても，検察官の訴追意思は判明するので，公訴時効の進行は停止すると解した。

法廷意見は，訴因の特定の十分性に関する判断基準と時効停止事由である検察官の起訴意思の判断基準とを同一の基準で判断するのではない立場に立っている。

法廷意見は，公訴時効の停止事由たる起訴の有無は検察官の起訴意思を基準に判断し，訴因の特定は公判での被告人の防禦を不可能としない程度に特定・明示されなければならないが，公訴時効を停止させるにはそれ程特定されていなくても，検察官の起訴意思が判明する程度であればよいとした。

2 本件は無効な起訴でも一般的に時効停止の効力があると判示した判例と解すべきではない。本件は，訴因の特定が十分ではないとされたが，起訴状の記載や検察官の釈明等から，表示登記に関する公正証書不実記載罪・同行使罪の訴追意思があるとみてよい場合であり，起訴事実が全く犯罪を構成しないという場合ではない。刑訴法254条は無効な起訴も公訴時効の停止事由であるとしていると解されるが，明らかに無効な起訴にまでこの効力が認められるとしたのでは，時効の利益の剝奪だけを目的とする検察官の活動を許してしまう虞がある。

3 実際に起訴されていない範囲まで検察官が犯行に関する証拠を有しているとみることに合理性はないので，起訴状及び釈明により示されたとみることができる検察官の意思の範囲で公訴時効停止の効力が及ぶと解すべきだろう。検察官の起訴意思を強調する本件法廷意見はこの趣旨を示したものであろう。「公訴事実」という文言を根拠に，法廷意見は検察官が訴因を構成する基礎となった社会的事実（事件）の範囲で公訴時効の進行が停止する旨を判示したと解するのは，上記の点に照すと疑問があり，また，法廷意見は，表示登記に関する起訴だけを問題としているので，最初の訴因で問題とされた範囲を超えて社会的事業を同一とする範囲で公訴時効が停止されることを判示したと解すべきではないだろう。

裁判は無限に同一の事件や争点を争うことができることになると，裁判所の資源の無駄使いであるばかりか，他方当事者である被告人が同一争点について再度争うことを求められ，また，前訴と公訴で矛盾する判断の虞が生ずるなどの弊害を生む。既済事項の抗弁や内容的確定力に基づく既判力といわれるものもこうした考慮にその基礎がある。

内容的確定力に関する議論は，具体的法規説による議論を彷彿とさせるが，法廷意見と伊藤反対意見とでは，判断内容の拘束力の範囲に差がある。法廷意見は，後訴の受訴裁判所を拘束するのは，訴因不特定の判示部分のみであり，表示登記と保存登記のいずれの公訴事実が起訴されたのが一見明らかではないという趣旨に解しうる部分は，訴因の不特定の判断を導くための根拠の一つとしてあげられたもので，後訴の受訴裁判所を拘束しないと判示しのに対し，伊藤意見は，「確定判決の主文を導くうえで必須不可欠な理由となる重要な判断」について内容的確定力が生じ，公訴事実不特定との判断と本件後訴裁判所の判断は矛盾し，被告人の法的地位を不安定にし，裁判の権威を損なう，という。

前訴と後訴の判断内容が同一のものか否かを問う「内容的確定力」の観点からすると，前訴の焦点は，「補正を許さないほどだ」とする判断であり，裁判における防御対象の告知という観点からすると不十分だが，時効完成が阻止されるかという別の観点からすると，検察官の起訴意思を起訴状の記載，検察官の釈明などから合理的に解すれば「表示登記」の原本不実記載・同行使を問う趣旨が見て取れる場合であり，前訴と公訴では観点が異なる。前訴のいずれが起訴されたのか不明であるとの判断は訴因の特定が不十分であるという判示との関連での言及と解され，公訴時効の観点からする後訴の受訴裁判所の判断とは矛盾しないといえるだろう。

［参考文献］
① 木谷明・曹時34巻6号
② 渥美・要諦287頁
③ 渥美・刑訴法211頁
④ 木谷明・最判解刑事篇昭和56年度177頁

（中野目善則）

Ⅱ 公訴の提起

【72】 公訴時効 (2)
──水俣判決

最(三小)決昭63・2・29刑集42巻2号314頁, 判時1266号3頁
業務上過失致死, 同傷害被告事件(昭和57年(あ)第1555号)
第1審・熊本地決昭54・3・22
第2審・福岡高決昭57・9・6

● 争 点 ●
公訴時効の起算点はいつか

1 〈事実の概略〉

新日本窒素肥料株式会社(現チッソ株式会社)の元社長甲および元水俣工場長乙は, それぞれ在任中に, 昭和33年9月から同35年6月頃までの間, 水俣工場のアセトアルデヒド製造工程で副生した塩化メチル水銀を含有する排水を水俣川河口に排出させた過失により, 同海域の魚介類を汚染させ, これを捕獲して摂食した者を死傷させたとして, 昭和51年5月4日に業務過失致死傷罪で起訴された。

時系列は以下のとおりで, 被害者の氏名は, 次の判旨にしたがって表記してある。

昭和33年9月〜35年6月頃まで　過失(排出)行為
昭和34年7月　　　　中村末義死亡
昭和34年9月　　　　B出生(胎児性傷害)
昭和34年11月　　　　C死亡
昭和34年11月　　　　D死亡
昭和34年12月　　　　E死亡
昭和35年8月　　　　A出生(胎児性傷害)
昭和46年12月　　　　F死亡
昭和48年6月　　　　A死亡
昭和51年5月4日　　　公訴提起

第1審は, 中村・B・C・D・Eに対する業務上過失致傷罪について, FとAに対する業務上過失傷害を含めて, 一体として観察して, Fに対する業務上過失傷害罪を基準とする公訴時効期間3年が昭和38年8月に経過したと判断して免訴とし, FとAに対する業務上過失致死罪については, 両者を一体として観察して, 時効は完成していないとして, 有罪判決を言い渡した。

原審は, 中村・B・C・D・Eに対する関係では, Eの死亡後3年が経過した時点で公訴時効が完成したとし, FとAに対する関係では, Aの死亡後3年以内に起訴がされたので, 公訴時効は完成していないと判断した。他方,

原審は第1審の公訴時効算定基準について, F・Aとその他の5名に対する関係の公訴時効を分離して観察すべき基準として, 訴因とされていないAに対する業務上過失傷害罪の公訴時効3年が経過した日をもって, これら5名に対する関係で, 公訴時効が完成したことになるというが, このような事由を持って時効算定の基準とすべき理由をにわかに是認することはできないとの判断を示した。

2 〈決定要旨〉

「公訴時効の起算点に関する刑訴法253条1項にいう「犯罪行為」とは, 刑法各本条所定の結果をも含む趣旨と解するのが相当であるから, Aを被害者とする業務上過失致死罪の公訴時効は, 当該犯罪の終了時である同人死亡の時点から進行を開始するのであつて, 出生時に同人を被害者とする業務上過失傷害罪が成立したか否か, そして, その後同罪の公訴時効期間が経過したか否かは, 前記業務上過失致死罪の公訴時効完成の有無を判定するに当たっては, 格別の意義を有しない……」

「次に, 本件公訴事実によれば, 本件における各死傷の結果発生の時期は, ……, 相当の時間的な広がりがあつたものとされてはいるが, 1, 2審判決の認定によれば, これらの結果は, 昭和33年9月初旬から昭和35年6月末ころまでの間に行われた継続的な一個の過失行為によって引き起こされたというのである……(このような前提のもとにおいても), 観念的競合の関係にある各罪の公訴時効完成の有無を判定するに当たっては, その全部を一体として観察すべきものと解するのが相当であるから(最(一小)昭41・4・21判決刑集20巻4号275頁), Aの死亡時から起算して業務上過失致死罪の公訴時効期間が経過していない以上, 本件各業務上過失致死傷罪の全体について, その公訴時効はいまだ完成していないものというべきである。したがつて, 原判決がA及びFを被害者とする各業務上過失致死罪について公訴時効の完成を否定した点は, その結論において正当であり, 他方, 右2名以外の5名を被害者とする各業務上過失致死傷罪について公訴時効の完成を肯定した点は, 法令の解釈適用を誤ったものである……」

3 〈解 説〉

1 公訴時効の起算点につき, 原判決は, 各罪が観念的競合の関係にある場合において,

一つの罪の公訴時効期間内に他の罪の結果が発生するときは、時効的連鎖があるものとして、これらを一体的に観察して公訴時効完成の有無を判定すべきであるが、時効的連鎖が認められないときは、それぞれを分割して各別に公訴時効完成の有無を判定すべきであるとの解釈を示した上で、個別的にみて公訴時効が完成していないAを被害者とする業務上過失致死罪との間で時効的連鎖が認められるのは、Fを被害者とする業務上過失致死罪のみであり、この2名を被害者とする各業務上過失致死罪とその余の5名を被害者とする各業務上過失致死傷罪との間には、時効的連鎖が存在しないとして、後者につき公訴時効の完成を肯定した。

これに対して、最高裁は、業務上過失致死罪は最終結果の発生時点から起算して時効が完成していない以上、その他の被害者についても公訴時効は完成しないとの一体説を採用した。

2 253条1項の「犯罪行為」の終了については、結果犯の場合には結果の発生まで含む。本件のように、化学物質の体内での蓄積によって、結果が発生するまでに相当の時間的経過がある場合に、行為終了時説によるならば、症状からその原因が判明した時点で時効が完成してしまっている場合も考えられるのであり、そのときに訴追不能であるとすることは行為者に不当に有利に過ぎると考えられるからである。本決定も結果発生時を基準としている。

3 次に、傷害を経て死亡という結果が発生した場合に、どちらを起算点にするかの問題がある。本決定は第1・2審同様、死亡結果発生時を基準としている。まず、過失行為によって死亡という結果が生じているにもかかわらず、それを考慮に入れないのは事実に即した判断とはいえない。次に、過失致死罪は結果的加重犯とは異なるので、過失傷害罪と過失致死罪とに分けて、前者の基本的結果を基準に時効完成を認めるのは妥当ではないであろう。最後に、過失致死については、一つの過失行為により傷害を経て死亡の結果が発生しても、過失傷害罪と過失致死罪の両方が成立するわけではなく、法条競合の関係にあって、前者は後者に吸収されて、後者のみが成立するのであるから、前者について公訴時効が完成したとしても、後者については完成していないと考えることができる。以上の理由から、本決定は死亡結果発生時を基準にしたといえよう。

4 一個の行為により数個の罪名に触れる観念的競合犯につき、本決定は一体説を採用した。最(一小)判昭41・4・21刑集20巻4号275頁は、観念的競合につき、その最も重い刑につき定められた時効期間により最終の犯罪行為終了時から起算すべきであると判示しており、本件はこれを踏襲したものである。本決定の調査官解説では、観念的競合の関係にある罪を科刑上一罪として処罰するのであるから、一罪として一体性は強く、手続上も一体として扱うのが相当であること、犯罪の社会的影響は最終結果が発生して初めて微弱化していくこと、そして証拠の散逸の点については、順次結果が発生しているのであるから、証拠の保持は図られうるなどの理由を挙げて、最高裁の判断を説明している。

学説では、牽連犯の科刑上一罪の公訴時効は、それを構成する各罪ごとに独立して期間が進行するとの個別説が多く、本件下級審は基本的には個別説に立ち、一体説をも考慮に入れたものである。最高裁は、この両者を否定したが、その理由として、①業務上過失致死罪は牽連犯ではないこと、②一個の行為によって複数の結果が生じた場合であるにもかかわらず、それを傷害と死亡の二段階に分けるのは①と矛盾すること、③公訴時効の起算点につき、最終結果発生時を基準にする限り、A・Fについては問題ないが、中村・B・C・D・Eについて、A・Fの傷害発生時点を考慮に入れて起算することは、この基準に矛盾することが考えられる。このような理論構成は犯人を長期にわたり不安定な状態におくことになるが、最高裁は、そうであるとしても、犯罪の被害と大きく均衡を失するものではないとの意味合いを伝えていると思われる。

[参考文献]
① 土本武司・警論41巻5号1頁
② 小瀬保郎・百選[第4版]20事件
③ 松宮孝明・百選[第6版]32事件
④ 岩瀬徹・百選[第7版]44事件
⑤ 中谷雄二郎・百選[第8版]45事件
⑥ 亀井源太郎・百選[第9版]44事件
⑦ 金谷利廣＝永井敏雄・最判解刑事篇昭和63年度175頁

(宮島里史)

II 公訴の提起

【73】公訴時効（3）
——訴因変更と時効停止

最（三小）決平18・11・20刑集60巻9号696頁，判時1954号158頁
詐欺，恐喝未遂，出資の受入れ，預り金及び金利等の取締りに関する法律違反被告事件（平成18年（あ）第590号）
第1審・福岡地久留米支判平16・1・27刑集60巻9号701頁
第2審・福岡高判平18・1・19刑集60巻9号732頁

● 争 点 ●
訴因変更請求と公訴時効の進行の停止

1 〈事実の概要〉

検察官は，平成10年11月13日，高金利を処罰する出資の受け入れ，預かり金及び金利等の取り締まりに関する法律（以下「出資法」とする）5条2項違反の事実につき，公訴を提起した。その後，検察官は，同条項違反の行為が反復累行された場合には包括一罪になるとの見解に基づき，同年12月10日に，同日付け訴因変更請求書で，11月13日付けの起訴状に係る当初の訴因に，平成9年11月28日から平成10年7月23日までの間に犯したとする出資法5条2項違反の事実20件を追加する内容の訴因変更請求をした。

第1審裁判所は，平成11年2月19日の公判期日において，弁護人に異議がないことを確認して，この訴因変更を許可し，以後，訴因変更後の公訴事実について審理が重ねられたが，平成15年9月16日の公判期日において，当初の訴因と追加分の訴因との間には，併合罪の関係があり公訴事実の同一性がないことから，職権で訴因変更許可の取消決定をし，追加分の訴因に係る証拠について証拠の採用決定を取り消す決定をした。そこで，検察官は，平成15年10月9日，この訴因変更許可取消決定により排除された事実を追起訴し，その後，同事実についての審理が行われたが，第1審裁判所は，追加した公訴事実につき公訴提起の時点で既に公訴時効の期間が経過していたため，この訴因変更請求を公訴の提起に準じて254条1項前段を類推適用するのは相当といえないとして，本件訴因変更請求には公訴時効の進行を停止する効力がなく，追

加された訴因につき免訴判決を言い渡した。

これに対し，検察官が控訴を申し立てたところ，原判決は，訴因変更許可決定がされた段階で，本件訴因変更請求に254条1項前段が準用されて公訴時効の進行が停止し，訴因変更許可取消決定がされた時点から再び公訴時効が進行を始めたものと解されるとして，第1審判決を破棄・自判し被告人に有罪判決を言い渡したことから，被告人が上告を申し立てた。

2 〈決定要旨〉

「本件出資法5条2項違反の各行為は，個々の制限超過利息受領行為ごとに一罪が成立し，併合罪として処断すべきものであるから（最高裁平成16年（あ）第2723号同17年8月1日第1小法廷決定・刑集59巻6号676頁参照），検察官としては，前記訴因変更請求に係る事実を訴追するには，訴因変更請求ではなく追起訴の手続によるべきであった。しかし，検察官において，訴因変更請求書を裁判所に提出することにより，その請求に係る特定の事実に対する訴追意思を表明したものとみられるから，その時点で刑訴法254条1項に準じて公訴時効の進行が停止すると解するのが相当である。したがって，前記訴因変更請求に係る事実について公訴時効が完成していないとした原判断は結論において正当である。」

3 〈解 説〉

本決定は，出資法5条2項につき公訴を提起した後に，同条項に関する訴因につき検察官が包括一罪であるとして訴因変更請求を行ったものの，追加された訴因が当初の訴因と併合罪の関係にあるとされる場合に，訴因変更請求の方式によった場合であっても，254条1項にいう公訴時効の停止の効力が認められるとしたものである。254条1項は，検察官の公訴の提起により公訴時効の進行は停止し，管轄違いまたは公訴棄却の裁判が確定した時から，再び公訴時効の進行が始まると規定している。検察官の公訴の提起は，起訴状を裁判所に提出して行わなければならない（247条・256条1項）。このような書面主義と

いう様式性が求められている理由は，検察官が公訴権の行使をしていること，及び，公判手続における審判対象を明確にすることにある。本事案における検察官の訴因変更請求書による訴因変更請求を追起訴の手続であると同視すれば，公訴の提起に準じて書面主義による様式性を満たしているものと考えることができ，公訴時効の進行が停止しているものと考えられる。しかし，そうではなくて，罪数評価との関係で，追起訴の手続を採るべきであるとすれば，訴因変更請求書によるものはその様式性を満たしていないことから，適法とは言えず，公訴時効の進行は停止しないことから，第1審判決が示すように，公訴時効が成立し免訴判決が言い渡されることになる。

このように評価が分かれる理由の1つには，本事案の第1審時点では，出資法5条2項における各行為を併合罪とすべきかあるいは包括一罪とすべきかとする罪数評価の問題が解決されていなかったことが挙げられよう（この点につき，福岡高判平11・6・1判時1687・154は，包括一罪としていたが，第一審判決後の最決平17・8・1刑集59巻6号676頁は，個々の制限超過利息受領行為ごとに一罪が成立し，併合罪として処断すべきとしている）。通説・判例によれば，訴因変更は公訴事実の狭義の同一性及び単一性の要件が満たされれば許されることになるが，その単一性については，当初の訴因と新たな訴因が両立する関係にある場合，すなわち，国家刑罰権の個数が2つ以上になる場合には，単一性の要件を満たさないことになる。原々審には原審判決及び本決定は，最高裁平成17年決定に従い，検察官の訴因変更請求書による訴因変更請求は，公訴の提起に準じているとして，公訴時効の進行の停止の効力があるものとしている。

もっとも，現行法には，検察官が追起訴をする場合は別として，訴因変更請求をすることによって公訴時効が停止することを明確に認めている規定はない。公訴の提起，その後の別の訴因での公訴の提起（追起訴）をする場合には，書面で訴因を明らかにする必要がある。そうすると，検察官が訴因変更請求をす

ることで公訴時効の進行を停止させる効果を認めることはできないとする考えも成り立ちえよう。しかし，罪数処理については，学説・判例においても対立していることが多く，統一的な判断を示すことが困難なこともある場合に，検察官が訴因変更請求をすることによって公訴時効が停止しなければ，検察官に多大な負担を掛けることになり，しかも，一般に訴因変更請求は書面でなされることからすれば（規則209条），被告人に防御の不利益を与える場合でなければ，検察官による訴因変更請求に公訴時効の停止効を認めることはできるように思われる。

さらに，訴因変更請求に公訴時効の停止効を認めるとすると，どの時点で公訴時効の進行が停止するのかという問題も生じよう。原判決は，遅くとも裁判所が訴因変更請求を許可した時点で254条1項の公訴提起と同視できるとしつつも，訴因変更請求が許可された時点で公訴時効の進行が停止し，訴因変更許可取消決定がなされてから公訴時効が再び進行するとしているが，本決定は，検察官が訴因変更請求書を裁判所に提出する時点で，254条に準じて公訴時効の進行が停止するとしている。検察官の公訴提起に準じて訴因変更請求を考えるとすれば，本決定の結論は妥当なものと考えられる。

[参考文献]
① 池田公博・ジュリ1396号171頁
② 井上弘通・最判解刑事篇平成18年度422頁
③ 小木曽綾・刑ジ9号187頁
④ 小出錞一・専ロ3号93頁
⑤ 小島淳・平成18年度重判解206頁
⑥ 只木誠・平成17年度重判解170頁

（滝沢　誠）

II 公訴の提起

【74】 公訴時効(4)
―― 時的な海外渡航と時効停止

最(一小)決平21・10・20刑集63巻8号1052頁, 裁時1494号3頁, 判時2068号161頁, 判タ1314号144頁
詐欺被告事件(平成20年(あ)第1657号)
第1審・高知地判平20・2・29刑集63・8・1060
第2審・高松高判平20・7・14刑集63・8・1065

● 争 点 ●
被告人の一時的な海外渡航と公訴時効の停止, その根拠

1 〈事実の概要〉

被告人は土地購入造成費用名目で金を詐取しようと企て, 被害者から平成11年8月2日に2,235万円を, 同年9月21日に1,100万円の交付をそれぞれ受けた。被告人は不動産仲介業を営むかたわら, 中国からの研修生を募集したり面接したりする仕事をしている関係で中国への渡航が多く, 本件犯行後の平成11年9月21日から公訴が提起された平成19年7月31日までの期間に, 56回にわたり中国に渡航し, その通算日数は324日であった(その内訳は, 国外滞在1日のものが16回, 2日のものが14回, 3日のものが9回, 4日のものが4回, 6日のものが3回, 7日のもの, 8日のもの, 10日のもの, 11日のもの, 13日のもの, 18日のもの, 25日のもの, 28日のもの, 30日のもの, 69日のものがそれぞれ1回ずつであった)。検察官はこの被告人の頻繁になされた一時的な海外渡航が255条1項にいう「犯人が海外にいる場合」に含まれるとして公訴時効の進行が停止していると計算し, 公訴を提起した。

第1審及び原審において, 被告人及び弁護人は偽罔行為の有無に関して詐欺罪の成否及びその刑の量定のみ争い, 公訴時効の成立については争っていなかった。被告人は原判決に対して上告を申し立て, 弁護人は, 上告審において初めて, 255条1項にいう「犯人が国外にいる場合」には, 一時的な海外旅行, 少なくとも10日間を超えない程度の海外渡航は含まれず, 公訴時効が成立すると主張した。

2 〈決定要旨〉

「なお, 所論は, 本件においては公訴時効が完成している旨主張するが, 犯人が国外にいる間は, それが一時的な海外渡航による場合であっても, 刑訴法255条1項により公訴時効はその進行を停止すると解されるから, 被告人につき公訴時効は完成しておらず, これを前提とする原判決の判断に誤りはない。」

3 〈解 説〉

本決定は, 最高裁判所として, 初めて, 犯人が国外にいる間は, 一時的な海外渡航による場合であっても, 公訴時効の進行は停止することを明らかにしたものである。337条4号は, 時効が完成したときには判決で免訴を言い渡さなければならないと規定し, 公訴時効の成立の有無は訴訟条件の1つとされている。個々の犯罪の公訴時効期間は, 250条によりそれぞれの犯罪の法定刑を基準とし, その起算点は253条1項により「犯罪行為が終つた時から進行する」。本事案においては, 被告人が被害者から1,100万円の交付を受けた平成11年9月21日から公訴時効が進行し, 詐欺罪の法定刑は10年以下の懲役であるから, 250条2項4号により本事案の公訴時効は7年となり, 55条により平成18年9月21日に公訴時効が完成する。被告人の一時的な海外渡航が, 公訴時効の進行が停止される理由の1つである「犯人が海外にいる場合」に含まれないとすれば, 時効が完成していることから免訴判決が言い渡されるべきであり, そうではなくて, 一時的な海外渡航が「犯人が海外にいる場合」に含まれるとすれば, その期間は時効の進行が停止し, 訴訟条件が具備されているから公訴の提起は適法となる。

従来まで, この点につき明確に判断した判例及び裁判例はなかった。学説の多数は, 犯人が一時的に海外渡航を行っても, その住所が国内にあって起訴状謄本が被告人宛てに送達されることから, その期間は公訴時効の進行は停止しないとしてきたが, 一時的な海外渡航の場合には, 255条の文理上, 起訴状謄本の送達は要件とはされていないこと, 255条

の規定上は犯人が国外に逃げ隠れている場合と国外にいる場合とを区別しておらず，さらに，捜査権を行使することが困難であることを理由として，犯人が一時的に海外渡航を行う場合には「犯人が国外にいる場合」に含まれるとする見解も主張されていた。

確かに，犯人の逃亡の意思が伺われない場合に，犯人が単に海外に渡航していることにより，公訴時効の進行が停止し，時効の利益を失うことの合理性は考慮する必要があろう。公訴時効制度は，実体法上，時間の経過により処罰感情が低下したり，また，訴訟法上，時間の経過により物的証拠が散逸したり，被疑者や参考人等の供述の信用性が低下することで誤った事実認定がなされないようにするために設けられている。また，255条1項の規定は，「犯人が国外にいる場合」または「犯人が逃げ隠れているため有効に起訴状の謄本の送達若しくは略式命令の告知ができなかった場合」と対置されていることから，「犯人が国外にいる場合」には起訴状の謄本が被告人に送達できたかどうかは，要件としては問われていないものと考えられる。

「犯人が国外にいる場合」に公訴時効の進行が停止する理由につき，判例は，いわゆる白山丸事件（最判昭37・9・18刑集16巻9号1386頁。なお，最判昭40・11・25裁判集刑157号305頁）及び裁判例（東京高判平9・4・22東高刑時報48巻1～12号37頁）において，捜査権の行使が困難となることを挙げている。

犯人が頻繁に一時的な海外渡航をすると，捜査機関は，被疑者取調を十分に行えなくなることがあり，その結果，被疑者取調が行われないまま犯罪捜査が行われる不都合もあろう。また，公訴時効の進行を停止させるために，嫌疑が十分ではないにもかかわらず公訴を提起する危険性もありえようから，捜査権の行使が困難となることを理由に公訴時効を停止することには合理的な理由がある。一時的に犯人が海外に渡航をしている期間に公訴時効の進行が停止しても，犯人に対する処罰感情が低下するわけではなかろう。また，証拠の散逸により適正な事実認定がなされなくなる危険もあろうが，近年では，刑事訴訟法が制定された当時と比べて，科学技術を用いた犯罪捜査手法の精度が高まり，種々の科学技術を用いた新たな捜査手法を用いることによって，適正な事実認定を行うことができるようになってきているのだから，時間の経過により証拠が散逸するという理由付けはここでは関係がなかろう。

本事案における弁護人による上告趣意においては，少なくとも10日を超えない海外渡航は「犯人が国外にいる場合」にあたらないと主張している。しかし，公訴時効制度が訴訟条件の1つである重要性，及び，「短期」であるという基準を明確にすることは困難であるから，「短期」という一律の基準を設けることに困難な概念が存在すること自体が，法的安定性が損なわれているものと考えられる。

本決定は，いかなる理由で犯人が一時的に海外渡航をすると，その期間，公訴時効の進行が停止するのかを明らかにしていないが，前掲昭和37判決の判断枠組みを明確に否定していないことから，起訴状謄本の送達の困難性とともに，捜査権の行使の困難性を根拠にしているものと考えられる。本決定は，公訴時効制度が厳格な判断が求められる訴訟条件の一つであることから，また，海外渡航が容易になされる今日において，実務上意義のあるものであると思われる。

[参考文献]
① 鹿野伸二・ジュリ1405号177頁
② 高内寿夫・速報判例解説7号189頁
③ 豊崎七絵・法セ664号136頁
④ 原田和往・平成21年度重判解211頁
⑤ 道谷卓・刑ジ22号102頁
⑥ 森本宏・警論63巻3号181頁
⑦ 吉田雅之・研修739号19頁
⑧ 滝沢誠・新報117巻9＝10号371頁

（滝沢　誠）

Ⅱ 公訴の提起

【75】公訴時効規定の改正と遡及処罰

最(一小)判平成27年12月3日刑集69巻8号815頁

● 争 点 ●
公訴時効の廃止と遡及処罰禁止との関係

1〈事実の概略〉

本件は,平成9年4月13日に行われた強盗殺人の事案であり,被告人は,本件行為時から15年以上が経過した後の平成25年2月2日に起訴された。

本件犯行が行われた平成9年当時の刑訴法250条は,強盗殺人罪の公訴時効期間を15年と定めていた。平成16年の「刑法等の一部を改正する法律」(以下,「平成16年改正法」という)は,同罪の公訴時効期間を25年に延長するものだったが,同法附則3条2項は,公訴時効期間の延長の効果は改正以前の事件に対して及ばない旨を定めたため,本件は影響を受けなかった。

これに対して,平成22年の「刑法及び刑事訴訟法の一部を改正する法律」(以下,「本法」という)は,強盗殺人罪の公訴時効を廃止し,同法附則3条2項で,平成16年改正法附則3条第2項の規定にかかわらず,本法施行の際に公訴時効が完成していない事件についても,これが適用されるとした。そのため,本件の公訴時効は,平成24年4月13日に完成しているはずであったところ,本法及び同附則により,公訴時効の対象外となった。

第1審・控訴審ともに無期懲役の有罪判決を受けた被告人は,本法附則3条2項は遡及処罰を禁止した憲法39条及び適正手続を保障した憲法31条に違反する旨を主張して,上告した。

2〈判 旨〉

最高裁は,次のように判示して,被告人側の主張を退けた。

「公訴時効制度の趣旨は,時の経過に応じて公訴権を制限する訴訟法規を通じて処罰の必要性と法的安定性の調和を図ることにある。本法は,その趣旨を実現するため,人を死亡させた罪であって,死刑に当たるものについて公訴時効を廃止し,懲役又は禁錮の刑に当たるものについて公訴時効期間を延長したにすぎず,行為時点における違法性の評価や責任の重さを遡って変更するものではない。そして,本法附則3条2項は,本法施行の際公訴時効が完成していない罪について本法による改正後の刑訴法250条1項を適用するとしたものであるから,被疑者・被告人となり得る者につき既に生じていた法律上の地位を著しく不安定にするようなものでもない。

したがって,刑訴法を改正して公訴時効を廃止又は公訴時効期間を延長した本法の適用範囲に関する経過措置として,平成16年改正法附則3条2項の規定にかかわらず,同法施行前に犯した人を死亡させた罪であって禁錮以上の刑に当たるもので,本法施行の際その公訴時効が完成していないものについて,本法による改正後の刑訴法250条1項を適用するとした本法附則3条2項は,憲法39条,31条に違反せず,それらの趣旨に反するとも認められない。このように解すべきことは,当裁判所の判例([最大判昭和25年4月26日刑集4巻4号700頁],[最大判昭和30年6月1日刑集9巻7号1103頁])の趣旨に徴して明らかであるから,所論は理由がない。」

3〈解 説〉

本判決は,刑訴法に対する平成22年改正法(本法)により公訴時効を廃止または公訴時効期間を延長された罪について,本法施行前の行為で公訴時効が完成していないものについても本法が適用されるとした本法附則3条2項が,遡及処罰を禁止した憲法39条及び適正手続を保障した憲法31条に違反せず合憲であるとしたものである。

公訴時効制度の趣旨をめぐっては,いくつかの見解がこれまで提示されてきた。(a)実体法説は,時の経過により,事件の社会的影響が低下し,刑罰権を行使する必要性が減少ないし消滅するとする。(b)訴訟法説は,時の経過により,犯罪の証拠が散逸し,真実の発見

と適正な裁判の実現が困難になり公訴権が消滅するとする。(c)新訴訟法説は，公訴権が消滅する根拠として，犯人の法的地位の安定性と事実状態の尊重を挙げる。このほかに，実体法説と訴訟法説の両方の性格を有するものとする(d)競合説，捜査機関及び裁判所の負担を軽減するためであるとする(e)政策説などがある。

他方，憲法39条が「何人も，実行の時に適法であった行為・・・について刑事上の責任を問われない」と定めたのは，罪刑法定主義に基づく保障の一側面として，いかなる行為が刑罰の対象となるかに関する国民の予測可能性を確保するという自由主義的要請に応えたものとされる。そして，予測可能性の保障の前提にある可罰性評価は実体法に即したものであるから，同条が禁止する遡及適用は実体法に限定されるべきことになる。このような理解は，本判決が引用した2つの大法廷判決とも整合する。

以上を踏まえて，公訴時効を廃止した平成22年改正法の規定を施行前の行為に遡及させた附則3条2項は，公訴時効に関する(a)実体法説をとる場合には，実体法規の遡及適用を禁止した憲法39条に違反し，(b)訴訟法説または(c)新訴訟法説をとる場合には，これに違反しない，と整理することは可能である。もっとも，法が法定刑の重さを公訴時効期間の長短に反映させている点に着目すれば(a)実体法を【完全に】排除することは困難である反面，公訴時効の完成が免訴事由であることは(b)訴訟法説の重要な根拠となる。いずれかの立場に純化して憲法39条との関係を形式的に確定するのは適当ではない。

本判決が「公訴時効制度の趣旨は，時の経過に応じて公訴権を制限する訴訟法規を通じて処罰の必要性と法的安定性の調和を図ることにある」と判示していることから，公訴時効を訴訟法的観点から捉えていることは明らかであり，基本的には(b)訴訟法説をとったものとみられる。ただし，そこから本法附則3条2項が憲法39条に違反しないという結論が直ちに導かれるべきでないことはすでに述べたとおりである。

本判決は，本法附則3条2項が憲法39条(及び同31条)に違反しないことの実質的根拠として，(1)本法が「処罰の必要性と法的安定性の調和を図る」という公訴時効制度の趣旨を実現した結果であること，(2)本法附則3条2項が「被疑者・被告人となり得る者につき既に生じていた法律上の地位を著しく不安定にするようなものでもない」ことを挙げている。(1)は，一部の犯罪類型について公訴時効を廃止または公訴時効期間を延長したことは，時の経過により増す法的安定性への要請と，犯人に対する処罰を全うすることへの要請との比較衡量によるものであるとする。実体法的観点はその限度で取り入れられており，当該犯罪の可罰性評価を行為時に遡って変更するものではない（実体法規の遡及適用には当たらない）ことが明らかにされている。(2)は，「被疑者・被告人となり得る者」も保護されるべき法的安定性の主体となり得るとして，「既に生じていた法律上の地位」が「著しく不安定」にされるような取扱いは禁止されることを示唆する。しかし，公訴時効が完成することに対してその者が持つ期待が害されるだけでは，禁止すべき取扱いに当たらないとしたのである。この点を敷衍すれば，公訴時効の完成後は十分に保護されるべき法的地位を与えられるということであり，本法附則3条2項の射程を超えて，公訴時効が既に完成している事件について，一度消滅した公訴権を復活させることは許されない。

［参考文献］
① 馬渡香津子・ジュリ1512号
② 原田和往・刑ジャ53号
③ 大澤裕・百選［第10版］
④ 池田公博・平成28年度重判解
⑤ 榎本雅記・法学教室430号
⑥ 小池信太郎・刑ジャ26号

（堀田周吾）

III　公判前整理手続

【76】主張明示と自己負罪拒否特権・黙秘権

最(一小)決平25・3・18刑集67巻3号325頁，判時2186号113頁，判夕1389号114頁
威力業務妨害，建造物不退去被告事件(平成24年(あ)第199号)
第1審・福岡地裁平23・3・9
第2審・福岡高裁平23・12・21

● 争　点 ●
主張明示義務は被告人の自己負罪拒否特権・黙秘権を侵害するものか

1　〈事実の概要〉

被告人らは，福岡地裁で開かれた別件公判の傍聴券交付，警備等の業務を妨害し，地裁所長から庁舎敷地外への退去命令を受けたのに退去しなかったとして，威力業務妨害罪と建造物不退去罪に問われた。第一審裁判所が事件を公判前整理手続に付したところ，被告人らは，公判前整理手続において被告人に主張明示義務及び証拠調べ請求義務を課している刑訴法316条の17が憲法38条1項に反する旨の主張を行った。

原審である福岡高裁は，黙秘権を行使している被告人らを公判前整理手続に付してこれを強行したことは，被告人らの黙秘権侵害という憲法違反及び刑訴法の根本理念に反する違法がある旨の弁護人の主張を排斥し，以下のように判示した。すなわち，「公判前整理手続は，検察官が，その主張立証の全体像を示し(刑訴法316条の13)，取調請求証拠のみならず(同法316条の14)，それ以外の証拠(同法316条の15)についても広範に被告人側に開示することを前提に，①被告人又は弁護人に対し，証明予定事実その他公判期日においてすることを予定している事実上及び法律上の主張がある場合には，時期を前倒しして，公判前整理手続において，その予定している主張を明らかにすることを義務付けているにすぎず，被告人が公判期日において黙秘する予定であるときにまで何らかの主張を明示することを義務付けているものではなく(同法316条の17第1項)，また，②被告人又は弁護人に対し，そのような証明予定事実がある場合に，これを証明するために用いる証拠の取調べを請求することを義務付けているにすぎないのである(同条第2項)。すなわち，被告人は，そもそも，黙秘するのか，何らかの主張立証を行うのか，どのような訴訟対応をするのかについて，いずれかの時点ではその意思決定をしなければならないところ，公判前整理手続は，検察官が，その主張立証の全体像を示すとともに，その請求証拠の証明力を吟味するために重要な証拠も被告人側に開示することとした上で，被告人に対し，訴訟対応に関する意思決定の前倒しを求め，何らかの主張立証を行う場合には，その内容を明らかにするように求めているにすぎないのであって，何ら被告人の黙秘権を侵害することになるものではない。」と判示した。

被告人らは，公判前整理手続において被告人に対し主張明示義務及び証拠調べ請求義務を定めている刑訴法316条の17が，憲法38条1項に違反する旨主張して上告した。

2　〈決定要旨〉

上告棄却

刑訴法316条の17は，被告人又は弁護人において，公判期日においてする予定の主張がある場合に限り，公判期日に先立って，その主張を公判前整理手続で明らかにするとともに，証拠の取調べを請求するよう義務付けるものであって，被告人に対し自己が刑事上の責任を問われるおそれのある事項について認めるように義務付けるものではなく，また，公判期日において主張をするかどうかも被告人の判断に委ねられているのであって，主張をすること自体を強要するものでもない。

そうすると，同法316条の17は，自己に不利益な供述を強要するものとはいえないから，憲法38条1項違反をいう所論は前提を欠き，刑訴法405条の上告理由に当たらない。

3 〈解 説〉

1 問題の所在

公判前整理手続において，被告人側は主張明示義務（316条の17第1項）と証拠調べ請求義務（316条の17第2項）を負い，公判前整理手続に付された事件については，やむを得ない場合を除いて，公判前整理手続終了後に証拠調べ請求をすることができない（316条の32第1項）。このように，主張明示義務と証拠調べ請求義務は，公判前整理手続終了後の証拠調べ請求の制限によって実効性が担保されている。

本件では，このような構造のもと，主張明示義務と証拠調べ請求義務が自己に不利益な供述の強要を禁止する憲法38条1項（自己負罪拒否特権）に違反しないかが争われた。最高裁は，①主張明示義務と証拠調べ請求義務は，自己が刑事上の責任を問われるおそれのある事項について認めるように義務づけるものではないこと，②公判において主張するか否かは被告人の自由に委ねられているため，主張明示義務に「強要」の契機がないこと，を明らかにした。

2 主張明示義務と自己負罪拒否特権

自己負罪拒否特権が禁止するのは，有罪判決の基礎となるべき事実や量刑上不利益となるべき事実等についての「供述」の「強要」である。

316条の17第1項で義務づけられるのは「主張」であって「供述」ではない。したがって，被告人に主張明示義務を課しても自己負罪拒否特権侵害は発生しない。

また，被告人側が主張を明示する前提として，公判前整理手続において検察官の主張内容が明らかにされ（316条の13），その主張を支える証拠の開示を受け（316条の14），さらに検察官請求証拠の証明力評価に重要な証拠の開示を受ける（316条の15）。このように，十分な判断材料が与えられた上で被告人側は自己の防御方針を決定し，主張内容を構成することができる。しかも，どのような主張をするのか，あるいは何らの主張もしないのか，その判断は被告人側に委ねられている。したがって，主張明示義務と表記されるものの，「強要」の契機は存在しない。

検察官側の主張を全面的に認める主張をする場合には，「自己負罪」は存在するといえる。しかし，被告人側の自己負罪主張も，被告人側に認められた自由の枠内での判断である。したがって，この場合にも「強要」の契機は存在しない。

以上の理由により，主張明示義務は被告人の自己負罪拒否特権を侵害するものではない。

3 主張明示義務と黙秘権

被疑者・被告人は，終始沈黙し，または個々の質問に対し供述を拒むことができる（311条1項，198条2項，291条4項参照）。これを黙秘権という。このように，黙秘権は「供述」に関する法的利益であるが，その保護が「主張」にも及ぶと理解した場合，主張明示義務は黙秘権を侵害するか。

316条の17は，公判において主張する予定がある場合に限って主張明示義務を被告人に課すものである。したがって，被告人側の防御方針として終始沈黙をすることを選択する場合，公判前整理手続において主張をしないということもできる。

黙秘権はいつ主張するのかの決定権をその内容に含むものであるため，主張明示義務はこの意味での黙秘権を侵害するとの見解もある。しかしながら，公判前整理手続の目的は，証拠と争点を整理し，迅速で充実した公判審理を実現することにあり，この目的を実現するために，まず，検察官の予定主張の明示・証拠調べ請求，検察官請求証拠の開示，類型証拠の開示が行われる。被告人側の主張明示義務は，検察官の主張内容とそれを支える証拠が示された上でのものであるため，主張時期の制約は，被告人の権利を不当に制限するものとはいえない。したがって，主張明示義務は被告人の黙秘権を侵害するものではない。

[参考文献]
① 細谷泰暢・最判解刑事篇平成25年度109頁
② 稲谷龍彦・百選「10版」128頁
③ 安井哲章・法学新報121巻5・6号391頁

（安井哲章）

【77】 主張明示と被告人質問

最(二小)決平27・5・25刑集69巻4号636頁，判時2268号142頁，判タ1416号68頁
詐欺被告事件(平成25年(あ)第1465号)
第1審・和歌山地裁平25・3・27
第2審・大阪高裁平25・9・12

● 争　点 ●

公判前整理手続終了後，被告人質問での新たな主張を制限することはできるか

1〈事　実〉

被告人は自動車との接触事故を装った治療費名目の詐欺3件で起訴され，そのうちの1件につき，「平成24年4月25日午後5時50分頃，和歌山市内の路上において，真実は被害者が運転する普通乗用自動車に故意に被告人の身体を接触させたのに，被害者の過失により同車に接触させて右腕を負傷したように装い，その頃，同市内の駐車場において，同人に対し，治療費名目で金員を要求し，よって，同日午後5時55分頃，同人から現金5000円の交付を受けた。」との公訴事実により起訴された。

公判前整理手続において，本件公訴事実につき，弁護人は公判期日でする予定の主張として，犯人性を否認し，「被告人は，本件公訴事実記載の日時において，犯行場所にはおらず，大阪市西成区の自宅ないしその付近に存在した。」旨のアリバイ主張を明示したが，それ以上に具体的な主張は明示せず，第1審裁判所もその点につき釈明を求めなかった。第1審裁判所は，本件公訴事実に係る争点の整理結果を，「争点は，被告人が本件詐欺行為を行った犯人であるか否かである。」と整理した。

公判手続に進み，被告人質問において，被告人が，「その日時には，自宅でテレビを見ていた。知人夫婦と会う約束があったことから，午後4時30分頃，西成の同知人方に行った。」との供述をし，弁護人がさらに詳しい質問をして被告人もこれに応じた供述を行おうとした。これに対し，検察官が「公判前整理手続における主張以外のことであって，本件の立証事項とは関連性がない。」旨述べて異議を申し立て，第1審裁判所は異議を容れ，本件質問等を制限した。

2〈決定要旨〉

公判前整理手続は，充実した公判の審理を継続的，計画的かつ迅速に行うため，事件の争点及び証拠を整理する手続であり，訴訟関係人は，その実施に関して協力する義務を負う上，被告人又は弁護人は，刑訴法316条の17第1項所定の主張明示義務を負うのであるから，公判期日においてすることを予定している主張があるにもかかわらず，これを明示しないということは許されない。こうしてみると，公判前整理手続終了後の新たな主張を制限する規定はなく，公判期日で新たな主張に沿った被告人の供述を当然に制限できるとは解し得ないものの，公判前整理手続における被告人又は弁護人の予定主張の明示状況（裁判所の求釈明に対する釈明に状況を含む。），新たな主張がされるに至った経緯，新たな主張の内容等の諸般の事情を総合的に考慮し，前記主張明示義務に違反したものと認められ，かつ，公判前整理手続で明示されなかった主張に関して被告人の供述を求める行為（質問）やこれに応じた被告人の供述を許すことが，公判前整理手続を行った意味を失わせるものと認められる場合（例えば，公判前整理手続において，裁判所の求釈明にもかかわらず，「アリバイの主張をする予定である。具体的内容は被告人質問において明らかにする。」という限度でしか主張を明示しなかったような場合）には，新たな主張に係る事項の重要性等も踏まえた上で，公判期日でその具体的内容に関する質問や被告人の供述が，刑訴法295条1項により制限されることがあり得るというべきである。

本件質問等は，被告人が公判前整理手続において明示していた「本件公訴事実記載の日時において，大阪市西成区の自宅ないしその付近にいた。」旨のアリバイの主張に関し，具体的な供述を求め，これに対する被告人の供述がされようとしたものにすぎないところ，本件質問等が刑訴法295条1項所定の「事件に関係のない事項にわたる」ものでないことは明らかである。また，前記……のような公

判前整理手続の経過及び結果，並びに，被告人が公判期日で供述しようとした内容に照らすと，前記主張明示義務に違反したものとも，本件質問等を許すことが公判前整理手続を行った意味を失わせるものとも認められず，本件質問等を同条項により制限することはできない。

3 〈解説〉

1 問題の所在

本件では，裁判所が刑訴法295条1項に基づき，弁護人による被告人質問とそれに対する被告人の供述（以下，被告人質問等とする）を制限したことの適法性が争われた。本件では被告人質問等において新たな主張がなされているが，公判前整理手続終了後の新たな主張を制限する規定は存在しない。それにもかかわらず，公判前整理手続終了後に被告人側が新たな主張をした場合，裁判所は「本件に関係のない事項にわたるときその他相当でないとき」に当たるとして，これを制限することができるのだろうか。

2 主張制限規定の不存在

公判前整理手続において，被告人側は主張明示義務（316条の17第1項）と証拠調べ請求義務（316条の17第2項）を負い，公判前整理手続に付された事件については，やむを得ない場合を除いて，公判前整理手続終了後に証拠調べ請求をすることはできない（316条の32第1項）。

公判前整理手続は争点と証拠の整理を目的とする手続であるが，争点を整理するためには両当事者の主張が明示される必要がある。また，公判前整理手続終了後の証拠調べ請求を無制限に認めてしまうと，請求の都度，証拠の整理をやり直さなければならず，証拠の整理という公判前整理手続の目的が達成できない場合も生じ得る。主張明示義務と証拠調べ請求の制限は，公判前整理手続の目的から必然的に導き出される措置である。

これに対して，公判前整理手続終了後の被告人側による新たな主張を制限する規定は存在しない。しかしながら，主張制限規定がないことをもって，公判前整理手続終了後の新たな主張が自由に行えるということにはならない。公判前整理手続で策定した審理計画を無用に混乱させるような新たな主張は，公判前整理手続を無意味なものにしてしまうため，原則として許されないことになる。

3 最高裁の判断基準

最高裁は，公判前整理手続終了後の新たな主張が，①主張明示義務に違反したものと認められ，かつ，②公判前整理手続で明示されなかった主張に関して被告人の供述を求める行為（質問）やこれに応じた被告人の供述を許すことが，公判前整理手続を行った意味を失わせるものと認められる場合には，③新たな主張に係る事項の重要性等も踏まえた上で，公判期日でその具体的内容に関する質問や被告人の供述が，刑訴法295条1項により制限されることがあり得る，との判断基準を示した。

すなわち，主張明示義務違反があるだけでは被告人質問等での新たな主張を制限することはできない。主張明示義務違反に加えて，新たな主張を認めることが公判前整理手続を行った意味を失わせるものと認められなければならない。この場合にはじめて，刑訴法295条1項に基づいて新たな主張を制限することができる。ただし，新たな主張に係る事項が重要と判断される場合には，刑訴法295条1項に基づいて新たな主張を制限することはできない。

①の例として，一応は主張を明示するが，具体性を全く欠いている場合を挙げることができる。②の例として，公判前整理手続で策定した審理計画を無用に混乱させるような場合を挙げることができる。③の例として，無罪に直結するような主張，例えば，自分は身代り犯人で，真犯人は別にいる旨の主張で信憑性が高いものがこれに当たるとの指摘がなされている。

[参考文献]
① 岡慎一・百選［10版］132頁
② 石田寿一・最判解刑事篇平成27年度195頁
③ 小木曽綾・判例セレクト2015［Ⅱ］44頁
④ 川澄真樹・法学新報123巻3・4号163頁

（安井哲章）

III 公判前整理手続

【78】証拠開示(1)

最(三小)決平19・12・25刑集61巻9号895頁，判時1996号157頁
証拠開示命令請求棄却決定に対する即時抗告決定に対する特別抗告事件（平成19年（し）第424号）
第1審・東京地決平19・10・22
第2審・東京高決平19・11・8

● 争　点 ●
証拠開示（命令）の対象となる証拠の範囲は検察官手持ち証拠に限られるか

1〈事実の概略〉

　検察官は，「犯行動機，犯行に至る経緯等」を立証趣旨として，被告人の供述書，警察官に対する供述調書各1通を証拠請求した。弁護人は上記証拠を不同意とし，任意性を争い，公判期日においてすることを予定している主張として，警察官による自白を強要する威嚇的取調，利益提示による自白の誘引等を明示した。弁護人は，上記主張に関連する証拠として，316条の20第1項に基づき，「被告人に係る警察官の取調メモ（手控え）・取調小票・調書案・備忘録等」の開示を請求した（以下，「本件開示請求」という。）。

　本件開示請求に対し，検察官は，請求に係る取調メモ等は，本件証拠中には存在せず，取調メモ等は，一般に証拠開示の対象となる証拠に該当しないと回答した。弁護人は，316条の26第1項に基づき，本件開示請求に係る証拠の開示命令を請求した。

　原々審は，上記証拠開示命令請求について，請求に係るメモ等は本来一件捜査記録中に存在しないものと認められ，仮に捜査官がこのようなメモ等を私的に作成し，所持していたとしても，それらは，その作成者が取調の際に必要に応じて供述の要点を備忘のために書き留め，供述調書作成の準備として用いられるなどした個人的な手控えのたぐいであると考えられるから，その性質上そもそも開示の対象となる証拠に該当しないとして，請求を棄却した。これに対し，弁護人が即時抗告をした。

　原審は，「刑訴法316条の20により検察官が開示義務を負う証拠の範囲は，原則として，検察官手持ち証拠に限られるべきであるが，検察官が容易に入手することができ，かつ，弁護人が入手することが困難な証拠であって，弁護人の主張との関連性の程度及び証明力が高く，被告人の防御の準備のために開示の必要性が認められ，これを開示することによって具体的な弊害が生じるおそれがない証拠が具体的に存在すると認められる場合には，これは，いわば『検察官が保管すべき証拠』というべきであるから，検察官手持ち証拠に準じ，これについても証拠開示の対象となると解すべきである。」として，備忘録等の開示を命じた。これに対し，検察官が特別抗告をした。

2〈決定要旨〉

1 「公判前整理手続及び期日間整理手続における証拠開示制度は，争点整理と証拠調べを有効かつ効率的に行うためのものであり，このような証拠開示制度の趣旨にかんがみれば，刑訴法316条の26第1項の証拠開示命令の対象となる証拠は，必ずしも検察官が現に保管している証拠に限られず，当該事件の捜査の過程で作成され，又は入手した書面等であって，公務員が職務上現に保管し，かつ，検察官において入手が容易なものを含むと解するのが相当である。」

2 「公務員がその職務の過程で作成するメモについては，専ら自己が使用するために作成したもので，他に見せたり提出することを全く想定していないものがあることは所論のとおりであり，これを証拠開示命令の対象とするのが相当でないことも所論のとおりである。しかしながら，犯罪捜査規範13条は「警察官は，捜査を行うに当り，当該事件の公判の審理に証人として出頭する場合を考慮し，および将来の捜査に資するため，その経過その他参考となるべき事項を明細に記録しておかなければならない。」と規定しており，警察官が被疑者の取調べを行った場合には，同条により備忘録を作成し，これを保管しておくべきものとしているのであるから，取調警察官が，同条に基づき作成した備忘録であって，

取調べの経過その他参考となるべき事項が記載され，捜査機関において保管されている書面は，個人的メモの域を超え，捜査関係の公文書ということができる。これに該当する備忘録については，当該事件の公判審理において，当該取調べ状況に関する証拠調べが行われる場合には，証拠開示の対象となり得るものと解するのが相当である。」

3 〈解 説〉

偽造通貨行使被告事件の期日間整理手続において，被告人の取調状況が争点となり，被告人側は取調状況（任意性）を主張予定事実とし，主張関連証拠として取調警察官作成の備忘録等の開示を請求した。従来，開示対象証拠の範囲は検察官手持ち証拠に限られると理解されていたが，本件最高裁決定は検察官手持ち証拠に限られず，また警察官作成の備忘録等も開示命令の対象になると判断した。

原審判断も，備忘録等を証拠開示の対象とする判断をしているが，原審と最高裁決定とでは理由づけが異なっている。原審は，証拠開示の対象は原則として検察官手持ち証拠に限られ，検察官が保管すべき証拠と認められる場合には例外的に証拠開示の対象になると判断したのに対し，本件最高裁決定は，このような原則例外論に依拠していない。最高裁は証拠開示（命令）の対象となる証拠の範囲を確定する基準として，①当該事件の捜査の過程で作成・入手した書面等であり（作成要件），②公務員が職務上現に保管し（保管要件），かつ，③検察官において入手が容易なものであること（入手容易性要件），の3要件を示した。

証拠開示については，通常，両当事者相互の任意開示が柔軟に行われている。また，公判前整理手続の証拠開示に関する諸規定に従って，証拠開示がなされるのが通例である。しかしながら，一方当事者からの開示請求に対して，他方当事者がこれに応じない場合に証拠開示の裁定が裁判所に求められる。当事者間で証拠開示の調整がつかないため裁定が求められた場合，裁判所は証拠開示で開示される証拠の範囲を確定するという論理ではなく，証拠開示命令で開示される証拠の範囲を確定をするという論理で問題を解決することになる。要するに，証拠開示請求は316条の15や20を根拠にして行われるが，裁定という場面に移行すると，316条の26第1項の証拠開示命令の対象となる証拠の範囲へと議論が移るのである。ただし，本件最高裁決定の判断は，316条の15に規定される類型証拠や316条の20に規定される主張関連証拠として開示される証拠の範囲にも効果が及ぶ。

最高裁は，判示事項2で犯罪捜査規範13条に言及しているため，犯罪捜査規範13条該当性が証拠開示及び証拠開示命令の基準になるかのように見える。しかし，犯罪捜査規範13条該当性は，開示対象書類の作成に関して，当該事案に即して判断したものにすぎない。いわば，要件①を具体的事例に当てはめたものである。先例として意味を持つのは，判示事項1の3要件該当性である。

本件最高裁決定は，証拠開示命令の基準の設定およびそのことによる証拠開示の基準の設定と，証拠開示をめぐる紛争が発生した場合における裁判所の立場を明確にした点に意義がある。

[参考文献]
① 安井哲章・刑ジ12号95頁
② 後藤昭・平成20年度重判解211頁
③ 川出敏裕・刑ジ21号40頁，およびこれらに掲記の諸論文を参照。

（安井哲章）

Ⅲ 公判前整理手続

【79】証拠開示(2)

①最(三)決平成20・6・25刑集62巻6号1886頁，判時2014号155頁
②最(一)決平成20・9・30刑集62巻8号2753頁，判時2036号143頁
証拠開示決定に対する即時抗告棄却決定に対する特別抗告事件
①について
第1審・福岡地決平20・3・25
第2審・福岡高決平20・4・18
②について
第1審・東京地決平20・8・6
第2審・東京高決平20・8・19

● 争点 ●

① 取調以外の捜査状況の経緯が記録された書面は証拠開示の対象となるか。
② 警察官が私費で購入したノートに取調のメモが記載されていた場合に，証拠開示の対象となるか。

1〈事実の概略〉

①平成20年6月25日決定

被告人は，覚せい剤取締法違反（自己使用）の事実で公訴提起された。本件被告事件は期日間整理手続に付され，本件被告事件の争点は「被告人が天神交番に立ち寄ってから中央署で尿を提出するまでの警察官らの被告人に対する行為の適法性」に絞り込まれた。弁護人は，警察官職務執行法に基づく被告人に対する保護手続と，強制採尿手続の適法性を争い被告人の尿の鑑定書等が違法収集証拠であると主張し，いずれも双方主張に係るA警察官らの証人尋問が採用された。弁護人は，上記主張に関連する証拠としてA警察官らの供述調書，捜査報告書及びメモ等の開示を検察官に求めたが，開示を求めた証拠が存在しないなどの理由でいずれも開示されなかったことから，上記証拠等の開示命令を申し立てた。

原々審である福岡地裁は，検察官に対し，本件保護状況ないし採尿状況に関する記載のあるメモ等の存否，存在する場合，開示の弊害の内容・程度について釈明を求めたが，検察官は不存在等の回答をした。そこで同裁判所は，検察官に対し，本件保護状況ないし採尿状況に関する記載のある上記警察官ら作成のメモの提示を命じたが，提示には至らなかった。

同裁判所は，本件メモは，本件被告事件の捜査の過程で作成された書面であって，A警察官が職務上現に保管し，かつ，検察官において入手が容易なものであることが明らかであり，また，個人的メモの域を超え捜査関係の公文書というべきであるなどとして，本件メモの開示を命じた。原審である福岡高裁は検察官の即時抗告を棄却した。

検察官は，本件メモは個人的なメモであり，しかも被告人の取調以外の捜査状況に関するメモであって，平成19年決定にいう証拠開示の対象となる備忘録には当たらないとの判例違反の主張をして即時抗告した。

②平成20年9月30日決定

被告人は強盗致傷罪の罪で起訴されたが，この強盗致傷の行為（以下「本件犯行」という。）に関与したことを否認している。

公判前整理手続で，検察官は，被告人の知人であるAの証人尋問を請求し，これが採用されたことから，準備のためAに事実の確認を行ったところ，Aは，検察官に対し，被告人がAに対し本件犯行への関与を自認する言動をした旨の供述を行うに至った。

Aについては，捜査段階でB警察官が取調を行い，供述調書を作成していたが，上記の供述は，この警察官調書にはないもの（以下，Aの上記供述を「新規供述」という。）であった。

そこで，検察官は，この新規供述について検察官調書を作成し，その証拠調べを請求し，新規供述に沿う内容を証明予定事実として主張した。

弁護人は，この新規供述に関する検察官調書あるいはAの予定証言の信用性を争う旨の主張をし，その主張に関連する証拠として，「B警察官が，Aの取調べについて，その供述内容等を記録し，捜査機関において保管中の大学ノートのうち，Aの取調べに関する記載部分」（以下，「本件メモ」という。）の証拠開示命令を請求した。

なお，B警察官は，本件大学ノートを新宿警察署の自己の机の引き出し内に保管し，練馬警察署に転勤した後は自宅に持ち帰っていたが，本件事件に関連して検察官から問い合わせがあったことから，これを練馬警察署に持って行き，自己の机の引き出しの中に入れて保管していた。

原々審である東京地裁は，本件メモの提示を受けた上で，その証拠開示を命じた。原審である東京高裁は捜査関係の公文書と言え，開示対象となると判断した。これに対し，検察官が特別抗告した。

2 〈決定要旨〉

①抗告棄却

1．犯罪捜査に当たった警察官が犯罪捜査規範13条に基づき作成した備忘録であって，捜査の経過その他参考となるべき事項が記録され，捜査機関において保管されている書面は，当該事件の公判審理において，当該捜査状況に関する証拠調べが行われる場合，証拠開示の対象となり得るものと解するのが相当である。

2．警察官が捜査の過程で作成し保管するメモが証拠開示命令の対象となるものであるか否かの判断は，裁判所が行うべきものであるから，裁判所は，その判断をするために必要があると認めるときは，検察官に対し，同メモの提示を命ずることができるというべきである。

②抗告棄却

以上の経過からすると，本件メモは，B警察官が，警察官としての職務を執行するに際して，その職務の執行のために作成したものであり，その意味で公的な性質を有するものであって，職務上保管しているものというべきである。したがって，本件メモは，本件犯行の捜査の過程で作成され，公務員が職務上現に保管し，かつ，検察官において入手が容易なものに該当する。また，Aの供述の信用性判断については，当然，同人が従前の取調べで新規供述に係る事項についてどのように述べていたかが問題にされることになるから，Aの新規供述に関する検察官調書あるいは予定証言の信用性を争う旨の弁護人の主張と本件メモの記載の間には，一定の関連性を認めることができ，弁護人が，その主張に関連する証拠として，本件メモの証拠開示を求める必要性もこれを肯認することができないではない。さらに，本件メモの上記のような性質やその記載内容等からすると，これを開示することによって特段の弊害が生ずるおそれがあるものとも認められない。

そうすると，捜査機関において保管されている本件メモの証拠開示を命じた原々決定を是認した原判断は，結論において正当として是認できるものというべきである。

3 〈解　説〉

①平成20年6月25日決定

平成19年12月25日決定（以下，平成19年決定）で開示対象となった証拠は被告人の取調状況に関するメモであったため，開示対象となる証拠は被告人の取調状況に関する文書に限定されるのかが問題となった。要するに，平成19年決定の射程が問われているのである。平成19年決定の判示事項1で示されているように，「当該事件の捜査の過程」で作成された文書が開示の対象となる。したがって，当該事案では取調状況が争点となったが，平成19年決定の射程は取調が争点となる事案に限定されないということになる。

平成20年6月25日決定で問題となった文書は，保護状況ないし採尿状況に関する記載のあるメモであり，当該事件の捜査の過程で作成された文書に該当することになる。したがって，証拠開示に関する他の要件も充足している以上，証拠開示の対象となりうることになる。

②平成20年9月30日決定

平成19年決定の三要件は，①作成経緯，②保管状況，③入手容易性にまとめることができる。本件の警察官作成のメモは，証人の取調を行う前ないし取調の際に作成されたものである。したがって，本件犯行の捜査の過程で作成されたものということになり，第一要件は充足している。また，このメモは，警察署の自己の机の引き出しのなかに入れて保管していたものなので，職務上の保管という第二要件も充足している。そして，警察署の自己の机の引き出しの中に保管することになったのは，本件事件に関連して検察官から問い合わせがあったためである。したがって，検察官にとっての入手の容易性という第三要件も充足している。

警察官は，自己が担当ないし関与した事件に関する取調の経過その他参考になる事項を，その都度メモとして本件ノートに記載している。そして，このメモは，記憶喚起のためのものとして，警察官調書を作成する際に活用されていた。したがって，私費で購入されたノートではあるが，開示を予定しない純然たる個人的メモには当たらないことになる。

[参考文献]
① 後藤昭・平成20年度重判解211頁
② 川出敏裕・刑ジ21号40頁
③ 秋吉淳一郎・百選［第9版］120頁
④ 増田啓祐・曹時64巻4号965頁
⑤ 上田哲生・曹時63巻11号308頁
⑥ 前田巌・百選［第10版］124頁

（安井哲章）

Ⅳ 公正・迅速・公開の裁判

【80】裁判員裁判の合憲性

最大判平23・11・16刑集65巻8号1285頁，判時2136号3頁，判タ1362号62頁
覚せい剤取締法違反，関税法違反被告事件（最高裁平成22年（あ）1196号）
第1審・千葉地判平成22・1・18公刊物未登載
控訴審・東京高判平成22・6・21判タ1345号133頁

● 争　点 ●

① 裁判員制度と憲法31条，32条，37条1項，76条1項，80条1項
② 裁判員制度と憲法76条3項
③ 裁判員制度と憲法76条2項
④ 裁判員制度と憲法18条後段が禁ずる「苦役」

1〈事実の概略〉

被告人は，氏名不詳の者と共謀し，覚せい剤約2kg在中のスーツケースを機内預託手荷物とし，国外から成田国際空港に持ち込み，覚せい剤取締法違反・関税法違反の罪で起訴された。第1審は裁判員参加合議体で審理し，懲役9年及び罰金400万円に処した。控訴審は，裁判員制度が憲法76条1項・2項違反及び80条1項違反ではない旨判示した。
弁護人の上告趣意の内容は，裁判員制度の憲法18条・31条・32条・37条1項・76条1～3項・80条1項違反であった。

2〈判　旨〉

上告棄却（全員一致）。
争点①「裁判員裁判（中略）裁判体は，身分保障の下，独立して職権を行使することが保障された裁判官と，公平性，中立性を確保できるよう配慮された手続の下に選任された裁判員によって構成される」「裁判員の権限は，裁判官と共に公判廷で審理に臨み，評議において事実認定，法令の適用及び有罪の場合の刑の量定について意見を述べ，評決を行うことにある」「裁判員の関与する判断は，(中略) 必ずしもあらかじめ法律的な知識，経験を有することが不可欠な事項であるとはいえない。」「裁判長は，裁判員がその職責を十分に果たすことができるように配慮しなければならないとされていることも考慮すると，上記のような権限を付与された裁判員が，様々な視点や感覚を反映させつつ，裁判官との協議を通じて良識ある結論に達することは，十分期待することができ」「このような裁判員制度の仕組みを考慮すれば，公平な『裁判所』における法と証拠に基づく適正な裁判が行われる（中略）ことは制度的に十分保障されている上，裁判官は刑事裁判の基本的な担い手とされているものと認められ，憲法が定める刑事裁判の諸原則を確保する上での支障はない」
争点②「法令解釈に係る判断や訴訟手続に関する判断を裁判官の権限にするなど，裁判官を裁判の基本的な担い手として，法に基づく公正中立な裁判の実現が図られ，(中略) 評議に当たって裁判長が十分な説明を行う旨が定められ，評決については，(中略) 被告人の権利保護という観点からの配慮もされている」
争点③「裁判員制度による裁判体は，地方裁判所に属するものであり，その第1審判決に対しては，高等裁判所への控訴及び最高裁判所への上告が認められており，裁判官と裁判員によって構成された裁判体が特別裁判所に当たらない」
争点④「裁判員の職務等は，司法権の行使に対する国民の参加という点で参政権と同様の権限を国民に付与するものであり，(中略) 裁判員法16条は，国民の負担を過重にしないという観点から，裁判員となることを辞退できる者を類型的に規定し，さらに同条8号及び同号に基づく政令においては，個々人の事情を踏まえて，(中略) 辞退に関し柔軟な制度を設けている。加えて，出頭した裁判員又は裁判員候補者に対する（中略）経済的措置が講じられている。」「裁判員の職務等は，憲法18条後段が禁ずる『苦役』に当たらない」

3〈解　説〉

法と証拠に基づき適正な裁判の実現が制度的に保障されている限り，いかなる裁判制度

を設けるかは立法政策の問題に過ぎない。それ故，適格性を備えた裁判員が良識ある判断に達することを十分に期待し得る制度の下では，公平な「裁判所」の裁判の実現が保障されている。また，裁判官の独立性保障の制度趣旨は，裁判手続への政治的介入・情緒的圧力の排除にあるので，本判決は正当である。

　尚，争点④の主張適格は議論の余地もあるが，憲法18条違反が仮にあれば，被告人の公正な裁判を受ける権利への影響がないとは限らず，また，個々の裁判員固有の具体的事情に基づく不利益を問題としておらず，制度自体の問題に関わるものであるため，例外的に主張適格を認めたものと考えられる。

[参考文献]
① 西野吾一＝矢野直邦・最判解刑事篇平成23年度257頁
② 土井真一・憲法判例百選Ⅱ[第6版]386頁
③ 酒巻匡・刑事訴訟法判例百選[第10版]112頁
④ 前田雅英・警論65巻2号131頁

　　　　　　　　　　　　　　　（清水　真）

Ⅳ 公正・迅速・公開の裁判

【81】即決裁判手続の合憲性

最(三小)判平21・7・14刑集63巻6号623頁,判時2063号152頁,判夕1313号97頁
業務上横領被告事件(平成20年(あ)第1575号)
第1審・千葉地木更津支判平20・3・12
第2審・東京高判平20・7・10

● 争 点 ●
① 403条の2第1項と憲法32条
② 即決裁判手続の制度が虚偽の自白を誘発するか

1〈事実の概略〉

自衛隊員であった被告人は,業務上保管していたパソコン1台を,自己の用途に充てる目的で自宅に持ち帰ったとして,業務上横領罪で起訴された。検察官は,被告人・弁護人の同意を得て,即決裁判手続を申し立てた。第1審裁判所は即決裁判手続により公訴事実を認定し,被告人懲役1年(執行猶予3年)の判決を言い渡した。

その後,新たな弁護人の下で被告人側が控訴した。控訴審において,被告人は法令違反の主張とともに,被告人には業務上横領の故意がないとして事実誤認を主張し,事実誤認を理由とする控訴の申立を制限する403条の2第1項は,憲法32条に違反し,また,即決裁判手続は,虚偽の自白獲得の温床ともなりかねないから憲法38条2項に違反すると主張した。第2審は,事実誤認の主張は403条の2第1項により不適法であるとした上で,同条項は簡易・迅速な審理裁判を行うという即決裁判手続の趣旨から控訴を制限するものであって,この即決裁判手続によるには被疑者・弁護人の同意が必要であり(350条の2),被疑者・被告人は同意に関し弁護人の助言を得る機会が保障されていること(350条の3)などから,同項は,憲法32条に違反しないとし,また,即決裁判手続が虚偽の自白を誘発するおそれがあるとはいえず,憲法38条2項にも違反しない,と判示した。

被告人側は上告し,(1)即決裁判手続において事実誤認を理由とする控訴を制限する403条の2第1項は,裁判を受ける権利を侵害し,憲法32条に違反する,(2)即決裁判手続は,刑の執行猶予の言渡しが必要的であるために安易な虚偽の自白を誘発しやすいから,憲法38条2項に違反する旨主張した。

2〈判 旨〉

上告棄却
1 憲法32条違反の主張について
「審級制度については,憲法81条に規定するところを除いては,憲法はこれを法律の定めるところにゆだねており,事件の類型によって一般の事件と異なる上訴制限を定めても,それが合理的な理由に基づくものであれば憲法32条に違反するものではないとするのが当裁判所の判例とするところである。」

即決裁判手続は,「争いがなく明白かつ軽微であると認められた事件について,簡略な手続によって証拠調べを行い,原則として即日判決を言い渡すものとするなど,簡易かつ迅速に公判の審理及び裁判を行うことにより,手続の合理化,効率化を図るものであ」るから,事実誤認を理由とする上訴を許すと,「そのような上訴に備えて,必要以上に証拠調べが行われることになりかねず,同手続の趣旨が損なわれるおそれがある。」他方,「即決裁判手続により審判するためには,被告人の訴因についての有罪の陳述(刑訴法350条の8)と,同手続によることについての被告人及び弁護人の同意とが必要であり(同法350条の2第2項,4項,350条の6,350条の8第1号,2号),この陳述及び同意は,判決の言渡しまではいつでも撤回することができる(同法350条の11第1項1号,2号)。」「また,被告人は,手続の過程を通して,即決裁判手続に同意するか否かにつき弁護人の助言を得る機会が保障されている(同法350条の3,350条の4,350条の9)。加えて,即決裁判手続による判決では,懲役又は禁錮の実刑を科すことができないものとされている(同法350条の14)。」

「刑訴法403条の2第1項は,上記のような即決裁判手続の制度を実効あらしめるため,被告人に対する手続保障と科刑の制限を前提に,同手続による判決において示された罪と

なるべき事実の誤認を理由とする控訴の申立てを制限しているものと解されるから，同規定については，相応の合理的な理由があるものである。」

2 憲法38条2項違反の主張について
「前記のような被告人に対する手続保障の内容に照らすと，即決裁判手続の制度自体が所論のような自白を誘発するものとはいえない」。

3 〈解説〉

1 403条の2第1項と憲法32条

人的・物的資源には限りがあるので，重大事件に集中するため，軽微事件を簡略に処理できる審理方式は重要である。従来の簡易公判手続は欠点が多く，ほとんど活用されなかった。即決裁判手続はその欠点を是正すべく導入されたものである。

403条の2は，即決裁判手続において，事実誤認を理由とする控訴を認めていない。この上訴制限は，本判決も言うように，争いのない軽微な事件につき，簡略な手続によって証拠調べを行い，手続の合理化・効率化を図る趣旨である。即決裁判手続の判決に対し事実誤認による控訴の申立を認めれば，上訴に備えて必要以上の証拠調べが行われるようになりかねず，そうなれば制度の存在意義は無くなってしまう。

最高裁は古くから，審級制度についていかなる定めをするかは，立法政策上の問題であるとしつつ，その立法には，合理的な理由が必要であるとしてきた。本判決はこの立場を改めて明確に示しつつ，即決裁判制度の趣旨と，同制度が被疑者・被告人に対する手続保障をし，科刑の制限をしていることなどをあげ，403条の2第1項には合理的な理由があるとして憲法32条に反しないとした。

即決裁判手続の上訴制限が憲法32条に違反するか否かの問題は，即決裁判手続による事実認定が弾劾主義・当事者主義の手続構造の要件を充足した上でなされているかという問題であると思われる。即決裁判手続は，①検察官の証拠調べ請求証拠の全部開示義務により公判審理の充実が図られていることに加えて，②単なる有罪である旨の陳述だけでは有罪とされず，証拠調べが行われ，③請求による被疑者国選弁護事件であり，起訴後は必要的弁護事件であること，④弁護人の同意も要件とされていること，⑤判決言渡しまではいつでも同意を撤回することができ同意撤回後は通常手続に移行することなどの配慮がなされている点で充実した公判審理を受ける権利を侵害することはないといえる。

2 憲法38条2項との関係について

本判決は，即決裁判の制度自体が虚偽の自白を誘発するものとはいえない，として特に詳細な理由付けをすることなく，憲法38条2項との関係で，違反はないとしている。

即決裁判手続を予定した特別な捜査手続が用意されているわけではなく，通常の事件と同じ手続が行われるものであって，即決裁判に先立つ取調べに，特に虚偽自白を誘発する格別の契機が存在するとはいえない。さらに，制度的にも即決裁判手続においては弁護権が十分に保障されており（350条の9），虚偽自白誘発に対する配慮はなされているといえる。加えて，有罪とするためには事実の基礎が必要であって，即決裁判手続でも事実認定を行う以上，自白法則，補強法則の適用があり，合理的な疑いを容れない程度の証明も求められているので，自白があっても直ちに有罪にできるわけではない。個々の取調べ方法の問題として虚偽自白誘発の危険にも対処でき，上訴でも争うことができるので，この点は抑制されうると思われる。

[参考文献]
① 高倉新喜・平成21年度重判解223頁
② 川上拓一・刑ジ22号84頁
③ 中野目善則・百選［第10版］59

（麻妻和人）

Ⅳ 公正・迅速・公開の裁判

【82】除　斥
——前審の裁判への関与

最(一小)決平17・8・30刑集59巻6号726頁，判タ1188号249頁
住居侵入，強盗致死，強盗傷人，強盗被告事件(平成16年(あ)2716号)
第1審・山形地判平16・1・26
第2審・仙台高判平16・11・11

● 争　点 ●
公訴棄却判決・手続への関与と再起訴後の審理における除斥原因

1 〈事実の概略〉

来日中国人による強盗致傷事件で，被告人は年齢を偽ったパスポートで入国したため，いったん成人として起訴された（以下「前件」という）が，前件第1審で被告人質問がほぼ終了した第14回公判期日に至り，起訴時点で19歳だったことが判明した。裁判所は，公訴提起前の少年法の手続不備を理由に公訴棄却の判決をし，即日確定した。その後被告人は，本件公訴事実について再度起訴され，前件を審理した裁判所を構成した裁判官と同一の裁判官で構成された裁判所が，前件で取り調べたのと同一の証拠及び前件で行われた被告人質問等の公判調書の謄本を取り調べた上，改めて被告人質問をし，有罪判決を言渡した。

控訴審は，第1審判決の未決拘留日数算入が過小であると算入し直して改めて有罪判決を言渡し，本件では，前件の公訴棄却判決を言渡した裁判所を構成している裁判官が再起訴に係る本件の第1審公判を担当し原判決を言渡しているが，それが適切か否かはともかく，338条4号による公訴棄却の判決は，裁判官の除斥原因には該当しないし，忌避の裁判もないから，377条2号に該当するとはいえない旨判示した。

2 〈決定要旨〉

上告棄却

「裁判官が事件について公訴棄却の判決をし，又はその判決に至る手続に関与したことは，その手続において再起訴後の第1審で採用された証拠又はそれと実質的に同一の証拠が取り調べられていたとしても，事件について前審の裁判又はその基礎となった取調べに関与したものとはいえないから，刑訴法20条の定める裁判官の除斥原因に該当しないとした原判断は，結論において，正当である。」

3 〈解　説〉

1 20条7号の趣旨とその解釈

本決定は，公訴棄却判決をし又その判決に至る手続に関与した後，再起訴された同一事件を同じ裁判体で審理したとしても，20条7号にいう前審関与には当らないとした，初めての判断である。

憲法37条1項の「公平な裁判所」とは，個別事件につき実質的内容が具体的に公正である趣旨でなく，「構成其他において偏頗のなき裁判所」（最判昭23・5・5刑集2巻5号447頁）をいい，「公平な裁判所」の実現を予断排除の観点から訴訟手続上担保する制度として，起訴状一本主義，訴因制度等のほか，裁判官の除斥がある。除斥制度とは，裁判官が一定の事由により良心に従った公正で合理的な判断を下しえない，偏頗な裁判をする虞のある事由を類型的に定め，大別すると，裁判官が当該事件と人的に特別な関係にある場合と，裁判官が事件に関し一定の職務を行ったことがある場合があり，前者は明確で解釈の余地も少ないが，後者はとりわけ20条7号本文の「前審の裁判に関与したとき」又は「前審の裁判の基礎となった取調べに関与したとき」の解釈が問題となることが多い。

前審関与の裁判官を除斥する趣旨は，第一に，審級制度を維持する以上下級審の裁判官が同じ事件の上級審裁判官を務めることは制度矛盾であり認められない点，第二に，既に当該事件を担当し一定の心証を得るなど予断・偏見を有している場合，公正な裁判が期待できないため手続から排除されるべき点にある。除斥は，それに該当すれば職務の執行から当然に排除されるため，その範囲は限定的であるとの理解で判例学説ともに概ね一致しており，「前審の裁判」の解釈も，審級制度を前提として，上級審から見た下級審の終局裁判，すなわち控訴審からみた第1審，上告

審からみた控訴審又は第1審，抗告審からみた原審又は原々審の各終局的裁判を指すと解されている。具体的には，最高裁は「前審の裁判」に当るか否かの判断をあくまで形式的に行い，たとえば，勾留，保釈等の起訴前の身柄に関する処分に関与した場合（最判昭25・4・12刑集4巻4号535頁等），226，227条により第1回公判期日前に証人尋問をした場合（最判昭30・3・25刑集9巻3号519頁），分離された共犯者等の公判審理に関与した場合（最判昭28・10・6刑集7巻10号1888頁等），少年法20条の送致決定に関与した場合（最決昭29・2・26刑集8巻2号198頁），原確定判決に関与した裁判官が再審請求事件の審理に関与した場合（最決昭34・2・19刑集13巻2号179頁），控訴審の差戻判決に関与した裁判官が再度の控訴審判決に関与した場合（最決昭28・5・7刑集7巻5号946頁等）などいずれも，前審の裁判への関与には当らないとしている。

このように最高裁は「前審関与」の射程をかなり厳格に解釈しているので，本件で前件第1審と再起訴に係る本件第1審は，同一審級であるという点で文理上前審関与に当らないのは明らかで，形式裁判である公訴棄却の判決後，再起訴後に係る同一事件を同じ裁判体が審理しても，本案について心証を形成したわけでなく，また本件のように少年法上の手続不備によるものに限らず，別の事由で公訴棄却判決がなされた場合でも，審級を異にしていない以上「前審」には当らず，同様の裁判体が裁判することに問題はないと判断したと思われる。

2 予断排除との関係

審級制度担保という除斥の第一の趣旨には反しないが，少なくとも採証されるような，つまり判決内容に直接影響を及ぼすような重要な証拠に取調べという形で触れ，したがって事件について白紙の立場にないといえ，予断排除という観点から問題はないのか。

この点，控訴審で審理，判決した裁判官が，第1審裁判官として捜査段階に作成された証拠の取調べをし，その証拠が代わって担当した別裁判官による第1審の犯罪事実認定の基礎資料に供せられている場合，「裁判の基礎となった取調べ」に関与した場合に当り除斥事由ありとされた最判昭41・7・20（刑集20巻6号677頁）について，実際に採証されたか否かは問題とせず将来ありうる予見を最高裁は排斥したと解釈することもできる。

また，20条7号但書で，他裁判所の嘱託に基づきその裁判所のために一定の訴訟行為を行う「受託裁判官」は事件の裁判に関与していても，事件につき自ら心証形成を行う職責を有しないので除斥されないと定められていることから，原判決への関与とは判決の内部的成立以前の段階の関与をいい，判決が内部的に成立した後判決の言渡しにだけ関与する等は除斥事由にならないとされる。これを逆に解釈すると，判決が内部的に成立する以前の関与は，事件内容への実質的判断を求められる関与とみなされ，心証形成等の関与はあるものと考えられる。とすると，本件のように，被告人質問がほぼ終了した結審間近の段階では相当程度心証は得ていると推測され，現に本件では，前件第1審の20回にものぼる審理の結果を利用して，本件第1審は第3回公判期日において判決が言渡されていることを考慮すれば，実質審理に関与し予見の虞れはあったと解することも可能である。

3 本件での事情

とはいえ本件の場合，忌避申立しうる事由はあったとしても，新たな起訴後の本件第1審公判で証拠調べの請求に入っていることから，22条の「事件について請求又は陳述をした後」，すなわち担当裁判官の裁判を受ける旨の意思を表明したと評価できるような訴訟行為があったものとみなされ，忌避申立権は既に喪失していたといえるし，被告人側が担当裁判官の裁判を受ける旨同意していたと考えれば，前件の審理の結果を利用して本件手続を迅速に進めたことは，かえって憲法37条1項の趣旨に資するものと評価できる。

［参考文献］
① 松田俊哉・最判解刑事篇平成17年度325頁
② 多田辰也・平成17年度重判解199頁
③ 江口和伸・研修695号11頁
④ 松代剛枝・百選［第9版］110頁
⑤ 麻妻みちる・新報113巻3-4号697頁，およびこれらに掲記の諸論文参照。

（麻妻みちる）

【83】迅速裁判 (1)
——高田事件

最(大)判昭47・12・20刑集26巻10号631頁，判時687号18頁
住居侵入等被告事件 (昭和45年(あ)第1700号)
第1審・名古屋地判昭44・9・18
第2審・名古屋高判昭45・7・16

● 争 点 ●
① 迅速裁判違反の処理とその根拠規定
② 迅速裁判違反の認定基準

1 〈事実の概略〉

　昭和27年5月から破壊活動防止法制定に反対する運動が全国的に展開され，東京では皇居前広場でのメーデー事件，名古屋では高田，つづいて大須事件が発生した。同月から6月にかけて名古屋市瑞穂警察署高田派出所などに対する一連の集団的襲撃やその企図事件が発生し，同年8月から翌28年7月までの間に31名 (本事件被告人28名) が放火，住居侵入，傷害等の罪で名古屋地裁に起訴された。6月に入ると，東京のメーデー事件と並んで戦後の大騒擾事件として知られる大須事件が発生し，高田事件の被告人のうち20名が大須事件でも起訴され，弁護人は大須事件との併合を求め，同事件の審理を先行させ，その終了をまって，本件の審理を行なうよう求めたので，本件の審理は被告人25名について昭和28年6月18日に，3名については昭和29年3月4日に，いずれも次回期日を追って指定するとされたのち，裁判所による期日指定も，検察官による審理促進も，被告人側の審理促進の要望もないまま，15年余りの間全く放置され，裁判官の構成が全員変ったのち，1人の裁判官が審理中断に気附いて昭和44年6月10日ないし9月24日にはじめて公判審理が再開された。

　審理再開後の弁護人の申請を受け，地裁は9月18日および25日の2回に分けて被告人らに次の理由で免訴を言渡した。つまり，憲法37条1項の保障する被告人の迅速な裁判を受ける権利を明らかに否定されている本件では，時効完成に準じて337条4号により免訴にするのが相当と判示した。検察官の控訴により，第2審の名古屋高裁は，被告人の迅速裁判を受ける権利の侵害を認めながら，この憲法上の権利を現実に保障するには補充立法を要するとし，それのない以上，被告人を免訴にするのは，法の合目的，弾力的解釈の名のもとに，本来立法によるべき遅延策を勝手に案出したに等しく，法解釈の限度を著しく逸脱したとして，破棄・差戻した。これに対して被告人が上告した。

2 〈判 旨〉

　原判決破棄，検察官の控訴棄却 (第1審の免訴判決確定)

　1 憲法37条1項の迅速裁判を受ける権利は基本権規定として，たんに一般的に裁判の迅速をはかる立法，司法行政上の措置を求めるだけでなく，個々の具体的事件で，著しい審理の遅延の結果，被告人の迅速な裁判を受ける権利が侵害されたと認められる異常事態にあっては，補充の具体的規定がなくても，遅延した手続を打ち切る非常手段をとることを認めている規定であると解する。

　2 憲法37条1項の本条項は，被告人が有形，無形の社会的不利益を蒙り，その捜査，公判手続にあっても関係人の記憶の減衰，死亡，証拠の滅失などによる被告人に防禦をするうえでの不利益を与え，さらには，事案の真相を明らかにし，無辜を処罰せず，法令の適正・迅速な適用をはかる刑事司法の理念を達することができないという弊害が発生するのを防止することを目的とする。

　3 公判前整理手続の遅延がこの被告人の権利を侵害するにいたっているか否かは，事情を総合して決すべく，事件の複雑さ，出廷拒否・逃亡，審理引延など遅延の主原因が被告人側にあるときは，この権利の放棄を認めるべきだが，検察側立証終了前にあっては，被告人側が積極的に審理を促さない一事で，権利の放棄を推定してはならない。

　4 本件では権利は放棄されているとは認定することはできず，遅延は異常であって，審理はこれ以上続けることができないので審理を打ち切るため免訴を言渡すのが相当であ

る。

3 〈解 説〉

1　憲法37条1項の被告人の迅速な裁判を受ける権利を保障する規定は，無条件に法律の規定をまつまでもなくそのまま執行力をもつものof self-executionであって，被告人の迅速な裁判を受ける権利が否定されたと認定できる場合には，本条項を実施するための補充立法をまつまでもなく，被告人が刑事裁判に付されることで甘受すべき不都合を超えた不利益を被告人に被らせるべきでないので，刑事手続を打ち切り，被告人を刑事手続から解放すべきことを命じている，という基本的態度を最高裁判所が採った，わが国最初の事件である。

2　従来のリーディング・ケースは昭和23年の大法廷判決であって（同年12・22判集2巻14号1853頁），「裁判に迅速を欠いた違法があるからといって，第2審判決を破棄すべきものとすれば，差戻の外はない。

しかし，そうしたならば，裁判の進行は更に一層阻害されて迅速な裁判を受ける被告人の権利の憲法による保障はいよいよ裏切られる矛盾を生ずるであろう。

それ故，裁判が迅速を欠き憲法37条第1項に違反したとしても，それは判決に影響を及ぼさないことが明らかである」と判示していた。このように解すれば，憲法37条1項の迅速な裁判を受ける権利は，個々の手続内で被告人の不利益にならないように措置すべきことを求める限度でしか意味をもたず，現実に被告人の迅速な裁判を受ける権利が侵害されたときの救済策は欠けていることになる。この23年の判決が，このように，個々の手続の打ち切りを認めず，迅速裁判条項が単に司法行政上の措置を求めているにとどまるものとすれば，本判決は，正式にそうは明言してはいないが，23年の判例を変更したものである。

基本的人権とは個人を権力等から守る堡塁であり，「功利主義」による一般的な国民全体に対する保障策にとどまるものではない。「最大多数の最大幸福」の標語で国民全体の利益をはかる立法や行政とは異なり，刑事上の基本的人権は個々の事件で具体的に裁判所が個人の利益を保障することを求めるものである。その意味で，本判決の意味は大きい。本件原判決や，起訴後第1回公判期日を開いただけで，10年余り全く放置された事案で「手続の正義を支える正当な利益」が失われたとして，338条4号を準用して公訴棄却した第1審の判決を破棄した第2審判決への上告を棄却した最高裁の八王子職安事件判決（最判昭38・12・27判時359号62頁）の被告人の迅速裁判を受ける憲法上の権利に対する基本的態度と本判決の立場は本質的に異なるものである。

3　いかなる場合に，被告人の迅速裁判を受ける権利が侵害されていると認めることができるかについて，本判決は若干の基準を示している。

裁判の遅延で被告人が被る社会的不利益（本件では被告人の多くが祖国北朝鮮への帰国の機会を失ったなど）よりも，個々の手続での防禦上の不利益への関心が強く，本条項が事件の新鮮な段階での事案の真相解明，刑罰法令の迅速適用を求めていると解するなど，若干の混乱がみられる。ただ，本判決は事案の真相を含めた総合判断の立場を示したのであろう。ついで，権利の放棄を認めうる基準を，被告人側の逃亡・出廷拒否，審理引延しに例をとって挙げており，また，「要求法理」を採用しないことを明言している。本件は極端な事例なので，「迅速裁判」を受ける権利の侵害・放棄の有無の認定基準は，この判例ののちに残されることになった。

［参考文献］
① 渥美東洋・判タ287号69頁
② 大日方信春・憲法判例百選Ⅱ（第6版）262頁
③ 田中開・百選（第9版）130頁
④ 時国康夫・最判解刑事篇昭和47年度255頁

（渥美東洋）

Ⅳ 公正・迅速・公開の裁判

【84】迅速裁判(2)
——大須事件他

最(一小)判昭50・8・6刑集29巻7号393頁, 判時784号18頁
水道損壊被告事件(昭和49年(あ)第1563号)
第1審・神戸地姫路支判昭44・7・8
第2審・大阪高判昭49・6・12
最(二小)判昭53・9・4判時898号27頁
騒擾, 暴力行為等処罰に関する法律違反, 放火未遂外人登録法違反, 外国人登録法令違反被告事件(昭和50年(あ)第787号)
第1審・名古屋地判昭44・11・11, 昭44・11・25, 昭44・12・2
第2審・名古屋高判昭50・3・27

● 争 点 ●
① 控訴審における迅速裁判違反の認定
② 被告人側の帰責事由の存在と迅速裁判違反の認定

1 〈事実の概略〉

1 第一小法廷の判決の対象たる事件には2つのものがある。その1つは水道損壊被告事件であり, 第1審で予備的訴因について有罪判決の言渡を受けたのち, 被告人が控訴し, 昭和36年11月11日の控訴趣意書提出期日までに趣意書を提出したが, その後4年間審理は中断されたのち, 第1回公判期日が開かれ, 証人1人の証拠調がされただけで, わずか4回の公判ののち, 弁護人の趣意を容れて原判決を破棄し, 事件を原審に差し戻した。この判決に被告人が上告したが, 上告は棄却され, 差戻を受けた第1審裁判所は, 訴因変更を認めたのち(事件発生後10年余経過後)昭和44年7月8日に有罪判決が言渡され, 被告人は再び控訴した。そして同年11月5日に弁護人は控訴趣意書を提出したが, 3年7ヵ月間も手続は中断され, 昭和48年6月26日に第1回公判期日が開かれた。もちろん, 控訴申立後, 控訴審は, 控訴趣意書および訴訟記録の吟味調査等の実質審理も重ねてはいた。第2次控訴審で控訴棄却の判決を受けたのち, 被告人の責に帰さない防禦上の不利益を被り, 社会的な損失を被った遅延を理由として憲法38条1項違反を理由に被告人は上告した。

行政のもう1つの事例は, 収賄被告事件であるが, 第1審での有罪判決に対し, 両当事者が控訴を申し立てたところ, 本件記録が審理中の別事件の記録の一部になっていたこと等もあって, 第1審から控訴審までの記録の送付に4年1ヵ月も要した。控訴審は憲法37条1項の迅速な裁判を受ける権利を侵害するほどに至っていないとして控訴棄却し, 被告人は上告した。

2 第二小法廷の事件は, いわゆる大須事件(騒擾)決定である。分離組の被告人は早期の裁判を求めて分離裁判を求めたのにもかかわらず, 統一組の審理結果を待ったために審理に26年もの歳月を要し, ことに第1審で実に通算して約14年間審理がまったくなされなかった。第1・2審の有罪判決に対し, 迅速な裁判を受ける権利の侵害を理由に, 被告人が上告した。

2 〈判 旨〉

1 第一小法廷の1事件について上告棄却
「被告人が……控訴を申し立てた場合には……漫然と権利の上に眠ることなく……迅速な処理を促すこともでき……裁判所が当時おかれていた審理の促進を阻害するような現実の特殊情況も……無視することはでき(ない)」,「第1・第2次訴訟審とも被告人の控訴によるものなのに, 被告人側が審理促進を求める積極的な態度を示(す)……証拠がない……中断が事実取調のほとんど終了した控訴審段階(で)生じ, 被告人の防禦……に障害を生じたものと認められない等を総合すれば」高田事件ほど異常事態に至っていなかったので違憲とまではいえない。第2事件についても, 被告人が控訴したのだから積極的促進も求めうるし, 1審で事実審理がほぼ完全に終了し, 証拠の散逸等防禦を困難にする格別の事情もないとして, 違憲とまではいえない。

2 第二小法廷の大須事件について上告棄却
主訴因が大規模な騒擾事件で内容が複雑困難で, 証拠品は尨大で被告人数も150名もの多数であった本件では相当程度の審理の長期化はやむをえず, 加えて, 執拗な法廷闘争がその一因をなし, 理由もない忌避を申し立てたりし, 証人尋問も, 複数の弁護人, 被告人か

ら詳細に重ねられ，遅延の一因は被告人の責に帰すべきものがある。このように被告人の責が認められる場合には，迅速裁判の要請に反するとして免訴をすべきとは考えられない，とした。

3 〈解 説〉

1　高田事件【83】では，憲法37条1項の迅速な裁判を受ける権利は，補充立法なしにも実行される即執行力をもつ性質のものと解され，その権利が侵害されたときは，裁判を打ち切るために，憲法37条1項に基づき「公訴時効」の完成を類推して，憲法上の「免訴」を言い渡す画期的な判断が下された。ところで，高田事件は，検察官立証の段階で生じた遅滞であったため，被告人側は，防禦・反証上の不利益をも受ける虞れが高い場合で，しかも，検察側が主動的に行為すべき段階であるから，裁判促進への被告人側の協力や態度や申出・要求に配慮する必要はないとされた。

2　本件では，第一小法廷は，検察側の立証終了後の有罪判決に対する被告人の控訴申立後の控訴審での手続に対して，事情の異なる高田事件の基準を適用して，本件では被告人の迅速な裁判を受ける権利は侵害されていないと判示した。

つまり，検察側立証が完了し，被告人が控訴した事件であるから，被告人には反証等防禦上の不利益はまず生じておらず，また，自ら控訴を申し立てた場合には，自ら積極的に訴訟を進行させる立場にあるので，ここでは，被告人が手続を促進させる行為をしなかったことを考慮に入れてよいといった。本件のごとき，被告人の控訴申立後の控訴審の手続に高田事件の基準をそのまま適用すれば，本件のような結論になるであろう。下田裁判官は被告人の責に全く帰さない合計7年7月の中断を「迅速裁判を侵害するほどの異常な事態になっていない」とみる多数意見に反対し，団藤裁判官も，被告人側に全く責のない事由による裁判の長期化から被告人を守ることこそ憲法37条1項の迅速な裁判を受ける権利の保障しようとするところだとして，少数意見を表わした。被告人の焦燥，人生の喪失に，もっと目を向けるべきだろう。

公訴時効制度は，証拠，それも被告人に有利な証拠の散逸等，被告人の防禦上の不利益の阻止を中心にねらうのに対し，迅速裁判を受ける権利を保障する制度は，被告人が，裁判の無為の遅滞で，被告人としての不安定な地位や，起訴されていたり告発されている事実から受ける社会生活上の種々の不利益を被らないようにすることを目的とする。また，第1審で有罪とされた被告人は早急な判決の確定を求めず，いわば「短い遅滞は被告人に利益」との事情が介在する。このように考えれば，被告人に全く責のない遅滞に対し，防禦上の不利益を挙げて，被告人の促進協力を求める結果になる「高田事件」の基準を，検察官立証終了後の遅滞に当てはめるのには疑問がある。

3　第二小法廷は，公判手続の分離に応じた被告人が早期の解決を求めたのにその目的を達成できず，結局は26年間裁判に関係させられ，しかも，14年間ほぼ全く審理がなされなかった「異常」ともみられる事例で，執拗な法廷闘争をも一因だと認めて，迅速な裁判を受ける権利の侵害があるとは認めなかった。訴訟の進行に責任を負うのは裁判所であって，執拗な法廷闘争に一定の枠をはめることをせずに放置してよいとはいえないだろう。

また，多数被告人間のいわゆる「合一確定」の必要を正当化事由に挙げているが，適当に手続を分離し，早期の裁判の終結をなしうることを考えると，本事件ほどの長期の遅延をそれを理由に正当とみる立場にも疑問が残る。14年もの完全中断が被告人の責に全て原因があるとはいえない事例で，被告人に帰責を求めることを強調する立場にも疑問が残る。

[参考文献]
① 高木典雄・最判解刑事篇昭和50年度126頁
② 三井誠・昭和50年度重判解152頁
③ 庭山英雄・昭和53年度重判解194頁
④ 岡次郎・最判解刑事篇昭和53年度377頁

（渥美東洋）

Ⅳ 公正・迅速・公開の裁判

【85】 被害者特定事項の秘匿

最決平成20年3月5日判タ1266号149頁
殺人，銃砲刀剣類所持等取締法違反被告事件（平成18（あ）第2339号）
第1審・さいたま地判平成17・9・8 TKC28135293
原審・東京高判平成18・9・28公刊物未登載

● 争　点 ●
被害者特定事項の秘匿決定と憲法32条,37条1項との関係

1 〈事実の概要〉

　暴力団幹部である被告人は，同じ組織に属するA及B，C，D及びEを射殺し，けん銃2丁を適合実包13発と共に加重所持したとして，5件の殺人及び銃砲刀剣類所持等取締法違反で起訴された。第1審裁判所は被告人に死刑を言い渡し，被告人は控訴を申し立てたが，控訴審裁判所は被告人の控訴を棄却したことから，被告人はさらに最高裁判所に上告を申し立てた。その後，犯罪被害者等の権利利益の保護を図るための刑事訴訟法等の一部を改正する法律が成立し，刑訴法に290条の2の規定が盛り込まれたことから，A及びCの遺族は，最高裁判所での弁論に先立ち，A及びCに関する秘匿決定を求める旨の申出を検察官に行い，検察官は，290条の2第1項3号に基づき，秘匿決定をするのが相当であるとの意見を付して，最高裁判所第一小法廷に同申出があった旨の通知をした。
　最高裁判所第一小法廷は，弁護人に対しては，①A及びCにつき290条の2第1項により秘匿決定をすること，②B，D及びEについて同条3項により秘匿決定をすることについての求意見を，検察官に対しては，B，D及びEについて同条3項により秘匿決定をすることについての求意見を行った。これらの求意見に対して，検察官からは，①及び②について，相当との意見が示されたが，弁護人からは，被害者の氏名さえも明らかにできないのは公開裁判を受ける権利を侵害し，裁判公開の原則に反するという不相当との意見が示された。最高裁判所第一小法廷は，これらの求意見をふまえたうえで，①A及びCにつき290条の2第1項により秘匿決定を行い，②B，D及びEにつき同条3項により秘匿決定を行った。弁護人は，この秘匿決定に対して，被害者特定事項を公開の法廷で明らかにしない旨の決定をすることが，憲法37条1項の定める公開裁判を受ける権利を侵害し，ひいては，憲法32条の裁判を受ける権利そのものを空洞化するおそれがあると主張した。

2 〈判　旨〉

　「なお，弁護人は，本件につき，被害者特定事項を公開の法廷で明らかにしない旨の決定をすることが，憲法37条1項の定める公開裁判を受ける権利を侵害し，ひいては，憲法32条の裁判を受ける権利そのものを空洞化するおそれがあると主張するが，同決定が，裁判を非公開で行う旨のものではないことは明らかであって，公開裁判を受ける権利を侵害するものとはいえないから，所論は前提を欠くというべきである。」

3 〈解　説〉

　本決定は，刑訴法290条の2に基づいて，被害者たる証人の氏名及び住所その他の当該事件の被害者を特定させることとなる事項（以下「被害者特定事項」という。）を秘匿する決定をすることが，憲法32条及び同37条1項の定める公開裁判を受ける被告人の権利を侵害するものではないと判断したものである。
　憲法は，32条において何人にも裁判を受ける権利を保障し，37条1項において被告人の権利の1つとして，さらに，82条において保障的保障として，原則として公開で裁判を行うことを規定している。そして，同32条にいう「裁判」及び同82条にいう「公開の原則の下における対審及び判決によるべき裁判」とは，純然たる訴訟事件に限られ，非訟手続による審判については，本条の適用はない（最大決昭和35・7・6民集14巻9号1657頁。なお，非公開の公判前整理手続（期日間整理手続も含む。）は，裁判公開の原則には反しない。最決平成25・3・18刑集67巻3号325頁，本書76事件）。従って，裁判公開の原則は，純然たる訴訟事件の審理及び判決の宣告において，手続を一般に公開してその審判

が公正に行われることを保障するものであって（最大決昭和33・2・17刑集12巻2号253頁〈北海タイムス事件〉），訴訟当事者あるいは傍聴人に証人の氏名，住所等を秘匿しないでおくということまでを含むものではない。本決定は，この点をふまえ，裁判所が被害者特定事項の秘匿決定をしても，裁判が公開されていることには変わりはなく，秘匿決定が直ちに裁判の公開に反するものではないとする結論を導き出しているものと考えられる。

　もっとも，本事例においては，最高裁判所における弁論に先立ち被害者特定事項の秘匿決定が問題となったが，例えば，第１審手続における犯罪被害者たる証人の尋問において，被害者特定事項の秘匿決定によって，被告人の防御権が制約される余地もないわけではないであろう。しかし，被害者秘匿事項の決定に基づき審理が行われる場合には，検察官が起訴状を朗読する際には，被害者特定事項を明らかにしない方法で行い，検察官は，その際，被告人に起訴状を示さなければならず（刑訴法291条2項），被告人は秘匿される前の被害者特定事項が何を意味するのかを知悉している。また，秘匿される事項は被害者の氏名や住所といったものであって，それらを仮称にして読み替えた上で審理が行われるにすぎないし，訴訟当事者が被害者特定事項を証人に尋問できないわけではないことからすると，被害者特定事項の秘匿の決定それ自体が，直ちに被告人の防御権を制約したり，裁判所の行う事実認定を困難にさせるものではないであろう。仮に秘匿決定が正確な事実認定の妨げになるのであれば，裁判所は，法290条の2第4項により，既にした被害者特定事項の秘匿の決定を取り消すことも可能である。

　本事案においては，被告人の弁護人は，本決定によって，憲法37条1項に規定する被告人の公開裁判を受ける権利を侵害し，同法32条に規定する裁判を受ける権利を空洞化させるものであると主張しているが，本決定の説示それ自体は，憲法82条1項に規定されている裁判公開の原則についても妥当することとなろう。

　そして，下級審裁判例の中には，公衆に著しく迷惑をかける暴力的行為等の防止に関する条例が規定する卑わい行為の対象となった者について，刑訴法290条の2所定の被害者に当たるとして，原審の被害者特定事項秘匿決定を是認した事例がある（東京高判平成26・10・30高刑速（平成26年度）111頁）。

　なお，被疑者取調べ及び供述調書に過度に依存していた犯罪捜査及び刑事訴追を改め，時代に即した新たな刑事司法制度を構築することを目的として，刑事訴訟法等の一部を改正する法律（平成28年法律第54号。以下「新法」という。）により新たに設けられた刑訴法290条の3の規定は，秘匿の対象及び範囲を被害者から証人等に拡大している。このことは，被害者特定事項の秘匿が裁判公開の原則に反しないとした本決定の趣旨を踏まえたものと言えよう。

［参考文献］
① 判例百選［10版］246頁
② 松本哲治・平成20年度重要判例解説24頁
③ 滝沢誠・法学新報116巻7・8号155頁

（滝沢　誠）

【86】告知を受ける権利と適法手続

最(大)判昭37・11・28刑集16巻11号1593頁,判時319号6頁
関税法違反未遂被告事件(昭和30年(あ)第2961号)
第1審・福岡地小倉支判昭30・9・21
第2審・福岡高判昭30・9・21

● 争 点 ●
告知を受ける権利の有無,根拠規定

1 〈事実の概略〉

被告人らは韓国への貨物の密輸出を企て,税関の許可を得ずに貨物を機帆船に積み込み,博多沖で漁船に積み替えようとしたが,「しけ」のため積み替えができなかった。

第1審はこの行為を関税法違反の未遂に当たると認めて有罪判決を下すとともに,機帆船と貨物の没収を言い渡し,第2審も被告人らの控訴を棄却し,原判決を確認した。

没収貨物のなかには被告人ら以外の者の所有に属するものがあった。そこで,被告人らはこの貨物は「所有者不明であり,従って,その所有者が関税法第109条乃至第112条の犯罪が行はれることを予め知っていたか否かを確めることを得ない儘の状態にあり,従って,所有者に財産権擁護の機会を全く与へない儘に之を没収したのであり,右は憲法第29条第1項に違反すること極めて明らかである。」と主張して上告を申し立てた。

2 〈判 旨〉

破棄自判

「『関税法』118条1項の規定による没収は,同項所定の犯罪に関係のある船舶,貨物等で同項但書に該当しないものにつき,被告人の所有に属するか否とを問わず,その所有権を剝奪し国庫に帰属せしめる処分であって,被告人以外の第三者が所有者である場合においても,被告人に対する附加刑としての没収の言渡により,当該第三者の所有権剝奪の効果を生ずる趣旨であると解するのが相当である。

しかし,第三者の所有物を没収する場合において,その没収に関して当該所有者に対し,何ら告知,弁解,防禦の機会を与えることなく,その所有権を奪うことは,著しく不合理であって,憲法の容認しないところであるといわなければならない。

けだし,憲法29条1項は,財産権は,これを侵してはならないと規定し,また同31条は,何人も,法律の定める手続によらなければ,その生命若しくは自由を奪われ,又はその他の刑罰を科せられないと規定しているが,前記第三者の所有物の没収は,被告人に対する附加刑として言い渡され,その刑事処分の効果が第三者に及ぶものであるから,所有物を没収せられる第三者についても,告知,弁護(解),防禦の機会を与えることが必要であって,これなくして第三者の所有物を没収することは,適正な法律手続によらないで,財産権を侵害する制裁を科すに外ならないからである。

そして,このことは,右第三者に,事後においていかなる権利救済の方法が認められるかということとは,別個の問題である。然るに,関税法118条1項は,同項所定の犯罪に関係ある船舶,貨物等が被告人以外の第三者の所有に属する場合においてもこれを没収する旨規定しながら,その所有者たる第三者に対し,告知,弁解,防禦の機会を与えるべきことを定めておらず,また刑訴法その他の法令においても,何らかかる手続に関する規定を設けていないのである。

従って,前記関税法118条1項によって第三者の所有物を没収することは,憲法31条,29条に違反するものと断ぜざるをえない。」

つぎに,この処分が憲法に違するとの主張を行為適格が,被告人にあるのか否かの,いわゆる「適格」の論点及び,第三者所有物の没収であっても被告人への(附加刑)であるとの点と,第三者から損害賠償を受ける危険があることもその理由に挙げて,この第三者没収について,その処分の違憲を争うところに被告人の利益を認めることができるとして,被告人が,第三者没収が憲法に違反するとの主張を行う「適格」があることを肯定し,昭和35年10月19日の大法廷判決をその限度で

変更したのである。

3 〈解 説〉

判例を変更するとした昭和35年10月19日の大法廷判決も，本判決も，没収という附加刑を科されるという形での不利益を受ける場合には，その不利益を被る者に対して，不利益を課す対象物とその理由と必要を告知し，その理由と必要の存在について不利益を被る者が防禦し，弁解し，挑戦する機会を保障しなければ，憲法31条の適正手続の要請に違反する旨を明らかにしている。

不利益を課する場合の理由と必要についての告知・聴聞を受ける権利 the right to notice and to be heard が，憲法31条の適正手続の保障の内容をなすと明確に判示されたのである。

わが憲法37条は，被告人の公平，迅速で公開の裁判を受ける権利（第1項），証人審問および喚問権（第2項），弁護人の助力を受ける権利を明文で保障する。これらの諸権利の保障は，被告人が自己に科される刑についてその理由・必要につき告知を受けていなければ，具体性をもちえないのであるが，本判決は，不利益，とりわけ刑罰を科される理由と必要の告知を受ける権利が憲法31条の適正手続保障条項によって被告人に保障されていることを明らかにしたのである。

かつて，最高裁は旧関税法83条1項は，もしそれが犯罪行為のなされることを知らなかった場合にも第三者から没収する報告があれば，憲法29条に違反するとして，同項は所有者たる第三者が犯行について善意でなかった場合にのみ没収する趣旨の規定だと解して，限定的合憲判断を示していた（最判昭32・11・27刑集11巻12号3132頁）。

この判決後，その趣旨を受けて関税法は改正され，善意の者を没収する第三者から除外するようになり，この新規定が35年の判決と本判決で問題とされたのである。刑を科す実体的要件を限定しても，告知と聴聞を受ける権利が保障されず，科刑根拠と理由につき刑を受ける者が防禦・挑戦をなしえないとするわけにはいかないというのである。

本判決は，憲法29条にも触れるが，憲法31条は「生命若しくは自由を奪われ，又はその他の刑罰を科されない」旨規定するので，没収が附加刑であることから，告知・聴聞の必要を示したものであろう。そこで行政手続にも告知・聴聞の権利を保障すべきかについては本判決は触れていないとみられる。だが，刑事手続にあっては，憲法37条に定める諸権利の他に，同31条が告知と聴聞の権利を被告人に保障することによって，憲法31条が，正当に，手続を定めて基本的人権の侵害を未然に，防止することを効果的にしようとするものであることを明示した。憲法37条の裁判を受け，検察官の証明を求める権利，証人審問・喚問権，弁護人の助力を受ける権利とともに告知を受ける権利が加わることによって，わが国でも刑事裁判は the adversary system（対審構造，論争，当事者主義）であることが求められたのである（米合衆国憲法はこれらすべての権利を第6修正で保障する）。

なお判例変更の点は，違憲性主張の適格性についての判断の変更であって，被告人の権利とは直接関係はない。国会はこの判決に応じて，「刑事事件における第三者所有物の没収手続に関する応急措置法」を制定した。

[参考文献]
① 脇田忠・最判解刑事篇昭和37年度223頁
② 笹田栄司・憲法判例百選(第6版)244頁
③ 鈴木義男・警研34巻10号17頁

（渥美東洋）

【87】外国人被告人と起訴状訳本の添付の要否

東京高判平2・11・19高刑集43巻3号202頁，判時1375号139頁
窃盗，出入国管理及び難民認定法違反被告事件（平成2年（う）第877号）
第1審・東京地平2・7・4

● 争 点 ●
日本語を解さない外国人の被告人に対する起訴状謄本送達の適法性

1〈事実の概略〉

被告人A及び同Bは，いずれも日本語に通じないイラン回教共和国籍の来日外国人であるが，被告人両名は，両名共謀による窃盗の事実で警察に現行犯逮捕され，勾留の手続を経ていずれも公判請求された。さらに，被告人Aは，出入国管理及び難民認定法違反（不法残留）の事実でも検察官による在宅での取調を受けるなどした後，おって在宅で追起訴（公判請求）された。

被告人両名に対する窃盗及び出入国管理及び難民認定法違反の起訴状の謄本は，いずれも遅滞なく被告人両名に届けられたが，いずれの事実についても日本語で記載されたものであって，被告人両名が理解できるペルシャ語で記載されたものでもなく，また，ペルシャ語の訳文が添付されることもなかった。

被告人両名は，原審でいずれも実刑判決を受け，原審弁護人が控訴した。

控訴審では，量刑不当のほか，訴訟手続の法令違反の主張として，前記各起訴状謄本が日本語で表記されたものであり，被告人両名が理解できるペルシャ語表記ではなかった点に付き，「271条の規定は憲法31条の適正手続の保障に照らし，その者の理解できる言語で記載された起訴状の謄本を被告人に送達しなければならないと定めたものと解されるところ，本件で送達された起訴状はいずれも日本語で記載されたものであるから，刑訴法271条2項記載の2か月の間に有効な起訴状謄本の送達があったとは認められず，したがって公訴を棄却すべきである。」などと主張した。

2〈判 旨〉

破棄自判

裁判所は，量刑不当の主張について弁護人の主張を容れて破棄自判したものであるが，起訴状謄本の送達がなかったという点については，「（刑事訴訟法第271条）が起訴状の謄本を被告人に送達しなければならないと定めているのは，たしかに所論指摘のように，被告人に公訴が提起されたこと及び公訴事実を知らせ，あらかじめ防御の準備の機会を与えるためのものであり，したがって，同条も憲法31条で定める適正手続の保障を具体化した規定の一つと見ることができる。そして，そのような観点から起訴状の謄本の送達について考えると，被告人が日本語を理解できないものである場合，日本語で記載された起訴状の謄本が送達されたときは，それだけでは直ちにその内容を理解することができないのであるから，右のような刑訴法271条の趣旨を生かすという意味で，起訴状の謄本の送達に伴い被告人に起訴されたことを了知されたり，さらには起訴所の謄本に被告人の理解できる言語で記載した訳文が添付されていたり，或いは謄本の送達後間もない時期に通訳人を介し起訴状の内容を知る機会が与えられたりすることが好ましいことは言うまでもない。もっとも，憲法31条の趣旨に照らし，こうした訳文の添付等が直ちに同条の要請するところとは考えられない。すなわち，起訴状の謄本が送達された際には，被告人としては自分がいかなる事実について公訴を提起されたのか直ちには理解できていなかったとしても，公判手続全体を通じて，被告人が自己に対する訴追事実を明確に告げられ，これに対する防御の機会を与えられていると認められるならば，適正手続にいう「告知と聴聞の機会」は十分に与えられているということができ，ひいては手続全体として憲法31条には違反していないと考えることができるのである。」とし，捜査段階の弁解録取，取調等に際し，常に通訳人が立ち会ってペルシャ語による通訳を受け，起訴後も通訳人を介して弁護人と接見し，公判期日においてもペルシャ語の通訳人を介して公判審理が正常かつ適正に行われたことが明らかであるとして，本件において

は憲法31条の要請は十分に満たされているから、本件各起訴状の送達に関して違法はないとした。

3〈解 説〉

起訴状の記載事項に関する256条は、起訴状の表記について、被告人が日本語を解さない場合の特則を規定していないし、起訴状謄本の送達に関する271条1項も、起訴状の送達にあたって、被告人の理解できる言語での翻訳文の添付を求めていない。

したがって、刑事訴訟法の文理解釈上、検察官は、起訴状の作成に当たり、被告人が日本語を解するか否かに関わらず、日本語で表記すれば足り（裁判所法74条参照）、裁判所も起訴状の送達に当たり、翻訳文を添付する義務を負わない。

もっとも、被告人が日本語を解さない場合、起訴状が日本語のみで表記されている以上、翻訳文の添付がなければ、訴因の内容が理解できないのはもちろん、極端な場合には、送達された資料が起訴状かどうかすら理解できないということもありうる。

その結果、もし、被告人が自分の立場や訴因の内容を理解しないまま裁判が進行することになれば、告知・聴聞の機会を保障した憲法31条に抵触しないのか、というのが控訴審弁護人の問題意識である。

確かに、もし被告人が日本語を解さない場合、起訴状に被告人が理解できる言語で翻訳文が添付されるなどしていれば、上記のような問題は生じない。

しかしながら、裁判所が公訴提起後、遅滞なく起訴状の謄本を送達すべきこととされている（271条1項）こと、被告人の出身地・理解する言語（たとえばアフリカ諸国、東欧諸国など）によっては、起訴状の内容を、正確に翻訳する能力のある中立的な人物を見つけるのが困難な場合もあり得、もしそのような翻訳人を裁判所において常時相当数確保するとなれば、高額の費用のねん出が不可欠であること、裁判所において（あるいは通訳人において）検察官の意図を正確に酌んだ上で起訴状を翻訳することは困難な場合もありうることなどを考慮すると、実行することは非常に困難である。

また、告知聴聞の機会が保障されれば足りるということであれば、①捜査段階でも、警察、検察庁での弁解録取や裁判所での勾留質問、その後の取調において、自分が了解可能な言語での通訳を通じて被疑事実の要旨を知ることができる。

さらに、本件の被告人のように公判請求された場合には、公判において、②通訳を通じ、遅くとも起訴状朗読時には公訴事実の内容を理解でき、その内容を理解した上で被告事件に関する陳述をすることができる上、通常検察官立証後に行われる被告人質問で、自己の弁解を詳細に供述する機会を与えられ、③さらに検察官の論告をふまえて、法的な反駁の機会としての弁論や、最終陳述をする機会がある。

さらに、我が国においては、広範な国選弁護制度が確立されており、公判請求されれば、ほとんどすべての事件で少なくとも国選弁護人が選任されることになるから、弁護人が起訴状の謄本を入手した上、通訳人を介して被告人と接見することで、被告人が公訴事実の内容を実質的に理解することもできる。

むしろ、日本語を解さない被告人が、自己の主張を我が国の法律をふまえて法廷で効果的に展開するためには、一早く起訴状の内容を言語的に理解することもさることながら、弁護人との接見を通じて、我が国の法律を踏まえ、起訴状の実質的な意味を理解することの方がむしろ重要と言えよう。

このような現状において、日本語を解さない被告人に対する起訴状の謄本の送達にあたり、訳文を添付しないことが憲法31条に反しないとした判旨は相当である。

なお、現在では、裁判所において、司法サービスの一環として、公判請求された日本語を解さない被告人に対しては、被告人が理解できる言語での訳文を送付する取り扱いがなされているようであり、実務上この問題はほぼ解消したと言ってもよい状況にある。

なお、本稿のうち、意見にわたる部分は筆者の私見である。

[参考文献]
① 矢村宏・新実例刑事訴訟法Ⅱ・87頁
② 椎橋隆幸・百選［第6版］・76頁

（山本保慶）

【88】 被告人の訴訟能力

最(三小)決平7・2・28刑集49巻2号481頁,判時1533号122頁,判夕885号160頁
窃盗被告事件(平成3年(あ)第1048号)
第1審・岡山地判昭62・11・12
第2審・広島高岡山支判平3・9・13

● 争　点 ●
① 314条1項「心神喪失の状態」の意義
② 被告人の聴覚言語障害を理由とする訴訟能力に疑いがある場合にとるべき措置

1〈事実の概略〉

被告人は,事務所荒らし及び車上狙い計11件の窃盗罪で起訴されたが,耳が聞こえず,言葉も話せない聴覚及び言語の障害者(いわゆる「いんあ者」,なお刑法40条は平成7年刑法改正にて削除)で,聴覚障害者としての学校教育や手話教育を受ける機会もなかったため,手話も会得しておらず,文字もわからず,ほとんど身振り手振りの動作によって意思の疎通を図るほかない者であった。

第1審裁判所は,国選弁護人のほか,特別弁護人,2名の手話通訳人を選任し,約7年を要して実質審理を終えたが,通訳の有効性がほとんど失われていたため,黙秘権の告知等手続の意味を理解できず訴追の維持・追行は正当な利益を欠くとして,公訴提起の手続自体が不適法であった場合に準じ338条4号により公訴を棄却した。控訴審判決は,338条4号が適用されるのは,起訴状の瑕疵,親告罪における告訴の不存在等公訴提起の手続に瑕疵がある場合に限定されるので,第1審判決のいう「訴追の正当な利益」の意味が必ずしも明確でなく,むしろ第1審判決が認定している事実は,被告人に訴訟行為の意義を理解し自己の権利を守る能力すなわち訴訟能力が欠如していることを意味しているので,手続の公正を確保するため314条1項を準用して公判手続を停止すべき旨判示し,第1審判決を破棄し差し戻した。

2〈決定要旨〉

上告棄却
「刑訴法314条1項にいう『心神喪失の状態』とは,訴訟能力,すなわち,被告人としての重要な利害を弁別し,それに従って相当な防御をすることのできる能力を欠く状態をいうと解するのが相当である」。原判決の認定を前提にすれば,「被告人は,耳も聞こえず,言葉も話せず,手話も会得しておらず,文字がほとんど分からないため,通訳人の通訳を介しても,被告人に対して黙秘権を告知することは不可能であり,また,法廷で行われている各訴訟行為の内容を正確に伝達することも困難で,被告人自身,現在置かれている立場を理解しているかどうかも疑問であるというのである。右事実関係によれば,被告人に訴訟能力があることには疑いがあるといわなければならない。そして,このような場合には,裁判所としては,同条4項により医師の意見を聴き,必要に応じ,更にろう(聾)教育の専門家の意見を聴くなどして,被告人の訴訟能力の有無について審理を尽くし,訴訟能力がないと認めるときは,原則として同条1項本文により,公判手続を停止すべきものと解するのが相当であり,これと同旨の原判断は,結局において,正当である。」

なお,本決定には次のような千種秀夫裁判官の補足意見が付されている。公判手続停止後の措置について,被告人の状態等によっては,手続を最終的に打ち切ることもできるが,訴訟能力の回復可能性の判断は時間をかけた経過観察が必要で,手続の最終的打ち切りも特に慎重を期すべきである。

3〈解　説〉

本決定は,公判手続の停止を規定する314条1項の「心神喪失の状態」の意義について訴訟能力を欠く状態をいい,その能力とは「被告人としての重要な利害を弁別する能力とそれに従って相当な防御をすることのできる能力」であるとした上で,聴覚障がいのため被告人の訴訟能力に疑いがある場合で,審理を尽くして訴訟能力なしと認めるときには公判手続を停止すべきであるとした。これまで下級審では,起訴状謄本送達の無効を理由に公訴棄却(339条1項1号)あるいは訴追の正当な利益が失われていることを理由に公訴棄却(338条4号)すべきであるとする見解と,聴覚

障がいによる訴訟無能力者については314条1項を準用し公判を停止する見解とが対立していたが，本件では「心神喪失の状態」の意義について広く訴訟能力を欠く状態であるとの解釈を示し，聴覚障がい等により自己の利害を弁別し防御の能力が欠ける場合についても，314条1項が直接適用されるとした。

314条1項で問題とされる能力は，刑法上の責任能力や民法の制限行為能力とは目的やその内容において異なるものである。また，刑事手続上各々の段階においてそれが求められる趣旨に照らして検討すべきで，およそ全ての段階において一定のものが求められるものでもない。本条本項の趣旨は，心身喪失の状態にある者を当事者として公判手続を進めることを許さず，手続を停止することで被告人の防御の機会を実質的に保障し，手続の公正さを確保することにある。本決定は，訴訟能力を自己の立場を理解し相当な防御ができる能力とする点で，この趣旨に沿う判断である。

しかし，本決定で，訴訟能力について，黙秘権告知や各訴訟行為内容の伝達の可否，現在置かれている自己の立場等に関する被告人本人の理解を挙げているが，具体的にどの程度の能力の欠如があれば訴訟能力を欠くと判断できるのかは明らかでない。その後の最判平10・3・12（刑集52巻2号17頁）で最高裁は，重度の聴覚障がい及び言語・手話教育を習得しなかった二次的精神遅滞により精神的能力及び意思疎通能力に重い障がいを負っている被告人について，手話通訳を介することで，刑事手続において自己の置かれている立場をある程度正確に理解し，自己の利益を防御するため相当に的確な状況判断ができ，それに必要な限度で各訴訟行為の内容についても概ね正確に伝達を受けることができること，個々の訴訟手続においても手続の趣旨に従い自ら決めた防御方針に沿った供述ないし対応ができること，また黙秘権についてもその趣旨が相当程度伝わっていてその実質的な侵害もないこと，当該事件が比較的単純な事案で被告人がその内容を理解していること等の事実関係の下においては，314条1項にいう「心神喪失の状態」にはなかったと判示した。つまり，被告人の訴訟能力には，黙秘権等の一般的・抽象的・言語的な理解能力ないし意思疎通能力までは必要とされず，日常生活が送れる程度の具体的・実質的・概括的な理解能力があれば足りることになる。したがって被告人が単独で十分な防御をなしうることまでは必要とされないが，弁護人及び通訳人の適切な助力を受け，かつ裁判所が後見的役割を果たしてもなお，自己が置かれている立場を実質的に理解することさえできないような手続の公正さを害する事情が存在する場合は，訴訟能力が欠如していると判断される。

公判手続停止後の措置については，被告人が心神喪失の状態から回復すれば公判手続を再開することになるが，314条4項による医師や専門家の意見を聴くなどして特に慎重に経過観察を行った結果，被告人の訴訟能力の回復見込みが全くないと判断される場合には，裁判所による手続の打ち切りの余地を残す補足意見が付されている。近時，最判平28・12・19（刑集70巻8号865頁）で最高裁は，事案の真相を解明して刑罰法令を適正迅速に適用実現するという刑訴法の目的（1条）に照らし，形式的に訴訟が係属しているにすぎない状態のまま公判手続の停止を続けることは同法の予定するところではない旨指摘した上で，裁判所は，検察官が公訴を取り消すかどうかに関わりなく，訴訟手続を打ち切る裁判をすることができること，その裁判の形式は，訴訟能力が後発的に失われてその回復可能性の判断が問題となっている場合であることに鑑み，刑訴法338条4号に準じ，口頭弁論を経た判決によるべきであることを明確にしている。

[参考文献]
① 川口政明・最高裁 時の判例Ⅳ 刑事法編162頁
② 長沼範良・平成7年度重判解162頁
③ 辻裕教・百選[第7版]116頁
④ 渡辺咲子・百選[第8版]118頁
⑤ 駒田秀和・百選[第10版]118頁
⑥ 清水真・新報105巻8・9号265頁（上記平成10年判決評釈），およびこれらに掲記の諸論文参照。

（麻妻みちる）

Ⅴ 被告人の弁護権

【89】弁護人の訴訟上の義務

東京地判昭38・11・28下民集14巻11号2336頁，判時354号11頁
損害賠償請求事件（東京地裁昭和36年（ワ）6237号）

● 争 点 ●
弁護人の誠実義務

1〈事実の概略〉

本件原告は，実母の義母とその夫（尚，戸籍上は原告自身の父母である）を毒殺した上，その後，他人に成り済まして警察の追及を免れる目的で知人1名を毒殺し，更にその後，同様の目的で知人1名を絞殺した上，遺体の身元が判明し難くなるよう，刃物と濃硫酸を用いて激しい損傷を加えた上で笹藪に遺棄した。第1審裁判所は，死刑を言い渡した。

原告は，控訴の申立をし，控訴審に係属し，弁護士である本件被告が国選弁護人に選任され，被告はこれを受任した。当該事件の控訴趣意書提出期限は，昭和35年3月末日と指定された。被告は，国選弁護人を受任後，昭和35年2月25日から同年3月18日迄，7回に亘り上記刑事事件の訴訟記録9冊を順次閲覧したが，控訴理由なしと判断した。原告は，同年3月8日付及び同月19日付の被告宛の手紙において，控訴趣意書が書けないから，宜しく御教導を乞いたい等に依頼したが，被告は控訴趣意書は被告において作成・提出するので心配無用である旨の返答をし，被告人である原告に接見して原判決のいかなる部分について不服を抱いているかの確認をすることもないまま，正当な控訴理由がないものと判断し，原告の了解を得ることなく，「被告人の行為は戦慄を覚えるもので，原判決は相当である」という趣旨の控訴趣意書を提出した。

原告は，刑事事件の控訴棄却判決を受けて初めて，被告である弁護人が提出した控訴趣意書の内容を知るに至った。そこで，被告による弁護人としての義務に違反した本件行為によって精神的打撃を被った旨主張して，慰謝料の支払を求める民事訴訟を提起した。

2〈判 旨〉

請求一部認容

「有罪の第一審判決に対して被告人が控訴し，右控訴審において被告人のために弁護人が選任された場合においては，」現行刑訴法が控訴審を事後審とした関係上，「弁護人のなしうる弁護活動にもおのずから限界があり，弁護人は第一次的には訴訟記録について法定の控訴理由の有無を調査すべく，かかる調査が控訴審における弁護人の弁護活動，したがってまたその義務の中核をなすものということができる。しかしながら，この義務はいわば弁護人としての調査義務の最小限をなすものであって，……殊に，訴訟記録について綿密な調査を行ってもなお適当な控訴理由を発見できなかった場合には，……少なくとも被告人自身につきこれらの点の調査を実施することが弁護人の義務として要求せられるものといわなければならない。」「以上のような調査を尽くしてもなお適当な控訴理由を発見することができなかった場合にはいかにすべきかというに，かかる場合弁護人としては，被告人に対し率直にその旨を告げ，被告人の言い分を十分に聴取し，その不服とするところがいかに被告人に有利に解しても全くなんらの控訴理由をも構成しえざるものである場合には，その旨を指摘し，被告人がなお不服を維持するというのであれば，弁護人としては，被告人の名においてする控訴趣意書の作成について必要な技術的援助を惜しまないが，それ以上被告人の期待するごとき協力をすることができないことを告げて被告人の善処を求むべき義務あるものと解するのが至当である。」「被告は国選弁護人としてなすべき上記のような義務を尽くさなかったものというほかはなく，しかも右は被告の過失に基づくものというべきであるから，被告は原告に対し，これがためそのこうむった損害の賠償をなすべき一種の債務不履行または不法行為による責任をまぬかれないといわなければならない。」

3〈解 説〉

1 本判決は，刑事事件の弁護人が負う義務の内容を判示した。事後審としての性格を持つ控訴審においては，弁護人は第1審判決の訴訟記録を精査し，事実誤認・量刑不当，及び判決に影響を及ぼすべき法令違背の各々（377条～382条）について理由があるか否か検討すべき責務を負う。更に，一般論としては，やむを得ない事由により第1審弁論終結前に

取調請求出来なかった証拠によって証明し得る事実，又は，第1審弁論終結後判決前に生じた事実の控訴趣意書への援用（382条の2第1項・同2項），第1審判決後の量刑事情に関する事実の取調について控訴審裁判所の職権発動を促すことも考えられる（393条2項）。

確かに本件原告の刑事被告事件は，極めて悪質であった上，冤罪の可能性も極めて低いものであった。とはいえ，本件被告である刑事事件控訴審弁護人は，被告人への接見もせず，その言い分を確認することもなく控訴理由なしと判断し，更には本件原告である刑事被告人を非難した上で「控訴理由なし」との控訴趣意書を提出している。これは，刑事被告人の利益擁護者たるべき弁護人の義務に反する。この裁判例の法理は，私選・国選を問わずあてはまるものと考えるべきであろう。

尚，調査を尽くしても猶，控訴理由を見出し得なかった場合，国選弁護人の辞任を認め得るかが議論されている。しかし，国選弁護が公的性格を有することは看過し得ない。また，かかる理由での国選弁護人の辞任を認めるならば，弁護人不在という事態が延々と続く危険性すらあり，控訴趣意書に提出期限を定める趣旨（規則238条）が没却される虞もある。このように考えると，控訴理由を見出し得なかったことを理由とする国選弁護人の辞任を認めることはできないものと考える。

2　弁護人と被告人との関係をめぐっては，①司法機関の一翼を担う存在として公的義務を負うとの見解もあれば，②弁護人は被告人の「雇われガンマン」として一体化すべき旨を説く見解もある。しかし，①は被告人の利益擁護者としての役割を軽視する危険がある。他方で，②の見解を採った場合でも，被告人の主張には明らかに無理があり，その主張に沿った弁護活動を展開した場合，量刑上，深刻な不利益を受けることが高度に予測されるような場合，むしろ被告人の利益を損なう結果にも結び付きかねない。弁護人は，専門家であるから，担当事件について被告人の主張が裁判所の認めるところとなるか否か展望する能力，同種事件における情状と量刑見通しに関して，一般的には被告人を遥かに凌駕する能力を有する。何を以て被告人の利益と見るかについて，第一次的には弁護人の裁量に委ねられていると見るべきである。そこで，万一，被告人がおよそ合理性を見出し難い主張をしようとした場合には，迎合することなく，客観的な証拠評価・合理的な法律解釈の限界等を説き，被告人に自制を促すべきである。また，公判審理において被告人がおよそ不合理な主張を始めた場合にも，被告人の主張の真意は決して不合理な事実・不合理な法律解釈にあるものではない旨を説き，可能な限り寛大な量刑を得るために努力すべきであろう。このような観点から下されたのが，最決平17・11・19刑集59巻9号1847頁であった。事案は，大要，以下の通りである。殺人・死体遺棄へ関与したとの公訴事実で起訴されていた被告人が，公訴事実の一部を認めていたものの，結審間近になって突如，殺人・死体遺棄への関与を全面的に否認するに至ったところ，弁護人は，最終弁論において，被告人に有利な事実等を十分検討して欲しい旨を陳述しつつも，被告人が殺人・死体遺棄に関与したことを前提にし，被告人が殺意を否認している趣旨は，不本意ながら殺人を実行したことの被告人なりの表現である等と陳述した。最高裁は，被告人自身が，弁護人の上記最終弁論に異議を述べていないこと等を指摘し，防禦権侵害・弁護人の助力を受ける権利の侵害はなく，そのまま結審した第1審には訴訟手続の法令違背はない旨示した。

尚，審理中の弁護人の誠実義務違反が，弁護人として求められる水準に達していなかった場合，米国判例法理においては有罪判決の破棄事由であり，確定判決の再審（人身保護令状発付）事由となる。この点，我が国においては先例がないが，少なくとも被告人の防禦権侵害・弁護人の助力を受ける権利の侵害は，判決に影響を及ぼすべき法令違背として，破棄事由となり得るものと考えるべきであろう。

[参考文献]
① 椎橋・展開102頁
② 清水真「被告人の利益と弁護人の防禦戦略」獨協ロージャーナル2号43頁以下
③ 佐藤博史『刑事弁護の技術と倫理 刑事弁護の心・技・体』19〜41頁・同書280〜281頁
④ 佐藤博史「判評」重判解平成17年度204〜206頁
⑤ 松本一郎『刑事訴訟法基本判例解説［第3版］』33頁
⑥ 清水真「刑事弁護制度と役割」法教376号17頁

（清水　真）

V 被告人の弁護権

【90】国選弁護人の辞任と弁護権濫用

最(三小)判昭54・7・24刑集33巻5号416頁,判時931号3頁
凶器準備集合,威力業務妨害,公務執行妨害被告事件(最高裁昭和51年(あ)798号)
第1審・東京地判昭46・9・28刑月3巻9号1228頁
第2審・東京高判昭50・3・27高刑集29巻10号42頁

● 争 点 ●

① 国選弁護人の解任がやむを得ない場合
② 被告人の国選弁護人選任請求を却下した裁判所の措置の当否と憲法37条3項
③ 国選弁護人の辞任の申出と解任の裁判の要否
④ 国選弁護人の解任の裁判と事実の取調

1 〈事実の概略〉

昭和44年の4・28沖縄デー闘争に関与したとして起訴された被告人の一部である約90名は,私選弁護人を選任して統一公判を主張したが,本件被告人らは2つのグループに分けられ(各10名),公判審理を受けることになった。ところが第1回公判期日直前に上記両グループの私選弁護人全員が辞任したため,各グループに国選弁護人各3名が選任され,公判審理が始まった。しかし,検察官側立証が終了する予定であった第10回公判期日の開廷前,両グループの国選弁護人全員から辞意が表明された。第1審裁判所が調査したところ,第10回公判予定日前に2度開かれた弁護人・被告人打ち合わせ会において,被告人が弁護人に対して暴言を吐き,罵倒した他,予定時刻を大幅に超過したため退席しようとした弁護人の衣服を掴み,強引に引き戻す等の暴行がなされる等,著しく非礼な行為が重なったことが判明した。裁判所は,解任すべきやむを得ない事由があると認め,国選弁護人全員を解任したところ,被告人らから国選弁護人再選任請求がなされた。裁判所は,公判廷において,また文書によって,合計4回に亘り,被告人らに対し,上記の如き行為を繰り返さない旨確約するならば国選弁護人の再選任をする旨を告げてその意思を質したが,被告人らはその都度,無条件で再選任するのが裁判所の義務である等と返答し,確約をしなかった。このため,再選任請求は全て却下され,弁護人の欠けたままで結審し,有罪判決が下った。控訴審も,第1審判決を是認し,控訴を棄却した。尚,本件各被告事件は必要的弁護事件ではない。

2 〈判 旨〉

上告棄却

「被告人らは国選弁護人を通じて権利擁護のため正当な防禦活動を行う意思がないことを自らの行動によって表明したものと評価すべきであり,そのため裁判所は,国選弁護人を解任せざるを得なかったものであり,しかも,被告人らは,その後も一体となって右のような状況を維持存続させたものでるというべきであるから,被告人らの本件各国選弁護人の再選任請求は誠実な権利行使とはほど遠いものというべきであり,このような場合には,形式的な国選弁護人選任請求があっても,裁判所としてはこれに応ずる義務を負わないものと,解するのが相当である。」「ところで,訴訟法上の権利は誠実にこれを行使しなければならないものであることは刑事訴訟規則1条2項の明定するところであり,被告人がその権利を濫用するときは,それが憲法に規定されている権利を行使する形をとるものであっても,その効力を認めないことができるものであることは,当裁判所の判例の趣旨とするところであるから……,第1審が被告人らの被告人らの国選弁護人再選任請求を却下したのは相当である。」「国選弁護人は,裁判所が解任しない限りその地位を失うものではなく,したがって,国選弁護人が辞任の申出をした場合であっても,裁判所が辞任の申出について正当な理由があると認めて解任しない限り,弁護人の地位を失うものではないというべきであるから,辞任の申出を受けた裁判所は,国選弁護人を解任すべき事由の有無を判断するに必要な限度において,相当と認める方法により,事実の取調をすることができるもの,と解するのが相当である。」

3 〈解 説〉

1 国選弁護人の助力を得る権利（判示事項1）

第1審裁判所は，被告人の著しく礼節を欠いた言動を重視し，被告人側に誠実に弁護を受ける気持ちがないものと判断し，国選弁護人の辞任に正当理由ありと認めた。とはいえ，一般に被告人の中には人格的に偏りのある者，その思想信条の故に弁護人に対して一般社会の健全な常識に反する言動をする者が稀有ではない。確かに，そのような者の弁護には困難さが付き纏うであろうが，いかなる者であろうと弁護人の助力を受ける権利の保障は不可欠である。特に本件においては，国選弁護人の助力を受ける権利の行使を求める意思を表明し続けていることを看過すべきではない。

本件において第1審は，被告人らの国選弁護人再選任請求を権利放棄理論によって却下したが，これに対して上告審は権利濫用論を採用した。本件事情のように，新国選弁護人に対して非礼な言動をしない旨の確約を拒否したことを以て権利放棄と構成することは可能であろう。他方，権利濫用論を採用した場合，一般条項に依拠する点で，考慮要因が事案毎に異なり，個々の事案における運用の不整合を生みかねない。

もっとも，弁護権は公正な訴訟手続を担保する上での極めて重要な権利である。権利が放棄されたと構成するためには，当該権利の内容と放棄の効果を熟知した上で，放棄する意思を有していたと判断するための明確性・確実性が必要であろう。米国判例法理において築き挙げられてきた有効放棄法理は，まさに同様のことを求めている。被告人らが数回にわたって国選弁護人再選任請求をしている点に照らすと，本件第1審裁判所が，弁護権の意義・その放棄によって被告人に生じるであろう不利益を十分に説明していた場合を除いては，被告人らの権利放棄と構成することに疑問を感じる。

2 事実の取調（判示事項2～4）

弁護人の私選においても，弁護人の個人的な世界観・価値観等に基づく選り好みで辞任がなされることは望ましくない。そのような辞任を許していたら，被告人が誰からも弁護を受けられない状態を生み，必要的弁護事件にあっては，審理の滞りを産むからである。ましてや，弁護人と被告人との私的契約関係にはない国選弁護においては，その公的性格から上述の選任権との関係上，辞任は一層，厳格な要件の下に理解すべきである。

国選弁護人の選任については，①裁判説，②公法上の一方行為説，③公法上の契約説の3説が唱えられていた。①説を採った場合，国選弁護人の地位を解消するには裁判長の解任行為が必要であり，国選弁護人からの辞任申出は裁判長による解任行為を求める事実行為に過ぎない。本件上告審においては，①説と②説のいずれを採用したのか必ずしも明らかではないが，少なくとも③説を採っていないことは明らかであるから，裁判所が解任しない限り，国選弁護人はその地位を失うものではなく，弁護人が自己の意思のみで辞任することはできないという従来の下級審の裁判実務を支持したものと評価し得よう。

尚，辞任理由の当否に関する事実の取調は，それが弁護方針をめぐる対立に起因する場合，被告人の防禦にとって重大な不利益を齎す事項について裁判所が触れる危険性を持つ。そこで裁判所としては，弁護人・被告人間の弁護方針をめぐる対立の経緯について，背景事情には触れることなく，客観的に国選弁護人の正当な弁護士業務に支障が生じるような問題が被告人の振る舞いによって惹起されたか否か，特に，身体・名誉等の法益に関する重大な害悪が生じていたか否かの調査に限定した事実の取調に徹するべきであろう。

[参考文献]
① 渥美東洋「国選弁護権の告知と請求と放棄」比較法雑誌6巻1＝2号73～133頁
② 椎橋・理論199～211頁
③ 松本一郎『刑事訴訟法基本判例解説[第3版]』35頁
④ 高木俊夫・最判解刑事篇昭和54年度201～241頁
⑤ 渥美東洋・時の法令758号22頁

（清水　真）

Ⅴ 被告人の弁護権

【91】請求・告知と憲法37条

①最(大)判昭24・11・2刑集3巻11号1737頁
窃盗被告事件(最高裁昭和24年(れ)第687号)
第1審・名古屋地裁 第2審・名古屋高裁
②最判昭24・11・30刑集3巻11号1857頁
公文書偽造,同行使,詐欺被告事件(最高裁昭和24年(れ)第238号)
第1審・東京地裁 第2審・東京高裁

● 争 点 ●
① 刑訴応急措置法第4条は憲法37条3項に違反するか
② 1 憲法34条前段及び同37条3項前段所定の弁護人に依頼する権利と裁判所・検察官等の義務
　2 憲法37条3項と同条項後段の事由を告知すべき義務
　3 憲法37条3項と同条項後段の権利を告知すべき義務

1〈事実の概略〉

①について

窃盗被疑事実で逮捕された直後に捜査官から、また、起訴後勾留の際の勾留質問を受ける際に裁判官から、各々、弁護人を選任することができる旨告げられていたものの、第1審・控訴審各裁判所からは弁護人選任権の告知がなく、各審理が行われた。上告審弁護人は、大要、以下のとおり主張して上告した。第1に、憲法37条3項には、国選弁護につき何ら条件が付されていないので、被告人自ら弁護人を依頼することができない場合には、国が必ず弁護人を付さなければならないのであって、事案の軽重難易はもちろん弁護人を依頼することのできない理由の如何、また、被告人の請求の有無を問うものではないのに、刑訴応急措置法4条(現行刑訴法36条)が、「貧困その他の事由」と「被告人の請求」を条件としている点で憲法37条3項違反であり、第2に、現行刑訴法272条では公訴提起のあったとき、裁判所は遅滞なく被告人に弁護人選任権等を告知することが求められているが、刑訴応急措置法6条も同様の趣旨に解さなければならないにもかかわらず、異なった運用がなされた点も憲法37条3項違反を構成する。

②について

検察官からの「本件に弁護人を頼むのか」との問に対して「別に必要ありません」との答みがあったため、国選弁護人の選任がなされないまま第1審で有罪判決が下った事案において、このようなやり取りだけでは弁護人依頼権を告知したことにならず、その権利の内容・方法・費用を明示しなければならず、記録を精査しても憲法34条・同37条3項の内容を詳細に説き示したとは考えられず、この明示を欠いている憲法違反である旨主張して上告がなされた。

2〈判 旨〉

①について

「憲法37条3項では弁護人を依頼することのできない事由を明記していないが、被告人みずからが弁護人を依頼できないことについては必ず依頼できないといえるだけの相当の事由がなければならない。そして、その事由は貧困その他の事由という広い表現によって十分網羅しうるから刑訴応急措置法4条は単に憲法の趣旨を明らかにしたに過ぎないのであり、別に憲法の規定に反して新たな条件をつけたものとはいえない。また、弁護人を選任することは原則として被告人の自由意思に任されているのであって、被告人が貧困その他の事由の有無にかかわらず弁護人を選任する意思のない場合には、刑訴法上いわゆる強制弁護の場合を除いては、国が積極的に被告人のために弁護人を選任する必要はない。したがって、被告人が貧困その他の事由で弁護人を依頼できないときでも国に対して弁護人の選任を請求する者に対して弁護人を附せば足りるのであるのみならず、被告人がみずから弁護人を依頼できない事由があるかどうかは、被告人側に存する事由で国には判らないのであるから、被告人の請求によって弁護人を附することとすることが相当であり、毫も憲法に反するものではない。」

②について

「憲法上の権利は被告人がみずから行使す

べきもので裁判所，検察官等は被告人がこの権利を行使する機会を与え，その行使を妨げなければいいのである。本件では，裁判所がこれを妨げた事実は毫も認められないし，被告人からの右請求があった事跡もない。しかして法は所論のようなことをとくに被告人に告げる義務を裁判所に負わせているものではないから原判決には所論のような違法はない。」

3 〈解 説〉

1 当事者論争主義公判構造における弁護人の助力を受ける権利

裁判所が捜査結果に関する1件記録を読んだ上で公判を開始し，被告人に有利な事実も積極的に証拠調べを行うという実質弁護の「理念」が採られる職権主義公判構造においてであれば，弁護人による形式弁護に対する重要度は必ずしも高い訳ではない。これに対して，起訴状一本主義 (256条6項) の下，裁判所は受動的立場から心証形成し，検察官の主張・立証に対して被告人側が主体的・積極的に反論・反証するという現行の当事者論争主義公判構造の下では，弁護人の助力を求める権利は被告人の権利の中でも取り分け重要な意義を有する。多くの場合，被告人は刑事法に疎く，仮に刑事法に関して一定の知識と訴訟上の技量を有していたとしても，自身が起訴されている刑事公判においてその知識・技量を冷静沈着に駆使することは至難の業だからである。更に，被告人が起訴後勾留されている場合に関しては，自らにとって有利な証拠を収集することは事実上不可能であるということも看過し得ない。

2 請求・行使法理と有効放棄法理

現行刑訴法上，裁判所・捜査機関は被疑者・被告人に対して，弁護人を依頼する権利を有している旨，告知すべき義務を負う旨の規定を設けている (76条1項本文・77条1項本文・203条1～3項・204条1～2項・272条1項本文等)。しかし，本件①②事件当時の刑訴応急措置法下においても，現行刑訴法が施行された後においても，弁護人選任権の告知が裁判所にとって憲法上の義務なのか否かという問題は残り，その結論如何では，絶対的上告理由になるか否かが分かれることになる (405条1号参照)。この点で，上記2判決は，①において，国選弁護人の選任は，被告人からの請求を要すると判示した点，②において，国選弁護人請求権が被告人にある旨を告知すべき義務を裁判所が負うものではないと判示したのであるから，告知義務は裁判所・捜査機関いずれも憲法上の義務ではない旨判示したことになる。

本書【94】の解説中でも触れるが，権利者の権利行使については，請求・行使法理と有効放棄法理とがある。前者の立場では，権利者が自ら積極的に権利行使を表明した場合に限って自身にとって有利な法的効果が得られるのに対し，後者の立場では，権利者に権利の存在と内容及びそれを放棄した場合の不利益を熟知した上で，瑕疵なく放棄された場合以外は権利者に不利な法的効果を生じないという立場である。前述の通り，本件①②両判決は憲法37条3項の権利に関して請求・行使法理を採用した訳であるが，対等な当事者間の指摘紛争の処理を内容とする民事法上の権利についてならともかく，一方は刑事法に通暁した国家権力，他方は刑事法の適用によって道義的非難を加えられ，峻厳な刑罰を科される可能性のある被疑者・被告人であること，また，1で述べた通り，当事者論争主義公判構造においては弁護人の助力を受けることが被告人の防禦にとって不可欠であることを考慮すると，国選弁護権に関して請求・行使法理を採用することには疑問が残る。

[**参考文献**]
① 渥美東洋「国選弁護人の告知と請求と放棄」比較法雑誌6巻1＝2号73～133頁
② 牧田有信『刑事訴訟法基本判例解説［第3版］』37頁
③ 椎橋・理論186～191頁

(清水 真)

V 被告人の弁護権

【92】 私選不要と国選の意思

最(大)決昭32・7・17刑集11巻7号1842頁
詐欺・恐喝被告事件(最高裁昭和32年(あ)第300号)
第1審・宇都宮地大田原支判昭31・2・10
第2審・東京高判昭31・12・28

● 争 点 ●
裁判所に対する被告人の「私選弁護人は頼まない」旨の意思表示と国選弁護人選任請求の有無の解釈

1 〈事実の概略〉

第1審裁判所が有罪判決を言い渡した後,被告人に対して第1審裁判所は控訴審裁判所に記録を送付する前に,弁護人選任に関する照会をしたが,被告人に交付された回答書用紙には,「私選弁護人は頼まない」「私選弁護人は 月 日選任した」のいずれかを選択し,後者を選択した場合は,日付を補充することになっていた。被告人は昭和31年3月23日,上記用紙の「私選弁護人は頼まない」欄に丸印を付けて提出した。当該回答用紙は東京高等裁判所宛となっており,第1審記録末尾に編綴して控訴審に送付された。本件は必要的弁護事件であったが,控訴審裁判所は,同月27日に上記記録を受け取った後,弁護人選任につき何ら手続をなさず,同月29日,被告人に控訴趣意書提出最終日を4月30日と指定する旨の通知をなした。被告人は同月27日,自ら作成した控訴趣意書を控訴審裁判所に提出した。その後控訴審裁判所は,第1回公判期日を同年5月23日と定めたが,その前日である同月22日,裁判長は弁護士Aを国選弁護人に選任した。第1回公判期日には被告人とA弁護人とが出頭し,A弁護人は何らの異議なく被告人の提出にかかる控訴趣意書記載のとおり弁論し,結審の上,控訴棄却判決を言い渡した。

弁護人からの上告趣意は,被告人から控訴申立後速やかに裁判所に対し,「私選弁護人は選任しない」旨の回答,すなわち,国選弁護人選任の請求をしたにも拘わらず,控訴趣意書提出期限徒過後,第1回公判期日の前日に至って弁護人の国選が行われ,これがため弁護人は控訴趣意書提出の機会が与えられなかったことは憲法37条3項に違反するというものである。

2 〈決定要旨〉

上告棄却

「憲法37条3項は,被告人がみずから弁護人を依頼することができない場合に被告人から,国選弁護人の請求があれば,必要的弁護事件であると否とを問わず,その選任をしなければならないことを要請しており,これを受けて刑訴法36条,同規則28条が要件を規定する。すなわち,国選弁護人については,被告人の理由を付した選任請求があることを要し,その選任するや否やは裁判所が理由について,被告人がみずから弁護人を依頼することができない事情があるかどうかを判断してその選任を決定するのである。しからば,単に『弁護人を私選しない』旨の被告人の……意思表示は,国選弁護人請求の意思も表示されておらず,また,何ら理由も付されていないのであるから,これを以て直ちに憲法の要請するところの国選弁護人選任の請求とみることは到底できないものと断ぜざるを得ない。もっとも本件は必要的弁護事件であり,弁護人を私選しないときは,裁判所で弁護人を選任しなければならないのであるが,だからといって,右弁護人を私選しない旨の意思表示を以て,憲法問題である国選弁護人選任の請求とみることはできない。けだし,必要的弁護事件における弁護人選任は純然たる刑訴法上の問題に過ぎないのであって,彼此混同を許されないのである。」

3 〈解 説〉

1 必要的弁護と憲法37条3項

我が国の判例法理は, 本書【93】に収録した昭和24年の2件の最高裁大法廷判決以来, 昭和28年最判（最判昭28・4・1刑集7巻4号713頁）においても, 国選弁護人の助力を受ける権利について請求・行使法理を採用しており, 本決定においてもこれを踏襲している。

憲法は, 弁護人の選任に関する照会義務を課したものではなく, しかも, 必要的弁護事件についていかように定めるかは立法政策の問題なので, 憲法37条3項の関知するところではないとの観点から, 本件上告審決定は, 控訴趣意書最終提出日以後に国選弁護人を選任したとしても, その最終日の指定替をして弁護人に改めて控訴趣意書提出の機会を与えなければならない憲法上の義務はないとの見解を採っている。確かに, 必要的弁護制度は, 元来, 大陸法に淵源を持つものであるから, 憲法37条3項が定めている「弁護人の助力を受ける被告人の権利」とは, 性格を異にするものである。とはいえ, 被告人が国選弁護人の選任を求め, かつ, その助力を受ける意思があるか否かについては, 慎重な取り扱いを要する。

2 憲法37条3項の権利と請求行使法理・有効放棄法理

仮に民事上の権利が対象となっているのであれば, 対等な当事者間の権利義務関係が問題なのであるから, 自らの権利の存在と内容とを真摯に調査してこれを勤勉に行使した者のみが自己に有利な法律効果の恩恵を受け, 自らの権利の存在と内容を知ることに関して不熱心な当事者が積極的に当該権利を行使しなかった場合に不利な結果に終わったとしても, それが不正義であるとは言えまい。しかしながら,「権利の上に眠る者は保護しない」的な発想は, 刑事法の専門家である捜査・訴追機関と, 多くの場合, 刑事法について全くの門外漢である被疑者・被告人の間の法律関係に対してまで及ぼすべき性格のものではなかろう。我が国の憲法・刑訴法の母法国である米国の判例法理では, 国選弁護人の助力を受ける権利に関して, 長らく有効放棄法理が採用されている。すなわち, 弁護人の助力を受ける権利は当事者論争主義の支配する公判段階はもちろん, 捜査段階においても, 被疑者・被告人にとって最も重要な権利の一つである。したがって, 米国判例法理では, 権利の存在と内容, それを放棄した場合の効果をも熟知した上で, 被疑者・被告人が有効に放棄した場合に限って国選弁護人の選任を受けられないものとされてきた。さらに, 権利放棄の有効性をめぐる後の紛議を避けるためにも書面での放棄を義務付けてきた。米国のこのような判例法理に照らせば, 本件のように, 弁護人を私選しない旨, 被告人が回答した場合は, 通常, 国選弁護人の選任を求める権利を留保しているものと解すべきで, 裁判所としては, 国選弁護人については選任するか否かを確認すべきであろう。特に, 本件事例のように, 単に私選するか否かを問う欄があったに過ぎない場合, 被告人において国選弁護人を求める旨の意思を明示すること自体, 難しいのであるから, これを明示的に行使しなかったことを根拠として, 被告人の責に帰するのは, 国選弁護権の存在・内容及びその放棄の効果を必ずしも十分に知らない被告人に対して重すぎる負担となり, 疑問である。

[参考文献]
① 城富次・最判解刑事篇昭和32年度365頁
② 牧田有信『刑事訴訟法基本判例解説[第3版]』39頁

（清水　真）

Ⅴ 被告人の弁護権

【93】 規則178条と国選弁護人

最(大)判昭和28・4・1刑集7巻4号713頁
恐喝未遂,恐喝被告事件(昭和25年(あ)第2153号)
第1審・大阪地判 第2審・大阪高判昭25・7・8

● 争 点 ●

① 規則178条の弁護人選任照会手続は,憲法37条3項によって裁判所に課された義務によるものか否か
② 控訴趣意書の提出期限に近接した時点でなされた国選弁護人選任の請求に対して,裁判所が提出期限後に国選弁護人を選任したことの適法性

1 〈事実の概略〉

被告人は,恐喝及び同未遂罪で有罪判決を受け,控訴した。昭和25年5月29日,原審裁判所より,控訴趣意書の提出期限を同年6月24日と指定する通知を受けた。同月15日,被告人は自ら作成した控訴趣意書を提出し,その後,同月20日,原審裁判所より,同年7月1日を第一回公判期日とする召喚状を受け取った。この間,被告人は私選弁護人を選任せず,裁判所も規則178条の弁護人選任照会手続を行なわなかった。

同年6月22日,被告人は貧困を理由に国選弁護人の選任を請求したが,原審裁判所が国選弁護人を選任したのは,控訴趣意書提出期限後の同月29日であった。同弁護人は控訴趣意書を提出せず,同年7月1日の第一回公判期日に出頭し,異議なく,被告人提出に控訴趣意書に基づいて弁論した。

2 〈判 旨〉

上告棄却
憲法37条3項前段の弁護権は被告人自らが行使すべきもので,裁判所は権利行使の機会を被告人に与え,その行使を妨げなければ足りること,同条項後段は被告人が貧困その他の事由で弁護人を依頼できないとき弁護人の選任を国に請求でき,国はこれに弁護人を附せば足りること及び同条項は弁護人の選任を請求できる旨を被告人に告知すべき義務を裁判所に課していないとするのが,当裁判所の判例である(最大判昭24・11・30刑集3巻11号1857頁,最大判昭和24・11・2刑集3巻11号1737頁参照)。

また,同条項が規則178条の弁護人選任照会手続をする義務を裁判所に課していないことは,前記判例の趣旨から明らかである。

必要的弁護事件の控訴審において,被告人が控訴趣意書提出期間内に国選弁護人による控訴趣意書の作成・提出の可能な時期に弁護人の選任を請求したのに,裁判所が故なく遅滞し,同期間経過後に選任したために弁護人による控訴趣意書を提出する機会を失わせた場合は,憲法37条3項の権利行使を妨げたものとして憲法違反の問題を生ずるが,被告人がその責に帰すべき事由により同期間内に控訴趣意書を提出できる時期に弁護人の選任を請求しなかった場合は,裁判所が同期間経過後に選任しても,憲法上の権利行使を妨げたものではなく憲法違反でないので,この場合,裁判所は,控訴趣意書提出最終日の指定替をして,弁護人に控訴趣意書提出の機会を与えなければならない憲法上の義務を負わない。

なお,本判決には,小谷,谷村及び小林各裁判官の補足意見並びに真野裁判官の反対意見がある。

3 〈解 説〉

1 本判決は,控訴審における弁護権の保障について,いわゆる「積極行使・請求法理」に基づく判断を示したものである。すなわち,①憲法37条3項は,私選であれ国選であれ,弁護人の助力を求めて,自ら積極的に権利を行使した者又は弁護人の選任を裁判所に請求した者のみに弁護権を保障すれば足りるとする法理に拠っており,また,被告人に対する弁護権の告知義務を裁判所に課すものでもないので,規則178条の弁護人選任照会手続は憲法37条3項の求めるものでない,②の理は控訴審における弁護権の保障にも妥当し,弁護人選任の請求が被告人の責めに帰すべき事由によって遅滞した以上,裁判所による国選弁護人の選任が控訴趣旨書の提出期限後になっても,その責めを裁判所に負わせられず,本件の選任手続は適法であるとした。

判示中にあるように,最高裁は,最大判昭和24・11・2及び最大判昭24・11・30において,「積極行使・請求法理」の採用を宣言しており,本件でも,これを堅持し,これらの「判例の趣旨」に基づいて本判決を下した。その後も,最高裁は,控訴審における弁護権の保障について,これらの先例に沿った判断を示

している（最判昭32・6・19刑集11巻6号1673頁，最判昭32・7・17刑集11巻7号1842頁等を参照）。

2 最高裁の見解は，「被告人は弁護権の存在とその内容を知っていると推定されるから，裁判所に権利告知の義務はない。そして，弁護権の助力を受けたいのであれば，被告人自ら権利を行使すべきであって，裁判所は被告人の権利行使を妨げなければ足りるのであり，その権利行使を援助する必要はない。また，被告人が積極的に権利を行使しないのであれば，それは，被告人が権利を放棄したことを意味する。」という考えに基づいている。この考えによれば，被告人にとって，弁護権は「奢侈品」にすぎないということになろう。

しかし，憲法37条が示す当事者主義という基本原理によれば，弁護権は「必需品」である。すなわち，当事者主義に基づく刑事裁判は，検察官の主張・立証活動と被告人の反論・反証活動という対抗当事者の論争を通じて進められるが，そこにおいて，法律専門家である弁護人による被疑者への助力は必須のものなので，これを欠く場合は刑事裁判の基本的公正さを欠くことになるのである。

また，権利は放棄できるとしても，被告人は，刑事手続上の諸権利の存在とその内容を十分に認識・理解していないのが通常である。そのような被告人は，そもそも権利を行使することさえ覚束ない中で，権利の不行使をもって権利の放棄とするのは妥当でない。

とすれば，被告人に弁護権を告知した上で，被告人が弁護権の存在とその内容を知り，これを放棄した場合の結果を理解し，放棄の明示的な意思表示を任意に行なった場合にのみ有効な権利放棄と捉えて，そうでない限り，弁護人を提供しなければ憲法上の弁護権の侵害になると解すべきである。この考えに従えば，規則178条の弁護人選任照会手続は憲法37条3項の求めるものであり，その手続は控訴審においても同様に必要ということになる。この考えは，いわゆる「有効放棄法理」と呼ばれるもので，憲法37条3項の母法であるアメリカ合衆国憲法第6修正の下，合衆国最高裁により連邦及び州双方の弁護権保障において採用された法理である。

3 最高裁は，本件の弁護人選任手続の適法性について，「控訴趣意書提出期間内に弁護人が控訴趣意書を作成・提出できる適当な時期に被告人が弁護人の選任を請求したか否か」を基準に判断した。つまり，最高裁の考えによれば，弁護人の助力の有無とその内容は被告人の権利行使の仕方次第によるということになる。最高裁は「積極行使・請求法理」に基づいているので，その考えからすればこのような結論に至り得る。しかし，ここでは，弁護人の助力の必要性が第一審よりも控訴審の方が高いことが考慮されていない。

本件の各補足意見及び反対意見が指摘するように，現行法上，我が国の控訴審は，法律専門家である弁護人の助力がなければ，被告人が自らの主張を十分に行なうことのできない手続となっている。すなわち，事後審である控訴審は第一審の判断の適否を審査するものとされ，控訴理由は法定され（377条～382条，383条），控訴趣意書に示された事項を基に審理が行なわれる（392条1項参照）。また，控訴審の弁護人は弁護士に限定されており（387条），弁論できるのは弁護人のみで（388条），弁護人は控訴趣旨書を基に弁論する（389条）。被告人は出頭さえ求められていない（390条）。

このように，控訴審では，第一審以上に弁護人の助力が重要ということに加え，控訴趣意書の作成も手続上重要となるので，控訴趣意書作成の時点から弁護人の助力が不可欠である。とすれば，本件のように，控訴趣意書の提出後に弁護人が選任されたのでは遅い。遅れたのは被告人が提出期間間近に選任請求したことによるが，「有効放棄法理」を前提にすれば，権利の有効放棄がない限り，被告人の請求の有無に関わらず，控訴趣意書作成の段階でも弁護人の助力がなければならない。そのためには，規則178条の弁護人選任手続が控訴審でも行なわれる必要があり，弁護人の選任が遅れるのであれば，弁護人が控訴趣意書を作成・提出できるよう，これに合わせて提出期限も変更することが裁判所に求められるべきである。

[参考文献]
① 渥美東洋「弁護人を依頼する権利」憲法百選Ⅰ[第2版]232頁
② 渥美東洋「国選弁護権の告知と請求と放棄」比較法雑誌6巻1・2号73頁
③ 渥美東洋『レッスン刑事訴訟法(中)』73頁
④ 渥美・全訂刑訴法294頁

（田中優企）

V 被告人の弁護権

【94】氏名黙秘と弁護人選任届の効力

最(大)判昭和32・2・20刑集11巻2号803頁，判時103号9頁
威力業務妨害・公務執行妨害・傷害被告事件(昭和27年(あ)第838号)
第1審・千葉地判昭26・6・13
第2審・東京高判昭26・12・11

● 争 点 ●

被疑者又は被告人の氏名が記載されていないことを理由に弁護人選任届が却下されたため，氏名を開示せざるを得なくなった裁判所の措置は，憲法38条1項及び37条3項に違反するか否か

1 〈事実の概略〉

被告人A，B，C及びDの4名は，被疑者又は被告人として私選弁護人の弁護人選任届を提出するにあたり，氏名を黙秘していたため，氏名を記載せずに，監房番号を自署し拇印をして，これに私選弁護人が署名・押印する形で提出した。しかし，第一審は，氏名の記載がないことを理由に，選任届を不適法として却下した。そのため，被告人等は，氏名を開示し，弁護人選任届を提出した。

控訴審において，被告人等は選任届却下の違法性を主張したが，控訴審は，①規則17条及び18条にいう「連署」とは，被疑者又は被告人及び弁護人双方の自署をいう，②本件において氏名の黙秘が正当と認められるような特段の事情はないので，選任届を却下したことは適法である，③氏名を告げることで被告人の犯行であることが判明するような特殊な場合を除いて，氏名は不利益な供述に当たらない，④公判手続では，起訴状の朗読に先立って人定質問が行なわれ（規則196条），黙秘権の告知は起訴状の朗読後となっている（291条3項）ので，選任届を却下したことは憲法38条1項に違反しないと判示して，被告人等の主張を退けた。

これに対し，被告人は，①規則17条及び18条にいう「連署」は，特定の被疑者又は被告人が特定の弁護人を選任したことを訴訟上明らかにするためのもので，そもそも自署の必要はなく，少なくともこれに準ずる形式であ

れば足りるので，選任届を却下したことは弁護権を保障する憲法37条3項に違反する，②憲法38条1項の黙秘権は氏名にも及び，氏名の黙秘によっていかなる不利益を被ることも許されないので，選任届を却下したこと及び氏名を開示せざるを得なくなったことは憲法38条1項に違反するとして上告した。

2 〈判 旨〉

上告棄却

第一審において，被告人Bを除くその他の被告人A，C及びDについては，第一回公判期日以降，私選弁護人立会いの下で審理が行われ，また，被告人Bについても，第一回公判期日は国選弁護人立会いの下で審理がなされ，第二回公判期日以降は，私選弁護人立会いの下で証拠調べを始めとする全ての弁論が行われており，しかも，弁護人選任届却下決定に対して被告人の一部からなされた特別抗告も取り下げられ，この点について別段の異議もなく第一審の手続を終えたのであるから，被告人等において弁護権の行使を妨げられたとは認められず，憲法37条3項違反はない（最大判昭和24・11・30刑集3巻11号1857頁参照）。

黙秘権を規定した憲法38条1項の法意は，何人も自己が刑事上の責任を問われる虞ある事項について供述を強要されないことを保障したものと解すべきであることは，この制度発達の沿革に徴して明らかである。とすれば，氏名は，原則として，ここにいう不利益な事項に該当しない。そして，本件では，ただ氏名を黙秘してなされた弁護人選任届が却下せられたため，選任の必要上，氏名を開示するに至ったというに止まり，その開示が強要されたものではない（最大判昭和24・2・9刑集3巻2号146頁参照）。

3 〈解 説〉

1 憲法38条1項の黙秘権の保障は，被疑者及び被告人の氏名にも及ぶのか。換言すれば，同項にいう「不利益な供述」に氏名も含まれるのか。もし含まれるとすれば，弁護人選任届の「連署」に氏名を記載する必要はなく，氏名の記載を欠くことを理由に却下という不利益を課したり，氏名の開示を強要したりすることは憲法38条1項違反となる。

なお，刑訴法では，被疑者については198条2項が，被告人については311条1項が，それぞれ黙秘権を規定している。これらの規定によれば，刑訴法上，被疑者には取調において氏名を含む包括的な黙秘権の保障があり，また，被告人にも公判手続において同様の保障がある。つまり，本件で問われているのは，憲法上，犯罪事実の認定（＝被告人と犯人の同一性）に関わる場合だけではなく，訴訟行為（＝被告人の手続上の同一性）に関わる場合にも黙秘権の保障が及ぶか否かということである。
　この点，下級審の先例である札幌高決昭26・5・24高刑集4巻5号512頁は，氏名欄に「氏名不詳甲」と記載された控訴申立書について，被告人自ら控訴する以上，自己の氏名を明らかにするのは当然であるとして無効とした。また，札幌高決昭27・9・9高刑集5巻10号1653頁は，氏名欄に「被告人氏名不詳A，B，C」と記載された弁護人選任届について，前出札幌高決昭26・5・24の理由付けに加え，「黙秘権は証拠調の段階において犯罪に関する事実について始めて認められるのであって，証拠調以前の訴訟構成の段階に於て氏名を黙秘するがごときはその範囲に入らない」として無効とした。
　氏名について，これらの先例は，訴訟行為に関わる場合のみを念頭に「一律に」不利益な供述にあたらないとしたのに対し，本判例は，「原則として」あたらないとしており，先例の立場とは異なっている。いかなる場合に「例外的に」あたるのか判文上明らかでないが（なお，本件控訴審を参照），本判例は，氏名が犯罪事実の認定に関わる場合もあることを認めた上で，その場合には黙秘権の保障が及ぶとするものである。
　黙秘権は，自己の刑事責任にかかわる事項について，供述・否認・黙秘を選択する権利なので，犯罪事実の認定にかかわる場合にその保障があり，手続上の事項のような訴訟行為にかかわる場合に保障は及ばないと解すべきである。それゆえ，本件のような場合についても，原則として，黙秘権の保障は及ばないが，犯罪事実の認定にもかかわる場合には黙秘権の保障が及ぶと解される。
　もっとも，本件のような場合，氏名を開示する目的は訴訟行為者の特定にあるので，必ずしも氏名を開示した場合に限定する必要はないと思われ，氏名以外の事項の記載や氏名の開示以外の方法によって訴訟行為者を特定することが可能なのであれば，それで足りると考えるべきである。常に氏名の開示でなければならないとするだけの理由ない。それゆえ，第一審が氏名の不開示を理由に直ちに選任届を却下したことは違法である。
　2　また，憲法37条3項の弁護権との関係について，最高裁は，選任届が却下された後，私選弁護人や国選弁護人の助力を実際に受けることができており，弁護権行使への妨げがなかったので同項違反ないとする。
　しかし，上述の立場によれば，氏名以外の事項の記載や氏名の開示以外の方法によって被告人を特定した選任届であってもよいので，選任届の却下は違法であったということになる。とすれば，第一審が氏名の開示に固執し弁護人選任届を却下したことで，被告人は，当該時点で，自らが希望する弁護人の助力を阻害しているのであるから，被告人の弁護権侵害にあたると解すべきである。
　3　なお，本判決後，最高裁は，最決昭40・7・20刑集19巻5号591頁において，「氏名不詳」等の記載しかない上告申立書について，本判決を踏襲した上で，「誠実に訴訟上の権利を行使」することの必要性を挙げ，「氏名を記載できない合理的な理由」がないとして無効とした。また，最決昭44・6・11刑集23巻7号941頁において，「菊屋橋署一〇一号」の記載しかない弁護人選任届について，前出最決昭和40・7・20と同様の判示をしている。
　いずれの判例も，「例外」ではなく「合理的な理由」という文言を用いてはいるが，氏名であっても犯罪事実の認定にもかかわる場合には黙秘権の保障が及ぶとする本判決の立場を採用することに変わりはない。

[参考文献]
① 青柳文雄「判解」最判解刑事篇昭和32年度116頁
② 渥美東洋「氏名の黙秘権」ジュリ300号352頁
③ 牧田有信「判批」渥美東洋編『刑事訴訟法基本判例解説（第三版）』42頁
④ 渡辺咲子「判批」『別冊判タ12・警察実務判例解説（取調べ・証拠篇）』13頁

（田中優企）

V 被告人の弁護権

【95】被告人自身による判決宣告後の公判調書の閲覧請求権

最(二小)決平4・12・14刑集46巻9号675頁,判時1446号160頁
第1審・福岡地小倉支部決平4・9・21
第2審・福岡高決平4・10・9

● 争 点 ●
被告人自身による判決宣告後の公判調書の閲覧請求の可否

1 〈事実の概略〉

申立人は,有印公文書偽造,同行使,詐欺,窃盗被告事件の被告人として,国選弁護人を付され,本件付審判請求の被疑者とされている3名の親判官による審理を受け,懲役3年6月の有罪判決の言い渡しを受けたが,判決宣告の翌日,控訴申立のために必要であるという理由で,同裁判所に自ら同被告事件の公判調書の閲覧を請求したところ,担当裁判所書記官は,判決後もその確定又は控訴申立までは被告人に付された弁護人選任の効力が持続しているものと解して,これに応じなかった。そこで,申立人は,同事件の審理を担当した裁判官3名を,共謀のうえ,正当な理由もないのに,職権を濫用して申立人の公判調書閲覧請求権を妨害し,引いては,公判調書の記載に対する異議申立権や上訴権の行使を不能ならしめたとの理由で,職権濫用罪の嫌疑で検察庁に告訴したが,不起訴とされたため,付審判請求来を申し立てた。だが,裁判所は,審級における被告人の弁護人の選任の効力の終期については,通説及び実務の一般は,判決言い渡し後もその確定又は上訴申立までは,従来の弁護人選任の効力が持続するとの見解に立って処理されている,として,書記官の措置を妥当とし,付審判請求を棄却した。申立人は,この判決に対し抗告したが,抗告審も,刑事訴訟法上,公判調書につき被告人側が閲覧権を持つのは原則として弁護人であり(刑訴法40条),被告人は弁護人がいないときにその閲覧権を持つものであるところ(同法49条),弁護人選任の効力は判決言い渡しによって失われるものではなく,判決の確定又は上訴申立までは継続するとの理由で,抗告を棄却した。これに対し,不服を申し立てたのが本件である。

2 〈決定要旨〉

本件抗告の趣旨は,事実誤認,単なる法令違反の主張であるとして,適法な上告理由に当たらないとしたが,次のような職権判断を示した。

「記録によれば,有印公文書偽造等被告事件の被告人として国選弁護人を付されて審理を受け,判決を宣告された翌日に,当該裁判所に対し,上訴申立てのため必要であるとして,同事件の公判調書の閲覧を請求したが,これを許さなかったことが認められるところ,弁護人選任の効力は判決宣告によって失われるものではないから,右のような場合には,刑訴法49条に言う「弁護人がないとき」には当たらないと解すべきである。したがって,申立人の公判調書閲覧を許さなかった処理に違法はないとした原判断は,正当である。」

藤島裁判官の補足意見
判決宣告により訴訟は原審を離脱すると考えるべきだが,判決宣告前に選任された弁護人は刑訴法355条により上訴申立の権限を有し,被告人の正当な利益の擁護者としての立場から,公判調書を含む訴訟に関する書類の閲覧等,その権限行使を検討するうえで必要な一切の訴訟行為を行えるはずだから,その限度で弁護人選任の効力が判決宣告後も持続すると考えるのが相当であり,本件弁護人の選任の効力は,原審の判決の宣告後も依然として特続しており,刑訴法49条にいう「被告人に弁護人がいないとき」には当たらない。

3 〈解 説〉

1 本件は,判決宣告後の上訴申立のために必要だとして被告人が自らした公判調書の閲覧請求を,弁護人選任の効力が判決宣告により失われていないことを理由に否定した。本件では,原審で選任された弁護人の選任の効力がいつまで及ぶのか,という観点から検討して,刑訴法49条の「弁護人がいないとき」に当たるのか否かを検討している。

弁護人審級離脱と弁護権保障(の終期)との関係が問われるが,原審での弁護の効果が判決の宣告により終了しそれと同時に原審の弁護人選任の効力も失われるとすると,上訴で新たに弁護人が選任されるまで,空白を生

んでしまう。刑訴法355条は，原審における弁護人が被告人のために上訴することができると定める。本件は，大審院判例（大審院大14・9・29判決大審院刑集4巻9号551頁，大審院昭7・12・1大審院刑集11巻20号1756頁）などで採られていた，審級離脱のときに原審の弁護権の選任も終了する，との理解には立たないことを明らかにした先例である。原審弁護人の効果が継続するのは，上訴申立期間の満了又は上訴の申立により移審の効果が生ずるまでとする見解，この見解を基礎に上訴申立があったときにこの上訴審に記録が送付されるまでとする見解，藤島裁判官のように，弁護人の選任効力の終期を審級と直結させず，個別の事項ごとにその訴訟行為の理由と必要に照らし終期を判断すべしとする見方などいくつかの見方があるが，本件は，ともかく，原審で選任された弁護人の選任の効果は，原審における判決言渡し（審級離脱）により終了しないことを明らかにする立場に立って，刑訴法49条違反の有無について，弁護人がいるので，被告人自身には訴訟記録の閲覧請求権はないと判示した。

2　弁護人の役割は，被告人の利益の擁護にある。公判手続や上訴手続等，法律専門家である弁護人の助力を得なければ被告人の利益を十分に擁護できないので，弁護人の助力が通常必須のものとされる。憲法37条3項で国選弁護制度を定める意義もここにある。弁護人と被告人の関係について，弁護人の「包括的代理権」という表現が用いられる（最大決昭63・2・17刑集42巻2号299頁）が，これは，民事上の代理関係と同趣旨ではないと解すべきである。弁護人は被告人の利益を法の許容する最大限度まで擁護することをその任務とするのであって，弁護が欠ける場合やこの法の要請に充たない弁護しかなされていないときまで，代理人の行為の効果が直接に本人に帰属するという構成をとることはできないからである。刑訴法49条の法意の考察に際しこの点を踏まえなければならない。

3　法49条は，弁護人がいれば必ず被告人からの公判調書の閲覧請求を排除する趣旨と解すべきだろうか。実質的に弁護人による弁護活動がなされていれば，被告人からの公判調書の閲覧請求を認めずとも被告人に不利益は生じないといえるが，形式的に弁護人がいるだけで弁護人が実質的に利益を擁護する活動をしていない場合にまで，法を形式的に解釈し，弁護人に閲覧請求権があり被告人には閲覧請求権はないと解するのは，弁護制度の基本的趣旨に反する。本件では，下級審も，最高裁判所も，弁護人が付されている以上は，専ら弁護人に閲覧請求権があり，被告人本人にはないという見解に立つようであるが，本人の利益を擁護するために弁護制度があり，最も基本的な権利として自己弁護の権利が認められる点も含めて，根本的な検討が加えられるべきであろう。弁護人の役割を強調するのであれば，実際に弁護人がそのような役割を果たしたのか否かについて検討が加えられるべきである。また，上訴をするか否かは，基本的には，被告人の意志によって決められるべきことであるから，その関係でも，被告人による公判調書の閲覧請求が認められてもよい場合があろう。国選弁護人も被告人の利益を擁護する観点から活動しており，被告人による公判調書の閲覧請求が「二重請求」となるような場合には，被告人による公判調書の閲覧請求を却下しても実質的な不利益は被告人に及ばないといえるが，公判で選任された弁護人の選任の効力が持続しているか否かという観点からのみ論ずるのは，議論の焦点がずれており，形式的に過ぎると思われる。法49条は，弁護人による被告人の利益を擁護する活動がある場合に関する規定であり，この活動がない場合には，この規定により，被告人の閲覧請求を否定する前提が欠けているというべきである。したがって，まずもって検討されるべきは，このような弁護活動の有無であろう。

4　公判で選任された弁護人選任の効力の「終期」に関する議論（詳細は，曹時46巻10号297頁以下，井上調査官解説参照）は，国選弁護による弁護活動の充実の観点からなされるべきものであり，その点で，判決宣告後上訴までの空白地帯を生まないように，選任の効力が持続すると見る見解には意味がある。弁護の活性化に関する議論を弁護の意味を失わせる根拠とすべきではない。

[参考文献]
① 井上弘通・曹時46巻10号297頁
② 渥美・新233頁以下

（中野目善則）

Ⅵ 訴因制度

【96】訴因の特定(1)
──①白山丸事件，②覚せい剤事件

最(大)判昭37・11・28刑集16巻11号1633頁，判時322号2頁
出入国管理令違反被告事件(昭和34年(あ)第1678号)
第1審・熊本地判昭33・12・26
第2審・福岡高判昭34・7・16
最(一小)決昭56・4・25刑集35巻3号116頁，判時1000号128頁
覚せい剤取締法違反被告事件(昭和55年(あ)第1593号)
第1審・広島地判昭55・3・12
第2審・広島高判昭55・9・4

● 争　点 ●
日時・場所・方法に幅のある訴因記載の適法性

■ 1 〈事実の概略〉 ■

昭和27年4月頃まで確実に日本(熊本県水俣)にいた被告人が，昭和32年7月8日に引揚船白山丸に偽名で乗船して舞鶴に帰ってきて，本名を明かしたので，出入国管理令違反(密出国)で起訴された。「被告人は，昭和27年4月頃より同33年6月下旬までの間に，有効な旅券に出国の証印を受けないで……出国したものである」という公訴事実の記載に対し，犯行日時が6年余の期間で示され，出国場所と方法が具体的に示されていない点を指摘して，被告人は訴因(具体的日時，場所，方法)の特定が不十分であることを理由に公訴棄却を求めた。

第1審はそれを却け有罪を言い渡した。第2審の福岡高裁は，起訴の手続が256条3項に違反し無効だから338条4号により公訴棄却すべきだとの控訴趣意に対し，犯行日時の期間の長短が訴因の特定に作用することを認めつつ，本件のような国交のない国への密出国の機会をつかむのは容易でなく，しかも，本件では二重起訴や時効完成の有無も問題になっていないので，必ずしも訴因の特定を害するものでないと判示し，控訴を棄却した。これに対し同様の趣旨で被告人が上告を申し立てた。

■ 2 〈判　旨〉 ■

上告棄却
刑訴法256条3項で訴因を明示するには，できるだけ日時，場所，方法をもってなすべきだというが，犯行の日時，場所，方法は本来罪となるべき事実そのものでなく，ただ罪となるべき事実を明示，具体化(特定)する手段として機能するにすぎない。したがって，犯罪の性質等それを明示できない特殊事情がある場合は，それらの明示が欠けるとの一事をもって起訴を違法・無効とはできないと判示した。そして国交のない国への密出国の場合には出国の具体的顛末を確認することが困難な特殊事情のある場合に当たるので，日時，場所，方法を詳しく示さなくても，起訴状と冒頭陳述により「本件公訴が裁判所に対し審判を求めようとする対象は，おのずから明らかであり，被告人の防禦の範囲もおのずから限定されているというべきだから，被告人の防禦に実質的な障碍を与えるおそれはない。」

■ 3 〈事実の概略〉 ■

暴力行為等処罰に関する法律違反で逮捕中，覚せい剤自己使用の疑いが生じ，被告人が任意に提出した尿を鑑定・検査したところ，比較的多量の結晶性粉末の覚せい剤が検出され，被告人は覚せい剤の自己使用罪で起訴された。起訴状記載の公訴事実では自己使用の日時が昭和54年9月26日のころから10月3日までの間，場所が広島県高田郡吉田町内およびその周辺と記載された。第1回公判期日の冒頭陳述で検察官は同年10月5日に被告人が任意提出した尿の鑑定により覚せい剤が検出されたことと，被告人が起訴状記載の場所に上記日時を通して所在していた旨を釈明した。第1審は有罪と認定し，第2審は被告人の訴因として記載すべき，犯行の日時・場所・方法が明示・具体化されていないとして不特定を理由とする公訴棄却を主張したが，その主張を却けて控訴を棄却した。覚せい剤自己使用の特殊事情から犯行内容を詳しく示すことには無理があること，起訴状記載の公訴事実と上記内容の冒頭陳述を参考にすれば審判対象と防禦対象はおのずと限定され，被告人の防禦に実質的障害とはならないと判示した。訴因不特定を理由に被告人が上告した。

■ 4 〈決定要旨〉 ■

上告棄却
なお，「職権によって判断する……と本件公訴事実の記載は，日時，場所の表示にある

程度の幅があり，かつ使用量，使用方法の表示にも明確を欠くところがあるにしても，検察官において起訴当時の証拠に基づきできるかぎり特定したものである以上，覚せい剤使用罪の訴因の特定に欠けるところはないというべきである。」

5 〈解 説〉

1 両事件とも公訴事実を日時・場所・方法をもって，できるだけ具体的に明らかにすることを求める法の目的を攻防対象つまり起訴された犯行事実を明確にし，被告人の防禦の内容と範囲を具体化するところに求め，訴因の明示の要請を機能的にとらえている。256条2項が起訴状に公訴（起訴）事実（the offense charged）の記載を求めるのは，被告人の具体的な犯罪行為だけを起訴するようにするためである。犯罪行為以外の行為は起訴されてはならず，それが起訴されたときは，被告人に具体的な防禦ができるように告知する必要があると考えてのことである。公訴事実は検察官がそれがあると考えて示したものであり，本当に存在するか否かは別である。（無いことが立証されれば無罪）。さらに，同条3項は，この公訴事実は訴因の形式で示せ，つまり具体的に日時・場所・方法の形式で具体化せよと求める。このように求めるのは，具体的に公訴事実の告知を訴因の形式で受ければ，被告人は具体的な防禦ができるようになるからである。

2 さて，白山丸事件での公訴事実での出国の日時には幅があり，その方法は具体的に示されておらず，覚せい剤事件でも，自己使用の日時に幅があり，その方法も明示されず，場所にも幅がある。白山丸事件では，引揚船の舞鶴への帰国の事実から被告人の密出国は高く推認できるし，覚せい剤事件では尿検査の結果から自己使用が証明されている。つまり，両事件において検察官は起訴事実の存在を十分に把握し，訴追の必要を確認している。この点に着目して，最高裁は犯行の性質等の特殊事情から証拠上被告人の犯行を確信できる状況にあれば，公訴事実の訴因による明示は「できるかぎり」で足りると判示した。その点はよい。白山丸事件では，帰国の事実を，覚せい剤事件では，尿検査の鑑定過程と結果を示せば，被告人は公訴事実について十分に防禦できる点を見逃してはならない。そこで，白山丸事件では帰国を具体的に示す冒頭陳述と合わせて防禦対象は，おのずと明らかになるということができた。覚せい剤事件ではその点は必ずしも明らかではない。冒頭陳述でよいのか，立証結果や論告内容までも合わせて攻防対象が限定されればよいとするのだろうか。公訴事実の訴因による日時，場所，方法をできるだけ示してする明示（具体的に示すこと）は，被告人に防禦の対象を示し，反証・ダイヤローグの手がかりを与えるためであることも忘れてはならない。

3 被告人の防禦を害さない工夫には，第1に，白山丸事件では具体的な帰国の行為を，第2事件では尿鑑定の過程と結果を起訴状に記載する方法，第2に，それらの事実を冒頭陳述段階で釈明すること，第3には，右事実とその主張に用いる予定の証拠を，できれば第1回公判期日前に被告人に開示する方法などがある。第1の方法には起訴状一本主義（主張先行・挙証後行の原則，256条6項）に違反する難点がある。訴因明示の必要性を強調してこの難点を乗り切る方法もないわけではない。第2の方法にも同様の難点があるが，第1回公判期日以降の手続だとみて，訴因明示の必要性を強調してこれで処理したのが白山丸事件である。論告や立証結果を全て斟酌する立場も下級審で散見するが，被告人への予めの防禦対象の告知を考えると正しくはあるまい。第3の検察官から被告人への事実や証拠の開示が実は最善策である。開示されている旨の釈明があれば起訴事実は明示されたとみてよい。これが最善のバランスを保つ方法である。今日では，公判前整理手続きで，証拠破壊を防止する保護策（後の開示，弁護人のみへの開示など）を用いて，起訴状に示した公訴事実だけでは，被告人の防禦対象を明示するには不十分であると認められる場合には，十分にこれらの事例に対処できることになった。

4 幅のある日時等の期間中に別の犯行を発見して起訴することは，前の起訴で検察官が立証機会の利用に失敗したのだから二重危険禁止（憲法39条）に当ると解すれば，問題は解消する。

[参考文献]
① 川添万夫・最判解刑事篇昭和37年度229頁
② 金築誠志・最判解刑事篇昭和56年度103頁
植村立郎・百選（第10版）98頁

（渥美東洋）

【97】訴因の特定 (2)

最(一小)決平14・7・18刑集56巻6号307頁，判時1800号155頁
死体遺棄，傷害致死被告事件(平成13年(あ)第318号)
第1審：福岡地判平11・12・21
第2審：福岡高判平12・12・26

● 争　点 ●
① 訴因の特定が困難になる事情
② 訴因の特定を求める趣旨
③ 訴因の不特定の効果

1 〈事実の概要〉

本件では，原審で検察官が予備的に追加請求して許可された傷害致死罪の訴因(以下，第1次予備的訴因)が，訴因の特定明示の要請を満たしているかが争点となった。第1次予備的訴因の内容は，「被告人は，単独又は甲及び乙と共謀の上，平成9年9月30日午後8時30分ころ，福岡市中央区所在のビジネス旅館A2階7号室において，被害者に対し，その頭部等に手段不明の暴行を加え，頭蓋冠，頭蓋底骨折等の傷害を負わせ，よって，そのころ，同所において，頭蓋冠，頭蓋底骨折に基づく外傷性脳障害又は何らかの傷害により死亡させた。」というものである。単独犯と共同正犯のいずれであるかという点については，択一的に訴因変更請求がなされた。

2 〈決定要旨〉

上告棄却
「原判決によれば，第1次予備的訴因が追加された当時の証拠関係に照らすと，被害者に致死的な暴行が加えられたことは明らかであるものの，暴行態様や傷害の内容，死因等については十分な供述等が得られず，不明瞭な領域が残っていたというのである。そうすると，第1次予備的訴因は，暴行態様，傷害の内容，死因等の表示が概括的なものであるにとどまるが，検察官において，当時の証拠に基づき，できる限り日時，場所，方法等をもって傷害致死の罪となるべき事実を特定して訴因を明示したものと認められるから，訴因の特定に欠けるところはないというべきである。」

3 〈解　説〉

1 訴因の特定が困難になる事情

訴因の特定は，検察官が入手した証拠に影響を受ける。例えば，被告人の供述が十分に得られない，目撃者がいない，犯行の用に供された物が発見されないなどの事情がある場合には，情況証拠による事実認定も問題となるが，それ以前に，訴因の特定が困難となる。

従来，目撃者のいない犯罪の典型であった薬物の自己使用事件で訴因の特定が問題となったが，殺人罪，傷害致死罪，強盗致死罪といった犯罪においても訴因の特定が問題となる。これらの犯罪においても，目撃者の不存在，被告人の否認・供述の変遷，共犯者の死亡，遺体の白骨化等といった証拠の制約により，訴因の表示が概括的記載にとどまることが生じうる。そこで，当該事案が「犯罪の種類，性質等の如何により，これを詳らかにすることができない特殊事情がある場合」に当たるかを慎重に吟味することが求められる。

本件は傷害致死事件であるため，一般的には，事件の性質上訴因の特定が困難となる事案には当たらない。しかしながら，先述のとおり，密出国や薬物の自己使用罪事件以外の事件であっても，証拠の制約といった，事案の真相の解明が困難となる事情は存在する。このように，白山丸事件判決の射程は広がっているのである。

2 訴因の特定を求める趣旨

第1次予備的訴因のうち，特定が問題となったのは，暴行の態様，傷害の内容，死因等の表示である。第1次予備的訴因では，これらの表示が概括的なものとなっている。

256条3項は，「訴因を明示するには，できる限り日時，場所及び方法を以て罪となるべき事実を特定してこれをしなければならない。」と規定している。日時，場所，方法は，それが構成要件要素になっている場合を除き，「罪となるべき事実」ではない。日時，場所，方法は，罪となるべき事実の特定を支える機能を果たすものである。

罪となるべき事実を特定するための要素は，条文で示された日時，場所，方法に限定

されるものではない。行為の客体や結果等の構成要件要素を具体的に表示することにより，訴因を特定することが求められる。本件においても，最高裁は，「日時，場所，方法等」としており，「等」の中に様々な事情が含まれることを示唆している。しかしながら，条文上，日時，場所，方法等の特定は「できる限り」とされている。したがって，どの程度の特定がなされていれば「できる限り」特定したことになるのかが問題となる。

訴因の機能について，識別説と防禦権説が主張されている。識別説は，審判対象を明確にすることこそが訴因の最も重要な機能であり，他の犯罪事実と区別し得る程度に記載されていれば良いとする。これに対して，防禦権説は，被告人の防禦の指針を示すことが訴因の最も重要な機能であって，審判対象の範囲を確定する程度の記載では十分ではなく，被告人の防禦権の行使に十分な程度に記載することを要するとしている。

訴因の機能には，犯罪識別機能と被告人の防禦機能の二つがあるところ，この機能は両立して実現することができる。すなわち，他の犯罪事実と識別できる程度に特定されていれば，被告人の防禦にとって十分な特定がなされているといえよう。また，先述のとおり，犯罪の種類や性質，さらには証拠の制約上，日時，場所，方法等の一部につき，概括的な記載にとどまらざるを得ない場合も生じる。この場合に，概括的記載にとどまっていることをもって訴因の特定がはかられていないと解したのでは，証拠に基づいて，検察官ができる限り訴因の特定に努めても，訴因形成がなされていないということになる。したがって，概括的に表示された部分と明確に表示された部分とを合わせて，他の犯罪事実との識別がなされ，被告人の防禦にとって十分な特定がなされているかを個別の事案ごとに検討することになる。

ところで，本件の訴因記載で問題となっているのは，他の犯罪事実との識別機能や被告人の防禦機能ではなく，そもそも被告人の行為が何罪の構成要件に該当するのかが明確に示されているのか，という点である。すなわち，被告人の行為が傷害致死罪の構成要件に該当することが明確に示されているのかが争われているのである。

本件では，①被害者の遺体を鑑定した医師が，遺体が高度に白骨化しているため，正確な死因は不明であるといわざるを得ないとの判断を示していること，②乙の捜査段階における最終的な供述で示された暴行態様により，被害者に頭蓋冠，頭蓋底骨折が発生するとは考えにくいこと，被告人の暴行行為の態様や甲及び乙の加功の有無に関する乙の捜査段階における供述は変遷を重ねていること，③被告人は捜査段階において基本的に否認しており，犯行を認めていた時期の供述も，乙の供述する犯行状況とは大きく異なっていること，④甲は既に死亡しており，他に目撃者もいないこと，といった事情が認められた。

このような証拠の制約があるため，本件では暴行態様，傷害の内容，死因等の表示が概括的なものとなった。概括的な表示にとどまっている部分もあるが，犯行の日時，場所は明確に表示されているため，これらを総合的に評価して，訴因の特定がなされていると判断されたのである。

3 訴因の不特定の効果

起訴状の訴因の記載が明確でない場合，裁判所は，検察官の釈明を求める（求釈明）。検察官の釈明では十分に訴因が特定していないと判断した場合には，裁判所は公訴棄却の判決をすることになる（338条4号）。訴因変更請求における訴因の表示に関しても，裁判所が訴因の記載を明確でないと判断すれば検察官に釈明を求める。検察官の釈明では十分に訴因が特定されていないと判断した場合には，裁判所は，訴因変更不許可決定をすることになる。

[**参考文献**]
① 中川孝博・法セ579号110頁
② 佐藤隆之・平成14年度重判解181頁
③ 石田正範・現代刑事法5巻12号76頁
④ 宇藤崇・法教295号186頁
⑤ 井上和治・ジュリ1299号175頁
⑥ 前田＝星・刑事訴訟法判例ノート144頁
⑦ 平木正洋・最判解刑事篇平成14年度141頁

（安井哲章）

【98】訴因変更の特定(3)
——包括一罪における訴因の特定

最決平26・3・17刑集68巻3号368頁、判時2229号112頁、判タ1404号99頁

死体遺棄、傷害致死、傷害、殺人被告事件(平成23年(あ)第1224号)

第1審・大阪地判平22・1・25
第2審・大阪高判平23・5・31

● 争　点 ●

包括一罪を構成する一連の暴行による傷害についての訴因の特定。

1 〈事実の概要〉

本件は多数の訴因からなる事案であるが、被害者A、Bに対する各傷害被告事件において、訴因の特定が問題となった。

Aを被害者とする訴因は、「被告人は、かねて知人のA……を威迫して自己の指示に従わせた上、同人に対し支給された失業保険金も自ら管理・費消するなどしていたものであるが、同人に対し、(1)平成14年1月頃から同年2月上旬頃までの間、大阪府阪南市……のA方等において、多数回にわたり、その両手を点火している石油ストーブの上に押し付けるなどの暴行を加え、よって、同人に全治不詳の右手皮膚剥離、左手創部感染の傷害を負わせ、(2)Cと共謀の上、平成14年1月頃から同年4月上旬頃までの間、上記A方等において、多数回にわたり、その下半身を金属製のバットで殴打するなどの暴行を加え、よって、同人に全治不詳の左臀部挫傷、左大転子部挫傷の傷害を負わせたものである。」というものである。Bを被害者とする訴因は、「被告人は、D、E及びFと共謀の上、かねてB……に自己の自動車の運転等をさせていたものであるが、平成18年9月中旬頃から同年10月18日頃までの間、大阪市西区……付近路上と堺市堺区……付近路上を走行中の普通乗用自動車内、同所に駐車中の普通乗用自動車内及びその付近の路上等において、同人に対し、頭部や左耳を手拳やスプレー缶で殴打し、下半身に燃料をかけ、ライターで点火して燃上させ、頭部を足蹴にし、顔面をプラスチック製の角材で殴打するなどの暴行を多数回にわたり繰り返し、よって、同人に入院加療約4か月間を要する左耳挫・裂創、頭部打撲・裂創、三叉神経痛、臀部から両下肢熱傷、両膝部瘢痕拘縮等の傷害を負わせたものである。」というものである。

個別機会の暴行の日時等や、それらの機会に対応する傷害の結果が個々に特定して記載されていなかったことから、1・2審において、被告人側は、訴因の不特定を主張したが、1・2審とも各訴因それぞれにつき包括一罪の成立を認めた上、訴因の特定に欠けるところはないとした。

2 〈決定要旨〉

上告棄却

最高裁は、被告人が各被害者に傷害を負わせた事実につき、個別の機会の暴行と傷害の発生、拡大ないし悪化との対応関係を個々に特定することはできないが、結局は一人の被害者の身体に一定の傷害を負わせたというものであるから、それぞれ、その全体を一体のものと評価し、包括一罪が成立するとした上で、訴因の特定に関して以下のように判示した。

「いずれの事件も、……訴因における罪となるべき事実は、その共犯者、被害者、期間、場所、暴行の態様及び傷害結果の記載により、他の犯罪との区別が可能であり、また、それが傷害罪の構成要件に該当するかどうかを判定するに足りる程度に具体的に明らかにされているから、訴因の特定に欠けるところはないというべきである。」

3 〈解　説〉

1 刑訴法は起訴状に「公訴事実」の記載を求め(256条2項)、さらに、その記載形式は「訴因を明示する」形式、すなわち、「できる限り日時、場所及び方法を以て罪となるべき事実を特定(する)」形式を取ることを求めている(256条3項)。この訴因を明示する形式で書かれた公訴事実(これが一般に「訴因」と呼ばれる)は、審判対象画定機能と防御範囲限定機能を有し、これにより刑訴法は、弾劾主義(憲法38条1項)と当事者・論争主義(憲法37条)に基づく公判を実現しようとしている。

2 訴因の特定が十分か否かは、この訴因の

【98】訴因変更の特定(3)——包括一罪における訴因の特定

機能の観点から判断されてきているが（【96】—①事件参照），審判対象画定機能の点からは，他事件との識別が可能な程度に特定されているか否かが基準となるというのが一般的見解である。もっとも，識別が可能かどうかを問題にする前に，起訴状に記載される「罪となるべき事実」は，構成要件に該当すべき具体的事実であるから，構成要件要素が遺漏なく記載されていなければならないし，また，それは，裁判所が合理的な疑いを容れない程度まで証明されたと認定した場合には，有罪判決において「罪となるべき事実」となるものなので（335条1項），「構成要件に該当すべきかどうかを判定するに足りる程度に具体的に明白（でなければならない）」（最判昭24・2・10刑集3巻2号155頁参照）。この昭和24年判決は，有罪判決における「罪となるべき事実」に関するものであるが，これと起訴状記載の「罪となるべき事実」は，基本的に同一のものであると考えられているので，この判示は起訴状記載の「罪となるべき事実」にも妥当する）。

3 本件では，一定の期間内における一連の暴行による傷害罪の成否が問題となっているが，複数の暴行が個々に独立したものと評価されると，各暴行とそれによる傷害の結果が一つ一つ傷害罪を構成し，それぞれが併合罪の関係に立つことになる。傷害罪では，暴行と傷害結果の因果関係の存在が要件となるので，起訴状の「罪となるべき事実」も各暴行と傷害結果の対応関係を示し，さらに別々の訴因として起訴状に記載しなければならなくなるが，本件のように被告人と被害者との間の人的な関係から，被害者が受傷してもすぐに被害申告をせず，また病院で診察，治療も受けないことがあり，その後も暴行が繰り返されると，個々の暴行と傷害結果を「罪となるべき事実」として示すことが困難となる。あるいは，包括一罪と認定するとしても，複数の傷害を個々に一旦認定し，その上でそれらを一つにまとめて一罪と評価するのが包括一罪だと理解する立場に立つと，同様の問題が生じることになる。

本決定は，複数の暴行と傷害を一体のものと見て包括一罪と認定し，本件のような訴因であっても，「傷害罪の構成要件に該当するかどうかを判定するに足りる程度に具体的に明らかにされている」と判示した。包括一罪の場合，個々の行為と結果に個性が認められないために一体をなしていると評価されるので，最高裁は，全体として暴行と傷害結果が対応していればよく，個別に対応関係が示される必要は必ずしもないと解したものと思われる。

4 他事件との識別という点からも，個々の暴行の日時や，各暴行と傷害結果の対応関係などが記載されていなくても，共犯者，被害者，期間，場所，暴行の態様及び傷害の結果の記載があれば，訴因の特定に欠けるところはないと，本決定は判示した。包括一罪として一体をなしている傷害と他事件が区別されればよいので，この程度の特定で十分だということになるのであろう。

5 本決定では，防御範囲限定機能の観点からの検討はないが，これは，他事件と識別できる程度に特定されていればこの機能も果たされているとの判断によるものであるかもしれない。この点，審判対象画定機能と防御範囲限定機能は表裏の関係にあるといわれることがあるが，他事件と識別できる程度に訴因が特定され，そして，その限度で防御範囲が限定されていれば，被告人の防御権保障として十分だということには必ずしもならない。そのような訴因からは，防御の準備のための手掛かりが十分に得られない場合もある。もっとも，被告人側の防御は，検察側の具体的な立証方法に応じて行わなければならない面があることから，たとえば公判前整理手続に付された事件であれば，証明予定事実記載書面の記載，検察官の釈明，証拠開示等から防御の手掛かりを得ることができる。訴因による防御範囲の限定に加え，このような方法によっても被告人の防御の充実を図り，当事者・論争主義の裁判を実現すべきであると思われるが，本件ではそれが実際に行われていたようである（辻川靖夫・後掲106-107頁参照）。

[参考文献]
川出敏裕・曹時66巻1号1頁
辻川靖夫・最判解刑事篇平成26年度75頁
芦澤政治・百選〈第10版〉100頁
宮木康博・平成26年度重判184頁
伊比智・新報123巻8号327頁

（柳川重規）

Ⅵ 訴因制度

【99】 訴因と罪数

最(大)判平15・4・23刑集57巻4号467頁, 判時1829号32頁, 判タ1127号89頁
業務上横領被告事件(平成13年(あ)第746号)
第1審・横浜地川崎支判平12・3・27
第2審・東京高判平13・3・22

● 争　点 ●

委託を受けて他人の不動産を占有する者が，これにほしいままに抵当権を設定してその旨の登記を了した後，これにほしいままに売却等の所有権移転行為を行なってその旨の登記を了する行為の横領罪の成否と後行の所有権移転行為のみが横領罪として起訴された時の審理方法

1 〈事実の概略〉

被告人は，宗教法人Aの責任役員であるが，Aの代表役員らと共謀の上，①業務上占有するA所有の甲土地をB株式会社に対し売却し，その所有権移転登記手続を了して横領し，②業務上占有するA所有の乙土地を株式会社Cに対し売却し，その所有権移転登記手続を了して横領したなどとして起訴された。

各売却に先立ち，被告人は，各土地に次の通り抵当権を設定していた。甲土地については，①被告人が経営するD株式会社を債務者とする根抵当権を設定してその旨の登記を了し，②Dを債務者とする抵当権を設定してその旨の登記を了し，また，乙土地については，③Dを債務者とする抵当権を設定してその旨の登記を了していた。

公判で，被告人は，売却行為（後行行為）は抵当権設定行為（先行行為）の不可罰的事後行為に当たると主張した。しかし，第一審は，売却行為は経済的価値を含む土地が有する全ての価値を侵害する行為であるのに対し，抵当権設定行為は経済的価値のみを侵害する行為であるので，売却行為は抵当権設定行為に対する違法評価に包含し尽くされないとして，業務上横領罪の成立を認めた。

これに対し，被告人は，控訴審でも同様の主張をしたが，控訴審は，大要，次の通り判示し，第一審判決を認容した。すなわち，(1)抵当権①及び③の設定経緯等が詳らかでなく，これらが横領罪を構成するか明瞭でないところ，少なくとも，先行行為の犯罪成立が，既に取り調べられた証拠により明白に認められるか，若干の追加立証により明白に立証できる確実な見込みのある場合に限って，起訴されている後行行為を不可罰的事後行為と認めるべきである，(2)仮に抵当権①及び③が横領罪を構成するとしても既に公訴時効が完成しているところ，先行行為を犯罪として処罰できない事情がある時は，後行行為自体が犯罪成立要件を充足している限り，これを不可罰的事後行為とするのは不合理である，(3)抵当権②の設定は横領に当たるが，甲土地の売却と抵当権②の設定では土地売却の方がはるかに重要であり，損害もはるかに大きく，検察官が，甲土地の売却行為を横領と捉えて公訴提起したのは極めて合理的であり，裁判所も，売却行為を横領と見られる以上は，その訴因に基づき横領罪の成立を認めるべきである。

これに対し，被告人は，判例違反（最決昭31・6・26刑集10巻6号874頁等）等を理由に上告した。

2 〈判　旨〉

上告棄却
「委託を受けて他人の不動産を占有する者が，これにほしいままに抵当権を設定してその旨の登記を了した後においても，その不動産は他人の物であり，受託者がこれを占有していることに変わりはなく，受託者が，その後，その不動産につき，ほしいままに売却等による所有権移転行為を行いその旨の登記を了したときは，委託の任務に背いて，その物につき権限がないのに所有者でなければできないような処分をしたものにほかならない。したがって，売却等による所有権移転行為について，横領罪の成立自体は，これを肯定することができるというべきであり，先行の抵当権設定行為が存在することは，後行の所有権移転行為について犯罪の成立自体を妨げる事情にはならない。」

「このように，所有権移転行為について横領罪が成立する以上，先行する抵当権設定行為について横領罪が成立する場合における同罪と後行の所有権移転による横領罪との罪数評価のいかんにかかわらず，検察官は，事案の軽重，立証の難易等諸般の事情を考慮し，

先行の抵当権設定行為ではなく，後行の所有権移転行為をとらえて公訴を提起することができる。」

また，その場合，「裁判所は，所有権移転の点だけを審判の対象とすべきであり，犯罪の成否を決するに当たり，売却に先立って横領罪を構成する抵当権設定行為があったかどうかというような訴因外の事情に立ち入って審理判断すべきものではない。このような場合に，被告人に対し，訴因外の犯罪事実を主張立証することによって訴因とされている事実について犯罪の成否を争うことを許容することは，訴因外の犯罪事実をめぐって，被告人が犯罪成立の証明を，検察官が犯罪不成立の証明を志向するなど，当事者双方に不自然な訴訟活動を行わせることにもなりかねず，訴因制度を採る訴訟手続の本旨に沿わないものというべきである。」

本件の場合も，被告人が，本件土地につき抵当権を設定してその旨の登記を了していたことは，その後，これを売却してその旨の各登記を了したことを業務上横領罪に問うことの妨げにならない。

「以上の次第で……本件引用判例を当裁判所の上記見解に反する限度で変更し，原判決を維持する。」

3〈解 説〉

本件では，①抵当権設定行為とは別に，その後の売却行為自体についても（業務上）横領罪が成立するか，②後行の売却行為のみが起訴された場合の審理方法が争点となった。

まず，①について，これまでの判例（大判明43・10・25刑録16輯1745頁，最判昭31・6・26刑集10巻6号874頁，東京高判昭63・3・31判時1292号159頁）によれば，後行の売却行為は不可罰的事後行為として横領罪は成立しないとされていた。しかし，本判決は，判例変更し，売却行為の横領罪の成立を認めた。この結果，②について，「本件のように，後行行為だけが起訴された場合について，先行行為の存在の可能性の有無にかかわらず，そのまま当該訴因について審理判断できるという解釈をすることが可能となった」（後掲文献⑤）。

次に，②について，本判決は，裁判所の審判対象は検察官の設定した訴因の範囲に限られるので，審理に際しては訴因外の事情に立ち入ってはならないと判示した。この点について，先例の最決昭59・1・27刑集38巻1号136頁は，被告人が，選挙運動者たるXに対し，金銭供与の目的をもって金銭等を交付したと認められる時に，被告人とXとの間で当該金銭を第三者に供与することの共謀があり，Xがこれに従い当該金銭を第三者に供与した疑いがあったが，検察官が被告人を交付罪のみで起訴したという事案において，「検察官は，立証の難易等諸般の事情を考慮して，交付罪のみで起訴することができる。この場合，裁判所は，訴因の制約のもとにおいて，交付罪の成否のみを判断すれば足り，訴因として掲げられていない供与罪の成否につき審理したり，検察官に対し，供与罪の訴因の追加・変更を促したりする義務はない。」と判示しており，本判決の「予兆はあった」（後掲文献③）。

我が国の刑事裁判の基本原理である弾劾主義（憲法38条1項）によれば，公判は検察官の起訴によって開始される（不告不理の原則）。起訴に際して，検察官は，その付与された起訴裁量権（248条）に基づき，「事案の軽重，立証の難易等諸般の事情」を考慮して，「訴因」（検察官の主張する被告人の具体的な犯罪事実）を設定する（256条）。そして，公判では，この訴因の有無をめぐって検察官の主張・立証活動と被告人・弁護人の反論・反証活動が展開される。ここで裁判所に求められているのは，検察官が訴因について合理的な疑いを容れない程度にまで立証できたか否かを判断することのみであり（333条），旧法のように，訴因外の事情も含む「事件」全体の真相を解明することではないのである。

本判決は，前出の最決昭59・1・27と併せて，「犯罪事実の認定は，訴因外の事実との実体法上の罪数関係の評価はひとまずおき，専ら訴因を対象として行なわれる」（後掲文献③）ことを明確にしたものである。

[参考文献]
① 渥美・全訂刑訴法
② 大澤裕・今崎幸彦「(対話で学ぶ刑訴法判例)検察官の訴因設定権と裁判所の審判範囲」法教336号72頁
③ 高木俊夫「判批」ジュリ1281号167頁
④ 田口守一「判批」百選[第9版]90頁
⑤ 福崎伸一郎「判解」最判解刑事篇平成15年度277頁
⑥ 川出敏裕「判批」百選[第10版]90頁

（田中優企）

VI 訴因制度

【100】訴因は事実記載か法律構成か

最（三小）決昭40・12・24刑集19巻9号827頁、判時436号60頁
法人税法違反被告事件（昭和39年（あ）第2676号）
第1審・東京地判昭38・11・29
第2審・東京高判昭39・11・6

最（三小）判昭46・6・22刑集25巻4号588頁、判時638号50頁
業務上過失致死、業務上過失傷害被告事件（昭和44年（あ）第995号）
第1審・千葉地館山支判昭43・11・11
第2審・東京高判昭44・3・31

● 争 点 ●
訴因記載事実の変化と訴因変更の要否

1 〈事実の概略〉

第1の事例で被告人は、被告会社とともに業務に関し法人税を免れようと企て、売上脱漏・負債作出等の不法な方法で所得を秘匿して法人税を逋脱したとの訴因に対し、裁判所が被告会社の逋脱所得の内容を認定するに当って、検察官が冒頭陳述書で主張しなかった鑑定科目である仮払金175万円、貸付金5万円を新たに追加認定し、検察官が主張した勘定科目である借入金75万円を削除して認定した。これに対し、被告人側は不告不理を理由に控訴を申し立てた。控訴審裁判所は訴因および冒頭陳述で主張した勘定科目とは異なった勘定科目について認定し、訴因記載の逋脱額より多額の脱税を、訴因変更手続を経ずに認定したことは認め、逋脱事件では検察側は益金および損金を具体的に主張・立証すべきで、争のある場合は防禦もそれぞれについてなされる性質のものであるとしても、本件では被告人側は第1審で終始逋脱を争わず、訴因事実を立証するために喚問した証人が第1審の認定した事実に照応する証言をし、検察官が論告中でそれに言及し、被告人側が最終陳述において、逋脱の金額はある程度争うが大局的見地から訴因事実を争わず、一応の疑いを示したにすぎないときは、第1審が訴因事実と別の訴因事実を認定したとしても格別の防禦上の不利益が被告人側に生じたとは認めえないとして、控訴を棄却した。

これに対し、被告人は上告を申し立て、法人税法違反事件では、所得と逋脱金額が問題となるのだから、貸借対照表の益金・損金の各科目の内容の存否・多寡が争点となるので、検察官が主張しなかった勘定科目の事実を認定するには訴因変更手続を要し、その手続がないかぎり不告不理に反するというのが上告趣意であった。

第2の事例では、一時停車中の先行車の発進をみて、前車に追突させない業務上の注意義務があるのに、自車を発進させるのに、アクセルとクラッチ・ペダルを踏んだ際、雨で濡れた靴を拭かずに履いていたため足を滑らせてクラッチ・ペダルから左足を踏みはずした過失で、まだ停車中の先行車に自車を追突させ先行車の運転者に傷害を負わせたとの訴因事実につき、裁判所が訴因変更手続を経ずに、「ブレーキをかけるのを遅れた過失により自車をその直前に一時停止中の車に追突させ運転者に傷害を負わせた」と認定して業務上過失傷害につき有罪を言い渡した。訴因事実と認定事実との間に過失態様が全く相違する場合には訴因変更を要するとして、被告人は控訴を申し立てた。控訴審裁判所は、両者の間の相違は過失の具体的態様の差異に止まり、両者認定の過失に本質上の相違はない。この相違点については社会的に同一の事実につき証人への十分な反対尋問を通して防禦しうるので、何ら不法はないと判示して、控訴を棄却した。

2 〈決定要旨〉

第1の事例については、訴因事実と異なる勘定科目による所得額、逋脱額の認定は被告人の防禦に実質的不利益を与えることがあるから訴因変更の手続を要するが、被告人が第1・2審で一貫して争わず、もっぱら情状弁論を展開してきているので破棄しなくても著しく正義に反するとはいえないと判示した。

第2の事例についても公訴事実に当初記載されていた「過失」を示す具体的な行為態様に相違があっても、具体的な立証過程で、被告人に過失があった旨を示す事実につき、十分に防禦の対象となるように立証、防禦活動が展開されていれば、また当初の公訴事実に示した過失態様についての被告人の防禦活動

のなかで後に認定された過失態様について，防禦されていれば，訴因変更手続を改めて行なわなくても法の要求に反するところはないと判示した。

3 〈解 説〉

1 この2つの事例は，被告人の防禦の利益を現実に害する場合には，当初訴因で告知されていなかった事実を認定するには訴因を変更する必要があることを示したものである。
とりわけ，（個人）所得税または法人（所得）税の逋脱事件においては，その課税年度に，どのような所得があり，そのうちどれだけの金額が逋脱されているのかが具体的に問題になり，およそ1円以上の脱税がされたことが問題になるのではないから，被告人の防禦は検察官の主張する貸借対照表の益金・損金の各科目の内容の存否，多寡をめぐってなされるものである。具体的な勘定科目の明示を欠く場合には，被告人は，およそ一般的に脱税をしていない旨の主張をし，立証をしなければならなくなり，これは不正義だろう。
また，自動車運転過失についても，ほぼ同様のことがいえるであろう。訴因において，およそ過失の行為態様の具体的記載を欠いている場合には，被告人側は，およそ一般的にその結果を発生させるについて過失のなかったことを主張し，立証しなければならなくなり，被告人の具体的防禦に不利を生むことになるであろう。ただ，法人税逋脱の事件においては，裁判所が認定した事実を立証する証人の証言があり，その証言が訴因とは異なった科目の内容により被告会社および被告人の逋脱行為を立証していることを被告人側は知りながら，あえてその点も争わず，情状事情のみを主張した事情に照らして，被告人に対し，告知・聴聞を受ける機会を奪ったことにはならず，被告人が，およそ脱税をしていない旨を立証する負担を課された事態が発生していないので，まだ憲法違反や刑訴法41条の著しく正義に反する事態は生じていないと判示したのである。
したがって，本件は訴因に具体的に示してある勘定科目とは異なる科目の内容の存否，多寡に基づいて逋脱を認定するには，訴因変更を要することを明らかにしたのである。

2 ところで，法律構成が異ならなければ訴因に変化はなく，事実が変化しても訴因変更手続を要しないとする法律構成説のもとでは，本件2例のごとき場合には，おそらく訴因変更手続を要しないのであろう。
この意味で，本2判例は，いわゆる具体的事実記載説に立つことを示したものといえるであろう。だがそう解するよりも，むしろ，直截に勘定科目の差異や過失態様の差異があっても，訴因変更を経ずに，審理・判決が可能であるとすると，被告人側の防禦は不当に害され，具体的な事実をめぐる防禦ではなく，事実上は，過失のないこと，脱税行為のないことを立証しなければならなくなる点に判例も注目しているものと解すべきである。
本事例の場合に訴因変更を要しないとすれば，防禦すべき対象は具体的に明示され，被告人側の立証の困難なゆえに被告人は有罪とされ，挙証責任は被告人側に課され，検察官側は，挙証責任を果たさなくても被告人を有罪になしうることにつながるのである。そこには弾劾主義違反はもとより論争当事者主義違反がある。そこで，むしろ逆に，被告人の告知・聴聞を受ける権利，防禦対象の明示を受ける権利（256条2・3・6項参照），を具体化するには訴因を具体的事実の記載と解する立場に立たざるをえないというべきであろう。

3 ちなみに，本位訴因のほかに，予備的または択一的訴因に示された過失態様のいずれかで結果が発生しているとしか認定しようのない場合に，「択一認定」を否定したのが本判例ではないことを指摘しておこう。
なお，犯罪とは刑罰法規に定められた法定類型であるから，その点も無視はできないことも忘れてはならない。ただ，起訴事実は抽象的法類型ではなくそれが当てはまる具体的行為があることを忘れてはならないのである。

[参考文献]
① 船田三雄・最判解刑事篇昭和40年度242頁
② 鬼塚賢太郎・最判解刑事篇昭和46年度133頁

（渥美東洋）

VI 訴因制度

【101】訴因変更の要否(1)
——大は小を含む

① 最(三小)決昭29・10・19刑集8巻10号1600頁
恐喝被告事件(昭和29年(あ)第1260号)
第1審・名古屋地判昭28・9・22
第2審・名古屋高判29・2・25
② 最(二小)決昭28・9・30刑集7巻9号1868頁
殺人被告事件(昭和28年(あ)第2850号)
第1審・大分地判　第2審・福岡高判昭28・4・25
③ 最(二小)決昭40・4・21刑集19巻3号166頁
重過失致死被告事件(昭和39年(あ)第1773号)
第1審・伊予三島簡判昭38・12・5
第2審・高松高判39・7・29

● 争　点 ●
訴因変更の要否

1〈①事実の概略〉

昭和27年10月頃，被告人は友人の依頼でTをN方に泊めたところ，TがNの弟に散々手数をかけ，あげくに1500円を無理やりに出させた旨を聞きTの行為に憤激し，少々乱暴を働いてもTからその金員を払戻させようとUおよびAと共謀し，詐言を用いてTを呼び出し，夜9時頃人通りの少ない場所で，こもごも態度を急変して，「Nのことはどうした」と威丈高に怒鳴りTの弁明を受けつけずに，UとAは自転車の警番(馬蹄状の錠)で額を殴り，暗がりで警番をナイフのようにみせかけて脅し，Nを全く抵抗できない状態にして800円と上衣1枚を交付させて強取したとき，その傍に立って犯行を容易にし幇助した，として強盗罪の幇助で起訴され，第1審で有罪となった。被告人らは控訴を申し立て，Tは被告人らの不良仲間のうちで被告人らよりも乱暴者で容易に抗拒不能などにはならず，事件の折も，金を交付したのち近くの交番に強盗に会ったといって逃げ込み，警察官の隙をみて走り去った事情を指摘するなどして，抗拒不能にTを陥れてはいないし，金員の取得は権利行使の意思によるものだとして，事実誤認を主張・立証した。
第2審は，この主張が立証されているとして，第1審判決を破棄し，自判して，被告人らを恐喝罪に問擬し，被告人は共謀段階で，Tに少々の乱暴を加えても金を出させる謀議に加わっていたと認定して，共同正犯とした。被告人は上告した。

2〈①決定要旨〉

2審が強盗幇助と認定した1審判決を破棄し，恐喝と自判するには訴因変更手続を経る必要はない。

3〈②事実の概略〉

被告人はY女を自己の自殺の道づれに殺害し，自分は死に損なったとして，Y女を殺人したとして起訴された。第1審は殺人で被告人を有罪としたが，被告人は，Y女に心中の意思があったと主張し，自己はそのように認識していたとして控訴したところ，第2審は，被告人に犯罪事実についての故意に錯誤があって，事実が証明されたとして，第1審判決を破棄し，被告人を同意殺人で有罪とした。これに対し，弁護人は，訴因変更手続を経ないで訴因とは異なった事実を認定することは判例違反に当るとして上告した。

4〈②決定要旨〉

殺人の訴因につき，刑法38条2項を適用し同意殺人の責任を認めるには，訴因，罰条の変更を要しない。

5〈③事実の概略〉

被告人は製紙会社の第2工場の管理係長として材料倉庫，管理班の業務と断裁機の整備補修業務を担当していたが，この工場に設置されていた製品運搬用のエレベーターの減速機の作動が円滑でなくなったので，自ら注油した。この注油に当っては減速機のメタルカバーを外す必要があり，それを外すとオームギヤーが浮上りギヤの噛み合わせがなくなりエレベーターが落下する虞があるのでそのカバーを外すときは落下防止装置の安全ピンを確かめ，安全ピンが差し込んであるかどうかを確認すべき注意義務があるのに，それを怠った重過失により，エレベーターの専任操縦者H子ら数名が掃除をしていたのに漫然とメタルカバーを外した重大な過失で，それを

外した瞬間にH子の重量がエレベーターの立入り台に加わり昇降機が降りはじめ，おどろいてH子が急いで飛び降り床端と昇降機とに挟まれH子を死に到らしめたとして業務上過失致死で起訴され，第1審は注油行為は被告人の業務の範囲内にはないとし，重過失致死で有罪とした。訴因変更なしに訴因以外の事実を認定した法令違反等を理由に被告人は控訴したが，棄却され，上告した。

6 〈③決定要旨〉

業務上過失致死の訴因に対し訴因罰条の変更手続を経ずに重過失致死を認定した1審判決を是認した原審判断は正当である。

7 〈解 説〉

1 憲法37条は，31条が当然予定する被告人の告知・聴聞を受ける権利の保障に重ねて，公正・公平・迅速な裁判を保障して，被告人に自己に有利な証拠調を求め，自己に不利な証拠の証明力を争う権利を被告人に保障し，これらの被告人のダイヤローグの権利を実効あるものにするために，刑事手続の専門家である弁護人の助力を受ける権利を保障している。これらの被告人の権利の保障によって組み立てられている公判の構造を当事者主義または論争主義と呼ぶが，この論争主義公判構造を成り立たせるための第1の要請は告知・聴聞を受ける権利の被告人への保障であり，その技術規定が256条3項に定められている訴因制度である。

2 256条2項は弾劾主義によって公訴事実の起訴状への記載を求め，3項は論争・当事者主義に従って公訴事実を日時・場所・方法を具体的に明示して訴因の形式で記載することを求め，同条6項は，弾劾主義の要請として訴因のみを記載した起訴状の提出をまず求め，起訴状の提出と同時に証拠の提出を禁じ，主張先行・挙証後行のいわゆる起訴状一本主義を定めて，訴因が公判での審理対象を明示し，その範囲と限界を画するための制度であることを明らかにしている。

3 この訴因制度は，その第1の目的を，被告人に起訴事実をことごとく告知し，具体的に防禦すべき対象とその範囲を被告人に知らせ，被告人側が充実した防禦をなしうる機会を保障するところに置いている。そして，当初訴因で告知されていない事実をもって構成される事実を認定する場合には，312条により，当初訴因と公訴事実の同一性を害さない限度で，訴因を変更する手続を経たうえでなければならないとされている。

4 以上から明らかなことは，当初訴因記載の公訴事実とは異なった事実の認定には訴因変更を必要とすることである。

ところで，ここで問題となっている3事例にあっては，当初訴因として記載されている事実の範囲内に，裁判所が認定した事実が含まれているという関係が認められる（いわゆる〈大は小を含む〉の関係）。

第1の事例において，被害者に対する被害者を抗拒不能にするほどの暴行が加えられた旨を示す具体的な有形力の行使の態様が訴因に記載されており，また，被害者に乱暴を働いてもよいとの共謀に被告人が加わった事実も訴因で主張されている。この訴因記載事実の範囲内で，その暴行が被害者を抗拒不能にまでは到らせていないと認定し，暴行恐喝現場への佇立と共謀内容も訴因に記載された事実によって恐喝を認定している。いわゆる「大は小を含む」事例であり，訴因の告知機能，被告人に防禦対象を明示する機能は全く害されていないので，訴因変更を要しないというのである。

第2事例は殺害行為と殺意を徴表する行為・事実に全く相違がない場合の錯誤認定であり，これも「大は小を含む」事例である。

第3事例も，同様で認定事実が訴因事実に含まれている場合，いわゆる縮小認定の事例である。ところで，業務上の過失と重過失はその構成を理論上は異にするのだが，この具体例ではたまたま業務上過失が重過失を含んでいるのである。訴因の比較は，具体的事実の比較であって，抽象的な構成要件の比較でないことに注意すべきである。

[参考文献]
① 木梨節夫・最判解刑事篇昭和40年度226頁

（渥美東洋）

VI 訴因制度

【102】訴因変更の要否(2)
——不意打なし

①最(三小)判昭28・11・10刑集7巻11号2089頁
詐欺被告事件(昭和27年(あ)第2233号)
第1審・東京地判
第2審・東京高判昭27・1・31
②最(二小)決昭34・7・24刑集13巻8号1150頁
覚せい剤取締法違反被告事件(昭和31年(あ)第2966号)
第1審・宇都宮地大田原支判昭30・7・29
第2審・東京高判31・7・2

● 争 点 ●
訴因変更の要否

1 〈①事実の概略〉

被告人は被害者を欺罔して金25万円を騙取したとして、詐欺罪で起訴された。被告人とその弁護人は、起訴されていないNが被害者から金員を受領したのであって、被害者からの金員の取得についてNと相談することはあったが、被害者をとくに欺罔して金員を騙取するつもりはなかったと等と主張し防禦に当たった。第1審裁判所は、被告人の単独詐欺の訴因の防禦に関連ある防禦主張としての上記の被告人側の主張・挙証活動を許して審理を重ねたのち、たしかに被害者から金員の交付を受けたのは被告人ではなくNであるが、金員の交付を受けた点、被害者がNに金員を交付するに至るまでの事情を作り出すについてNと共謀していた事実が被告人の防禦立証から明らかになったとして、被告人に対する単独犯行の訴因に対して、被告人のNとの共謀による詐欺の共同正犯と認定して、被告人に有罪判決を言い渡した。被告人は控訴を申し立て、その控訴趣意は、被告人は全く欺罔の意思もなく行為もしていないのに、それがあるように第1審が認定したのは事実誤認であるということにあった。控訴裁判所は、Nとの共謀を第1審と同様に認定し、控訴を棄却した。これに対し、被告人は上告を申し立てた。弁護人の上告趣意は、単独犯を共同正犯と認定するには、被告人に防禦権を尽くさせるために訴因の変更が必要であって、これを怠った原審には訴訟手続の法令違反があるというものであった。

2 〈①判 旨〉

上告棄却

「本件のような場合には、単独犯として起訴されたものを共同正犯としても、そのことによって被告人に不当に不意打を加え、その防禦権の行使に不利益を与えるおそれはないのであるから訴因変更の主張を必要としない。」

3 〈②事実の概略〉

被告人は法定の除外事由がないのに昭和30年2月3日頃、T方で覚せい剤注射液5ccアンプル820本を所持したとの訴因を認定した第1審の有罪判決を、被告人のKとの共同所持の主張を容れて破棄し、Kとの共謀のうえ所持したと認定し有罪判決を言い渡した。

被告人は上告を申し立て、訴因明示の事実の範囲を超えた事実の認定には訴因変更手続を要すると主張した。つまり訴因に示された被告人の単独所持に対し、控訴審が認定した事実は、形式上は「Kとの共謀のうえ」が加わったのみのようだが、実際には、第1に、被告人はKと協議して、Kの親族のT方で酒の密造をするための諸材料をもって同家に赴く際、その近所の人々に覚せい剤を売り捌くことを共謀して企て、第2に、被告人が覚せい剤をKに手渡しKがそれを保管し、第3に、被告人がTにその保管をするように依頼し、ついでTに覚せい剤の売り捌きを依頼したというものである。これらの事実は、被告人側の防禦立証によって公判に示されたものとはいえ、訴因に明示されている事実よりもその範囲が広がった事実である。原判決はあえて、犯罪態様上被告人の関与の限度および犯情の点で訴因よりも縮小された事実の認定に当たるので訴因変更手続が不要だというが、訴因は明示された事実として審判の範囲を画する概念であるから本事例では訴因変更手続を経ることを要するとして上告した。

4 〈②決定要旨〉

上告棄却

被告人に不当な不意打を与え防禦上の不利

益を与える虞れのないかぎり、覚せい剤の単独所持の訴因について、共同所持を認定するには訴因変更手続を要しない。

5 〈解説〉

1 訴因に記載された事実の1部を認定した結果、訴因とは異なった事件について有罪の認定をするには、訴因の変更手続を要しないことは【101】判例の犯示するとおりであり、訴因による被告人への起訴事実の告知と防禦対象の告知とその限定づけの機能を重視する現行法の当事者主義、論争主義の基本構造を害するところは全くないといってよい（256条2項・3項参照）。

2 ところで、本事例の場合のように、訴因に明示されている事実をめぐって被告人側が防禦を展開し訴因明示の事実はなく、それよりも犯情の軽い、第1事例であれば、金員騙取の実行正犯でなく共謀共同正犯に止まる旨の主張、第2事例であれば、覚せい剤の単独所持ではなく、共謀者との共同所持である旨の主張を持ち出して、その挙証をすることは訴因の拘束力の限界内にあり、正当なものといえるであろう。

というのは、訴因記載事実の欠如を単に抽象的に主張するだけでは、防禦を十分に展開しえない場合には、訴因事実を否定するために、訴因事実と関連する訴因事実を否定する別の事実の存在を主張・挙証することは、訴因の審理に関連するものであることはいうまでもないことだからである。訴因の立証にあっても、それを否定する主張・立証にあっても、訴訟での主張が具体的な証拠による証明でなければならないことからいって、訴因に明示された事実の範囲と若干喰い違い、その範囲を超える事実が訴因の存在を立証し、または訴因の不存在を主張・挙証するために持ち出されることがあるのは自然のことであるからである（刑罰法規に定められた抽象的な犯罪類型に過不足なく一致する社会的行為などはむしろ、事実のうえでは例外的なものである）。

そこで、本両事例においても、訴因事実の不存在を問題とする被告人側からの防禦において、あるいは詐欺の共謀共同正犯に当る事実が持ち出され、あるいは覚せい剤の共同所持に当る事実が持ち出されたのである。そして、これらの事実は、訴因に明示された事実である詐欺の単独犯行や覚せい剤の単独所持の審理において提出され、検察官と被告人との間の正当な攻撃・防禦の関心のもとで、具体的な攻防の対象に据えられたのであるから、訴因と相違した事実を裁判所が認定したとしても、被告人らに不意打を与えたことにならないとみるのも十分にうなずけるところである。しかも、具体的事例を詳細に検討してみると、裁判所が訴因と異なったものとして認定している事実について、被告人側の防禦は、これ以上行なう必要がないほど尽くされていると認定しうる場合であるから、このような事情の下であれば、訴因変更手続を経なくても、具体的に被告人側に不意打や防禦の不利益の虞れもなく、さらに防禦を重ねさせる必要もないので、訴因変更手続を要しないとするのが、本事例での両判決の立場であるといってよかろう。

3 だが、第2事例での弁護人の上告趣意に示されているように、たしかに訴因は防禦対象を明示し、被告人に不意打の危険を生じないようにする目的をもつが、訴因は検察官が犯罪を構成するとみるすべての事実を明示するものであるから、そこに明示されていない事実の認定は訴因に示されていない事実の認定となるので、厳格には変更手続を要し、それを欠けば無効ではないが不適法とはいえないことはなかろう。それにしても訴因の変更は不要である。

[参考文献]
① 栗田正・最判解刑事篇昭和34年度296頁

（渥美東洋）

【103】訴因変更の要否(3)
──犯罪を構成する全事実の記載の必要

①最(三小)判昭36・6・13刑集15巻6号961頁, 判時268号28頁
贈賄被告事件(昭和32年(あ)第1919号)
第1審・新潟地判昭31・8・2
第2審・東京高判昭32・6・24

②最(三小)判昭41・7・26刑集20巻6号711頁, 判時459号75頁
公職選挙法違反業務上横領被告事件(昭和40年(あ)第2250号)
第1審・函館地判昭39・3・21
第2審・札幌高判昭40・9・30

● 争 点 ●
訴因変更の要否

1 〈①事実の概略〉

被告人は町長Hと共謀のうえ、昭和29年11月25日頃、S土木建築会社の取締役社長Nから、同町町立中学校体育館の建築工事を上記会社に請負わせることの謝礼の趣旨であることを知りながら現金30万円の交付を受け、さらに同年12月7日、上記土建会社の専務取締役から上記体育館の工事請負契約が町と同社との間で締結されたことに対する謝礼であることを了知しながら現金30万円の交付を受けたとして、収賄罪の共同正犯で起訴された。第1審は有罪判決を言い渡した。被告人側の控訴趣意を踏まえたうえ、第2審裁判所は次のように認定した。つまり被告人がB劇団を新潟市に招致し上演させようとし、そのギャランティ資金22万円の融通方を前記土建会社社長Nに申し入れたところ、同人から同会社のための適当な土建工事の請負先を紹介斡旋してくれればその資金を融通する旨の諒解をし、被告人が町の中学校体育館新設の計画を聞知したので、被告人が町長Hと昵懇の間柄であったところから、社長と町長を会わせて、同社に有利な条件で工事を請負わそうとし、被告人は社長、専務らと共謀のうえ、町長への金員供与を企て、被告人が工事請負の随意契約の締結方を求めて上記会社から金30万円を受領して、町長に交付し、さらに上記随意契約締結の謝礼として、被告人が町長に金30万円を交付した。第2審は、上記認定に基づき、原判決を破棄し被告人を贈賄の共同正犯として有罪判決を言い渡した。被告人は上告し、訴因変更の手続を経ることなく訴因以外の事実を認定した違法を主張した。

2 〈①判 旨〉

破棄差戻

公訴事実と原判決認定事実とは基本的事実は同一の関係にあるが収賄と贈賄は全く異なる犯罪であるから、訴因変更手続を経ずに他方を認定することは、被告人に不意打を与え、実質的に不利益を与える虞があるので訴因変更手続を要する。

3 〈②事実の概略〉

H会社の常務取締役である被告人が昭和35年3月頃、I所有の山林の買収の交渉の権限を会社から与えられて売買代金の残額44万円余を会社のために業務上保管中、残金なしの売受代金であると会社に報告して、右金員を着服横領したとの訴因を第1審で、検察官は次のように変更した。「H会社の常務取締役たる被告人は、I所有の山林の買収の権限を与えられたところ、低額で買収しうる見込みがあったのに、高額でIから売却する旨の内諾を受けたと虚偽の報告をして、その旨H会社の代表取締役らに誤信させて、高額の金額で買受けする決議をさせ、低額で実際に買入れながら同会社に高額の買受け代金の支払をさせ、よって差額64万円余の損害を与えた」との商法486条1項(当時)の特別背任の事実に訴因変更した。第1審は上記特別背任の事実を認定したが、原判決は事実誤認、法令の適用の誤りを理由に第1審判決を破棄し、訴因変更手続を経ることなく、当訴因と同様の業務上横領で有罪とする自判をした。これに対し被告人から上告がされた。

4 〈②判　旨〉

破棄差戻

すでに当初訴因につき防禦の機会が与えられていたとしても、特別背任に訴因が変更された以上、被告人側の防禦は特別背任に専ら向けられたとみるべきだから、再び業務上横領と認定するには訴因変更の手続を要する。

5 〈解　説〉

1　256条2項は、起訴状には公訴事実を記載することを要求している。検察官は、たんなる社会的に生起した事件を起訴状に記載することを求められているのではなく、また、およそ、いずれかの犯罪に当ると思われる生の社会的事実を記載すれば足りるというものでもない。起訴された後の公判では、およそ、社会での行為の意味を探ることがその目的とされているのではなく、検察官が、被告人の行なった社会での行為が特定の刑罰法規の定める犯罪に該当すると思料するときにはじめて、起訴をすることを法は求めているからである。

そこで、起訴状に記載することを求められる公訴事実とは、検察官が特定の犯罪を構成するすべての要件である事実が、被告人の社会での行為に備わっていると考えたその要件たる全事実である。したがって、起訴状の記載の公訴事実のみを念頭において防禦しさえすれば防禦は完全になしうるといえるのである。起訴状に記載されていない事実について防禦をしなければ、防禦が完全にはならないような公訴事実の記載は、したがって、致命的な瑕疵のあるものとして、338条4号で、公訴棄却されなければならない。このように、被告人に起訴事実をすべて告知し、防禦対象の範囲を具体的に示すところに起訴状に公訴事実の記載を求める目的がある。そして、この公訴事実は、具体的な防禦をむずかしくしない程度に具体性をもった訴因の形式での公訴事実の記載が求められる。犯罪構成事実の1部が欠ける事実記載は起訴を致命的に無効にするが、防禦をむずかしくする程度にしか具体性を伴っていない事実の記載は、補正をすれば、起訴の無効は治癒される。

2　これを逆に表現すれば、起訴状に公訴事実として記載されている事実だけでは、犯罪の成立を肯定できない場合には、その起訴は無効なのだといえる。検察官が起訴＝告発した事実だけをめぐって裁判をするという論争主義、当事者主義の立場は、したがって、起訴状に公訴事実として記載されている事実だけでは、その成立を肯定できない犯罪の認定を許さないのである。

3　第1の事例で、土建会社から2回に亘って計60万円の金員を賄賂と知って受領した行為（公訴事実）のほかに、この金員を受領したのち、この金員を町長Hに交付する行為がなければ、贈賄の事実は成立しない。第2の事例では、実際の買入価格よりも高額の代金を被告人に対し会社が支払った事実があれば特別背任の成立要件からみると十分だが、これを業務上横領とするには、被告人が会社から代金の受渡を受けたのち、買受代金を売主に支払って、残金が手許に残ったあとで、その金員を着服することを示す外形的行為がなければならない。このようにみると、訴因から、訴因記載以外の事実を認定しなければ、裁判所の認定事実を構成するとはいえないので、起訴に係る事実以外の事実を認定したことになる。従前の立場を変えて、判例は当事者主義をさらに徹底したとみることができうる。

[参考文献]
① 堀江一夫・最判解刑事篇昭和36年度152頁
② 桑田連平・最判解刑事篇昭和41年度157頁

（渥美東洋）

VI 訴因制度

【104】訴因変更の要否(4)
――一旦撤回された訴因事実の認定

最(一小)決昭63・10・24刑集42巻8号1079頁，判時1299号144頁
業務上過失傷害被告事件(昭和62年(あ)第1051号)
第1審・高知地判昭61・4・18
第2審・高松高判昭62・7・28

● 争　点 ●

訴因変更の要否

1 〈事実の概略〉

　被告人が業務上乗用車を運転し，時速約30ないし35kmで進行中，前方道路には附近の石灰工場の粉塵等が路面に凝固していたが，それが当時の降雨で溶解して車輪が滑りやすい状況にあった。そのため対向車を認めた時には不用意にブレーキをかけることなく，予め減速して進行すべき業務上の注意義務があった。それなのにその義務を怠り，30kmないし35kmで進行した過失で，対向車を認めたとき急ブレーキをかけ自車を道路右側歩道に滑らせて侵入させ，折から対向走行してきた乗用車に衝突させ，対向車の運転者に傷害を負わせた。これが当初の公訴事実の趣旨であった。被告人が石灰が路面に凝固し滑りやすい状況にあったとの認識の有無を中心に，第1審は，証拠調をした。裁判所のこの証拠調に示された心証を慮って，第6回公判で，検察官はその訴因を変更し，「当時降雨中のため，アスファルト舗装の道路が湿潤し，滑りやすい状況にあった」旨にする旨の変更請求をし，許可された。その後，検察官は弁論終結後の第8回公判で，撤回した当初訴因とほぼ同様の訴因を予備的に追加し，証人調を請求する目的で弁論再開を請求したが第1審はこれを却下して，当時路面がとくに滑りやすい状況にあることを被告人が認識していた点に疑いが残るので，減速すべき注意義務を認めえないとして無罪を言い渡した。検察官は，予備的訴因の追加請求の却下の訴因手続の法令違反，事実誤認を理由に控訴した。控訴審は，当時の降雨で通常のアスファルト舗道では，前記速度走行中の急ブレーキで車輪が大きく滑ることは考えられないとし，第1審の証拠によれば，前記路面に石灰が附着凝固したところへの降雨が路面を滑りやすくさせ，被告人の過去3回ほどのこの道路の走行経験から石灰附着を被告人は認識していたとし，控訴審では第1審の当初訴因と同様の訴因を予備追加訴因とする旨の検察官の変更請求を許可し，第1審の証拠結果により，被告人の注意義務を認めて，第1審判決を破棄し，被告人を有罪と自判し，罰金8万円に処した。
　被告人は，降雨時の路面湿潤だけでは被告人には減速義務はないとし，控訴審での本位訴因では無罪だというのであるから，第1審に事実誤認があったとしても，それは判決に影響を及ぼさないものである。それなのに控訴審が第1審判決を破棄したのは，訴訟手続の法令違反になるとして上告した。上告趣意は被告人の路面湿潤の原因，状況についての認識の有無が争点であり，第1審の本位訴因の拘束力からみて，石灰粉塵の路面凝固の認識の有無を攻防，審判の焦点に置いた点で控訴審には訴訟手続の法令違反があり，本来無罪を言い渡すべきことになる，というのであった。

2 〈決定要旨〉

　適法な上告理由に当たらないとしたうえで職権調査をし，「過失犯に関し，一定の注意義務を課す根拠となる具体的事実については，たとえそれが公訴事実中に記載されたとしても，訴因としての拘束力が認められるものではないから，右事実が公訴事実中に一旦は記載されながらその後訴因変更の手続を経て撤回されたとしても，被告人の防禦権を不当に侵害するものでない限り，右事実を肯定することに違法はないものと解される。……以下要旨，降雨又は石灰粉塵の路面凝固中への降雨のいずれも路面湿潤を認識すべき注意義務の原因となる。そのうち石灰粉塵と降雨を注意義務原因となるとの事実も，途中撤回されたとはいえ，十分に，その点についての被告人の認識の有無の証拠調の焦点とされているので，被告人の防禦は害されていない。し

3 〈解説〉

1 従来の最高裁の裁判例には，被告人の防禦にとって重要であるか否かで，重要でないときは訴因変更手続を不要としている。詐欺の被欺罔者と被害者が父から娘になった認定（最判昭30・10・4刑集9巻11号2136頁），背任目的が，「第三者の利益を図る」ことから，「自己の利益を図る」ものに変えて認定した場合（最決昭35・8・12刑集14巻10号1360頁），片方が崖のカーブの左折に当り路肩に寄り過ぎ，そのまま直進すれば脱輪する状況で，中央に方向を変えず直進して路肩から脱輪して川に転落させたとの訴因の下で，中央方向に急に路肩から外れるのをおそれて進行したが，遅すぎて路肩が崩れて脱輪して川に転落させたとの認定は過失態様は異なるが公訴事実が同一で被告人の防禦に影響しないことを理由に，これを認めた判断（最判昭32・3・26刑集11巻3号1108頁）がある。

他方，「アクセルとクラッチペダルを間違えて，濡れた靴をよく拭かずに踏んだ過失」との訴因の下で「交差点前でのブレーキのかけ遅れで一時停止中の他車に追突した」との認定には訴因変更を要するとしたもの（最判昭46・6・22刑集25巻4号588頁【100】第2判例））がある。学説としては，被告人の防禦を中心に考えると，審判対象と防禦対象の混同を来たすとする見解（平野龍一・刑事判例評釈集32・33巻359頁），審判対象の特定に必要不可分の部分とその他の部分とに分け，前者には変更手続を必ず要し，後者では，被告人の防禦に重要か否かで判断するとの見解（松尾浩也・刑訴法（上）246頁，香取敏麿「訴因判断の構造」判時1238号9頁），業務上過失を含む過失犯にあっては，その犯罪構成上必要な要件事実たる過失態様に変更があれば訴因変更を要するが，注意義務の根拠たる事実や注意義務の具体的内容は，過失態様の変化に無関係なものであれば，変更手続もへることなく認定しても有効だとする見解（小泉裕康「訴因の変更」公判法大系II262頁，並木典雄「自動車による業務上（重）過失致死事件における過失の認定について」司法研究報告書21輯2号258頁など）がある。

2 重要なのは，刑訴法256条2項の公訴事実は憲法38条1項の弾劾主義の要件として，攻防・審判の対象を画するので，その変更は変更手続を要するが，同法256条3項の訴因の明示は，当事者，論争主義（憲37条1項）の要求として，ダイヤローグ，防禦を大きく害さないかぎり変更手続を要しないことを理解し，弾劾主義と当事者・論争主義の要求の違いを理解することである。本件に即して言えば，具体的な認識の欠如による変速・減速が注意義務違反行為として示されていれば，弾劾主義には違反しない。

その余は攻防の争点への影響の有無を考えればよい。附加すれば，石灰堆積に気附かない業務上過失罪とか，降雨舗道の滑りやすさに気附かない過失犯罪などという犯罪を国会は定立しておらず，単に注意義務違反の過失犯を定めたにとどまる。その具体的注意義務さえ記載されていれば犯罪の告発としての公訴事実の記載は十分で，その具体的注意義務の内容について被告人に防禦の十分な機会が与えられていれば，当事者・論争主義違反はない。その機会がすでに与えられている場合には，訴因変更手続は不要となる。弾劾主義と論争・当事者主義の要求は区別されるのである。

[参考文献]
① 池田修・最判解刑事篇昭和63年度349頁
② 安冨潔・ジュリ932号76頁
③ 上口裕・昭和63年度重判解175頁
④ 中野目善則・新報96巻5号337頁
⑤ 田口守一・判評368号76頁

（渥美東洋）

VI 訴因制度

【105】訴因変更の要否(5)
——訴因の機能と変更の要否

①最決平13・4・11刑集55巻3号127頁，判時1748号175頁，判タ1060号175頁
殺人，死体遺棄，現住建造物等放火，詐欺被告事件(平成11年(あ)第423号)
第1審・青森地判平7・11・30
第2審・仙台高判平11・3・4
②最決平24・2・29刑集66巻4号589頁，判時2153号142頁，判タ1373号151頁
現住建造物等放火被告事件(平成23年(あ)775号)
第1審・長崎地判平22・6・15
第2審・福岡高判平23・4・13

● 争 点 ●

① 殺人罪の共同正犯の訴因において実行行為者が明示された場合に，訴因変更手続を経ずに訴因と異なる実行行為者を認定することの適否。
② 現住建造物等放火の事案において，訴因変更手続を経ずに，訴因と異なる放火方法を認定することの適否。

1 〈①事実の概要〉

公訴事実は当初，要旨「被告人は，Aと共謀の上，Bに対し殺意をもってその頸部をベルト様のもので締めつけ，窒息死させて殺害した」というものであった。被告人がAとの共謀の存在と実行行為への関与を否定して無罪を主張したため，被告人とAとの共謀の成否及び殺害の実行行為者はだれかが主要な争点となった。証拠調べにおいて，Aは，被告人との共謀を認めて被告人が実行行為を担当した旨証言し，また，被告人とAの両名で実行行為を行った旨の被告人の捜査段階における自白調書も取り調べられた。弁護人は，Aの証言及び被告人の自白調書の信用性を争った。公判手続がかなり進んだ段階で検察官が訴因変更を請求し，「被告人がBの頸部を締めつけるなどして殺害した」と，実行行為者を被告人と明示する内容に公訴事実が変更された。審理の結果第1審裁判所は，被告人とAとの共謀の成立は認められるが，実行行為者については，被告人のみが実行行為者である旨を認定するに足りないとして，「被告人は，Aと共謀の上，A又は被告人あるいはその両名において，扼殺，絞殺又はこれに類する方法でBを殺害した」旨の事実を認定し，訴因変更手続を経ることなく，罪となるべき事実としてその旨判示した。被告人が控訴し，

原審裁判所は訴訟手続の法令違反はないとして控訴を棄却した。

2 〈①決定要旨〉

上告棄却
「殺人罪の共同正犯の訴因としては，その実行行為者がだれであるか明示されていないからといって，それだけで直ちに訴因の記載として罪となるべき事実の特定に欠けるものとはいえないと考えられるから，訴因において実行行為者が明示された場合にそれと異なる認定をするとしても，審判対象の画定という見地からは，訴因変更が必要となるとはいえないものと解される。とはいえ，実行行為者がだれであるかは，一般的に，被告人の防御にとって重要な事項であるから，----検察官が訴因においてその実行行為者の明示をした以上，判決においてそれと実質的に異なる認定をするには，原則として，訴因変更手続を要するものと解するのが相当である。しかしながら，----少なくとも，被告人の防御の具体的な状況等の審理の経過に照らし，被告人に不意打ちを与えるものではないと認められ，かつ，判決で認定される事実が訴因に記載された事実と比べて被告人にとってより不利益であるとはいえない場合には，例外的に，訴因変更手続を経ることなく訴因と異なる実行行為者を認定することも違法ではないものと解すべきである。」本件の審理の経過に照らすと，「第1審判決の認定は，被告人に不意打ちを与えるものとはいえず，かつ，訴因に比べてより不利益であるとはいえないから，実行行為者につき変更後の訴因で特定された者と異なる認定をするに当たって，更に訴因変更手続を経なかったことが違法であるとはいえない」

3 〈②事実の概要〉

公訴事実は，要旨「被告人は，ガス自殺をしようとして，Aらが現に住居に使用する2階建て建物の被告人方1階台所において，ガスの元栓とガスコンロをつなぐホースを取り外してガスを充満させ，ガスコンロの点火スイッチを作動させて点火してガスに引火，爆発させて火を放ち，同被告人方を焼損させた」というものである。第1審裁判所は，被告人がガスに引火，爆発させた方法について，訴因の範囲内で，被告人が点火スイッチを頭部で押し込み，作動させて点火したと認定したが，原審裁判所は，このような被告人の行為を認定することはできないとし，訴因変更手

続を経ることなく，ガスに引火，爆発させた方法を特定せずに，被告人が「何らかの方法により」ガスに引火，爆発させたと認定した。なお，第1審及び原審で，検察官は，被告人がガスコンロのスイッチを作動させて点火し，ガスに引火，爆発させたと主張し，被告人は，故意に同スイッチを作動させて点火したことはなく，また，ガスに引火，爆発した原因は，台所に置かれていた冷蔵庫の部品から出る火花その他の火源にある可能性があると主張していた。そして，検察官は，ガスに引火，爆発した原因が同スイッチを作動させた行為以外の行為であるとした場合の被告人の刑事責任に関する予備的な主張はしておらず，裁判所も，そのような行為の具体的可能性やその場合の被告人の刑事責任の有無，内容に関し，求釈明や証拠調べにおける発問等はしていなかった。

4 〈②決定要旨〉

上告棄却

「被告人が上記ガスに引火，爆発させた方法は，本件現住建造物等放火罪の実行行為の内容をなすものであって，一般的に被告人の防御にとって重要な事項であるから，判決において訴因と実質的に異なる認定をするには，原則として，訴因変更手続を要するが，例外的に，被告人の防御の具体的な状況等の審理の経過に照らし，被告人に不意打ちを与えず，かつ，判決で認定される事実が訴因に記載された事実と比べて被告人にとってより不利益であるとはいえない場合には，訴因変更手続を経ることなく訴因と異なる実行行為を認定することも違法ではない」本件の審理の経過に照らせば，「原判決が同スイッチを作動させた行為以外の行為により引火，爆発させた具体的な可能性等について何ら審理することなく「何らかの方法により」引火，爆発させたと認定したことは，引火，爆発させた行為についての本件審理における攻防の範囲を超えて無限定な認定をした点において被告人に不意打ちを与えるもの〔であり〕，訴因変更手続を経ずに上記認定をしたことには違法がある」

5 〈解　説〉

1　訴因変更の要否に関しては，訴因と認定事実との間に法律構成の点でずれがなくとも，具体的事実に一定限度を超えたずれが生じていれば，訴因変更が必要であると一般に考えられている。そして，どの程度のずれが生じていれば訴因変更が必要かについては，被告人の防御が害されないかという観点から判断し，それを抽象的・類型的に判断すべきか（抽象的防御説），訴訟の経過に照らして具体的に判断すべきか（具体的防御説）という見解の対立があると言われてきた。この点，①事件は，審判対象画定機能と防御権保障機能という訴因の持つ2つの機能それぞれから訴因変更の要否を判断すべきことを明示的に判示した。

2　審判対象画定機能の点では，①事件は，「罪となるべき事実」を特定するのに最低限必要な事実の点でずれが生じていなければ訴因変更は不要と考えているようである。構成要件に該当しているか否かの判断を可能にし，さらには，他事件との識別を可能とするのに必要な事実にずれがなければ良い，ということかと思われる。殺人の共同正犯の場合，共謀に加わった者のだれかが実行行為を行っていればその全員に殺人罪が成立するので，共謀に加わった者の範囲内で実行行為者にずれが生じても，審判対象画定機能からは訴因変更は不要ということになる。②事件では，審判対象画定機能の点からの検討は行われていないが，被告人が火を放ったことまで特定されていれば審判対象の画定としては十分であり，放火の具体的方法の特定までは要求されないので，この点でのずれについては訴因変更不要との判断が黙示的になされているものと思われる。

3　被告人の防御権保障の観点からは，一般的に被告人の防御にとって重要な事項である場合には原則として訴因変更が必要であるが，少なくとも被告人に不意打ちを与えず，かつ，認定が訴因と比べて被告人にとってより不利益でない場合には，訴因変更手続を経なくても違法ではないとの基準が，①事件で示された。最終的な基準は，認定が審理の経過に照らして当事者による攻防の対象の範囲内にとどまり，被告人にとって不意打ちとならないか否かであり，この点で，①事件と②事件で結論が異なった。

[参考文献]
池田修・最判解刑事篇平成13年57頁
岩崎邦生・最判解刑事篇平成24年度163頁
三明翔・日大法学80巻1号197頁
中村真利子・新報120巻5・6号317頁

（渥美東洋，柳川重規）

VI 訴因制度

【106】訴因変更の限界(1)
──密接関係

①最(二小)判昭24・1・25刑集3巻1号58頁
詐欺被告事件(昭和23年(れ)第905号)
第1審・弘前区判　第2審・青森地判
②最(二小)判昭27・10・30刑集6巻9号1122頁
贓物運搬被告事件(昭和26年(あ)第3398号)
第1審・大阪地判
第2審・大阪高判昭26・6・28

● 争　点 ●
訴因変更の可否

1 〈①事実の概略〉

　被告人は，MがKから窃取した贓物であることを知りながら，MがSに恐喝されて取り上げられた贓物を，Mに依頼されたと偽って，他に転売するので渡してくれるように言ってSから騙取したとの詐欺を理由に起訴された。ところが，その訴因についての審理中，その贓物を窃取し，Sに恐喝されて取り上げられた当の証人のMが，被告人に，その贓物の処分を自由にまかせるからSと折衝するように被告人に言ったことは真実である旨の証言をし，その証言の信憑性は高かった。そこで，検察官は，当初の詐欺の訴因を変更したい旨の請求をし，訴因を「被告人が，S方で，その財物がMの窃取した贓物であることを知りながら，無償で譲受けて贓物の収受をなしたものである」との贓物収受の訴因への変更を請求した。
　第1審裁判所は，この検察官の訴因変更請求を許可し，変更後の贓物収受の訴因につき，被告人に有罪の判決を言い渡した。被告人は控訴を申し立てたが，控訴審裁判所も贓物収受で被告人を有罪と認定し，懲役4月に処する判決を言い渡した（旧法事件であるため控訴審は控訴棄却せずに自判している）。この控訴裁判例の判決に対し，被告人は上告を申し立て，弁護人は上告趣意として，当初訴因にもっぱら集中して審理した結果を，当初訴因では無罪になるとして別訴因に変更するのは条理上容れられるべきものでないと主張した。

2 〈①判　旨〉

上告棄却
　「……裁判所は公訴事実については，その基本たる事実関係の同一性を害しない限り，検事の付した罪名やその指摘した事実等に拘束されることなく，自由に審理判断し，他の罪名に当る事実を認定しうるのは勿論であり」，当初訴因の詐欺事実と認定結果たる贓物収受を比較すると事犯の態様に差異はあるが，いずれも他人の所有物を「不法に領得する犯罪たる点において互に密接の関係を有するから，その基本たる事実関係においては同一であると解するのを相当とする」。

3 〈②事実の概略〉

　被告人甲は乙と共謀して，堺市鳳中町2ノ48丙方で自転車1台を窃取したとの窃盗の訴因で起訴された。この起訴に対し，被告人甲は乙に500円貸したところ，借金の金策ができないので，親元から金をもってくるので，それまで自転車を預ってくれと乙にいわれ，乙と同行して自転車を運搬していたところを職務質問に逢い，結局逮捕されたと，被告人は主張した。検察官は，訴因立証の結果に照らして，「被告人甲は丙方附近まで乙と同行し，同人の依頼で贓物たる自転車を，その情を知りながらX地点まで運搬した」との訴因に変更したい旨請求した。この訴因変更を許して第1審は有罪判決を言い渡し，被告人は事実誤認を理由に控訴を申し立てたが控訴審は控訴を棄却した。これに対し，被告人はさらに上告を申し立て，弁護人は「両訴因間には公訴事実の同一性がない，一方は奪取行為を要件とし，他方は運搬行為を要件としており，犯罪成立要件を全く異にするので訴因変更は許されない」と主張した。

4 〈②判　旨〉

上告棄却
　当初訴因は被告人甲が乙と共謀して自転車を窃取したとのものだが，その窃盗は乙の単独犯行だが被告人甲は乙と同行し，乙の依頼で贓品の自転車をその情を知りながらX地点まで運搬したと変更されたに過ぎない。「そ

の事実関係は出来事の推移につき多少の異同あるに止まりその同一性を失わない。」

5 〈解 説〉

1 現行刑訴法は，特定の刑罰法規に定めた犯罪の成立要件を過不足なく具備した事実を起訴状に公訴事実として記載し（256条2項弾劾主義の要求），しかも，被告人の防禦を具体的に困難にさせない程度に，その公訴事実を訴因の形式で，日時，場所，方法を具体的に示して記載することを求めている（同条3項論争，当事者主義の要求）。そして，その訴因に示された具体的に明示された犯罪の成立要件であるといわれる事実についてだけ，証明活動を許し，審理することを求めている（同条6項参照）。

ところで，312条は，検察官の請求があるときには，「公訴事実の同一性を害しない限度」で訴因変更を許す。

2 本2判決は，第1事例では，窃盗犯人の了解を受けていないのに受けているように偽って，窃盗犯人から贓物を脅して取り上げた者から贓物を取り戻した詐欺の訴因を，贓物と知って，窃盗犯人から脅して贓物を取り上げ，それを保管していた者から贓物を収受した訴因に変更するのは，両訴因が，密接関係にあるから，312条の「公訴事実の同一性を害しない限度」に両訴因があるものと認めて，有効であると判示した。ここで，本判決は，312条の「公訴事実の同一性を害しない限度」を決定する1つの具体的基準に，当初訴因に明示された事実と変更請求に係る訴因に明示される事実とが，密接な関係にあることを挙げた。具体的基準を立てた，かなり初期の判例である。

第2の事例では，被告人甲の乙との共謀による自転車窃盗を明示する当初訴因を，被告人乙の単独の自転車窃盗によって乙が入手した自転車を贓物であることを知りながら乙と同行してX点まで運搬したとの訴因に変更するに当り，両訴因の間には，312条1項にいう「公訴事実の同一性を害しない」関係にあるものと判示した。そして，当初訴因と変更請求に係る訴因に記載され，明示された事実が，出来事の推移のうえで多少の異同があるに止まり，ほとんど同一であれば，公訴事実の同一性は害されないとの判断を示した。

3 両事件とも，かなり初期の判例であり，第1の事例は，旧刑事訴訟法，応急措置法にかかる事例であるから，起訴状に記載された公訴事実にかかわりなく，社会的事実を，起訴状記載の公訴事実の基本的事実関係の同一性を害さないかぎり，裁判所は自由に審理判断しうるように表現する。現行刑訴法256条が起訴状に訴因の形式で日時，場所，方法を具体的に示して公訴事実の記載を求めるのは，審理および判決の対象の範囲を示し，被告人の防禦範囲を画するものであることは，今日では判例も認めるところであり（【96】①判例），そのうえで，当初訴因を変更しうる基準に旧法来の基本的事実同一説を当てはめたのが本判決である。旧法では，起訴された事件の公訴事件の公訴事実の同一性は，二重起訴の限界，一事不再理の適用の有無を決するうえでの審理の限界を示すための概念であったのに対し，防禦対象の明示を目的とする訴因制度の導入された現行法上は，異なった仕方で基本的事実同一説は運用されざるをえない。つまり，被告人の防禦対象を示した訴因と被告人の防禦上，それに大きな不利を与えることのないほどの基本的な事実の同一性を変更請求に係る訴因に求めたのであろう。

当初訟因により明示された公訴事実が被告人の防禦上の主張と立証を充実できるほど，告知された効果が，訴因変更後の新たな公訴事実についての被告人の防禦上の主張と立証に及んでいると判断できる場合には，「公訴事実の同一性」を害していないと法は表現しているものと理解すればよい，とわたしは解釈している。訴因の形式が公訴事実を起訴状に記載することを求める法の「目的・趣旨」に従った解釈を求めるのが，法の基本的なコンセプトに適合すると考えるからである。

[参考文献]
① 小野清一郎・警研22巻1号81頁
② 下村康正・警研25巻12号73頁

（渥美東洋）

Ⅵ 訴因制度

【107】訴因変更の限界 (2)
──択一関係

最(二小)判昭29・5・14刑集8巻5号676頁
窃盗傷害被告事件(昭和27年(あ)第4155号)
第1審・東京地判　第2審・東京高判昭26・10・16

● 争　点 ●

訴因変更の可否

1 〈事実の概略〉

当初訴因として起訴状に記載されていた事実は、「被告人は昭和25年10月14日頃静岡県長岡温泉Kホテルに於て宿泊中の大川正義所有に係る紺色背広上下1着、身分証明書及定期券1枚在中の豚皮定期券入れ1個を窃取したものである」というものであった。ところが、検察官は、第1審の第8回公判期日において、さらに予備的訴因として、次の訴因の追加を請求した。「被告人は贓物たるの情を知りながら10月19日頃東京都内に於て自称大川正義から紺色背広上下1着の処分方依頼され同日同郡豊島区池袋2丁目1314番地Y方に於て金4,000円を借り受けその担保として右背広1着を質入れし以て贓物の牙保(盗品処分の斡旋)をなしたものである。」

第1審裁判所は、弁護人の異議を抑えて、当初訴因と変更請求訴因とは公訴事実の同一性の範囲にあるとして、検察官の予備的追加請求を許可し、予備的に追加された訴因について有罪を言い渡した。この有罪判決に対し、被告人は控訴を申し立て、その弁護人の控訴趣意は、当初訴因と予備的訴因との間には公訴事実の同一性が認められる関係がないのに、同一性があるとして予備的訴因の追加を許し、被告人の行為を贓物牙保(盗品の処分の周旋)を構成するものと認定して有罪判決を言い渡したのは不告不理、つまり「審判の請求を受けた事件につき判決をせず、又は審判の請求を受けない事件について判決をした(刑訴法378条3号)」違法があるというものであった。控訴審は、当初訴因と予備的追加を請求された訴因との間には、大川正義が所有していたとされる紺色の背広服1着が不法に

領得されたという事実に被告人が関与した行為が争点の中心を構成しているという共通点があるので、両訴因の基本的事実は同一であると解するのが相当であると判示して、第1審の判決を支持し、被告人の控訴を棄却した。この控訴審判決に対し被告人は上告を申し立て、被告人側弁護人は次の上告理由を上告趣意書に示した。つまり、当初訴因の窃盗の行為と予備的追加を請求した贓物牙保(盗品の処分の周旋)の行為とは、基本的事実関係を全く異にするものであって、第1審での検察官の予備的追加の請求は許すことはできないものであったにもかかわらず、これを許した原判決は、窃盗と贓物売却の斡旋をした事実との間には、基本的事実を同一にする関係は認められないと判示した札幌高裁昭和25年6月6日判決高裁刑事判決特報10号142頁およびこれを維持した最高裁第三小法廷昭和26年2月6日の判決に違反する判決違反が認められるというものであった。

2 〈判　旨〉

上告棄却

両訴因は「ともに大川の窃盗された背広1着に関するもので、ただこれに関する被告人の行為が窃盗か、事後における贓物牙保かという点に差異があるばかりか、本件においては事柄の性質上両者間に犯罪の日時場所等について相違の生ずべきことは免れないけれども、その日時の先後及び場所の地理的関係とその双方の近接性に鑑みれば、一方の犯罪が認められるときは他方の犯罪の成立を認めない関係にあると認めざるを得ないから、」このような場合には両訴因は基本的事実関係を同一とすると解し、公訴事実の同一性の範囲に属するものといわなければならない。

3 〈解 説〉

1　312条1項にいう「公訴事実の同一性を害さない限度」について，1つの基準を示した判例である。「詐欺と贓物収受とは，いずれも他人の所有する財物を不法に領得する犯罪たる点において互に密接の関係を有」する（最判昭24・1・25刑集3巻1号58頁）といって，当初訴因記載の事実と変更請求にかかる訴因に記載される事実とが密接な関係にある場合には，変更請求訴因は当初訴因の示している公訴事実の同一性を害さない限度にあるといってきていた。いわゆる「密接関係」の基準である。

2　ところで，密接関係を云々しても，当初訴因に記載された犯行の事実と変更請求にかかる訴因記載事実との「事実の密接関係」をいうのか，それとも罪質上の密接関係をいうのかは判然としていなかった。行為態様に変化があっても，不正領得の事実が問題となる点で変化がないと判示して，騙取と横領が「基本的に同一の事実」とみられるというのも（たとえば，最決昭27・10・30刑集6巻9号1122頁），「密接関係」を基準とした判例だといえると思うが，本件にあっても，窃盗行為と贓物牙保行為が「罪質上密接な関係」にあると判示されている。この判断に至るまでの最高裁判所の「公訴事実の同一性を害しない限度」についての「密接関係」の基準は，どちらかというと「罪質上の密接関係」に置かれていたように思われる。──糾問主義の事件単位の理解──

3　ところが，本件では，本件での窃盗行為といわれる事実と贓物牙保（盗品の処分の周旋）を構成するものといわれる事実とは，単に罪質上密接な関係をもつだけでなく，「事実の性質上両者間に犯罪の日時場所等について相違の生ずべきことは免れないけれども，『その日時の先後及び場所の地理的関係とその双方の近接性に鑑みれば，一方の犯罪が認められるときは他方の犯罪の成立を認めえない関係にあると認めざるを得ないから，かような場合には両訴因は基本的事実関係を同じくするものと解するを相当とすべく』，従って公訴事実の同一性の範囲内に属す」る関係にあると判示した。──ダイヤローグの確保，論争，当事者主義による理解──《非両立の関係の論理》

4　判例は両訴因が，基本的に同一の事実関係にあるかぎり，公訴事実は同一であるとの旧法以来の基準に立ち，基本的に事実が同一の関係にある基準の1つに「密接関係」のほかに，「択一関係」または「両立しえない関係」を持ち込んだのである。

5　密接性について，従来「罪質の密接性」が基準とされているかにみえたと前述したが，本判決で「事実」の択一「関係」が問題とされ，訴因の「事実」の相互関係が意識されている。そして，【100】に示されたように，判例は罪質上の密接関係のみならず，過失態様の相違を事実に即して重要視するようになって現在に至っている。また【96】では，訴因の告知，防禦対象を明示する機能が強調されている。

6　当初訴因に示された事実で告知された防禦対象と事実について密接関係があるか，ほぼ事実として同一とみられる場合に，公訴事実の同一性を害さない関係を認めたのが本判例であろう。

7　なお，旧法下では，「公訴事実」という法律に明文で用いられてはいない概念が，審理範囲を限定して，被告人の防禦を少しでも充実させる目的で，講学上用いられていた。そして審理範囲に属す公訴事実の同一性とは「非両立」──択一関係──等の「論理」で形式的・抽象的に把握され，この判決でも，この基準が用いられている。だが【106】事件の解説に示したように，単一・同一という論理基準は不必要であろう。被告人が前訴因により，攻防の目的で行った主張と立証により示された双方の事実が，後の訴因についての攻防を「相当に」充実させる機能をもっていれば，被告人の防禦には不利益を与えないという基準の方が法のコンセプトに照らして適切である。

[参考文献]
① 田宮裕・警研30巻4号85頁
② 天野憲治・最判解刑事篇昭和29年度103頁

（渥美東洋）

Ⅵ 訴因制度

【108】訴因変更の限界(3)
——加重収賄と贈賄——

最(一小)決昭53・3・6刑集32巻2号218頁，判時882号119頁，判タ361号230頁
贈賄等被告事件(昭和52年(あ)第1115号)
第1審・横浜地方判昭51・2・5
第2審・東京高判昭52・4・6

● 争 点 ●

収賄共犯の当初起訴事実を収受した金員で収賄共犯の他の一方に贈賄したとの犯罪行為に予備的に訴因を変更する請求を容れ，贈賄の共犯に認定することが，公訴事実の同一性を害するか否か。

1 〈事実の概要〉

検察官は，当初，「被告人甲は公務員である運転免許試験官乙と共謀の上，免許取得希望者丙から，乙の免許の事務処理に関し，複数回に亘って，不正な請託を受けて現金を収受した」との収賄行為を犯罪行為と明示して起訴していた。ところが，検察側立証をほぼ終了した段階で，検察官から「甲は丙と共謀の上，乙の上記事務に関し，乙に対し，現金及び酒食を提供した」との贈賄行為を予備的な起訴行為とするとの予備的起訴事実(訴因)の追加請求があった。公判裁判所は，この予備的起訴(訴因)の変更請求を許可して，後に請求された贈賄行為につき有罪判決を言い渡した。この公判裁判所の判決に対する控訴裁判所の審理にあって，この起訴状の変更は公訴事実の同一性を欠き，不適法だとの主張がされ，控訴裁判所は「本件では，同一趣旨の下に，同一の不正な職務のため，甲が丙から提供された金員の一部を乙に提供したり，その金員を用いて乙に酒食を提供したもの」だから，「一連の同一の犯罪行為を対象としながらも，証拠評価(証拠に基づく事実認定)の相違から，異なった犯罪事実(行為)が認められるのに過ぎず，両訴因(起訴事実)の間には併立する関係はなく，それゆえ，公訴事実の同一性が認められる」(( )内筆者)と判示して，上記の主張を斥けた(東京高判昭52・4・6高刑集30巻2号177頁)。

上記の控訴裁判所の判示内容に対し，被告人らは，当初と変更請求された起訴犯罪行為(訴因)の間には，犯罪の日時，場所，態様などの点で著しい相違があり，双方の犯罪行為は両立しうる関係にあるから，公訴事実の同一性を欠く関係にある旨を主張して，上告した。この上告に対して，最高裁判所は上告裁判所として，判旨のごとき判断を示した。

2 〈決定要旨〉

「被告人甲は，公務員乙と共謀のうえ，乙の職務上の不正行為に対する謝礼の趣旨で，丙から賄賂を収受した」という枉法収賄の訴因と，「被告人甲は，丙と共謀のうえ，右(上-筆者)と同じ趣旨で，公務員乙に対して賄賂を供与した」という贈賄の訴因とは，収受したとされる賄賂と供与したとされる賄賂との間に事実上の共通性がある場合には，両立しない関係にあり，かつ，一連の同一事象に対する法的評価を異にするに過ぎないものであって，基本的事実関係においては同一であるということができる。したがって，右の二つの訴因の間に公訴事実の同一性を認めた原判断は，正当である。」

団藤裁判官の補足意見「本位訴因と予備的訴因が公訴事実の同一性の範囲内にあるのかどうかである。本件は被告人Aが自動車免許証取得者と運転免許の試験官とのあいだに介在して賄賂の授受に関与した事案であるが，本位的訴因では被告人を収賄罪の共犯者とみたのに対し，予備的訴因では同人を贈賄罪の共犯者とみたのであって，そこに基本的事実関係の同一性があるのはもちろんのこと，いわゆる構成要件的共通性があることもあきらかである。本件の本位的訴因において収賄罪の構成要件に該当するとされた事実と予備的訴因が贈賄罪の構成要件に該当するとされた事実とは，重要な部分において重なり合うものだからである。私見も多数意見——従来の判例の見解——と基本的に異なるものではない。」

3 〈解 説〉

1 刑事訴訟法は，起訴状に「訴因の形式で明示された公訴事実」の記載を求め，それに

反する起訴を公訴棄却することとし（256条2，3項，338条4号），当初から予備的又は択一的な数個の訴因および罰条の記載を許している（256条5項）。そして，検察官が審理の結果に応じ，裁判所が審理の経過に鑑み適当と認めるとした訴因の変更を定めている（312条1，2項）。当初訴因と立証結果又はその予想との間に喰い違いが生じたときに「公訴事実の同一性を害しない限度」で訴因変更を認める。検察官が告発＝弾劾した被告人の犯罪行為（256条2項，憲38条1項）について，被告人が対審，論争システムを保障した手続的正義の保障の下で（憲37条）審理することを裁判所に保障し，とりわけ，被告人の防禦の機会の保障を憲法37条の定める手続的正義の下での被告人の基本権と認めたうえで，訴因変更を定めている（法312条4項は特にこれに留意している）。そこで，現行の訴因変更制度は，検察官の被告人に対する訴追意思と起訴事実が基本的に同一で，被告人が充実した対審・論争システムの下で防禦できる関係が，当初訴因と変更後の訴因との間に認められる場合を「公訴事案の同一性と害しない限度」という道具概念を選択して表現している。この「公訴事実の同一性を害しない限度」の関係にあるか否かを，より解りやすく表現して，従来の一貫した裁判例に，「基本的事実が同一である」と言ってきている。

さて，公訴事実という概念は，職権・糺問システムの下で，裁判所が審判すべき「対象」とされ，その同一性が問われてきた。そこでの公訴事実＝審判対象の範囲を画する基準に，公訴事実の単一性と両立性がとられ，単一であり，両立できない関係にあるときが公訴事実は同一であり，それが審判対象になると解されてきた。

現行法下では，検察官の訴追しようとする争点の明確化と争点阻止効を一方に構想し，他方で，被告人の対審・論争システムの下での防禦の充実を目標にして「公訴事実の同一性を害しない限度」という概念が用いられている。

2 本事案では，公務員による免許試験受験者からの収賄という起訴事実の立証により，収賄したとされる公務員のその金員の収賄目的が，一部他の試験官たる公務員への贈賄にあり，実際にそのような贈賄がなされたとの立証結果が生じている。当初訴因をめぐる攻撃・防禦＝論争によって，甲公務員の犯罪行為は，収賄から贈賄に変化し，当初起因と立証結果との間に喰い違いが生じた。

この喰い違いは，被告人甲の防禦の利益を害することなく，また，検察官が立証に参加した結果生じている。検察官は訴因変更請求により，変更後の訴因での被告人への訴追意思を示しており，当初訴因と変更後の訴因の間には，「公訴事実の同一性を害しない」関係にあるとみて良い事実である。

3 団藤補足意見は，従来の裁判所の立証である「基本的事実同一」の基準を，団藤裁判官独特の表現で示し，多数（法廷）意見と異ならないという。法廷意見は，「公訴事実を害しない限度」という概念を，「公訴事実の同一性」という旧法来の概念に置き換えて，「双方が両立しない関係にあることを基準に，当初訴因と変更後の訴因が公訴事実の同一性の関係にあると表現する。同時に法廷意見は，当初訴因と変更後の訴因との間には事実上の共通性があり，法的評価を異にするにすぎない場合とも表現し，両者は基本的事実関係においては同一である」として，基本的事実関係が同一であることを「公訴事実の同一性を害しない限度」を示す基準にしている。したがって，判旨は，「基本的事実同一説」を訴因事実を認める基準とする点で従来の裁判例と一貫しており，それを示す表現に「両立できない」関係を用いたにとどまるとみてよいと思う。この基本的事実が同一であるかぎり，被告人の防禦は不利益を受けず，また検察官の起訴＝告発意思も継続しており，検察官の起訴事実たる争点の選択の意思が明確になるとみてよいからである。

[参考文献]
① 中谷雄二郎・百選〔第10版〕104頁
② 龍岡資晃・百選〔第9版〕202頁
③ 出田孝一・百選〔第8版〕105頁
④ 香城敏麿・最判解刑事篇昭和53年度73頁

（渥美東洋）

VI 訴因制度

【109】訴因変更の限界(4)
——併合関係

最(二小)判昭33・2・21刑集12巻2号288頁
贓物故買被告事件(昭和30年(あ)第212号)
第1審・川崎簡判昭28・8・18
第2審・東京高判昭29・12・22

● 争　点 ●
訴因変更の可否

1 〈事実の概略〉

被告人が自宅で，YがT会社工場から同工場長Hが管理している銅製艶付板32枚を窃盗するときには，Yから例の銅板を搬出するからリヤカーを貸してくれと頼まれ，それを承諾し，リヤカーをYに貸してYの犯行を容易にし窃盗の幇助をした旨の訴因で，まず被告人は起訴された。ところが，第1審第2回公判期日に検察官は，「被告人は（当初訴因の行為とほぼ同一日か1日後の日頃に）自宅において，Yから同人が他より窃取して来たものであることの情を知りながら，銅製艶付板32枚を金3万円で買受け以って贓物の故買をしたものである」旨の訴因を予備的訴因として追加する旨請求した。被告人と弁護人も同意したので第1審はこの予備的訴因の追加を許し，審理の結果，当初訴因たる窃盗幇助の事実を認め被告人を懲役10月に処する旨の有罪判決を言い渡した。弁護人が控訴を申し立てたところ，第2審は第1審判決を破棄し400条但書で自判し，予備的訴因たる贓物故買（盗品をそれと知って買い受けた行為）の事実を認めて被告人を懲役8月および罰金2万円に処した。これに対し，弁護人は大審院の判例を引用して，窃盗教唆と贓物罪（盗品関連犯罪）を併合罪とするのが判例の立場だから，窃盗幇助と贓物罪も併合関係にあるとみるべきだとし，併合罪関係にある2つの事実は別々の事実から成り立つから公訴事実の同一性はないとすべきなのに，原判決は本件訴因たる窃盗幇助事実を認めえないとしつつこれに対し無罪判決を言い渡さずに請求を受けていない贓物故買（盗品故買）の事実について有罪判決を下したから，不告不理に当ると主張するなどして上告を申し立てた。

2 〈判　旨〉

破棄自判　被告人は無罪

「窃盗の幇助をした者が，正犯の盗取した財物を，その贓物たるの情を知りながら買受けた場合においては，窃盗幇助罪の外贓物故買罪が別個に成立し両者は併合罪の関係にあるものと解すべきである（昭和24年(れ)第1506号同年10月1日第二小法廷判決刑集3巻10号1629頁，昭和24年(れ)第364号同年7月30日第二小法廷判決刑集3巻8号1418頁参照）から，右窃盗幇助と贓物故買の各事実はその間に公訴事実の同一性を欠くものといわなければならない。そして本件における前記本位的訴因，予備的訴因の両事実も，右説明のように，本来併合罪の関係にある別個の事実であり従って公訴事実の同一性を欠くものであるから，前記贓物故買の事実を予備的訴因として追加することは許容されないところといわなければならない。しかるに，第1審裁判所が検察官の前記追加請求を許可したのは刑訴312条1項違背の違法があり，この違法は相手方当事者の同意によってなんらの影響をも受けるものではない。それ故，原審が，前記本位的訴因については第1審判決の有罪認定を事実誤認ありとしながら，これにつき，主文において無罪の言渡をなさず，却って，第1審の右違法の許可に基づき，本件公訴事実と同一性を欠く前記予備的訴因の事実について審理判決をしたのは，刑訴378条3号にいわゆる『審判の請求を受けない事件』について判決をした違法があるものといわねばならない。」

3 〈解 説〉

　当初訴因と変更（請求）後の訴因とが併合罪の関係にある場合は，両訴因の間には公訴事実の同一性を欠き，311条の「公訴事実の同一性を害する」場合に当り，訴因変更が許される限界を超えるとする判例の立場を明確にした事件である。両訴因が併合罪の関係にあるというのは，よくいわれる，両訴因が両立できる関係にあるということと同じ意味である。判例は，当初訴因と変更（請求）後の訴因とが択一関係にある場合には両訴因は公訴事実の同一性を害さない範囲にあるものと解するとの基準を示している（【107】（窃盗→贓物牙保）参照）。両訴因が択一関係にあるとは，両訴因が両立できない関係，つまり一方の訴因が成立すると仮定すれば，他方の訴因は成立しないと想定されなければならないという論理的関係にあることを意味する。

　ところで，本件において，当初訴因に示された，窃盗の実行行為者の行為を助けるために贓物（盗品）搬出用にリヤカーを貸す行為と予備的訴因である贓物（盗品）の故買行為とが被告人が行った行為として2個存在し，両者が個別独立の行為である場合だと理解すれば，当初訴因と変更（請求）後の訴因とが全く別の犯罪を成立させ，構成する事実であるから，当初訴因による犯罪成立の全要件たる事実の告知が予備的訴因に及びえないことは明らかであり，したがって両者が公訴事実の同一性を害する関係にあることは容易に判明する。

　だが，当初訴因に示された事実か，予備的訴因に示された事実か，いずれか一方しか被告人の過去に実際に行った行為が構成しないと想定しうる場合はどうであろうか。両訴因は訴因としては併合罪関係にあるが，被告人の過去に行った行為についての主張としては択一関係にある。証拠によって当初訴因を立証しないときに，予備的訴因ならば立証できる場合，立証上窃盗幇助と贓物（盗品）故買の2つの行為のうち贓物（盗品）故買を証明するほうが容易で，窃盗幇助は証明し難いという場合であれば，被告人の犯罪を成立させる行為は別個独立に2つあるといえるので，その場合は，それぞれについて事実を告知し，被告人に防禦・弁護・機能の機会を与えなければならない。この場合にも本件判決の基準が当てはまる。だが，被告人が行ったとされる過去の行為事実として，被告人が窃盗の実行行為にリヤカーを貸した行為が窃盗実行行為の前か後かのいずれか一方の時期に貸したのであって，実行行為の前であれば窃盗幇助，その後であれば贓物故買を構成するといえるが，前か後か判明しないままに起訴をした場合はどうだろうか。歴史的事実の成立は当初訴因の事実か，予備的訴因の事実かいずれか一方しかないという意味で択一的であり，「両立しえない」。だが，当初訴因によっては，贓物（盗品）故買の成立のため全要件たる事実は被告人に告知されていない。そこで，告知されていない事実の認定は許されず，また一般に両訴因が併合関係にある場合には，当初訴因の事実により変更後の訴因の事実が実質的にも告知されているとみられる場合はないといえるので，この場合も判例の基準は合理的であろう。両訴因が単に歴史的に別々に成立しうる場合を超えて本判決がこの基準を想定しているとすれば，本判決は被告人の告知を受ける権利を重視した当事者・論争主義的理解のものと解されよう。本件は，両訴因への一事不再理効も考えてこの基準をとったのかもしれない。この問いにどう答えるかについての一つのヒントは【106】の「解説」を読むと良いであろう。

[参考文献]
① 足立勝義・最判解刑事篇昭和33年度68頁

（渥美東洋）

VI 訴因制度

【110】訴因変更の限界(5)

最(三小)決昭47・7・25刑集26巻6号366頁，判時679号3頁
金沢市金銭物品等の寄附募集に関する条件違反，小松市寄附金品取締条例違反被告事件(昭和40年(あ)第2483号)
第1審・金沢地小松支判昭39・12・12
第2審・名古屋高金沢支判昭40・9・14

● 争 点 ●
訴因変更の可否

1 〈事実の概略〉

被告人はY他13名と共謀のうえ，集金の大半を生活費に充てる計画にもかかわらず，戦没者の盆供養の寄附に籍口して昭和30年6月から8月にかけ金沢，小松両市の住民約20数名から総計1,370円を騙取したとしてYとともに起訴された。

第1審裁判所は9年2カ月，54回に亘り審理を重ねたが，第54回公判期日に，検察官は寄附募集に当たり市長の許可を得なかった金沢市金銭物品等の寄附募集に関する条例違反および寄附募集に当たり市長にに届出なかった小松市寄附金取締条例違反の訴因を予備的に追加する請求をした。これに対し，弁護人は本追加は公訴事実の同一性を害するとして異議を申し立てたが裁判所はこの異議についても，検察官の追加請求に対しても明示の判断を示すことなく結審し，当初の本位訴因につき証拠不十分で無罪，予備的訴因について有罪とし500円の罰金に処した（相被告人Yは証拠不十分で無罪）。

第1審判決に被告人は控訴を申し立て，弁護人の控訴趣意は，(1)追加に対する異議申立に判断を示さないのは訴訟手続の法令違反，(2)本位訴因と予備的訴因の間に公訴事実の同一性はなく訴因変更は無効，(3)本件の追加は不意打で被告人の防御を奪い312条1項の法意に反する，(4)予備的訴因は時効完成，(5)被告人らの行為は「喜捨」を求める行為で，「寄附募集」ではない，などであった。

控訴裁判所は，被告人側の主張すべてを却けた判断を示したところ，被告人側は上告を申し立て，控訴趣意とほぼ同様の上告趣意を展開し，訴因変更の点に関し憲法31条違反を主張した。

2 〈決定要旨〉

上告棄却

この被告人の上告に対し，事実誤認および公訴時効が完成している旨の主張を却けるとともに，当初訴因と追加請求をした予備的訴因との間には公訴事実の同一性を害さない関係がないとの主張，および，長期に亘る審理中一度も当事者間で問題にもならなかった訴因に全く不意打のように予備的に訴因を追加し，それにもとづいて被告人を有罪にすることは，憲法31条の適正手続に違反するとの主張に対しても，最高裁判所第三小法廷は，その主張の実質は単なる訴訟手続の法令違反をいうにすぎないものとして，すべての被告人側の上告趣意を却けて，上告を棄却した。ただ，括弧内でつぎのように判示した。

「本件起訴状記載第6および第12の詐欺の各事実（第6訴因は被告人が金沢市内で住民5名から集めた合計600円の詐欺＝筆者，第12訴因は，被告人が小松市内在住者17名から合計770円を騙取した詐欺＝筆者）と，予備的訴因追加申立書掲記の金沢市金銭物品等の寄附募集に関する条例違反または小松市寄附金品取締条例違反の各事実との間には，それぞれ，公訴事実の同一性があるとの原審判断は正当である。」

なお，この決定には，田中二郎・坂本吉勝両裁判官の反対意見がある。両裁判官は，当初本位訴因と追加予備的訴因との間に公訴事実の同一性を害する関係があるとされ，かりにその間に同一性を害さない関係があるとしても，長期に亘る当初訴因の審理を重ね，結審間近に，当事者間で争点からはずされていた事実への予備的な追加請求を許す，訴因変更手続に違法があることを指摘する。

3 〈解 説〉

1 第三小法廷の本件決定の立場は，当初訴因で明示されている攻防対象である事実と変更請求に係る訴因において明示されている事実とを単純に比較することで，両訴因の関係を「公訴事実の同一性を害しない限」度内にある(312条)か否かを決定する立場ではなく，両訴因を組み立てる以前の社会的事実が，訴因の機能とは無関係に，社会常識からみて「基本的に同一」の関係にあれば，公訴事実は同一であるとする従来の立場（最判昭24・1・25刑集3巻1号58頁（【106】①判例），同27・4・24刑集6巻4号693頁，同27・10・30刑集6巻9号1122頁（【106】②判例）など）が，本件でも踏襲されているとみてよいであろう。

2 ところが，判例は，当初訴因と変更請求に係る訴因の双方に明示されている，公訴犯罪事実が，事実主張として択一関係にあることを「公訴事実の同一性」の基準としたり（最判昭42・8・31刑集21巻7号879頁），訴因に示される起訴状への公訴事実の記載は，被告人の防禦対象の範囲を画すとともにそれを明示し，被告人の訴因への防禦を充実させるためにあると，256条2項，3項の法意を把握する立場を示したりしてきている（【96】判例）。また，法人税逋脱の事例で，異なった勘定科目の認定によって脱税行為を認定するには訴因の変更を必要とすると判示し，業務上過失において，訴因に明示された過失態様とは異なった過失態様に依った過失を認定するには訴因変更を必要とする（【100】判例）と判示して，訴因のもつ告知，防禦対象の明示機能を強調してきている。

3 この判例のとる2つの傾向の立場は，理論上両立できないと思われる。当初訴因と変更請求に係る訴因とのそれぞれを組み立てる以前に検察官が問題にした社会的行為事実が社会常識的にみて，どのような関係にあろうとも，両訴因の告知機能には何のかかわりもないからである。起訴状への公訴事実の記載が要求されるのも，公訴事実の記載はできるかぎり，日時，場所，方法をもって具体的に示されることを要求されるのも，ともに，起訴事実を被告人に告知し，防禦対象を予め明示し，防禦対象の限界を画させるためであろう。現行法のもつ，このような「公訴事実の記載」や「訴因」への配慮と全く離れて，公訴事実「論」を旧法と同様に展開するのは間違っているのではないかという批判は，判例自体の矛盾する見解に内在するもののようでもある。現行法では，本来，起訴状に記載される「公訴事実」という概念は，すでに告知＝防禦対象の明示＝という機能をもつ機能概念であって，「存在」概念ではない。

4 「公訴事実」を被告人に起訴事実を告知し，ダイヤローグ・防禦の限界を告知する概念と解さずに，訴因の組み立てられる以前の歴史的事実とみて，当初訴因と変更請求に係る訴因とのそれぞれの基礎に，ある公訴事実が社会的にみて基本的に同一か否かの基準で訴因変更の限界を画する立場は，訴因の機能を忘れた，職権主義の表現である。事実に即した常識からみても，当初の詐欺訴因に明示された事実から，市長への無届，または許可を受けなかった行為が想定さるべくもなく，そこまでの変更は，全くの新しい追起訴のように考えられるであろう。

これを被告人側の防御上の予定（期待）から考えてみよう。

当初訴因に示された具体的事実とそれを立証し又は立証しようとするのに用いられた証拠によって，後の変更後の訴因事実への防禦の予定は十分に立つだろうか。詐欺事実の主張を立証を通して被告人に判明し，防禦を予定しなければならないと予定した，事実のなかに「寄附金条例」違反の事実とくに市長の許可を受けなければならないその事実は含まれていたと考えるのが妥当なのだろうか。また詐欺では無罪になったので，条例違反で有訴にしようというのは，検察官の「腹いせ」「嫌がらせ」を意味してはいないだろうか。

[参考文献]
① 松尾浩也・警研45巻11号98頁
② 向井哲次郎・最判解昭47年度205頁
③ 岡部泰昌・昭和47年度重判解134頁

（渥美東洋）

Ⅵ 訴因制度

【111】訴因変更の限界(6)

福岡高那覇支判昭51・4・5判タ345号321頁
殺人被告事件(昭和49年(う)第182号)
第1審・那覇地判昭49・10・7

● 争　点 ●

訴因変更の可否

1 〈事実の概略〉

　被告人は氏名不詳者数名と共謀のうえ，道路上で警備に当っていた警察官を殺害しようと企て，同人を捕捉し角材，旗竿で殴打し足蹴にし，顔面を踏みつけ，火炎瓶を投げつけ焼くなどの暴行を加え，同人を脳挫傷等により死亡させたとして起訴された。被告人は自分が加わったのは途中からで，共謀に加わったことはなく，火炎瓶で着衣に火がついた警察官の着衣の消火行為であると主張した。検察官は第1回公判期日において被告人の具体的行為としてのかかわりあいについて「炎の中から炎に包まれている警官の肩をつかまえてひきずり出し，顔を2度踏みつけ脇腹を1度蹴った行為」と釈明していたが，原審第18回公判で検察官は消火行為だとの被告人の主張が奏功したようだと察して，この釈明の頭に「警察官の腰部附近を足げにし，路上に転倒させたうえ」と追加したいと述べたが裁判長がこれを認めなかったので，上記を訴因変更として申し立てた。裁判長は結審段階であることを理由に訴因変更を許可しないと告げて第20回公判期日に結審した。そして原審は，氏名不詳者の警官への殴打をみたあと現場の数名と意見を相通じて，顔面等を踏みつけるなどに及んだが，被告人は傷害の認識にとどまったとして，被告人を傷害で有罪とした。
　この判決に対し，検察官・被告人双方が控訴を申し立てた。

2 〈判　旨〉

一部控訴棄却，一部破棄無罪
　事実認定としては，「被告人の行為は，被害者に対する残虐な殺害行為とは正反対の，率先した救助行為としての消火行為と目するのが合理的である」とし，訴因変更を許すべき場合なのにそれを許さなかった違法があるとの訴訟手続の法令違反の検察官の主張については，次のように判示した。「第1回公判期日以来第18回公判期日に至るまで約2年6箇月の間，争点は，専ら，前記時点以後の被告人の行為が，殺人の実行行為かそれとも救助行為としての消火行為かにしぼられて攻撃防禦が展開され」弁護人の防禦活動はここに絞られ，それが成功したようにみえ，かつ結審間近になって，「当初の釈明によって明瞭に訴因からも立証事項からも除外されていることが確認された右足蹴り行為が，あらためて立証事項とし，訴因として攻防の対象とされようとした。」これが訴因変更を許さなかった原審の背景事情であった。他方刑訴法312条1項は公訴事実の同一性を害さない限度では検察官の請求があれば訴因変更を許す旨定めるが，「およそ例外を全く許さない原則はな（く）」，同条4項の趣旨に鑑みると，右検察官の権限も被告人の防禦に実質的な不利益を生ぜしめないこととの「適正な釣合い上に成り立っていることが明らかであ（り）」，被告人の不利益を生ずる虞れが著しく，当事者主義の要求を害し当事者主義の基本原理であり，裁判の生命である公平を損う虞れが顕著なときは，公判手続の停止措置だけでなく，検察官の請求を許さないことが例外として認められると解するのが相当であり，その不利益には迅速裁判をうけえないことからくる被告人の不安定な地位の継続による精神的・物質的消耗も入るとみてよい。本件訴因変更の請求を認めると訴訟は相当継続し被告人を長く不安定な地位に置き被告人の防禦に著しい不利益を生む。「したがって，原審の不許可は例外に該当し相当であり，訴訟手続の法令違反はない。つぎに原審は，被告人が『相呼応し合う気勢を示した』と認定したのは，被告人が『消火行為に出る前に被害者を1回足蹴にしていること』を認めることと同じことだが，この事実は，検察官が公訴事実として明示・特定した訴因の範囲を逸脱した認定であるから，刑訴法378条3号後段の不告不理

に当る。よって，原審の傷害認定は破棄さるべきであり，更めて訴因について同法400条但書に従い，無罪の判決を下す。」

3 〈解 説〉

　312条1項は「公訴事実の同一性を害しない限度」で，当初訴因を検察官が変更請求できると定めている。本判決は，検察官の訴因変更請求を公判事実の同一性を害さない限度でのものとしながら，(1)検察官が明らかに当初の釈明に当たって公訴事実から除外した事実を復活したこと，(2)消火行為か否かを唯一の争点として2年6月も攻防をしてきており，検察官は「復活した」訴因をこの間全く放置し争点にしていなかったこと，(3)消火行為であるとの被告人の防禦主張とその立証が成功したかにみえる結審間近の訴因変更請求であること，に着目した。そのうえで，312条1項が公訴事実の同一性を害さない限度での検察官の訴因変更請求は，自動的に許可されるかのごとき規定をしているが，同条4項の趣旨からみて，被告人に重大な防禦上の不利益を与える場合には，例外的にその検察官の変更請求が許されない場合があるとの解釈を展開して，「復活」した訴因による攻防によって，審理は相当長期に及ぶことを予想し，被告人側の地位の不安定の継続から生ずる不利益が著しいとして，例外的場合に当たるので，検察官の訴因変更請求は許されないと判示した。

　ところで，当初訴因に全くその記載がなく，争点から明瞭に外す旨が当初の釈明により明らかになった事実は，被告人に刑罰を科す理由たる事実として被告人に検察官があえて告知しなかった事実といえるであろう。256条2項によれば，公訴事実，つまり犯罪を成立させる要素たるすべての起訴事実を起訴状に記載して，被告人に予め告知することを求め，この告知を受ける権利は憲法上の保障でもある（【86】第三者没収事件参照）。当初訴因の攻防による挙証活動中に当初訴因とは別の訴因による検察官の起訴事実としての主張がなされそうだということを被告人らが，提出された証拠等から知りうる場合には，被告人は事実上その別の変更後の訴因について告知を受けているといえる。むしろ，この場合が「公訴事実の同一性を害しない限度」を示すと解するほうが，被告人の告知を受ける権利の保障に適っていると思う。

　本判決は，このように処理しないで，312条1項の例外として本件を処理した。当初訴因と変更後の訴因が社会的事実として同じであれば公訴事実の同一性ありとして，当然に訴因変更を許すと不都合の生ずることを警告した事例である。「結審間近」という時期的制限というよりも，争点からはずされた点に留意して，告知の有無から問題を処理した点に注目すべきであり，この理解こそが論争当事者主義の理解に適っている。

　なお，検察官の起訴とその後の訴追，立証活動により，起訴事実から検察官が外しておいた事実を，後に主張するのは，被告人の防禦すべき事実や証拠についての「期待」を大きく害することにもなる。

　相手方の期待，予期を大きく害する検察官の訴因変更は，公正さ，「相互性」を大きく害することになるだろう。法とは，交渉し合い，交際する人々の間の相互性と「信頼」「期待」を保障するために創り出されたものだとの前提に立って，この問いを考えてみるのも良いだろう。

［参考文献］
① 鈴木茂嗣・昭和52年度重判解181頁
② 寺崎嘉博・百選〔第9版〕104頁

（渥美東洋）

Ⅵ 訴因制度

【112】公判前整理手続後の訴因変更

東京高判平20・11・18高刑集61巻4号6頁、判タ1301号307頁
業務上過失致死、道交法違反事件（平成20年（う）第1744号）
第1審・東京地判平20・6・18

● 争 点 ●

公判前整理手続と公判で、被告人・弁護人が争点にはしなかったが、起訴状記載事実たる過失内容に公判での立証上の変更が生じたとき、訴因変更は認められるか。

1 〈事実の概要〉

被告人Dの車輌運転中、前方進行F車輌を時速約60kmで追い越し、道路左方に戻るのに際し、F車両前方を進行中のV原動機付自転車との適切な間隔をとるなどの安全確認注意義務を怠たり、漫然と運転した過失により、V原付の右側部に自車を衝突させVを死に致らせ、救助、報告義務にも違反したとして起訴された。裁判所は、双方に対し、立証結果を踏まえて、被告人の運転上の過失の有無も意識して立証するように促した。第5回公判期日に先立ち、検察官は、「前車Fの追越に際し、交通量も少ない夜間にF車が事故地点までの400mほどを時速約30kmの低速で運転していたので、自車をF車の後方に接近運転する「あおり」運転に出ても、F車が加速進行しないため、F車前方に低速走行する車輌があるなどの事実を確認しないままF車を追い越し、前方左方に進路変するに当たり、F車の前方を進行中のV原動機付自転車との間に適切な間隔を取るなどの安全運転確認義務を怠たったまま、漫然と時速約60kmで運転した過失があった」旨の過失内容に訴因を変更する請求をした。弁護人は、公判前整理手続を経たうえでの公判審理中のこの段階での訴因変更は、争点を確定し審理を充実するとの制度趣旨に反すると主張したが、この訴因変更請求は許可された。第7、8回の公判期日で、変更された訴因に伴う証拠調が行われ、第9回公判期日に論告と最終弁論が展開された。最終弁論で、弁護人は従来どおり、事故を起こしたのは被告運転車輌ではない、との弁護とともにV被害原付がみずから転倒した旨を主張した。公判裁判所は変更後の訴因事実を認定し、被告人に有罪を言い渡した。これに対し、被告人側は、訴因変更決定を訴訟手続の法令違反に当たり、被告人が事故を起こしたとの有罪を事実誤認として、控訴を申し立てた。

2 〈判 旨〉

大要、つぎの判示がされた。「公判整理手続の目的は、予定主張を明らかにして、その証明に用いる証拠取調を請求し、必要に応じて主張を追加、変更するなどして、事実と争点を明らかにし、証拠を整理して公判審理を継続的・計画的且つ迅速に行うようにすることにある。この趣旨に照らすと、この手続を経た公判では、充実した争点整理や審理計画が策定された趣旨を漏却するような訴因変更は認められない。本件での公判前整理手続で確認された争点は、『被告人が犯人ではない』との点で、事故惹起者の注意義務違反については、弁護人は何ら具体的主張をしていない。被告人の犯人性を否定する主張の裏付けは、『被害V原付がみずから転倒した』とするにとどまり、被告人運転車とV車が接触したとの本件事故を前提にした犯行車の運転者の注意義務違反が無かった旨の具体的主張はなかった。公訴事実たる過失を基礎づける具体的事実や義務違反の存在については、弁護人は争わず、したがって争点化されていない。この弁護人の対応からみるかぎり、事故が被告車とV車の接触によるものと認定されてしまえば、被告人の過失を暗黙裡に認めていることを前提にしていたと解さざるをえない。さて、公判での事故の目撃者等の証拠調べの結果、事故態様が当初訴因とは異なるとの原審裁判所の指摘を受けて、検察官が訴因変更を請求した。変更請求が許可されても、証明結果たる事実は、大半既に過去の証拠調の結果に基づくもので、変更訴因についての証明は極めて限られていて、被告人の防禦を考えても1期日で終了できる程度にとどまるものであったから、前記公判前整理手続の制度趣

告を没却するものとはいえず，権利濫用にも当たらない。それ故，訴訟手続の法令違反はない。」

3 〈解 説〉

1 公判前整理手続に付された場合，それを経たのちの公判審理の結果，訴因事実とそれについての立証結果との間に「変化」が生じたときでも，訴因変更は許されないか，制限されるかが問題となった事例である。

公判前整理手続が導入されても，当然ながら，なお，当初の「訴因の形式で明示された公訴事実」（＝訴因）とそれについての検察官と被告人側との論争＝対審による立証結果との間に変化が生じたときには，当初訴因たる公訴事実との同一性を害しない限り，起訴事実を変更できるとした，いわゆる「訴因変更」制度は，当然ながら維持されている（312条）。公判前整理手続では，検察官と被告人・弁護人双方の努力により充実した公判審理を継続的，計画的かつ迅速に行うことが目標とされている（316条の2第1項）。

この目的に添って，この公判前整理手続では，争点とそれを立証する証拠を整理した審理計画を策定するために，公判で予定する「主張を明示して，それについて双方が噛み合った論争を充実できるように証拠調の請求をするように双方が義務づけられることになる。検察側には，起訴状に訴因の形式で被告人の犯行だとされる起訴事実の内容を明示して争点を明示する義務がある（256条2・3項）。起訴事実の具体的主張（記載）は，弾劾システムの要求でもある（憲38条1項）。つまり，告発・起訴事実の主張義務は検察官にあり，被告人にはない。しかも，その検察官が起訴した被告人の犯行だとする告発に対し，被告人との間で充実し，迅速な対審的な論争が可能になるように，起訴事実は具体的に明示されたうえで公判審理を行う手続を用意しなくてはならない（憲37条の公平で公開の公判で，反証を展開し，充実した論争を行うことができる手続的保障（正義）が用意されている）。これらの憲法と刑事訴訟法の起訴事実の審理手続の保障は手続的正義を実現するための被告人の権利である。この憲法上の被告人の権利の内容を明確にするために，公判前整理手続が用意されたのである。公判前整理手続では，新たに被告人の権利が創設されたのではなく，従来，十分に明確に被告人の権利保障を示していなかった公判準備手続の内容を明示して，被告人の手続的正義の要求に由来する権利の内容を明示しようとするものである。

したがって，公判前整理手続を経た公判で，憲法38条1項，同37条に定められた被告人の権利を侵害するような主張（つまり訴因）の変更，訴因をさらに具体化する主張の変更は，許されないことになるのは，当然のことである。本事案の訴因変更が，このような被告人の手続的正義に由来する公正な手続を保障される憲法及び刑事訴訟法上の権利を侵害することになっているか否かが，本当に問われなくてはならないのである。

2 本事案では，裁判所独自の表現で，上記の被告人の権利は，本訴因変更によって侵害されてはいないと判示している。起訴状ですでに，具体的な被告人の犯行事実は明示されており，それを争点として公判審理がされた。検察側の主張は起訴状と冒頭陳述と公判前整理手続で，とりわけ起訴事実を示して明示され，すでに争点とされている。被告人側の「自分は事故の行為者ではない」ことだけを争点にして整理されていたのでもない。双方の争点に添った証拠調べの請求もなされ，被告人は，起訴事実の内容たる争点と証拠調べに用いる証拠の双方で，防禦を充実させる手続的正義の要求に基づく権利を，この訴因変更によって，何ら害されていない。それ故，本件判示は妥当である。公判前に主張まで制限すると，訴因変更を無意味にし，また，憲法39条の後訴遮断の効果を狭めるおそれもある。

[参考文献]
① 岡慎一・平成21年度重判解213頁
② 丸橋昌太郎・刑ジ18号
③ 西野吾一・百選〔第10版〕130頁

（渥美東洋）

Ⅵ 訴因制度

【113】訴訟条件と訴因
―― 名誉毀損→侮辱→時効

最(一小)判昭31・4・12刑集10巻4号540頁, 判時77号23頁
侮辱被告事件(昭和30年(あ)第1305号)
第1審・京都地宮津支判昭28・7・24
第2審・大阪高判昭30・3・25

● 争 点 ●
訴訟条件具備の判断の標準――訴因か審理結果か

1 〈事実の概略〉

被告人は昭和26年8月17, 18日頃警察官Iの言動をとりあげ,「左の者は売国奴につき注意せよ」「I巡査」と見出しをつけ,「右の者は, 日本の自由・平和・独立のために闘う共産党及び進歩的人民に対し, 特高的調査・威カクを行い, 憲法の保証する言論・思想・結社の自由を不当に弾圧する者である。」「具体的事実として, "講和条約が締結されたら, 共産党員は絞首刑・家族は銃殺にする"との暴言をはいた。」と書き, 共産党地区委員会名の壁新聞が, 同委員会の事務所にできてるのを見て, 後半のI巡査の暴言は飲食店でTらと飲酒した帰り路で誰にいうとなく独りごとしたのに過ぎないのに, あたかもI巡査が職務に関し公言したように事実を曲げて記述してあったのに, 被告人も共産党員としてI巡査の日頃の仕事ぶりを憎んでいた折から, それが真実を伝えるものか否かを確かめないまま, 道路に面するX地とY地に掲示し, 公然とI巡査の私行にわたることがらを摘示して名誉を毀損したとして, 昭和27年10月11日に起訴された。

第1審裁判所は, 訴因事実を認め, 被告人に有罪判決を言い渡した。被告人は, 控訴を申し立て, 被告人が摘示した事実はすべて真実であり, 事実を摘示した対象者は公務員であり, 摘示した事実はその公務員に関する事実に係るものであるとして, 事実誤認, 法令の適用の誤りを主張した。

控訴審裁判所は,「『売国奴云々』の憲法の保証する……自由を不当に弾圧する」との記載は, 具体的事実を摘示したものとはいえないので, 名誉毀損を構成せず, 侮辱罪を構成するに過ぎないと認定した。さらに, 具体的な「共産党員は絞首刑, 家族は銃殺にするとの暴言を吐いた」との記載部分については, 国民の全体のための奉仕者の地位にある公務員が, さほど親しくない民主青年同盟に関係しているTに対し聞こえるように, 国民の一部が絞首刑や銃殺されてよいなどと発言することは, それ自体公務員の行為として批判の対象にされてもやむをえず, 刑法230条の2第3項の趣旨もかかる公務員の言動を批判にさらすところにあると解され, I巡査の言を被告人は伝聞できき十分確かめなかったとはいえ, 結局その事実が証明された以上被告人は無罪となると認定した。

そして, 原判決を破棄し, 侮辱罪で被告人に有罪判決を言い渡した。被告人は上告を申し立て, 上告の趣意は, 名誉毀損の起訴に対し, 時効にかかった侮辱罪を認定して有罪を言い渡すのは不当であり, 憲法31条に違反するというものであった。

2 〈判 旨〉

原判決破棄, 免訴

被告人の主張は刑訴法405条の上告理由に当たらないとしたうえ, 同法411条で原判決を破棄してつぎのように判示した。判文上, 原判決が名誉毀損を認定せずに侮辱を認定していることは明らかだが, 侮辱は刑法231条に当たり, 拘留または科料に当る罪であるから, 犯行後1年経過した日に公訴時効が完成するものである。

ところが, その時以後の昭和27年10月11日に起訴したので「たとえ, 起訴状記載の訴因が名誉毀損であるにしても, 原判決は名誉毀損の事実を認めなかったこと前示のとおりであるから, 右起訴の当時すでに本件所為につき公訴時効は完成したものというべきである。されば, 本件の場合においては, 刑訴40条, 337条4号により, 被告人に対し免訴の言渡をなすべきものである……。」

3 〈解 説〉

1 検察官が公訴を提起し，起訴状に公訴事実として，訴因を明示した事実が，名誉毀損罪とされたのに，公判での審理の結果，裁判所の認定事実は名誉毀損罪ではなく侮辱罪の場合，名誉毀損罪であるとの訴因を標準とすれば，公訴時効は完成せず，したがって訴訟条件を具備しているが，裁判所の認定した侮辱罪であるとの事実を標準とすれば，公訴時効が完成する場合には，裁判所の認定結果を標準として，訴訟条件を欠くものとして刑訴法337条4号により免訴の判決を言い渡すべきものとしたのが本判決である。

2 検察官が公訴提起した被告人の行為はあくまで名誉毀損罪であるとの立場を貫くと，名誉毀損罪については，一部は刑法230条の2第3項の証明があるものとして無罪判決を下し，他は名誉毀損罪の要件たる事実の摘示を欠くものとして，やはり無罪の判決を言い渡すべきことになる。

ところで，刑訴法256条2項・3項により，起訴状には訴因の形式で公訴事実を日時・場所・方法を具体的に示して記載することを求められている。この要求は，被告人に起訴事実を告知し，防禦対象とその範囲を明確にして，被告人に防禦の機会を十分に与えるところにあるものと解され，そこで，当事者の挙証，裁判所の審理も訴因の範囲に限定されることになる。

さて，本事件にあっては，検察官が名誉毀損罪を構成するとして訴因の形で明示した事実，そのものを裁判所が侮辱罪を構成すると認定した関係にみられるように，名誉毀損罪の訴因のなかに侮辱罪の事実が完全に含まれている，いわゆる「大は小を含む」場合である。この関係にある場合には，縮小された事実を認定しても，訴因の限界をはずれた事実を認定したことにはならず，したがって被告人に告知されていない事実を認定したことにはならない。

したがって，訴因変更手続を経ることなく，裁判所が本事例で侮辱罪の事実を認定しても，被告人の告知・聴聞を受ける権利を侵害し，論争主義，当事者主義に反したとはいえない。

3 ところが，たとえば，住居に侵入した窃盗の訴因による窃盗罪による起訴の事例において，住居侵入罪を窃盗罪のほかに認定し，判決するのは，不告不理に当るとするのが判例の立場である。侵入盗の訴因にあって，住居侵入を認定するのは縮小認定ではないかともいえるからである。

だが，侵入盗にあっては，訴因の明示のために，場所または窃盗罪の方法の明示のために侵入の事実が記載されているに止まるので，住居侵入罪自体が争点とされ，それについて防禦を十分になしうるように訴因の記載は求められないので，住居侵入罪を認定するには別の事実の明示を要する場合があるだろう。

さらに，一層重要な点は，侵入盗においては，検察官は窃盗罪のみを訴追し，住居侵入罪を起訴しない意思が明らかに示されているのに対し，本事例では「Iが共産党と進歩的人民に対し，その憲法の保証する自由を不当に弾圧する者だ」との被告人による公然とした指摘がまさに訴因に明示され，この被告人の行為に対する起訴を検察官が行なう意思をもっていることは明らかである。検察官が起訴しようとした事実につき，被告人の告知・聴聞を受ける権利を害さずに認定した結果，その事実に訴訟条件が欠けているとして，免訴を言い渡したのは，したがって，論争・当事者主義，弾劾主義，刑訴法378条4号，同312条に違反しているとはいえないだろう。

[参考文献]
① 吉川由己夫・最判解刑事篇昭和31年度98頁
② 森岡茂・警研33巻12号87頁

（渥美東洋）

Ⅵ 訴因制度

【114】訴因変更命令義務(1)

最(三小)決昭43・11・26刑集22巻12号1352頁,判時540号23頁
重過失致死被告事件(昭和42年(あ)第1192号)
第1審・津地判昭39・5・20
第2審・名古屋高判昭42・4・17

● 争 点 ●
裁判所の訴因変更命令義務の有無

1〈事実の概略〉

殺人を理由に被告人を起訴した起訴状に記載されていた訴因は次のものであった。つまり,被告人は暴力団M組の幹部構成員であるところ同M組の事務所内でかねてからこころよく思っていなかったAと喧嘩になったとき,M組組長から「根性があるならやって見よ」といわれて猟銃1挺ずつを手渡されたのでAを射殺しようと企図して同人に発砲したところ,その傍にいたTの左腹部に命中し,出血多量のためTを死亡させたというものであった。

ところが,第1審裁判所が審理し,行為当時の状況を詳細,慎重に検討した結果,被告人が行為時にAを殺害する意思・犯意をもって発砲したものとは認められず,したがって,本件を打撃の錯誤に問擬して殺人罪の刑事責任を被告人に問うことができないとしつつ,被告人は,当初から殺人の犯意を否認し,過失を主張しているのであるが,検察官による訴因の追加も変更を請求されていない本件では,過失犯の成否を論ずることができないのは,訴因制度を採る現行法のもとでは当然のことだとして,被告人に無罪を言い渡した。

検察官はこれに対し控訴を申し立てたところ,控訴審裁判所は第1審同様に,被告人の殺意を否定し,過失を認定したが,次のように判示して第1審の審理不尽を指摘し,控訴審において検察官が予備的に追加した重過失致死の訴因を認定し,有罪の判決を言い渡した。

「裁判所は,原則としては,自らすすんで検察官に対し,訴因変更手続を促し,またはこれを命ずべき責務はないが,本件のように,起訴状に記載された訴因については無罪とするほかないが,これを変更すれば有罪であることが明らかであり,しかもその罪が相当重大であるときには,例外的に,検察官に対し,訴因変更手続を促し,またはこれを命ずべき義務があるものと解するのが相当である。」

この判決に対し,現行の論争・当事者主義を示す訴因制度の下では,裁判所には訴因変更命令義務はないとして,刑事訴訟法312条違反を理由に被告人は上告を申し立てた。

2〈決定要旨〉

上告棄却

「裁判所は,原則として,自らすすんで検察官に対し,訴因変更手続を促し,またはこれを命ずべき義務はないのである。……が,本件のように,起訴状に記載された殺人の訴因についてはその犯意に関する証明が充分でないため無罪とするほかなくても,審理の経過にかんがみ,これを重過失致死の訴因に変更すれば有罪であることが明らかであり,しかも,その罪が重過失によって人命を奪うという相当重大なものであるような場合には,例外的に,検察官に対し,訴因変更手続を促しまたはこれを命ずべき義務があるものと解するのが相当である。したがって原審判決が,本件のような事案のもとで,裁判所が検察官の意向を単に打診したにとどまり,積極的に訴因変更手続を促しまたはこれを命ずることなく,殺人の訴因についてのみ審理し,ただちに被告人を無罪とした第1審判決には審理不尽の違法があるとしてこれを破棄し,あらためて,原審で予備的に追加された重過失致死の訴因について自判し,被告人を有罪としたことは違法とは,いいえない。」

3 〈解 説〉

1 検察官が殺人訴因が合理的な疑いを容れない程度に立証されていると信じているが裁判所は殺人の犯意を認定しえず、ただ重過失致死が完全に立証されていると認定する場合には、裁判所には訴因を過失致死に変更するよう促し、または訴因の変更を命ずべき義務があり、これを命じないで殺人訴因について無罪の判定を言い渡したときは、刑事訴訟法312条の解釈を誤り、312条の訴訟手続の法令に違反する「審理不尽」の違法があると判示した重要な判例である。

2 検察官は訴追機関であり、立証結果について認定する裁判機関ではないので、訴因について検察官が行なった立証結果が訴因を十分に立証し切っていると信じているのに、裁判官との間で、コミュニケイション・ギャップが生ずることがある。しかも、本件に即していえば、殺人罪と法が定める行為に過不足なく合致する社会的行為が、つねに生ずるわけでもなく、また、重過失と法規が定める行為に完全に合致する社会的行為が、つねに生ずるわけでもない。社会的行為、たとえば、本件での暴力団員相互間の喧嘩による相手方への発砲行為が、悪ふざけの度の過ぎたものか、それとも殺意のある殺人行為に当たるものかについては、検察官と裁判官との間で、あるいは状況からの故意の認定上、あるいは立証の十分性について見解が異なることがある。——法律事項——
このとき、発砲行為にまつわる諸状況が検察官が主張したとおりのものと裁判官に認定されれば、立証上のコミュニケイション・ギャップは検察官と裁判官との間で生じないが、殺人を構成するに十分な社会的行為とみる検察官と殺人の犯意が欠けているとみる裁判官の間に喰い違いが生じるのは、誰がみても殺人に当たるとみる行為が本件の社会的行為でなかったためである。

3 しかも、殺人訴因をめぐる当事者間の攻撃・防禦をみると、殺人訴因として起訴状に記載して訴追意思を示し、明示した防禦範囲の限界を超えて、検察官側の立証がされたのではなく、その範囲で殺人訴因の立証に不可欠の証拠で立証した結果、裁判所が殺人の犯意が欠け、その状況のもとでは、悪ふざけの発砲にあって、喧嘩の相手方の傍にいたTへの命中について十分留意・注意を払うべきなのに、その注意を欠いたためTに命中させた過失、しかも、重過失を十分に認定しうるという場合である。

このような訴因の記載と立証において、被告人側が訴因の告知機能・防禦対象と範囲を明示する機能の利益を受けなかったことはない。その意味で、論争システム＝当事者主義に基づく訴因の機能は害されていないのである。このように、公判審理上、論争・当事者主義の構造に反する手続が行なわれずに、訴因立証に関し、やむをえず検察官と裁判官と裁判所との間に生じたコミュニケイション・ギャップをどう埋めるかが本件の問題であったといえよう。このとき、訴追側に裁判所の心証結果を知らせず、訴因変更の機会を与えないのは手続上のルール違反となる。

4 検察官は殺人の立証が成功していると信じているので訴因の変更を請求しない。裁判所がそう認定していないのに、このギャップを検察官に告知しなかったために、本件行為について無罪判決を下すことは妥当だろうか。重過失に変更しても有罪判決をえようとする検察官の意思があるかどうか確かめずに被告人に訴因制度上の不利益が生じていない場合なのに無罪判決を下すのは公正な手続ルール違反としたのである。

公判裁判所に訴因について、検察官との間にコミュニケイション・ギャップがあることを公けにしてはならない理由はない。

[参考文献]
① 石田穣一・最判解刑事篇昭和43年度379頁
② 熊本典道・判評123号143頁

（渥美東洋）

VI 訴因制度

【115】訴因変更命令義務(2)
――日大事件

最(三小)判昭58・9・6 刑集37巻7号930頁，判時1097号11頁
公務執行妨害，傷害，同致死被告事件(昭和55年(あ)第629号)
第1審・東京地判昭52・3・29
第2審・東京高判昭55・2・25

● 争 点 ●
裁判所の訴因変更命令義務の有無

1〈事実の概略〉

1 (1)甲事実。　日大全共闘の学生らに不法占拠を解き，日本大学経済学部1号館等を日本大学に使用さすべく執行官に保管を命ずる旨の東京地裁の仮処分の執行を妨害して，執行に当たった執行官と一群の警察官に対し，被告人は不法占拠中の他の学生らと共謀のうえ，同館2，3，4，5階，屋上等から石塊等を投下して公務執行を妨害した。

(2)乙事実。　当日の午前5時半頃から50分頃の間，同館1階から進入中の一群の警察官をねらって，同館5階エレベーターホール北側窓から同所附近に居合わせた数名の他の学生らと共謀のうえ，重さ十数キロにまで及ぶコンクリート塊等数十個を激しく投下した結果，警察官らに重傷を負わせ，うち1名を頭蓋骨骨折，脳挫傷で死に到らせた。

2　この甲および乙の起訴事実は全く別個のものだとの釈明を検察官は審理冒頭から結審まで約8ケ月半ばかり維持しつづけた。そのため乙事実の日時にその場所に被告人が居たか否かが争点となり，それを認定できないので無罪にするほかないが，乙訴因を現場共謀に先立つ事前共謀に変更すれば犯罪の成立の余地があると考えて，裁判長は第54回公判で検察官に甲乙の両事実の関係と乙事実の共謀の時期，場所についての従来の主張を変更する意思の有無を求釈明した。検察官が断定的に意思無しと答えたため，それ以上訴因変更を命じたり，積極的に促すことなく，第1審で被告人に対し乙事実につき無罪を言い渡した。控訴を受けた東京高裁は，傷害致死を含む重大犯罪につき，訴因を変更しさえすれば有罪とすることができる本事案では，第1審には訴因変更を命じ，または積極的に変更を促す義務を尽さなかった違法があるとして，第1審判決を破棄，差し戻した。この原審判決に対し，訴因変更命令義務に関する法律の解釈適用の誤りを理由に，被告人から上告がなされた。

2〈判 旨〉

原判決破棄・差戻

1 上告趣意の所論の実質は単なる法令違反の主張で，上告理由に当たらないとしつつ，職権調査の結果，刑事訴訟法411条により，原判決を破棄しなければ著しく正義に反するとした。

2 乙事実の共謀を事前共謀に変更すれば共謀共同正犯の罪責を問うことができる余地はありうるにしても，記録上の経緯，とくに検察官が甲と乙は別事実だと一貫して主張しただけでなく，「審理の最終段階における裁判長の求釈明に対しても従前の主張を変更する意思はない旨明確かつ断定的な釈明をしていたこと，第1審における右被告人らの防禦活動は右検察官の主張を前提としてなされたことなどのほか，本件においては，乙事実の犯行の現場にいたことの証拠がない者に対しては，甲事実における主謀者と目される者も含め，いずれも乙事実につき公訴は提起されておらず，右被告人らに対してのみ乙事実全部につき共謀共同正犯としての罪責を問うときは右被告人らと他の者との間で著しい処分上の不均衡が生ずることが明らかであること，本件事案の性質・内容など右被告人らの本件犯行への関与の程度など記録上明らかな諸般の事情に照らして考察すると」第1審としては，前記の求釈明で事実上訴因変更を促したことで訴法上の義務は尽くしたといえる。「そうすると，これと異り，第1審裁判所に右のような訴因変更を命じ又はこれを積極的に促す義務があることを前提として第1審の訴訟手続には審理を尽くさなかった違法があると認めた原判決には」，それを破棄しなければ著しく正義に反する，訴因変更義務に関する法律解釈適用の誤りがある。

3 〈解 説〉

1 検察官が被告人との攻防にあって、その対象から意識的に外していたとみてよい事実を再度攻防の対象にできる場合は、どのような場合であるか、が本事例での問いである。最高裁判所は、この問いについて、今回を含めて3回判断を下している。

第1は、詐欺の訴因で9年3ケ月、54回の公訴を重ねて審理した後に、検察官が「予想外にも」市の寄附金募集取締の条例に違反し、市長に届け出なかった事実、または許可を求めなかった事実に訴因を変更請求した事例で、単に両訴因は公訴事実の同一性を害さない関係にあるとして、訴因変更を認めたものである（【110】）。

第2は包括一罪・牽連犯の関係にある甲罪に有罪を言い渡し、乙罪には無罪だが1罪の一部だから無罪を言い渡さなかった第1審判決に対し、被告人のみが控訴して無罪主張をした事例である。控訴審は控訴理由なしとして控訴棄却したうえで、職権調査をし、事実誤認を理由に第1審判決を破棄し、甲、乙両罪について自判し、双方を有罪として第1審と同一の刑を言い渡した。被告人は、第1審が無罪とした事実については検察官が控訴をしなかった結果、攻防の対象から外されており、そのような事実は職権調査の範囲外にあるとして上告した。

最高裁は「攻防の対象から当事者間で外された事実」まで職権調査することは、被告人に不意打を与えるので、現行刑訴法の基本構造に照らすと許されない違法なものと判示した（【185】）。

そして第3の事例の本事件では、審理冒頭から第1審終りまでの一貫した検察官の乙訴因の内容には「現場共謀」を含ませないとの釈明と、甲事実で主たる役割を演じた者を事前共謀を内容にすれば乙事実でも起訴されるはずなのに不起訴としている事情に着目して、現場共謀は争点から外されている点が強調された。

2 一方で【110】の金沢・小松事件と他方で【185】の新島ミサイル事件と本事例との間には、一方では訴追権限者である検察官が第1審で訴因変更を請求したのに、他方にはそれが欠けているところに区別の基準を求めるべきなのだろうか。それとも、被告人に審理範囲がどの範囲かを告知している範囲内でしか審理を許さないとの原則を堅持すべきことを本事例で、改めて示したのだろうか。前者の理解は告発者の告発の有無を基準とする弾劾主義（憲38条1項）のみによるのに対し、後者の理解は弾劾主義に加えて、被告人に告知された事実の範囲内で、検察官との間で被告人が十分な準備をし、争点を明確にして防禦ができるようにする当事者・論争主義（憲37条、とりわけその2項、3項）によるものである。憲法は弾劾主義と当事者、論争主義の双方を公判の基準原則にしているので後者の理解のほうが現行法の立場により適合する。

3 また、本事件と第1審で訴因変更を検察官が請求しなかったのに、事件の重大性と立証の十分さを理由に裁判所に訴因変更命令義務を認めた【114】事件との関係が問われる。断定的に変更意思のないことを示しているか否かだけに基準があるのだろうか。それとも、他の被告人を不起訴にしている事情から検察官がある事実（事実共謀）を訴因から明確に外していることが重要なのだろうか。後者を基準にすると、【114】事件のように故意と重過失の立証結果について検察官と裁判所の間に認定上の相違がある場合は、事件の重大性と立証の十分性を要件に裁判所の訴因変更命令義務が肯定されることになる。

4 訴追については検察官が責任を負い、公判裁判所はその責を負わないとする現行刑事訴訟に法の趣旨とシステムの設計企図に照らすと、本件判決の解釈は正しい文脈解釈だといえる。検察官が、訴因変更をすると、そのような訴追意思を持っていないのに、裁判所が変更限度で有罪と認定するのが確実に期待できるが、訴因変更をしなければ無罪となるような事例で、訴追困難な立場に陥る事情がある場合とは、本件は異っている。

［参考文献］
① 石坂井智・最判解刑事篇昭和58年度248頁
② 中野目善則・新報92巻5・6号281頁
③ 寺崎嘉博・百選〔第10版〕108頁

（渥美東洋）

Ⅵ 訴因制度

【116】訴因変更命令の形成力

最(大)判昭40・4・28刑集19巻3号270頁，判時406号20頁
公職選挙法違反被告事件(昭和37年(あ)第3011号)
第1審・下妻簡判昭37・1・31
第2審・東京高判昭37・9・20

● 争　点 ●
裁判所の訴因変更命令の形成力の有無

1 〈事実の概略〉

本件判例の判旨と関係をもつ事実は次のとおりである。

被告人を公職選挙法違反を理由に起訴した起訴状には，次の訴因が公訴事実として明示されていた。「被告人は，Yが立候補予定者Aを当選させる目的でBほか4名に対し金300円づつを供与した際，その情を知りながら，上記YをBほか4名方に案内し，Yを紹介し，さらに受供与を勧める等上記Yの犯行を容易ならしめて幇助した」との公職選挙法221条1項1号に該当する供与罪の幇助行為をしたというのである。

第1審たる下妻簡易裁判所は，この訴因について審理中，検察官が幇助として訴追した意思を却けるのが相当と認められる特段の事情，たとえば，Yとの事前の共謀とか，Yとともに金品をBほか4名に手渡す行為をするとか，または，Yに金品を供するようにBほか4名にその面前で促すなどの外形に示される行為を認めることがないのに，幇助意思と(共同)正犯意思とは流動的な関係にあると考えてか，上記訴因を供与＝買収罪の共同正犯の訴因に変更するのが適当であると認めて，検察官に訴因を変更するように命令した。ところが，検察官は，当初訴因に記載した行為は，それを証明する証拠による公判廷における証明結果に照らしても，なお，本件被告人の行為は供与＝買収罪の幇助行為に当たるものとして，裁判所の上記訴因変更命令に応じなかった。

ところが，下妻簡易裁判所は，検察官が訴因変更の請求をしないのにもかかわらず，自ら行なった上記訴因変更命令により，訴因はすでに供与罪の共同正犯に変更されたものであることを前提にその後の公判手続を進行させ，結局は，裁判所の下した訴因変更命令に示された供与＝買収罪の共同正犯と認定して，被告人に有罪判決を言い渡した。

刑事訴訟法312条の訴訟手続の法令違反，刑事訴訟法378条3号の「審判の請求を受けた事件につき判決をせず，又は審判の請求を受けない事件について判決をしたこと」などを理由に被告人は控訴を申し立てた。

控訴審を受けた東京高等裁判所は，被告人の控訴理由を却けただけでなく，第1審の認定した訴因変更命令により変更された訴因と，それ以前の検察官が起訴状に公訴事実として記載した当初訴因に示されている被告人の外形的行為については，訴因記載事実もそれを立証する証拠も同一で符合する場合には，当初訴因を変更しなくても，被告人の防禦上の不利益が生ずるものとはいえないとして，訴因変更手続を経ぬまま供与＝買収罪の共同正犯を裁判所が認定しても違法はないとして，そもそも訴因変更手続そのものが不要であると判示して，第1審判決を支持し，被告人の控訴を棄却した。

これに対し，不告不理・判例違反などを理由に，被告人は上告を申し立てた。弁護人は，とりわけ本件においては買収＝供与罪の共同正犯を認定するには訴因変更手続を要し，しかも検察官が応じない裁判所の訴因変更命令には形成力はないと主張した。

2 〈判　旨〉

破棄，第1審に差戻

「検察官が裁判所の訴因変更命令に従わないのに，裁判所の訴因変更命令により訴因が変更されたものとすることは，裁判所に直接訴因を動かす権限を認めることになり，かくては，訴因の変更を検察官の権限としている刑訴法の基本的構造に反するから，訴因変更命令に右のような効力を認めることは到底できない。」

3 〈解 説〉

1　検察官が起訴状に訴因の形式で明示した起訴事実についても証明が十分にされているので有罪認定をなしうる事例で，その訴因についての立証結果から別の犯罪行為を認定しうると裁判所が考える場合であっても，検察官の訴追意思の内容を排して，裁判所の認定をもとに訴因変更を命ずる権限を裁判所に認めることも，ましてやその訴因変更命令に形成力を認め，裁判所の命令した訴因に変更されたものとすることも，ともに検察官の訴追意思の表明である起訴行為や訴因変更請求を無視するもので，現行刑訴法の基本構造に反すると判示した判例である。

2　検察官は，本件に即していえば，公職選挙法221条1項1号の供与罪にかかわる被告人の行為を共同正犯として起訴するか，幇助罪に構成して起訴するかの権限をもっている（247条）。とりわけ，幇助行為と共謀共同正犯にかかる共同正犯の共同加功行為との間は流動的であればあるほど，検察官は，供与罪に当たると思料する行為を幇助として起訴しているとすれば，検察官の権限内にある裁量であるから，裁判所はそれを尊重しなければならない。＝起訴は検察官の権限とされ，裁判所の権限とはされていない（240条および248条）。＝このとき，裁判所が検察官の起訴意思を却けるべき特段の事情がないのに，自己の認定結果に合わせて訴因を変更すると，起訴権限を検察官に与えている現行刑事訴訟法の基本構造に違反するのは，ほぼ，明らかであるように思われる。

3　しかも，検察官が起訴した幇助の事実を認定できず，無罪とせざるをえず，訴因を共同正犯に変更すれば有罪と認定できるということが明らかだといった，検察官と裁判所間の訴因をめぐる主張，立証上のコミュニケイション・ギャップが生じ，それを埋めなければならないといった特段の事情も欠けている。検察官が訴因の形式で具体的に示した事実について有罪と認定できるのに，その有罪認定をしない場合には，まさに起訴を受けた事件について審判しない違法を認めざるをえないであろう。

4　また，供与罪の立証結果からみて，裁判所は供与罪の共同正犯が成立すると認定したが，検察官は，それでも依然として共同正犯は成り立たず，幇助が成立するにとどまると解して，幇助の訴因を維持しようとしているのに，裁判所が訴因変更を命じうる権限などを肯定することも検察官に起訴権限があるとする現行法の立場に照らして，法に違反していることも，ほぼ明らかであろう。

たとえば，検察官が窃盗と別の機会での被害者への暴行の2罪として訴因を明示して起訴した事実について，裁判所が刑法238条の準強盗を認定して訴因を準強盗に変更するように命ずることなどを認めれば，検察官の起訴猶予権限も含めた検察官の合理的な起訴権限の行使は，むしろ妨げられてしまうであろう。（248条参照）

5　裁判所は認定・裁判機関であって，けっして，被告人を訴追・告発する機関でないとする，現行法の権力分立の基本構造に照らして本件での簡易裁判所の下した訴因変更命令を違法と判示したのである。

6　検察官が訴因として明示した事実については無罪と認定せざるをえず，しかし，それを認定結果に照らして判断すれば，重大な犯罪について十分に有罪と認定しうる場合に発した裁判所の訴因変更命令に検察官が応じなかった場合に，この命令に形成力を認めるか否かについては，本件では判断されていないとみるべきであろう。およそ，検察官の主張についての論争と判断に機会を奪うような公判手続は，正義に反するからである。きわめて限定された事例では，裁判所の変更命令に形成力を認めても，論争システムに違反しない例外の場合もありうる。

[参考文献]
① 松尾浩也・警研37巻5号141頁
② 海老原震一・最判解刑事篇昭和40年度58頁
③ 清野惇・百選〔第5版〕102頁

（渥美東洋）

Ⅶ　証拠法一般原則

【117】「合理的な疑いを差し挟む余地がない」の意義

最(一小)決平19・10・16刑集61巻7号677頁，判時1988号159頁
爆発物取締罰則違反，殺人未遂被告事件(平成19年(あ)第398号)
第1審・高松地判平17・10・4刑集61巻7号701頁参照
第2審・高松高判平19・1・30刑集61巻7号730頁参照

●　争　点　●
①有罪認定に必要とされる立証の程度としての「合理的な疑いを差し挟む余地がない」の意義
②有罪認定に必要とされる立証の程度としての「合理的な疑いを差し挟む余地がない」の意義は，直接証拠によって事実認定をすべき場合と，情況証拠によって事実認定をすべき場合とで，異なるか

1〈事実の概略〉

被告人は，妻の実母Aらを殺害する目的で，アセトン等から生成したトリアセトントリパーオキサイド(TATP)相当量に，起爆装置を接続して，これをファイルケースに収納し，更に同ケースを定形外郵便封筒内に収納するなどして，同封筒から同ケースを引き出すことにより上記起爆装置が作動して上記TATPが爆発する構造の爆発物1個(「本件爆発物」)を製造した上，定形外郵便物としてA宛に投かんし，情を知らない郵便配達員をしてこれを高松市内のA方に配達させ，Aをして同封筒から同ケースを引き出させてこれを爆発させ，もって，爆発物を使用するとともに，Aらを殺害しようとしたが，Aを含む3名の者に重軽傷を負わせたにとどまり，Aらを殺害するに至らなかったとして，爆発物取締罰則違反，殺人未遂に問われた。

第1審判決は，もっぱら情況証拠に基づいて，被告人には，Aに対する確定的な殺意及び本件爆発事件で負傷したその余の2名の者に対する未必的な殺意が認められるとした。

そこで考慮された事情は，(1)被告人は，本件爆発事件が発生する8日ほど前までに，自宅のパソコンからインターネットを利用して，TATPを含む爆発性物質の生成方法や起爆装置の製造方法等を記載したサイトにアクセスし閲覧しており，実際にプラスチックケースに入った爆発性物質を取り扱っていた事実も推認できること，(2)被告人は，本件爆発事件発生前に，本件爆発物に使われたとみられる分量のTATPを生成し得るアセトン等を購入していたほか，本件爆発物に使用された起爆装置の起爆薬など多数の構成部品と同種又は類似の物を新たに購入し，あるいは以前から入手しており，被告人方からは，TATPの成分が付着した金属粉末も発見されていること，(3)本件爆発物を収納した封筒にちょう付されていた24枚の切手中9枚は，本件爆発事件発生の前日，長尾郵便局(香川県さぬき市所在)に設置された自動販売機から発行・発売されたものであるところ，被告人方から発見押収された切手3枚は，上記切手9枚の発行・発売の2分後に，同じ自動販売機から発行・発売されたものであること等である。

原判決も，第1審判決の上記判断を是認したため，被告人が上告した。弁護人は，上告趣意において，原判決は，情況証拠による間接事実に基づき事実認定をする際，反対事実の存在の可能性を許さないほどの確実性がないにもかかわらず被告人の犯人性を認定したものであって，最判昭和48年12月13日判時725号104頁に反する等と主張した。

2〈決定要旨〉

上告棄却

「所論は，上記(2)の点に関し，被告人が，その購入したアセトン等を他の使途に費消した可能性や，上記(3)の点に関し，上記封筒にちょう付されていたその余の切手中，少なくとも10枚を被告人が購入し得なかった可能性等を指摘して，原判決は，情況証拠による間接事実に基づき事実認定をする際，反対事実の存在の可能性を許さないほどの確実性がないにもかかわらず，被告人の犯人性を認定したなどという。

刑事裁判における有罪の認定に当たっては，合理的な疑いを差し挟む余地のない程度の立証が必要である。ここに合理的な疑いを差し挟む余地がないというのは，反対事実が存在する疑いを全く残さない場合をいうものではなく，抽象的な可能性としては反対事実が存在するとの疑いをいれる余地があっても，健全な社会常識に照らして，その疑いに合理性がないと一般的に判断される場合には，有罪認定を可能とする趣旨である。そして，このことは，直接証拠によって事実認定をすべき場合と，情況証拠によって事実認定をすべき場合とで，何ら異なるところはない

というべきである。

本件は，専ら情況証拠により事実認定をすべき事案であるが，原判決が是認する第1審判決は，前記の各情況証拠を総合して，被告人が本件を行ったことにつき，合理的な疑いを差し挟む余地のない程度に証明されたと判断したものであり，同判断は正当である」。

3〈解 説〉

1 本件は，①有罪認定に必要とされる立証の程度としての「合理的な疑いを差し挟む余地がない」とは，「反対事実が存在する疑いを全く残さない場合をいうものではなく，抽象的な可能性としては反対事実が存在するとの疑いをいれる余地があっても，健全な社会常識に照らして，その疑いに合理性がないと一般的に判断される場合には，有罪認定を可能とする趣旨である」こと，②「このことは，直接証拠によって事実認定をすべき場合と，情況証拠によって事実認定をすべき場合とで，何ら異なるところはない」ことを，明示したものである。

2 弁護人が上告趣意中に引用した前掲・昭和48年判決は，「裁判上の事実認定は，自然科学の世界におけるそれとは異なり，相対的な歴史的真実を探究する作業なのであるから，刑事裁判において『犯罪の証明がある』ということは『高度の蓋然性』が認められる場合をいうものと解される。……右にいう『高度の蓋然性』とは，反対事実の存在の可能性を許さないほどの確実性を志向したうえでの『犯罪の証明は十分』であるという確信的な判断に基づくものでなければならない。この理は，本件の場合のように，もっぱら情況証拠による間接事実から推論して，犯罪事実を認定する場合においては，より一層強調されなければならない」としていた。

このような書きぶりと，本判決におけるそれとの間には，「表現やトーンの相違」（中野目・後掲177頁）がある。さらに，旧法時代のものではあるが，最判昭23・8・5刑集2巻9号1123頁は「通常人なら誰でも疑を差挟まない程度に真実らしいとの確信を得ることで証明ができたとするものである。……歴史的証明である訴訟上の証明に対しては通常反対の余地が残されている」としており，ここでも，若干のニュアンスの差がある。

もっとも，このような相違が，各事例での争点の違いに由来するものであるとすれば（中野目・後掲177頁以下参照），本件の判示事項中，前記①は，従来からの判例における理解を確認したものと思われる。

3 ところで，昭和48年判決は，情況証拠について，直接証拠よりも高度の証明力を要求するものとも読まれ得る。

このため，同判決を引用しつつ，「もっぱら情況証拠による間接事実から推論して事実認定を行う場合，『反対事実の存在の可能性を許さないほどの確実性を志向したうえでの『犯罪の証明は十分』であるという確信的な判断に基づくものでなければならない』」（白取祐司「判批」平成10年度重判解（1999年）190頁）とする理解も見られた。

本決定はこのような理解を否定する立場を明示したものであり，同決定につき，「ややミスリーディングな説示を含む昭和48年判例の下では，これを正解しない当事者から，同判例に依拠して，『判例によれば，情況証拠に基づく立証では，直接証拠に基づく立証より高度の証明が必要とされている。』などと，裁判員に向けたアピールがなされる」可能性があったが，「そのような懸念は払しょくされた」との評価もある（匿名コメント・判タ1253号120頁）。

4 なお，最判平22・4・27刑集64巻3号233頁（【120】事件）は，殺人，現住建造物等放火の公訴事実について間接事実を総合して被告人を有罪とした第1審判決及びその事実認定を是認した原判決に，審理不尽の違法，事実誤認の疑いがあるとしたが，その際，本決定を引用しつつ，「情況証拠によって事実認定をすべき場合であっても，直接証拠によって事実認定をする場合と比べて立証の程度に差があるわけではないが〔本決定を引用〕，直接証拠がないのであるから，情況証拠によって認められる間接事実中に，被告人が犯人でないとしたならば合理的に説明することができない（あるいは，少なくとも説明が極めて困難である）事実関係が含まれていることを要す」とした。

すなわち，同判決は，本決定の判示したところを確認しつつ，直接証拠のない事案では，「情況証拠によって認められる間接事実中に，被告人が犯人でないとしたならば合理的に説明することができない（あるいは，少なくとも説明が極めて困難である）事実関係が含まれていることを要する」としたのである。

[参考文献]
① 木谷明「判批」平成19年度重判解（2008年）211頁以下
② 高橋省吾「判批」刑ジ11号（2008年）144頁以下
③ 中野目善則「判批」判時2048号（2009年）174頁
④ 松田俊哉「判解」曹時61巻8号（2009年）238頁
⑤ 稗田雅洋「判批」百選［第10版］138頁以下

（亀井源太郎）

Ⅶ 証拠法一般原則

【118】 挙証責任(1)
——検察側

東京高判昭和25年7月29日高刑集3巻2号348頁
住居侵入及び窃盗被告事件(昭和24年(を新)第140号)
第1審・立川簡判決日不明

● 争 点 ●

① 判決で認定する事実は, すべて証拠によって認定することを要するか
② ①にいう証拠は, いわゆる厳格な証明の方法により取り調べられたものに限られるか

1 〈事実の概略〉

　第1審は, 被告人に対する住居侵入及び窃盗被告事件につき, 有罪判決を言い渡したが, その際, 被告人には窃盗の前科があることを認定し, これを認定する証拠として, 被告人の公判廷における判示同旨の供述, 被害者ら提出の被害届, 証人らの尋問調書, 及び, 前科調書を挙げていた。
　被告人側が控訴した。弁護人は, 原判決には, 公判に提出されていない証拠を採用して事実を認定した違法があると主張した。すなわち, 弁護人は, 控訴趣意中で,「公判調書によれば被告人に前科ありと認定された証拠である前科調書は公判に検察官より提出されていないのみならず被告人もその点について何等供述されていない。斯のことは原審判決が公判に現われない虚無の事実を認定されたもので違法である」(句点を補った)と主張したのである。

2 〈判 旨〉

破棄自判
「判決で認定する事実はそれが犯罪構成要件に該当する事実であると犯罪の違法性や責任性を阻却する事由若しくは刑の加重, 減免の事由刑の量定に影響ある事由であると右犯罪の日時場所に関するものであるとに拘らずすべて証拠によってこれを認定することを要しその証拠は公判に於て適法に証拠調をなし被告人の意見弁解を聴くか少くともその機会を与え且異議あるものには反証の機会を与えたものであることを要する。右証拠調をしない証拠を以て事実を認定することは不意打で公正な訴訟手続ということはできない。これは刑事訴訟法第1条の精神にもとるから斯かる措置は許されないものと解すべきである。ただ判決に証拠説明をするには最少限度の要求として罪となるべき事実に対する証拠を示せばよいことになっていてその半面右事実以外の事実については証拠説明を必要としないことになっているが, このことから罪となるべき事実以外の事実はいかなる証拠によって認めても差支えないように解するのはそれは事理を究明しないことに基く誤解である。原判決を見ると被告人の前科の事実認定の証拠として前科調書を引用しているが原審公判調書を調べると検察官から前科調書を提出した形跡なく従って裁判官においてこれを取り調べた証跡もない。全記録を繰返して見ても前科調書は記録に編綴せられていない。斯くの如く全く公判に顕出せられなかった証拠——前科調書といえども他人の名を騙って裁判を受けたためにはからずも前科者になっていたということは皆無の事実でないことに想倒すべきである——を以って前科の事実を認定したのは違法である。論旨理由あり原判決は破棄せらるべきである」(句点を補った)。

3 〈解 説〉

　1 当事者及び裁判所が立証を尽くした場合でも, 証拠には限りがあり, 裁判官の能力も有限なので, 裁判所の心証の上ではある事実の存否がどちらとも決し得ない場合がある。
　しかし裁判所は, このような場合でもその点につき判断を回避して手続を中断したままにしておくということはできない。このため, 裁判所は, 事実の真偽が不明でも, 当該事実につき決着をつけなければならない。このことは, いずれかの当事者が, 真偽不明であるということから生ずる不利益を被ることを意味する。挙証責任とは, このような立証が尽くされても事実の存否がいずれとも不明な場合, 不利益な判断を受ける一方当事者の地位をいう (実質的挙証責任)。
　刑事訴訟においては, 無罪推定の法理が妥当するので, 犯罪事実及びそれに準ずる事項

236

について真偽不明の場合には，検察官に不利益な事実を認定することとなる（このことを指して，検察官が実質的挙証責任を負っているという）。

2　本判決は，前掲のとおり，「判決で認定する事実はそれが犯罪構成要件に該当する事実であると犯罪の違法性や責任性を阻却する事由若しくは刑の加重，減免の事由刑の量定に影響ある事由であると右犯罪の日時場所に関するものであるとに拘らずすべて証拠によってこれを認定することを要しその証拠は公判に於て適法に証拠調をなし被告人の意見弁解を聴くか少くともその機会を与え且異議あるものには反証の機会を与えたものであることを要する」と判示した。

すなわち，本判決は，①「判決で認定する事実」は，すべて証拠によって認定することを要し，かつ，②これらの証拠は，公判廷において適法に証拠調べを行い，被告人の意見弁解を聴くかその機会を与える必要があるとしたのである。

3　かつては，違法阻却事由や責任阻却事由の存在につき（小野清一郎『犯罪構成要件の理論』(1953年) 165頁以下〔特に170頁以下〕），あるいは，犯罪の主観的要素の不存在につき（井上正治「刑法における主観的要素の証明」平場安治編『瀧川先生還暦記念・現代刑法學の課題』(1955年) 449頁以下〔特に465頁以下〕），被告人に挙証責任があるとする見解も見られた。

しかし，現在では，一般に，検察官が実質的挙証責任を負う範囲には，構成要件該当事実のみならず，違法性・有責性を基礎づける事実，処罰条件，刑の加重減免事由，量刑に関する事実も含まれるとされる。本判決も，このような立場を明らかにしたものである。

ただし，違法性・有責性を基礎づける事実，処罰条件，刑の加重減免事由，量刑に関する事実につき検察官が実質的挙証責任を負うといっても，検察官がこれらの事実の有無について常に立証を行わなければならないわけではない。構成要件該当事実の立証がなされれば，違法阻却事由や責任阻却事由は存在しないのが通常であるから，被告人側が抗弁をなさない限り，検察官から積極的に立証する必要はないと解されるからである。

4　本判決に先立ち，福岡高判昭24・9・6特報1号124頁は，「刑事訴訟法第317條には事実の認定は証拠によるとあり同法第335條第1項には有罪の言渡をするには罪となるべき事実，証拠の標目及び法令の適用を示さなければならないと規定している。しかして右法條に事実又は罪となるべき事実とは所謂犯罪事実換言すれば特別構成要件たる事実を言うのであって刑の加重減免の事由犯情に関する事情は之れに包含されていない」（句点を補った）として，「累犯加重の前提となる前科その他刑の加重事由たる事実であっても構成要件的要素（例へば結果的加重犯の場合の如く）でない限り証拠法（憲法中のそれも含めて）に所謂証拠（厳格たる制限及手続を経た）によって之を認定する必要はない」としていた。

また，本判決の後，福岡高判昭30・10・22裁特2巻20号1063頁は，「（……原判決挙示の医師……の鑑定書は検察官の申請に基き，原裁判所において同医師に被告人の精神鑑定を命じ作成報告せしめたものなるところ，原裁判所は職権を以て，しかも検察官，弁護士の同意を得ることなくこれを取り調べているから，右鑑定書は厳格な意味において証拠能力に欠くるところはあるが，元来心神耗弱の事実は罪となるべき事実に属しないから，かる書面と雖も右事実認定の証拠に供し得る……）」としていた。

もっとも，これらの2判決は，「実務においては，構成要件該当事実のほか，違法性及び有責性を基礎付ける事実（違法性阻却事由及び責任阻却事由の不存在）についても厳格な証明を要するとの考え方は確固として定着しているところであって，……現在では先例価値を失っているとみるべきであろう」（安廣・後掲346頁）と評される。

5　なお，例外的に挙証責任を被告人側が負う場合については，【119】事件参照。また，厳格な証明の対象となるべき事実の範囲については，【122】～【124】事件参照。

[参考文献]
① 河上和雄ほか編『大コンメンタール刑事訴訟法第2版〔第7巻〕』(2012年) 345頁以下〔安廣文夫〕

（亀井源太郎）

【119】 挙証責任(2)
——被告人側(名誉毀損)

東京高判昭46・2・20高刑集24巻1号97頁, 判時626号30頁
名誉毀損被告事件(昭和40年(う)第1479号)
第1審・東京地判昭40・5・22
上告審・最(一小)判昭51・3・23

● 争 点 ●

名誉毀損罪の審理で被告人が負うべき挙証責任の内容・証明の程度

1 〈事実の概略〉

被告人は弁護人として, 強盗殺人事件で起訴された被告人2名の弁護に当たっていたところ, 第1審, 第2審でともに被告人は有罪と認定され, それぞれ無期懲役および15年の刑を科され, 第2審判決に対する上告も棄却され, 事件は確定し, 弁護人として, えん罪と信ずる依頼者2名に刑の執行がされたとする状態を避けるには, 再審請求をする必要があるが, 再審請求するには広く一般社会の協力を求めて新証拠を入手し, また, 被告人が真犯人と考えていた甲への検察官等による捜査を必要とすると考え, 新聞記者等に, 甲がこの事件の真犯人であり, 自己の依頼者2名はえん罪である旨を公表し, 甲の名誉を毀損したとして, 名誉毀損で起訴された。

第1審は訴因事実を認定し, 被告人に有罪を言い渡した。これに対し, 被告人らは控訴を申し立てた。その趣意は, 刑法230条の2の適用・解釈の誤りを指摘し, 刑法230条の2にいう真実の証明があったとするには, 原判決は, 摘示事実が真実であることの蓋然性が合理的な疑いを容れない程度に証明されることを要するとし, 本件ではその程度の証明がないとして被告人らを有罪としたが, その程度までの証明の必要はなく, 摘示事実の真偽につき疑いを生じさせる程度の証明で足るというべきである。というのは, 高度の証明を求めると, 被告人側は自己の無罪を立証しえないから有罪となるという不都合を生ずるからであるというところにあった。

そのほか, 控訴趣意には, 名誉毀損が成立するには, 事実摘示が, そねみ, ねたみ, 憎悪, 敵意などからなされることを要するが, それを要しないとした原判決には法令の解釈の誤り, 事実誤認があるというものであった。

2 〈判 旨〉

控訴棄却

「(刑)法230条ノ2は, 公共の利益の上からは時に事実を摘示して人を批判する必要があり, かつ, かくすることが社会の発展に資する場合が少なくないことにかんがみ, 個人の名誉の保護と表現の自由ないし批判の自由との調和図るため」, 事実を摘示し名誉毀損行為があっても, その事実が公共の利害に関し, 目的が専ら公益を図るに出たときは, その事実の真否につき審理した結果, 実際の出来事と符号する高度の蓋然性があるとの意味で真実であるとの積極的な確信を裁判所が得たときに行為の違法性が阻却されるものと解する。摘示事実の真実性につき被告人に挙証責任が課されているといって, 直ちに証明の程度を証拠の優越の程度をもって足りるとはいえない。「せいぜい証拠の優越程度で」名誉毀損の被害者を真犯人として「事実上社会から葬り去る不当な結果を招来すること」は許されない。

本件犯行当時, 本件被害者を強盗殺人事件の犯人であると信ずるような新証拠を入手していたとは認められず, 被告人らがそう信じていたとは認められないので, 行為者が「行為の当時自己が公然摘示した事実が真実であると信じ, かつそのように信じるについて相当な事由があったと認められるときは, 行為者に故意がないことになり, 名誉毀損は成立しないと解すべきである」が, この点でも, 被告人らの名誉毀損を認めた原判決は相当であり, 論旨に理由はない。なお, 摘示にねたみ等からされたことを要するとの主張に対し, 刑法230条ノ2が公益を図る目的のある行為を付加罰にしたことから逆にねたみ等が名誉毀損の成立要件と解することはできない, と判示した。

3 〈解 説〉

1 本判決は, 刑法230条の2が, 被告人に摘示事実の真実性の証明について挙証責任を課しているか否かは別として, 事実を摘示して名誉毀損を理由に起訴された公判において,

被告人の摘示事実が，実際の出来事と符合する高度の蓋然性を有する意味で真実であるとの積極的な確信を裁判所が得ることができる場合には，行為の違法性が阻却されるとしたのが刑法230条の2の法意であるといっている。

　ここで本判決が挙証責任という概念をどう解しているかはさておいて，検察官・被告人・弁護人，それに裁判所のいずれによる採証の結果であれ，摘示事実が，社会の出来事と一致すると裁判所が確信できるほど証明されていないときには，被告人は名誉毀損につきその責に任ぜざるをえないというのであるから，被告人は，自己の行為により摘示した事実が実際の出来事と符合する高度の蓋然性を有する意味で真実であることにつき，合理的な疑いを容れない程度の立証をしなければ，無罪（判例によれば，違法性を阻却）とはされないのである。被告人が自己の無罪を立証しないかぎり，有罪とされるというのは，被告人に無罪の点につき挙証責任が課されているといい，有罪の推定で裁判がされているということに等しいのである。このことは，被告人の証明責任の程度を証拠の優越の程度に引き下げたとしても同様のことである。

　2　ところで，憲法31条が被告人に告発事実の告知・聴聞を受ける権利を保障し（【86】参照），弁護人の助力を得た，自己に有利な証拠の証拠調を受け，不利な証拠の証明力を争う権利を保障し（憲37条2・3項），刑訴法256条で訴因の形式で具体的に公訴事実を起訴状に記載し，その訴因について挙証活動・審理を行なう（同条2・3・6項）と定めているところさらに根元的には，自己負罪拒否特権を定める，憲法38条1項の定めるこれらを保障した内容の公判の裁判を受ける権利の内容は，検察官が起訴事実について証拠提出と説得の証明責任＝挙証責任を負い，その事実について検察官が合理的な疑いを容れない程度に立証しなければ，被告人は無罪となるとの無罪の仮（推）定を含むものと解される。そうすると，本判決のように，刑法230条の2の真実性の証明の挙証責任を被告人に課すことは憲法38条1項の自己負罪拒否特権を侵害するというべきであるか。

　3　だが，本裁判のいうように，被告人の身勝手で，真犯人であることが証明されていない本件被害者が犯人とされて社会的に葬られる危険を無視するなど，被害者の名誉毀損を軽々に生ぜしめてはならない。そこで本判決は，行為当時，摘示事実が真実であると被告人が信じ，そう信ずるにつき相当な事由があったときは，故意を阻却するという。ここで，被告人が軽挙して摘示事実を真実と信じ込む場合を無罪としてはよくなかろう。そこで，本判決は，被告人に挙証責任を課したというよりは，公判において社会的出来事に符合すると信ずる程度の蓋然性ありと裁判官に確信を抱かせるに足る証拠を入手しており，裁判官にそう確信させうると信じ，そう信ずることにつき相当な事由がないときには被告人には故意があるとして有罪にするのが刑法230条の2の法意と解しているとみてよく，そうすれば，公判では無罪の推定原則との牴触は生じないことになる。つまり，公判で真実性を立証しうるほどの証拠を入手するほどの周到さを欠くことを故意の要件としたものと解すればよいのである。

　4　さらに刑法230条の2の「真実にあったことの立証のあった場合」に限り，行為者を罰しないとの法の趣旨の解釈が重要である。

　通常は，犯罪事実のすべてにつき，被告人はすべて自己に不利益な主張も立証もする責任を負わない（憲38条1項）。これを無罪規定という。だが名誉毀損罪にあっては，刑法230条の2の要件につき，被告人が主張すれば，無罪とするが，それが欠ければ有罪とするのが刑法の趣旨目的だと解すると，刑法の目的に反した解釈はできず，被告人が所定の事実を立証したときに限って無罪とすることになる。これは，刑法制定の議会の犯罪の定義の定めに従うものであって，憲法38条1項とは関係しないものといえる。

　これは「大は小を含む」つまり，およそ名誉毀損は犯罪とし，真実性の証明が一定要件下になされたときに限って，犯罪としないとするのが立法者の意図だとみる立場である。

［参考文献］
① 渥美・全訂刑訴法413-417頁
② 竹内正・昭和46年度重判解147頁
③ 斉藤信治・新報96巻11・12号429頁，97巻3・4号1頁

（渥美東洋）

Ⅶ 証拠法一般原則

【120】 情況証拠による事実認定

最(三小)判平22・4・27刑集64巻3号233頁、判タ1326号137頁
殺人、現住建造物等放火被告事件(平成19年(あ)第70号)
第1審・大阪地判平17・8・3
第2審・大阪高判平18・12・15

● 争 点 ●
情況証拠による被告人の犯人性の認定

――― 1 〈事実の概略〉 ―――

被告人は、養子であるBらが居住するマンション一室で、Bの妻Cとその長男を殺害した後、同室に放火し本件マンションを焼損させたとの事実で起訴された。被告人の犯行を示す直接証拠はなく、第1審は、次のような間接事実を認定した上、各事実が相互に関連し合ってその信用性を補強し合い、推認力を高めており、結局、被告人が犯人であることが合理的疑いをいれない程度に証明されているとして被告人を無期懲役に処した。即ち、①本件マンションの犯行現場に通じる階段の踊り場の灰皿内から事件の翌日に採取されたたばこの吸い殻(以下、「本件吸い殻」という。)に付着していた唾液のDNA型が被告人のものと一致したこと、②事件当日、本件マンション近くに被告人のものと同種・同色の自動車が駐車され、また近所のバッティングセンターで被告人とよく似た人物が目撃されていたこと、③被告人はCとの間のやりとりなどをきっかけとして、Cに対して怒りを爆発させてもおかしくない状況があったこと、④被告人が事件当日の妻Eとの約束をたがえ、Cらが死亡した可能性が高い時刻ころに自らの携帯電話の電源を切っていたこと、⑤事件当日の行動について被告人の供述があいまい漠然として変遷もみられるなど全体として信用性が乏しいこと等である。原審も第1審の事実認定を概ね是認した上で、検察官の量刑不当の主張を認めて被告人を死刑に処した。

――― 2 〈判 旨〉 ―――

破棄差戻(第1審裁判所に差し戻し)
「刑事裁判における有罪の認定に当たっては、合理的な疑いを差し挟む余地のない程度の立証が必要であるところ、情況証拠によって事実認定をすべき場合であっても、直接証拠によって事実認定をする場合と比べて立証の程度に差があるわけではないが(最高裁平成19年(あ)第398号同年10月16日第一小法廷決定・刑集61巻7号677頁参照)、直接証拠がないのであるから、情況証拠によって認められる間接事実中に、被告人が犯人でないとしたならば合理的に説明することができない(あるいは、少くとも説明が極めて困難である)事実関係が含まれていることを要する」。

本件吸い殻に関するDNA型の一致が、被告人が事件当日に本件マンションに赴いたことを推認する中心的な根拠とされているところ、被告人は、以前にC夫婦に対し自らが使用していた携帯灰皿を渡したことがあり、Cがその中に入っていた本件吸い殻を本件灰皿内に捨てた可能性がある旨反論しており、本件吸い殻の変色等に照らし、その「可能性を否定した原審の判断は不合理であるといわざるを得ない」。「その上、仮に被告人が本件事件当日に本件マンションに赴いた事実が認められたとしても、認定されている他の間接事実を加えることによって、『被告人が犯人でないとしたならば合理的に説明することができない(あるいは、少くとも説明が極めて困難である)事実関係』が存在するとまでいえるか疑問がある」。「そもそも、このような第1審判決及び原判決がなされたのは、第1審が限られた間接事実のみによって被告人の有罪を認定することが可能と判断し、原審もこれを是認したことによると考えられるのであり、前記の『被告人が犯人でないとしたならば合理的に説明することができない(あるいは、少くとも説明が極めて困難である)事実関係』が存在するか否かという観点からの審理が尽くされたとはいい難い」。

――― 3 〈解 説〉 ―――

1 弾劾主義(憲法38条1項)の刑事裁判においては、訴追者たる検察官は、起訴した被告人の犯罪事実について、一から「合理的疑いを差し挟む余地のない」程度まで独力で証明

しなければならず，かかる証明がなされない限り被告人は有罪とされることはない。「合理的疑いを差し挟む余地のない」証明の意義につき，最決平19・10・16刑集61巻7号677頁（【117事件】）は，「反対事実が存在する疑いを全く残さない場合をいうものではなく，抽象的な可能性としては反対事実が存在するとの疑いをいれる余地があっても，健全な社会常識に照らして，その疑いに合理性がないと一般的に判断される場合」と判示している。

2 本件事案のように直接証拠がなく，情況証拠によって被告人を犯人と認定する場合には，より高度の証明が求められると解する向きもあったが，上記平成19年決定は，直接証拠による場合と情況証拠による場合とで求められる証明の程度は異ならないとした。これは，目撃者の犯人識別供述等を想起すれば判明するように，直接証拠が存在する場合でも補助事実や間接事実の慎重な検討が必要なときがあり，情況証拠による有罪認定の場合に限って類型的に必要な証明の程度を高めることは必ずしも合理的でないという考えに基づくものと解される。

3 さて本判決は，平成19年決定を引用しつつ，「直接証拠がないのであるから，情況証拠によって認められる間接事実中に，被告人が犯人でないとしたならば合理的に説明することができない（あるいは，少なくとも説明が極めて困難である）事実関係が含まれていることを要する」と判示しており，その意義が問われる。この点については，被告人の犯人性を推認する力がさほど高くない間接事実を数多く積み上げただけで有罪と認定されることを防ぐための保護策として，間接事実中に，被告人の犯人性を推認する「決め手」となるような個別の間接事実が存在しなければならないとする新たなルールを定立したとみる理解もある。しかし，このようなルールに対しては，そうした高度の推認力のある個別の間接事実が存在しない場合に，ある程度の推認力のある間接事実を積み重ねることにより有罪を立証する途を封ずることになり妥当でない等の批判があるほか，本判決は新たなルールを定立したものではないとみる見解が多い。即ち，上記判示は「事実」ではなく「事実関係」との文言を用いており，本判決が要求するのは，「被告人が犯人でないとしたならば合理的に説明することができない（あるいは，少なくとも説明が極めて困難である）」個別の「事実」が存在することではなく，複数の間接事実を総合したときに，そのような「事実関係」が認められることだと解しうる。そして，そのような「事実関係」が認められないということは，被告人が犯人でない＝第三者が犯人だとしても合理的な説明ができてしまうということであるから，その場合に「合理的疑いを差し挟む余地のない」証明があったといえないのは平成19年決定の下でも当然であって，本判決は新たなルールを定立するものではないと解するのである。そうすると，本判決が敢えて上記判示を行った意義が問われるが，この点は，間接事実の総合判断の名の下に，「被告人が犯人であるとすればその全てが矛盾なく説明できるが故に被告人が犯人である」というような，ややもすると事実認定者が陥りかねない不合理な事実認定を戒めようとしたものと解しうる（藤田宙靖裁判官の補足意見参照）。多数意見には，本件の限られた（しかも重要な点で不合理な認定に基づく）間接事実をもって被告人の有罪を認定しうると考えた第1審と原審にそのような不合理な事実認定の傾向が窺われたものと思われ，そのため敢えてこのような注意的な判示をするに至ったのだと考えられる。

[参考文献]
①鹿野伸二・最判解刑事篇平成22年度54頁
②原田國男・法教360号40頁
③門野博・論ジュリ7号227頁
④井上弘通・百選[第10版]140頁
⑤村岡啓一・村井敏邦先生古稀記念674頁
⑥鈴木一義・法学新報117巻5・6号237頁

（三明　翔）

Ⅶ 証拠法一般原則

【121】疫学的証明

最(一小)決昭57・5・25判時1046号15頁,判タ470号50頁
傷害致死事件(昭和52年(あ)第450号)
第1審・千葉地判昭48・4・20判時711号17頁
第2審・東京高判昭51・4・30判時851号21頁

●――― 争　点 ―――●
刑事裁判において,疫学的証明は,どのように位置づけられるか

―― 1 〈事実の概略〉 ――

被告人は医師であったが,昭和39年9月から同41年3月までの間に,前後13回にわたり,同人が勤務する病院において又は同人の親族らに対して,チフス菌又は赤痢菌を,カステラ,バナナ等に付着又は混入させたものを摂取させ,多数の被害者を腸チフス又は赤痢に感染させたとして,13の訴因について,傷害罪で起訴された。

第1審判決(千葉地判昭48・4・20判時711号17頁)は,「被告人に対する疑念がすべて一掃されたとはいえないにしても,積極的に十分な証明があったということはできない」とし,無罪判決を言い渡した。その理由は多岐にわたるが,被告人の犯行だとするには潜伏期が短すぎること,自然流行の可能性があること等が指摘されている。検察官が控訴した。

これに対し,控訴審判決(東京高判昭51・4・30判時851号21頁)は,「原判決が各訴因につき疑問とした諸点は,疫学的にも法的にも解明されたのみならず,本件各公訴事実がすべて被告人の犯行であると認められることについては,合理的な疑いをいれる余地はないといわなければならない。したがって原判決は,採証法則に違反し,あるいは証拠の価値判断を誤るなどした結果,本件13の訴因の全部について事実を誤認し,被告人に無罪を言い渡したものであり,右の誤認が判決に影響を及ぼすことは明らかであるから,原判決は破棄を免れない」とし,被告人に有罪判決を言い渡した(懲役6年)。被告人側が上告した。

―― 2 〈決定要旨〉 ――

上告棄却

最高裁は,弁護人の上告趣意は,いずれも刑訴法405条の上告理由に該たらないとして上告を棄却しつつ,職権で,詳細に,原判決の認定判断の当否について,主として第1審判決のそれと対比して検討している。紙幅の都合から,その詳細は割愛するが,①本件被害者とされている者は,すべて被告人が菌を付着若しくは混入させた物を飲食し,又は医療行為を装った被告人の行為により菌を体内に摂取した後に(第2次感染者を除く),腸チフス又は赤痢に罹患したと認定した原判決に誤認はないこと,②被告人の行為と発病との間には,潜伏期間を考慮しても因果関係があると説明し得るとした原判断に首肯し得ること,③菌を直接食品に穿刺したという被告人の司法警察員に対する自白を採用し,その方法で本件の高い発病率及び短い潜伏期の説明がつくこと,④(第1審が本件起訴事実のうちチフス菌による事件につき自然感染の疑いがあるとした点につき)すべて被告人の犯行による人為感染であるとした原判断は相当であること,等を判示した上で,括弧書きのなお書きの形で,以下のように述べた。

「(なお,所論は,原判決は疫学の法則を恣意的に解釈しており,蓋然性の程度で事実を認定しているというが,原判決は,疫学的証明があればすなわち裁判上の証明があったとしているのではなく,『疫学的証明ないし因果関係が,刑事裁判上の種々の客観的事実ないし証拠又は情況証拠によって裏付けられ,経験則に照らし合理的であると認むべき場合においては,刑事裁判上の証明があったものとして法的因果関係が成立する。』と判示し,本件各事実の因果関係の成立の認定にあたっても,右立場を貫き,疫学的な証明のほかに病理学的な証明などを用いることによって合理的な疑いをこえる確実なものとして事実を認定していることが認められるので,原判決の事実認定の方法に誤りはないというべきである。)」

―― 3 〈解　説〉 ――

1 本件において争われた点は多岐にわたるが,ここでは,各審級が疫学的証明に言及する部分について概観する。

2 第1審は以下のように述べる。

「疫学は集団現象としての疾病を研究する学問である。はじめ疾病は伝染病の範囲にかぎられていたが,その後疫学の対象は疾病多発の諸場合に拡大され,さらには災害の場合

などにまで及んでいる。ただし，本件では疫学の内容は原初的な伝染病の関係に限定して理解することで足りよう。」

「伝染病における疫学調査の目的は流行の実態を知り，その原因を探究して効果的な防疫対策を樹立することにあると考えられるが，その最も中核となるものは流行原因（とくに感染源）の追求である。その順序を系統だてていえば，（イ）まず，問題となっている流行像を的確に把握し，（ロ）これと最も相関度の高い要因を選出し，（ハ）そこから共通因子を発見して，（ニ）流行発生のメカニズム（機序）に関する仮説を設定し，ついで（ホ）実験あるいは野外調査によって仮説の験証・効果判定をする，と要約できるであろう……。要するに証拠による推理の一場合である。したがって，捜査や裁判における事実認定の作業と本質的に異るものではない。しかし，そこで専門的な視角からの検討を経た調査項目・調査順序・解析方法や確立された法則的事項は，本件のような訴訟事件の処理上貴重な準拠を与えるであろう。もっとも，疫学調査は主として自然的流行の場合を射程範囲においているので，本件のような人為的流行が問題とされ，かつ捜査の手続がとられたケースでは，それが生のままの形で活用されるわけではない」。

千葉地裁は，このように述べた上，疫学調査と刑事裁判における証明は目的が異なること（「疫学調査は，いわば『流行の攻略』が主眼であって，流行原因の確定を唯一の目的とするものではない」，「刑事裁判においては……因果関係もまた他の事実と同じく高度の蓋然性をもって立証されなければならない」），疫学調査と自白には方法の相違があること（「疫学調査の通常の例ではこの侵入経路は，いわば語られることのない沈黙の道筋であって，諸般の客観的資料から疫学を用いて追跡していく方法しかとりえない」，「人為的侵入の例では語りうる者が現実に存するから，真相発見への近道としてこの者の報告が重視される」，「したがって，自供がえられたときの裁判の事実認定は通例の疫学の手法による推理過程にとどまらない」）を指摘している。

3 これに対し，控訴審は，前掲のように述べて，「原判決が各訴因について疑問とした諸点は，疫学的にも法的にも解明された」とした。疫学的因果関係と法的因果関係については，以下のように述べている。

「当裁判所としては，疫学的な事実について，疫学的証明により因果関係が成立すると認められる場合，直ちに刑事裁判上の法的因果関係が，成立すべきであるとの，……所説には，にわかに賛同するものではないが，疫学的証明は結局情況証拠と経験則を活用して因果関係を認定していくという事実認定の一方法であるといい得るのであって，……刑事裁判においても，法的因果関係の認定上活用し得るものであると解するのを相当とする。換言すると，少くとも，疫学的証明ないし因果関係が，厳格な証明を要求される刑事裁判においても有力な情況証拠として活用されるべきものと認むべきであり，その疫学的証明ないし因果関係が，刑事裁判上の種々の客観的事実ないし証拠または情況証拠によって裏付けられ，経験則に照らし合理的であると認むべき場合においては，刑事裁判上の証明があったものとして法的因果関係が成立するということができ，有罪の認定を妨げるものではない」。

「原判決は，疫学上の証明ないし因果関係と刑事裁判上のそれとの相互の関連について，基本的には当裁判所と同一の見解に立つものと解され，その限りにおいては正当であると認められるが，本件に対する具体的適用において判断を誤ったもの」である。

4 最高裁は，前掲のように判示して，原判決の事実認定の方法を是認した。

疫学的調査等の種類によっては，①因果関係認定の前提となる科学法則そのものの精度が高い場合もあり得る。また，②ある科学上の因果法則を具体的事案に応用したとき，ある事実がある被害の原因と認められるかについても（本件ではこの点が争点となったと考えられるが），精度が高い場合があり得る。本決定は，「疫学的な証明のほかに病理学的な証明などを用いることによって合理的な疑いをこえる確実なものとして事実を認定」した事案だが，前述①・②いずれも精度が高いと認められる場合について，疫学的証明から直ちに因果関係を認め得るかは，残された問題であろう（植村・後掲147頁は，このような場合に因果関係を認めても，本件判旨に反しないとする。なお，指宿・後掲160頁以下参照）。

[参考文献]
① 後藤昭「判批」昭和57年度重判解186頁以下
② 植村立郎「判批」百選［第6版］146頁以下
③ 指宿信「判批」百選［第8版］160頁以下

（亀井源太郎）

VII 証拠法一般原則

【122】厳格な証明(1)
——共謀

最(大)判昭33・5・28刑集12巻8号1718頁，判時150号6頁
傷害致死暴行暴力行為等処罰ニ関スル法律違反窃盗各被
告事件(昭和29年(あ)第1056号)
第1審・東京地判昭28・4・14刑集12巻8号1797頁参照
第2審・東京高判昭28・12・26刑集12巻8号1809頁参照

● 争 点 ●

共謀共同正犯における「共謀」または「謀議」は，厳格な証明の対象となるか

1〈事実の概略〉

本件（いわゆる練馬事件）は，A社における争議行為をめぐって労働組合（第1組合及び第2組合）間に対立が存した（第1組合は賃金値上げ等を要求して罷業状態を継続していたが，第2組合はこれに反対の態度をとった）ところ，第1組合員が第2組合員を傷害した事件を取り扱ったB巡査に対して，第1組合員らが強い反感を抱くに至ったという情勢のもとに生じた，傷害致死等被告事件である。

第1審（東京地判昭28・4・14刑集12巻8号1797頁参照）で認定された罪となるべき事実は複数存するが，B巡査を殴打して死亡するに至らしめた傷害致死等被告事件については，大要，被告人ら10名は，Bを襲撃する旨，順次共謀し，うち8名は，他の数名とともに，Bを路上に誘い出し，同人の頭部等を古鉄管等で乱打して，後頭部等に頭蓋骨骨折等の創傷を負わせ，よって同人をして脳挫傷により死亡させたというものであった。

控訴審（東京高判昭28・12・26前掲刑集1809頁参照）が，当事者双方の控訴を棄却したため，被告人側が上告した。

上告理由は多岐にわたるが，証明の方法との関係では，控訴審が「共謀に基く犯罪行為において，その共謀自体に関する事実，即ち何時何処で如何なる内容の謀議がなされたかと言う点は本来の『罪となるべき事実』には属さないのであるから，共謀即ち犯行謀議者間における犯行についての意思の連絡ができたことが認定判示され，且つそれが挙示の証拠によって認められる以上，共謀についての具体的事実関係即ちその共謀が何時如何にしてなされ，その内容が如何なるものであったかと言う点については必ずしも逐一これを認定判示し，且つ証拠によってこれを認めた理由を説示することを要するものではなく，又この点に関する具体的事実の認定に多少の誤認があり又は証拠の説示に多少の瑕疵があってもこの一事を以て直ちに判決に影響を及ぼすべき事実誤認又は理由の不備となすに足りないものと解すべきであ」ると判示したことにつき，論難したものである。

2〈判 旨〉

上告棄却

本判決は，「共謀共同正犯が成立するには，2人以上の者が，特定の犯罪を行うため，共同意思の下に一体となって互に他人の行為を利用し，各自の意思を実行に移すことを内容とする謀議をなし，よって犯罪を実行した事実が認められなければならない。したがって右のような関係において共謀に参加した事実が認められる以上，直接実行行為に関与しない者でも，他人の行為をいわば自己の手段として犯罪を行ったという意味において，その間刑責の成立に差異を生ずると解すべき理由はない。さればこの関係において実行行為に直接関与したかどうか，その分担または役割のいかんは右共犯の刑責じたいの成立を左右するものではないと解するを相当とする」として，共謀共同正犯概念を肯定した上で，以下のように判示した。

「ここにいう『共謀』または『謀議』は，共謀共同正犯における『罪となるべき事実』にほかならないから，これを認めるためには厳格な証明によらなければならないこというまでもない〔①〕。しかし『共謀』の事実が厳格な証明によって認められ，その証拠が判決に挙示されている以上，共謀の判示は，前示の趣旨において成立したことが明らかにされれば足り，さらに進んで，謀議の行われた日時，場所またはその内容の詳細，すなわち実行の方法，各人の行為の分担役割等についていちいち具体的に判示することを要するものではない〔②〕。

244

以上示する趣旨にかんがみ原判決のこの点に関する判文全体を精読するときは，原判決がたまたま冒頭に共謀は『本来の罪となるべき事実に属さないから……』と判示したのは，その後段の説示と対照し，ひっきょう前示の趣旨において，共謀はくわしい判示を必要とする事項かどうかを明らかにしたに止るものと解すべく，原判決は結局において正当であって違法はない。また共謀共同正犯を以上のように解することはなんら憲法31条に反するものではなく，したがってこの見解に立って本件被告人の罪科を認定した原判決になんら同条の違反はない」（丸数字引用者）。

なお，6人の裁判官による少数意見がある（ただし，共犯者の供述に補強証拠を要するとするものである）。

3 〈解 説〉

1 刑訴法317条は，「事実の認定は，証拠による」と規定する。そして，同条は，一般に，厳格な証明（証拠能力があり，適式な証拠調べを経た証拠による証明）を要求しているものと理解されている。

「厳格な証明」と「自由な証明」というドイツ由来の対概念は，わが国でも旧刑事訴訟法の時代以来講学上用いられてきたが，本判決が「厳格な証明」という概念を用いたことは，この対概念が実務上も定着したことを示していると評価することもできよう（安廣・後掲335頁以下参照。ちなみに，最高裁として初めてこの文言を用いたのは，最決昭26・3・8刑集5巻4号492頁であろう）。

2 本判決は前掲のように，①一方で共謀が厳格な証明の対象であることを明らかにし，②他方で「共謀の判示は，前示の趣旨において成立したことが明らかにされれば足り，……謀議の行われた日時，場所またはその内容の詳細……についていちいち具体的に判示することを要するものではない」としたものである。

3 犯罪事実（公訴犯罪事実）の認定に，厳格な証明を要することについては，異論がない。本判決の①の部分も，このような理解を前提に，「共謀」または「謀議」を認定するについては，厳格な証明を要することを確認したものである（なお，最判昭34・8・10刑集13巻9号1419頁参照）。

4 ②の判示については，強い批判もある。

たとえば，「殊に，証拠関係が複雑な場合には，起訴状または判決に，或る程度具体的に共謀または謀議の日時，場所および方法が示されていなければ，何を以ってそれを共謀共同正犯における共謀または謀議としたのか，あるいは，果して，それが共謀共同正犯における共謀または謀議に当るか，どうかの判断すら，できないのではあるまいか」として，「起訴状の公訴事実と判決理由中の事実摘示には，できるだけ，共謀の日時，場所及び方法を記載し，或る程度これを具体的に示すことが，人権保障という見地から，是非，必要なこと」とする指摘（龍岡資久「共謀共同正犯に関する諸問題」植松正＝下村康正＝団藤重光＝西原春夫『齊藤金作博士還暦祝賀現代の共犯理論』（1964年）225頁以下）や，「証拠上共謀の存在は認められるが，共謀の形成過程は不明の場合」も「共謀の存在によって共謀者を心理的幇助とすることは許され」るが，「この場合の共謀は共犯性を基礎づけるものでしかない」とする指摘（西田典之「共謀共同正犯について」内藤謙ほか『平野龍一先生古稀祝賀論文集（上）』（1990年）377頁）がそれである。

もっとも，判例も共謀の具体的認定の必要性を掲げて共謀共同正犯の成立を合理的な範囲に限定しようとしていることには，留意すべきであろう。たとえば，朝霞駐屯地自衛官殺害事件控訴審判決（東京高判昭52・6・30判時886号104頁）や大麻密輸入に際し実行担当者を紹介し資金提供した者を共謀共同正犯とした最決昭57・7・16刑集36巻6号695頁は，謀議の内容とその意義を具体的に立証することを要求しているのである。

[参考文献]
① 大コメ2版7巻334頁以下〔安廣文夫〕
② 亀井源太郎『正犯と共犯を区別するということ』（2005年）161頁以下
③ 亀井源太郎「共謀概念と刑事手続」研修766号（2012年）3頁以下

（亀井源太郎）

Ⅶ 証拠法一般原則

【123】 厳格な証明(2)
――累犯前科

最(大)決昭33・2・26刑集12巻2号316頁，判時142号9頁
住居侵入窃盗未遂被告事件(昭和32年(あ)第1029号)
第1審・金沢簡判昭31・10・20刑集12巻2号328頁参照
第2審・名古屋高金沢支判昭32・3・30刑集12巻2号330頁参照

●争　点●

累犯前科の存在を認定する際，厳格な証明によることを要するか

1 〈事実の概要〉

被告人は，第1審(金沢簡判昭31・10・20刑集12巻2号328頁参照)において，住居侵入窃盗未遂被告事件について，懲役8月の有罪判決を言い渡された。金沢簡裁は，刑法56条・同57条による再犯加重を行うに際し，「被告人は昭和25年2月22日横須賀簡易裁判所で窃盗罪により懲役1年6月に処せられ本件犯行前その刑の執行を終ったものである」との事実を認定し，また，証拠の標目に「被告人の前科調書の記載」を掲げていた。これに対し，被告人側が控訴した。

控訴審(名古屋高金沢支判昭32・3・30前掲刑集330頁参照)は，職権により調査の上，「本件犯行は刑の執行を受け終った日から5年後の犯行であることが明らかである従って本件犯行は前記前科の累犯とならない」から，原判決には判決に影響を及ぼす事実誤認があるとして，原判決を破棄し，さらに以下のように述べ，自判した。

「被告人は昭和23年10月26日横須賀簡易裁判所で窃盗罪により懲役1年，3年間刑執行猶予(昭和25年5月25日右執行猶予の言渡取消，……昭和27年4月27日刑の執行終了)に昭和27年7月9日同裁判所で窃盗罪により懲役1年6月(未決通算30日)に処せられ該判決は昭和27年7月24日確定し刑の終期は昭和28年12月10日なることが原審で取調べた被告人の前科調書被告人の指紋照会回答書及び当裁判所の照会による横須賀区検察庁より名古屋高等検察庁宛電信の訳文書及び被告人の前科調書により認められる」。

「被告人には前記前科があるので同法第56条，第57条，第59条により累犯加重をなした刑期範囲内で被告人を懲役8月に処する」。

被告人側が上告した。その上告趣意は，控訴審が被告人の前科認定の証拠とした電信の訳文書及び被告人の前科調書は，いずれも，原審において，刑事訴訟法305条2項による取調がなされていない等とするものであった。

2 〈決定要旨〉

上告棄却

最高裁は，以下のように判示して，原判決には適法な証拠調べをしない証拠を前科認定の資料とした違法があるが，本件においては原判決を破棄しなければ著しく正義に反するとは認められないとした。

「職権によって調査すると，原審が被告人の前科認定の証拠とした所論電信の訳文書及び被告人の前科調書は，いずれも，原審において，刑訴305条2項による取調がなされていないことは，所論のとおりである。

思うに，累犯加重の理由となる前科は，刑訴335条にいわゆる『罪となるべき事実』ではないが，かかる前科の事実は，刑の法定加重の理由となる事実であって，実質において犯罪構成事実に準ずるものであるから，これを認定するには，証拠によらなければならないことは勿論，これが証拠書類は刑訴305条による取調をなすことを要するものと解すべきである。従って，原審が適法な証拠調をしない証拠を前科認定の資料としたことは，違法である」。

しかし，「原審は前科認定の証拠として，右書類のほかに，第1審で適法に証拠調のなされている被告人の指紋照会回答書をも，引用しており，右回答書によれば原審が累犯加重の理由であるとした前科のうち，昭和27年7月9日被告人が横須賀簡易裁判所において窃盗罪により，懲役1年6月に処せられた事実が認められ，記録によればこれのみでも，被告人に対し再犯による刑の加重をなし得るものである。そして3犯による刑の加重も，再犯による刑の加重も，その加重の法律上の限度は同じであり，原判決に前記の如き違法があっても，本件においては原判決を破棄しなければ著しく正義に反するとは認められない」。

なお，3人の裁判官による補足意見がある。このうち，真野毅裁判官による補足意見は，本決定以前の判例(大判昭3・1・28刑集7巻33頁，最判昭23・3・30刑集2巻3号277頁，最(大)判昭24・5・18刑集3巻6号734頁)が前科について罪となるべき事実ではないから厳格な証明に

よることを要しないとしていたところ，「本件多数意見の考え方は，前記の諸判例または少くともその趣旨に反」すること，「前記の諸判例は，……旧刑訴法の解釈としてなされたものであるから，本件の多数意見は，厳正な意味において判例の変更ということはできないにしても，実質的にはそういい得るほどの重要性をもっている」ことを指摘している。

3 〈解 説〉

1 本決定は，累犯前科は，「刑訴335条にいわゆる『罪となるべき事実』ではないが，かかる前科の事実は，刑の法定加重の理由となる事実であって，実質において犯罪構成事実に準ずるものである」から，その存在を認定するには，「証拠によらなければならないことは勿論，これが証拠書類は刑訴305条による取調をなすことを要する」としたものである。

2 一般に，犯罪事実の認定には厳格な証明が必要とされる。

本件で問題となった累犯前科は，法律上刑の加重減免の事由となる事実である。もっとも，常習賭博罪における常習性のように，それ自体が構成要件要素となっている場合と，累犯前科のように，それ自体は構成要件要素となっていない場合がある（累犯加重の場合，たとえば，窃盗罪が成立した上で，刑法56条以下の規定により加重される構造になっている）。

このため，本件で問題となった累犯前科は，犯罪事実に含まれるとは，直ちには言い難い。本件最高裁も，前掲のように，「『罪となるべき事実』ではない」としている。

3 このような性質を有する累犯前科につき，「刑の加重事由としての累犯前科（刑56条・57条・59条）は，その有無によって処断刑の範囲に違いをもたらし，『実質において犯罪構成事実に準ずるものであるから』厳格な証明を要する」とし，「〔本決定〕も，その趣旨に解される」とする見解がある（三井誠『刑事手続法Ⅲ』(2004年) 27頁以下）。

このような立場からは，本決定は，最判昭23・3・30刑集2巻3号277頁を，事実上変更するものと理解されることとなろう（最高裁昭和23年判決は，「前科の事実は刑事訴訟法第360条第1項の『罪トナルベキ事実』ではないのであるから，必しも公判廷で証拠調を経た証拠により，これを認定するを要しない」とし，累犯加重をなすにあたって，公判廷において取り調べられなかった前科調書を証拠として掲げた原判決には，違法がないとした。ただし，被告人が公判廷で自らの前科につき詳細に供述している事案である）。

4 これに対し，累犯前科は，犯罪事実そのものではない上，重要性の点でも犯罪事実ほどではないとして，その存在については厳格な証明を要せず，自由な証明で足りるとする見解も有力である。

また，本決定は，「適式な証拠調べもしていない前科調書等で累犯前科を認定した原審の措置を違法としているだけであって，累犯前科を認定するには，その証拠を適式に取り調べる必要があることを明らかにしているにすぎず，その証拠に証拠能力まで必要とする趣旨か否かは判然としない（通説的見解に立つ論者の中には，厳格な証明を要求する旨判示したものと理解する向きもあるが，判例の読み方としては無理というべきであろう）」（安廣・後掲359頁）とする指摘もある。

5 なお，渥美・後掲143頁は，「特定の証明対象につき，厳格な証明によることを要求するのは，事実の認定につき裁判官の裁量を排し，保障機能を発揮せしめたるもの」であるところ，「刑法56条は，累犯前科による加重について，裁判官に裁量の余地を残していない」こと，「被告人にとっては……量刑も……重大関心事であり，量刑事由が法定加重事由たる場合には，いっそう，保障機能の要求は大きくなることを」を指摘して，累犯前科の認定も厳格な証明による必要がある，との立場に拠りつつ，本決定の立場について，以下のように述べ，累犯前科につき，厳格な証明によるのではなく，適法な証拠調べを経た証拠によることを求めたものである，としている。

すなわち，本決定は，「累犯前科は，犯罪構成要件事実に準ずるものであるが，若干の相違があり，また他方，単なる量刑資料たる事実とも異なっているとして，その認定には適法な証拠調べを経た証拠によることを要するとしているとも理解される」，本決定が，「この事実の認定は『証拠』によることを求めているが，『証拠能力ある証拠』によることまで求めることは明言していないので，そのように解するのが正しいと思う」，と。

[参考文献]
① 渥美東洋「判批」百選［第3版］142頁以下
② 岡次郎「刑事判決において認定すべき事実と自由な証明」判タ452号（1981年）35頁以下
③ 大コメ2版7巻358頁以下〔安廣文夫〕

（亀井源太郎）

Ⅶ 証拠法一般原則

【124】 自由な証明（量刑資料）

最（一小）判昭25・10・5 刑集4巻10号1875頁
強盗殺人被告事件（昭和25年（あ）第1169号）
第1審・静岡地沼津支判　第2審・東京高判

● 争　点 ●
情状に関する事実を認定する手続は、どのような形式によるべきか

■ 1 〈事実の概要〉

被告人は，第1審判決において強盗殺人罪の罪で死刑を受けた。原判決も，「犯罪その他諸般の情状を検討し特に本件の犯行の手段が極めて残酷であり且つ其結果の社会に及ぼす影響も亦甚大である点を考へるときは所論の事情を斟酌してもなお原判決の刑の量定はけだし已むを得ない」として，控訴を棄却した。

これに対して，弁護人は，次のとおり，主張して上告を申し立てた。

「原判決は法律に定むる手続によらずして被告人に刑罰を科したる憲法違反がある。原判決は原審弁護人○○及被告本人より提出したる控訴趣意書にそれぞれ第一審判決の量刑不当を記載したに対し『しかし所論にかんがみ記録を精査し更に当審に於て取調べた証拠をも参照して本件の犯罪その他諸般の情状を検討し特に本件の犯行の手段が極めて残酷であり且つ其結果の社会に及ぼす影響も亦甚大である点を考へるときは所論の事情を斟酌してもなお原判決の刑の量定はけだし已むを得ないものと云うべく云々』と判示して控訴を棄却したのである。

然し謂う所の『其結果の社会に及ぼす影響も亦甚大である点』と云うのは如何なる証拠に基き之を認定したるや原判決は記録を精査しと云つて居るのであるが第1審の記録には社会に及ぼす影響の甚大なるを認めるべき証拠は何一つ無いのである。又原審に於て取調べたる証拠を検討しても同様である故に原判決の此の『社会に及ぼす影響も亦甚大なる点』と云う事実は何等証拠なきものである凡そ事実の認定は証拠によるべきもので此に

『社会に及ぼす影響も亦甚大なる点』と云うのは情状を重しとする事実であつて量刑の問題であるから犯罪構成要件に該当する具体的事実の如く厳格なる証拠能力ある証拠により証明する必要なしとするも尚ほ所謂自由なる証明と云う程度の証拠を必要とするものたるは判例の存する所である（昭和23年（れ）第1414号判例）。

本件は普通の強盗殺人事件である帝人事件と云うが如き天下の耳目を聳動せしめたと云う事件ではないのである何によりて『其の結果の社会に及ぼす影響も亦甚大なり』と云うや公知の事実として証明を要せざるものではないのであつて『特に其の結果の社会に及ぼす影響も亦甚大なり』と認定するには其の特段なる事実を挙げて立証しなければならないのであつて原判決は判例と相反するものである，単なる措辞の問題として看過さるべきものではない。

何を以てか原判決は憲法違反なりと謂うや，答へて曰く『何人も法律の定める手続によらなければ生命若くは自由を奪はれ又はその他の刑罰を科せられない』とは憲法第31条の定むる所であるが，其の法律の定むる手続なるものは事実の認定は証拠によるべきものたるに拘らず原判決は証拠に基かずして事実を認定したるが故である。而して此の判例と相反する判断は情状を重しとし控訴を棄却したる基礎となりたるものであるから其の判決に影響するものたるや明である。其の憲法違反も亦然り。」

■ 2 〈判　旨〉

「刑の量定に関する事項については記録上これを認むべき証拠あるを以て足り訴訟法上証拠を掲げてこれを説明するを要するものでないばかりでなく，所論適示の原判決の説示は，第1審判決の確定した事実に照し当然推論し得られる事柄であつて，所論引用の判例に毫も反するところはない。」

3 〈解　説〉

わが国では，法定刑が極めて幅広く，量刑事情も様々な要素から判断されているため，「証拠によってこれを認めた理由を具体的に判示することは，実務上無理である」とされ（熊谷28-29頁），また刑事訴訟法上の厳格な証明を求めると被告人に却って不利な結果をもたらしかねない。本件は，この量刑に関する証明方法が問題となったものである。

弁護人が引用する最判昭24・2・22刑集3巻2号221頁は，量刑事情の立証について，「刑の執行を猶予すべき情状の有無に関する理由は判決にその判断を示すことを要する事項ではなく，またその証拠理由を示す必要もないところであるが，刑の執行を猶予すべき情状の有無と雖も，必ず適法なる証拠にもとずいて，判断しなければならぬことは所論のとおりである。ただこの情状に属する事項の判断については，犯罪を構成する事実に関する判断と異り，必ずしも刑事訴訟法に定められた一定の法式に従い証拠調を経た証拠にのみよる必要はない」ことを示したものである。また最判昭27・12・27刑集6巻12号15頁も，量刑事情として，公判結審後に名古屋高等検察庁から送付された前科調書により前科を認定した原審について，「所論の資料は単なる量刑判断に用いたものであつて罪となるべき事実認定の証拠ではないから厳格な証拠調手続を履践することを要しない」と判示し，必ずしも厳格な証拠調手続による必要がないとしている。

これらの事例をみると，量刑事情は，判例上，証拠に基づいて認定する必要はあるものの，その証拠は罪となるべき事実を認定する場合とは異なり，一定の法式に従っていれば，証拠調を経た証拠以外のものが含まれてもよく，また必ずしも証拠理由を示さなくてもよいということになろう（講学上，このような刑事訴訟法上の厳格な証明によらないものを自由な証明という）。このことは，量刑に関する上記の事情に照らせばやむを得ない部分があることも否定できない。ただ，自由な証明といっても，どんな方法でも許されるというものではもちろんない。特に，量刑は，争点によっては，被告人にとって有罪，無罪に匹敵する重要な事柄になる場合がある。このような場合には，認定する事実について十分な防御の機会が与えられなければならないであろう。自由な証明といえども，争点等によっては厳格な証明に近い立証が求められるのである（このことを指して，「適正な証明」という見解もある）。

もっとも，本件における弁護人の主張は，「社会に及ぼす影響も亦甚大なる」旨の認定が「適法なる証拠」にもとづいていないというものであった。本件は，この点について，他の事実から「当然推論し得られる事柄」としたものである。その意味では，先例として意味のある部分は，情状に関する事項が「訴訟法上証拠を掲げてこれを説明するを要するものでない」という点にあろう。

[参考文献]
① 熊谷弘「量刑の事情」証拠法大系Ⅰ（1970年）

（丸橋昌太郎）

Ⅶ 証拠法一般原則

【125】証明の程度

最(一小)判昭48・12・13判時725号104頁
現住建造物等放火被告事件(昭和45年(あ)第66号)
第1審・甲府地判昭44・1・29
第2審・東京高判昭44・11・20

● 争 点 ●

情況証拠による立証は、どの程度のものが求められるか

1 〈事実の概要〉

本件は、直接証拠がない現住建造物等放火事件である。原審は、「(1)本件放火の犯人は被告人方内部の者と認められること、(2)出火当時、被告人方にいた他の者については犯行の嫌疑が認められないから、残るのは被告人だけに絞られること、(3)ところが、被告人には、放火の動機となりうるものとして、(イ)当時既に改築することに決っていた本件家屋に出火の前々日に200万円の火災保険をかけたこと、(ロ)昭和42年2月以降被告人方付近で発生した三回の火災につき被告人またはその弟五郎の犯行ではないかとの風評が流布されていたので、被告人がこれを思い悩んでいたこと、などの諸事情が存し、さらに、被告人を犯人と疑うべき事情として、(イ)出火の前日頃、被告人は着物一揃を右五郎方に預けたこと、(ロ)出火当日の就寝にさいしての被告人の服装と出火後の被告人の行動について奇異に感じられる点があったこと」等の情況証拠によって被告人の犯人性を認定した。

これに対して、被告人は、控訴した。

2 〈判 旨〉

本判決は、各間接事実について反対事実が存在する可能性を指摘した上で、次のように判示して、被告人に無罪を言い渡した。

「『疑わしきは被告人の利益に』という原則は、刑事裁判における鉄則であることはいうまでもないが、事実認定の困難な問題の解決について、決断力を欠き安易な懐疑に逃避するようなことがあれば、それは、この原則の濫用であるといわなければならない。そして、このことは、情況証拠によって要証事実を推断する場合でも、なんら異なるところがない。けだし、情況証拠によって要証事実を推断する場合に、いささか疑惑が残るとして犯罪の証明がないとするならば、情況証拠による犯罪事実の認定は、およそ、不可能といわなければならないからである。ところで、裁判上の事実認定は、自然科学の世界におけるそれとは異なり、相対的な歴史的真実を探究する作業なのであるから、刑事裁判において『犯罪の証明がある』ということは『高度の蓋然性』が認められる場合をいうものと解される。しかし、『蓋然性』は、反対事実の存在の可能性を否定するものではないのであるから、思考上の単なる蓋然性に安住するならば、思わぬ誤判におちいる危険のあることに戒心しなければならない。したがって、右にいう『高度の蓋然性』とは、反対事実の存在の可能性を許さないほどの確実性を志向したうえでの『犯罪の証明は十分』であるという確信的な判断に基づくものでなければならない。この理は、本件の場合のように、もっぱら情況証拠による間接事実から推論して、犯罪事実を認定する場合においては、より一層強調されなければならない。ところで、本件の証拠関係にそくしてみるに、前記のように本件放火の態様が起訴状にいう犯行の動機にそぐわないものがあるうえに、原判決が挙示するもろもろの間接事実は、既に検討したように、これを総合しても被告人の犯罪事実を認定するには、なお、相当程度の疑問の余地が残されているのである。換言すれば、被告人が争わない前記間接事実をそのままうけいれるとしても、証明力が薄いかまたは十分でない情況証拠を量的に積み重ねるだけであって、それによってその証明力が質的に増大するものではないのであるから、起訴にかかる犯罪事実と被告人との結びつきは、いまだ十分であるとすることはできず、被告人を本件放火の犯人と断定する推断の過程には合理性を欠くものがあるといわなければならない。」

3 〈解 説〉

刑事裁判では、原則として、すべての挙証責任を検察官が負う。そして、検察官は、合理的疑いを超える程度に罪となるべき事実を立証しなければならない。本件は、情況証拠による立証において合理的疑いを超える程度

とは何かが問題となったものである。

最判昭23・8・5刑集2巻9号1123頁は，刑事訴訟法上の証明について，「元来訴訟上の証明は，自然科学者の用ひるような実験に基くいわゆる論理的証明ではなくして，いわゆる歴史的証明である。論理的証明は『真実』そのものを目標とするに反し，歴史的証明は『真実の高度な蓋然性』をもつて満足する」としている。本件は，この「高度な蓋然性」をさらに「反対事実の存在の可能性を許さないほどの確実性を志向したうえでの『犯罪の証明は十分』であるという確信的な判断」と表現したものである。もっとも，反対事実が存在する可能性があれば，常に証明不十分となるわけではない。最決平19・10・16刑集61巻7号677頁は，「合理的な疑いを差し挟む余地がないというのは，反対事実が存在する疑いを全く残さない場合をいうものではなく，抽象的な可能性としては反対事実が存在するとの疑いをいれる余地があっても，健全な社会常識に照らして，その疑いに合理性がないと一般的に判断される場合には，有罪認定を可能とする趣旨」としている。つまり，反対事実の存在は，必ずしも証拠に基づく必要はないが，当該推論に疑いを抱かせる程度の合理性を有していることが求められているといえよう。

このことは間接事実を積み重ねて行う立証（情況証拠による立証）についても同様に当てはまる。情況証拠による立証も，全体として合理的疑いを超える程度でなければならないことは当然である（「より一層強調されなければならない」という本件の表現は，「より高度の証明が求められる」という趣旨ではなく，「より注意しなければならない」という趣旨で理解するべきである）。問題は，間接事実それぞれについて同程度の証明が必要かという点であるが，事実上，間接事実についてそれぞれ合理的疑いを超える程度の立証がなされていなければ，そのような立証をいくら「量的」に積み重ねても合理的疑いを超える証明は難しいように思われる。したがって，間接事実の立証は，事実上，それ自体として合理的疑いを超える程度に立証されていることが求められよう。

もっとも最判平22・4・27刑集64巻3号233頁は，一般論としては，平成19年判例と同様に，直接証拠による事実認定と情況証拠による事実認定の立証の程度に差があるわけではないとした上で，「直接証拠がないのであるから，情況証拠によって認められる間接事実中に，被告人が犯人でないとしたならば合理的に説明することができない（あるいは，少なくとも説明が極めて困難である）事実関係が含まれていることを要するものというべきである」と判示している。この趣旨について，間接事実の証明に一定の制限をかけるものと理解する見解もある（中川・後掲211頁）が，「『被告人が犯人であるとすればこれらの情況証拠が合理的に説明できる』ということのみで有罪の心証を固めてしまう恐れがあることに対して，……警笛をならそうとした」ものと理解されるべきであろう（鹿野・後掲80頁，井上・後掲142頁）。

原審は，(1)内部の者の犯行であること，(2)被告人に動機があることなどを情況証拠として挙げて，被告人の犯人性を認定した。これに対して，本件は，(1)の点について，戸締りがしてあったと認められるものの外部の者が絶対に侵入できないと断定することはできないということ，放火の場所，材料，方法等の間接事実から本件火災を内部の者の放火によるものと断定できないということを指摘し，また(2)の点について，直前に加入した保険金額が，放火された家屋その他の動産価値を下回ること，風評に思い悩んでいたということに疑問が残ることなどの反対事実の可能性を指摘した。確かに，これらの反対事実の指摘は，当該推論に疑問を呈する合理性を有しており，このような反対事実の可能性が存在する間接事実をいくら量的に積み重ねても，「『犯罪の証明は十分』であるという確信的な判断」には至らないというべきであろう。

［参考文献］
① 井戸田侃「証明の程度」証拠法大系Ⅰ217頁
② 稗田雅洋・刑事訴訟法判例百選（10版）
③ 松田俊哉・判解刑事篇平成19年度415頁
④ 中野目善則・判例時報2048号174頁
⑤ 井上弘道・刑事訴訟法判例百選（10版）
⑥ 鹿野伸二・判解刑事篇平成22年度54頁（平成22年判例調査官解説）
⑦ 中川孝博・速報判例解説（法学セミナー増刊）8号209頁

（丸橋昌太郎）

Ⅶ 証拠法一般原則

【126】公知の事実

最(三小)決昭41・6・10刑集20巻5号365頁，判時453号79頁
道路交通法違反被告事件(昭和39年(あ)第2386号)
第1審・新宿簡判昭38・12・27
第2審・東京高判昭39・10・14

● 争　点 ●
公知の事実の認定における証拠の要否

1 〈事実の概略〉

　本件公訴事実は被告人は昭和38年3月23日午後10時35分頃，東京都公安委員会が道路標識によって，最高速度40キロメートル毎時と定めた新宿区新宿1丁目64番地附近道路において上記最高速度をこえる62キロメートル毎時で，普通乗用自動車を運転したものであるというにある。第1審裁判所は，M以下3人の証人の公判廷における各供述ならびにM作成の同年月日付記録用紙(速度)の記載および同人作成の速度記録テープを総合して考えると前記日時場所において，時速62キロメートルにて走行した普通乗用自動車が第2信号係(測定係)地点を通過した後転回逃走した事実は認めうるが，その自動車が被告人運転の自動車であったか否かの点につき遂に心証を得難いので，結局本件は犯罪の証明がないとして無罪の判決をした。
　そこで，検察官が原判決は証拠の取捨選択を誤った結果事実を誤認したものであるから破棄を免れないとして控訴した。控訴審では，公訴事実と同一の事実を十分に認定することができるとして原判決を破棄し被告人を12,000円の罰金に処した。これに対し被告人が，原判決は「東京都公安委員会が道路標識によって，最高速度を40キロメートル毎時と定めた」と判示しているが，原審ならびに第1審において取り調べた証拠のなかには，最高速度を40キロメートル毎時と定めた道路標識について何ら触れるものがない。どこにある道路標識なのか確立するよすがらない。しかるに原判決は道路標識の存在を認定しており，したがって何ら証拠に基づかず判示したものであって，証拠裁判主義は，憲法31条適正手続の内容をなすことは明白であるから原判決は憲法31条に違反すると上告した。

2 〈決定要旨〉

上告棄却
　「上告趣意中憲法31条違反をいう点は，実質は単なる訴訟法違反の主張であり(東京都内においては，東京都道路交通規則——原判決の法令適用欄に東京都道路規則とあるのは誤記と認める——6条により，原則として普通自動車の最高速度が40キロメートル毎時と定められており，右規制が東京都公安委員会の設置する道路標識によって行われていることは，公知の事実ということができるから，その認定につき，必ずしも証拠を要しないと解すべきである。)，その余は事実誤認の主張であって，刑訴405条の上告理由に当らない。」

3 〈解　説〉

　1 「事実の認定は証拠による」とは当然のことではあるが，刑事事件においては，とくにその要請は強いものがある。336条は「被告事件について犯罪の証明がないときは無罪の言渡をしなければならない。」と定め，公判において，公訴提起された事件について，検察官側の立証が法の要求する程度まで達しているとは認められない場合，つまり「犯罪の証明のないとき」は無罪の判決を言い渡すべきことにして，検察官側に起訴事実についての立証義務，挙証責任のあることを明らかにしている(憲38条1項)。

　2 ところで，裁判，とりわけ刑事裁判は，裁判官や事実認定者の不合理，恣意的な，誤った認定を避けることも一つの目的として，公開であることを求められている(憲37条1項)。公開裁判を受ける権利は被告人の権利として保障されているのである。

　3 さて，このように，起訴状に訴因の形式で具体的に日時，場所，方法を明示して，公訴事実の記載が求められるのは，被告人側の充実した防禦上のダイヤローグが保障されても，それを抑えて，検察側が，その公訴事実を，公開の法廷で，通常人が合理的な疑いを

容れない程度まで立証したことが明らかにされるようにとのねらいを実現しようとするからでもある。

4 そこで，刑事事件では，できるだけ，犯罪を支える事実はすべて，検察側が前提の要請を充足させる程度まで立証することを求められ，被告人側は，犯罪を支える事実のすべてについて，防禦し，反対立証をし，合理的な疑いを挟む機会を与えられていなければならないことになる。この保障を否定すれば，証明が欠けているのに犯罪が成立していて，被告人は有罪だとされることになり，弾劾主義に反し被告人の裁判を受ける権利も否定されることになってしまうのである（憲38条1項参照）。

5 ただ，公開の法廷において，検察側に立証させたとしても，事実認定によって何の寄与もない場合には証明をはぶくことが肯定されるのである。その一つが，本件で問題になった「公知の事実」である。このほかに，裁判所に顕著な事実がある。たとえば，裁判所構内の模様が証明対象になった場合，裁判官はそれについて，検察官の立証を待つまでもなく十分に知悉しているのであるから，検察官の証明がなくても，裁判官は事実を認定しうるという関係にある。

だが，ここで問題になるのは，公開の法廷において，検察官に犯罪成立要件事実等の挙証責任を課すのは，恣意的な「証明」，事実認定から被告人を擁護するためであるので，この趣旨からいえば，裁判所に顕著な事実であれ，一般人が十分に納得のいく程度の手続と程度の証明手続が保障されていなければならないといえよう。

これに対して，通常人が日常の社会生活上通常の知識と経験をもっていれば，当然証明されたものとして疑わず，具体的に法廷で立証活動を展開しなくても，恣意的な判断を下したとは思われない事実があり，それを公知の事実という。

この場合には，恣意的認定の排除の観点からも，証明を行なっても無意味だという観点からも，公開の法廷での証明を省く合理性が認められる。本件に即していえば，速度制限が道路標識により示されていることは確かに公知の事実に入るであろう。東京都内で原則として40キロ毎時とすることが公知の事実に入るというが，そこまで言い切れるかには若干の疑問の余地もないわけではなかろう。

[参考文献]
① 桑田連平・最判解刑事篇昭和41年度67頁
② 松岡正章・百選［第3版］140頁
③ 小野慶二・警研38巻8号118頁

（渥美東洋）

Ⅶ 証拠法一般原則

【127】同種前科等による事実認定

①最(二小)判24・9・7刑集66巻9号907頁，判タ1382号85頁
住居侵入，窃盗，現住建造物等放火被告事件(平23(あ)670号)
第1審・東京地判平22・7・8
第2審・東京高判平23・3・29

②最(一小)決平25・2・20刑集67巻2号1頁，判タ1387号104頁
住居侵入，窃盗，現住建造物等放火，窃盗未遂被告事件(平23(あ)1789号)
第1審・岡山地判平22・12・7
第2審・広島高判平23・9・14

●争 点●
同種前科・類似事実による被告人の犯人性の立証

1 〈①事実の概略〉

被告人は，金員窃取の目的で被害者方に侵入し，現金1000円とカップ麺1個を窃取した上，室内にあった石油ストーブ内の灯油を撒布して放火したとして住居侵入・窃盗・現住建造物等放火の事実で起訴された。被告人は住居侵入と窃盗は認めつつ，放火については犯人性を争った。被告人には起訴事実の17年から18年前にかけて窃盗15件，現住建造物等放火(以下，「前刑放火」という)11件の前科があったところ，検察官は前刑放火に関する証拠の取調を請求したが，第1審は，本件放火の事実を立証するための証拠としては関連性を欠くとして請求を却下し，住居侵入と窃盗についてのみ被告人を有罪とした。原審は，前刑放火11件がいずれも，欲するような金員を得られなかったことへの腹立ちの解消を動機とし，その多くが侵入した居室内でストーブ内の灯油を撒布して行われていたこと等から，被告人にはこのような特徴的な行動傾向が固着化していたと認定した上で，本件でも前刑放火と同様の犯行に至る契機があり，犯行の手段方法も共通し，いずれも特徴的な類似性があると認められることから，本件前科証拠は被告人の本件放火の犯人性を証明する証拠として関連性があるとして，第1審判決を破棄し事件を差し戻した。

2 〈①判決要旨〉

破棄差戻

「前科証拠は，一般的には犯罪事実について，様々な面で証拠としての価値(自然的関連性)を有」するが，「被告人の犯罪性向といった実証的根拠の乏しい人格評価につながりやすく，そのために事実認定を誤らせるおそれがあり，……当事者が前科の内容に立ち入った攻撃防御を行う必要が生じるなど，その取調べに付随して争点が拡散するおそれもある」。したがって，前科証拠は，それによって「証明しようとする事実について，実証的根拠の乏しい人格評価によって誤った事実認定に至るおそれがないと認められるときに初めて証拠とすることが許される」。「前科証拠を被告人と犯人の同一性の証明に用いる場合」は，「前科に係る犯罪事実が顕著な特徴を有し，かつ，それが起訴に係る犯罪事実と相当程度類似することから，それ自体で両者の犯人が同一であることを合理的に推認させるようなものであって，初めて証拠として採用できる」。原審が指摘する放火の動機は「特に際だった特徴を有するものとはいえず，……態様もさほど特殊なものとはいえず，これらの類似点が持つ，本件放火の犯行が被告人によるものであると推認させる力は，さほど強いもの」ではない。また行動傾向の固着化を認定して本件放火の犯人性を推認することは，「単に反復累行している事実をもって」することはできないし，「被告人がこのような強固な犯罪傾向を有していると認めることはできず，実証的根拠の乏しい人格評価による認定というほかない。」

3 〈②事実の概略〉

被告人は，住居侵入・窃盗・現住建造物等放火等の計20件の事実で起訴された。被告人は，放火を伴う10件中7件で犯人性を全面的に争い，2件で放火の犯人性等を争ったが，第1審は全てにつき有罪とした。原審は，被告人の事実誤認の主張を退けるにあたり，被告人の前科に係る犯罪事実と被告人が自認している住居侵入・窃盗の各事実から，被告人には，(1)住居侵入・窃盗の動機につき色情篤という特殊な性癖が，(2)住居侵入・窃盗の手口及び態様につき下見等で女性居住者のいる住居を侵入先に決め，女性用の物を主な目的

とし，留守中に窓ガラスを割って侵入するという特徴が，(3)現住建造物等放火につき女性用の物を窃取した際に，被告人本人にも十分に説明できないような，女性に対する独特の複雑な感情を抱いて，室内に火を放ったり石油を撒いたりするという極めて特異な犯罪傾向がそれぞれ認められるとした上で，それらが被告人の争う9件の住居侵入・窃盗・現住建造物等放火等の各事実に一致し，このことが上記各事実の犯人が被告人であることの間接事実の一つとなるとした。

4 〈②決定要旨〉

破棄差戻

①判決の趣旨は「前科以外の被告人の他の犯罪事実の証拠を被告人と犯人の同一性の証明に用いようとする場合にも同様に当てはまる」。「前科に係る犯罪事実や被告人の他の犯罪事実を被告人と犯人の同一性の間接事実とすることは，これらの犯罪事実が顕著な特徴を有し，かつ，その特徴が証明対象の犯罪事実と相当程度類似していない限りは，被告人に対してこれらの犯罪事実と同種の犯罪を行う犯罪性向があるという実証的根拠に乏しい人格評価を加え，これをもとに犯人が被告人であるという合理性に乏しい推論をすることに等しく，許されない」。本件については，「(1)……色情盗という性癖はさほど特殊なものとはいえないし，(2)……手口及び態様も，同様にさほど特殊なものではなく，これらは，単独ではもちろん，総合しても顕著な特徴とはいえないから，犯人が被告人であることの間接事実とすることは許されない」。また(3)「原判決のいう……行動傾向は，前科に係る犯罪事実等に照らしても曖昧なものであり，『特異な犯罪傾向』ということは困難である」。

5 〈解 説〉

1 (i)起訴事実と同種の前科や類似の行為から，被告人にはその種の犯罪に及ぶ性向（犯罪傾向，悪性格の一種）があるとし，(ii)そこから，起訴事実も被告人がその傾向に従い行ったものだと推論することは，相当に不確かな推論過程を伴う上，事実認定者は不当な偏見を抱いて事実誤認に至る虞がある。また争点の拡散も招き易い。そこで同種前科等の証拠は，自然的関連性はあるとしても，正確な事実認定の確保のため，政策的にその証拠能力を原則として否定すべきといわれてきた（法律的関連性の欠如）。①判決は前科につきかかる原則を正面から採用し，②決定は類似行為にも同原則が及ぶことを明示的に認めた。

2 同種前科等の立証禁止の趣旨が上記の点にあるとすれば一定の例外が考えられる。

例えば，同種前科等の手口に(a)「顕著な特徴」があり，かつ起訴事実の手口と(b)「相当程度類似する」場合，この手口を用いるのは被告人以外に考え難いと，同種前科等の存在自体から直接被告人の犯人性を合理的に推論しうる。そこには上記(i)(ii)の不確かな推論過程，即ち，②決定のいう「実証的根拠の乏しい人格的評価を加え，これをもとに犯人が被告人であるという合理性に乏しい推論」は介在せず，同種前科等の立証を妨げる理由はない。本件両判例が例外の余地を認め，上記(a)(b)の要件の検討を行っているのはこうした論理に基づく。両判例とも結論として，当該事案では上記(a)要件が欠けるとして例外の適用を否定した。

ところで理論上はこの他に，上記(i)(ii)の推論過程を経るが，それらが懸念される不確かな推論ではない場合の例外も考えられる。具体的には，特定の状況下では，いわば自然反応的に一定の行為を行うほど被告人の犯罪性向が習慣化している場合等がそうであり，①判決が上記(a)の要件が欠けるとしながらなお「強固な犯罪傾向」について検討したのは，かかる例外の余地を残すものだとみる見解もある。ただ「実証的根拠」や上記(a)(b)の要件に関する「初めて」「限りは」といった判示からすると，本件両判例がそうした例外を具体的に想定していたかは定かでない。

4 本件両判例は，同種前科等を「被告人と犯人の同一性の証明に用いようとする場合」に関するものであって，犯罪の主観的要素など他の証明に用いようとする場合に直ちに射程が及ぶものではない。

[参考文献]
① 岩﨑邦生・最判解刑事篇平成24年度275頁
② 岩﨑邦生・最判解刑事篇平成25年度1頁
③ 川出敏裕・法教386号162頁
④ 滝沢誠・法学新報120巻3・4号525頁
⑤ 滝沢誠・法学新報122巻3・4号311頁

（三明　翔）

【128】 前科による故意の立証

最(三小)決昭41・11・22刑集20巻9号1035頁，判時467号65頁
詐欺被告事件(昭和41年(あ)第1409号)
第1審・神戸地洲本支判昭40・12・2
第2審・大阪高判昭41・5・9

● 争 点 ●

同種前科によって，被告人の犯意を立証することが許されるか

1 〈事実の概略〉

本件公訴事実は，「被告人は生活費に窮した結果，社会福祉のための募金名下に寄附金を集めて右に充当しようと企て，昭和40年8月2日午後1時頃，○○市○○町○○番地株式会社○○銀行○○支店(支店長A)において，同行行員Bに対し真実社会福祉事業に使用する意思も能力もないのに拘らず，「身よりのない老人に対する福祉促進趣意書」と題する書面を呈示した上，「恵まれない人の援護をしておりますので寄附をお願い致します」などと言つて欺き，同人をして真実右福祉事業に有意義に使用されるものと誤信させた上，即時同所において，同人より寄附金名下に現金1,000円の交付をうけてこれを騙取したのをはじめ，同様にして……，昭和40年3月23日頃から同年8月18日頃までの間，前後202回に亘り夫々他より金員(合計金201,500円)を騙取したものである」というものである。

原審は，被告人側の宗教活動の為の資金に充てる布施として受取つたもので詐欺の犯意はないという主張に対して，「被告人自身昭和38年9月19日神戸地方裁判所尼崎支部で本件と同様手段による詐欺罪に因り懲役刑に処せられ現在なおその刑執行猶予期間中の身であり，本件行為もその態様に照し詐欺罪を構成するものであることの認識があつたと思われる」として，被告人の前科を証拠の一つとして挙げて犯意を認定した。

これに対して，被告人側は，公訴事実に関する被告人の有罪の証明として，被告人が行った他の犯罪を証拠とすることは許容されない等として上告した。

2 〈決定要旨〉

「犯罪の客観的要素が他の証拠によって認められる本件事案の下において，被告人の詐欺の故意の如き犯罪の主観的要素を，被告人の同種前科の内容によって認定した原判決に所論の違法は認められない」

3 〈解 説〉

本件は，詐欺罪の客観的構成要件事実が他の証拠によって立証されている場合において，同種前科の内容によって詐欺罪の主観的構成要件を認定できるかが問題となったものである。

同種前科による立証は，英米法では，悪性格の立証(Evidence of bad character)等として一定の制限が課せられている(例えば，アメリカ合衆国連邦法ではU.S. Federal Rules of Evidence, ss. 403-404，イギリス法ではCriminal Justice Act 2003, c. 44, s101.)。そのような規定がないわが国においては，被告人の前科・前歴の証拠能力は，自然的関連性と法的関連性の双方から検討する必要がある。

まずは同種前科と詐欺罪の犯意との自然的関連性についてみると，確かに，通常人は，一度，同様の手段による詐欺罪で起訴されて有罪判決を受けていれば，本件客観的事実が詐欺罪を構成するという認識を持つものといえよう。その意味では，同種前科は被告人の主観面に対する一定の推認力があり，自然的関連性が認められるといえる。

この点について，本判例の調査官解説では，米法における偶然の理論(Doctrine of chances)が紹介されている。偶然の理論とは，同種事実が繰り返し起こっていることから，当該事件が，偶然による発生ではなく，何者かによる故意行為によって引き起こされたものと推認できるとするものである。ここから，同種前科等は，主観的構成要件(故意)と関連性があるとされる。

他方，法律的関連性についてみると，同種前科前歴は，特に裁判員が加わった裁判体においては，不当な偏見をもたらす危険性がないとはいえないであろう。ただ，客観的構成

要件事実が他の証拠によって立証されている場合には，同種前科による偏見がもたらす弊害は相対的に少ないといえる。本件が「主観的要素」に限定して判示したのは，この意味で理解することもできよう。

わが国の判例は，一般的に，公訴事実のうち客観的構成要件事実を立証するために同種前科・前歴を証拠とすることには消極的である。古くは，大審院大7・5・24刑録24巻15号647頁は，前科について，「再犯加重の原因」，「被告の性行を判断し刑の量定を左右する根拠」，「賭博罪に於ては被告が賭博常習者たる身分を有するや否や」を判断する資料となるとする一方で，「公訴の目的たる犯罪行為の成立を断定するに付ては適当ならず」として，強盗や傷害の前科を傷害罪の認定に援用した原審を破棄した。また近時は，最判平24・9・7刑集66巻9号907頁は，前科証拠が犯罪事実と様々な面で自然的関連性を有することを示したうえで，「前科証拠によって証明しようとする事実について，実証的根拠の乏しい人格評価によって誤った事実認定に至るおそれがないと認められるときに初めて証拠とすることが許されると解するべき」として，「前科証拠を被告人と犯人の同一性の証明に用いる場合についていうならば，前科に係る犯罪事実が顕著な特徴を有し，かつ，それが起訴に係る犯罪事実と相当程度類似することから，それ自体で両者の犯人が同一であることを合理的に推認させるようなものであって，初めて証拠として採用できるものというべき」とした。最決平25・2・20刑集67巻2号1頁も同判例を引用して，事例判断をしている。もっとも，判例は，客観的構成要件事実以外の立証については同種前科の許容性を広く認めている。例えば，大審院昭15・3・19判決全集7巻12号26頁は，本件と同様に，故意の存否が争われた結婚詐欺において同種前科に関する被告人の供述を有罪認定の資料に使うことを認めている。また下級審では，前科の犯罪の手口の類似性を，犯人性認定の資料として用いることを認めたものが複数ある（詳しくは，百選［第9版］141頁）。なお，量刑と余罪については，最判昭42・7・5刑集21巻6号748頁【131】参照。

犯人の同一性に用いる場合はともかく，他の証拠において客観的事実が証明されている本件においては，実証的根拠の乏しい人格評価によって誤った事実認定に至るおそれがなく，自然的関連性が認められるのであれば，証拠として採用することができるものといえよう。

［参考文献］
① 綿引紳郎・最判解刑事篇昭和41年度212頁
② 笹倉宏紀・刑事訴訟法判例百選(10版)

（丸橋昌太郎）

Ⅶ 証拠法一般原則

【129】 余罪の立証

最(大)判昭42・7・5刑集21巻6号748頁，判時485号15頁
窃盗被告事件(昭和40年(あ)第2611号)
第1審・東京地判昭40・3・30
第2審・東京高判昭40・10・19

● 争　点 ●
余罪を量刑上考慮することが許されるか。許されるとしたらどういう場合か

1 〈事実の概略〉

被告人は，犯行日時に，郵便物を合計46通を窃取したが，一般郵便物のうち，現金及び郵便切手の封入してあつた29通についてだけ起訴された。

第1審は，「被告人は本件と同様宿直勤務の機会を利用して既に昭和37年5月ごろから130回ぐらいに約3000通の郵便物を窃取し，そのうち現金の封入してあつたものが約1400通でその金額は合計約66万円に，郵便切手の封入してあつたものが約1000通でその金額は合計約23万円に達している」と本件公訴事実以外の事実を認定した上で，「被告人の犯行は，その期間，回数，被害数額等のいずれの点よりしても，この種の犯行としては他に余り例を見ない程度のものであつたことは否定できないことであり，事件の性質上量刑にあたつて，この事実を考慮に入れない訳にはいかない」として，懲役1年2月の有罪判決を言い渡した。

原審は，同種の余罪について，「被告人の本件犯行が一回きりの偶発的なものかあるいは反覆性のある計画的なものかどうか等に関する本件犯行の罪質ないし性格を判別する資料として利用することができる」として第1審の判断を支持したものの，本件の態様の下では1年2月は重すぎるとして原審を破棄し，10月の懲役刑を言い渡した。

これに対して，被告人側は，「窃盗罪の法定刑の範囲が広いのに乗じ叙上公益侵害の事情をも導入して，恰かも前記郵便法違反等の罪を審判したと同様の刑の効果をこれによつて収めんとするがごとき議論は，科刑権の範囲を逸脱したもの」として上告した。

2 〈判　旨〉

「刑事裁判において，起訴された犯罪事実のほかに，起訴されていない犯罪事実をいわゆる余罪として認定し，実質上これを処罰する趣旨で量刑の資料に考慮し，これがため被告人を重く処罰することが，不告不理の原則に反し，憲法31条に違反するのみならず，自白に補強証拠を必要とする憲法38条3項の制約を免れることとなるおそれがあつて，許されないことは，すでに当裁判所の判例（昭和40年(あ)第878号同41年7月13日大法廷判決，刑集20巻6号609頁）とするところである。（もつとも，刑事裁判における量刑は，被告人の性格，経歴および犯罪の動機，目的，方法等すべての事情を考慮して，裁判所が法定刑の範囲内において，適当に決定すべきものであるから，その量刑のための一情状として，いわゆる余罪をも考慮することは，必ずしも禁ぜられるところでないと解すべきことも，前記判例の示すところである。）

ところで，本件について，これを見るに，［第一審判決の］判示は，本件公訴事実のほかに，起訴されていない犯罪事実をいわゆる余罪として認定し，これをも実質上処罰する趣旨のもとに，被告人に重い刑を科したものと認めざるを得ない。したがつて，第1審判決は，前示のとおり，憲法31条に違反するのみでなく，右余罪の事実中には，被告人の郵政監察官および検察官に対する自供のみによつて認定したものもあることは記録上明らかであるから，その実質において自己に不利益な唯一の証拠が本人の自白であるのにこれに刑罰を科したこととなり，同38条3項にも違反するものといわざるを得ない。

そうすると，原判決は，この点を理由として第1審判決を破棄すべきであつたにかかわらずこれを破棄することなく，右判示を目して，たんに本件起訴にかかる『被告人の本件犯行が一回きりの偶発的なものかあるいは反覆性のある計画的なものかどうか等に関する本件犯行の罪質ないし性格を判別する資料として利用する』趣旨に出たにすぎないものと解すべきであるとして，『証拠の裏づけのな

いため訴迫することができない不確実な事実を量刑上の資料とした違法がある』旨の被告人側の主張を斥けたことは，第1審判決の違憲を看過し，これを認容したもので，結局において，憲法38条3項に違反する判断をしたことに帰着する。

しかしながら，原判決は，結論においては，第1審判決の量刑は重きに失するとして，これを破棄し，改めて被告人を懲役10月に処しているのであつて，その際，余罪を犯罪事実として認定しこれを処罰する趣旨をも含めて量刑したものでないことは，原判文上明らかであるから，右憲法違反は，刑訴法410条1項但書にいう判決に影響を及ぼさないことが明らかな場合にあたり，原判決を破棄する理由とはならない。」

3〈解 説〉

本件は，起訴されていない余罪を量刑上考慮することが許されるかが問題となったものである。

量刑と余罪については，本判決も引用している最判昭41・7・13刑集20巻6号609頁（以下，「昭和41年判例」とする）において，すでに示されている。本判決も，昭和41年判例に従って，余罪を量刑に考慮する態様を，①余罪そのものを処罰する場合と，②量刑の一情状を推知する資料として考慮する場合とを区別して，①を違憲とし，②を禁止されているものではないとした。本判決において，この枠組みは確立したものと行っていいだろう（成瀬・後掲218頁）。

①を違憲とすることについては学説上異論を見ない。このようなことを認めれば，本判決も指摘しているとおり，適正手続，不告不理の原則，一事不再理（二重危険の法理）の原則，証拠裁判主義等の現行刑事訴訟法の理念が根底から覆されかねないからである。

②はどうか。②は，わが国の法定刑が幅広く，実際の量刑資料も多岐にわたることから，理論的には許される余地があるとする見解が多い。確かに，有罪・無罪と同様に重要な意味を持つ起訴・不起訴を判断する際に，「犯人の性格，年齢及び境遇，犯罪の軽重及び情状並びに犯罪後の情況」（248条）を考慮することや，量刑事情として犯罪の程度に達しない非行について考慮することが許されていることに鑑みると，②を一切禁止することはできないように思われる。

もっともそうだとしても問題は，①と②の区別が困難であるという点である。（成瀬・後掲218頁）本件の第1審のように，判決文上，明確に①の類型であると判断できるものであれば，この点は問題とならない（その他，余罪を取り調べた証拠の量や証拠の標目に挙示したこと等から①の類型であるとした裁判例として，名古屋高判平10・1・28高刑集51巻1号70頁がある）。ただ，両者の区別は，「量刑理由の書き方が巧くなり，実質的に処罰しているかどうか判文上分かりにくくなった」（原田國男・量刑判断の実際・170頁）ことに鑑みれば，結局のところ，余罪の量刑上の重みによって判断せざるを得ないように思われる。このことは，本件が第1審を①の類型としつつ，この違憲性を看過しつつも，量刑不当で懲役10月に下げた原審について，「余罪を犯罪事実として認定しこれを処罰する趣旨をも含めて量刑したものでない」としたことからも窺うことができる（公判前整理手続や公判手続において，量刑のどの要素を推知させるものかを検討しなかったことも考慮した事例として，東京高判平27・2・6東高刑時報66巻4頁）。余罪は，本罪や他の情状をもとに形成される量刑の大枠（量刑相場）の中において一情状資料として考慮されるものにすぎないので，余罪の重みも自ずから限定的となってくるであろう。もちろん，実際は，余罪がどの程度量刑に重みを与えたかどうかを解析することは不可能であるから，量刑が前述の大枠に収まっているかどうかという観点から判断せざるを得ないであろう。

[参考文献]
① 原田國男・量刑判断の実際
② 海老原震一・判解昭和42年度号255頁
③ 成瀬剛・刑事訴訟法判例百選（10版）

（丸橋昌太郎）

Ⅷ 違法収集証拠の排除法則

【130】 排除法則(1)

最(一小)判昭53・9・7刑集32巻6号1672頁,判時901号15頁
覚せい剤取締法違反,有印公文書偽造,同行使,道路交通
　法違反被告事件(昭和51年(あ)第865号)
第1審・大阪地判昭50・10・3
第2審・大阪高判昭51・4・27

● 争　点 ●
① 排除法則採用を宣明した意義
② 排除法則の法文上の根拠
③ 証拠排除の要件（基準）

1 〈事実の概略〉

警邏中の警察官が,挙動が不審で,売春の客引きの疑いもあった被告人を職務質問するうち,被告人の落着きのない態度,青白い顔色から,覚せい剤中毒の疑いをもってさらに職務質問を続行した。警察官の所持品呈示の要求に被告人が一部呈示した後,警察官は他のポケットを触ったところ,上衣左内側ポケットに刃物ではないが,何か固い物を感じ,その呈示を求めたが,不服の態度を示したので,警察官はポケットに手を入れてプラスチック・ケース入りの注射針1本とちり紙の包みを取り出した。ちり紙の包みを開けると,ビニール袋入りの覚せい剤様の粉末が入っていたので,それを試薬で検査すると,覚せい剤であることが判明したので,被告人を覚せい剤不法所持の現行犯で逮捕し,本件証拠物を差押えた。第1審は本件覚せい剤は違法な捜索により押収したものとして排除し,結局被告人を無罪とした。原審は,本件覚せい剤の取り出し行為およびそれに引続く覚せい剤の差押は違法であり,その程度も,憲法35条,刑訴法218条1項所定の令状主義に反する重大なものであるとして,検察官の控訴を棄却した。これに対し検察官は憲法35条の解釈の誤り,判例違反（最判昭24・12・13刑事裁判集15号349頁）等を理由に上告を申し立てた（なお,被告人も原判決中破棄自判部分に対して上告を申し立てた）。

2 〈判　旨〉

破棄差戻

判旨は所持品検査が許される場合があり,それはいかなる要件の下においてか,および本件所持品検査が許容限度を超える違法な場合であることを述べた後,憲法35条,31条の保障等に照らすと「証拠物の押収等の手続に,憲法35条及びこれを受けた刑訴法218条1項等の所期する令状主義の精神を没却するような重大な違法があり,これを証拠として許容することが,将来における違法な捜査の抑制の見地からして相当でないと認められる場合においては,その証拠能力は否定されるものと解すべきである。」そして本件の場合,「被告人の承諾なくその上衣左側内ポケットから本件証拠物を取り出したK巡査の行為は,職務質問の要件が存在し,かつ,所持品検査の必要性と緊急性が認められる状況のもとで,必ずしも諾否の態度が明白ではなかった被告人に対し,所持品検査として許容される限度をわずかに超えて行われたに過ぎないのであって,もとより同巡査において令状主義に関する諸規定を潜脱しようとの意図があったものではなく,また,他に右所持品検査に際し強制等のされた事跡も認められないので,本件証拠物の押収手続の違法は必ずしも重大であるとはいえないのであり,これを被告人の罪証に供することが,違法な捜査の抑制の見地に立ってみても相当でないとは認めがたいから,本件証拠物の証拠能力はこれを肯定すべきである。」

3 〈解 説〉

1 排除法則採用を宣言した意義
捜査機関の違法な証拠収集活動によって得られた非供述証拠に証拠能力が認められるか。判例は当初,収集手続が違法でも物自体の性質・形状に変化はなく,その証拠価値に変わりはないとの理由で排除に消極的な態度を示した(前掲24年判決,東京高判昭28・11・25判特39号202頁)。しかし,緊急逮捕に先立つ捜索の結果押収した証拠物の証拠能力を肯定した昭和36年の最高裁判決には6名の裁判官の反対意見があり,それは,重大顕著な違法により入手した証拠の証拠能力は否定されるべきだと主張していた(最判昭36・6・7刑集15巻6号915頁)。さらに,下級審には,とくに昭和40年代に入ると,重大な違法手続により収集された証拠を排除する事例が増加していた。そして昭和53年に最高裁は,本件において,手続が令状主義の精神を没却するような重大な違法があり,証拠の許容が将来の違法捜査の抑制の見地から相当でない場合には,その証拠能力は否定されるとして,最高裁としては初めて,一般的に排除法則の採用を認めたのである。結局,当該証拠は排除されなかったが,最高裁が排除法則の採用を宣言したことの意義は大きいといえよう。

2 排除法則の法文上の根拠
排除法則の法文上の根拠について,学説には刑訴法1条や317条に求める見解がある。本判例は,憲法の精神を受けた刑訴法(1条)の解釈問題であるとした。しかし,直接の排除規定がないからといって直ちに刑訴法に根拠を求めるのは論理的ではなく,また安易にすぎよう。なによりも,事は市民の基本権にかかわる問題なのである。刑事手続上の基本権保障規定は,その性質上実効性をもった具体的な規定であることは,憲法37条1項について最高裁も認めるところである(最判昭47・12・20刑集26巻10号631頁)。そこで,憲法35条は市民のプライヴァシーが侵害されない権利を保障しており,それが実効性をもつためには排除法則を内容として含んでいる(渥美)とか,憲法31条の適正手続条項が排除を要求する(田宮)とかの解釈は相当の説得力をもっていよう。もっとも,本判決は,A巡査のポケットからの証拠物の取り出し行為につき,所持品検査の限界をわずかに超えたにすぎないものと判示しているところから推測されるように,本件は刑訴法の問題であり,憲法上の問題とは捉えていない。

3 証拠排除の要件(基準)
本判決は,令状主義の精神を没却するような重大な違法があり(違法の重大性),これを証拠とすることが,将来における違法な捜査抑制の見地から相当でない(排除相当性)と認められる場合に,その証拠が排除されるとした。違法の重大性と排除相当性の関係については両方の要件を充足したときに証拠が排除されるとする重畳説が判例の立場だと一般に解されている。排除の基準として二つの基準を立てた意義は小さくない。問題は二つの基準が明確か否かである。本件において,取り出し型の所持品検査はプライバシー侵害の高い行為であり,捜索に類するために違法としながら,排除の判断においては,所持品検査の許容限度をわずかに超えたに過ぎず,A巡査に令状主義潜脱の意図はなく,また,他に強制も加えていないので,押収手続の違法は必ずしも重大ではなく,従って排除相当性も認められないと本判決は判示している。本判決の排除の基準は明確性という点でなお課題を残しているといえよう。

[参考文献]
① 渥美東洋・重判解昭和53年度200頁,同・判タ373〜5号
② 田宮・入門221頁
③ 井上正仁・刑事訴訟における証拠排除
④ 岡次郎・最判解刑事篇昭和53年度386頁
⑤ 三井誠・ジュリ679号45頁,680号107頁
⑥ 柳川重規・新報113巻11・12号699頁
⑦ 椎橋隆幸・百選[第9版]196頁
⑧ 小木曽綾・百選[第10版]204頁

(椎橋隆幸)

Ⅷ 違法収集証拠の排除法則

【131】排除法則(2)
——家屋への立入

最(二小)判昭61・4・25刑集40巻3号215頁,判時1194号45頁
覚せい剤取締法違反被告事件(昭和60年(あ)第427号)
第1審・奈良地判昭59・9・3
第2審・大阪高判昭60・2・27

●争　点●
① 先行手続の違法の重大性
② 先行手続の違法と後行手続との因果関係

1〈事実の概略〉

　私服警察官A, B, C3名は覚せい剤自己使用の疑いのあるD宅に赴き,玄関引戸を半開きにして「生駒署の者ですが,一寸尋ねたいことがあるので上ってもよろしいか」と声をかけ,Dの明確な承諾がないにもかかわらず奥の間に上がり,ベッドで横臥していたDに声をかけ,肩を叩き,Dに同行を求めたところ,金融の取立と誤解したらしいDは「一緒に行こう」と着換え始めたので,3名は玄関先で待ち,出てきたDを警察用自動車に乗せ,警察署に向った。車中でDは同行しているのが警察官らしいと気付いたが,反抗することはなかった。署での事情聴取に対しDは覚せい剤使用の事実を認め,Bの求めに応じて尿を提出し,腕の注射痕も見せた。Dは署に到着後上記採尿の前後2度退去を申出たが,Bは最初の申出には返事をせず,2度目には「尿検の結果が出るまでおったらどうや」と言って応じなかった。その後尿の鑑定結果について電話回答があり,逮捕請求手続がとられ,これを得てBがDを正式に逮捕した。
　第1審ではD宅への立入こそ明確な承諾がないものの,居宅外に出てからの一連の行為はDの同意によるもので,尿の鑑定書にも証拠能力が認められるとしたのに対し,第2審では任意同行も同意を認めるのに不十分で違法であり,Dの退去申出を拒み,署に留め置いたのは違法な身柄拘束であり,違法な身柄拘束中の尿の提出・押収手続は同意書があっても違法であり,尿についての鑑定書の証拠能力も否定されるとした。これに対し判例違反を理由として検察側が上告した。

2〈判　旨〉

破棄差戻

　被告人宅への立入,同所からの任意同行,警察署への留置きといった一連の手続と採尿手続はDの覚せい剤事犯捜査という同一目的に向けられたものである上採尿手続は右一連の手続により齎らされた状態を利用して行われたことから,採尿手続の適法性の判断には採尿手続前の右一連の手続の違法の有無,程度を十分考慮すべきである。その判断の結果,採尿手続が違法と認められる場合でも,それをもって直ちに採取された尿の鑑定書の証拠能力が否定されると解すべきではなく,その違法の程度が令状主義の精神を没却するような重大なものであり,右鑑定書を証拠として許容することが,将来における違法な捜査の抑制の見地からして相当でないと認められるときに,右鑑定書の証拠能力が否定されるというべきである。本件では採尿手続前の一連の手続には任意捜査の域を逸脱した違法な点が存することから採尿手続も違法性を帯びるものと評価せざるを得ない。しかし,D宅への立入にはDの承諾を求める行為に出ていること,任意同行に際して有形力は行使されておらず,警察官と気付いた後もDは異議を述べず同行していること,退去の申出に応答しなかった点はあるが留まるよう強要してはいないこと,採尿手続事態は何らの強制も加えられることなくDの自由な意思での応諾に基づき行われていることなどに徴すると,本件採尿手続の帯有する違法の程度は,いまだ重大とはいえず,本件尿の鑑定書を被告人の罪証に供することが違法捜査抑制の見地から相当ではないとは認められないから本件尿の鑑定書の証拠能力は否定されるべきではない。

3 〈解 説〉

1 本件は，採尿手続それ自体は違法ではないが，その前提となる採尿前の一連の捜査手続が違法であることから採尿手続も違法性を帯びるが，その違法性は，最判昭53・9・7（【132】）に照らして，令状主義の精神を没却するような重大なものではなく，将来の違法捜査抑制の観点からも採尿結果の鑑定書に証拠能力を認めても相当でないとはいえないとして，その証拠能力を認めたものである。

2 採尿手続すなわち尿の提出とその押収手続はDの自由意思での承諾によるもので，それだけを独立に取り出してみれば適法なものである。しかしこれの前提たる一連の手続が違法であれば，一見自由意思によると思われる承諾も先行する違法活動によって無理やり観念させられた挙句の抑圧された意思表示である可能性が存する。そこで採尿に先行する立入，任意同行，留置きについてその違法性を考察すると，D宅奥の寝室まで承諾なく立入っていること，任意同行に際してもDの感違いを利用しており明確な承諾がなかったこと，退去の申出に応じず留め置いたことに任意捜査の域を超えた違法がある。採尿手続もこれら一連の先行手続が採られねばなしえなかったのであり，条件関係が存することから先行手続の違法性を採尿手続も帯びることになるのも当然であろう。ただ違法性の程度については，当初の立入に若干強い違法性が認められるが，その後遅くとも自動車に乗った段階で警察官と気付いても抗議をすることもなく同行し，任意に事情聴取に応じたのであり，これらは立入への追認とも解されること，退去の申出に応答はなかったが，留まるよう強要する言動もなかったのだから，留まっていたのも本人の同意の上とも解されることから，低いものと判断したのである。先行手続違法ではあるがその程度は低く，採尿時のDの自由意思を抑圧する程のものではなかったと判断したと解される。

3 「令状主義の精神を没却するような重大な」違法とは，憲法規範を侵すような違法を云うものと最判は理解しているのである。本件立入，同行，留置きという身柄拘束にまつわる手続には刑事訴訟法の視点からは同意のとりつけ方の点で妥当でなく，違法との評価をなしうるものではあるが，憲法33条違反とまでいえるものではない。先行手続が憲法違反なら自由意思が介在していても，それは類型的にみて違憲活動によって抑圧された意思であって，その判断に拠って採られた証拠の許容性は，「将来における違法な捜査の抑制の見地からして相当でな」く，否定されることだろう。本件では憲法33条違反はなく，介在する自由意思も抑圧されたものとはいえないので鑑定書の証拠能力を認めたのである。【132】も本件もいずれも未だ憲法違反活動が行われたとの判断に最高裁は立っていないのである。単なる訴訟法違反の場合には，違法性の程度も低く，証拠排除の必要もないと判断したのである。「違法な捜査抑制の見地から」相当か否かが排除の要件となっているかのように読めることから最高裁が抑止効説又は司法の完全維持説に立つかのように理解するのは間違っている。規範説も抑止効を全く期待しない訳ではないこと，【132】も本件も未だ違憲活動が行われたとの前提に立っていない判決であること，介在する自由意思を抑圧する程の行為が採られていないことから，本判決は規範説の立場に立つと位置づけることも依然できよう。

[参考文献]
① 渥美東洋・警論40巻10号
② 河上和雄・判タ597号21頁

（香川喜八朗）

Ⅷ 違法収集証拠の排除法則

【132】排除法則(3)
——所持品検査の手続の違法

最(二小)決昭63・9・16刑集42巻7号1051頁，判時1291号156頁
覚せい剤取締法違反被告事件(昭和62年(あ)第944号)
第1審・東京地判昭62・1・19
第2審・東京高判昭62・7・15

● 争 点 ●
① 被疑者の意に反した連行
② 靴下からの物の取り出し

1 〈事実の概略〉

パトカーで警邏中の警察官が路地から出て来た暴力団員風の男を発見し，①覚せい剤常用者特有の顔付きをしていたことから覚せい剤自己使用の疑いを抱き，職質をすべく声をかけたところ被告人Dが逃げ出したため追跡し，②Dが転倒したところで追いつき，あばれるDを取り押さえ，凶器の有無確認のための所持品検査を行ったが，凶器は発見されなかった。③そのころ多くのやじ馬が集まって来たためDに車で2〜3分の浅草署に同行を求めたところ，Dは説得に応じ，渋々ながら後部座席に乗車し，④この時Dの動静を注視していたMはDが路上に紙包みを落とすのを現認し，Dにこれを呈示したが知らないと答えたので中身を見分したところ覚せい剤様のものを発見し，それまでの経験から覚せい剤と判断してそれを保管した。⑤Dは乗車後も暴れるため警察官が両側からDを制止する状態のまま署に到着し，保安係の部屋まで同行した。⑥同室で所持品検査を求めるとDは上着を脱いで投げ出したので，所持品検査への黙示の承諾が有ったものと判断し，Dの着衣の上から触れるようにして所持品検査をするうち，Dの左足首付近が膨らんでいるのを見つけ，その中のものを取り出して確認したところ，覚せい剤様のもの1包みや注射器・注射針等が発見された。⑦上記④及び⑥の覚せい剤様のものの試薬検査を行ったところ覚せい剤と確認されたのでDを覚せい剤所持の現行犯として逮捕するとともに上記覚せい剤2包みと注射器等を差押えた。⑧Dに尿提出を求めたところ結局は説得に応じ尿を提出した。覚せい剤2包みと注射器等の証拠及び尿の排除が争点となった。

2 〈決定要旨〉

上告棄却

最高裁は，右③および⑤の浅草署への連行は，その前後の被告人の抵抗状況に徴すれば同行について承諾が有ったものとは認められない。⑥の所持品検査についても，上着を投げ出したからといって，被告人がその意に反して連行されたことなどを考えれば，黙示の承諾が有ったとは認められない。本件所持品検査は被告人の承諾なく，かつ違法な連行の影響下でそれを直接利用してなされたものであり，しかもその態様が被告人の足首付近の靴下の膨らんだ部分から当該物件を取り出したものであることからすれば違法な所持品検査と言わざるを得ない。⑧の採尿手続は承諾があったと認められるが，一連の違法な手続により齎された状態を直接利用してこれに引き続いて行われたので違法性を帯びるとする。証拠排除の点については53年判決の判旨を引いたうえで，本件では職務質問の要件が存在し，所持品検査の必要性緊急性が認められること，警察官は被告人が落とした紙包の中身が覚せい剤であると判断したのであり，被告人のそれまでの行動，態度等の具体的な状況からすれば，実質的には，この時点でDを現行犯人として逮捕するか，少なくとも緊急逮捕することが許されたといえるのであるから，警察官において，法の執行方法の選択ないし捜査の手順を誤ったものにすぎず，法規からの逸脱の程度が実質的に大きいとはいえないこと，警察官らの有形力の行使には暴力的な点がなく被告人の抵抗を排するためにやむを得ず取られた措置であること，警察官において令状主義に関する諸規定を潜脱する意図があったとはいえないこと，採尿手続自体は，何らの強制も加えられることなく被告人の自由な意思での応諾に基づいて行われていることなどの事情が認められる。これらの点に徴すると，本件所持品検査及び採尿手続

の違法は未だ重大であるとは言えず，右手続により得られた証拠を被告人の罪証に供することが，違法捜査抑制の見地から相当でないとは認められないから，右証拠の証拠能力は認められる。

3 〈解　説〉

1　本決定の事案は①に見られるように，覚せい剤の自己使用の不審事由が十分そろっていた場合であり，この不審事由に基づく②の所持品検査は適法である。③，⑤の連行開始後⑥の所持品検査までは，まず身柄拘束の点については，本来②の時点で不審事由に基づき適法になし得た筈の職質と所持品検査を行ったにすぎず，この時間は所持品検査を行うために求められる停止と同視してよい程の短時間のものであり，憲法33条の逮捕には至っていない。被疑者の意に反した連行は警職法2条3項の文言違反ではありえても，憲法33条違反を構成するものではない。⑥の所持品検査は53年判決(本書【8】事件)の「捜索に至らない程度の行為は，強制にわたらない限り」許されるとの判示に従い，容器等の中身を一瞥するだけなら捜索を構成しないが，それを越えて中からものを取り出す行為は捜索を構成するとみて，靴下の膨らんでいる部分からものを取り出す行為を違法としたのであろう。しかし憲法35条は実体要件を満たしているのが明らかで，かつ令状入手の時間的余裕のない場合には無令状でのプライヴァシー侵害を許しているのであり，不審事由に基づく所持品検査は憲法35条が例外として許容する緊急捜索押収の一態様であり不審事由の内容と程度如何によっては，物を取り出し中身を点検することも許されるのである。④の遺留品たる紙包みの中身の確認も当然許容される。こうして①から⑥までの行為の中に憲法違反は行われていないと判断したのである。

2　本決定は，連行が警職法違反であることから，その後の所持品検査や採尿検査も連行の違法を受けて，違法性を帯びるものとしている。しかし，警職法に形式的に違反するとしても憲法違反ではないことに鑑みれば，この違法がその後の行為を違法とする必要はないはずである。毒樹の果実の法理も最初の憲法違反の毒性がその後の行為を汚染しているか否かを考えるのである。さらに，本決定は違法性を帯びるとした所持品検査や採尿を，全体事情の中で，排除すべきか否かを考察するのであるが，この点，「毒樹の果実」法理と事情の総合説との2つの方法論の寄妙な混合と言うべきである。

3　本決定も53年判決同様「令状主義の精神を没却するような重大な違法」と「将来における違法な捜査の抑制の見地からみて相当でない」との排除の要件を維持している。53年判決以降3件の事件で最高裁は憲法違反に至っていないことを各事案の具体的な事実に沿うかたちで述べ，あるいは憲法違反に至っていないといっているのだと考えなければつじつまのあわない論理で語っている。このことから「重大な違法」とは憲法違反の事を言うものと解される。本件では「重大な違法」すなわち憲法違反はなかったとしているのである。「違法な捜査抑制」からの相当性との概念は，これによって排除した例がないので当然だが，依然不明瞭である。事情の総合説と「毒樹の果実」法理，更には違法排除における「抑止効説」の言わば「盛り合わせ」と言うべきで，理論的精緻とは程遠いものと言えよう。

[参考文献]
① 渥美東洋・判タ691号38頁，同・排除法則の理論的根拠「刑事訴訟の現代的動向」205頁
② 池田修・研修524号3頁
③ 瀧賢太郎・ひろば42巻2号73頁

（香川喜八朗）

【133】排除法則(4)
——任意同行を求める説得の違法

最(三小)決平6・9・16刑集48巻6号420頁，判時1510号154頁，判夕862号267頁
覚せい剤取締法違反，公文書毀棄被告事件(平成6年(あ)第187号)
第1審・福島地会津若松支判平15・7・14
第2審・仙台高判平6・1・20

● 争　点 ●

職務質問の現場への留置きの違法と証拠の排除

1〈事　実〉

午前11時ころ，覚せい剤使用の容疑がもたれていた被告人が運転する車両が，国道を進行中のところを警察官が発見し，停止指示を出したが同車両は2，3度蛇行しながら進行を続け，約5分後に指示に従って停車した。当時，付近の道路は積雪のため滑りやすい状態であった。

午前11時10分ころ，警察官が職務質問を開始したところ，被告人は，目をきょろきょろさせ，落ち着きのない態度で，素直に質問に応じようとせず，エンジンを空ふかししたり，ハンドルを切るような動作をしたため，警察官は被告人運転車両の窓から腕を差し入れ，エンジンキーを引き抜いて取り上げた。午前11時25分ころ警察署から，被告人には覚せい剤取締法違反の前科が4犯あるとの無線連絡が入った。その後，午後5時43分ころまでの間，被告人に対し職務質問を継続するとともに警察署への任意同行を求めたが，被告人は自ら運転することに固執して，他の方法による任意同行をかたくなに拒否した。職務質問の間，被告人はその場の状況に合わない発言をしたり，通行車両に大声を上げて近づこうとしたり，運転席の外側からハンドルに左腕をからめ，その手首を右手で引っ張って，「痛い，痛い」と騒いだりした。

午後3時26分ころ，被告人運転車両及び被告人の身体に対する各捜索差押許可状，並びにいわゆる強制採尿令状の発付が請求され，午後5時2分ころ各令状が発付された。午後5時43分ころ令状を執行して被告人の身体に対する捜索が行われ，さらに，午後6時32分ころ興奮状態で暴れて抵抗する被告人を警察車両に乗車させ本件現場を出発し，病院において医師の手により採尿が行われた。

第1審で弁護人は，採尿手続に違法があるとして公訴棄却を求めたが，第1審判決は，全体として本件捜査に違法があったとはいえないと判示し，覚せい剤取締法違反，公文書毀棄の各罪で被告人を懲役1年6月に処した。

本件尿鑑定書が違法収集証拠として排除されるべき旨主張して，被告人が控訴したが，控訴審裁判所は，先行手続に違法があることは認めつつも，証拠排除すべきほどの違法があるとはいえないとして尿鑑定書の証拠能力を肯定し，控訴を棄却した。

被告人が判例違反を理由に上告した。

2〈決定要旨〉

上告棄却

本件における強制採尿手続は，被告人を本件現場に6時間半以上にわたって留め置いて，職務質問を継続した上で行われているものであるからその適法性についてはそれに先行する右一連の手続の違法の有無，程度をも十分考慮してこれを判断する必要がある（昭和61年判決【131】）。

職務質問を開始した当時〔の状況からすると〕……被告人運転車両のエンジンキーを取り上げた行為は，警職法2条1項に基づく職務質問を行うため停止させる方法として必要かつ相当な行為であるのみならず，道交法67条3項に基づき交通の危険を防止するため採った必要な応急の措置に当たる……。

これに対し，その後の被告人の身体に対する捜索差押許可状が執行されるまでの間，……約6時間半以上も被告人を本件現場に留め置いた措置は，……被告人に対する任意同行を求めるための説得行為としてはその限界を超え，被告人の移動の自由を長時間にわたり奪った点において，任意捜査として許容される範囲を逸脱した……違法〔である〕。

しかし，警察官が行使した有形力は，……さほど強いものではなく，被告人に運転させないため必要最小限度の範囲にとどまるものといえる。また，任意捜査の面だけでなく交通危険の防止という交通警察の面からも，被告人の運転を阻止する必要性が高かった。しかも，被告人が自ら運転することに固執して，他の方法による任意同行をかたくなに拒否〔しており〕……結果的に警察官による説得が長時間に及んだのもやむを得なかった面があ〔り〕……，警察官に当初から違法な留置きをする意図があったものとは認められない。これら諸般の事情を総合してみると，……警察官が早期に令状を請求することなく長時間にわたり被告人を本件現場に留め置いた措置は

違法であるといわざるを得ないが，その違法の程度はいまだ令状主義の精神を没却するような重大なものとはいえない。

本件の強制採尿令状は，被告人を本件現場に留め置く措置が違法とされるほど長期化する前に収集された疎明資料に基づき発付されたものと認められ，その発付手続に違法があるとはいえ〔ず，また，〕……身柄を拘束されていない被疑者を採尿場所へ任意に同行することが事実上不可能であると認められる場合には，強制採尿令状の効力として，採尿に適する最寄りの場所まで被疑者を連行することができる〔ので〕，…本件強制採尿手続自体には違法はない。

本件採尿手続に先行する職務質問及び被告人の本件現場への留置きという手続には違法があるといわなければならないが，その違法自体は，いまだ重大なものはないえず，本件強制採尿手続自体には違法な点はないことからすれば，職務質問開始から強制採尿手続に至る一連の手続を全体としてみた場合に，その手続全体を違法と評価し，これによって得られた証拠を被告人の罪証に供することが，違法捜査抑制の見地から相当でないとも認められない。

3 〈解 説〉

1 先行手続の違法がもたらす影響についての判断方法

違法収集証拠の排除に関して判例はこれまで，直接の証拠獲得方法が違法か否かを問題としつつ，それが独立して評価されれば適法であっても，先行する違法な手続と「同一目的・直接利用」の関係にあれば違法を承継することを認めてきた（【131】，【132】）。捜査過程のどこかに違法があれば，捜査中に獲得された証拠は全て排除されるとの立場をとらず，同時に，証拠収集手続と先行手続との間に密接な関連があっても，先行手続の違法は一切考慮しないというのでは形式的に過ぎるとの考え方によっているなどといわれる。この点本決定は，一連の手続を全体として見た場合にその手続全体が違法と評価されるかを問い，一見したところこのような違法の承継論を用いていないかのようである。

この点につき，留置きは違法であっても，適法に発付されている強制採尿令状に基づいて被告人を採尿場所まで連行しており，この適法な連行が介在していることで，違法な先行手続を「直接」利用していると見ることができないからだとする見解がある。この見解によれば，違法が承継されていなくても先行する違法が，後行手続を含む手続全体を違法とする場合があるということになるが，その違法は相当に重大なものが要求されることになるであろう。他方で，本決定が昭和61年判決（【131】）を引用し，先行手続の違法を認定した上で，強制採尿手続によって得られた尿鑑定書の証拠能力について判断していることから，強制採尿手続が違法性を帯びることは当然の前提としており，一連の手続を全体として評価しようとしたのは，先行手続の違法が後行する証拠収集手続に影響する理由を実質的に説明しようとしたものであると見る見解もある。

いずれにせよ，本件では先行手続に重大な違法がないとされ，後行の強制採尿手続自体は適法である以上，違法を承継しているとしても強制採尿手続が令状主義の精神を没却するような重大な違法性を帯びることはない。

2 留置きの違法の性質及びその程度

ところで，本件では，職務質問の現場での留置きが6時間半以上に及んでいるが，本決定はこれを実質的な逮捕に至っているとは見ず，任意処分と見ている。その理由は明らかではないが，被告人は任意同行自体には同意しているようであり，警察官は被告人自身による車の運転を阻止したに過ぎないともいえ，移動の自由を昭和51年決定（【1】）にいう「相手の意思を制圧」して奪ったとはいえないと判断したのかもしれない。

本決定は他方で，本件留置きを任意捜査として許容される範囲を超え違法であるとしているが，「早期に令状を請求することなく」長時間被告人を留め置いた措置が違法である，としていることからすると，留置きが長時間に及んだことそれ自体ではなく，強制採尿令状発付請求に不必要な遅滞があり，その結果として留置きが長期化したことが問題であると見ているようである。そして，この点も含め，違法の程度については昭和53年判決（【130】）で示された判断基準である①法規からの逸脱の程度，②令状主義の諸規定潜脱の意図，③強制力行使の有無・程度を中心に検討し，「令状主義の精神を没却するような重大な」ものではないと結論付けている。（以上の点については，【3】の解説も参照。）

[参考文献]
① 清水真・新報102巻1号227頁
② 酒巻匡・平成6年度重判解165頁
③ 仲谷雄二郎・最判解刑事篇平成6年度152頁
④ 小木曽綾・法教364号6頁

（柳川重規）

Ⅷ 違法収集証拠の排除法則

【134】排除法則(5)
——証拠物発見後の暴行

最(三小)決平 8・10・29 刑集 50 巻 9 号 683 頁，判時 1584 号 148 頁
覚せい剤取締法違反被告事件(平成 6 年(あ)第 611 号)
第 1 審・和歌山地判平 5・4・9
第 2 審・大阪高判平 6・4・28

● 争 点 ●
捜索現場での警察官による暴行と証拠の排除，捜査の違法と証拠排除との関係

1 〈事 実〉

警察官らは被告人の別件覚せい剤所持を被疑事実とする捜索差押許可状により，被告人方の捜索を行い，寝室のテレビ台に置かれていたポケットベルのケースとポケットベル本体との間に銀紙包み入り覚せい剤様の粉末一包みを発見した。この銀紙包みを示された被告人が「そんなあほな」などと言ったところ，その場に居合わせた警察官が，被告人の襟首をつかんで後ろに引っ張った上，左脇腹を蹴り，倒れた被告人に対し，更に数名の警察官がその左脇腹，背中等を蹴った。警察官らはこの銀紙包み入り粉末について予試験を実施した結果，覚せい剤反応があったことから，その場でこの銀紙包み入り覚せい剤(以下「本件覚せい剤」という。)所持の現行犯人として被告人を逮捕するとともに，本件覚せい剤を差押えた。被告人が警察署に引致された後，警察官は取調の過程で，覚せい剤に関する前科のある友人の氏名が記載されている被告人の手帳を示したが，この手帳は上記捜索の際には押収されておらず，その後も任意提出等の法的手続は履践されていなかった。被告人が任意提出した尿から覚せい剤成分が検出され，被告人は，本件覚せい剤所持と覚せい剤使用の事実で起訴された。

第 1 審の和歌山地裁は，本件での暴行は本件覚せい剤発見後に行われたものであるから，暴行を加えたことにより証拠が収集されたという関係にはないが，暴行は捜索差押手続の過程でのものであること，その態様の激しさ，結果の重さからすれば違法の程度も重大であること，令状なしに被告人の手帳を入手している点で令状主義に反する重大な違法があることから，本件捜査は全体として著しく違法性を帯びている，として本件覚せい剤の証拠能力を否定し，さらに尿の証拠能力も否定して被告人を無罪とした。第 2 審の大阪高裁は，本件の警察官らによる暴行は被告人が覚せい剤所持を否認するような発言をしたことに触発されたもので，暴行脅迫によって捜索の目的物のありかを言わせるとか目的物を提出させる場合のように，覚せい剤の発見あるいは押収の手段として行われたものではないから，捜索差押行為の一部とみることはできず，また，暴行は一方的で，その程度も軽微とはいえず，被告人の手帳を現場から持ち出したことも令状主義に反する違法な行為ではあるが，それらの違法行為が捜査を全体として違法なものにし，もはやその間に収集した証拠によって被告人を処罰することが許されないとまで考えることは相当ではないとして，覚せい剤及び尿鑑定書の証拠能力を認め，第 1 審判決を破棄して差し戻した。

2 〈決定要旨〉

上告棄却

〔本件の〕警察官の違法行為は捜索の現場においてなされているが，その暴行の時点は証拠物発見の後であり，被告人の発言に触発されて行われたものであって，証拠物の発見を目的とし捜索に利用するために行われたものとは認められないから，右証拠を警察官の違法行為の結果収集された証拠として，証拠能力を否定することはできない。

なお，前記手帳についても，警察官がこれを入手するについて所定の手続を経ていないことは事実であるが，この手帳の押収手続に違法があるからといって，その違法が，右手帳の入手に先立ち，これと全く無関係に発見押収された本件覚せい剤の証拠能力にまで影響を及ぼすものということはできない。

3 〈解 説〉

1 捜査の違法と排除される証拠の関係

捜査過程のどこかに重大な違法があれば，

その違法と証拠獲得との関係如何を問わずに証拠は排除されるということになると，違法収集証拠排除法則は捜査で集められた証拠すべてを排除し，結局，捜査の違法を理由に訴追を禁ずる原則となってしまう。この点，本決定は証拠物が違法捜査の結果収集された証拠であるか否かを問うことで，証拠排除の範囲に限定を加えようとしている。もっとも，この「違法捜査の結果収集された証拠」とは何をいうのかは，必ずしも明らかではない。違法行為と証拠「発見」との因果関係に焦点を当てているようにも思えるが，捜索現場へ逮捕されていない被疑者を連行し強制的に立ち合わせた場合に，捜索を違法とした下級審の判断（東京高判昭56・4・21高検速報2507号，大阪高判昭59・8・1判夕541号257頁）があるように，不当な実力行使が捜索の一部と見られ，捜索が違法と認定されることはありうる。そして，証拠発見後であっても，被告人が発見された証拠を隠滅しようとするのを阻止する目的で暴行が加えられたなどの場合には，暴行が捜索の一部をなしているともいえる。本決定もこうした可能性を否定するものではなく，たんにこうした事情が本件にはないことから，暴行を捜索の一部と見ることはできないと考えたのではないかと思われる。

ところで，我が国の判例では，違法収集証拠排除法則は「違法に収集された証拠」を排除する原則であるとのこの原則の定義から，証拠を獲得した直接の捜査方法が違法か否かを問うという形で検討が行われることが多かった。本件で証拠の獲得は，直接的には暴行後に逮捕行為を挟んで「逮捕に伴う差押え」として行われている。従来の判例に従えば，この差押が違法か否かが問われることになるが，この点に関連しては，先行手続きに違法があり後行手続がそれと同一目的・直接利用の関係にあれば，先行手続の違法が後行手続に引き継がれるとする判例（【131】）がある。また，本決定の後の判例ではあるが，重大な違法と密接関連にある証拠を，重大な違法により獲得された証拠として排除した判例（【135】）もある。仮に本件で暴行が捜索に含まれ，捜索が違法と認定された場合は，次に，その違法の差押への影響が検討されたはずである。また，暴行が捜索に含まれないとしても，暴行の違法それ自体の差押への影響が問題となる。本決定ではこの点についての検討はないが，本件では暴行が加えられた状態を利用して差押が行われたわけではないので，検討の必要がないと考えたのかもしれない。

このように本決定は，暴行を捜索の一部とは見ることができず，また，差押にも影響を与えていないという事実関係の下で，証拠物を違法捜査の結果収集された証拠とは言えないと判断したものと思われる

2 第1審の判断の問題性

第1審の和歌山地裁は，本件捜査は全体として著しく違法性を帯びているとした。このように捜査過程を全体的に考察して違法か否かを判断する手法を採りうること自体は，平成6年決定（【133】）で認められている。本決定は，この点に触れていないが，おそらく，全体的に考察しても違法とは認定できないとした大阪高裁の判断を是認したのであろう。当初から捜査を違法に行う一つの計画の下に一連の手続が行われているとか，当初の違法行為を積極的に利用して一連の手続が行われているというような場合に，捜査が全体として違法であるとの認定が限定されなければ，結局は，捜査過程のどこかに違法があればすべての証拠が排除されるのと変わらなくなってしまうように思われる。

［参考文献］
① 安村勉・法教200号146頁
② 酒巻匡・平成8年度重判解178頁
③ 洲見光男・判夕949号40頁
④ 三好幹夫・最判解刑事篇平成8年度133頁

（柳川重規）

Ⅷ 違法収集証拠の排除法則

【135】 排除法則 (6)

最(二小)判平15・2・14刑集57巻2号121頁,判時1819号19頁,判夕1118号94頁
覚せい剤取締法違反,窃盗被告事件(平成13年(あ)1678号)
第1審・大津地判平12・11・16
第2審・大阪高判平13・9・14

● 争 点 ●
① 違法の重大性の認定
② 先行手続の違法と証拠排除

1 〈事実の概略〉

窃盗被疑事件につき逮捕状が発付されていた被疑者宅に,警察官等はこの逮捕状を携行せずに赴き,任意同行を求めた。被疑者は逃走したが警察官らに捕捉され,警察署に連行された。逮捕状は警察署で呈示されたにもかかわらず,警察官等は,逮捕現場において逮捕状を呈示して逮捕した旨を逮捕状と捜査報告書に記載した。警察署において被疑者は任意に採尿に応じ,鑑定の結果,被疑者の尿から覚せい剤成分が検出された。この尿鑑定書を疎明資料として,覚せい剤取締法違反被疑事件につき被疑者宅を捜索場所とする捜索差押許可状が発付され,既に発付されていた窃盗被疑事件についての捜索差押許可状と併せて執行された結果,覚せい剤が発見された。被疑者は,覚せい剤の自己使用と覚せい剤所持の2つの公訴事実で起訴され,窃盗の事件についても追起訴された。

公判では逮捕手続の違法性が争点となり,証人として喚問された警察官等は,逮捕の際に逮捕状を呈示した旨を証言した。第1審裁判所は,本件では逮捕状が呈示されなかった疑いがあるにもかかわらず逮捕状を呈示したとの不自然な供述を警察官等が一貫して続けており,本件逮捕手続は令状主義の精神を没却するものであり,その違法逮捕を利用してなされた尿及び尿鑑定書,さらには,それらを利用した捜索の結果得られた覚せい剤は,いずれも証拠能力を認められないと判示した。控訴裁判所も第1審の判断を維持した。

2 〈判 旨〉

一部破棄・差戻
「本件逮捕には,逮捕時に逮捕状の呈示がなく,逮捕状の緊急執行もされていない……という手続的な違法があるが,それにとどまらず警察官は,……逮捕状へ虚偽事項を記載し,内容虚偽の捜査報告書を作成し,更には,公判廷において事実と反する証言をしているのであって,本件の経緯全体を通して表れたこのような警察官の態度を総合的に考慮すれば,本件逮捕手続の違法の程度は,令状主義の精神を潜脱し,没却するような重大なものである……。そして,このような違法な逮捕に密接に関連する証拠を許容することは,将来における違法捜査抑制の見地からも相当でないと認められるから,その証拠能力を否定すべきである……。

本件採尿は,本件逮捕当日になされたものであり,その尿は,上記の通り重大な違法があると評価される本件逮捕と密接な関連を有する証拠である……。また,その鑑定書も,同様の評価を与えられるべきものである。

本件覚せい剤は,……〔上記鑑定書を疎明資料として発付された捜索差押許可状に基づいて行われた捜索により発見されたものであるから〕証拠能力のない証拠と関連性を有する証拠である〔が〕……,本件覚せい剤の差押えは,司法審査を経て発付された捜索差押許可状によってされたものであること,逮捕前に適法に発付されていた被告人に対する窃盗事件についての捜索差押許可状の執行と併せて行われたものであることなど,本件の諸事情にかんがみると,本件覚せい剤の差押えと上記鑑定書との関連性は密接なものではな〔く〕……,本件覚せい剤及びこれに関する鑑定書については,その収集手続に重大な違法があるとまではいえ〔ない〕。」

3 〈解 説〉

1 違法の重大性の認定

本件は,最高裁が昭和53年判決【130】で示した証拠排除基準を適用し,実際に証拠を排除した最初の事例である。本件逮捕は,それ

自体としては、既に発付されていた逮捕状を呈示しなかった点、あるいは逮捕状の緊急執行の手続をとらなかった点で違法であるにとどまるが、それにもかかわらず「令状主義の精神を没却するような重大な違法」があると認定されたのは、警察官が、令状呈示の点について逮捕状及び捜査報告書に虚偽の記載をし、さらには公判で偽証までしたという警察官の態度が総合的に考慮されたことによる。

　この点に関しては、このような警察官の態度が違法逮捕が意図的に行われたことを推認させ、結局本件では、意図的に違法逮捕が行われたことが重視されたのだとする見方がある。他方で、警察による違法活動の隠蔽がもたらす問題の本質は、「違法活動を行っても警察は平気で嘘をつき通す」という印象を国民に持たせることになり、これにより刑事法運用に対する国民の信頼を失墜させる点、さらには、逮捕後の諸手続がもつ適正性に関する事後審査の機能や捜査の可視性を高める機能を掘り崩す点にあり、違法捜査が行われてもそれを隠し通し、事後審査が機能しなくなるような状況を公然と意図的につくり出したものとして本件逮捕が受け止められたこと、それが本件逮捕についての「違法の重大性」認定に繋がったとする見解もある。

　捜索・押収、逮捕・勾留（身体の押収）にあっては「正当な理由」を要件とし、正当理由が具備することを手続的に明確にする（可視性を高める）令状要件も具備しなければならない。この基本要件を本件事例では充足している。これらの要件は、官憲が捜索・押収に当たり遵守すべき義務を体現する「規範」ルールの中核をなすルールであるが、これらを支える他のルールも遵守しなければ、法の規範性は無力となる。この規範的要請の公然たる無視を本判示は直視して、排除法則を適用したとみるのが、適切であろう。

2　先行手続の違法と証拠排除

　直接の証拠獲得手続ではなくそれに先行する手続に違法がある場合に関して、これまでの判例では、昭和61年判決【131】のように、証拠獲得手続と先行手続との間に「同一目的・直接利用」の関係があれば、先行手続の違法を承継するとする考え方、平成6年決定【133】のように、一連の手続を一体のものと見て全体として違法評価を行うとの考え方が示されていた。

　これに対し、本判決では、違法の重大性が認定された手続あるいはそれにより排除される証拠との密接関連の有無で証拠排除を判断するという新たな判断方法が示された。本件で逮捕の違法の程度を判断する際に重視された警察官による公判での偽証などは、採尿の後に行われたものであり、こうした事情が本件でこれまでと異なる判断方法がとられた理由となっているのかもしれない。なお、本件で示されたような判断方法をとれば、直接的な証拠獲得方法ではなく排除法則で否定、あるいは抑止しようとしている違法な捜査活動に焦点が合わされることになるが、規範説や抑止効説に立った場合、これは排除法則の適用上当然に求められることである。だが本判決では、捜索差押許可状によって発見された覚せい剤及びその鑑定書について、証拠排除される尿及び尿鑑定書との密接な関連がないことから、その収集手続に重大な違法がないと判示しており、結局、直接的な証拠獲得方法の違法を問題としているようでもある。

3　派生証拠の許容性

　覚せい剤及びその鑑定書について密接関連性が否定される理由として、本判決では、司法審査を経た上で捜索・差押が行われていること、適法に発付されている窃盗被疑事件についての捜索差押許可状も併せて執行されていること、といった介在事情の存在を挙げている。これは、アメリカでとられている毒樹の果実法理の例外法理である、稀釈法理に類するものであるように思われる。

[参考文献]
① 渥美東洋・現代刑事法5巻11号23頁
② 椎橋隆幸・平成15年度重判解1269号197頁
③ 香川喜八朗・判評545号41頁
④ 清水真・新報110巻9・10号242頁
⑤ 合田悦三・百選〈第10版〉208頁
⑥ 朝山芳史・最判解刑事篇平成15年度21頁

（柳川重規）

【136】ポリグラフ検査結果を示した自白

最(二小)決昭39・6・1刑集18巻5号177頁, 判時379号49頁, 判タ164号95頁
放火傷害被告事件(昭和37年(あ)第2853号)
第1審・浦和地判川越支昭36・7・11
第2審・東京高判昭37・9・26

● 争 点 ●

ポリグラフ検査の結果を告げられた後になされた自白の任意性

■ 1〈事実の概略〉■

被告人は, かねてから親しい仲にあった男に冷遇されたのを恨み, 同人宅に放火して怨みを晴らそうと企て, 同人宅の隣家に放火延焼させようとして, 上記隣家内に放火してこれを全焼させた。その際, 上記男宅に延焼する見込みがなくなったので, 同人を殴打しようとの決意で同人方に赴き, 棒片で同人の妻を同人と見間違えて頭部を殴打し同女に頭部切打創を負わせたことにより, 放火罪と傷害罪に問われた。被告人は, 当初警察で身柄拘束はされないまま取調を受け, その間上記犯行の否認をつづけていたが, 3回目の取調の際, 捜査官の求めに応じてポリグラフ検査を受け, その結果検査官から口頭で容疑濃厚との結果を聞いた捜査官が, 結果が黒であると告げて問いただしたところ, しばらく沈黙の後, 本件事実の全部を告白するに至った。第1審は, 上記事実を認定したうえで被告人に懲役5年の判決を言い渡した。これに対し, 弁護人は, 本件での自白調書は自白を強制した結果なされた自白を録取したものであり, さらにポリグラフ検査が科学的に正確だとは承認されていない以上, 328条により証拠として許容したのは違法との理由で控訴した。これに対し, 第2審は, 否認している被疑者に対しかかる告知を為すことが被疑者に心理的拘束を加えることは否定できず, 避けるべきなのはもちろんであるが, かかる告知が必ずしも自白の強制になるとは解し難いと述べ, 本件では, 取調官は検査結果が黒であると告げて, もし覚えがあるならそのように述べるほうがよいと, 被告人にいわば諦めのきっかけを与えた程度に止まり, 他に例えば黒と出た以上, 被告人がやったことは全く間違いないとか, 到底逃れることができないといったようなことはないから, 検査結果をたてに自白を強制したとはいえないし, ポリグラフ検査は相当の確率を示していると認められるから, 少なくとも328条のいわゆる反証として証拠能力を有すると判断し, 第1審判決を支持した。弁護人は, 心理拘束がなぜ自白の強要にならないのか, 被告人はかつて警察の取調を受けたことのない家庭の主婦という点を考えれば, 本件の状況下では強制により得られた自白にあたるとして控訴趣意書とほぼ同様の理由で上告した。

■ 2〈決定要旨〉■

上告棄却
弁護人は憲法38条1項, 2項違反をいうが, 取調官が自白を強要した事跡は認められないので右違憲の主張は前提を欠くものであり, その余は事実誤認, 単なる訴訟法違反の主張を出でず, 以下すべて刑訴法405条の上告理由に当たらない(記録によって本件捜査中における最初の自白がなされた経過をみると, 当初否認していた被告人に対し, その承諾のもとに, 鑑識の専門係員によってポリグラフ検査を行ない, その後の取調に当って, 取調官が右検査の結果を告げ, 事実を述べるように話したところ, 被告人はしばらく沈黙していたが, やがて関係者に内密にしてくれるよう頼んでから, 本件犯行をすべて自白するに至ったというもので, その間には取調官が自白を強要したと認めるべき事跡は見当らず, その自白の任意性を疑うべき事情も窺われない)。

3 〈解　説〉

　本決定は，ポリグラフ検査に関する最初の最高裁判所の判断であるが，本件では，ポリグラフ検査結果自体の証拠としての許容性でなく，検査結果を告げた後になされた自白の許容性が問題となった。ポリグラフ検査結果自体の証拠としての許容性については，最決昭44・2・4刑集22巻2号55頁が一種の鑑定書として321条4項により証拠能力を認めている（【142】参照）。

　憲法38条2項は「強制，拷問，若しくは脅迫による自白または不当に長く抑留若しくは拘禁された後の自白は，これを証拠とすることはできない」と規定する。これを受けて，319条1項は「強制，拷問又は脅迫による自白，不当に長く抑留又は拘禁された後の自白その他任意にされたものでない疑のある自白は，これを証拠とすることができない」と定めている。

　本件において，被告人に対してその承諾の下鑑識の専門係員によってなされたポリグラフの検査結果について，検査官から口頭で容疑濃厚との結果を聞いた捜査官が，結果が黒であると告げて問いただし，真実を供述するように求めたことが，不当な心理的強制となるか否かが問題となる。

　心理的強制も，被疑者・被告人を混乱に陥れ，自己の利益を考慮できなくさせる場合があることから，憲法38条2項にいう「強制」には，物理的強制だけでなく，心理的強制も含まれるというべきである。社会的相当性を欠く手段により不当に心理的強制を加え自白を得ることも禁止される。

　鑑定の結果が信頼性に乏しいものであったり，実際とは異なる結果を告げたりした場合に，偽計・詐術を用いた自白の採取となることは別として，鑑定の結果などを示して取調を行うことは，それをもって直ちに通常不当な心理的強制を加えて自白を得たということはできない。ポリグラフの結果を示した本件でも，ポリグラフの結果が及ぼす心理的影響は決して弱いものではないと思われるが，直ちにそれにより，不当な心理的拘束をもたらすとはいえない。そこで被告人において，自白をなすしかないという心理的拘束を受けたかどうかが問題となる。結果の提示の方法に行き過ぎがあったり，被告人に知的障がいがあるなど特別に斟酌すべき事情に対する配慮を怠っているような情況がある場合には，それにより得られた自白について許容することはできない。

　例えば，取調官が，検査方法が科学的に見て誤りのないものであり，その結果が出ている以上言い逃れはできないなど，ポリグラフの性能や検査の正確性を誇張するなどして自白を迫り，あるいはそうしたことにより，被告人がポリグラフの検査結果に反する事実を示すのはきわめて困難であるか，不可能であり自白するしか途はないと考えた場合には不当な心理的強制といえるであろうが，本件の事実関係の下では，取調官は検査結果が黒だったので，もし覚えがあるならそのように述べるほうがよいと述べたにとどまっているので，不当な心理的強制の程度にまでは至っていないということができよう。

　自白に関する心理的拘束，強制に関する問題は具体的事案ごとに解決すべき問題である。本決定も，一般的にポリグラフ検査結果の告知が自白の証拠能力に影響を及ぼさないとするものではなく，本件の具体的事情の下において理解されるべきであろう。

［参考文献］
① 渥美東洋・警研46巻6号110頁
② 吉川壽純・研修371号
③ 西川潔・最判解刑事篇昭和39年度52頁

（麻妻和人）

IX　自白法則

【137】約束自白

最(二小)判昭41・7・1刑集20巻6号537頁, 判時457号63頁
収賄被告事件(昭和40年(あ)第1968号)
第1審・岡山地判昭37・12・20
第2審・広島高岡山支判昭40・7・8

● 争　点 ●
① 自白排除の根拠
② 約束はあったのか

1〈事実の概略〉

被告人Aの司法警察員および検察官に対する各供述書の任意性の有無について, 被告人に賄賂を贈ったBの弁護人Oは, BよりAのためにも尽力するよう依頼されていたので, 事件担当検事Cと面談した際, Aのため陳弁したところ, Cより, 被告人が見えすいた虚構の弁解をやめて素直に金品収受の犯意を自供して改悛の情を示せば, 検挙前金品をそのまま返還しているとのことであるから起訴猶予も十分考えられる案件である旨内意を打ち明けられ, 且つ被告人に対し無益な否認をやめ率直に真相を自供するよう勧告したらどうかという趣旨の示唆を受けたので, 被告人の弁護人Mともども留置中の被告人に面接し,「検事は君が見えすいた嘘を言っていると思っているが, 改悛の情を示せば起訴猶予にしてやると言っているから, 真実貰ったものなら正直に述べたがよい。馬鹿なことを言って身体を損ねるより, 早く言うて楽にした方がよかろう。」と勧告した。Oは金品を返還したとのAの弁解を信じていたので, 金品を返還しているということがCの内意の前提であることはAにつたえなかった。被告人は, 同弁護士の言を信じ起訴猶予になることを期待した結果, その後の取調から順次金品を貰い受ける意図のあったことおよび金銭の使途等について自白するに至った。この自白内容からAは金銭の大半を費消している事実が判明した結果, CはAを訴追した。第1審では前記供述調書等を証拠としてAを有罪と認定した。

Aは上記各供述調書の任意性のないこと等を主張して控訴したが, 控訴審はこれを退け, 自白調書の任意性を認めた。被告人上告。

2〈判　旨〉

上告棄却

「福岡高等裁判所の判決(昭和29年3月10日高裁刑事判決特報26号71頁―筆者)は, 所論の点について,『検察官の不起訴処分に付する旨の約束に基づく自白は任意になされたものでない疑いのある自白と解すべきでこれを任意になされたものと解することは到底是認しえない。したがって, かかる自白を採って以て罪証に供することは採証則に違反するものといわなければならない。』と判示しているのであるから, 原判決は, 右福岡高等裁判所の判例と相反する判断をしたこととなり, 刑訴法405条3号後段に規定する, 最高裁判所の判例がない場合に控訴裁判所である高等裁判所の判例と相反する判断をしたことに当たるものといわなければならない。そして, 本件のように, 被疑者が, 起訴不起訴の決定権をもつ検察官の, 自白をすれば起訴猶予にする旨のことばを信じ, 起訴猶予になることを期待してした自白は, 任意性に疑いがあるものとして, 証拠能力を欠くものと解するのが相当である。

しかしながら, 右被告人の司法警察員及び検察官に対する供述調書を除外しても, 第1審判決の挙示するその余の各証拠によって, 同判決の判示する犯罪事実をゆうに認定することができるから, 前記判例違反の事由は, 同410条1項但書きにいう判決に影響を及ぼさないことが明かな場合に当たり, 原判決を破棄する事由にはならない。」

3 〈解 説〉

1 本判決は約束自白に関する最初の最高裁判断というのが通説的理解である。従来自白を排除する根拠として，虚偽排除，黙秘権擁護，違法排除といった視点が上げられて来ている。本件の自白内容が真実であることから自白入手方法の違法を指摘して排除したものと本判決を理解する学説も有力（後掲・小田中）である。果たしてそうか。

2 第1に本判決は原判決が福岡高裁の先例に相反するものだと指摘している。この先例は，被告人の「金2,000円を供与した旨の供述は元来副検事某の被供与者の氏名を表白してもこれを起訴しない旨の約束に基づきなされた……自白」であり，こうした約束に基づく自白は任意性に疑いがあるとするもので，319条1項違反と捉えているにすぎない。本判決は，原判決を判例違反とし，憲法違反とはしているものではないので，刑訴法上の問題と捉えているにすぎないことに注意すべきである。第2に本件では検察官は被疑者にも被疑者の弁護人にも約束をしていない。金品の返還を前提として，贈賄側の弁護人に起訴猶予もありうると述べたに過ぎない。検察官が弁護人に被疑者が自白するように勧告することも，通常行われることで，なんら違法ではない。第3に，本判決には「被疑者が，起訴不起訴の決定権をもつ検察官の，自白をすれば起訴猶予にする旨のことばを信じ，起訴猶予になることを期待してした自白」との表現があるが，検察官が約束をしていない以上，これは「被疑者の心理に即して解した」（後掲・河上）表現と解すべきである。すなわち贈賄側の弁護人の言葉に自分の弁護人がなんら異義を述べないことから，約束がないにもかかわらずあると信じたことに相当の理由があるとして，自白の任意性を否定したのである。従って本判決は，取調官の取調時の違法により得た自白を排除したものと理解されるべきではなく，第三者が作出した虚偽を誘発しやすい状況の中で入手した自白を排除したものであり，虚偽排除の観点から理解すべき（後掲・河上）であろう。第4に，福岡高判平5・3・18判時1489号159頁は，他の事件を送検しないという約束の下で作成された被疑者の自白調書は任意性に疑いがあるとして排除したものであるが，この判決は本件に何ら言及していない。本件を約束自白の判例と位置づけているなら，当然本件を引用し，本判決により排除したはずである。そうはしていないということが福岡高裁も本件を約束自白の先例とは理解していないことを物語っている。以上のことからすれば本件を約束自白に関する先例とする通説の理解は不当ということになろうし，自白採取の違法性に着目した判例と理解する学説も適切ではないことになろう。本件は，河上説の説くように，約束がないにもかかわらず有るものと誤信した，即ち錯誤に陥ったあげくの自白として，虚偽を誘発しやすい状況の下で得られた自白を排除したものと理解されるべきである。

3 取調官と被疑者との間で一定の，内容の適正な約束がなされ，その約束を遵守してなされた取調により自白を入手した場合に，その自白を排除すべきかいなかは今後に残された課題と言えよう。

[参考文献]
① 河上和雄「自白」証拠法ノート2, 228頁以下
② 小田中聰樹・警研39巻9号129頁

（香川喜八朗）

IX 自白法則

【138】切り違え尋問による自白

最(大)判昭45・11・25刑集24巻12号1670頁，判時613号18頁
銃砲刀剣類所持等取締法違反，火薬類取締法違反被告事件（昭和42年(あ)第1546号）
第1審・京都地判昭41・8・12
第2審・大阪高判昭42・5・19

● 争 点 ●
自白の任意性の判断方法

1 〈事実の概略〉

銃砲刀剣類所持等取締法等違反事件において，被告人は拳銃等の買受および所持につきその妻Tとの共謀関係を否認していた。そこで検察官Mは，実際はTが自供していないのにかかわらず，Tが上記共謀関係を自供した旨告げて説得したところ，まもなく被告人は共謀関係を認めたので，被告人をTと交替させて，Tに対し，被告人が共謀を認めている旨告げて説得すると，Tも被告人との共謀関係を認めたので，直ちにその調書をとり，Tを被告人と交替させて，被告人に対し再度，Tも共謀を認めているが間違いないかと確認したうえ，その調書をとった。さらに，司法警察員FはMより被告人の調べ直しの指示を受け，取り調べた結果，供述調書を作成した。第1審は上記Fの供述調書等を証拠として，被告人を有罪とした。被告人側は，検察官の上記取調方法（いわゆる「切り替え」尋問）は欺瞞と誘導を用いた違法な取調方法であり，その結果得られた被告人およびTの各供述は任意性を欠き証拠能力がないとして控訴した。原審は，検察官の取調方法は一種の偽計を用いたもので，それはできるかぎり避けるべきものであるが，単に偽計を用いたという理由のみで違法視することはできず，偽計に虚偽の自白を誘発する蓋然性の大きい他の要素が加わった場合にのみ，よって得られた自白は任意性を失うとした後，本件の場合，偽計は用いられたが，それ以上に上記のような事情が認められないから，被告人およびTの自白は任意性がある，として控訴を棄却した。それに対し，被告人側は，被告人のFに対する供述調書中のTと共謀して拳銃および実包を所持した旨の自白は，刑訴法319条の不任意の疑のある自白に当り，証拠能力が認められないものであるにかかわらず，上記自白に任意性を認めた原判決の判断は憲法38条1，2項の解釈を誤り，31条にも違反するとして，上告を申し立てた。

2 〈判 旨〉

破棄差戻

「捜査手続といえども，憲法の保障下にある刑事手続の一環である以上，刑訴法1条所定の精神に則り，公共の福祉の維持と個人の基本的人権の保障とを全うしつつ適正に行なわれるべきものであることにかんがみれば，捜査官が被疑者を取り調べるにあたり偽計を用いて被疑者を錯誤に陥れ自白を獲得するような尋問方法を厳に避けるべきであることはいうまでもないところであるが，もしも偽計によって被疑者が心理的強制を受け，その結果虚偽の自白が誘発されるおそれのある場合には，右の自白はその任意性に疑いがあるものとして，証拠能力を否定すべきであり，このような自白を証拠に採用することは，刑訴法319条1項の規定に違反し，ひいては憲法38条2項にも違反するものといわなければならない。」本件の場合，「偽計によって被疑者が心理的強制を受け，虚偽の自白が誘発されるおそれのある疑いが濃厚であり，もしそうであるとするならば，前記尋問によって得られた被告人の検察官に対する自白およびその影響下に作成された司法警察員に対する自白調書は，いずれも任意性に疑いがあるものといわなければならない。しかるに，原判決は，これらの点を検討することなく，たやすく，本件においては虚偽の自白を誘発するおそれのある事情が何ら認められないとして，被告人の前記各自白の任意性を認め，被告人の司法警察員に対する供述調書を証拠として被告人を有罪とした第1審判決を是認しているのであるから，審理不尽の違法があり，これを破棄しなければいちじるしく正義に反するものというべきである。」

3 〈解 説〉

本判決は偽計を用いて入手した自白の採証を憲法違反であると判示しただけでなく，その理由づけも，当該自白の信憑力の欠如に求めるよりも，自白入手方法の妥当，適切さの欠如に求めた点で，従来の判例の立場と異なるものがあるので，かなりの注目を浴びたものであった。ところで，自白を証拠から排除する理由には，次の3つのものがあるといわれてきた。1つは，自白内容の虚偽性の虞れ，信憑力の欠如の虞れであり，第2は，自白者の供述の自由の侵害であり，第3は，自白者の供述の自由の侵害をも含む，個人の憲法上保障された基本権侵害である。自白者の供述の自由の侵害がなく，自白が基本権侵害を伴う方法を直接または間接にして入手されていない場合であっても，自白内容が虚偽である蓋然性の高い場合には，その自白を証拠に利用できないとすべきで，当然，証拠法の内容となるべきであろう。その意味で，証拠法上は，虚偽の虞れを理由とする自白の排除の立場は，けっして捨てられるものではない。そして，このような理解は，憲法上の自白の「任意性」の問題，刑訴法の「任意性」の問題（憲38条2項，刑訴319条）の検討に，何らかの影響を及ぼさざるをえない。とくに，自白者の供述の自由の侵害の有無を決する場合にはそうである。供述の自由の侵害とは無関係の基本権侵害があったことを理由に自白を証拠から排除するには，供述内容の真実性，虚偽性の蓋然性への顧慮が不要であるといってもよい。しかし，自白者の供述の自由への侵害が自白排除の根拠となる場合には，供述内容の真実さ，虚偽性の蓋然性が相当に考慮されざるをえない。また逆に，真実に適った自白を入手し，虚偽の虞れの高い自白を入手する危険を少なくするには，自白者に虚偽の虞れの少ない状況で供述を求める取調方法を確立する必要が高くなる。ところで，偽計による自白について，従来，判例は多く虚偽排除の観点を前面に出してきている。「偽計の下においてなされた自白だからといって，一概にその証拠能力や証明力を否定すべきものでなく，その偽計の内容や供述者の年齢，知能，供述当時の精神状態等諸般の事情を検討し，その偽計が虚偽の自白を誘発する程度のものであったか否か，また相手方がその偽計によって虚偽の自白をした疑いがあるか否かによって決定せらるべきである」とした下級審の判断（広島高岡山支判昭27・7・24判時特20号148頁）はその典型である。ところが，本判例と不起訴の約束による自白を任意性に疑いがあるとして排除した判例（最判昭41・7・1刑集20巻6号537頁）の双方は，約束や「偽計によって被疑者が心理的強制を受け，虚偽の自白が誘発されるおそれのある疑いが濃厚で」あることを自白排除の理由にはしているが，入手された当該自白と当該偽計や約束が因果の関係にあって，具体的に偽計や約束が内容の虚偽の自白を結果したとまで認定する必要のないことを示した点で，従来の立場から離れている。一般的に虚偽の自白を生みやすい偽計や約束による尋問方法を適正手続の観点から厳に回避すべき許されないものといって，当該自白の内容の虚偽性に関する諸事情のみならず，取調方法の違法という自白者の供述の自由を侵害する事情も「任意性」判断の事情にあげたからである。内容の真実性と捜査方法の適法性という全体事情を評価するいわゆる「任意性」説によったといえるであろう。

[参考文献]
① 渥美・新刑訴法353頁
② 田宮・入門3訂版196頁
③ 山中俊夫・百選［第3版］85
④ 鈴木茂嗣・憲法百選Ⅰ90
⑤ 鬼塚賢太郎・最判解刑事篇昭和45年403頁
⑥ 松尾浩也・警研44巻4号93頁

（椎橋隆幸）

IX 自白法則

【139】接見制限と自白の任意性

最(二小)決平1・1・23判時1301号155頁，判タ689号276頁
贈賄，受託収賄，詐欺，恐喝，不動産侵奪，証憑偽造教唆
等被告事件(昭和58年(あ)第1324号)
第1審・水戸地判昭54・3・23
第2審・東京高判昭58・6・28

● 争 点 ●
① 効果的弁護とは何か
② 接見の趣旨

1 〈事実の概略〉

被告人は，詐欺事件で公訴提起され，その勾留中に，恐喝被疑事実で更に逮捕・勾留されていた。検察官は昭和41年11月28日上記恐喝被疑事件につき，一般指定を行い，同月30日に詐欺事件の弁護人A，Bに対し，同年12月1日同C，Dに対し，それぞれ接見の日時，時間，場所を指定した指定書を交付し，上記弁護人らは，上記各日時被告人と接見した。同年12月2日，検察官は余罪である贈収賄事実について被告人を取り調べていたところ，被告人が「弁護士とあってから話す」と自白をほのめかしたため，検察官は午後3時か4時ころに接見を求めてきた弁護人Bに対し接見指定を行い，同弁護人は同日午後4時25分から4時45分まで被告人と接見した。被告人はその直後ごろ，上記収賄の事実を自白するに至った。ところが，上記取調中弁護人Dが接見を求めて来たので，検察官は取調中であることを理由にそれを拒否したため，弁護人Dは，取調終了後の午後8時58分から50分間被告人と接見をした。弁護人Bに接見を許しても，Dに接見を拒否したことは不当な接見制限であり，弁護権侵害であるとして上告。

2 〈決定要旨〉

上告棄却

昭和41年12月2日当時，被告人に対しては詐欺被告事件の勾留と恐喝被疑事件の勾留が競合していたが，同日は，担当検察官が余罪である贈収賄の事実を取り調べていたところ，同被告人は，午後4時25分から4時45分まで弁護人Bと接見した直後頃，右贈収賄の事実を自白するに至ったのであり，また同日以前には，11月30日に弁護人AとBが，12月1日に弁護人CとDがそれぞれ同被告人と接見していたというのである。他方，記録によれば，D弁護人は，12月2日午後4時30分ころ同被告人との接見を求めたところ，担当検察官が取調中であることを理由にそれを拒んだため接見できず，その後同日午後8時58分から50分間同被告人と接見したことが認められるものの，前記のように，右自白はB弁護人が接見した直後になされたものであるうえ，同日以前には弁護人4名が相前後して同被告人と接見し，D弁護人も前日に接見していたのであるから，接見交通権の制限を含めて検討しても，右自白の任意性に疑いがないとした原判断は，相当と認められる。

3 〈解 説〉

1 最決昭41・7・26は，公訴提起された犯罪事実を理由に勾留されている被告人について，公訴提起後は，余罪について捜査の必要が有る場合であっても，検察官等は，被告事件の弁護人または弁護人となろうとする者に対し，39条3項の指定権を行使しえないものと解すべきとした。これに対し，最決昭55・4・28は被告人勾留と余罪での被疑者勾留が競合している場合には，余罪捜査の必要から，検察官等は被告事件について防御権の不当な制限にわたらない限り，指定権を行使できるものと解すべきであるとした。本件は被告人勾留と被疑者勾留が競合している場合ではあるが，接見を拒否された弁護人が接見を申出た時点で取調対象となっていたのは，身柄拘束されていない余罪であった。41年決定を，逮捕・勾留できるほどの十分な根拠がない事件，又はその必要のない事件については取調の必要も高くはないとして接見指定を否定したのだと位置づけるのであれば，本件も取調対象が逮捕・勾留されていない余罪なのだから，同様に接見指定を違法としうる場合であったとも言えるのである。本件はこの点については直接言及することを避け，自白の任意性の問題としてとらえる。

2 従来最高裁は，自白の証拠能力の有無は

自白の任意性の有無によるとし，任意性については虚偽排除を中心的視点として考察し，違法捜査により得られた自白の証拠能力については当該違法捜査と自白との因果関係を要するものとしてきているとされる。弁護権侵害により入手した自白に関するリーディングケースたる最判昭28・7・10は，被告人勾留と被疑者勾留とが競合している被告人とその弁護人との接見が2，3分に制限されたのは短時間に過ぎ不当であるとしつつも，この不当な措置及び接見の際に警察官が立ち会っていたという事実があったとしても直ちに自白が任意にされたものでない疑いがあるとは断定できないから，任意性の有無は自白がなされた当時の情況に照らして判断すべきであるとした。本件も「検察官のとった措置に所論のような瑕疵があったとしても，これがため常に被疑者の供述の任意性を疑わしめその任意性の有無はその供述をした当時の状況に照らし判断すべき」として，任意性に疑いがないとした原審判断を相当としているのであるから，当然28年判決を踏襲したものと位置付けられる。

3　本件の接見制限を違法とし，自白に関する違法排除説に従い自白を排除すべきとの見解（後掲，白取）もある。確かにB，D両弁護人からの接見申出に対し，Bに接見を認め，Dには認めないのは不当かもしれない。ただ，最決昭57・5・25は，弁護人となろうとする者との接見が拒否されていた期間中，弁護人については適法に接見が認められているとして，憲法34条前段，37条違反の主張はその前提を欠くとしている。複数の弁護人が関与している場合にその全員に充分満足のいく時間接見を認めねばならないとは解されないことは，大規模な弁護団が組織された場合を想起すれば，明らかであろう。要は被疑者，被告人に実質的，効果的弁護が付与されたかいなかが問われるべきであろう。

[参考文献]
① 安村勉・重判解平成元年189頁
② 白取祐司・法セ417号113頁
③ 和田康敬・別冊判タ12号129頁
④ 岡部泰昌・判時1318号230頁

（香川喜八朗）

IX 自白法則

【140】違法逮捕後の反覆自白

最(三小)判昭58・7・12刑集37巻6号791頁,判時1092号127頁
現住建造物等放火被告事件(昭和55年(あ)第790号)
第1審・神戸地判昭52・7・1
第2審・大阪高判昭55・3・25

● 争 点 ●
違法逮捕後の反覆自白の証拠能力

1 〈事実の概略〉

クラブホステスJ子の居室から出火した事件を捜査していた捜査官は,被告人が,同女が交際していた男が他にいたことによる怨恨で放火したのではないかとの嫌疑を抱いたが,出火当時被告人が現場にいたことを目撃した者もなく,逮捕状入手に必要な相当理由を収集できなかったので,被告人がJ子の居室に無断で立ち入ったことを理由とする住居侵入事件の取調をして自白を入手した。この自白を疎明資料として放火被疑事件の逮捕状を入手して,住居侵入による身柄拘束から被告人をいったん釈放後,放火被疑事件で令状逮捕した。その後,勾留,及び勾留延長がなされ,被告人は勾留のまま放火により起訴された。この勾留中に消防署員による出火原因調査に関する消防調書が作成された。第1審は,放火事件についての被告人の司法警察員及び検察官に対する供述をすべて違法な(別件)逮捕・勾留中に入手された証拠だとして証拠能力を否定したが,被告人の裁判官に対する勾留質問調書,消防調書などを証拠に,被告人を放火事件につき有罪と認定した。被告人は逮捕の違法が勾留に継承されること,消防調書は黙秘権の告知をしないで作成したものであることなどを理由に控訴したが,控訴審はこれらの主張を却けて控訴を棄却した。被告人は,憲法33条違反の逮捕下で採取された自白を資料とする逮捕は違法であり,勾留質問による自白もその成果であること,消防調書は違法捜査と密接不可分の関係にあり,憲法31条により将来の違法捜査抑制のため,証拠から排除されるべきことを主張して上告した。

2 〈判 旨〉

上告棄却

上告を単なる法律違反の主張であって適法な上告理由に当たらないとしたが,職権でつぎのように判断した。

「勾留質問は,捜査官とは別個独立の機関である裁判官により行われ,しかも,右手続は,勾留の理由及び必要の有無の審査に慎重を期す目的で,被疑者に対し被疑事件を告げこれに対する自由な弁解の機会を与え,もって被疑者の権利保護に資するものであるから,違法な別件逮捕中における自白を資料として本件について逮捕状が発付され,これによる逮捕中の本件についての勾留請求が行われるなど,勾留請求に先立つ捜査手続に違法のある場合でも,被疑者に対する勾留質問を違法とすべき理由はなく,他に特段の事情のない限り,右質問に対する被疑者の陳述を録取した調書の証拠能力を否定すべき」ではない。「消防法32条1項による質問調査は,捜査官とは別個の独立の機関である消防署長等により行われ,しかも消防に関する資料収集という犯罪捜査とは異なる目的で行われるものであるから」,違法逮捕中の自白を資料として発付された勾留状による勾留中に被疑者に対し右質問調査が行われた場合でも,その質問を違法とすべき理由はなく,「消防職員が捜査機関による捜査の違法を知ってこれに協力するなど特段の事情のない限り,右質問に対する被疑者の供述を録取した調書の証拠能力を否定すべき」でない。

憲法38条1項は被告人等を尋問するに際し予め黙秘権の告知を求めていない。

(なお,勾留質問による自白と消防調書の証拠能力に関して,違法排除法理に立つ伊藤裁判官の補足意見がある。)

3 〈解 説〉

1　本件は先行自白が違法に入手された場合の後の反覆自白の許容性について判断した最初の最高裁判例である。法廷意見は排除法理によることを明言していないが伊藤意見は「排除法理」によるべきことをいう。法廷意見は，自白については，排除法理によらずに事情の総合説又は任意性説によって「各」自白の任意性が検討されるべきだとする立場に立っているとみることもできる。

2　プライヴァシー侵害のときの排除法理と供述の自白の侵害の場合とでは（証拠）排除の根拠も範囲も異なる。排除法理は典型的には，憲法35条違反のプライヴァシー侵害に関係する。物証が違法に入手されればその時にプライヴァシー侵害（実害）が生じ，この違法は毒樹となり，一旦発生した違法は消失しない。この違法とは独立した源から証拠が入手されたかその違法との関係が稀釈されているとみる場合でなければ後の証拠は毒樹果実として排除される。これに対し憲法38条1項が関係する供述の自由の侵害の場合は，最初の自白が違法に入手されても後の自白が供述者の自由意思に基づいてなされることはありうるので，「各」自白の許容性を問うのが原則である。自白の許容性は通常，自白の際の事情を総合して決められるべきものである。また，物証はそれを説明する供述があってこそ初めて意味をもちうる場合が多い点で供述の方が物証よりも重要性が高い。また，任意性が害されていない場合，憲法38条1項の弾劾主義の枠組みを前提とすれば，公判に入って初めて違法が発生するのであり自白段階から違法となるわけではない。

3　自白は「各」自白について供述の自由の侵害の有無を検討するのが原則だが，最初の自白の「任意性」を害する強制，拷問，強迫等がある場合は，供述の自由の侵害が「実際に」生じており，また，その影響は後まで引き続く（一旦自白した以上後の抵抗は無駄だと観念してしまう）蓋然性が高いとみられるので，第1自白を「毒樹」とみて排除法理と同様の取扱をすることができよう。このとき，第1自白の影響が完全に払拭されていることを示す特別事情——例えば，「第1自白が証拠にならないことを告げられたうえで」，権利告知を十分に受けて全く強制を受けることなく完全に任意な意思や悔悟の情から自白したといった事情——が示されたような場合でなければ，第2自白は，「独立源」から得られた又は毒性を「稀釈」されたとはいえないだろう（稀釈法理の先例として引用されるWong Sun v. United States, 371 U.S. 471（1963）は，違法逮捕時の自白後に，適法にアレインメント（罪状告知手続）に引致され出頭の約束に基づき保釈され，その数日後に自らの意志で戻って署名のない自白した事例であり，この自白は，違法逮捕の果実ではないと判示された。果実か否かが争われた第二次証拠たる「自白」は，被告人が自ら任意に出頭して自白した場合であった。毒性は「稀釈」されていると判示されたが，第二次供述時には自白に関して最初の供述とは別の独立の意志が働いていたとみることができる場合である）。だが，最初の自白の違法の程度が任意性を害する程でなく（例えば，ミランダ違反のような場合），第二自白が任意の自由な意思でなされていれば，その違法を毒樹とみないで各自白の供述の自由を検討する取扱をすることができよう（上記の特別事情の立証は不要となろう）。自白の場合と排除法理とを同じく扱うと，自白排除の範囲を拡げすぎ，同時に，プライヴァシー侵害のときの排除の範囲を不当に狭めることにもなる。

4　本件では，最初の違法の性質について明示の判断がない。法廷意見は，最初の自白の違法を前提としても，（その違法とは独立した）勾留質問の場合と，捜査機関の違法とは独立した，犯罪捜査とは異なる目的での消防官による質問の場合には，第2自白は自動的に合法となる旨判示したと解されるが，最初の自白の違法の程度如何によって第2自白への影響度が相当異なる。本件は，第1自白の任意性が害された場合の反覆自白については判示していないと解すべきであろう。

[参考文献]
① 渥美東洋・曹時39巻5号
② 渥美東洋・新報91巻5・6・7号
③ 渥美東洋（代表）『米国刑事判例の動向1』8事件
④ 椎橋隆幸・法教99号92頁

（中野目善則）

【141】不任意自白に基づいて発見された証拠物

大阪高判昭52・6・28刑月9巻5・6号334頁,判時881号157頁,判タ357号337頁
傷害,窃盗,爆発物取締罰則違反,建造物損壊,器物損壊(建造物損壊,器物損壊についての変更後の訴因激発物破裂)被告事件(昭和51年(う)第758号)
第1審・大阪地判昭51・4・17

● 争 点 ●

不任意の自白に基づいて発見押収された証拠物に関する書証の証拠能力

1〈事実の概略〉

被告人は,①爆弾材料の窃盗,②派出所爆破,③傷害,④爆弾製造所持の公訴事実で起訴された。第1審は①②③については有罪としたが,④については無罪とした。原判決が,④を無罪とした理由は,被告人の捜査段階における自白は任意性を欠く疑いがあるので,その証拠能力を認め難く,上記の任意性を欠く疑いのある自白に基づいて発見押収した各証拠物並びに上記証拠物について,その所在場所と所在状況を明らかにする捜査官作成の検証調書及びこれに関する鑑定書についても,上記の任意性を欠く疑いのある自白に直接由来するものであるから,証拠能力を欠き,法廷における被告人の自白以外に他の補強証拠がないというものであった。これに対し,検察官が控訴した。

2〈判 旨〉

破棄差戻

本判決は自白の任意性を否定すべき違法な取調が行われたのは上記②の事実に関してであり,違法な手段と④の事実に関する自白との間に関連性はないとして事件を原審に差し戻した。さらに不任意自白に基づいて得られた証拠について次のように判示した。

「『不任意自白なかりせば派生的第二次証拠なかりし』という条件的関係がありさえすればその証拠は排除されるという考え方は広きにすぎるのであって,自白採取の違法が当該自白を証拠排除させるだけでなく,派生的第2次証拠をも証拠排除へ導くほど重大なものか否かが問われねばならない」。違法に採取された自白の排除の中には,(1)憲法38条2項,刑事訴訟法319条1項の「強制,拷問又は脅迫による自白,不当に長く抑留又は拘禁された後の自白」のように虚偽排除を背景に持ちつつ人権擁護の見地から自白の証拠使用が禁止されるもの,(2)刑事訴訟法319条1項の「その他任意にされたものでない疑のある自白」のように,主として虚偽排除の見地から自白の使用が禁止されるもの,(3)憲法31条の適正手続保障による見地から自白の証拠使用の禁止が問題とされるもの等があり,「自白獲得手段が,拷問,暴行,脅迫等乱暴で人権侵害の程度が大きければ大きいほど,その違法性は大きく,それに基づいて得られた自白が排除されるべき要請は強く働くし,その結果その趣旨を徹底させる必要性から不任意自白のみならずそれに由来する派生的第二次証拠も排除されねばならない」。これに対し,自白獲得手段の違法性が直接的人権侵害を伴うなどの乱暴な方法によるものではなく,虚偽自白招来の虞がある手段や,適正手続保障に違反する手段による場合には,「それにより得られた自白が排除されれば,これらの違法な自白獲得手段を抑止しようという要求は一応満たされると解され,それ以上派生的第二次証拠までもあらゆる他の社会的利益を犠牲にしてでもすべて排除効を及ぼさせるべきかは問題である」。刑訴法1条が犯罪の解明,真実発見と人権,適正手続の保障との調和を十分考慮に入れる必要があるとしていることに照らし,「この場合の虚偽自白を招くおそれのある手段や,適正手続の保障に違反して採取された不任意自白に基因する派生的第二次証拠については,犯罪事実の解明という公共の利益と比較衡量のうえ,排除効を及ぼさせる範囲を定めるのが相当と考えられ,派生的第二次証拠が<u>重大な法益</u>を侵害するような重大な犯罪行為の解明にとって必要不可欠な証拠である場合には,これに対しては証拠排除の波及効は及ばない」。この場合でも「当初から,計画的に右違法手段により採取した自白

を犠牲にしてでも，その自白に基づく派生的第二次証拠の獲得を狙いとして右違法な手段により自白採取行為に出たというような特段の事情がある場合には，その自白採取手段の違法性は派生的第二次証拠にまで証拠排除の波及効を及ぼさせるものとなる」が，本件に右特段の事情はなく，自白獲得手段の違法性と爆弾製造・所持事犯の重大性を比較衡量すると，右自白に基づき発見押収された証拠は排除されるべきではない。

「不任意自白という毒樹をソースとして得られた派生的第二次証拠に証拠の排除効が及ぶ場合にあっても，その後，これとは別個に任意自白という適法なソースと右派生的第二次証拠との間に新たなパイプが通じた場合には右派生的第二次証拠は犯罪事実認定の証拠とし得る状態を回復するに至る」として当初不任意の自白に基づいて得られた証拠であっても，原審公判廷における任意自白により証拠能力を回復するとした。

3〈解　説〉

本件では，任意性に疑いのある自白に基づいて発見された証拠物の証拠能力が問題となった。直接的証拠である自白の排除ではなく，派生証拠の証拠能力が問われている点で，自白法則と排除法則及びそれに付随する毒樹果実の法理との関係についての理解が問題となる。

自白法則は証拠法則の一部であり，元来事実認定の合理性・正確性を確保するためのもので，得られた自白の信憑性に関心を寄せる。従って，虚偽の自白を引き出す危険性のある不当な取調べ方法が用いられたかを考慮することはできるが，その根拠として虚偽排除の観点を外すことはできないであろう。

他方，排除法則は，基本権を侵害する政府の活動それ自体を否定し，あるいはこれを抑止しようとする憲法原理であって，その目的は違法な活動の成果を政府に得させないことにある。従って入手された証拠の証明力の担保とは無関係に，基本権を侵害して得られた自白は排除されなければならず，その派生証拠の利用も許されない（毒樹果実の法理）。この点で，排除法則は，証拠法則である自白法則と大きく異なる。

このように，自白法則と排除法則は本来異なるという点に加え，自白に対する慎重な対応という観点から，両原則は競合的に適用され，二元的な自白排除の構成を認めるのが妥当である。

供述の自由を侵害する事実が認められる場合には，排除法則と自白法則が競合的に適用される。排除法則は憲法上の基本権の保障を目的とし，他方，自白法則の中心的関心は虚偽排除であり，自白採取方法についての規律も虚偽排除に関連付けて考慮されるので，自白を排除すればこの関心は満たされ，排除法則に付随する毒樹果実の法理は，自白法則には付随しないことになる。

本件では，明白に基本権を侵害した事実が示されておらず，かかる情況において排除法則は適用されない。原審は，具体的な基本権の侵害を明らかにすることなく，不任意自白に由来する証拠の排除の根拠を排除法則に求めている点で適当とはいえない。一方，本判決では，直接的証拠については，基本権保障のみならず，自白の信憑性を確保する観点を入れて構成しようとしている点，派生証拠については，自白採取の違法の重大性を分類したうえで，その分類に従って，犯罪の重大性及び証拠の重要性との衡量に言及する点で若干の配慮が見られるものの，基本権侵害に至らない違法を伴う捜査活動に基づく証拠について排除法則が働くとの構成をすることは，排除法則の内容を不明確にするものといわざるを得ないであろう。

［参考文献］
① 渥美東洋・判タ365号23頁
② 三井誠・法教250号104頁
③ 川出敏裕・百選［第10版］75

（麻妻和人）

IX 自白法則

【142】ポリグラフ検査結果回答書の証拠能力

最(一小)決昭43・2・8 刑集22巻2号55頁、判時509号19頁
窃盗私文書偽造同行使詐欺被告事件(昭和42年(あ)第2188号)
第1審・東京地八王子支判昭41・12・19
第2審・東京高判昭42・7・26

● 争　点 ●
① ポリグラフ検査結果回答書と伝聞法則
② ポリグラフ検査結果回答書の証明力

1 〈事実の概略〉

窃盗，私文書偽造，同行使，詐欺被告事件において，第1審は被告人を有罪と認定し懲役6月を科したが，有罪認定証拠のなかにポリグラフ検査回答報告書2通が含まれていた。被告人側は，ポリグラフ検査結果の確実性はまだ科学的に承認されていないから証拠能力は認められないとして控訴した。原審は，ポリグラフ検査回答報告書は，原審において検察官が刑訴法321条4項所定の書面としてその取調を請求し，被告人側においてこれを証拠とすることに同意したものであり，かつ，いずれも検査官がみずから実施した各ポリグラフ検査の経過および結果を忠実に記載して作成したものであること，検査官は検査に必要な技術と経験を有する適格者であったこと，各検査に使用された器具の性能および捜査技術からみて，その検査結果は信頼性あるものであることが窺われ，これによって各書面が作成されたときの情況に徴し，これを証拠とするに妨げないものと認められるので，刑訴法326条1項所定の書面として証拠能力がある，として控訴を棄却した。これに対して，被告人側は判例違反（仙台高裁昭35・12・28判決（昭和35年（う）第472号）（同上告事件につき同37年6月10日上告棄却決定がなされた））を理由に上告を申し立てた。

2 〈決定要旨〉

上告棄却
弁護人の上告趣旨「第2のうち，判例違反をいう点は，引用の昭和35年（う）第472号，同年12月8日仙台高等裁判所判決は，ポリグラフ検査結果回答書の証拠能力についてはなんらの判断も示していないものであるから，所論は前提を欠き，その余は，単なる法令違反，事実誤認の主張であって，いずれも上告適法の理由に当らない」としたうえ，括弧内で次のように判示した。「（ポリグラフの検査結果を，被検査者の供述の信用性の有無の判断資料に供することは慎重な考慮を要するけれども，原審が，刑訴法326条1項の同意のあった警視庁科学検査所長作成の昭和39年4月13日付ポリグラフ検査結果回答についてと題する書面〔鈴木貞夫作成の検査結果回答書添付のもの〕および警視庁科学検査所長作成の昭和39年4月14日付鑑定結果回答についてと題する書面〔鈴木貞夫作成のポリグラフ検査結果報告についてと題する書面添付のもの〕について，その作成されたときの情況を考慮したうえ，相当と認めて，証拠能力を肯定したのは正当である。）」

3 〈解　説〉

1 ポリグラフ検査結果回答書と伝聞法則，関連性

ポリグラフ検査は，皮膚電気反射，血圧，心脈等の反応を測定するもので，一定の質問に答える被検者の生理的反応から心理的変化を推測するものである。ポリグラフ検査書の問題点として，伝聞性，関連性，黙秘権との関係があげられる。検査書に記載した事実の知覚について反対尋問をなしえないことには間違いがないため，①検査書が専門的知識を用いて検査記録を分析した書面の本質をもつ点から321条4項によって証拠能力を認めたり，②326条による同意書面として証拠能力を認めた多くの判例があり，また③328条によってその使用を認めた判例もある（半谷・証拠大系Ⅲ244頁参照）。しかし，検査書に証拠能力を認めるか否かにとって重要なのは伝聞性よりもむしろ関連性にあるといわれている。多くの判例も関連性を認めて（あるいは黙示的に前提して）いる。しかし，検査の器械・技術の優秀性，規格・技術の統一性および職業裁判官による裁判である事情が，アメリカと違って，検査書の証拠能力を認めている理由

なのであろう。「その正確性を十分保証することが殆ど不可能であるポリグラフ検査の結果を被告人の供述の信憑性に関する証拠とすることはできない」として証拠能力を否定した判例もある（東京地判昭35・7・20判時243号8頁）。

2　本決定の意義・射程

本決定は，「慎重な考慮」を要するとしつつ，「同意」があり「作成されたときの情況等を考慮したうえ，相当」と認められるときは検査書に証拠能力を肯定できるとして，関連性を認めた。しかし，本決定は，検査書の正確性に対する疑問が提示されているにもかかわらず，これに正面から答えていないので，いかなる意味において関連性があるとしたのか判断できない。そこで，括弧内での判断である点をも考慮すると，本決定は，一般原則を提示したというよりは，本件かぎりで原審を肯認したというささやかな判例（田宮）あるいは，その応用は極めて限定されている（半谷）というべきであろう。ところで，検査書に証拠としての関連性が認められるためには①検査の器械と技術への信用性が専門家によって一般に承認されていること，②器械が一定の規格に合っており，使用の際信頼できる状態にあったこと，③検査者が必要な技術をもった適格者であることが必要とされている（山崎＝内藤・実例刑訴443頁）。ところがこの時点では，器械自体の正確性に対してなお疑問を呈する見解があること，検査の正確性を保障する条件の整備が困難なこと，検査結果の正確性を他の専門家が事後に検証することがほとんど不可能であること等から，検査書の証拠能力を認めることには疑問が多くの論者から出されている。またかりに証拠能力を認めるとしても，それだけですぐ犯罪事実を証明するものではなく，被検査者の自白の信用性を高めたり，否認を虚偽と判断し，有罪意識をもつものと認めてよいという程度のものであろうと言われている（坂本・解説昭43・35頁）。なお，本判例は触れていないが，黙秘権との関係も重要である。ポリグラフ検査において，証拠となるのは検査の際の生理的変化にすぎないから黙秘権侵害にならないとの説（平野，青柳など）と，生理的変化は発問との対応関係で意味をもつのだから黙秘権侵害になるとする説（田宮，光藤など）がある。生理的変化から心理を推測し，人の内心を探る点で供述採取と同一の性格をもつので後説に説得力がある（渥美・新57頁）。

3　ポリグラフ検査の最近の動向

もっとも，最近では，新たな検査機器の導入や質問方法の改善により（従来用いられていた対照質問法と緊張最高点質問法は平成19年から，裁決質問法と探索質問法に変わっている），検査の精度は大きく向上しており，適切な条件の下で実施されれば，自白の信用性を裏づけたり，他方，無実の者への疑いを払拭する科学的，中立的な検査として機能するため，より積極的に評価すべきとの主張もある。

[参考文献]
① 島田仁郎・争点31
② 阿部純二・ジュリ300号340頁
③ 鈴木茂嗣・刑事訴訟法［改訂版］193頁
④ 田辺泰弘・研修732号53頁，733号69頁，734号61頁，735号63頁

（椎橋隆幸）

IX 自白法則

【143】補強の要否(1)
——公判廷の自白

最(大)判昭23・7・29刑集2巻9号1012頁
食糧管理法違反被告事件(昭和23年(れ)第168号)
第1審・米沢区　第2審・山形地裁　上告審・仙台高裁

● 争　点 ●
公判廷の自白に補強証拠は必要か

1〈事実の概略〉

　本件は刑訴応急措置法下の事件である。第2審の山形地裁は、食糧管理法および物価統制令違反容疑につき、被告人の公判廷における自白を唯一の証拠として、被告人を有罪と認定した。被告人側は、これに対し憲法38条3項および応急措置法10条3項違反を理由に上告した。原審の仙台高裁は、被告人の公判廷の自白は上記各条項の「本人の自白」には当らないとして上告を棄却した。被告人側は、さらに、「右憲法の条項には、何等の制限がないのみならず、公判廷に於ても被告人は被告人の身分として必ずしも自由に意見を述べ得るものではない。それは公判廷でもまたその他の場合でも変りない。」として最高裁判所に再上告を申し立てた。

2〈判　旨〉

再上告棄却

　「公判廷における被告人の自白は、身体の拘束をうけず、又強制、拷問、脅迫その他不当な干渉を受けることなく、自由の状態において供述されるものである。」しかも憲法で黙秘権が保障されているので、被告人は、自己の意思に反してまで軽々しく自己に不利益な供述をすることはないとみられるし、また、弁護人依頼権が保障されているから、被告人が虚偽の自白をした場合には訂正せられる。なお、公判廷の自白は、その発言、挙動、顔色、態度ならびにこれらの変化等からも、その真実に合するか否か、また、自発的な任意のものであるか否かは、多くの場合において裁判所が他の証拠を待つまでもなく自ら判断しうるものといわなければならない。「公判廷の自白は、裁判所の面前で親しくつぎつぎに供述が展開されて行くものであるから、現行法の下では裁判所はその心証が得られるまで種々の面と観点から被告人を根掘り葉掘り十分訊問することもできるのである。」「従って、公判廷における被告人の自白が、裁判所の自由心証によって真実に合するものと認められる場合には、公判廷外における被告人の自白とは異なり、更に他の補強証拠を要せずして犯罪事実の認定ができると解するのが相当とする。」さらに、証拠価値論の見地から観察してみると、公判廷外の自白は、強制、拷問もしくは脅迫による自白であるか否かが一般的に不明であり、証拠価値が比較的少ないものであるから、その自白の外に適当な補強証拠が必要となる。これに反し、公判廷の自白は、その証拠価値が比較的多いものであるから、その自白が被告人に不利益な唯一の証拠である場合でも、これを証拠として断罪科刑していいわけである。また、証人の供述と被告人の自白の区別は、畢竟後者には拷問等の加わる虞れが濃厚であるに反し、前者にはかかる虞れが濃厚でないという一点に要約できる。されば、拷問等の加わらない公判廷の自白に一証人の供述と同様に独立証拠性を認めることは、現行法制下においては、理の当然であるといえる。

　〔5人の裁判官の少数意見〕塚崎裁判官は公判廷の自白でも必ずしも真実に合するとは限らないから、憲法38条3項を制限的に解すべきではないとし、沢田裁判官は右条項を、被告人に不利益証拠が自白しかない場合には、裁判官の自由心証に一任するよりも証拠としての採用を許さぬのが安全であるとする法意だとする。井上裁判官は、有罪答弁を認めない制度下では多数説は文理上の無理をしてまで支持する根拠はないとし、栗山裁判官は、多数意見は自白の証拠能力と証拠価値を混同している嫌いがあるとし、また、小谷裁判官は自白の危険性は公判廷の内外の異なるによって少しも解決されないとしている。

3〈解　説〉

　1　「本人の自白」に公判廷の自由が含まれ

ない理由（判例）

憲法38条3項は，「何人も，自己に不利益な唯一の証拠が本人の自白である場合には，有罪とされ，又は処罰を科せられない」と規定する。上記の「本人の自白」に被告人の公判廷での自白が含まれるかは憲法制定当時から争いがあった。刑訴法319条2項は「公判廷における自白であると否とを問わず」と規定し，一応の立法的解決がなされたが，憲法上はなお，公判廷の自白のみで被告人を有罪とできるかが，上告理由になるかの点で，問題なのである。最高裁は一貫して「本人の自白」に公判廷の自白は含まれないとしていたが，その理由づけについては，①公判廷の自白には強制の加わる余地がなく，人権擁護に欠けることがない（最判昭22・11・29刑集1巻40頁など）としてもっぱら自白の任意性を理由としているものと，②公判廷の自白は全く自由な状態において供述されるので，被告人は自己の意思に反してまで軽々しく自白するようなことはなく，また，虚偽の自白をした場合でも弁護士によって直ちに訂正されうる（昭23・2・12）として証拠価値の面からも理由づけたものがあった。本判例は，大法廷として，基本的に②の理由づけをとることを明らかにしたものである。本判例には5名の少数意見があり，その後本件を確認した判例にも常にかなりの少数意見があった（最判昭24・4・20刑集3巻5号581頁では6名，最判昭26・12・19刑集5巻13号2535頁では4名，最判昭27・6・25刑集6巻6号806頁では7名である）。そして，さらにその後相当の時間が経過していること，最高裁判事がすべて入れ替わっていること，学説の反対も多いこと等を考えると，現在の大法廷が同じ判断を下すとは限らないだろう。

2 判例の理由づけに対する批判

判例の理由づけには批判が多い。(1)被告人の態度から自白の真偽を判定できるとするのは勇敢すぎる，(2)公判廷の自白には強制はないというが，公判外での強制が公判廷の自白に全く影響を及ぼさないとするのは妥当ではない，(3)根掘り葉掘りの尋問は当事者主義構造に反する，(4)弁護人がついていない場合には虚偽の自白が訂正されえない，などである。

これらの批判をふまえつつも判例を支持する見解がある。合衆国での自白は裁判外の自白だけを指すことを根拠に，明白に任意な自白は自白法則が適用される「自白」ではない。また，補強証拠を要求する趣旨は，自白採取にだけ勢力を集中させないようにという捜査への規制にある，を理由とする（田宮・刑訴百選89）。思うに，自白は，他の証拠と違って事件の全過程を物語る性質があるので，自白のみによって事実を認定する場合，誤りがあると全体の認定が誤りとなる虞れが高く，誤判の危険が生じやすい。また，被告人が自白をしていれば裁判官はそれに依存する傾向がある。そこで憲法は，38条2項で，強制・拷問等による，任意でない，違法に収集された疑いのある自白を排除したうえで，さらに，同条3項において，任意な自白に補強証拠を求めているのである（渥美・新362頁，鈴木・証拠大系Ⅱ22頁）。公判廷外の自白には虚偽が多いとは必ずしもいえないし，逆に公判廷の明白に任意な自白に基づいても誤判が生ずることがあること，補強法則は自白が任意であることを前提として，さらに自白以外の証拠を要求していると解されること，裁判官は被告人の自白に依存する心理的傾向があること，などを考えると，公判廷の自白と公判廷外の自白を区別して扱う根拠に乏しいと思われるので，38条3項にいう「本人の自白」には被告人の公判廷での自白も含まれると解すべきであろう。

[参考文献]
① 渥美東洋・刑訴基本問題46講315頁
② 鴨良弼・百選[第2版]188頁
③ 清野惇・争点80

（椎橋隆幸）

IX 自白法則

【144】補強の要否(2)
——共犯者の供述 ①練馬事件

最(大)判昭33・5・28刑集12巻8号1718頁，判時150号6頁
傷害致死暴行暴力行為等処罰ニ関スル法律違反窃盗各被告事件(昭和29年(あ)第1056号)
第1審・東京地判昭28・4・14
第2審・東京高判昭28・12・26

● 争　点 ●

共犯者の供述（自白）には補強証拠が必要か

1 〈事実の概略〉

本件は練馬（印藤巡査殺し）事件と呼ばれている。争議中における第1および第2組合の対立を背景に，被告人らは，第1組合員の逮捕に関係した印藤巡査に憎悪を抱き，共謀して，同巡査を誘い出し，殴打し，死亡に到らしめたとの事案である。第1審は，被告人Aを共同謀議者として傷害致死罪で有罪と認定し，懲役5年を言い渡した。ところでAの有罪認定の主な証拠となったのは，共犯者Bの検察官に対する供述調書（自白）であった。控訴棄却された後，被告人側は，Bの検察官調書だけでAを有罪としたのは，「共同審理を受けた共同被告人の供述は，それぞれ被告人の供述たる性質を有するものであってそれだけでは完全な独立の証拠能力を有しない，いわば半証拠能力（ハーフ・プルーフ）を有するに過ぎざるもので，他の補強証拠をまってはじめて完全な証拠能力を有するに至る」とした昭和24年2月18の大法廷判決（刑集3巻6号734頁）に違反する等を理由に上告を申し立てた。

2 〈判　旨〉

上告棄却

「憲法38条3項の規定は，被告人本人の自白の証拠能力を否定又は制限したものではなく，また，その証明力が犯罪事実全部を肯認できない場合の規定でもなく，かえって，証拠能力ある被告人本人の供述であって，しかも，本来犯罪事実全部を肯認することのできる証明力を有するもの，換言すれば，いわゆる完全な自白のあることを前提とする規定と解するを相当とし，従って，わが刑訴318条(旧刑訴337条)で採用している証拠の証明力に対する自由心証主義に対する例外規定としてこれを厳格に解釈すべきであって，共犯者の自白をいわゆる『本人の自白』と同一視し又はこれに準ずるものとすることはできない。けだし共同審理を受けていない単なる共犯者は勿論，共同審理を受けている共犯者（共同被告人）であっても，被告人本人との関係においては，被告人以外の者であって，被害者その他の純然たる証人とその本質を異にするものではないからである。されば，かかる共犯者又は共同被告人の犯罪事実に関する供述は，憲法38条2項のごとき証拠能力を有しないものでない限り，自由心証に委かさるべき独立，完全な証明力を有するものといわざるを得ない。それ故，原判決の所論説示は正当である。そして，所論引用の判例は，被告人本人が犯罪事実を自白した場合の補強証拠に関する判例であって，被告人本人が犯罪事実を否認している本件に適切でないばかりでなく，本判例と矛盾する限度においてこれを変更するを相当と認める。」

〔真野裁判官他5名の少数意見〕憲法38条3項は警察官，検察官，裁判官が自白偏重の弊に陥ることを防止しようとした規定である。この趣旨から考えると，被告人の自白のみで自白者を処罰できない以上，その自白だけで犯罪事実を否認している他の共同被告人を処罰するは，もちろん許されないと解する。もしそうでなければ，「自白者たる被告人本人はその自白によって有罪とされないのに，同一犯罪事実を否認している他の共同被告人は却って右同一自白によって処罰されるという不合理な結果を来たすことになる。」また，「一般に共同被告人は，互に他の被告人に刑責を転嫁し，または自己の刑責を軽減しようとする傾向があるのが通例であるから，一被告人の供述だけで他の共同被告人の罪責を認めることは，人権保障の上においてはなはだ危険である。」

3 〈解 説〉

1 判例の変遷

共犯者の供述には補強証拠が必要か。共犯者の供述は，自己の犯罪事実を認める旨の供述と他の者の犯罪事実に関する供述とを不可分的に含んでいるので，一般に，共犯者の自白と呼ばれている。共犯者の自白については，それを他の者の犯罪事実認定の証拠にできるかの問題と，共犯者の自白だけで他の者を有罪とできるかの問題がある。ここでは後者の問題を扱うが，それは，憲法38条3項，刑訴法319条2項が本人の自白だけで被告人は有罪とされないと定めるが，その本人の自白に共犯者の自白も含まれるかという形で通常争われている。判例は当初この問題について著しい変遷をみた。はじめは，「被告人の自白がないのに相被告人の供述のみを唯一の証拠として断罪することは，大いに考えなければならない」と判示した（最判昭23・7・19刑集2巻8号952頁）が，その後，共同被告人の供述は「本人の自白」に当らないとした（最判昭23・12・4刑集2巻13号1690頁）。しかし，有名なハーフ・プルーフ理論を展開した判例において，共同審理を受けていない共犯者の供述は，完全な独立の証拠能力を欠くものと認むべき理由はないが，「共同審理を受けた共同被告人の供述は，それぞれ被告人の供述たる性質を有するものであってそれだけでは完全な独立の証拠能力を有しない。いわば半証拠能力（ハーフ・プルーフ）を有するに過ぎないもので，他の補強証拠を待って……完全な独立の証拠能力を具有するに至る」とした（最判昭24・5・18刑集3巻6号734頁）。ところが，本判例は，共同被告人たる共犯者の検察官調書が問題となった事案で，ハーフ・プルーフ理論を棄て，共同審理を受けていると否とを問わず，共犯者の自白は証人の供述とその本質を異にしないと判示した。以後，共犯者の自白は「本人の自白」に含まれないというのが確立した判例となっている。もっとも，本判例には6名の反対意見があり，また，学説の反対も有力である。

2 学説の展開

学説には，(1)自白強要，自白偏重の危険という点では本人と共犯者との間に区別はなく，また，反対の見解をとると，他に補強証拠がない場合，自白したほうは無罪となり，否認したほうは有罪となる不都合な結果を生ずる，として共犯者の自白は本人の自白に含まれるべきとする（団藤・286頁），(2)自白に補強証拠を要するのは，自白が反対尋問を経ないでも証拠能力が認められるからであり，共犯者に対しては，被告人は反対尋問を行ないうるから，これを同一視できない。また本人の自白は安易に信用されるが，共犯者の自白はむしろ警戒の目をもってみられ，証拠評価の心理にも差異がある。さらに自白したほうが無罪となり，否認したほうが有罪となるのも，自白が反対尋問を経た供述より証明力が弱い以上，当然であり不合理ではない。したがって，共犯者の自白は本人の自白ではないとする（平野・233頁），(3)共犯者の自白でも，公判廷のものには補強証拠を要しないが，公判廷外のものは，本人の自白に準じて補強証拠を要求する（田宮・入門212頁）等がある。さて，(2)説に対しては，すべての裁判官が共犯者の自白を警戒の目でみるという経験則を身につけているわけではない，また，自白が反対尋問を経た供述より証明力が弱いという論理も存しないとの批判があるし（庭山・憲法百選Ⅰ92），なによりも，共犯者の自白は他人を引っ張り込み，責任を他に転嫁する虞れが高く，また，犯行の詳細を知る共犯者に対する反対尋問は奏功しないのが原則である（渥美・新330頁）ことを思えば，共犯者の自白には補強証拠が必要であると解するのが妥当である。

[参考文献]
① 鴨良弼・証拠法229頁
② 平野龍一・判例百選[第2版]194頁
③ 横山晃一郎・百選[第3版]90
④ 岩田誠・最判解刑事篇昭和33年度399頁

（椎橋隆幸）

【145】補強の要否(3)
——共犯者の自白②

最(一小)判昭51・10・28刑集30巻9号1859頁，判時836号122頁，判タ344号309頁
詐欺，同未遂被告事件(昭和51年(あ)第765号)
第1審：広島地判昭50・8・6
第2審：広島高判昭51・3・29

● 争 点 ●

被告人が否認している場合に，共犯者2名以上の自白によって被告人を有罪と認定することは，憲法38条3項に違反するか

1 〈事実の概略〉

被告人は，「共犯者X(首謀者)及びYと共謀の上，交通事故を偽装して故意に受傷し，保険金を騙取しようと企て，Yが運転し被告人とXが同乗する自動車後部に，共犯者Zが，本件犯行の情を知りながら被告人等の依頼により，自動車前部を故意に衝突させた。被告人等は，外傷性頸椎症等の傷害を受けたとして入院し，各人がそれぞれ契約していた保険会社や郵便局に対して，保険金を請求してその支払を受け，又は受けようとした。」として，X，Y及びZと共に詐欺及び同未遂罪で起訴された(なお，詐欺の被害総額は，被告人につき7件2,083,556円，Xにつき5件1,191,711円，Yにつき2件571,680円)。

被告人は，一貫して，本件犯行への関与を否定したが，共犯者Xら3名は，被告人の関与も含め，本件犯行を全て自白した。

第1審は，共犯者Xら3名の自白について，①細部に若干の食い違いはあるが大筋では一致し，目立った矛盾もなく，内容も自然であること，②被告人を巻き込む目的で虚偽の供述をしている様子もなく，そもそも被告人の関与の有無が共犯者らの刑事責任に影響を与えない本件において，虚偽の供述をする動機も見い出せないことなどを理由に，いずれも信用性が高いのに対し，被告人の供述は措信しがたいとして，共犯者Xら3名の自白を基に被告人を有罪と認定した。

これに対し，被告人は，事実誤認等を理由に控訴したが，控訴審も，本件各関係証拠によれば第一審が判示するところの各事実が認められ，また，第1審と同様，共犯者Xら3名の自白はいずれも十分信用できるものであるのに対し，被告人の供述は措信しがたいとして，被告人の控訴を棄却した。

これに対し，被告人は，共犯者の自白のみによって被告人を有罪と認定することは，憲法38条3項及び刑訴法319条2項に違反することなどを理由に上告した。

2 〈判 旨〉

上告棄却

「当裁判所大法廷判決［最大判昭23・7・14刑集2巻8号876頁，最大判昭23・7・19刑集2巻8号952頁，最大判昭33・5・28刑集12巻8号1718頁］の趣旨に徴すると，共犯者2名以上の自白によって被告人を有罪と認定しても，憲法38条3項に違反しないことが明らかであるから，共犯者3名の自白によって本件の被告人を有罪と認定したことは違憲ではない。のみならず，原判決が……共犯者の自白のみによって被告人の犯罪事実を認定したものでないことも明らかである。」

なお，本判決には，下田裁判官の補足意見，岸裁判官及び岸上裁判官の補足意見並びに団藤裁判官の補足意見がある。いずれの補足意見も，上記の結論で一致しているが，その理由付けが異なっている。

3 〈解 説〉

本判決の法廷［多数］意見は，「被告人が否認している場合に，共犯者2名以上の自白によって被告人を有罪と認定しても憲法38条3項に違反しない」と結論付け，その理由として，「当裁判所大法廷判決の趣旨」を挙げた。これは，本判決がこれまでの最高裁判例の帰結であることを示している。すなわち，最高裁は，まず，前掲最判昭23・7・14及び最判昭23・7・19において，共犯者の自白は憲法38条3項の「本人の自白」に含まれず，被告人の自白がある場合に，共犯者の自白を補強証拠として被告人を有罪と認定しても同項に違反しないと判示した。次いで，前掲最判昭33・5・28において，被告人が否認している場合に，共犯者1名の自白によって被告人を有罪と認定しても同項に違反しないと判示し，これは前掲最判昭51・2・19においても

確認された（【144】を参照）。つまり，これら一連の最高裁判例によれば，共犯者の自白は同項の「本人の自白」に含まれず，被告人の自白の有無を問わず，共犯者 1 名の自白によって被告人を有罪と認定することが許されるということになるので，その当然の帰結として，本件のように共犯者 2 名以上の自白がある場合も同様に許されるということになるのである。そして，本判決の補足意見の内，このような理解を基にして示されたのが，岸及び岸上両裁判官の補足意見である。

これに対し，団藤裁判官の補足意見（下田裁判官が同調）は，前記の最高裁判例とは異なり，共犯者の自白は憲法38条 3 項の「本人の自白」に含まれると解すべきであるので，被告人が否認している場合に，共犯者 1 名の自白によって被告人の有罪を認定できないとの見解に立ちながらも，本件のように共犯者 2 名以上の自白がある場合はそれとは異なるとした。すなわち，本件のような場合にも共犯者による引っ張り込みと責任転嫁の危険がありうることは認めながらも，この場合にまで有罪認定できないとするのは「行きすぎ」であり，それは，「事実認定にあたっての自由心証の問題」として，または，「捜査官の違法な誘導等による自白という観点から証拠能力の問題」として解決されるべきであるとして，岸及び岸上両裁判官の補足意見と同様に，共犯者 2 名以上の自白によって被告人を有罪と認定することが許されると結論付けた。

共犯者の自白には，①自白固有の危険，すなわち，自白の強要と自白の偏重による誤判の危険に加えて，②共犯者による引っ張り込みと責任転嫁の危険があるところ，いずれの補足意見も，憲法38条 3 項の趣旨は前者の危険を防止することにあるとする。そして，残された後者の危険は，事実認定における自由心証の問題として処理しようとする。実際のところ，実務では，後者の危険に備えて，①共犯者が虚偽供述をする動機の有無，②供述の内容の信用性，③供述の経過の検討，④供述の属性，⑤捜査手続の状況から見た信用性，⑥供述態度等を考慮しながら，慎重に自白の信用性が検討されている（参考文献②）。

しかし，共犯者は，目撃者や被害者等の純然たる第三者とは異なる。共犯者は，被告人と共に犯行に関与した者であり，犯行内容に熟知している。そのため，犯罪事実については信用性のある自白がなされる可能性はあっても，被告人との間の役割分担については，量刑が少しでも自己に有利になるように，事実に反する被告人に不利な自白をして，被告人に責任を転嫁する可能性がある。また，そもそも犯行に関与していない無辜の者を引っ張り込む可能性もある。さらに，共犯者が複数の場合には，互いに示し合わせて自白することによって，被告人にのみ責任を押し付けたり，無辜の者を引っ張り込んだりする可能性もある。このように，共犯者の自白は本来的に信用性の低いものなのである。

通常の証人の場合，被告人は，反対尋問によって，その証言の信用性を争う機会が保障されているのであるが（憲37条 2 項，刑訴143条以下），共犯者の場合，その機会が十分に保障されているとは必ずしも言えない。というのも，共犯者が，証人として出廷し反対尋問を受ける場合であれ，共同被告人として出廷し被告人質問（刑訴311条）を受ける場合であれ，そもそも共犯者には供述義務がないのであるから（憲38条 1 項，刑訴146条），被告人が，共犯者の自白の信用性を争うべく反対尋問または被告人質問を行なったとしても奏功するとは限らないのである。

以上のように，共犯者の自白固有の危険性，信用性を争う機会の不十分さを考慮すれば，被告人が否認している場合に，共犯者 1 名の自白がある場合はもちろん，本件のように共犯者 2 名以上の自白がある場合も，共犯者の自白のみで被告人を有罪と認定することは経験則違反に当たり許されず，共犯者の自白以外の補強証拠を要すると解すべきである。

[参考文献]
① 渥美東洋「共犯者の自白」綜合法学 5 巻 9 号48頁
② 伊藤寿「共犯者の自白」長沼範良他編『警察基本判例・実務200』413頁
③ 小木曽綾「共犯者の供述（自白）」椎橋隆幸編『基本問題刑事訴訟法』309頁
④ 香城敏麿「判解」最判解刑事篇昭和51年度293頁
⑤ 佐々木正輝「共犯者の自白」田口守一・寺崎嘉博編『判例演習刑事訴訟法』285頁
⑥ 中野目善則「共犯者の自白」百選［第 9 版］172頁
⑦ 山名京子「共犯者の自白」百選［第10版］180頁

（田中優企）

IX 自白法則

【146】補強証拠能力

最(二小)決昭32・11・2刑集11巻12号3047頁
食糧管理法違反被告事件(昭和30年(あ)第865号)
第1審・神戸地判昭28・12・28
第2審・大阪高判昭30・2・21

● 争 点 ●
被告人が備忘のため取引関係を記入した書面が自白の補強証拠となるか

1 〈事実の概略〉

被告人は、法定の除外事由がないのに、(イ)営業目的で104回にわたり3名の者から米約16石を買受け、(ロ)63名の者に265回にわたって米約26石を売渡したなどという食糧管理法違反の罪で有罪とされた。しかし、(ロ)の事実については、被告人が米を売渡した相手方である買受人63名のうち16名については、買受けの事実に関する供述調書が証拠として掲げられていたが、残り47名については、被告人の自白のほかは、被告人が作成した販売の月日、金額、相手などを記入していた「未収金控帳」以外に証拠がなかった。

被告人側は、上記47名に対する売渡しの事実については補強証拠がないとして控訴したが、これに対し、第2審裁判所は、「この未収金控帳は被告人が犯罪の嫌疑を受ける前、これと関係なく、自らその販売未収金関係を備忘のため、その都度記入した手帳であるから、その記載内容は、いわゆる被告人の自白にあたらないものと解すべく、被告人の自白に対する補強証拠たり得る」と判示した。被告人側は、闇米の販売は統制法規上自己に不利益な事実であり、備忘のためにこれを未収金控帳に記載することも自己に不利益な事実の承認にほかならないから、被告人が作成した未収金控帳は自白にあたり、補強証拠たり得ないものであるから、47名に対する売渡しの事実については、原判決は結局本人の自白のみで有罪判決をしたことになり、憲法38条3項、刑訴法319条2項に違反するとして上告した。

2 〈決定要旨〉

上告棄却

「所論未収金控帳は原判決説示の如く、被告人が犯罪の嫌疑を受ける前にこれと関係なく、自らその販売未収金関係を備忘のため、闇米と配給米とを問わず、その都度記入したものと認められ、その記載内容は被告人の自白と目すべきものではなく、右帳面はこれを刑訴法323条2号の書面として証拠能力を有し、被告人の第1審公判廷の自白に対する補強証拠たりうるものと認めるべきである。従って所論違憲の主張及び刑訴法違反の主張は前提を欠くものといわなければならない。」

3 〈解 説〉

憲法38条3項は「何人も、自己に不利益な唯一の証拠が本人の自白である場合には、有罪とされ、又は刑罰を科せられない」と規定する。刑訴法319条2項はこれを受けて、「公判廷における自白であると否とを問わず、その自白が自己に不利益な唯一の証拠である場合には有罪とされない」とし、自由心証主義の例外として、すべての自白には、自白以外の、自白を補強する他の証拠がなければ被告人は有罪とされないとする補強法則を採用している。この補強法則が求められる根拠としては、自白強要の防止を挙げる立場もある。しかし、自白強要の防止については、自白法則と排除法則が主にその役割を担っており、むしろ、自白はその信用性が過信される傾向にあることから、それがともすれば、誤判にいたる原因となりうるために自白以外の証拠によって補強することにより、自白の内容を吟味し誤判を防止することにあるといえる。このことからすれば、公判廷の自白と公判廷外の自白とを区別する必要はなく、憲法38条3項は公判廷の自白にも補強を要求していると解すべきである。

補強証拠も、証拠に他ならないから、証拠能力を有するものでなければならない。さらに、自白は自白以外の証拠にはなりえないので、どの段階で、どのような方法で入手されたとしても、補強証拠にはなりえない。自白

をいくら積み重ねても，自白以上のものにはなりえないからである（最判昭25・7・12刑集4巻7号1298頁参照）。

本件は，被告人が犯罪の嫌疑を受ける前に，捜査とは関係なく作成した帳簿の記述の記載内容が自白にあたるか否かが問題となった事案であり，323条2号によって証拠能力を認められる書面が，被告人自身の作成したものである場合，その書面もまた自白の一種であるか，すなわちそれだけで有罪の認定をしたり，これを被告人の自白の補強証拠とすることができるかについて最高裁判所が判断したはじめての事例である。本件決定は，本件帳簿の記載内容は自白にあたらず，323条2号の書面として証拠能力を有し，被告人の第1審公判廷の自白に対する補強証拠たりうるものと認めた。

323条2号の書面として証拠能力を有するから補強証拠たりうると述べているが，証拠能力が認められるからといって直ちに補強証拠適格が認められるものではない。先に述べたように，補強証拠となりうるためには被告人の供述から独立した，自白以外の証拠でなければならない。

この点，自白とは，自己の犯罪事実の全部または主要な部分を認める供述をいい，その供述の時期，形式，相手方，供述時における訴訟上の資格如何を問わないものとされている。そして，補強法則の趣旨からすれば，被告人の供述が不利益な事実の承認であったとしても，これを別異に取り扱う理由はない。このことからすれば，被告人が犯罪の嫌疑を受ける前，捜査とは関係なく作成した帳簿であっても，その記載は自白であるといわなければならないことになろう。

本決定では，帳簿の記載内容が自白にあたらないとしているが，その理由は明らかではない。業務の通常の過程において作成された書面で，捜査を意識せずに事務的に記録されたものである以上，かかる帳簿の記載内容は高度の真実性と信用性があり，被告人の供述とは切り離された独立の証拠価値があるとみて補強証拠たりうるとしたものとしたのであろうか。

しかし，憲法38条3項が補強法則を規定した基礎には，自白に対しては慎重のうえにも慎重を期して対応する必要があるという態度がある。業務の通常の過程において作成された書面で，捜査を意識せずに作成された書面であっても，作成者自身の犯罪に関連するものである場合には，真実に反する記載が行われる可能性は低いものではないといえる。こうした書面を自白でないとするには自白の定義そのものを改める必要があろうし，その真実性を過信して例外的な取り扱いをすることは，補強法則の趣旨を根底から掘り崩す結果となろう。このことからすれば，本件で問題となったような書面について，補強証拠適格を認めることには慎重であるべきであろう。

[参考文献]
① 伊達秋雄・百選[初版]130頁
② 宇津呂英雄・百選[第4版]158頁
③ 三井明・最判解刑事篇昭和32年度566頁
④ 鈴木義男・法セ25号80頁

（麻妻和人）

Ⅸ 自白法則

【147】補強の範囲(1)
――主観的側面

最(一小)判昭42・12・21刑集21巻10号1476頁，判時505号19頁
業務上過失致死道路交通法違反被告事件（昭和42年(あ)1362号）
第1審・佐賀地判昭41・11・16
第2審・福岡高判昭42・5・17

● 争　点 ●
無免許運転罪において無免許の点について補強証拠が必要か

1 〈事実の概略〉

被告人は運転免許を受けていないのに大型貨物自動車を運転し，同一方向を自転車に乗り進行中の被害者を追越す際，自転車に接触，転倒させ，被害者を自車の後輪で轢過死亡させたとの事実で起訴された。第1審は，被告人を業務上過失致死（刑211条）と無免許運転罪（道交64条・118条1項1号）で有罪と認定し禁錮7月に処した。被告人側は，控訴趣旨の1つとして，無免許運転については被告人の自白のみで，ほかに補強証拠がないのに有罪としたのは理由不備であると主張した。これに対して原審は「被告人の自白に補強証拠を必要とするのは，自白にかかる犯罪事実そのもの，即ち犯罪の客観的側面についてその真実性を保障せんがためであり，無免許という消極的身分の如きその主観的側面については，被告人の自白だけでこれを認定して差支えないと解するのが相当」であるとして，控訴を棄却した。これに対して被告人側は，原審が，被告人の自白を唯一の証拠として被告人を無免許運転につき有罪とした第1審判決を正当とし，無免許運転の事実について補強証拠を要しない旨判示したのは憲法38条3項の解釈を誤り，刑訴法405条1号に該当するとして，上告を申し立てた。

2 〈判　旨〉

上告棄却

第一小法廷は，憲法38条3項違反の主張に対して，公判廷における被告人の自白が同条項にいわゆる「本人の自白」に含まれないとの従来の判例の立場を確認して，本件では，第1審公判廷で被告人が自白しているのだから，所論は理由がない，としたあと，括弧内で刑訴法319条2項の解釈につき次のように判示した。「（原判決は，道交法64条，118条1項1号のいわゆる無免許運転の罪について『無免許という消極的身分の如きその主観的側面については，被告人の自白だけでこれを認定して差支えないとするのが相当』であると判示し，被告人が免許を受けていなかった事実については，補強証拠を要しない旨の判断を示している。しかしながら，無免許運転の罪においては，運転行為のみならず，運転免許を受けていなかったという事実についても，被告人の自白のほかに，補強証拠の存在することを要するものといわなければならない。そうすると，原判決が，前記のように，無免許の点については，弁護人（ママ）の自白のみで認定しても差支えないとしたのは，刑訴法319条2項の解釈をあやまったものといわざるを得ない。ただ，本件においては第1審判決が証拠として掲げたSの司法巡査に対する供述調書に，同人が被告人と同じ職場の同僚として，被告人が運転免許を受けていなかった事実を知っていたと思われる趣旨の供述が記載されており，この供述は，被告人の公判廷における自白を補強するに足りるものと認められるから，原判決の前記違法も，結局，判決に影響を及ぼさないものというべきである。）」

3 〈解　説〉

1　罪体説, 実質説と判例の位置づけ

自白に補強証拠が要求される（憲38条3項, 刑訴319条2項）根拠として, 通説は, 自白偏重に伴う自白強要の防止と誤判の防止を掲げている。さて, まず, いかなる範囲の事実につき補強を要するかについて, 多くの学説は罪体説をとり, 罪体の全部または少なくともその重要な部分について補強証拠を要するとし, そのうちいかなる罪体概念をとるかで説が分かれるが, 法益侵害が犯罪行為に起因するものであることを含むとするのが通説である（団藤・230頁）。これに対し, 実質説は, 自白にかかる事実の真実性を担保するに足るものであることが必要で, 個別的に何が実質的かを考えたほうがよいとする（平野・233頁）。判例は, 補強証拠は「必ずしも犯罪構成事実の全部にわたってもれなくこれを裏づけするものでなければならぬことはなく, 自白にかかる事実の真実性を保障し得るものであれば足りる」とするので, 基本的に実質説に立っているといえよう。ところで, 罪体説, 実質説, 判例ともに, 犯意, 盗品等であることの認識など犯罪の主観的要素には補強を要しない点で一致している。その理由は, そこまで補強を要求するのは, 事実上しばしば困難を伴うからとか, 有罪判決を困難にし有罪無罪が偶然によって左右される弊害を生ずるから, と説かれる。本件の原審は「無免許という消極的身分の如きその主観的側面については」補強証拠を要しないとしたが, 本判例は, 無免許の事実が犯罪の主観的側面に属するか否かを明確にしないまま, 運転行為のみならず無免許の点にも補強を要するとした。本判決を, 運転行為とは別に無免許の点にも補強を要するとしたこと, 本判例が原審と通説の立場にたつ他の判例との牴触を解決するために出され, しかも後者を支持したと解されること等を理由に, 通説の見解によったものと理解する立場（村上・証拠大系Ⅱ295頁）と無免許の事実が犯罪の主観的側面に属するのかを明確に判断しなかったこと, 小法廷判決であること, さらに, 無免許運転の自白が特殊な性格をもつため, 真実性担保のためには別個の補強証拠に頼らざるをえない等を理由に従来の実質説の判例と同一線上にあるとの見解（鈴木・百選[第3版]92）が分かれている。

2　補強法則の趣旨から補強の範囲を決する視点

ともあれ, 無免許を身分とし, 身分であれば犯罪の主観的側面に属するから補強を要しないとする論理は安易であり, 本判例がこの論理をとっていないのは評価されてよい。思うに, 無免許などの身分に補強を要するかは, それが主観的・客観的いずれの側面に属するかで一律に補強の要否を決すべきではなく, 無免許等の点について補強を要求することが, 無理を強いることになるか, また, 誤判防止のうえで重要であるかとの補強法則の趣旨から個別的に判断されるべきである。無免許運転罪において無免許の点は同罪の成立に不可欠であり, また, 無免許の事実は運転者管理ファイルの照合により確実・容易に証明しうるのであるから, 本判例が無免許の点についても別に補強を要するとしたのは正当である。次に, 無免許の事実を補強する証拠はどの程度必要か。本判例は, 職場の同僚の司法巡査に対する供述調書中の, 被告人が運転免許を受けていなかった事実を知っていたと思われる趣旨の供述で足りるとした。運転者管理システムによる, 登録がない旨の証明が最も適切である（村上・前掲）。前記供述は証人の推測であるが, 日頃同僚として運転状況や免許証を見たことがない等の経験に基づく推測であるから許容されるとする見解もある。しかし, その場合でも証明力の弱い証拠ではあろう。それが補強証拠として足りるとされたのは, 被告人の公判廷での自白が信用性の高いものだとの前提があるからであろう。

[参考文献]
① 海老原震一・最判解刑事篇昭和42年度354頁
② 渥美・全訂刑訴法477頁
③ 洲見光男・別冊判タ407頁
④ 福井厚・百選[第9版]170頁

（椎橋隆幸）

【148】補強の範囲(2)
——犯人と被告人との結びつき

①最(三小)判昭24・7・19刑集3巻8号1348頁
強盗同未遂窃盗住居侵入被告事件(昭和24年(れ)第1354号)
第1審・東京地判　第2審・東京高判
②最(三小)判昭25・6・13刑集4巻6号995頁
窃盗被告事件(昭和25年(あ)第30号)
第1審・津山簡判　第2審・広島高岡山支判
③最(大)判昭30・6・22刑集9巻8号1189頁, 判時52号1頁
電車顛覆致死等被告事件(昭和26年(あ)第1688号)
第1審・東京地判昭25・8・11
第2審・東京高判昭26・3・30

● 争　点 ●

自白について補強証拠を要する範囲

1 〈①事実の概略〉

被告人が昭和23年3月19日午後9時30分頃, 強盗の目的で東京都江戸川区小松川4の100光星メリヤス会社工場内留守居番S方居宅玄関から屋内に侵入し, 同人に対し「静かにしろ。金を出せ」と申し向け, さらに同人の両手をその場にあった前掛の紐で縛る等の暴行脅迫を加え, その反抗を抑圧したうえ, 同人所有の現金約1,000円並びに衣類等30数点を強取した事実を審理裁判所が, 被告人の, この事実と同趣旨の自白と被害者S作成名義の強盗盗難被害届と題する書面中, 判示に照応する被害顛末の記載を合わせて認定した。被告人は上告を申し立て, 弁護人の上告趣意は, 被害者S作成名義の上記書面を調査すると強盗盗難の被害情況が記載されてはいるが, その記載から直ちに被告人の所為であるとは, まだ断定できない程度の記載であり, 被告人の所為であることの認定は一に被告人の自白によっているので, 原判決の認定は被告人の自白を唯一の証拠としたもので憲法38条3項に違反するというものであった。

2 〈①判旨〉

上告棄却

自白の補強証拠は, 自白が架空のものでなく現実の行為を証すれば足り, 犯罪が被告人によってなされたとの点まで証することは要しない。

「犯人が被告人か否かは所論の強盗盗難被害届によって判明しなくても盗難が実際に行われたことは, それを用いて立証されている。したがって, 強盗事実は被告人の自白を唯一の証拠にしてではなく, 被害届をも補強証拠にして認定しているので違法はない。」

3 〈②事実の概略〉

第2事例も, 被告人が贓物(盗品)を窃取したとの起訴につき, 被告人が裁判所が有罪と認定した事実に照応する自白を公判廷で行ない, その自白のほかに被害者の司法警察員に対する供述書, 贓物(盗品)の買受人の提出した始末書, 司法巡査作成の領置調書が, 裁判所の認定の証拠として用いられた事例である。この事例での上告趣意も, 被告人が犯人である旨を立証する「直接」証拠が欠けているから, 被告人が犯行をなした点について, 本人の自白を唯一の証拠に認定しているとの理由で, 憲法38条3項違反を指摘するものであった。

4 〈②判旨〉

上告棄却

自白の補強証拠は被告人の自白した犯罪が架空のものでなく現実のものであることを証すれば足り, 犯人と被告人の結びつきまで立証する要がないとするのが判例である(第1事例の判例引用)。

5 〈③事実の概略〉

第3の事例は, いわゆる三鷹事件である。三鷹駅に停車していた電車を無人で発進させ, 三鷹駅構外に列車を脱線顛覆させたことで, 民家等を押しつぶし, 多数の人命を奪ったとする電車顛覆致死被告事件について, 数人の共謀共同正犯であるとして起訴されたが, 被告人の自白によって, 被告人の単独犯行であることが認定され, 第1審の無期懲役の刑に対し, 検察官上訴もされたので, 第2審は被告人を死刑に処した。被告人の上告は自白のみで有罪を認定した違憲を理由とするものであった。

6 〈③判　旨〉

上告棄却

「自白以外の証拠では電車の発進が被告人の所為であることを示す直接証拠はない。自白以外の証拠は自白の真実性を裏附けるに足る補強証拠と認めうるから，被告人が犯人だと推断するに足る補強証拠が欠けていても，その他の点に補強があり，自白と総合して事実認定しうる以上，憲法38条3項の違反はない。」

3 〈解　説〉

1　この3判決は，いずれも，自白の補強証拠の範囲とその程度について，いわゆる「実質説」をとり，自白と補強証拠を総合して判断すれば，被告人が起訴事実ないし裁判所の認定事実を行なったと認定して，被告人が実際に，認定犯行に出たと認定しうるかぎり，補強証拠は十分に具備されているといえるのであって，補強証拠のみで，被告人が犯人である旨を直接立証する必要はないとするものであり，昭和24年の第1事例について下した，その趣旨の判例が，同30年の三鷹事件の大法廷の判断によって再確認され，その後も判例として一貫して維持されている。

2　自白に補強証拠を要する範囲について，判例のような「実質説」と罪体説とが対立していることは周知のところである。罪体とは犯罪を構成する重要な軀体の意であって，犯罪を構成する重要部分については自白のほかに補強証拠を要するとの立場を罪体説という。裁判所の認定基準を規格化し，判断に恣意の入り込む余地を減じ，自白にまつわる誤判を減少しようとするところにねらいをもつ。ただ，何を犯罪の重要な構成要素とみるかについて見解は分かれている。犯罪結果を罪体とみる見解は，人間によらない場合まで自白で認定する危険があるとして，とる者はない。人間の行為によってその犯罪がなされたことが罪体だとする見解が，わが国では一般的であろう。

これに対し，その犯罪が被告人の行為であることを罪体と解し，被告人と犯人との結びつきまで補強を要するとの見解も有力である。そのほか，犯罪成立の全要件，たとえば主観的要素もすべて罪体となり，全要件事実について，自白のほかに補強証拠を必要とする見解もあり，アメリカ合衆国では，この立場に立つ州もあり，またこの見解も有力であり，稀な見解ではない。

3　現在の社会にあっては，犯行の発生が世間に知られ，その犯行の犯人の摘発が社会から強く求められ，その犯行に合致する自白を無理に採取して，犯人でない者を犯人にしてしまう誤判の危険が大きいのであって，犯行自体が架空のものか実際のものかが判明しないような場合に，事実であると裁判所が認定する危険を除去する必要が高いというものではないように思われる。

ところで，3事例に示された判例の立場は，罪体説に立つものではなく，事件が被告人の犯行であると認定しうるほどの実質をもった認定をなしうるだけの証明が，自白と自白以外の証拠で示されているか否かを基準にするものである。そして，被告人が犯行に及んだとの自白が実質的なものとみられるとする表現を，「架空のものではなく，現実になされたものであると認定しうる程度」とするのである。

4　罪体説を採れば，先述のように，被告人による犯行であることまでを罪体とするほうが合理的だと考えられるが，反対説は，そうすると立証は不可能か著しく困難となるという。

だが，補強証拠は，被告人が犯人であることを直接立証するものである要はなく，間接証拠，情況証拠として被告人が犯人であることを示せば足りるのは当然だから，この批判は当らないだろう。被害届の内容に盗犯の具体的行為内容や窃取対象が具体的に示されており，自白とよく一致すれば，被告人と犯人との同一性について補強があるといえるのが1つの例である。

3事例は，直接証拠が不要だというだけであって，犯行が被告人の所為であるとみるのは現実的だとする程度の補強証拠は求めている判例だとみるほうがよかろう。

[参考文献]
① 河上和雄＝中山善房＝古田佑紀＝原田國男＝河村博＝渡辺咲子編『大コンメンタール　刑事訴訟法　第2版第7巻』(青林書院)561頁(中山善房)
② 河上和雄＝中山善房＝古田佑紀＝原田國男＝河村博＝渡辺咲子編『大コンメンタール　刑事訴訟法　第2版第7巻』(青林書院)561頁(中山善房)
③ 城富次・最判解刑事篇昭和30年度475頁

(渥美東洋)

【149】自白の取調請求時期
——補強証拠の証明量

最（二小）決昭26・6・1刑集5巻7号1232頁
物価統制令違反被告事件（昭和25年（あ）第865号）
第1審・名古屋簡判　第2審・名古屋高判昭25・2・3

● 争　点 ●
自白調書の証拠調請求が許される時期

1〈事実の概略〉

　検察官は，規則193条1項などを理由に，被告人側の立証に先立って，被告人の自白を内容とした書面3通，すなわち，被告人提出の供述書，被告人の司法警察員に対する供述録取書および，同被告人の検察事務官に対する供述を録取した書面を自白以外の他の証拠，つまり補強証拠と「同時に」，証拠としてその取調を請求した。

　第1審裁判所は，このように，自白と補強証拠を検察官が同時に取調請求したのを受けて，301条の趣旨に従って，上記被告人の供述書を取り調べるのに先立って，本件関係人Hの供述書，および同人の司法警察員に対する供述を録取した書面を取り調べた。その後，第1審裁判所は，すべての証拠書類の証拠調を終了したのちに，はじめて被告人の司法警察員および検察事務官に対する供述を録取した書面2通を証拠として取り調べ，その結果，起訴にかかる公訴事実を認定し，物価統制令違反で被告人に有罪の判決を言い渡した。

　被告人は1審の有罪判決に対して控訴を申し立て，その控訴趣意は，第1審判決は，自白の証拠調に関して定められた301条に違反して，自白の証拠調をした違法がある，というものであった。控訴審たる名古屋高等裁判所は，被告人の反証に先立って，検察官が自白も含めて，すべての証拠を取調請求をしたとしても，犯罪事実に関する自白以外の証拠が自白に先行して証拠調をされていれば，301条の趣旨に違反するものではないとして，被告人の控訴を棄却した。これに対し，被告人は上告を申し立てた。その上告趣意は次のようなものであった。

　すなわち，被告人側の反証を充実するためには，かえって，自白も含めて検察官が証拠調を請求する意思のある証拠を，すべて取調請求したほうがよく，そのような処理は規則193条1項の趣旨に合致するとの第2審判決の301条についての解釈は，被告人の自白調書のような，いわゆる自白を他の補強証拠と同時に取調請求するようなことは，明らかに301条に違反するとする法務府検務局の質疑回答（法曹会編刑事訴訟規則質疑回答通牒通達集第1輯83頁参照）にも示されているところであり，原判決のような見方は，事件につき，自白があるとして裁判官に予断を抱かせることにもなりかねず，301条の厳格な解釈に反するだけでなく，憲法の精神に反する。

2〈決定要旨〉

上告棄却

「刑訴301条は，被告人の自白を内容とした書面が証拠調の当初の段階において取り調べられると，裁判所をして事件に対し偏見予断を抱かしめる虞があるから，これを防止する趣旨の規定と解すべきである。さればー単に右の書面が犯罪事実に関する他の証拠と同時に取調が請求されただけで，現実の証拠調の手続において他の証拠を取り調べた後に右自白の書面が取り調べられる以上は，毫も同条の趣意に反しないものといわなければならない。

　次に同条に定める『犯罪事実に関する他の証拠が取り調べられた』後という意味についても，必らずしも犯罪事実に関する他のすべての証拠が取り調べられた後という意味ではなく，自白を補強しうる証拠が取り調べられた後であれば足りると解するを相当とする。」

3 〈解 説〉

1　301条は,「第322条（被告人の供述書又は供述録取書）及び第324条第1項（被告人の供述を内容とする他人の公判準備又は公判廷の供述）の規定により証拠とすることができる被告人の供述が自白である場合には，犯罪事実に関する他の証拠が取り調べられた後でなければ，その取調を請求することはできない。」と規定する。そして，本事例では，自白に当たる被告人の供述書と供述録取書を，犯罪事実に関する他の証拠が取り調べられる前に，その取調を請求したのであるから，301条の明文に反している。また，被告人の供述書の証拠調については，若干の自白以外の証拠調ののちになされたので，301条を，犯罪事実に関する全部の証拠を取り調べたのちでなければ自白の取調請求すらできないと解すれば，これまた301条に違反する。

2　決定要旨は，いずれも301条の明文の規定に添う解釈を排し，補強証拠の一部が取り調べられた後に自白が取り調べられれば，自白を補強証拠と同時に取調請求しても，301条に違反しないと判示するものである。そのように，301条の明文にあえて反する解釈をとる理由は，「301条は，自白を証拠調の初期の段階で取り調べると裁判所に予断偏見を抱かせる虞があるので，それを防止しようとしている」と解するところに求めている。

決定要旨は，自白の具体的内容に接して，裁判官が自白の具体的内容に添った事実認定をする危険を慮って，このような解釈をとっているものと解することができよう。——職権主義の立場——

3　しかし，問題は，実は自白と補強証拠との関係にあるように思われる。自白が存在することが判明したり，推知しうると，裁判所は，さほど証明力のない補強証拠であっても，自白を補強するのに十分であると認定してしまう危険を除去するには，どのような証明に関する手続を定めればよいかという問題がそれである。要証事実の立証に当り，自白を証拠にする場合には，他の証拠がなければならないことは憲法38条3項の求めるところであり，他の証拠，つまり補強証拠の証明量を低くてよいとして，ないがしろにすれば，実質的には，たとえ形式上補強証拠が存在していたとしても，自白を唯一の証拠として被告人を有罪とすることに等しいといえるからである。

自白に補強を要するのは，通常は自白は信用性が高いので，裁判官が事実認定に当って具体的事例で，自白を過信し，それに依存しやすいことから生ずる誤判の危険を除去するものだと解する立場に立つならば，自白の存在を裁判官に予知させるのは，補強証拠の証明力への吟味を不十分にさせるので，望ましいものではない。このように解すれば，301条は，補強証拠だけで，要証事実について一定の証明を果たしていると認定できるほど証拠調がされた後でなければ，自白の取調「請求」をなしえないことになり，301条の明文に合致し，その法意に応えることになるのである。

4　次に，全補強証拠の取調後でなければ，自白の取調請求をなしえないか否かについては，決定要旨もいうように，「補強証拠の機能を果たす」程度の証明がされたと認定した後に，自白の取調請求を許せば弊害は生じないであろう。

ちなみに，補強証拠の証明の程度は，「一応の証明」で足りるであろう。

この判示は201条の明文と本来の趣旨に真向から反した選択をしたものである。

法文のテクスト，構造（文脈）的要求に反する解釈は法に従うことを求める倫理要求に反しないだろうか？　また，法務省検察局の回答は，現今の証拠の開示や検察官の証拠隠しの禁止の要求に反するものであり，初期の根本的誤解，誤りというべきである。

[参考文献]
① 河上和雄＝中山善房＝古田佑紀＝原田國男＝河村博＝渡辺咲子編『大コンメンタール　刑事訴訟法　第2版　第6巻』（青林書院）278頁（高橋省吾）
② 河上和雄＝小林充＝植村立郎＝河村博編『注釈　刑事訴訟法　第3版　第4巻』（立花書房）378頁（木口信之）

（渥美東洋）

X　証人審問権と伝聞法則

【150】憲法37条と被告人の証人審問権

最(三小)判昭30・11・29刑集9巻12号2524頁，判タ56号59頁
恐喝同未遂被告事件(昭和29年(あ)第154号)
第1審・浦和地裁熊谷支部　第2審・東京高判昭・28・12・7

● 争　点 ●

前の不一致供述について検面調書の証拠能力を認める321条1項2号後段の合憲性

1〈事実の概略〉

第1審裁判所は，恐喝未遂被告事件において，NとSの2名を公判廷において証人として尋問し，被告人および弁護人に反対尋問の機会を与えたうえ，その各証言とともに上記両名の検察官に対する各供述調書を被告人の証拠とすることの同意を得て，証拠に採用し被告人を有罪にした。

これに対し，被告人は，事実誤認を理由により控訴したが，控訴裁判所は，第1審判示の事実は，その挙示する証拠によって優に証明することができるとして控訴を棄却。さらに被告人は，そもそも321条1項2号後段の規定は，憲法37条2項に違反する無効の規定であって，上記刑訴法の規定により提出されたNとSの検察官に対する供述調書を採用して，犯罪事実を認定した原判決は，上記憲法の規定に違反するものであって破棄を免れないものであるとして上告。

2〈判　旨〉

上告棄却

「憲法37条2項が，刑事被告人は，すべての証人に対して審問する機会を充分に与えられると規定しているのは，裁判所の職権により又は当事者の請求により喚問した証人につき，反対尋問の機会を充分に与えなければならないという趣旨であって，被告人に反対尋問の機会を与えない証人その他の者の供述を録取した書類を絶対に証拠とすることを許さない意味をふくむものではなく，従って，法律においてこれらの書類はその供述者を公判期日において尋問する機会を被告人に与えれば，これを証拠とすることができる旨を規定したからといって憲法37条2項に反するものでないことは当裁判所の判例の示すところであるから（最(大)判昭24・5・18刑集3巻6号789頁），刑訴321条1項2号後段の規定が違憲でないことはおのずから明らかである。」

3〈解　説〉

1　憲法37条2項が，被告人の証人喚問・審問権を保障する理由には2つある。1つは，被告人が自己に有利な証拠の証拠調を求め，自己に不利な証拠への反証の機会を与えられて，裁判官の心証形成に，検察官とともに影響を及ぼし，事実認定に参加する権利を被告人に保障しようとするものである。第2は，知覚（記憶の獲得），記憶（記憶の保存），表現（記憶の再現），叙述という審理の過程を経てはじめて，証拠が供述の形で法廷に顕出される供述証拠の各心理過程における誤りや行為を反対尋問で検討，吟味し，供述証拠のもつ真実性を高めようとするものである。

2　この目的は，だが，反対尋問が，供述の内容の真実性の吟味に有力な手段であるとはいえ，その吟味に，それほど大きな力をもちえないことが心理学の実験から示されていること，および，反対尋問の機会を奪われても，供述時の状況が，供述内容の真実性を担保できるだけのものであれば，供述証拠は反対尋問が出来なければ絶対に証拠として許容させないとしなくても，達成できるといえるであろう。そこで，証言利用可能な場合には証人を反対尋問する機会を被告人に与えないのは憲法の要請に反するが，そもそも，証人が法廷で，供述できない場合には，絶対に供述証拠を証拠にしないとするのは妥当でない。憲法37条2項は，ここまで要求するものでないとみるのが良いとするのが，昭和24年の判断であった。

3　ところが，本件で問題にされたのは，321条1項2号後段の書面，いわゆる「前の不一

致供述たる検察官面前調書」に証拠能力を認める規定の合憲性であって，証人の証言利用不能の場合ではない。したがって，本判決が，証言利用不能の場合と前の不一致供述の場合をまとめて，処理したのは，いささか妥当を欠くうらみがある。

4 とはいえ，前の不一致供述に証拠能力を肯定する321条1項1，2各号の後段の規定を合憲とする本判決は結論的には正しい。前の不一致供述たる裁判官の前の供述や検察官の前の供述は，その供述がされたときには，事実認定者である裁判官の面前での被告人の反対尋問が保障されていないことは明らかである。しかし，事後ではあるが，前の不一致供述をした証人は法廷に在廷し，供述をなし，したがって反対尋問を前の不一致供述に対してもなしうる状況にあるので，この事後の反対尋問が，供述直後の反対尋問と同程度以上の効果を期待できれば，前の不一致供述に証拠能力を認める規定は憲法違反とはいえないであろう。公判廷の供述内容を手がかりに，それと不一致の前の供述について反対尋問をすれば，かなりの効果を期待することができよう。両者が不一致であるからこそ，この反対尋問は効果的となるのである。しかも，この反対尋問の結果，公判廷における供述よりも信用できることが判明すれば，前の不一致供述に証拠能力を認めることにはまず問題はない。

5 しかも，証人が寝返って公判で被告人に有利な供述を虚偽になした場合，他に目ぼしい証拠がなければ，被告人は結局無罪になるしかないという。「必要性」をも考えれば，321条1項1，2各号後段は合憲といえよう。今後，周到な最高裁の判断を期待したい。

6 なお，300条は，本事例で問題とされた321条第1項第2号後段の規定により有罪・無罪に関する証拠となる検察官の面前でなされた供述の録取書面を検察官は必ず，証拠調べをしなければならないとする。検察官には取調請求義務がある。そこで，299条第1項により，検察官には，被告人（相手方）に証拠開示の義務を負う。

この検察官面前録取書の開示を受けて，被告人は，その録取書に供述を録取されて，証人に対し，公判廷の供述内容とこの供述録取書面に録取された供述を相互に用いて，それぞれの証言と供述の内容について，証人を徹底的に尋問する機会を得ることになっている。

このような関係な刑訴法の規定により，321条1項2号後段の書面に録取された供述については証人に対する意義に反対尋問が〈事後〉ではあれ，保障されている。

したがって，321条1項2号後段の規定に憲法37条の被告人の証人審問権を侵害することにはならないことになる。

以上のような全体を通して，321条1項2号後段の規定を解釈するのが，刑事訴訟法の目的に添った本来の解釈である。

[参考文献]
① 平野・215頁以下
② 渥美・要諦400頁以下
③ 吉川由己夫・最判解刑事篇昭和30年度346頁
④ 山崎清・警研36巻7号87頁

（渥美東洋）

X 証人審問権と伝聞法則

【151】伝聞の意義(1)

最(一小)判昭38・10・17刑集17巻10号1795頁,判時349号2頁
爆発物取締罰則違反等被告事件(昭和35年(あ)第1378号)
第1審・札幌地判昭32・5・7刑集17巻10号2052頁
第2審・札幌高判昭35・6・9刑集17巻10号2258頁

●争点●
伝聞証拠の判断基準

1 〈事実の概略〉

被告人Mは,札幌市役所に「餅代よこせ」等の要求をして座り込んだ日本共産党員の警察による検挙は不当弾圧であるとし,捜査を指揮した札幌市警察本部白鳥一雄警備課長を殺害しようと決意し,昭和26年12月29日頃から翌27年1月16,17日頃までにSら3名と白鳥課長殺害の謀議をし,これに基づきSにおいて,同月21日白鳥課長を射殺したという殺人(いわゆる白鳥事件)等で起訴され,第1審で無期懲役,第2審で懲役20年に処せられた(また,白鳥事件では乙が被告人Mの指示により白鳥課長の動静調査をしたとして殺人幇助で起訴されている)。

被告人Mは,第2審判決が証拠能力のない伝聞証拠を採用した違法があるなどと主張して上告した。

2 〈判旨〉

上告棄却
「伝聞供述となるかどうかは,要証事実と当該供述者の知覚との関係により決せられるものと解すべきである。被告人Mが,電産社宅で行われた幹部教育の席上『白鳥はもう殺してもいいやつだな』と言った旨のAの検察官に対する供述調書における供述記載は,被告人Mが右のような内容の発言をしたこと自体を要証事実としているものと解せられるが,被告人Mが右のような内容の発言をしたことは,Aの自ら直接知覚したところであり,伝聞供述であるとはいえず,同証拠は刑訴321条1項2号によって証拠能力がある旨の原判示は是認できる。次に,被告人Mが甲の家の2階か乙の下宿かで,『白鳥課長に対する攻撃は拳銃をもってやるが,相手が警察官であるだけに慎重に計画をし,まず白鳥課長の行動を出勤退庁の時間とか乗物だとかを調査し慎重に計画を立てチャンスをねらう』と言った旨の証人Bの第1審第38回公判における供述,被告人MがCの寄寓先で『共産党を名乗って堂々と白鳥を襲撃しようか』と述べた旨の証人Cの第1審第40回公判における供述等は,いずれも被告人Mが右のような内容の発言をしたこと自体を要証事実としているものと解せられるが,被告人Mが右のような内容の発言をしたことは,各供述者の自ら直接知覚したところであり伝聞供述に当らないとした原判示も是認できる。次に,Dが1月22日S宅を訪問した際,Sが白鳥課長を射殺したのは自分であると打ち明けた旨の証人Dの第1審36回公判における供述は,Sが白鳥課長を射殺したことを要証事実としているものと解せられ,この要証事実自体は供述者たるDにおいて直接知覚していないところであるから,伝聞供述であると言うべきであり,原判決がこれを伝聞供述でないと判示したのは誤りであるが,右供述は刑訴324条2項,321条1項3号による要件を具備していることが記録上認められ,従って右刑訴の規定により証拠能力を有することは明らかであるから,原判決がこれを証拠としたことは,結局違法とは認められない。」

3 〈解説〉

1 公判廷外の人の供述を内容とする証拠であっても,それが伝聞証拠となるかは,要証事実との関係で決められる。これを本判決は明確に述べる。要証事実が,その供述内容の真実性とは別の場合は,伝聞証拠ではない。これを「言葉の非供述的用法」という。供述内容の真実性が要証事実である場合は,知覚→記憶→表現(叙述)という過程での誤りを反対尋問で吟味する必要があるが,非供述的用法の場合は,この過程はなく,反対尋問の必要はない。非供述的用法としては,①供述されたこと自体が犯罪事実を構成する場合,②不一致供述による弾劾に用いる場合,③行為の言語的部分,④供述内容とは関連がない事実の情況証拠として用いる場合,⑤供述者の現在の心理状態を示す場合,⑥とっさになされた自然的供述の場合などが挙げられる(以

下、これらの事項を番号で示す）。

本件のAの検面調書中（2号書面とされた）の被告人Mの「白鳥はもう殺してもいいやつだな」との発言は、白鳥課長が、真実、殺してもいい人間であるかどうかが問題ではなく（これを立証しても無意味）、真実、その発言をMがしたのか（犯罪意図・計画として⑤、謀議行為と解すると①に等しい）、ひいてはMが内心、白鳥課長に対する敵意を有していたのか（⑤）が問題である。また、証人B、Cの各証言中のMの発言は、いわば謀議の成立過程ないし謀議そのものであり（①に近い）、その内容の真実性は問題ではない。

これらは、被告人Mが知覚、記憶した事実ではなく、被告人Mの言動・行為そのものであるから、その言動を聞いたA～Cが原供述者となるといえる。本判決もこのようにみたのであろう。

これに対しては、犯罪の意図、計画や内心の敵意等の精神状態の供述（①、⑤）であっても、真意に出た表現かについて疑問もありうるから、伝聞過程のうち、表現・叙述につき反対尋問のテストが必要との考えもあろう。この立場は、被告人の発言を内容とする場合は、被告人が自らに反対尋問はできないから、証拠能力を否定するか、被告人の発言の任意性が証拠能力獲得の要件と解することになろう。後者とした場合は、Aの関係では、321条1項2号、324条1項（322条）、B、Cの関係では、同法324条1項（322条1項）の要件で判断することになろう（もっとも、Aの関係については、伝聞例外の規定を複合的に適用して再伝聞に証拠能力を肯定することは、要件の実質的な緩和であって、厳格な要件を課した法の趣旨に反するなどとしてこれに反対し、結局、証拠能力を否定する見解もありうる。通説・判例《最三小昭32・1・22刑集11巻1号103頁》は複合的に各要件に該当すれば、再伝聞にも証拠能力を認めてよいとする。）。

しかし、証人に対する反対尋問やその他の証拠から、発言者の供述時の態度、発言状況をみることにより、その真摯性を検討することは可能である。内心の意図は外部から感得できないから、その立証には当時の当人の発言が最良の証拠ともいえる。非伝聞として証拠能力を認めた上、発言の真摯性への反対尋問欠如をも配慮した慎重な信用性判断に委ねられる事柄と思われる。

2 一方、本判決は、証人Dの証言中、SがDに「白鳥課長を殺したのは自分である」と打ち明けたとの部分を伝聞供述と解した。DはSの発言を直接聞いているから、Sがそのような発言をしたこと自体を要証事実とみて、非伝聞と解する原判決のような見方も論理的には不可能ではあるまい。しかし、それでは、要証事実の組み立て方いかんで、伝聞法則を実質的に潜脱することになりかねない。Sがそのような発言をしたこと自体は、本件訴訟において殆ど意味はなく、それが実行者がSであることと結びついてはじめて意味あるものになる。そうすると、Dの供述中のSの発言は、Sが実行者であること、すなわち発言内容の真実性が問題とされる性質を有し、Sの犯行実行による知覚→記憶→叙述→表現の過程の吟味が必要な場合といえる。このように考えると、やはり、本判決の解釈が妥当と思われる。

類似の判例として、強姦致死事件において、証人が「被害者が生前、証人に対して、被告人のことを『あの人はすかんわ、いやらしいことばかりする人だ』と言っていた」と証言した点を、被害者が被告人に対して嫌悪の感情を有していたこと（⑤）と解して非伝聞とした第2審に対し、「同証言が右要証事実（犯行自体の間接自体たる動機の認定）との関係において伝聞証拠であることは明らか」としたものがある（最判昭30・12・9刑集9巻13号2699頁）。最高裁は、犯人性が争われていた当該事案において、被害者の心理状態を証明しても意味はなく、上記証言の要証事実を、被告人がかねて被害者と情を通じたいとの野心を持っていたという犯行動機の存在と解している。

[参考文献]
① 川添万夫・最判解刑事篇昭和38年度151頁
② 大澤裕・争点（第3版）182頁
③ 安冨潔・別冊判タ『警察実務判例解説（取調べ・証拠篇）』88頁
④ 酒巻匡・法教304号137頁以下

（菊池則明）

X 証人審問権と伝聞法則

【152】 伝聞の意義(2)

東京高判昭58・1・27判時1097号146頁，判タ496号163頁
監禁，監禁致傷，恐喝等被告事件（昭和57年（う）第246号）
第1審・東京地判昭56・12・14

● 争　点 ●
犯行計画メモの証拠能力

1 〈事実の概略〉

被告人は，日雇労働者の支援活動を行っていた者であるが，支援労働者から手配師に誤解され現金等を奪われたと相談されたことから，それに対処すべく他の者と戦術会議を開催し，そこで定められた方針に従い，20数名で建設会社の飯場に押し掛け，手配師3名らを食堂に監禁した上，謝罪を要求して暴行を加え，現金を喝取するとともに，うち2名に傷害を負わせたとの監禁致傷，恐喝，傷害等で起訴された。原審第5回公判期日で，検察官は「戦術会議及び犯行準備等に関する記載のあるメモの存在」との立証趣旨で，「㉕確認点—しゃ罪としゃ料」との記載（本件メモ）を含むノートを請求し，弁護人は異議がない旨意見を述べたので，原裁判所はこれを採用し取り調べた。その後の審理で，本件メモは，25日の戦術会議に出席したAが，その2日後，同会議での確認事項をBに話し，同日Bが書き留めたものであることが判明した。本件メモの㉕の記載は，会議開催日を意味すると思われる。

弁護人は，控訴審において，上記ノートは伝聞証拠であり，その例外にも該当せず，また，本件メモは再伝聞証拠であるから証拠能力はないと主張した。

2 〈判旨〉

控訴棄却

本判決は，「人の意思，計画を記載したメモについては，その意思，計画を立証するためには，伝聞禁止の法則の適用はないと解することが可能である。それは，知覚，記憶，表現，叙述を前提とする供述証拠と異なり，知覚，記憶を欠落するのであるから，その作成が真摯になされたことが証明されれば，必ずしも原供述者を証人として尋問し，反対尋問によりその信用性をテストする必要はないと解されるからである。そしてこの点は個人の単独犯行についてはもとより，数人共謀の共犯事案においても，その共謀に関する犯行計画を記載したメモについては同様に考えることができる。」とした上，本件メモを原供述者をAとする供述証拠であるとし，「数人共謀の共犯事案において，その共謀にかかる犯行計画を記載したメモは，それが真摯に作成されたと認められるかぎり，伝聞禁止の法則の適用されない場合として証拠能力を認める余地があるといえよう。ただ，この場合においてはその犯行計画を記載したメモについては，それが最終的に共犯者全員の共謀の意思の合致するところとして確認されたことが前提とならなければならない。」という。その上で，本件については，それが確認されたものとすれば，当然に証拠能力が認められるし，確認されなかったとしても，本件メモは再伝聞供述ではあるものの，原審の審理経過からすれば，弁護人はAに対する反対尋問権を放棄したものと解され，原審がその証拠能力を認めたことに違法はないとした。

3 〈解説〉

1 伝聞かどうかは，証拠と要証事実との関係で相対的に決まる（本書【151】）から，本件メモの証拠能力を検討する際には，その要証事実をどうみるかが重要である。

まず，①「メモ作成者の意思，内心状態」を要証事実とする場合を検討しよう。ただし，本件メモの作成者は，Bであるから，BはAの発言を正確に書き留め，A自身が作成したものと同視できることが前提となろう。

メモ作成時現在の心理状態ないし精神状態を表す供述は，知覚→記憶の過程がなく，表現・叙述の真摯性，正確性が問題となるのみで，比較的誤りは少ないといえる。こうみれば，本件メモは非伝聞証拠といえる。本判決もこれを表明する。本判決が，メモが真摯に作成されたことを要求するのは，表現・叙述の過程に誤りが生じる可能性がなお残るとし

て，これを補おうとするものと理解できる。原審が本件メモを含む証拠につき，弁護人に同意，不同意ではなく，異議の有無を尋ねたのも同様の考えに基づくものといえよう。

これに対しては，作成者の心理状態が要証事実であるとしても，供述の過程（表現・叙述）の一部欠如を理由として，なお供述証拠と考え，相当性や信用性の情況的保障を条件に伝聞例外として許容する見解がある（大阪高判昭57・3・16判時1046号146頁は「その表現，叙述に真実性が認められる限り，伝聞法則の適用例外として，その証拠能力を認めるのが相当」として，この見解を採る。）。非伝聞説からは，明文によらない伝聞の例外を認めるという解釈論上の難点があるとの批判がなされている。

2 次に，②「事前共謀の成立」（会議参加者が恐喝の共謀を遂げたこと）を要証事実とする場合はどうか。本件判決は，「最終的に共犯者全員の共謀の意思の合致するところとして確認されたもの」であれば非供述証拠とみてよいとする。B作成の本件メモは，Aを含む共謀の参加者全員が作成したものと同視できる事情があれば，その全員の心の状態を示すものとして非伝聞証拠とみることができるものとしたと思われる。しかし，本件メモは事前共謀の後，それに不参加のBが作成しており，他の共謀参加者の内心が表されているとみることはできないであろう。共謀に関するAの知覚→Aの会議内容の記憶→AのBへの報告→BがAの報告をメモに記載→メモ発見→法廷顕出というプロセスを経るものであるから，これらの過程については反対尋問での検討が必要であろう。発見過程以後に争いがなく，原審でBが作成過程について証言しているとしても，Aの知覚，記憶，報告部分の真実性が問題となり，これは再伝聞に当たると解され，324条2項，321条1項3号の要件が必要と考えられる。

3 ③「当該記載がされたメモが存在すること」を要証事実とする場合はどうか。これは「証拠物」としての利用である。関連性が問題とされようが，メモ内容が断片的でそれ自体は意味を取りにくいものの，Bの証言等の証拠と併せれば，その記載内容の意味が明らかになり，メモが存在しない場合と比べてB証言の信用性を高める極めて証拠価値が高いものとみられよう。これに対しては，伝聞証拠の潜脱との批判も予想されるが，あくまでも，本件メモ自体で上記①，②を判断するのではないから，敢えてこれを否定する理由はないと思われる。また，本件メモは事前に作成されているから，その内容が事後に客観的に起きた事件内容と一致することで，AやBが事前に「謝罪と慰謝料をとることを知っていた」ことを推認するという非供述的用法としての用い方も考えうる。

4 要証事実は実質的に決まり，当事者の意向に左右されないが，審理途中では裁判所がこれを決することは出来にくいから，メモが取調請求された場合，相手方の同意が得られない場合には，当事者の意見に応じて，323条該当性（心覚のため取引を書き留めた手帳を3号書面とした最判昭31・3・27刑集17巻10号1795頁参照）を検討した上，当該メモ以外の証拠を取調べ，上記①〜③の要証事実との関連で証拠能力の有無を判断し，採否を決することになろう（証拠関係の変化や心証の変化により途中で要証事実が変化し，メモの証拠能力の判断も変化することもありうる）。

この点に関し，証拠調べ終了まで証拠能力の有無が定まらないのは訴訟運営上の問題があり，メモの証拠能力が作成状況等と無関係な他の証拠関係で左右されるのは疑問とし，本件メモの要証事実を「作成者の犯罪意図の表明と共犯者の意図等の推認」と捉え，前者は非伝聞とし後者は他の証拠と総合してどこまで認定できるかという証明力の問題とすべきとする見解も主張されるに至っている（井上後掲）。

[**参考文献**]
① 三好幹夫・判タ816号59頁
② 村瀬均・百選[第7版]88
③ 川出敏裕・百選[第8版]87
④ 井上弘通・百選[第9版]83
⑤ 下津健司・百選[第10版]79
⑥ 大澤裕・争点[第3版]182頁

（菊池則明）

X 証人審問権と伝聞法則

【153】ビデオリンク

最(一小)判平17・4・14刑集59巻3号259頁, 判時1904号150頁
傷害, 強姦被告事件(平成16年(あ)第1618号)
第1審・名古屋地一宮支判平16・2・25刑集59巻3号267頁
第2審・名古屋高判平16・6・29刑集59巻3号278頁

● 争 点 ●
① 裁判の公開原則に関する憲法適合性
② 証人審問権に関する憲法適合性

1〈事実の概略〉

被告人は, 留守中の知人宅で同人の妻(被害者)に暴行を加えて傷害を負わせ, さらに同女を強姦したとして起訴された。傷害・強姦いずれの事実も争われたため, 第1審では, ビデオリンク方式(157条の6第1項—現行の条文。以下, 同じ)と被告人と証人との間(同条の5第1項)及び傍聴人と証人との間(同条の5第2項)の遮へい措置を併用して, 被害者の証人尋問が実施された。第1審は両事実を有罪と認めて, 被告人を懲役4年10月に処したので, 被告人は控訴し, 事実誤認の他, 審判の公開規定違反(377条3号), 反対尋問権を侵害する訴訟手続の法令違反がある等と主張したが, 第2審はいずれの主張も退け控訴を棄却した。

そこで, 被告人は, ビデオリンク方式等を定める上記各規定は, 憲法82条1項, 37条1項の審判の公開原則や同法37条2項前段の証人審問権の保障に反する違憲な規定であるなどと主張して上告した。

2〈判 旨〉

上告棄却
「証人尋問が公判期日において行われる場合, 傍聴人と証人との間で遮へい措置が採られ, あるいはビデオリンク方式によることとされ, さらには, ビデオリンク方式によった上で傍聴人と証人との間で遮へい措置が採られても, 審理が公開されていることに変わりはないから, これらの規定は, 憲法82条1項, 37条1項に違反するものではない。」

「証人尋問の際, 被告人から証人の状態を認識できなくする遮へい措置が採られた場合, 被告人は, 証人の姿を見ることはできないけれども, 供述を聞くことはでき, 自ら尋問することもでき, さらに, この措置は, 弁護人が出頭している場合に限り採ることができるのであって, 弁護人による証人の供述態度等の観察は妨げられないのであるから, 前記のとおりの制度の趣旨にかんがみ, 被告人の証人審問権は侵害されていないというべきである。ビデオリンク方式によることとされた場合には, 被告人は, 映像と音声の送受信を通じてであれ, 証人の姿を見ながら供述を聞き, 自ら尋問することができるのであるから, 被告人の証人審問権は侵害されていないというべきである。さらには, ビデオリンク方式によった上で被告人から証人の状態を認識できなくする遮へい措置が採られても, 映像と音声の送受信を通じてであれ, 被告人は, 証人の供述を聞くことはでき, 自ら尋問することもでき, 弁護人による供述態度等の観察は妨げられないのであるから, やはり被告人の証人審問権は侵害されていないというべきことは同様である。したがって, 刑訴法157条の3, 157条の4は, 憲法37条2項前段に違反するものでもない。」

3〈解 説〉

1 従前, 証人保護に関しては, 裁判の公開停止(憲82条2項), 被告人・傍聴人の退廷(304条の2, 規則202条), 期日外の証人尋問(158条1項, 281条, 281条の2)の諸制度があったところ, 本判決は, 平成12年の刑訴法改正により導入された証人尋問の際の遮へい措置, ビデオリンク方式, これらの併用(157条の5第1項括弧内)を定める各規定が合憲であることを最高裁として初めて明らかにしたものである。証人の付添(157条の2)とともに導入されたこれらの趣旨について, 本判決は, 遮へい措置は, 「証人が被告人から見られていることによって圧迫を受け精神の平穏が著しく害される場合があることから, その負担を軽減するため」であり, ビデオリンク方式は, 「いわゆる性犯罪の被害者等の証人尋問について, 裁判官及び訴訟関係人の在席する場所において証言を

求められることによって証人が受ける精神的圧迫を回避するため」のものとしている。

2　裁判公開原則との関係で、本判決が引用する判例（最（大）決昭33・2・17刑集12巻2号253頁）は、取材活動について判示する際、「憲法が裁判の対審及び判決を公開法廷で行うことを規定しているのは、手続を一般に公開してその審判が公正に行われていることを保障するため」としている。本判決は、「公開されていることに変わりはない」としか判示していないが、①遮へい措置等の規定目的が正当であって利用の必要性が高い、②遮へい措置により証人が見えず（公開法廷でも証言席の位置から傍聴席からは後姿しか見えないのが通例）、ビデオリンク方式のため証人が在廷しない（モニターで見える）という限度での制限であり、証言聴取可能であることは変わらないことに照らして、裁判公開の目的である公正さの保障が損なわれないと判断したのであろう。

3　次に、遮へい措置等は、憲法37条2項の証人審問権を侵害するといえるであろうか。

同条については、反対尋問権保障規定との理解が通説であったが、証人との対面、対質権をも保障するものと理解する立場（渥美・全訂2版267頁）が有力となっている。判例の理解は必ずしも明らかではないが、本判決が引用している判例（最大判昭25・3・15刑集4巻3号355頁等）は、被告人の退廷措置に係るもの、拘禁中の被告人が立会いしない裁判所外尋問に係るもの、被告人の発問の制限に係るものであって、いずれも合理的な理由により被告人が尋問の機会を失った場合であり、弁護人の立会いによる反対尋問が実施されていれば被告人を立ち会わせなくとも証人審問権を侵害するものではない、または合理的理由があれば尋問を制限することも許される、とするものと解され（山口・後掲157頁）、対面・対質権を正面からは意識していないともみられる。

ところで、これらの制度を利用すると、被告人は自ら証人に尋問することはできるが、①被告人の証人を観察しながらの尋問、②被告人を見ながらの証人の証言、③被告人と証人の同一法廷での在室が制限される。①は、より効果的な尋問をし、ひいては正確な証言が引き出せる効果があり、②は自己の証言により不利益を受ける者の前で虚偽の証言はしにくいという効果が考えられ、③は証人の細かい表情等を間近に体感でき、効果的な尋問、正確な証言を可能にし、事実認定者に適切な心証をとってもらうという効果が期待できる。遮へい措置等の利用で、上記①～③の効果が減少するものとはいえる。しかし、①②は弁護人が代替しうるし、証人自身も姿は見えなくとも被告人在廷は承知していることであり、②の効果減少の程度はあったとしても僅かであろう。③の効果はもともと多くを期待できないものであり、むしろ適切な尋問技術・方法によるべきもので、尋問者が間近にいて証人の息づかいを聞きながらの尋問でなければ効果的ではなく、正確な証言を引き出せないということはないであろう（なお、一定の場合に被告人が在廷する法廷とは別の裁判所との間でビデオリンク方式による証人尋問ができるよう改められた［157条の6第2項］）。

このようにこれらの制度を利用しても、自ら証言を聞き尋問が出来る上、弁護人による代替が可能で、もともと多くを期待できない効果が僅かに妨げられるにすぎず、証人保護という正当目的達成のためにはやむを得ないのではなかろうか。上記①～③は合理的制限に服さない程の絶対的利益とは思われない。また、証人によっては、被告人の姿を見たり、見られているとの思いで、恐怖やパニックにより証言不能となり、被告人側の反対尋問もできず、結局、321条1項2号、3号による調書採用という事態を招くこともありうるのであって（本書【154】）、遮へい措置等は、なるべく証人に直接証言をしてもらう工夫ともいえ、むしろ証人審問権の保障に手厚くなるという側面もある。

本判決の合憲判断は支持できよう。

[参考文献]
① 椎橋隆幸「証人保護手続の新展開」渥美古稀181頁
② 清水真・新報113巻1・2号567頁
③ 堀江慎司・刑ジ2号108頁
④ 稲田隆司・百選［第9版］72
⑤ 山口裕之・最判解刑事篇平成17年度89頁

（菊池則明）

X 証人審問権と伝聞法則

【154】証言拒否と証言利用不能

東京高判昭63・11・10東高刑時報39巻9〜12号36頁，判タ693号246頁

凶器準備集合，傷害致死，建造物侵入，暴力行為等処罰に関する法律違反，銃砲刀剣類所持等取締法違反，火薬類取締法違反，有線電気通信法違反，住居侵入，傷害被告事件（昭和61年（う）第751号）

第1審・横浜地判昭61・3・25判タ693号256頁

● 争 点 ●

宣誓及び証言拒否は321条1項2号前段にいう証言利用不能事由に該当するか

1〈事実の概略〉

被告人は，銃刀法違反等多数の事実の他，Yらと共謀の上敢行した印刷所襲撃事件（建造物侵入，暴力行為等処罰に関する法律違反）で起訴されたが，1審では以下の審理経過があった。すなわち，Yは，検察官の請求に基づき受刑中の刑務所内で証人尋問を受けることになったが，尋問場所に出頭はしたものの，氏名等を黙秘した上，宣誓を拒否して証言もせず，裁判所の宣誓拒否の制裁警告や説得にも拘わらず黙秘を続けた。裁判所や検察官の説得にもかかわらず，Yは，翌日の尋問でも同様に黙秘を続けたので，裁判所はYは翻意することはないと判断し，尋問の施行を中止した。検察官は，Yの検面調書8通を2号前段書面として証拠請求し，裁判所はこれを採用し，その内4通を印刷所襲撃事件の有罪認定に用い，銃刀法違反の事実とともに有罪としたが，その他の事実は無罪とした。無罪とした部分につき検察官が控訴する一方，被告人は，①321条1項2号前段の規定は憲法37条2項に違反する，②上記刑訴法条文の死亡等の事由は供述者の意思にかかわらない事由と解すべきであって，証人の宣誓証言拒否はこれに該当しない，③Yの調書は特信性の情況的保障がないのに2号書面として採用したのは誤りである等と主張して控訴した。

2〈判 旨〉

原判決中の住居侵入・傷害の無罪部分及び有罪部分破棄・自判（懲役4年6月）。検察官控訴の一部が認容され，被告人の有罪部分に対する不服の主張は排斥された。「刑訴法321条1項2号前段が憲法37条2項に違反するものでないことは最高裁判所の判例の示すところである」るとして，最（大）判昭27・4・9刑集6巻4号584頁を引用。また，刑訴法321条1項2号前段にいう供述者死亡等の事由は，「証人として尋問することができない事由を例示したもので，右の供述不能の事由が供述者の意思にかかわらない場合に限定すべきいわれはなく，現にやむを得ない事由があって，その供述者を裁判所において尋問することが妨げられる場合には，これがために被告人に反対尋問の機会を与え得ないとしてもなおその供述者の検面調書に証拠能力が付与されるものと解され，事実上の証言拒否にあっても，その供述拒否の決意が堅く，翻意して尋問に応ずることがないものと判断される場合には，当該の供述拒否が立証者側の証人との通謀或いは証人に対する教唆等により作為的に行われたことを疑わせる事情がない以上，証拠能力を付与するに妨げないというべきである。」とした。証人Yの宣誓拒否の理由は不明であるが，「所論がいうような被告人に対する敵意によるものと窺われる状況はなく，また，検察官側が作為的に同人に宣誓等を拒否させたものとも認められない。」「刑訴法321条1項2号前段の書面については，その供述を信用すべき特別の情況が存することがこれを証拠とするための積極的な要件とされていないことは条文上明らかである。したがって，証人の検察官の面前における供述情況及びその供述内容の真実性につき慎重な配慮を要することは当然として，前示のような証人の宣誓等の拒否を刑訴法321条1項2号前段の供述不能の事由に当たるとしても，Yの検面調書には信用性の情況的保障がないから証拠能力を付与しえないとの所論は採用できない。」

3〈解 説〉

1 最高裁は，本判決引用判例（27年判決）等で321条1項2号前段が憲法37条2項に違反しないとしており，これは判例上確立している。学説には，判例賛成説のほか，供述者の宣誓欠如，被告人側の立会いや反対尋問欠如，検察官の一方当事者性，2号前段での特信情況の要件欠如を理由とする違憲説がある一方，検察官の公益的側面を指摘し，反対尋問

の保障に代わる程度の特信性の情況的保障を要件とする制限的運用を条件に合憲とする説も有力である。

2　弁護人主張②のように321条1項2号前段の事由（供述不能）は，供述者の意思に関わらない不能の場合に限られると解すべきであろうか。この制限的解釈の根拠としては，供述者の意思による供述不能の場合は，証人が公判証言を故意に避け，偽証罪の制裁や反対尋問に晒されることを避けようとするときは，検面調書上の供述の信用性に欠けるということが考えられる。

しかし，前記27年判決は，2号前段の事由は制限列挙ではなく例示列挙とし，147条による証言拒否を同号前段の供述不能としている。また，判例が同様の判断をした事例としては，証言拒否（1号書面につき最決昭44・12・4刑集23巻12号1546頁），記憶喪失（3号書面に関する最決昭29・7・29刑集8巻7号1217頁），号泣（2号書面につき「精神若しくは身体の故障」と解する札幌高判函館支判昭26・7・30高刑集4巻7号936頁）のほか，宣誓拒否（仙台高判昭32・6・19高刑集10巻6号508頁）の場合がある。死亡，所在不明，国外滞在の事由は，供述者の意思により発生することも実際上多いにもかかわらず，法はそうでない場合と何ら文言上区別していない。宣誓・証言拒否が，実際には被告人や関係者側からの圧力や後難をおそれる等の理由（意思に関わらない場合といえよう）でなされていても，立場上そうはいえず，それを自己の意思に基づくように装わざるを得ないことも現実にはみられることも考えると，これらの調書に証拠能力を認めて利用する実際上の必要性が高いことも上記解釈を補強しよう。

もっとも，供述不能とみると反対尋問を経ずに証拠能力を認めることになるのであるから，必要性の要件は厳格に考えるべきであろう。本判決は，Yの証言拒否の決意が堅く，翻意が考えられない事情があり，しかも検察側が証言不能状態を作為的に作り出していないことを証拠能力付与の要件と解している。証言不能が一時的で合理的期間内に反対尋問が可能な場合（翻意が可能ならば，「死亡」等に匹敵しない）や検察側が意図的に反対尋問を妨げたという場合（そのような場合は証拠請求が「手続的正義の観点から公正さを欠くとき」証拠として許容されないとする本書【156】とも通ずる。）には必要性は欠けるとの判断は，反対尋問の重要性に配慮した妥当な解釈と思われる。連続的，計画的審理を基本とする裁判員裁判においても，なお，この判示は十分参考とされるべきであろう。審理計画の変更をおそれて，安易に供述不能とみるのは相当ではなく，裁判所としては，証言拒否のおそれがあるときには，その続行にも対応できる余裕をもった審理計画を立てておくべきである。

3　弁護人の主張③は，供述不能であれば直ちに証拠能力を認められるのではなく，2号但書所定の特信情況を要件とすべきとの主張である。本判決は，2号前段書面がこれを積極的な要件としていないことは条文上明らかとしてこれを退ける。比較するべき「公判準備ないし公判期日」の供述を得ることが不可能なのであるから，文言上は，これを要件とする根拠はなさそうである。しかし，反対尋問に代わる特信情況がない供述証拠を許容するときは事実の誤りを防ぐことができず，そのような証拠は，もともと伝聞例外として許容されないはずである。学説や下級審判例（大阪高昭42・9・28高刑集20巻5号611頁）には，特信情況を要求する立場を採るものもあり，さらには供述拒否の場合を2号後段書面として扱い，特信情況を証拠能力肯定の要件とみて条文上の難点をかわそうとする学説もある。このようにみると，検面調書作成時には，通常，反対尋問に代わる程度の保障が類型的に認められているから2号書面として許容されていると捉え，これに疑問がある場合にも伝聞例外として証拠能力を認めるのは不合理であるから，この特信情況の存在について被告人側に争う機会を与え，それが欠けると判断される場合は証拠として許容されないとの見解（渥美，全訂2版442頁）は説得力があると思われる。

［参考文献］
① 山室惠・百選[第6版]73
② 岩瀬徹・百選[第9版]84
③ 今井俊介・判夕808号17頁
④ 椎橋隆幸「証言拒否と検察官面前調書」『刑事訴訟法の理論的展開』250頁

（菊池則明）

Ⅹ 証人審問権と伝聞法則

【155】前の不一致供述と特信情況

最(三小)判昭30・1・11刑集9巻1号14頁
公職選挙法違反被告事件(昭和29年(あ)第1164号)
第1審・福岡地判昭28・9・2
第2審・福岡高判昭29・2・10

● 争 点 ●
① 前の不一致供述を利用する必要性
② 前の不一致供述への反対尋問の可能性
③ 特信性立証の資料としての不一致供述

1〈事実の概略〉

公職選挙法違反事件において、第1審は、Kほか16名およびNほか6名の検察官に対する供述調書を証拠として採用し、2名の被告人に有罪判決を下した。被告人側は控訴したが、第2審は控訴を棄却した。これに対して被告人側は、次のような主張等を理由として上告を申し立てた。「原審のF弁護人は、Kほか16名およびNほか6名の検察官に対する供述調書を証拠として採用したことを不当とし、その理由として、刑訴321条は証拠能力に関する規定であって、理論上、信憑力の問題に先行する。しかるに判例の中には、検事調書の内容自体とその他の証拠に徴し検事調書の内容を措信すべきものと認むるときはこれを証拠として採用して差支ないと云っているものがあるが、これは理論上不当である旨主張している。しかるに原判決は検事調書の内容それ自体並びに他の証拠と対照上、刑訴321条1項2号の要件を具備しているものと認めるから、第1審判決が検事調書を証拠として採用したことは違法でない旨の判決をしている。しかしながら、これでは弁護人の主張している刑訴321条1項2号の解釈は当然誤りであるということを前提にして判決しているのであって、その主張が何故に誤りであるかということを少しも判示していないから、原判決は判断遺脱、理由不備である。」

2〈判 旨〉

上告棄却

本判決は検察官面前調書の取調時期についての判断を示した後、刑訴法321条1項2号後段但書の「前の供述を信用すべき特別の情況」について次のような判断を示した。「刑訴321条1項2号は、伝聞証拠排除に関する同320条の例外規定の一つであって、このような供述調書を証拠とする必要性とその証拠について反対尋問を経ないでも充分の信用性ある情況の存在をその理由とするものである。そして証人が検察官の面前調書と異った供述をしたことによりその必要性は充されるし、また必ずしも外部的な特別の事情でなくても、その供述の内容自体によってそれが信用性ある情況の存在を推知せしめる事由となると解すべきものである。このことは既に当裁判所再三の判例の趣旨とするところであり(昭和26年(あ)1111号同年11月15日第一小法廷判決・刑集5巻12号2393頁)、原判決の判断もこれと同趣旨に出るものであるから、原判決には何ら理由の不備又は判断の遺脱なく、所論は理由がない。」

310

3 〈解 説〉

1 寝返り証人対策としての不一致供述の必要性

本件で問題となるのは、刑訴法321条1項2号の検面調書全般の証拠能力ではなく、あくまで、同号後段の不一致供述たる検面調書の証拠能力であることに留意すべきである。まず、伝聞法則の例外を肯定すべき要件の一つに本判決も従前の判例と同様に「必要性」をあげ、2号後段の場合には、公判期日または公判準備での証人の供述と同証人の前の検察官の前での供述との不一致が、この必要性の要件を満たすという。もしも、2号後段が欠如していれば、公判または公判準備において、証人が「寝返って」、その証人は、実は被告人が犯罪行為をしたことを知っているにもかかわらず、自分の記憶に反して、被告人は犯罪行為をしていない旨の供述をしたとしよう。この供述と不一致の同証人のかつての供述は、伝聞法則の下では、公判期日または公判準備における供述を弾劾するものとしてしか利用できない。しかも、この場合、いかに、その証言を弾劾しても、被告人を有罪とすることはできないのである。被告人が犯罪行為をした旨の供述が、かつて同一証人によってなされているのに、しかも、その供述に反対尋問を事後であれなしうる場合で、しかも、公判期日に反対尋問の機会が与えられた供述よりも信用できる場合にまで、前の不一致供述を実質証拠 (被告人を有罪とするに利用しうる証拠) になしえないとするのは、あまりにも厳格にすぎるとみられるので、判例のいうように、「必要性」の要件が満たされているとみるのは妥当であろう。

2 前の不一致供述に対する反対尋問の可能性

さて、次に、検察官に対する供述調書は、それが書面であること、事実認定者たる裁判官の前で、被告人側の反対尋問を受けてなされた供述を録取したものでないこと、双方から、伝聞証拠である。ところで、この供述調書にその供述が記載されている証人は、公判期日または公判準備に出頭している。この証人にさらに供述を求めることのできる状態にある。その点では、321条1項1、2号各前段の場合には、供述者に供述を求めることができない状態にある (証言利用不能) のとは、全く異なっている。前の不一致供述の内容を真実だとして、証拠に用いることを許すためには、公判廷で供述した証人に、供述時より後であれ、前の不一致供述の内容の真偽を確かめるための被告人側からの反対尋問を許さなければなるまい。この事後の反対尋問の機会を被告人から奪うのは、憲法37条2項に違反することになるであろう。

3 特信性立証の資料としての不一致供述

このように、「必要性」があり、事実認定者の心証を最もよくコントロールできる証人の供述直後の反対尋問の機会の附与ではないが、事実認定者の前での事後の反対尋問をなしうることを前提に、「より信用しうる」状況の証明の内容いかんが問われるのである。前の不一致供述と公判での供述をそれぞれ逆に用いてそれぞれの反対尋問の資料にしうることを考えると、尋問態様と方法によっては、かなり充実した反対尋問が可能であろう。このとき、外部事情のみならず、供述内容の不一致を供述とつき合わせて尋問しなければ、どちらの供述を信用できるかについて事実認定者に納得させ、または事実認定者の心証を十分にコントロールできるとはいえないであろう。このように、「必要性」と反対尋問の機会の附与を前提にすれば、前の不一致供述の特信性立証には外部的事情しか用いえないとの見解 (平場・202頁) や、供述内容のみで決するとの見解 (横井・遂条解説Ⅲ101頁) は正しくあるまい。

[参考文献]
① 渥美・要諦334頁以下
② 真野英一・証拠大系Ⅲ154頁
③ 内田一郎・百選［第3版］75
④ 青柳文雄・最判解刑事篇昭和30年度6頁
⑤ 荒川省三・警研28巻1号88頁

(椎橋隆幸)

【156】退去強制手続と検察官面前調書

最(三小)判平 7・6・20刑集49巻 6 号741頁, 判時1544号128頁

売春防止法違反被告事件(平成 2 年(あ)第72号)
第 1 審・大阪地判昭62・4・9刑集49巻 6 号765頁
第 2 審・大阪高判平元・11・10刑集49巻 6 号774頁, 判タ729号249頁

● 争 点 ●

供述者が退去強制処分により出国した場合も, その供述を録取した検察官面前調書は刑訴法321条 1 項 2 号前段の要件を充足するといえるか

1 〈事実の概略〉

被告人ら 3 名は, タイ国籍の女性を売春婦とする管理売春を業とした事実で起訴されたが, 被告人らはいずれも事実を否認したため, その立証上, 売春婦であるタイ人女性の供述が証拠として重要な事例である。

第 1 審で, 弁護人は, 裁判所が証拠能力を認めたタイ人女性の検察官面前調書13通について証拠能力を争い, 仮に証拠能力が認められても信用性は否定されるべきであると主張した。裁判所は, 321条 1 項 2 号前段は, 「国外にいるため公判準備若しくは公判廷において供述できないとき」の要件を充足すれば証拠能力が認められるが, ただ, 捜査機関でもある検察官がその供述者を調書作成後意図的に国外に赴かせた場合など, ことさら被告人の公判廷における反対尋問の機会を失わせたと認められるようなときには例外的に証拠能力を否定すべきことがありうるに過ぎない旨判示し, 証拠能力を認めた上, 被告人らを有罪とした。

被告人ら控訴。原審は, 検察官が供述者を意図的に本邦から出国させたなどの事情があるため, 「信用できない情況のもとでなされた疑いのある」場合であるから証拠能力は否定される等の弁護人主張を排斥し, 事実誤認の主張も退けて控訴を棄却した。被告人ら上告。

2 〈判 旨〉

刑訴法321条 1 項 2 号前段は, 供述者が国外にいるため公判準備若しくは公判期日において供述できないときは証拠とすることができると規定するが, 憲法37条 2 項の保障の趣旨に鑑みると, 「検察官面前調書が作成され証拠請求されるに至った事情や, 供述者が国外にいることになった事由のいかんによっては, その検察官面前調書を常に右規定により証拠能力があるものとして事実認定の証拠とすることができるとすることには疑問の余地がある。」, 「供述者らが国外にいることになった事由は退去強制によるものであるところ, 退去強制は, 出入国の公正な管理という行政目的を達成するために, 入国管理当局が出入国管理及び難民認定法に基づき一定の要件の下に外国人を強制的に国外に退去させる行政処分であるが, 同じく国家機関である検察官において当該外国人がいずれ国外に退去させられ公判準備又は公判期日に供述することができなくなることを認識しながら殊更そのような事態を利用しようとした場合はもちろん, 裁判官又は裁判所が当該外国人について証人尋問の決定をしているにもかかわらず強制送還が行われた場合など, 当該外国人の検察官面前調書を証拠請求することが手続的正義の観点から公正を欠くと認められるときは, これを事実認定の証拠とすることが許容されないこともあり得るといわなければならない。」とした上で, 本件においては, 検察官において供述者らが強制送還され将来公判準備又は公判期日に供述することができなくなるような事態を殊更利用しようとしたとは認められず, また, 本件検察官面前調書を証拠請求することが手続的正義の観点から公正を欠くとは認められないので, これを事実認定の証拠とすることが許容されないものとはいえないと判示した。なお, 大野正男裁判官の補足意見がある。

3 〈解 説〉

1 出入国管理及び難民認定法(以下「出管法」という。)に違反する不法残留外国人については, 入管当局が事実調査の上, 退去強制令書を発付し強制送還する(行政処分である退去強制処分)。

不法残留外国人が刑事事件被疑者として立件されている場合は刑事手続が先行し, 判決

言渡後（実刑の場合は原則我が国での刑執行終了後）に身柄が入管当局に引渡されることで，2つの手続の調整が図られている。しかし，その外国人が第三者の刑事事件において参考人として供述し，これを第三者の公判で証拠として用いる場合，外国人はあくまで参考人だから，当該外国人に対する行政手続は刑事手続とは無関係に進められ，退去強制令書が発付されれば，我が国は外国人を本邦に適法に留め置く根拠を有しなくなり，当該外国人はいつでも本邦から出国できる。

本件では，外国人の供述を証拠として請求するにあたり，この外国人に退去強制令書を発付し強制送還するという行政目的の達成と，その外国人の検面調書を証拠採用し，被告人の有罪を認定する，という刑事司法目的の達成とをいかに調整するかが問題とされたのである。

2　伝聞法則（320条）の例外は，憲法37条2項で保障されている証人審問権と，刑訴法の目的である実体的真実発見とを調整するものといえる。その意味で，伝聞法則の例外を広く認めると，証人審問権が保障される意味を矮小化する結果になる。しかし，犯罪の立証に欠くことのできない供述をした外国人が出国したからといって，検察官がその供述を証拠請求することを許さないとするならば，実体的真実発見の観点からは不合理な結論になろう。

そこで，最高裁は，本決定において「検察官において外国人がいずれ国外に退去させられ公判準備又は公判期日に供述することができなくなることを認識しながら殊更そのような事態を利用しようとした場合」と「裁判所が外国人について証人尋問の決定をしているにもかかわらず強制送還が行われた場合」の2つを例示し，このような場合には，当該外国人の検面調書を証拠請求することが「手続的正義の観点から公正さを欠くと認められ」るので，証拠とすることができないこととなりうるとの基準を明らかにしたものである。

3　しかし，最高裁の判示する内容は，理論的には不十分と思われる。まず，検察官が外国人の退去強制を殊更利用した場合であるが，これは検察官が刑訴法の規定を逆手に取り，被告人の反対尋問の機会を奪った上で証拠とすることを意図したとみられるので，いやしくも検察官はそのような謗りを受けるべきでなく，かような場合は証拠とすることを断念するのは当然で，最高裁の判断はその意味で是認できる。ただ，本決定は「殊更……利用しようとした」とはどのような場合かを明らかにしておらず，本件への当てはめにおいても「殊更利用しようとしたとは認められ」ないと述べるに止まる。検察官が他の行政庁の処分を「殊更利用」することは考えにくく，最高裁は，検察官が手続的正義に反する行為をしてはならないとの理念を示したに過ぎないともいえる。また，第二の点も，裁判所が外国人を証人として尋問することを決定したからといって，その決定に（出管法上）当該外国人を適法に本邦に在留させる効力はなく，決定に基づき検察官が何らかの権限を行使し，入管当局管理下にある外国人の身柄を留め置くこともできない（せいぜい，入管当局に尋問決定がされたことを連絡し，尋問終了まで出国させないよう「事実上」の依頼ができるだけである。）ので，結局，尋問決定後に検察官が何ら措置を講じることなく，漫然と強制送還された外国人の供述調書は証拠能力を有しない旨をいうに止まる。

4　すると，本決定は，被告人の反対尋問権に配慮し，退去強制が予定されている外国人については，強制送還前に公判廷において証人尋問できるよう検察官に努力を求めることで，手続的正義の実現を図ろうとする点に意義を有するものである。大野裁判官が補足意見において，この問題は立法により刑訴法と出管法との調整を図ることで解決すべきと指摘するのは，法廷意見では法的な解決にはならないことを懸念したものといえよう。なお，本決定後，検察官の証拠請求が手続的正義の観点から公正さを欠くといえるか否かに関し，下級審判決が出ており，今後事例が蓄積され基準が明確化されることを期待する。

[参考文献]
本件の評釈として
① 河原俊也・百選〔第10版〕186〜187頁
② 上野友慈・ひろば48巻10号53〜59頁
③ 加藤克佳・法教183号88〜89頁

（倉持俊宏）

X 証人審問権と伝聞法則

【157】捜査共助の要請に基づいて作成された書面

最(二小)決平12・10・31刑集54巻8号735頁,判時1730号160頁
麻薬及び向精神薬取締法違反,関税法違反,業務上横領被告事件(平成11年(あ)第400号)
第1審・千葉地判平8・6・21判時1576号3頁
第2審・東京高判平11・3・1判タ998号293頁

● 争 点 ●

外国の捜査機関が作成した宣誓供述書は,刑訴法321条1項3号の要件を充足するか

1 〈事実の概略〉

会社社長である被告人が,①知人のB及び社員のCと共謀の上,Cにおいて,麻薬であるコカイン塩酸塩を隠匿携帯した上,アメリカ合衆国ロサンゼルス国際空港から飛行機に搭乗し,新東京国際空港に到着して上記麻薬を隠匿携帯したまま航空機から降り立ち,本邦内に持ち込んで輸入し,次いで税関旅具検査場で隠匿携帯する上記麻薬を申告せず,もって輸入禁制品に当たる貨物である麻薬を輸入しようとしたが,税関職員に発見されたため未遂に終わった,②Cと共謀の上,コカイン等の薬物購入代金に充てるため,自己が業務上保管中の会社資金を横領した,という事案である。

弁護人は,いずれの事実も無罪を主張し,証拠のうち,Cの知人でアメリカ合衆国に居住するDが,Cにコカインを譲渡し,その代金の送金を受けていた状況について,アメリカ合衆国における所定の手続により公証人の面前で供述した内容を録取した供述書(以下「D宣誓供述書」という。)について,我が国の法体系において証拠能力を有しないと主張したが,第1審は,D宣誓供述書は321条1項3号の書面とした上,供述の特信性に欠けるところはないとして同書面の証拠能力を肯定した上,いずれの事実も認定して被告人を有罪とした。被告人控訴。弁護人が,D宣誓供述書に証拠能力を肯定したのは判決に影響を及ぼすことが明らかな訴訟手続の法令違反にあたると主張したのに対し,原審は,D宣誓供述書は合衆国法典上,宣誓供述書と同様の効力をもつ適法なものであり,Dが任意に供述したものと認められ,Dに刑事免責が付与されたものではなく,第1審がD供述に特信性を認めたことに誤りはないとして,D宣誓供述書の証拠能力を肯定した。被告人上告。

2 〈決定要旨〉

上告棄却

「所論にかんがみ,職権で判断する。原判決の認定によれば,Dの宣誓供述書は,日本国政府からアメリカ合衆国政府に対する捜査共助の要請に基づいて作成されたものであり,アメリカ合衆国に在住するDが,黙秘権の告知を受け,同国の捜査官及び日本の検察官の質問に対して任意に供述し,公証人の面前において,偽証罪の制裁の下で,記載された供述内容が真実であることを言明する旨を記載して署名したものである。このようにして作成された右供述書が刑訴法321条1項3号にいう特に信用すべき情況の下にされた供述に当たるとした原判断は,正当として是認することができる。」

3 〈解 説〉

1 日本の捜査官が,国外において日本の刑訴法に基づき直接捜査権限を行使することは,それが強制にわたるものであれば当該国の主権を侵すおそれがあるため,また相手国政府の同意ある任意捜査であっても,我が国の刑事司法上,相手国に相互保証が与えられないことから,いずれも行わない運用がされている。

しかし,事案の立証に必要不可欠な証拠(参考人を含む)が海外に存在する場合もあり,そのような場合,当該証拠が存する外国政府に対し捜査共助を要請し,当該国の捜査機関に証拠収集活動を実施してもらい,その結果得られた証拠を我が国の刑事司法手続で用いることが行われている。

捜査共助によって得られた証拠は,我が国の刑訴法の定める手続で得られた証拠ではないことから,特に供述を録取した書面について,証拠能力を刑訴法上肯定できるかが問題となる。

2　D宣誓供述書は，裁判官の面前における供述を録取した書面でも，検察官の面前における供述を録取した書面でもないので，刑訴法321条1項3号の「前二号に掲げる書面以外の書面」になる。同号は，証拠能力が認められる要件として①供述者が公判準備若しくは公判期日で供述することができないこと（供述不能），及び②その供述が犯罪事実の存否の証明に欠くことができないとき（証拠の不可欠性）であって，③その供述が特に信用すべき情況の下にされたものであるとき（特信性）と定めている。

国外に居住するDが供述不能であることは明らかで，また，被告人が共謀を否認してコカイン密輸につき無罪を主張していることから，Dの供述は証拠の不可欠性の要件も充足すると解してよく，本決定も，D宣誓供述書の証拠能力の有無を巡り，特信性のみを問題としている。

321条1項3号は，伝聞法則（320条1項）の例外を規定している。つまり，伝聞法則を貫くことで生じ得る不都合を回避するため，裁判官の面前での反対尋問によって信用性が吟味されるのと同程度に供述自体から信用性を肯定できる場合を法定し（321条ないし328条），伝聞証拠に証拠能力を認めているのである。したがって，321条1項3号の要求する供述の特信性の情況については，その供述がされた際の事情を総合して，客観的・外形的に信用性が高いと認められるかが検討されなければならない。

3　本決定は，原審の認定を前提として，①捜査共助の要請に基づき，②黙秘権告知の上，アメリカ合衆国政府捜査官及び我が国検察官の質問に対してDが任意に供述し，③公証人の面前で，偽証罪の制裁の下，記載された供述内容が真実であることを言明する旨記載してDが署名した，との点を挙げて，D宣誓供述書について特信性を認めた原審の判断を是認したものである。そこで，原審が認定した事実を踏まえながら，本決定が指摘する点を検討する。

まず，我が国政府からアメリカ合衆国政府に対する捜査共助の要請に基づき，合衆国法典の定める手続に従ってD宣誓供述書が作成されており，同法典上，宣誓供述書と同様の効力を持つと認定されている。これは，原審での弁護人の所論（カリフォルニア州法に違反する不適法な文書である）に対する応答として，捜査共助の要請に基づき合衆国法典に基づき作成されたものである以上，州法違反の点は証拠能力に影響を及ぼすものでないことを指摘したのだが，本決定も同様の理解に立つものと考えられる。

次に，②は，供述者が黙秘権を認識することで，これによって質問に対する供述者の応答が任意にされたものである可能性が類型的に高まるといえ，③の各外形的事実から，供述内容が真実であるとの信用性も高まる。なお，弁護人は，偽証罪の制裁の下に供述されているので任意の供述ではないと主張したのに対し，原審は，偽証罪の制裁がありうるとしても，供述が強制されたとは評価できないと判断している。真実に反する供述をした場合には偽証罪の制裁を受けるが，自己に不利益な供述をすることになる場合，供述者は黙秘権を行使して供述を拒絶できるのだから，偽証罪の制裁の可能性から直ちにDの供述が任意にされたものでないと評価するのは相当でない。

本決定が指摘するこれらの事実は，供述者が任意に真実を供述したものと外形的に認め得る事情といえよう。そして，これら事実に加え，D宣誓供述書の内容が他の関係証拠の内容等とよく合致していることからすると，D宣誓供述書は信用性が高いとして証拠能力を認めた原審の判断を是認した本決定は，捜査共助の要請を受けて外国の捜査官が作成した宣誓供述書について，3号書面として証拠能力を認める為の特信性の判断に際し，検討すべき事項を明らかにした重要な先例としての意義を有するものといえよう。

[参考文献]
本決定の評釈として
① 山下貴司・ひろば54巻6号74〜80頁
② 池田修・ジュリ1213号136〜137頁
③ 成田秀樹・判評523　199〜202頁

（倉持俊宏）

【158】外国の裁判所における公判調書

最(一小)決平15・11・26刑集57巻10号1057頁,判時1842号158頁
覚せい剤取締法違反,関税法違反被告事件(平成14年(あ)第409号)
第1審・鳥取地米子支判平13・7・12刑集57巻10号1064頁
第2審・広島高松江支判平14・2・4刑集57巻10号1072頁

● 争　点 ●
外国の裁判所が作成した公判調書は,刑訴法321条1項3号の要件を充足するか

1〈事案の概要〉

被告人は,A,B及びCと共謀の上,営利目的で覚せい剤を密輸した事実で公判請求されたが,Aらとの共謀を否認した。第1審は,韓国の公判廷でAが被告人らとの謀議の内容等を供述した公判調書(以下「本件公判調書」という。)及びその翻訳文を321条1項3号及び323条1号により証拠として採用し,被告人を有罪とした。被告人控訴。原審は,弁護人の事実誤認の主張を排斥し,また,本件公判調書の証拠能力に関する第1審の判断を是認して,控訴棄却。弁護人上告。

2〈決定要旨〉

「ソウル地方法院に起訴されたAの同法院の公判廷における供述を記載した本件公判調書の証拠能力について職権で判断する。」「第1審判決及び原判決の認定並びに記録によれば,本件公判調書は,日本国外にいるため公判準備又は公判期日において供述することができないAの供述を録取したものであり,かつ,本件覚せい剤密輸入の謀議の内容等を証明するのに不可欠な証拠であるところ,同人の上記供述は,自らの意思で任意に供述できるよう手続的保障がされている大韓民国の法令にのっとり,同国の裁判官,検察官及び弁護人が在廷する公開の法廷において,質問に対し陳述を拒否することができる旨告げられた上でされたというものである。」「このようにして作成された本件公判調書は,特に信用すべき情況の下にされた供述を録取したものであることが優に認められるから,刑訴法321条1項3号により本件公判調書の証拠能力を認めた原判決の判断は正当として是認することができる。」

3〈解　説〉

1　本件公判調書は,韓国の裁判所での裁判官の面前における供述を録取した書面である。最高裁平成12年10月決定【159】事件は,捜査共助の要請に基づき,外国の捜査官が作成した宣誓供述書の証拠能力が,我が国321条1項3号によって認められるかが問題となった事案であるが,本件は外国の裁判官の面前における供述を録取した書面の証拠能力が問題となっている。ただ,我が国の321条1項1号の「裁判官」とは,我が国の裁判官のみをいうものと解されているので,本件公判調書の証拠能力の有無は,同条項3号の要件を充足するか否かで決せられることとなる。

321条1項3号が伝聞法則の例外として,伝聞供述に証拠能力を認めるための要件として規定するのは,①供述者の供述不能,②証拠の不可欠性,③特信性の情況である。このうち,本件においては,本件公判調書が①と②の要件を充足することは明らかであって,本決定もごく簡単に触れるにとどまる。そこで,③特信性の情況の存在が本件公判調書に肯定できるかどうかが検討されるべき要件となり,本決定はこれを認めたのである。

321条1項3号の特信性の要件は,裁判官・検察官以外の者の面前での供述を録取した書面について,供述者が公判準備又は公判期日で反対尋問にさらされながら供述することで,供述の真偽が吟味されるのが原則であるところ,公判準備又は公判期日で供述できない場合でも,当該供述がされた際の外形的,客観的な情況から,その供述が特に信用できると認められる場合に限って,例外的に反対尋問を経ずとも当該供述を録取した書面の証拠能力を肯定するための要件である。そうであれば,特信性の情況とは,公判期日等で反対尋問を行ったのと同視しうる程度に供述自体の信用性が高いといえる情況であり,また,刑訴法は,特信性が肯定できる情況について

具体的に列挙して定義していないから，事案に応じて判断されることになる。

2　本件公判調書は，被告人の共犯者Ａが韓国で起訴され，韓国の地方法院での事件の審理に際し，Ａが韓国の裁判官の面前で供述した内容を録取した書面である。外国とはいえ，刑事司法手続の中，しかも法廷で裁判官の面前で作成されていることからすると，Ａの当該供述は一般的に信用性が高いとみることも可能であろう。しかしながら，諸外国全てが，当事者・論争主義を採用する我が国の刑訴法と同じ刑事手続法を採用するものではないし，それぞれの国の実情に応じ，刑事手続制度及びその運用は異なる。

それ故，本決定も「裁判所における供述である」ことを理由として特信性を肯定することはせず，韓国の法令が「自らの意思で任意に供述できるよう手続的保障がされている」こと，供述がされた場所が「裁判官，検察官及び弁護人が在廷する公開の法廷」であること，そして供述者に「質問に対し陳述を拒否することができる旨告げられた上で」供述がされていることを挙げて，供述時の個別具体的な事情を分析し，韓国の裁判所での供述が，我が国と同様の手続保障を与えられ，公開の法廷でされていることを重視しているものと思われる。したがって，本決定は事例判断ではあるものの，本件公判調書が外国の刑事手続中で，裁判官の面前で録取されたことだけから証拠能力を肯定したものではなく，また韓国の刑事手続における公判供述を録取したものであるとの点から証拠能力を肯定したのでもなく，そこから一歩踏み込んで，韓国の法令が予定する手続的保障の内容や，実際にＡが供述した情況を検討して，321条1項3号に基づき証拠能力を肯定したものであるから，韓国に限らず，広く諸外国の公判廷において裁判官の面前においてされた供述を録取した書面について，我が国の刑訴法と同様の手続保障がなされ，供述者の任意の供述を録取したと認められる場合は証拠能力を肯定することができる旨を明らかにしたものと解する。

3　なお，原審は，被告人と同様に共謀の事実等を否認する共犯者Ｂ，Ｃ，及び両名の弁護人が在廷し，その反対尋問も経ていることを特信性の情況を肯定する事実の一つと指摘しているが，本決定はその点について触れていない。たしかに，被告人と同様に犯罪の成立を争う共犯者及びその弁護人が，現に供述者に反対尋問を行っていることは，これによって被告人及びその弁護人が反対尋問を行ったのと同視しうる事情であり，これによって被告人の反対尋問権が実質的に満足されたとみる余地もないではなく，供述の特信性を肯定しやすくする事情にはなる。しかしながら，本件のように，ほかの共犯者が外国の公判廷で供述者に対し反対尋問を行うことが通常であるとは言い難く，仮に原審指摘の事実を重視するとしたら，「外国の公判廷で，被告人と同様の問題意識を持って反対尋問を行った者がいないから，特信性の情況は認められない」との主張を排斥することが困難になり，結局のところ外国の公判廷でされた供述について，伝聞例外として証拠能力を肯定できる範囲が不当に狭められることになりかねない。

本決定は，この点に配慮して，原審（及び第１審）が特信性の情況として指摘した，共犯者の在廷及びその弁護人の反対尋問の事実については，あえて摘示することはなかったのだろう。また，本決定があえて摘示しなかったことの積極的な意味を考えると，証拠能力具備の要件としての特信性の情況保障としては，外国の刑事裁判において，供述が任意にされることが手続的に保障されていることを実質的に判断すれば足り，実際に反対尋問を経たか否かは，証拠の信用性の程度にのみ関わるものであり，別個に考慮すべきであるとの立場を明らかにしたと解するものである。

[参考文献]
①　藤永幸治ほか編・大コンメンタール刑事訴訟法　第五巻Ｉ
本件の評釈として
②　山田耕司・最高裁　時の判例（平成15年～平成17年）Ｖ〔ジュリスト増刊〕437～439頁
③　松田岳士・平成15年度重判解200～201頁

（倉持俊宏）

【159】 国際捜査共助の要請に基づき作成された供述調書

最(一小)判平23・10・20刑集65巻7号999頁, 判時2171号128頁, 判タ1384号136頁

傷害, 詐欺, 住居侵入, 強盗, 建造物侵入, 窃盗, 強盗殺人, 死体遺棄被告事件(平成19年(あ)第836号)

第1審・福岡地判平17・5・19
第2審・福岡高判平19・3・8

● 争 点 ●

国際捜査共助の要請に基づき作成された供述調書の証拠能力

1 〈事実の概略〉

本件は, 中国から日本に留学してきた被告人が, 中国人の共犯者らと共謀の上, 被害者方に押し入り, 同人方の一家全員を殺害して金品を強取するとともに, その死体を海中に投棄した住居侵入, 強盗殺人, 死体遺棄などの事案である。

前記の事実については, 中国の捜査機関が同国で身柄を拘束されていた共犯者のA及びBを取り調べ, その供述を録取した供述調書等が, 被告人の第1審公判において採用された。これに対して, 弁護人は, 中国の刑事訴訟制度では, 黙秘権が保障されていないことなどから, このような制度の下で得られた本件供述調書等は, 刑訴法の精神に照らし, 証拠として許容すべきでない旨, 本件供述調書等には特信性がなく, 刑訴法321条1項3号の要件を満たさない旨などを主張した。

第1審は, 本件取調は, 国際捜査共助に基づき, 日本の捜査機関の立会いの下, 供述拒否権が告知された上で, 日本の捜査機関が作成した質問事項に基づいて実施され, A及びBに本件供述調書等に対する署名・指印を求めるに当たっても, あらかじめ日本の捜査機関がその内容の正確性を確認していること, 本件供述調書等は一問一答形式で, A及びBの言い分がそのまま記載されていると認めることができる上, 本件取調において肉体的・精神的強制が加えられた形跡は一切なかったことなどから, A及びBが供述の自由を侵害されたとみるべき事情はなく, 本件供述調書等を作成するための証拠収集手続が刑訴法の基本理念に実質的に反しているということはできないとして, 証拠としての許容性を肯定した。また, これらの事情に加えて, A及びBは, 被告人と共に前記の犯行に及んだことを認めるとともに, 犯行に至った経過や犯行状況等について, 具体的かつ詳細に述べていることなどからすれば, 本件供述調書等には特信性が認められるとして, 刑訴法321条1項3号の該当性も肯定した。

これに対して, 弁護人は, 本件供述調書等には, 証拠能力がないのに, その証拠能力を認めた原判決には, 判決に影響を及ぼすことが明らかな訴訟手続の法令違反があるとして控訴したが, 第2審は, 第1審の判断を是認して, 控訴を棄却した。これに対して, 弁護人は, 本件供述調書等について, その取調べは供述の自由が保障された状態でなされたものではないことなどから, 証拠能力ないし証拠としての許容性がないとして上告した。

2 〈判 旨〉

上告棄却

最高裁は, 本件供述調書等に関して本書【160】(最(大)判平7・2・22)違反をいう点は, 事案を異にする判例を引用するものであって, 本件に適切でないなどとして, 刑訴法405条の上告理由に当たらないとした上で, 本件供述調書等の証拠能力ないし証拠としての許容性について, 職権で, 次のように判断した。

「上記供述調書等は, 国際捜査共助に基づいて作成されたものであり, 前記……の犯罪事実の証明に欠くことができないものといえるところ, 日本の捜査機関から中国の捜査機関に対し両名の取調べの方法等に関する要請があり, 取調べに際しては, 両名に対し黙秘権が実質的に告知され, また, 取調べの間, 両名に対して肉体的, 精神的強制が加えられた形跡はないなどの原判決及びその是認する第1審判決の認定する本件の具体的事実関係を前提とすれば, 上記供述調書等を刑訴法321条1項3号により採用した第1審の措置を是認した原判断に誤りはない。」

3 〈解　説〉

1　本件は，国際捜査共助の要請に基づき作成された供述調書等の証拠能力が争われた事案である。中国の刑事訴訟制度では，被疑者に真実供述義務が課され，制度上，黙秘権が保障されていないことから，このような制度の下で作成された供述調書等を，我が国の刑事裁判で事実認定の証拠とすることができるかどうかが問題となる。

2　本書【160】は，証拠としての許容性という判断枠組みを用いて，国際司法共助の過程で刑事免責を付与して得られた供述を録取した嘱託証人尋問調書の証拠能力を否定した事案である。（当時における）刑事免責制度の不採用を理由とするものであるから，本判決は，本件と事案を異にするとして，判例違反の主張を退けたものと思われるが（三浦・後掲①200頁），本件供述調書等の証拠としての許容性については，明示的な判断をしていない。

国際捜査共助は，各国で証拠収集の要件や手続が異なることを当然の前提とする制度であるから，これにより獲得された証拠の許容性が否定されるのは，外国での証拠収集手続が，我が国の憲法あるいは刑訴法の基本理念に反していると認められる場合に限られよう（国際司法共助について，川出・後掲②7頁）。第1審は，このような国際捜査共助の性格にふれた上で，本件取調べでは，日本の捜査機関の立会いの下，供述拒否権が告知されたことなどから，本件供述調書等の証拠としての許容性を肯定した。供述の自由に十分に配慮した上で取調が行われたと認められる場合には，実質的には黙秘権が保障されていたとみることができるから，我が国の憲法あるいは刑訴法の基本理念に反しているとはいえないであろう。本判決も，第1審の措置を是認した原判断に誤りはないとしているから，本件供述調書等に証拠としての許容性が認められることが前提とされていると思われる。

3　外国の司法機関又は捜査機関が作成した書面に証拠能力が付与されるためには，刑訴法321条1項3号の要件を満たす必要があるところ，同号の該当性を扱った判例としては，本書【160】のほか，国際捜査共助の要請に基づきアメリカ合衆国において作成された供述書が同号の書面に当たるとされた本書【157】（最決平12・10・31），及び大韓民国の公判廷における関係者の供述を記載した同国の公判調書が同号の書面に当たるとされた本書【158】（最決平15・11・26）がある。

刑訴法321条1項3号の特信性は，供述内容の信用性を担保する外部的情況の存否によって判断されるが，供述内容自体も判断資料とすることができる（同項2号の特信性について，最判昭30・1・11）。第1審は，共犯者であるA及びBの供述内容も評価した上で，本件供述調書等の特信性を認めた。

本判決は，特信性を肯定する事情として，日本の捜査機関からの取調方法等に関する要請，黙秘権の告知，肉体的・精神的強制の不存在を挙げている。これらの事情は，特信性を支えるには弱いという指摘もあるが（正木・後掲③132頁），本判決は，第1審の認定した他の事情も総合考慮して，原判断を是認したものと思われる。特に，本件取調は，日本の（検事を含む）捜査機関の立会いの下，あらかじめ作成された質問事項に基づいて実施されており，本件供述調書等は，実質的には検察官面前調書ともいえることなど（滝沢・後掲④179頁），総合的にみれば，その特信性を肯定することができよう。

4　国際化が進むなか，国家間の法制度の相違にどう対処するかが問われるところ，本判決は，本件の具体的事実関係を前提として，制度上，黙秘権が保障されていない中国で作成された供述調書等の証拠能力を認めるもので，第1審の認定した事情とともに，外国の司法機関又は捜査機関が作成した書面の証拠能力を判断する上で参考になると思われる。

［参考文献］
① 三浦透・最判解刑事篇平成23年度176頁
② 川出敏裕・研修618号3頁
③ 正木祐宏・法セ684号132頁
④ 滝沢誠・新報119巻11・12号159頁
⑤ 滝沢誠・判例セレクト2012［Ⅱ］40頁
⑥ 池田公博・重判解平成23年度190頁
⑦ 東山太郎・百選［第10版］188頁

（中村真利子）

X 証人審問権と伝聞法則

【160】嘱託尋問調書の証拠能力
——ロッキード事件丸紅ルート

最(大)判平7・2・22刑集49巻2号1頁、判時1527号3頁
外国為替及び外国貿易管理法違反、贈賄、議院における証人の宣誓及び証言等に関する法律違反被告事件(昭和62年(あ)第1351号)
第1審・東京地判昭58・10・12
第2審・東京高判昭62・7・29

● 争 点 ●

刑事免責を与えて採られた嘱託尋問調書の証拠能力

1 〈事実の概略〉

ロッキード社(ロ社)のL1011型機の全日空への売込み活動に当たっていた被告人Hが、相当のO、Iの他、ロ社の当時の社長コーチャンと共謀のうえ、当時内閣総理大臣であった田中角栄に対し、同型機の全日空による選定購入を運輸大臣に働きかけ行政指導させあるいは直接全日空に働きかけるなどの協力を依頼するとともに、成功報酬として現金5億円の供与を約束し、全日空による同型機の購入決定後、上記約束に基づきEを介して上記賄賂が供与された事件がロッキード事件だが、捜査段階において、米国在住の証人であるコーチャン、クラッターらから証言を得てこの事件の重要部分を解明すべく、米国裁判所に証人尋問が嘱託された。その際、検事総長及び東京地検事正が起訴猶予を確約の宣明書を発したうえ、司法共助を求めた。だが、同証人が証人尋問手続で刑事訴追の虞を理由に証言を拒否し、米国裁判所が日本の最高裁判所によるorderまたはrulingを求めたため、検事総長による不起訴の宣明が改めてなされ最高裁判所も不起訴宣明をし、その後に、証人尋問を嘱託された米国裁判所において証言が採取され、既に作成されていたものを含め、証人らの証人尋問調書が我が国に送付された。
この証人尋問調書を被告人(E及びH)の有罪証拠に用いることができるとの立場に立って公判裁判所、及び控訴審は、被告人らを有罪とした。控訴審(原審)では、この嘱託尋問調書の適法性が争われ、適法と判示され、さらに、上告審で争われた。

2 〈判 旨〉

上告棄却
1 刑事免責制度は、自己負罪拒否特権に基づく証言拒否権の行使により、犯罪事実の立証に必要な供述を獲得することができないという事態に対処するため、共犯関係にある者の内一部の者に対して刑事免責を付与することによって自己負罪拒否権を失わせて供述を強制し、その供述を他の者の有罪を立証する証拠としようとする制度であって、本件証人尋問が嘱託されたアメリカ合衆国においては、一定の許容範囲、手続要件の下に採用され、制定法上確立した制度として機能しているものである。
2 この制度は合目的的な制度として機能する反面、犯罪に関係のある者の利害に直接関係し、刑事手続上重要な事項に影響を及ぼす制度であるところからすれば、これを採用するかどうかは、これを必要とする事情の有無、公正な刑事手続の観点からの当否、国民の法感情から見て公正感に合致するかどうかなどの事情を慎重に考慮して決定されるべきものであり、これを採用するのであれば、その対象範囲、手続要件、効果などを明文をもって規定すべきものである。だが、我が国刑訴法は、この制度に関する規定を置いていないから、結局、この制度を採用していないというべきであり、刑事免責を付与して得られた供述を事実認定の証拠とすることはできない。
3 このことは国際司法共助の過程で右制度を利用して獲得された証拠についても全く同様である。国際司法共助により得られた証拠でも、それが我が国刑事裁判上事実認定の証拠とできるかどうかは我が国の刑訴法等の関係法令にのっとって決せられるべきものであり、我が国の刑訴法が刑事免責制度を採用していない右の趣旨にかんがみると、証拠とすることはできない。

3 〈解 説〉

1 訴追の必要性の高い事件の解明・訴追に必要な証言を自己負罪拒否特権を主張する証人から得ようとすれば、自己負罪拒否特権の抵抗を避けるべく刑事免責を付与することが必須となる(刑事免責については、【71】事件に譲り、ここでは、嘱託尋問調書の証拠能力を中心に検討する)。このことは憲法38条1項との関係でも当てはまる。
2 法廷意見は、刑事免責の必要性、公正な刑事手続の観点からの(刑事免責の)当否、国民の法感情からみて公正感に合致するか否かなどが慎重に検討されるべきであり、採用するのであれば、対象範囲、手続要件、効果などを明文で定められるべきことを理由に、米国嘱託尋問制度により得られた証言は証拠に採用できないと判示する。
だが、ロッキード事件において、刑事免責を付与して自己負罪許否特権による障害を解消して贈賄者側の証言を得る必要は高く、手続的にもこの処理は公正なものと見るべきであろう。公正さはまさに個別具体的に判断されるべきものである。
検察官には、刑訴法248条の訴追裁量の行使に際して訴追の優先順位を設定することができ、検察官の訴追に関する判断は例外的な場合を除き尊重されるべきであるとされてきている(最一小決昭55・12・17刑集34巻7号672頁)。

また，刑訴法248条は，不訴追の判断に際し「犯罪後の状況」を考慮に入れることを認める。
　確かに免責制度は法定されていないが，より大きな巨悪を訴追するために，検察官の訴追裁量権の行使を通じてい，非公式に事実上の免責（訴追の猶予又は免除）が与えられることはあろう。その場合と比較すると，米国での刑事免責の付与は，訴追免除に関して表に出した処理がされている場合であり，本件での検察官の刑事免責の付与による証人尋問請求が不公正だとみるべき理由はない。
　自己負罪を理由に証言を拒む証人から証言を得るためには，憲法38条1項の自己負罪拒否特権との関係で刑事免責を付与すべき点においては，米国の場合と同様である。
　本件は内閣総理大臣の収賄に関する訴追との関連で，米国在住証人に免責を与えて日本国における総理大臣への贈収賄に関する証言を得る必要は極めて高かった場合であり，本件では，検察内部での刑事免責付与に関する了承はもちろんのこと（最高検察庁も不訴追の宣明をしている），最高裁判所が不訴追の宣明をしているのである。また，米国における免責による証言採取手続も6002条により，偽証罪の制裁の下で得られたものであり，不公正なものでも，信憑性が欠ける場合でもないというべきであろう。本件の免責付与は，第一級の重要性を有する事件についての証言を入手する目的で，日本に来日することはないとする，自己負罪拒否特権を主張する証人に刑事免責を付与して証言を得た場合であり，この刑事免責付与の措置がバランスを欠いていたとはいえないであろう。また，担当検事，最高検察庁及び最高裁による不訴追の宣明があるのに，なお，証言及びそれに由来する証拠による訴追の可能性が残るとはいえまい。なお，この証言及びそれに由来する証拠とは独立した証拠にする訴追は禁じられない。
　3　本件法廷意見は，一般的に刑事免責についての立法を要するとの立場に立つ。
　確かに，捜査・訴追機関の裁量が濫用されないように議会があらかじめ定めた指針に従った処理を求め裁量の濫用を防ぐことには意味があるが，個別具体的事件の黙示的に，具体的事件における刑事免責の付与を含む，検察官の裁量権の行使の基礎に248条にあり，本件での訴追裁量権の行使は法的基礎を欠くとはいえない。
　あらかじめ刑事免責に関する法律制度が定められていなければ，具体的事件での刑事免責付与の当否を判断できないというものではない。より大きな悪の訴追に必要とされる証拠を得るために他方の悪の訴追を放棄することがおよそバランスを失しているのかどうか，また，それが公正感に合致するのかどうかは，最終的に裁判所が判断することができ，また，裁判所が具体的事件の事情に照らして判断するのにふさわしい領域であろう。議会

の法律がないからコントロール不能であるというわけではないであろう。起訴猶予などの，表面化しない事実上の免責を以て証言が得られる場合と比較すれば，公正な手続により得られた証言の価値を否定すべきではなかろう。
　本件の個別具体的事例の処理をひとまずおいて一般的に考察しても，組織犯罪や贈収賄などの密行性の高い犯罪を解明するためには，刑事免責が有効でありまた必要であることは，否定できないであろう。法律が将来定められたとすると，おそらくは，米国法の6002条による処理がモデルとされ，それと同一か類似の手続が法定されることになるだろう。本件ではその手続が履行されている。具体的事件での検察官や裁判所の処理と同様の法律が事後に制定される場合でも，法律がない以上許されないとみる立場が，日本国憲法の三権分立についての適切な理解と合致するのかにも疑問が残る。
　4　大野裁判官は個別意見で，本件の嘱託尋問調書は対決権違反だとする。弁護人は，本件の証言採取の手続に弁護人の立会いがなかったことを理由に証拠の排除を求めた。
　本件の嘱託尋問調書は，6002条により偽証罪の制裁の下で宣誓して採られた証言であり，その証人を日本に召喚することが不可能な場合である。虚偽の証言をする動機が認められる事情があれば別だが，証言により自己の刑事責任を問われるという理由で証言を拒んだ者が刑事免責を与えられて偽証罪の制裁の下でした証言であり，信憑性は高いといえよう。刑訴法226条，227条，刑訴規則162条においては，証言により不利益を受ける虞いを要件としておらず，自己負罪拒否特権を行使した者が以前にした裁面調書は321条1項1号前段（証人利用不能の場合）により許容されており，このことと比較しても，証言の信憑性を基準とすれば，許容されるべき場合に当たると解することができるのではなかろうか。
　なお，近時，米国において，公判で証言として利用する意図で採取される証言を公判で証拠にするには，対決権の関係で，証人利用不能の場合でも，公判前の段階でその証人を反対尋問する機会が与えられていなければならないとする判示がCrawford v. Washington, 541 U.S.36（2004）により示されており，それ以前の，証言の信頼性を基準に対決権違反の有無を検討したOhio v. Roberts, 448 U.S. 56（1980）を変更している。
　5　本件当時には刑事免責の制度はなかったが，刑事訴訟法の改正により刑事免責制度が導入され，間もなく実施される（法157条の2，157条の3，平成30年6月2日までに施行）。

[参考文献]
① 渥美東洋・ひろば48巻10号
② 井上正仁・ジュリ1069号13頁

（中野目善則）

【161】 実況見分調書の証拠能力

最(一小)判昭35・9・8刑集14巻11号1437頁，判時249号12頁
業務上過失致死被告事件(昭和35年(あ)第887号)
第1審・千葉簡判昭34・6・18
第2審・東京高判昭35・3・9

● 争 点 ●
① 検証調書に証拠能力が認められる理由
② 検証調書と実況見分調書との異同

═══ 1〈事実の概略〉═══

　対向車の前照灯に眩惑された場合，運転者は道路左側に避譲し徐行する，一時停止する等事故の発生を未然に防止すべき業務上の注意義務があるのにかかわらず，それを怠り，進行を継続したため，対向車の後方から対向車を追越そうとしてきたMの二輪車と衝突しMを即死させた被告人の行為が業務上過失致死に問われた事件で，第1審は，被告人に罰金2万円の有罪判決を言い渡したが，証拠のなかに刑訴法321条3項による司法警察員作成の実況見分調書が含まれていた。原審で控訴が棄却された後（控訴趣意では，被告人側は実況見分調書は321条3項によって証拠能力を認めるべきではないと主張していない），被告人側は上告趣旨の第3点として次のように主張して上告を申し立てた。「第1審の記録によれば検察官は実況見分調書を刑訴法321条3項の手続を経れば証拠能力があるものとして法廷に顕出し第1審において裁判所はこれを証拠として採用していること明白である。然しながら刑訴法321条3項は捜査機関の検証調書について規定したにとどまり，実況見分については何ら規定していないのみならず，検証は裁判官の令状によって行うという形式をとるものであることにより，観察，記述を意識的にし，正確にする機能をいとなむに反し，実況見分には必ずしもこの保証がない。実況見分も検証調書に含まれるとするならば私人がその見聞を記録したものも同様に取扱わねばならなくなる。通説も一般私人の作成したものにまでは証拠能力を認めていないのである。第321条3項の書面の範囲を明確にするために

は検証に限るのが妥当であり実況見分の場合はその書面を見ながら口頭で供述させる方法をとるべきである（刑訴規則第199条の11）。従って，憲法37条2項前段の例外規定である刑訴法321条3項に違反した第1審判決を支持し自らもこれを証拠として控訴を棄却した原判決にはとりもなおさず憲法37条2項の解釈を誤ったものというべきである。」

═══ 2〈判　旨〉═══

　上告棄却
　「同第3点は，原審で主張判断のない事項に関するものであるばかりでなく，刑訴321条3項所定の書面には捜査機関が任意処分として行う検証の結果を記載したいわゆる実況見分調書も包含するものと解するを相当とし，かく解したからといって同条項の規定が憲法37条2項前段に違反するものでないことは当裁判所大法廷判例（昭和24年5月18日宣告刑集3巻6号789頁参照）に照らし明らかであるから，原判決には所論憲法の解釈を誤ったかきんありとは云えず，所論は採用できない。」

═══ 3〈解　説〉═══

1 実況見分調書が検証調書と同様に証拠能力が認められる理由

　検証調書（事物の存在，状態を五官の作用によって認識した結果を記載した書面）は，観察が意識的になされ，記憶が新鮮なうち作られ，また，その性質上（図面や写真が添付されていることが多い），口頭によるよりも書面によるほうが正確に内容を理解されうるところから証拠能力が認められる。捜査機関の検証調書は，調書の作成者が公判期日において証人として尋問を受け，それが真正に作成されたものであることを供述したことを条件に証拠能力が認められる（刑訴法321条3項）。問題は，捜査機関が任意処分として行なう検証の結果を記載した書面いわゆる実況見分調書も刑訴法321条3項によって証拠能力が認められるかである。通説は肯定する。その理由は，①同項がメモの理論の一適用である以上検証の場合に限定する必要はない，②両者は事物の存在，状態を五官の作用によって実験・認識した結果を

書面にしたもので，その証拠の内容に本質的な差異はない，③令状の存在が観察・記述を意識的にし正確にする機能を果すものではない，である。そして本判例は理由を明らかにしていないが，実況見分調書を321条3項によって証拠能力を与えることを認めたのである。そして本判例を支持する判例も出ている（最判昭36・5・26刑集15巻5号893頁）。

2 検証調書と実況見分調書との違い

しかし，メモの理論の一適用であれば，弁護人や私人作成の実況見分調書類似の書面も同様に証拠能力を認めないと一貫しないが，通説も私人作成の書面にまでは広げて考えない。また，メモの理論では，書面自体に証拠能力が認められるのは記憶喪失の場合であるのに対して，刑訴法321条3項は記憶喪失を要件とせずに書面の証拠能力を認めている。次に，両者は強制処分と任意処分である点を除けば，両者の機能に差異はなく，内容の正確性も実質的に違いはないかもしれない。しかし，伝聞法則の例外を認めるに当り，このような実質論によって要件を緩和することには慎重を要する。実質論でいえば，弁護人や私人の作成した書面でも正確性の点で実質的に差がない場合もかなりあることを認めねばなるまい。さて，321条1項は供述録取書につき，それが作成された手続の相違に応じて証拠能力のランクづけを行なっている。これは，証拠の実質的な価値とは別の観点から，それらの証拠能力の制限を設けているのである。この原理は，同じく証拠能力が認められる要件を規定した321条2項や3項の規定の仕方にも現われているし，また，3項を限定的に解釈する根拠を提供することにもなるのではなかろうか。ところで，検証をするには厳格な条件と方式が定められている（220条1項，110条以下参照）。これは検証が強制処分であり相手の意思を排しても強行するものであるため，市民のプライヴァシー等の権利を保護するためである。ところで，実況見分は任意処分であるが，写真を撮影したり，被疑者や被害者や目撃者の立会や説明を求めたりすることが多い。この場合，どこまでが実況見分でどこまでが実質的な検証であるかを明確にできない困難を伴う。そこで，実況見分という形で関係者の人権を侵害することがないように，人権侵害の虞のある場合にはなるべく検証によらせるようにすべきであろう。このような観点から実況見分調書は原則として3項に含まれないと解する学説が有力である。

3 本判例の意義

本判例は，前述の如く，検証と実況見分の間に本質的な差はないとの理由で実況見分調書にも刑訴法321条3項によって証拠能力を認めた。しかし両処分の違い（特に手続的な）を重視する立場からは消極的な結論が主張されており，このような立場からは，本判決は，誰が実施しても同一の結果がえられるほど，正確に行われた実況見分の結果を記載した書面に限定される（渥美・全訂版437頁）と狭く解釈されることになる。

[参考文献]
① 鴨良弼・百選［第3版］76
② 中島卓児・証拠大系Ⅲ199頁など
③ 田中永司・最判解刑事篇昭和35年度

（椎橋隆幸）

X 証人審問権と伝聞法則

【162】 被害犯行状況の再現結果

最（二小）決平17・9・27刑集59巻7号753頁，判時1910号154頁
大阪府公衆に著しく迷惑をかける暴力的不良行為等の防止に関する条例違反，器物損壊被告事件（平成17年（あ）第684号）
第1審・大阪簡判平16・10・1刑集59巻7号759頁
第2審・大阪高判平17・3・2刑集59巻7号775頁

● 争 点 ●

捜査官が被害者や被疑者に被害・犯行状況を再現させた結果を記録した書類の証拠能力

1 〈事実の概略〉

被告人は，電車内でVの臀部などを触るなどしたとして，大阪府のいわゆる迷惑防止条例違反等で起訴された。第1審は有罪と認めて，被告人を罰金40万円に処し，第2審では第1審の認定は事実誤認であるなどと争われたが，控訴棄却となった。上告審では，上記条例違反の事実認定に用いられた実況見分調書等の採用には判決に影響を及ぼすべき法令違反がある等の主張がなされた。

第1審での証拠採用の経緯は，次のとおりである。検察官は，立証趣旨を「被害再現状況」とする実況見分調書（書面①）及び立証趣旨を「犯行再現状況」とする写真撮影報告書（書面②）を請求した。書面①は，警察署の通路で，長いすにVと犯人役の警察官が座り，Vが電車内で犯人から痴漢被害を受けた状況を再現し，別の警察官がこれを見分して写真撮影するなどして記録したもので，Vの説明に沿ってVと犯人役の姿勢・動作等を順次撮影した写真12葉が説明文付きで添付され，うち8葉の説明文には，Vの被害状況についての供述が録取されている。書面②は，警察署の取調室において，並べた椅子の一方に被告人が，他方にV役の警察官が座り，被告人が犯行状況を再現し，これを別の警察官が写真撮影するなどして記録したもので，被告人の説明に沿って，被告人とV役の姿勢・動作等を順次撮影した写真10葉が説明文付きで添付され，うち6葉の説明文には，被告人の犯行状況についての供述が録取されている。弁護人は，書面①②についていずれも不同意との意見を述べたので，共通の作成者である警察官の証人尋問が実施され，同尋問終了後，検察官は，321条3項によりこれらの取調を請求した。弁護人は異議ありとの意見を述べたが，1審裁判所は書面①②を採用し，条例違反の事実の証拠の標目に掲げ，2審もこれらを含めた証拠を判断資料として事実誤認の所論を排斥している。

2 〈決定要旨〉

上告棄却

「本件両書証は，捜査官が，被害者や被疑者の供述内容を明確にすることを主たる目的にして，これらの者に被害・犯行状況について再現させた結果を記録したものと認められ，立証趣旨が『被害再現状況』，『犯行再現状況』とされていても，実質においては，再現されたとおりの犯罪事実の存在が要証事実になるものと解される。このような内容の実況見分調書や写真撮影報告書等の証拠能力については，刑訴法326条の同意が得られない場合には，同法321条3項所定の要件を満たす必要があることはもとより，再現者の供述の録取部分及び写真については，再現者が被告人以外の者である場合は同法321条1項2号ないし3号所定の，被告人である場合には同法322条1項所定の要件を満たす必要があるというべきである。もっとも，写真については，撮影，現像等の記録の過程が機械的操作によってなされることから前記各要件のうち再現者の署名押印は不要と解される。」「本件両書証は，いずれも刑訴法321条3項所定の要件は満たしているものの，各再現者の供述録取部分については，いずれも再現者の署名押印を欠くため，その余の要件を検討するまでもなく証拠能力を有しない。また，書面②中の写真は，記録上被告人が任意に犯行再現を行ったと認められるから，証拠能力を有するが，書面①中の写真は，署名押印を除く刑訴法321条1項3号所定の要件を満たしていないから，証拠能力を有しない。」第1審と第2審の訴訟手続には証拠能力を欠く証拠を採用した違法があるが，これを除いても，その他の証拠により条例違反の事実を認定できるから，判決の結論に影響しない。

3 〈解 説〉

1 伝聞証拠かどうかは当該証拠と要証事実との関係で定まる（本書【151】）。この要証事実は，請求者の立証趣旨（規則189条1項）に拘束されず，当該証拠の作成目的や内容によって実質的に定まる。これを本決定は明らかにしている。ところで，「Vが被告人による被害状況を再現した」という事実（甲事実）から，「被告人が被害状況どおりの犯罪を行った」という事実（乙事実）を認定すること，また，「被告人が自己の犯行状況を再現した」事実（丙事実）から乙事実を認定することは，必ずしも不合理な推認に基づく事実認定ではない（自由心証主義から立証趣旨の拘束力を原則として否定するのが実務の趨勢）。そうだとすると，実況見分調書の証拠能力の要件（本書【161】によれば321条3項）があれば，甲事実が立証され，それを間接事実として乙事実を認定することも許されることになりそうである。しかし，伝聞例外の要件がないのに，原供述者に対する反対尋問もないまま，自己に不利益な事実が認定されるのは，伝聞法則の趣旨を損なうことになる。本決定がいうように，書類①の要証事実は乙事実と理解すべきであり，そうするとV供述の記載やそれを撮影した写真は伝聞証拠となる。また，乙事実を要証事実とする書面②は，写真も含めて被疑者の自白を録取した（署名等を欠く）員面調書と同様の性質のものといえる。単に丙事実を立証するものとすれば，322条1項の任意性の要件の吟味を欠いたまま，実質は乙事実の立証のために用いられるという脱法を許容することになってしまう。

2 以上の前提に立つ限り，書面①及び写真を除く書面②を証拠能力がないとした本決定の結論は，伝聞法則とその例外の各要件を検討すれば当然の論理展開の結果といえる。

ただし，書面①②の実質がVや被告人（当時は被疑者）の供述録取書と同視できることを貫けば，321条1項3号，322条の要件を満たせば足り，併せて321条3項の要件は必要がないともいえる（寺崎後掲）。原供述者はあくまでVらであり，再現は，検証者が五感の作用で認識するのではないというのである。これに対しては，再現の際に周囲の物品の大きさや位置関係などの状況をも明らかにするのであるから，実況見分調書の性質を有するとして本決定に賛成する見解もあり（池田後掲），なお検討を要しよう。

いずれにせよ，本件では，書面①にはVの署名等がなく（321条1項本文），再伝聞性が解消されず，また，1審でVの証人尋問が実施されており，供述利用不能，不可欠性（必要性）の各要件を満たさないものであったから，同意がない限り，証拠能力はもともと否定されるものであった。また，書面①中の写真につき，本決定は「撮影，映像等の過程が機械的操作によってなされる」という性質をもつからVの署名等に代わるものと解し，再伝聞性は解消されるとしている（現場写真の証拠能力につき非供述証拠とした本書【169】参照）。この点については，写真の修正・変造についてのチェックの必要性から，撮影者の反対尋問が必要であるとする見解もありえよう（この立場では，作成者の尋問がこれを実質的に代替するから，実況見分調書としての真正立証もはずせないとした本決定の結論は支持できると解することになるのかもしれない。）。また，本件では被告人の捜査段階での自白調書が存在し，書面②が事実認定上の決め手となる関係にもないから，第1審が弁護人の異議にもかかわらず，あえて書面②を採用する必要があったのかとの疑問もあるところである（なお，最決平27・2・2集刑316号133頁参照）。

3 従前，職業裁判官は，事実が争われている事案においては，被害・犯行再現の実況見分調書を採用しても，これから犯罪事実を直ちに認定するわけではないから，被害再現状況，犯行再現状況を要証事実とみて安易に証拠採用する嫌いもあったのかもしれない。最高裁は，裁判員制度をも睨み，本決定により，このような安易な態度に警鐘を鳴らしたといえよう。

[参考文献]
① 芦澤政治・最判解刑事篇平成17年度338頁
② 加藤克佳・平17年重要判解207頁
③ 寺崎嘉博・ジュリ1345号104頁
④ 池田公博・百選［第9版］86
⑤ 田野尻猛・百選［第10版］83

（菊池則明）

【163】私人作成の燃焼実験報告書

最(二小)決平20・8・27刑集62巻7号2702頁,判時2020号160頁,判タ1279号119頁
非現住建造物等放火,詐欺未遂被告事件(平成19年(あ)第2207号)
第1審・福岡地久留米支判平19・3・13
第2審・福岡高判平19・10・31

● 争　点 ●
私人作成の燃焼実験報告書の証拠能力

1 〈事実の概略〉

被告人は,多額の負債を返済するため,損害保険会社から火災保険金を騙取することを企て,①自己の経営する家具会社の店舗(非現住建造物)に放火し,②放火後,損害保険会社に火災保険金を請求したが,被告人が非現住建造物放火罪で逮捕されたため,火災保険金の支払を拒否されたとして,非現住建造物放火罪及び詐欺未遂罪で起訴された(なお,本件犯行態様は,同店舗内に陳列されていた整理タンスの引き出しに段ボール紙を敷き詰めて,そこに灯油を散布して放火し,同店舗の天井等に燃え移らせ,よって,同店舗を焼損させたというものであった)。

第1審において,検察官は,私人作成の燃焼実験報告書(以下,本件報告書)の証拠請求を行なったが,弁護人が不同意としたため,撤回した。その後,検察官から,本件報告書抄本が証拠請求され,その作成者の証人尋問の後,321条3項により証拠採用した。

本件報告書抄本は,火災原因の調査を多数行ってきた会社において,福岡県消防学校の依頼を受けて燃焼実験を行い,これに基づく考察の結果を報告したものである。そして,同抄本の作成者は,消防士として15年間の勤務経験があり,通算約20年にわたって火災原因の調査・判定に携わってきた者である。

本件報告書抄本の内容は,整理たんすの引き出しに段ボール紙を差し入れて,灯油を散布した場合の燃焼実験に関するものであり,本件放火犯人が着火し,整理たんすから本件店舗へと燃え移るまでの燃焼状況を裏付けるもので,実況見分書に類似するものになっていた。そして,本件報告書抄本によって,本件放火についての灯油の必要量(約2.8リットル)と本店舗に残されていた石油ストーブの灯油用ポリ容器の灯油の消失量(約2.8リットル)が一致することが判明した。

被告人は,控訴審で,本件報告書抄本を証拠採用したことの違法性を主張したが,控訴審は,「本件報告書は,私人作成の文書ではあるものの,捜査機関の実況見分に準ずるだけの客観性,業務性が認められることから,[321条3項]項を準用して証拠能力を認めるのが相当である」として,控訴を棄却した。

被告人は,上告審で,321条3項の準用について,①検証の実施主体が捜査機関と少なくとも同程度の公平性ないし中立性が担保された公務員であること,②その検証の実施及び調書の作成の過程においても責任者等の立会い等といった同条項が想定している制度上の信用性の保障があることを満たした場合に準用が許されると解するのが相当である。

2 〈決定要旨〉

上告棄却

「[刑訴法321条3項]所定の書面の作成主体は『検察官,検察事務官又は司法警察職員』とされているのであり,かかる規定の文言及びその趣旨に照らすならば,本件報告書抄本のような私人作成の書面に同項を準用することはできないと解するのが相当である。」
「(原判断には法令解釈の適用に誤りがあるが)[本件]証人尋問の結果によれば,[本件報告書抄本]の作成者は,火災原因の調査,判定に関して特別の学識経験を有するものであり,本件報告書抄本は,同人が,かかる学識経験に基づいて燃焼実験を行い,その考察結果を報告したものであって,かつ,その作成の真正についても立証されていると認められるから,結局,本件報告書抄本は,同法321条4項の書面に準ずるものとして同項により証拠能力を有する。」

3 〈解　説〉

1　本件では,私人が作成した燃焼実験報告書の証拠能力が問題となった。本件報告書は,320条1項にいう供述代用書面に当たるので,伝聞法則に従い,321条以下の伝聞例外に該当しない限り証拠能力が認められないことになる。そこで,本件報告書は,どの伝聞例外に当たるのかが問題となる。

2　この点,原審は,321条3項の「書面の性質」からアプローチし,本件報告書に「捜査機関の実況見分に準ずるだけの客観性,業務性が認められること」を理由に検証調書との類似性を認め,同項を準用して証拠能力を認めた。この原審の立場は,これまで,「検察官,検察事務官又は司法警察職員」以外の(本件の

ような）私人が作成した検証調書類似の書面にも同項の準用を広く認めてきた通説と同じ見解を採用したものである。

これに対し，最高裁は，321条3項の「作成主体」からアプローチし，「検察官，検察事務官又は司法警察職員」という「規定の文言及びその趣旨」を理由に，「本件報告書抄本のような私人作成の書面」に321条3項の準用を認めなかった。その代わり，最高裁は，本件報告書の作成者は「特別の学識経験を有する」者であること，本件報告書抄本は当該学識経験に基づく実験とその考察結果を報告した書面であることを理由に，321条4項を準用して証拠能力を認めた。

321条3項に関して，「捜査機関が作成した実況見分調書」への適用は，最高裁判例（最判昭35・9・8刑集14巻11号1437頁）により既に認められていたが，本件のような私人が作成した書面への準用の可否についての最高裁判例はなかった。なお，下級審判例で，また，私人が作成した書面ではないが，「消防司令補が作成した現場見分調書」について，東京高判昭和57・11・9東高刑時報33巻10〜12号67頁は，書面の性質に差異がなく，供述のみによる再現が困難であること，証人尋問によって書面の真正さを確認できることに加え，消防司令補等は，消防法上，火災原因の調査と証拠の収集を行なう職権と職務を有する公務員であり，火災現場において行なう検証の結果を信用しうる資質上，制度上の保障を備えていることを理由に，321条3項の書面に準ずるものであるとした（なお，同判例は，結果として，当該書面を323条3号より証拠能力を認めた）。

3 最高裁は，本件報告書の検証調書の類似性を否定していないので，321条3項の準用の範囲については，「作成主体」による限定の可否，すなわち，最高裁の言う「規定の文言及びその趣旨」の理解の仕方によることになる。この点について，最高裁自身は明示していないが，二通りの解釈が可能であるとされる（後掲文献⑨）。一つは，①前出の東京高判の判示や被告人の上告趣意にあるように，検察官等は，検証という法律上の職権及び職務を有する公務員であり，その検証の結果を信用しうる資質上，制度上の保障を備えているというものである。この解釈によれば，本件のような私人の場合，一般的に資質上及び制度上の保障を備えていないので，準用は認められないことになる。もう一つは，②検察官等は，そのような職権及び職務を有していることにより，類型的に，客観性や正確性を期待することができるというものである。この解釈によれば，本件のような私人であっても，これと同様の客観性や正確性を期待できる場合には，準用が認められることになる。

刑訴法は，検証調書について，裁判所等による場合は無条件で，検察官等による場合は作成者の証人尋問を条件にという形で，作成主体によって要件に差を設けている。この要件の差は，法律上の職権や職務に基づく，信用性の情況的保障の相対的な違いに由来する。また，刑訴法は「裁判所等とそれ以外の者」という形で区別していない。とすれば，前述の①の解釈に拠るべきであろう。

4 これに対し，321条4項について，最高裁判例は，鑑定受託者（最判昭28・10・15刑集7巻10号1934頁）や医師（最判昭32・7・25刑集11巻7号2025頁），事故調査委員会（最判昭58・9・22判時1089号17頁）といった鑑定人以外の者にも準用を認めている。

本件の場合，最高裁は，作成者が私人であることには一切言及せず，その経歴を踏まえた上で，正確な鑑定を行なうだけの能力，すなわち，特別な学識経験を有するものであることを認定して，準用を認めた。鑑定の場合，検証とは異なり，鑑定事項について，十分な専門的能力を持つ専門家に事実認定を求めて，法廷における裁判所の事実認定に助力を求めるものなので，準用に当たっては，当該鑑定を行なうに足りる特別な学識経験があるか否かが重要となると思われる。また，刑訴法は，鑑定書について，検証調書とは異なり，321条4項にしか規定を設けていない。同項にいう「鑑定人」は，裁判所等から鑑定を命じられた者を言うので同項を適用できないにしても，本件のように，そのような地位にないが当該能力を有する者であれば，私人か否かを問うことなく，同項を準用することを認めているものと解される。

[参考文献]
① 伊藤博路・名城ロースクールレヴュー12号253頁
② 小島淳・百選[第9版]182頁
③ 清水真・月刊警察308号80頁
④ 関口和徳・愛媛法学会雑誌36巻1＝2号153頁
⑤ 高橋直哉・判評615号214頁
⑥ 古江頼隆・平成20年度重判解214頁
⑦ 正木祐史・法セ648号122頁
⑧ 三浦透・ジュリ1429号130頁
⑨ 吉田雅之・研修727号19頁
⑩ 堀田周吾・百選[第10版]192頁

（田中優企）

【164】鑑定受託者による鑑定意見書

最(一小)判昭28・10・15刑集 7 巻10号1934頁
覚せい剤取締法違反被告事件(昭和28年(あ)第2482号)
第 1 審・東京地判　第 2 審・東京高判昭28・3・25

● 争　点 ●
鑑定受託者による鑑定意見書の伝聞例外としての許容性

1 〈事実の概略〉

被告人を覚せい剤取締法違反で起訴した起訴状に公訴事実として記載された訴因は次のとおりである。

被告人は，ほか 1 名と共謀のうえ，法定の除外に当たる法で指定を受けた「覚せい剤製造業者」が業務の目的のために製造する場合でもなく，また，法で指定を受けた「覚せい剤研究者」が厚生大臣の許可を受けて研究のため製造する場合にもないにもかかわらず，覚せい剤取締法15条 1 項に違反して，昭和27年 1 月 7 日ごろから同年 3 月26日までの間継続して，東京都内の被告人方物置において，覚せい剤取締法 2 条 1 項 1 号に覚せい剤と定義されているフェニルメチルアミノプロパン塩酸塩を含有する覚せい剤 1 立方センチ入りアンプル約 2 万6,000本を製造した，覚せい剤不正製造行為をなしたというのである。

捜査機関は，適法に被告人方から押収した覚せい剤と思料される物質がはたして覚せい剤であるか否かの検査を求めるため，警視庁警察技師甲に，検査方とその結果についての鑑定意見書の作成・提出方を223条により嘱託した。

嘱託を受けた上記警視庁警察技師甲は，提供された物質について試薬等を用いて検査・鑑定した結果，上記物質が，覚せい剤取締法 2 条 1 項 1 号に覚せい剤として定義されている物質であるフェニルメチルアミノプロパン塩酸塩を含有する覚せい剤であることを認め，鑑定・検査の方法・経過および鑑定結果を記載した鑑定意見書を捜査機関に提出した。

第 1 審たる東京地方裁判所は，上記警察技師が作成した鑑定意見書をも証拠として，起訴された訴因事実を認定し，被告人に有罪を言い渡した。

この第 1 審判決に対し，被告人は控訴を申し立て，弁護人の控訴趣意は，第 1 審裁判所が訴因を認定するのに証拠として採用した前記警察技官作成の鑑定意見書は，裁判所が鑑定を命じた鑑定人が作成した鑑定の経過および結果を記載した書面ではないので，321条 4 項により，鑑定受託者たる前記警察技師甲を公判期日において証人として尋問し，その作成鑑定意見書が真正に作成されたものと上記鑑定受託者が供述したとの理由で証拠に採用したのは321条 4 項の解釈・適用の誤りであるというものであった。

控訴審たる東京高等裁判所は刑訴法321条 4 項に「鑑定の経過及び結果を記載した書面で鑑定人の作成したもの」というのは，裁判所が命じた鑑定人の作成した書面に限ることなく，捜査機関の嘱託を受けた，いわゆる鑑定受託者が作成した鑑定の経過および結果を記載した書面をも包含するものと解するのが相当であるとして，被告人の控訴を棄却した。これに対して，被告人側から，321条 4 項に規定する書面は，裁判所の命じた鑑定人の作成したものに限ると解すべきであるとして，原審は刑訴法の規定に違反して控訴を棄却したものだから，法律の手続によらず刑罰を科したことに帰するから憲法31条に原判決は違反すると主張した。

2 〈判　旨〉

上告棄却

「本件上告趣意は憲法違反をいうが，その実質は単なる訴訟法違反の主張であって，適法な上告理由に該当しない。(……捜査機関の嘱託に基く鑑定書(刑訴232条)には，裁判所が命じた鑑定人の作成した書面に関する刑訴321条 4 項を準用すべきものである。)」

3 〈解 説〉

1 裁判所に鑑定を命ぜられた鑑定人が鑑定の経過および結果を示した書面，つまり鑑定書は，鑑定人が鑑定経過および結果を正しく記載した「真正に作成」されたものだと供述すれば，鑑定の経過や結果につき鑑定人を反対尋問しないままでも，有罪・無罪の認定の証拠に採用できると，321条4項は明言する。鑑定事項を定めて，鑑定人にその点についての「認定」を求めるのは，裁判所も含めて法廷の構成員が，鑑定を命じた事項について事実認定をするに十分な専門的能力をもたない素人であるため，その点についての専門家に認定を求めて，法廷における裁判所の事実認定に助力を求めるためである。そこで，素人による鑑定人に対する反対尋問よりも，信頼のおける専門家に事実認定を委ねるほうが合理的であると考えられるからにほかならない。

2 さて，捜査機関が嘱託した鑑定受託者作成の意見書を321条4項のもとで「鑑定人」作成の鑑定書と同一に扱うべきか否かについては見解が分かれていた。「適用」説，「準用」説，それに「不適用」説が対立するが，本判決は「準用」説に立った。

321条3項は，検証調書には供述録取書とは異なり，五官の作用で感得したままの事実を正確に記載し，主観的判断の入り込む余地が少ないため，捜査機関が作成したものなのに，4項と同様の要件で証拠能力を肯定したとすれば，検証に当る者より専門能力の高い鑑定受託者の場合を何故検証と同じく扱えないか疑問だというのが，適用または準用説の立場であろう。

だが，検証は，素人たる裁判官でさえ検証調書に接すれば，臨場感をもって検証現場での認定をなしうるように，客観的な正確な事実描写をする目的で行なわれるのに対し，鑑定は，専門家たる鑑定人の知見や能力が入り込み，素人は鑑定書に接しても，専門家の助力を受けなければ，事実認定をなしえない関係にある。ここに不適用説の根拠がある。本判決は，覚せい剤たるフェニルメチルアミノプロパン塩酸塩を含有する物質か否かを試薬を用いて検査する作業には，複雑な知見や能力を必要とするものではないとし，本件のような単純作業にあっては，321条4項を準用するとみたのであろう。

3 ところで「鑑定人」の鑑定と受託者による鑑定とでは，法制上次の差異がある。裁判所任命の鑑定人は中立者たる裁判所によって，「学識経験がある者」のなかから任命され（165条），宣誓義務があり（166条），虚偽鑑定罪による威嚇がされ（刑171条），鑑定の作業過程が当事者の検査のために公開され（170条・157条2項），必要があれば，複雑で見解が分かれそうな場合などには，共同鑑定の制度（規則129条2項）が設けられている。

これに対し，捜査機関から鑑定の嘱託を受けた鑑定受託者の場合には，このような制度は欠けている。同様の制度は1940年代の合衆国での連邦および各州の鑑定制度の改正法に設けられたものでもある。この制度の保障の有無は，鑑定人の鑑定と鑑定受託者による鑑定のそれぞれの鑑定書を区別して扱うべきほどの意味をもつものとみるが常識的というべきものであろう。先述のように検証と鑑定とでは，本質的に相違するところがあるといわなければならない。

4 本判決は，単純な事例に限って，321条4項を準用し，複雑な事例の場合については問題を残したものとみることもできよう。

[参考文献]
① 浅田和茂・百選［第5版］192頁
② 中谷雄二郎・警察実務判例解説〔取調べ・証拠篇〕〔別冊判例タイムズ12〕113頁
③ 村越一浩・警察基本判例・実務200〔別冊判例タイムズ26〕345頁
④ 団藤重光・警研29巻7号85頁

（渥美東洋）

X 証人審問権と伝聞法則

【165】録音テープの証拠能力 (1)

最(一小)決昭35・3・24刑集14巻4号462頁
公務執行妨害傷害被告事件(昭和34年(あ)第2133号)
第1審・佐賀地判昭34・6・23
第2審・福岡高判昭34・10・17

● 争 点 ●
録音テープに証拠能力はあるか

1 〈事実の概略〉

ジープで夜間警邏をしていた2名の警察官が，運転許可を受けていないのにスクーターを運転して通りかかった被告人Yの使用人Kの粗雑な運転態度に不審をいだき，停車を命じて，無許可運転の疑いで職務質問をしていたとき，被告人はKの無許可運転を寛大に扱ってくれるように申し入れたが，聞き入れられなかったために憤激し，両警察官に対して，「無免許運転は罰金1500円払えばよいではないか，調べるなら調べろ，その代わりお前達はこの辺を歩くな，私服の時にただ酒を飲むな，無免許で検挙してただ酒を飲むつもりだろう，お前達は俺たちの税金で暮らしているではないか」などと怒号しながら暴行を加えて，職務執行を妨害し，更に，両警察官に同行して警邏の情況を取材していたNHK放送記者のOに対して，「放送局は民主的な放送をしろ」などと叫びながら，Oの襟首をつかんで，車から引き降ろそうとしたり，手拳で顔を殴るなどして，傷害を負わせた。本件録音テープは，被告人の暴言の存在と内容を証明するために，放送局から押収され，供述録取書に代えて提出され，証拠として採用された。

被告人は，このテープには署名押印がなく，その成立についても同意していないために，証拠能力がないと主張して，控訴した。控訴審は，本件テープが犯行時における被告人の発言を中心に録音され，発言の内容の真偽とは無関係に，録音内容自体を証拠としているのであるから，録音テープの成立関係が証拠により認められる限り，被告人の同意がなくとも，証拠能力は失わないと判示し，また証拠調べの方法については，弁護人の異議申立がなく，かつ公判廷において録音テープが再生され，その際被告人がその内容について詳しく説明しているのであるから，仮に公判廷における本件テープの証拠調べの方法に瑕疵があったとしても，それはすでに治癒されたと解されると判断した。

これに対して，被告人は，自分の承諾がないままに，知らないうちに言葉を録音するのは憲法31条違反であると主張して，上告した。

2 〈決定要旨〉

上告棄却

「所論は違憲をいうが，その実質は単なる訴訟法違反であって，刑訴405条の上告理由に当たらない。(所論録音についての原判決の説示は結局当裁判所もこれを正当と認める。要するに所論録音は本人の不知の間になされ，したがって，何等本人の表現の自由を侵害したとはいえないというまでもない適法な証拠であって，記録によれば，第1審裁判所はその用法に従って，証拠調べをしたことが明らかであるから右録音の存在及びその内容を証拠に採用したことに所論の違法ありというを得ない。なお，本件では，右録音の存在，内容を除外しても判示犯罪事実を肯認することができること明らかであるから，判決に影響を及ぼすべき法令違反ともいえない。)」

3 〈解 説〉

1 供述証拠の証拠能力は，それによる要証事実(証明対象事実)が何であるかによって決まってくる。ある特定の文言が口から発せられたこと，あるいは文言の存在それ自体が要証事実である場合には，その供述が，ある事実の知覚—記憶—表現—叙述という過程を経て発せられたかどうかとは関係がないために，伝聞法則の適用はない。それに対して，供述内容の真実性，あるいは供述内容に沿った事実の存在が要証事実である場合には，その供述は上記の過程を経てされているので，その過程に誤りがないかどうかが吟味されて初めて，証拠能力が与えられる(憲37条，刑訴320条)。(以上の点については，最昭30・12・9刑集9巻13号2699頁および最判昭38・10・17刑集17巻10号1795頁(白鳥事件)を参照。)このことは，供述が

録音テープに記録されている場合も同じであって，原供述が証人の口から発せられるか，録音テープが再生されるかの違いに過ぎない。したがって，録音テープの場合に，音声が機械的に記録されているからといって，直ちに非供述証拠として，証拠能力が与えられることにはならない。原審は，この点について，「記録された発言の内容の真偽とは無関係に，録音内容自体を証拠としているのであるから，録音テープの成立関係が証拠により認められる限り，被告人の同意がなくとも，証拠能力は失わない」として伝聞法則の適用はないことを明らかにしている。

2 他方で，科学技術の発展とともに，テープの編集や修整を容易に，しかも巧妙に行なうことが可能となっている。テープの再生それ自体には，作為が入り込む余地はないが，録音するときに，供述中の特定の部分だけを録音したり，供述を全部録音したあとで編集し，別のテープに録音し直して，それが元の供述であるように繕うことができる。この理由から，録音テープを伝聞法則の下で，その証拠能力を厳格に考えるべきことになる。ここで問題となるのは，録音内容と原供述が一致しているかどうかである。この一致を保証するためには，単に公判廷でテープを再生するだけでは不十分であり，録音者や録音に立ち会った者，テープの保管者に対して，質問できる機会を残しておかなければならない。そのためには，321条1項3号を準用して，この質問をした結果，編集や修整の可能性の有無に応じて，証拠能力の有無を判断することになる。

3 テープの録音「手続」がその証拠能力にいかなる影響を及ぼすかの問題がある。捜査の一環として，たとえば，盗聴・秘聴の結果として録音テープが作成された場合，このような捜査手続は，その対象となっている者の「プライヴァシーの期待」を大きく侵害するために，この手続が憲法35条の求める要件にしたがって，すなわち，重大犯罪について，この形態の捜査の必要性と証拠が得られる蓋然性が高い場合に，場所と時間を明示した令状を入手した上で行なわれるとの手続が履践され，前記要件が充足されたときにのみ，録音テープに証拠能力が与えられることになる。

本件では，被告人の発言は公道上で行われ，誰でもその発言を聞くことができる状況にあり，したがってその発言に認められる，保護されるべきプライヴァシーの期待の程度は低いので，盗聴・秘聴，通信傍受にまつわるような問題は起きない。

4 更に，ニューズの用に供する目的で放送局が録音したテープを捜査機関が押収できるかどうかの問題がある。ここでの関心は，報道機関の報道の自由と情報源の秘匿である。報道機関が保管する情報に対して押収がされると，事件と無関係の情報まで捜査機関の目に触れるために，報道機関に情報を提供する者がいなくなる。また，情報が報道される前に押収されると，事前検閲の問題も生じうる。この問題は憲法21条と密接に関係するために慎重を期すべきであり，報道機関が被疑者でない限りは，まず提出命令により，報道機関が保管する第三者たる被疑者に関係する資料のみを提出する機会を与え，被疑者以外の資料が捜査機関の目に触れないようにすべきである。

5 本件において，原審はテープの編集や修整について，証拠調べの方法との関係で，弁護人が異議申立をせず，かつ公判廷において録音テープが再生されて，被告人がその内容について詳しく説明しているのだから，テープの編集や修整は争点とはされていないと判断して，証拠能力を認めた。最高裁は本件で，伝聞法則の適用はなく，かつテープの編集や修整はないと判断して，原審判断を確認していると考えられる。

[参考文献]
① 渥美・刑訴要諦79頁，全訂刑訴法455頁
② 松尾浩也・別冊ジュリ法学教室2号
③ 横井大三・研修149号

(宮島里史)

【166】録音テープの証拠能力 (2)

最(二小)決平12・7・12刑集54巻6号513頁，判時1726号170頁
詐欺被告事件(平成11年(あ)第96号)
第1審・東京地判平10・4・16刑集54巻6号523頁
第2審・東京高判平10・12・9刑集54巻6号540頁

● 争　点 ●
私人が相手方の同意を得ずに行った録音テープの証拠能力

1 〈事実の概要〉

広告の企画・製作等を行う会社の代表取締役の被告人は，取引先の広告代理店を経営する被害者に対して，真実は広告主もなく，広告主から広告代理金が支払われることがないにもかかわらず，これがあるかのように装い，平成6年7月22日頃から同年10月27日頃までの間に，下請代金として額面合計5千万円余りの小切手を騙し取ったとして，詐欺罪で公訴を提起された。

第1審手続において，被告人は被害者の経営する会社が振り出した小切手を受け取ったことは認めたものの，被告人は，被害者から受け取った資金は一定期間を経た後に利益を上乗せして返済するとする被害者との間での合意に基いて，小切手を受領したとして，詐欺行為及び詐欺の故意を争ったことから，相対立する被害者の供述と被告人の供述の信用性が問題となった。そこで，被害者の供述の信用性を判断する証拠として，被害者がその弁護士の助言を受けて被告人と電話で話した会話内容を密かに録音していた録音テープが証拠として取り調べられた。弁護人は，相手方の同意を得ないで会話を録音することはプライバシーを侵害するものであり違法であるとして証拠能力を争った。第1審裁判所は，本件録音テープは，自救行為の一環として，被害者が後日のトラブルに備えて録音したものとして，証拠能力を肯定した。

被告人は事実誤認を理由に控訴を申し立てたが，原審においては，本件録音テープの証拠能力を争わなかったものの，第1審判決の事実認定を維持する証拠の1つとして本件録音テープに記載された通話内容が含まれていた。

弁護人は，上告趣意において，本件録音テープは，相手方の同意を得ないでなされたものであり，そのテープの証拠能力を認めるには，事案の性質，重大性，秘密録音を行わなければならない必要性等が必要であるべきにもかかわらず，本件録音テープはその要件を満たしていないことから，被告人の人格権，プライバシー権を侵害すること，また，秘密録音を認めたいわゆる検事総長にせ電話事件に関する判例（最決昭56・11・20刑集35・8・797）に反することを主張した。

2 〈決定要旨〉

「本件で証拠として取り調べられた録音テープは，被告人から詐欺の被害を受けたと考えた者が，被告人の説明内容に不審を抱き，後日の証拠とするため，被告人との会話を録音したものであるところ，このような場合に，一方の当事者が相手方との会話を録音することは，たとえそれが相手方の同意を得ないで行われたものであっても，違法ではなく，右録音テープの証拠能力を争う所論は，理由がない。」

3 〈解　説〉

本決定は，被告人から詐欺の被害を受けたと考えた者が，被告人の説明内容に不審を抱き，後日の証拠とするため，被告人との会話を録音したテープの証拠能力を認めたものである。一般に，捜査機関が両当事者の知らない間に，公共の場所で第三者が容易に聴取できる方法で会話内容を聴取・録音することは，任意捜査として行うことができ，また，電気通信を用いてなされた会話や文章のやりとりを傍受・録音する場合には，いわゆる通信傍受法の規律を受けることになる。しかし，私人が会話当事者による会話内容を，その一方当事者の知らない間に，録音することが許されるであろうか。

会話は一般に相手方にその内容が伝えられれば，その内容が他者に伝達することを期待

できないことから，モラルの問題として，一方当事者の同意のある会話の録音は許されるとする見解がある。しかし，学説の多くは，秘密録音は，人格権またはプライバシーを侵害することから原則違法とする見解，会話当事者の録音を違法とするものの，録音されることにつき話者に合理的な期待を認めることが許される場合には，種々の利益を比較考量した上で例外的に適法とする見解等が主張されている。

　この点について，判例においては，本事案における弁護人の上告趣意において引用されているいわゆる検事総長にせ電話事件において，最高裁判所は，現職の裁判官が新聞記者に会談を持ち込み，新聞記者が取材の目的で録音したテープを新聞記者に聞き取らせる等しながら，被告人が行った会話を新聞記者が録音した会話及びその録音テープにつき，その理由を明確にすることなく，その証拠能力を認めている（最決昭56・11・20刑集35・8・797）。また，殺人未遂教唆等の事件において，会話の一方当事者が相手方の同意を得ないでその対話を録音したテープの証拠能力につき，録音の目的，対象，方法等の諸事情を総合し，その手続に重大な違法があるか否かを考慮して証拠能力を認めているものがある（松江地決昭57・2・2判時1051・62）。その一方で，捜索・差押を行う際に，その現場で，捜査官が対象者の同意を得ないで，立会人との会話を録音したテープの証拠能力を肯定する下級審判例もある（東京地決平2・7・26判時1358・151，千葉地判平3・3・29判時1384・141）。

　判例の立場は，私人が行ったか捜査機関が行ったか，相手方の同意があるかどうか，会話の内容が守られるべき場所でなされた録音であるかどうか，会話の内容がプライバシーの保障の及ぶものであるかどうか，プライバシーの保障がある状況でなされたかどうかといった種々の利益を比較考量した上で，秘密録音の適法を判断してるものと思われる。また，本事案における秘密録音は，プライバシーが保障される領域で行われたものではないこと，それが私人により行われたこと，商取引におけるいわば証拠保全的な機能を持つものであること，被告人の自己負罪拒否特権を否定するようなかたちで行われたものでないといった事情を考慮すれば，秘密録音が適法であるか違法であるかといった学説上の対立を考慮しなくとも，また，最高裁昭和56年決定及び本決定が前述の学説のうちどの見解に立脚しているのかと考慮せずとも，本事案における秘密録音を違法ではなく，また，録音テープの証拠能力を肯定する本決定の結論を支持することはできるように思われる。

　なお，上告趣意においては，本録音テープを伝聞証拠とした上で，録音テープには署名押印がないことから，その証拠能力を否定すべきとし主張されているが，本事案における録音テープは，被告人及び被害者の供述の信用性を立証趣旨として取調請求されたものであり，被告人の供述の真実性を立証趣旨とするものではなく，伝聞法則は適用されない。

[参考文献]
① 渥美東洋・判評519号38頁
② 井上正仁・重判解昭和56年度202頁
③ 椎橋隆幸・ジュリ852号82頁
④ 稗田雅洋・最判解刑事篇平成12年度153頁
⑤ 森井暲・現刑30号111頁
⑥ 安村勉・ジュリ1236号118頁
⑦ 山名京子・重判解平成12年度180頁

（滝沢　誠）

【167】被告人の326条2項の同意擬制と法秩法による退廷命令

最(一小)決昭53・6・28刑集32巻4号724頁, 判時890号73頁
兇器準備集合, 建造物侵入, 公務執行妨害被告事件(昭和50年(あ)第731号)
第1審・東京地判昭45・4・10
第2審・東京高判昭50・1・23

● 争 点 ●
退廷命令と同意の擬制は合理的な関連性を有するか

1〈事実の概略〉

本件は昭和44年1月のいわゆる東大安田講堂事件において分割審理された1グループに対する兇器準備集合等被告事件の上告審決定である。第1審において、被告人等は公判に出頭はするものの、裁判長の訴訟指揮に従わず、みずから退廷したり、退廷命令により退廷させられ、刑訴法341条により審理が進められていたが、第8回および第9回公判において、訴訟指揮に従わない被告人が退廷させられた後、裁判所は、被告人の検面調書など多数の書証を刑訴法326条2項により証拠として採用した。これに対し、被告人側は、341条によって審理が進められる場合でも、検察官申請の各書証につき被告人が証拠とすることまで同意したと擬制するのは行き過ぎである、と控訴したが、原審は、被告人らによる反対尋問の可能性はなく、実質的な証人尋問は期待できない状況だったこと、公訴事実の存否そのものについては争わないと考えられたこと、検察官申請の各書証を326条2項により採用することにつき被告人らに意見陳述の機会が与えられていたのに具体的意見を述べなかったこと、これらの事情の下で、各書証を326条2項により証拠として採用したことは違法ではないとした。これに対して、被告人側は、刑訴法341条に関する東京高裁の判例(昭42・7・27高刑集20巻1号514頁)を引きつつ、刑訴法286条の2で被告人不出頭のまま公判手続を行なう場合または341条に当たるとして被告人が退廷させられたまま審理を行なう場合には、326条2項の同意擬制はできない、などと主張して上告を申し立てた。

2〈決定要旨〉

上告棄却
「刑訴法326条2項は、必ずしも被告人の同条1項の同意の意思が推定されることを根拠にこれ擬制しようというのではなく、被告人が出頭しないでも証拠調を行うことができる場合において被告人及び弁護人又は代理人も出頭しないときは、裁判所は、その同意の有無を確かめるに由なく、訴訟の進行が著しく阻害されるので、これを防止するため、被告人の真意のいかんにかかわらず、特にその同意があったものとみなす趣旨に出た規定と解すべきであり、同法341条が、被告人において秩序維持のため退廷させられたときには、被告人自らの責において反対尋問権を喪失し(最高裁昭和27年あ第4812号同29年2月25日第一小法廷判決・刑集8巻2号189頁参照)、この場合、被告人不在のまま当然判決の前提となるべき証拠調を含む審理を追行することができるとして、公判手続の円滑な進行を図ろうとしている法意を勘案すると、同法326条2項は、被告人が秩序維持のため退廷を命ぜられ同法341条により審理を進める場合においても適用されると解すべきである。そうすると、第1審裁判所が本件において所論各書証を証拠として採用した措置に違法はないとした原判断は、結論において相当である。」

3 〈解説〉

1 退廷命令を同意の擬制とみなせるか

　刑訴法326条2項の法意は，被告人と弁護人が同調して裁判の引き延ばし・拒否という不当な行動に出た場合に，それによって訴訟の進行が著しく阻害されることを防止するために，伝聞証拠を証拠とすることの同意があったものと擬制するものである。「被告人が出頭しないでも証拠調を行うことができる場合」に刑訴法283条から285条の場合が含まれることに争いはないが，被告人の出頭が開廷の要件になっている事件（286条）で，被告人が裁判長の許可なく退廷したり，法廷の秩序維持のため裁判長から退廷を命じられた場合（341条）にも326条2項の適用を認め，伝聞証拠を証拠とすることの同意を擬制して審理・判決ができるかは争いがある。積極説は，退廷を命じられた被告人は正当な手続によって防禦する権利を放棄したものであるとの意味で326条2項を類推適用してよいとする。これに対し，消極説は，同意は反対尋問権の放棄を意味し，伝聞証拠に証拠能力を付与する重要な訴訟行為であるから，裁判所に対して積極的にされねばならないが，退廷を命じられた場合は，同意の意思が表示されたと認められない，あるいは，不同意の意思が経験上明らかであるから，同意があったものとみなすことは許されないとする。さらに，基本的に消極説に立ちながら，積極的な同意の表示と認めることができる合理的な情況があるときや，類型的に被告人の同意が予想される書証にだけ例外的に擬制同意を認める中間説も有力である。

2 本判決の意義と射程

　判例も学説と同様，判断が分かれていたが，本判決において，最高裁としては初めて積極的な立場をとることを明らかにした。ところで，退廷を命じられた場合，被告人はその公判期日における出頭の権利を失う。この退廷命令による出頭の権利の喪失が，直ちに同意の表示あるいは不同意権の喪失とみてよいかは疑問である。退廷命令の場合は，「出頭しない」の文言にも合わないし，被告人の現実の意思を無視するからである。かりに本判決のように，326条2項は，被告人の不当な行状によって退廷命令を受けたことをもって同意があったものと「みなす」趣旨であるとしても，退廷命令と同意の擬制を直ちに結びつけることが合理的な関連性を有するのか，また，被告人の防禦権を不当に侵害しないかが検討されねばならない。283～285条の場合に擬制同意を認めることに問題がないのは，軽微な事件で被告人の出頭が必要でなかったり，出頭が被告人の権利保護のため重要でないからである。これに対して，より重い，出頭が要件とされている事件で，被告人が退廷命令を受け出頭の権利を失った場合は，被告人が在廷しないこと自体その権利保護に影響を与える虞があるし，ましてや，不同意の意思が推測されているにもかかわらず擬制同意を認めることは，被告人の権利保護に重大な影響を及ぼすといえよう。被告人は，その不当な行状により退廷命令を受けた場合に，反対尋問の機会が与えられないまま当該期日の証人尋問が行なわれるという不利益は甘受しなければならないだろうが，それを超えて退廷命令をもって直ちに擬制同意を認めることは，326条2項の趣旨が訴訟進行の著しい障害を防止しようとするところにあると解すると，被告人の不当な行状に対する制裁の意味を含むことになり，正当とは思われない。

　もっとも，被告人と弁護人の不当な行動が裁判の否定ともいえるような事態となり，それが長期に及ぶような場合には，本判決は支持されることになろう。

[参考文献]
① 西村法・証拠大系Ⅲ356頁
② 米田泰邦・争点84
③ 能勢弘之・重要判解昭和53年度207頁
④ 反町宏・最判解刑事篇昭和53年度
⑤ 三井誠・判タ368号24頁
⑥ 光藤景皎・百選[第4版]186号

（椎橋隆幸）

【168】325条の任意性の調査時期

最(三小)決昭和54年10月16日刑集33巻6号633頁,判時945号133頁
公職選挙法違反被告事件(昭和53年(あ)第1861号)
第1審・新潟地方裁判所村上支部昭53・4・20判決
第2審・東京高等裁判所昭53・9・27判決

● 争 点 ●

325条の任意性の調査時期は証拠調べ前でなければならないか

1 〈事実の概略〉

被告人は,他1名と共謀の上,昭和47年12月10日の衆議院議員選挙に際し,選挙人50人に対し1人あたり約1000円相当の酒食の饗応をしたとの事実(公選法221条1項1号)で起訴され,第1審で有罪判決を受けた。被告人は,受饗応者らの捜査当時の供述調書の多数について不同意とし,また被告人及び共同被告人の検察官および司法警察員に対する供述調書についても不同意として,任意性を争ったが,原審は任意性を肯定して,被告人に有罪判決を下した。

被告人は控訴したが,原審は,まず受饗応者らの検察官調書について,同人らが,公判廷において,被告人に対する配慮から,あいまいな供述をしたり,答を渋ったり,あるいは不自然,不合理な供述をして,殊更に真実の供述を避けている態度が明らかに見られ,これに反して,検察官に対しては,当時の記憶どおりの事実を任意に供述し,調書を読み聞かせて貰ったうえ,供述どおりのことが記載され間違いないものとして署名・捺印したものであることが認められ,その内容も自然で合理的であり,同人らは略式命令に応じ,この略式命令はそのまま確定していることが認められるとした。また他の受饗応者の検察官調書についても,同人らは被告人の経営する会館の使用人であって,主人である被告人の面前で不利益供述を避ける態度は明らかであり,これに反し,検察官調書は,検察官が会館へ赴いて取り調べた結果録取されたものであり,同人らもありのままに記憶通り述べた旨供述しており,その内容も,よくわからない点はよくわからないと述べ,また,警察における供述を訂正変更して述べる等,任意性,特信性の存在は明らかであると認定して,第1審が321条1項2号後段により,検察官調書を証拠採用して取り調べた点に違法はないと判断した。

また被告人の検察官調書について,被告人は公判廷において,取調官から脅されたり,脅迫されたりして自白したと主張しているが,被告人は,逮捕直後から任意に自白していたもので,ただ価額の点は,饗応を受けて検挙された人達にそれだけ多く迷惑がかかるから,できるだけ少な目に供述したものと認められ,さらに被告人が釈放された1か月後の検察官調書にも,全く同旨の供述が繰り返されていることをも併せ考えると,被告人の公判廷における供述は信用し難いばかりでなく,検察官が被告人の供述の自発性,任意性に意を用い,警察の調書とは別に,その任意の供述を録取した状況が明らかに看取されると認定して,324条により証拠採用して取り調べた点に違法はないと判示した。

2 〈決定要旨〉

上告棄却

「職権により判断すると,刑訴法325条の規定は,裁判所が,同法321条ないし324条の規定により証拠能力の認められる書面又は供述についても,さらにその書面に記載された供述又は公判準備若しくは公判期日における供述の内容となった他の者の供述の任意性を適当と認める方法によって調査することにより(最高裁昭和28年2月12日第一小法廷判決・刑集7巻2号204頁,同28年10月9日第二小法廷判決・刑集7巻10号1904頁参照),任意性の程度が低いため証明力が乏しいか若しくは任意性がないため証拠能力あるいは証明力を欠く書面又は供述を証拠として取り調べて不当な心証を形成することをできる限り防止しようとする趣旨のものと解される。したがつて,刑訴法325条にいう任意性の調査は,任意性が証拠能力にも関係することがあるところから,通常当該書面又は供述の証拠調べに先だって同法321条ないし324条による証拠能力の要件を調査する

に際しあわせて行われることが多いと考えられるが、必ずしも右の場合のようにその証拠調べの前にされなければならないわけのものではなく、裁判所が右書面又は供述の証拠調べ後にその証明力を評価するに当たってその調査をしたとしても差し支えないものと解すべきであり、これと同趣旨に帰する原審の判断は相当である。」

3 〈解 説〉

1 下級審および学説では325条の任意性の調査時機について、書面等の証拠調べ後でもよいとするものと、証拠調べの前に行なわれるべきであるとするものとに分かれていたが、本件はこの点に関する最高裁の最初の判断である。

2 本決定は、任意性が証明力にも関係するから、その判断は証拠調べ後でもよいとか、任意性は証拠能力の認定の前提要件であるから、証拠調べ前に判断されねばならないといった画一的な基準はとらなかった。むしろ、325条で問題となる場合を「任意性の程度が低いか、あるいはそれを欠くために、証明力が乏しいか、証明力がない」書面や供述と、「任意性がないために証拠能力を欠く」書面や供述とに区別し、事実認定者による不合理な心証形成の防止を目的として、この調査が行なわれることを明言した。

3 321条ないし324条について、反対尋問の機会が与えられていたり、特信性の状況保障があると見られれば、直ちに証人の伝聞供述や被告人の供述に信用性が認められるわけではない。というのは、たとえば、共犯者は犯行事情に精通しているために、また犯人識別供述は不当誘因や心理的圧迫が働いた場合には、反対尋問が効果を持たないことが知られているし、自白については必ず補強証拠が要件とされている（319条）からである。

325条の任意性の調査目的は、任意性の有無や程度が証明力にも影響することを理由に、任意性の調査は証明力をも考慮に入れるべきであるとする説や、任意性はとりわけ被告人の供述についての証拠能力の要件とされているので、任意性のない証拠の取調により不当な心証形成がされることを手続的に防止しようとするものであるなどの説が示されている。証明力に関係するにせよ、証拠能力に関係するにせよ、任意性とは「供述者に対して加えられた不当な圧力の持つ、供述の信用性への影響を総合的に決する概念」（後記渥美参照）であって、全体事情の総合的判断であると考えられる。325条はこのような場合に、伝聞法則の例外要件の充足だけでなく、事件の全体事情から判断して、信頼できそうにない供述や書面を排除しようとするものである。

4 証拠能力の存否を確かめるための任意性の調査とは、証拠能力がないと判断されれば、その証拠を事実認定者の目に一切触れさせてはならないことを意味するので、書面に記載された供述または伝聞供述が、その供述の自由を侵害するような類型的情況、あるいはそれらの供述がおよそ信頼できないような類型的情況で行なわれたかどうかに向けられることになる。このような事情があるときには、そのような証拠は刑事手続で用いられてはならないから、証拠調べに先立って証拠能力が吟味されなければならない。それに対して、証明力の有無・程度の確認のための任意性の調査とは、前述の類型的情況以外の場合に、たとえば、自白の補強証拠の有無、犯人識別供述での不当誘因の有無、あるいは共犯者に対する訴追の威迫や不起訴の利益の示唆の有無などのように、供述それ自体は事実認定者の目に触れさせても問題はないが、それがどの程度信頼できるかの点に向けられるものであり、任意性の調査は証拠調べ後に行なわれてもよいであろう。

5 本件では、被告人側から、供述の自由が侵害されたとか、供述がおよそ信用できないような情況下で採取されたとの主張はされておらず、したがって、本件での任意性の調査は証拠調べ後に行なわれても違法ではないと判断したものといえる。

[参考文献]
① 渥美・全訂刑訴法451頁
② 同・判時966号195頁
③ 小林(充)・百選[第4版]81事件

（宮島里史）

【169】新宿騒乱事件
——現場写真の証拠能力

最(二小)決定昭和59年12月21日刑集38巻12号3107頁，判時1141号62頁
騒擾指揮，騒擾助勢，威力業務妨害，公務執行妨害被告事件(昭和57年(あ)第1504号)
第1審・東京地裁判決昭52・9・13
第2審・東京高裁判決昭57・9・7

● 争　点 ●
犯行状況を撮影した現場写真は非供述証拠に当たるか

1 〈事実の概略〉

昭和43年10月21日の国際反戦デイに，米軍用ジェット機燃料輸送阻止の示威行動をした学生集団等が，新宿駅やその周辺を中心として投石等を行ない，新宿駅構内に侵入して占拠した，いわゆる新宿騒擾事件につき，有罪立証の証拠として，①被疑者である佐々木ほか9名の者が撮影し，逮捕に伴う捜索・押収，捜索差押許可状，もしくは任意提出により取得され，その後現像・焼き付けされた写真と，②警察官が，フィルムの入手先および撮影者について公務上の秘密(144条)を理由に，その証言を拒否した写真が提出された。

第1審は，写真は否との供述とは本質的に異なり，科学的・機械的証拠として非供述証拠として取り扱うのが相当であり，事件との関連性が認められる限り，証拠能力が付与されると判断した。第2審も，作為が加えられた疑いのある写真については，現場写真の本質を損なうものであるから，非供述証拠としての証拠能力は否定すべきであるとしながらも，基本的には第1審と同じ考え方にもとづき，証拠能力を肯定した。

これに対し，被告人は，写真に証拠能力を認めたのは伝聞法則に反すること，およびフィルムの入手先等についての証言拒否は，証人審問権を侵害すること等を理由として上告した。

2 〈決定要旨〉

上告棄却

写真のフィルムの押収手続に違法はなかったと判断した上で，「なお，犯行の情況等を撮影した，いわゆる現場写真は非供述証拠に属し，当該写真自体又はその他の証拠により，事件との関連性を認めうる限り，証拠能力を具備するのであって，これを証拠として採用するためには，必ずしも撮影者らに現場写真の作成過程ないし事件との関連性を証言させることを要するものではない」と判示した。

3 〈解　説〉

1　本決定は，下級審の判断と同様に，現場写真は検証調書等の説明的供述部分を補完する趣旨の添付写真とは異なり，独立した証拠としての価値を持つことを前提に，被写体の印画紙への映像の焼き付けの過程は自動的に行なわれるために，正確性が高く，知覚──記憶──表現──叙述の過程を経るわけではないので，非供述証拠に当たるとし，写真の持つ「科学的特性」に大きく依存している。

2　学説としては，本決定と同様，非供述証拠であり，関連性が認められれば証拠能力が与えられるとの考え方があり，ただその関連性について自由な証明で足りるか，または撮影者が公判で証人尋問を経る必要があるとするか，更に分かれる。また，写真という表現形態は，言語表現の代替であり，作為が加わる可能性が高いので供述証拠として取り扱うべきだとの考え方，そして現場写真が証拠として許容されるのは，それが現場検証と同一の機能を果たしていると見られるからであり，321条3項の要件を充足する必要があるとする考え方などがある。

これらの考え方のうち，供述証拠説を採用できないのは明らかである。仮に，現場写真が供述証拠だとすると，そこに写っている被告人の行為は自白もしくは不利益供述にあたるが，これらの行為が被告人の口から発せられたものと考えるのは，およそ不合理であるし，黙秘権の告知もあり得ないことである。この点で，いわゆる実況見分調書などで，被

告人や証人・被害者が一定の動作を行っているところを写真に撮り，それが添付されている場合とでは違いがあることを忘れてはならない。これらの動作は，犯行状況や被害状況を口頭で説明するに当たり，その説明を補充・補完するために，あるいは言語による説明の代わりにされているものであり，その意味で言語的動作ともいえるもので，そのような動作を写した写真は供述証拠としての性格を持つものであり，その性格に対応して証拠能力の有無の検討が必要となる。このように，いわゆる現場写真と再現写真とは明確に区別しておく必要がある。

3 写真の作成過程が機械的・科学的であるから非供述証拠であり，そのため作成過程の真正について尋問の必要はないとか，逆に供述証拠として伝聞法則が適用されるべきであるという主張は，形式的であると思われる。むしろ，事実認定の合理性の観点から実質的な考察をすべきである。そこで，原審判断も指摘しているように，最大の問題点は写真に偽造や修整が加えられなかったかどうかという点であるが，現在の技術からすれば，テレビや映画，コマーシャル等を見れば分かるように，極めて巧妙な合成・トリック・修整などが可能となっている。このような事情のもとにあって，事件との関連性が撮影者や作成者を除いた手段によって示されれば証拠能力が与えられるとの理論構成をとると，写真に作為が加えられたかどうかの判断は裁判官にのみ委ねられることになるが，裁判官がこのような作為の有無の判断について専門的な技量を持ち合わせていると考えるのは，難しいであろう。そうであれば，この判断を，当事者のコントロウルを通じてなされるように，撮影者や作成者を公判で証言させ，反対尋問を経た上で，その証拠能力が判断されるべきであると思われる。

4 また，この問題は，他の証拠が許容される手続とも比較して考慮する必要がある。中立の立場にある裁判所が任命する鑑定人については，宣誓が要件とされ（166条），これに反して虚偽の鑑定を行なった場合には偽証の制裁があり（規則120条），鑑定作業には当事者の立会いが認められており（170条）このような要件の下で作成された鑑定書についてさえ，鑑定人が真正に作成したことを公判で証言し，反対尋問を受けることが要件とされている（321条4項）。このように，厳格な要件の定められた鑑定書について公判廷での証言が必要なのであるから，そのような要件を欠いた状況で作成される現場写真については，その撮影・作成過程についての証言の要件が一層必要であると考える方が合理的である。

確かに，現場写真を供述証拠とみるか，非供述証拠とみるかで最も大きな違いが現われるのは，撮影者や作成者が不明な場合であるが，犯行行為を写した現場写真は極めて大きな証拠価値を持つから，撮影者や作成者が不明な場合には，作為が加えられた可能性のないことを示す証拠がある場合にのみ，証拠能力が与えられるべきである。本決定は，現場写真は非供述証拠に当たると明言したが，被告人・弁護人から異議ありとの証拠意見が述べられれば，その根拠が編集や修整であれば，撮影者や作成者が公判廷に召喚されて尋問を受けさせるべきであり，あるいはそれらの者が不明である場合には，作為が加えられた可能性がないことが証明されなければならないのであって，これらの要件が充足されないときには，原審のように現場写真の本質を損なうものとして，証拠能力を否定すべきであると思われる。

[参考文献]
① 渥美・全訂刑訴法455頁
② 津村政孝・百選[第5版]91事件
③ 山崎学・百選[第6版]78事件
④ 新保佳宏・百選[第7版]95事件
⑤ 山名京子・百選[第8版]94事件
⑥ 久岡保成・重判解昭和60年度
⑦ 松本時夫・研修690号3頁

（宮島里史）

【170】業務の通常の過程で作成された書面

最(一小)決昭61・3・3刑集40巻2号175頁，判時1191号145頁
いかつり漁業等の取締りに関する省令違反被告事件(昭和53年(あ)第1458号)
第1審・根室簡判昭57・7・19
第2審・札幌高判昭58・9・12

● 争　点 ●

違法なイカ釣り漁船間での無線通信と刑訴法323条3号書面

1 〈事実の概略〉

被告人会社は漁船T丸を所有していかつり漁業等を営み，被告人Nは上記被告人会社に雇われて同船の漁労長として乗組んでいるものであるが，被告人Nは被告人会社の上記業務に関し，法定除外事由がないのに，規制水域内で流し網を使用していかをとることを目的とする漁業を営んだとして起訴された。弁護人らは公訴事実を全面的に争い，その理由の1つとして，証拠とされた，被告人会社と同様北海いかつり船団に属していたF船において作成されたRQY受信用紙の記載が不正確で，証拠能力や証拠価値が疑わしいと主張した。RQY通信は，被告人会社を含む北海いかつり船団に所属する各船が相互の操業位置，漁模様，漁業状況を把握するため1日ほぼ4回定時に暗号表を用いて暗号電話で通信するものであり，その通信内容である操業位置，漁獲量等がRQY受信用紙に記載される。1審は，RQY受信用紙の記載内容を，概ね正確であり，F船の漁労長と通信士が日常の業務の過程として真摯に作成したことが認められ，また，その内容の正確さや信用性も高く，刑訴法323条2号書面として証拠能力もその証拠価値も高いと判示し，漁船団で相互に若干の虚偽の通信があるかもしれぬが同一船団でほぼ同一場所で操業するのに全く虚偽の通信をするとは考えられず，ましてや規制水域外にいるのに規制水域内で操業している如く通信するということは不自然で考えられないとして弁護人の主張を却下し，RQY受信用紙は謄本であり改ざんの虞があり証拠能力がないとする主張も却下して被告人を有罪と認定した。第2審もこの第1審判断を是認し被告人の控訴を棄却した。被告人はRQY受信用紙の原本及び謄本の証拠能力を争って上告した。

2 〈決定要旨〉

上告棄却

最高裁は405条の適法な上告理由に当たらないと判示したが，なお書きでつぎのように判示した。

「『北海いかつり船団』所属の各漁船は，同船団の事前の取決めにより，洋上操業中，毎日定時に操業位置，操業状況，漁獲高を暗号表などを用いて相互に無線電話で通信しあい，その通信内容を所定の受信用紙に記載することになっていた」のであり，「本件受信記録は右船団の所属のF船の乗組員が，右取決めに従い，洋上操業中の同船内において，通信業務担当者として，他船の乗組員が通常の業務として発する定時通信を受信した都度の内容を所定の受信用紙に機械的に記入したものであることが認められるから，本件受信記録自体は，船団所属の漁船の操業位置等を認定するための証拠として，『業務の通常の過程において作成された書面』に該当すると認めるのが相当である。」

本件受信記録の謄本は，司法警察員が他の被疑事件の証拠として押収し，電子コピー機を用いて正確に複写し，これに謄本である旨の認証文を付して作成したるのであり，その後にその原本が還付され滅失したことが認められるから，本件受信記録の謄本の証拠能力が否定されるものではない。

3 〈解　説〉

1 有罪と認定されれば不利益を受ける被告人には，自己の有罪を基礎づける事実について検討する機会が与えられなくてはならない。伝聞法則は，被告人が，自己に不利益を課す手続に参加し，「反対尋問」を通して証人の証言過程（①知覚──記憶の獲得，②記憶──記憶の保存・貯留，③表現──記憶の再現，④叙述──再現した記憶の言語的表現という4つの過程から成る）に介在する，意識的，無意識的誤りを発見し，それを正して，証人の証言の信憑性を検討することを通して，事実認定者の心証をコ

ントロールすることをその狙いとする。「反対尋問」を加えることができない証言（又聞の証言や書面による供述など）は、不利益を受ける被告人が、直接に事件を見聞した者の証書の信憑性を反対尋問して検討することができないので、「伝聞証拠」として証拠能力を欠くのが原則である（321条。なお、同条は直接主義を定めたと解する立場もあるが、伝聞法則を定めた規定と解すべきであろう）。

2 だが、反対尋問を加えることができない証拠であっても、信憑性の高い証拠があり、この証拠まで単に被告人からの反対尋問を加えることができないことだけを理由に排除するのは、事実認定の合理性を害する。そこで、反対尋問が加えられていないが信憑性が高いとみられるもの——反対尋問に代わる特信性の情況保障があるとみられるもの——については証拠能力を否定して事実認定の資料から排除することをせず、事実認定に用いることができるとすべきことになる。また、現代のような、匿名性や移動性を特徴とする都市化社会では、証人の背景を知る材料が乏しく、材料のないところで反対尋問をしても証人の証言の信憑性を崩すことができずかえってその証言の信憑性を基礎づけてしまう結果となることも多い。このような点に鑑みれば、反対尋問のもつ効果を過信することはできず、反対尋問の有無だけで証拠能力を決することは合理性を欠く。反対尋問することができない証拠でも信憑性が高いとみられるものであれば事実認定に用いる資格があるとみてよい。この様な観点から法は伝聞法則の「例外」を定めている。

3 本件で適用された323条2号の商業帳簿その他の業務の通常の過程において作成された書面は、類型的に事実が正確に記載される性質を持つ書面である。

323条1号の「戸籍謄本、公正証書謄本その他公務員（外国の公務員を含む。）がその職務上証明することができる事実についてその公務員の作成した書面」は、証人の記憶よりも書面たる記録それ自体の方が正確性を持つ類型である。戸籍係は申請のあった事項や聴取した内容をその都度正確に記載する役割を担い、多くの者から申請を受けるのであり、記録に事実を正確に記載する役割を担う。2号

の「商業帳簿、航海日誌その他業務の通常の過程において作成された書面」も事実を正確に記載すべき場合であり、カルテなどがこれに入る。もっとも、類型的に正確に事実が記載されるので証拠能力が与えられるが、改ざんされたとみられる事情があれば、信用性の点で争われることになる）。3号の「前22号に掲げるものの外、特に信用すべき情況の下に作成された書面」も、類型的にみて1号及び2号に準ずる場合である。

これらは、いわゆる「記憶の缶詰」（canned memory）の類型である。この類型の場合、内容的に信憑性のある類型に属するとともに、証人の出頭を求めても結局、証人はその書面をみて証言するので、事実の記載が正確になされていることが示されれば、書面それ自体に証拠能力を付与している。憲法37条2項の対質権との関係で、証人利用が可能な場合には、法廷において対質（対決）の機会を与え、事実認定により不利益を受ける者に、証人への対質を通して検討する機会を与えるべしとの要請が働くが、記録それ自体がベスト・エビデンスであり、証人と対決させることに意味がある場合ではない。

4 最高裁は、本件のRQY用紙の性質は定時通信の「機械的記録」と認められるものであり、事実がそのまま記載される性質をもち、内容の正確性、信憑性があるとみてよい類型に属すると判断したのである。1審は、本件の場合には、違法なイカ釣り漁船間の交信であり、虚偽の交信がなされたとはみることができない事情を指摘して、信憑性のある情報が記載された場合であると認定している。最高裁は本件を323条2号書面とみたが、3号の特信性の情況保障のある場合とみることもできよう。

なお、伝聞の例外として証拠能力が認められても、さらにその証拠の「信用性」が個別的に検討されることになる場合があるのは勿論である。

［参考文献］
① 渥美・レッスン刑訴(中)レッスン20
② 渥美・刑事訴訟を考える第21・22講

（中野目善則）

X 証人審問権と伝聞法則

【171】警察犬の臭気選別結果の証拠能力

最(一小)決昭62・3・3刑集41巻2号60頁，判時1232号153頁
強姦致傷，道路交通法違反被告事件(昭和61年(あ)第714号)
第1審・佐賀地判昭38・10・27
第2審・福岡高判昭61・4・24

● 争 点 ●
臭気選別結果の証拠能力・証明力

1〈事実の概略〉

被告人は強姦致傷罪等で起訴され，懲役3年の有罪判決を受けた。裁判において警察犬による2度の臭気選別の結果を記載した書面に証拠能力が認められるかが争点とされたが，第1審は第1回目の選別結果には証拠能力を認めたが，第2回目の選別結果については証拠として用いるのは相当でないとした。第2審は両方について証拠能力と証明力を認めている。ところで，警察犬の臭気選別は，犯人の臭いの付着していると思われる遺留品の臭い(原臭)を警察犬に嗅がせ，数十メートル離れた選別台上に置かれた被告人の臭いの付着している物品(対象臭)とこれらとは無関係の臭い(誘惑臭)の付着した物品を無作為に並べ，原臭と同じ臭気の物品を持って来させる(持来)方法で行われる。本件の臭気は現場付近に遺留された足跡痕，靴下及び車両の取っ手につき無臭ガーゼをピンセットで挟んでこするなどして採取され，別々のビニール袋に保管されていた。臭気選別に用いられた警察犬カールは警察犬競技会で優秀な成績を収めたり，犯人追跡のための出動に対して賞を受けたり等の実績のある犬であった。当日の犬の体調と能力を試す予備選別においてカール号はすべて対照臭を持来した。犯行当日に行われた第1回の臭気選別において，カール号は，足跡痕の臭気(原臭)—靴下の臭気(対照臭)及び足跡痕の臭気(原臭)—自動車の取っ手の臭気(対照臭)の組み合わせで各3回のテストを行ったが，すべての対照臭を持来した。約80日経過して行われた第2回臭気選別においてカール号は，①靴下の臭気(原臭)—靴下の臭気(対照臭)，②靴下の臭気(原臭)—被告人使用のゴム草履の臭気(対照臭)の組み合わせで行った各3回の選別で，すべて対照臭を持来した。また，③ゴム草履の臭気(原臭)—布団カバーの臭気(対照臭)の組み合わせで行われた5回の選別のうち，カール号は3回対照臭を持来したが，2回は持来しなかった。

第1回，第2回の選別結果の双方に高度の信用性を認めることが出来るとして証拠能力と証明力を認めた第2審の判断に対して，弁護人は，犬の臭気選別についてはその正確性，信頼性についての科学的裏づけはなく，その検査結果に対して実質的に被告人の反対尋問の機会は保障されていないのに，このような検査を証拠として被告人を有罪とすることは憲法31条に違反するものである等を理由に上告を申し立てた。

2〈決定要旨〉

上告棄却

「なお，所論にかんがみ，警察犬による本件各臭気選別の結果を有罪認定の用に供した原判決の当否について検討するに，記録によると，右の各臭気選別は，右選別につき専門的な知識と経験を有する指導手が，臭気選別能力が優れ，選別時において体調等も良好でその能力がよく保持されている警察犬を使用して実施したものであるとともに，臭気の採取，保管の過程や臭気選別の方法に不適切な点のないことが認められるから，本件各臭気選別の結果を有罪認定の用に供しうるとした原判断は正当である(右の各臭気選別の経過及び結果を記載した本件各報告書は，右選別に立ち合った司法警察員らが臭気選別の経過と結果を正確に記載したものであることが，右司法警察員らの証言によって明らかであるから，刑訴法321条3項により証拠能力が付与されるものと解するのが相当である。)。」

3 〈解 説〉

1 臭気選別結果の証拠能力・証明力をめぐる判例・学説

犬の嗅覚が優れていることは一般に認められている。そこで，訓練された警察犬が犯罪捜査において，①逃走犯人の追跡・検挙（足跡追及），②薬物・爆発物等の探索（物品発見），③遺留物品と犯人との結びつきの確認（臭気選別）等のために利用され，一定の効果をあげている。このうち，③の臭気選別は犯人と被告人との同一性を証明するために使われるため，その証拠能力の有無及び証明力の程度等をめぐって見解が分れていた。臭気選別結果の証拠能力，証明力につき，従来の下級審判例は，①証拠能力，証明力を共に認めた例（東京高判昭54・1・24判時936号135頁，岐阜地判昭54・2・8判時936号138頁，東京高判昭59・4・16判時1140号152頁，東京高判昭60・6・26判タ564号288頁），②証拠能力を認めたが，証明力はないとした例（広島高判昭56・7・10判タ450号157頁，山形地鶴岡支判昭58・1・12判時1096号153頁），③証拠能力を認めなかった例（京都地決昭55・2・6判タ410号151頁，大阪地決昭58・3・23判時1096号163頁）の3つに分類される。また，学説も証拠能力を否定すべきとする見解と，一定の条件のもとに証拠能力を認めるべきとする見解とに分れていた。

2 臭気選別結果の証拠能力・証明力をめぐる問題点

臭気選別結果を記載した書面に証拠能力や証明力を認めないとする判例や学説の指摘する問題点は次の点である。①犬の嗅覚についての科学的解明が十分でない。②人の体臭に指紋と同様の個別性があるとの保障がない。③指導手に対して犬は迎合性がある。④警察犬の能力，原臭物品の採取・保管状況が適切であることの証明が困難である。⑤結果の正確性に対する再鑑定が困難又は不可能である。しかし，これらの諸問題は臭気選別結果の証拠能力を絶対に認めない理由とはなりえないと思われる。すなわち，①②については，科学的に完全に説明できなくとも，経験的に犬の嗅覚が優れており，臭気選別を実験及び実務において相当の確率をもって行っていることを考えれば，それを事実認定の一資料とすることは許されてよいし，また，科学的に必ずしも解明されていない（例えば記憶の）メカニズムに基づく証拠（証言）を証拠とすることは広く認められているのである。また，③は実験のやり方（指導手と犬に対照臭の所在を教えない）で解決できる。④⑤については，当該犬の一般的能力（過去の実績）と実験時の能力（予備実験で確かめる）の有無・程度，指導手の適格性，原臭の採取・保存の適切性等を実験に当った者に立証させ，反対尋問することにより，当該犬の選別能力，選別結果の正確性・信用性を相当程度確認することができよう。実は，下級審裁判例も，その結論は3つに分類されるが，各判例はそれぞれの事例での臭気の採取・保存の仕方や選別実験方法・成績など選別結果の正確性・信用性を判断する諸事情を考慮して，判断を下しているのであり，各事案の事情の相違が結論を異にさせたのであり，一概に臭気選別結果に証拠能力を認めないとの立場をとっているのではない。

3 本決定の意義

本決定は下級審裁判例を前提にして，本事案のような場合には臭気選別結果の証拠能力及び証明力が認められることを最高裁として初めて判示した点で意義があり，また，その場合の条件を示した点が重要である。しかし，この条件が証拠能力の要件なのか証明力判断の考慮事項であるのかは明らかでない。

［参考文献］
① 木谷明・判タ546号33頁
② 酒巻匡・ジュリ893号64頁
③ 松本一郎・新報95巻1・2号181頁
④ 三井誠・法教202号97頁
⑤ 最判解刑事篇昭和62年度
⑥ 仙波厚・ジュリ890号58頁

（椎橋隆幸）

【172】 DNA鑑定

最(二小)決平12・7・17刑集54巻6号550頁，判時1726号177頁
わいせつ誘拐，殺人，死体遺棄被告事件(平成8年(あ)第831号)
第1審・宇都宮地判平5・7・7判タ820号177頁
第2審・東京高判平8・5・9高刑集49巻2号181頁

● 争 点 ●
DNA型鑑定の証拠能力

1 〈事実の概要〉

平成2年5月12日午後5時50分頃，4歳の被害児童は，父親に連れられパチンコ店に赴いたところを，何者かにより連れ去られた。翌日午前10時20分頃，渡良瀬川河川敷の草むらの中から，被害児童の全裸の死体，その附近から，片方の靴下，渡良瀬川川底から，スカート，半袖下着等が発見され，半袖下着には犯人のものと思われるB型の精液斑点が付着していることが判明した。その後，警察官らは，犯人を児童に興味のある性的異常者であり土地勘がある血液型B型の男性と見当付け捜査をした結果，捜査線上に上がった男性がごみとして捨てたごみ袋の中から精液の付着したティッシュペーパーを領置し，被害児童の半袖下着に付着していた精液斑との DNA型鑑定を警察庁科学警察研究所に委嘱した。その結果，血液型がABO式，ルイス式で同型であり，DNA型はMCT118法で同型(16―26型)であるとの鑑定書が作成された。平成3年12月1日朝，その男性は警察官の任意同行に応じ，同日午後10時前に自白をしたことから，翌日午前1時過ぎに逮捕された。

第一審及び原審における審理においては，DNA型鑑定の証拠能力とともに，その男性の自白の信用性が問題となったが，DNA型鑑定の証拠能力が肯定されていた。

2 〈決定要旨〉

「なお，本件で証拠の1つとして採用されたいわゆるMCT118DNA型鑑定は，その科学的原理が理論的正確性を有し，具体的な実施の方法も，その技術を習得した者により，科学的に信頼される方法で行われたと認められる。したがって，右鑑定の証拠価値については，その後の科学技術の発展により新たに解明された事項等も加味して慎重に検討されるべきであるが，なお，これを証拠として用いることが許されるとした原判断は相当である。」

3 〈解 説〉

本決定は，最高裁判所として，初めてDNA型鑑定書の証拠能力を認めたものである。捜査機関は，犯行現場に残されている犯人の体液(血液，精液，唾液等)等を収集・保管し(裁判官に現場にいるような臨場感を与えるようにする捜査方法の法的性格は，任意処分か強制処分かにより，実況見分か検証かに別れ，また，専門家の知見によるものを鑑定という。捜査機関は鑑定を嘱託することができるに止まる)，犯人と被疑者が同一人物であるかどうかを確認することがある。DNA型鑑定とは，細胞内にあるDNAを構成している，アデニン，シトシン，グアニン，チミンという塩基配列が個人により異なり終生不変であることを利用して，個人を識別するものである。DNA型鑑定は，その対象とする部位によって異なり，本事案におけるMTC118型NDA型鑑定は，科学警察研究所が開発したもので，第一番目の染色体のMCT118の部位に16個の塩基が繰り返して並んでいる部分の回数の相違を調べるものであり，鑑定資料からDNAを分離・精製し，目的となる塩基配列部分を切り出し，PCR増幅法により増幅されたDNAの部分を電気泳動装置に掛けて，染色して写真撮影をし，得られたバンドパターンを解読するものとされている。

そもそも，正確な事実認定に寄与すると言われてきた「科学的な証拠」というものはどのように判断されるのかが問題となろう。科学の名の下に関連性のない証拠が事実認定に用いられることは厳に慎まなければならないが，日進月歩の科学技術の成果を用いることで，より正確な事実認定を行うことが可能となろう。下級審判例においては，DNA型鑑定の科学的な根拠性を認めつつ，鑑定書の証拠能力を肯定するもののほか(東京地判昭63・8・12公刊物未登載，水戸地下妻支判平4・2・27

判時1413・35等），鑑定資料とされた毛髪が被告人のものとは考えられないとして鑑定書の証拠能力を否定するものもあった（福岡高判平7・6・30判時1543・181）。判例は，このような科学技術を用いた鑑定の証明力を認めるための要件として，①科学技術を応用した技術に理論的妥当性があり，②鑑定資料が適切に保管され，③適切な技術及び経験を有する者が機器等を正しく機能する状態で実施するといった要件が必要とされてきた（例えば，ポリグラフ検査の結果回答書について証拠能力を肯定した最決昭43・2・8刑集22・2・55，警察犬の臭気選別報告書の証拠能力を肯定した最決昭62・3・3刑集41・2・60等）。本決定は，このような判例の流れを踏襲して，DNA型鑑定の科学的原理が理論的正確性を有し，具体的な実施の方法が，その技術を習得した者により，科学的に信頼される方法で行われたと認められる場合には，鑑定書の証拠能力を肯定することができるとの判断枠組みを示した。また，後日，DNA型鑑定の手法の正確性が争われる場合に備えて，追試の可能性を要件とすることが好ましいことは明らかである。しかし，本決定は，追試の可能性を要件とはしない原判決の判断を是認していること，科学技術の発展が日進月歩であること，犯行現場には追試を可能とする資料が常に存在しているわけではないことから，追試の可能性については，証拠能力が認められる要件とまではしなかったとされている。

なお，DNA型鑑定の証拠能力の判断枠組みを示した本決定については，後日，DNA型鑑定の正確性及び自白の信用性を争う再審請求がなされ，本決定の示したMCT118DNA型鑑定の要件を充たしていないことから証拠能力が否定され，被告人とされた男性に無罪判決が言い渡されている（宇都宮地判平22・3・26判時2084・157）。この再点を考慮して，本決定の判断枠組みを否定する見解も主張されているが，この再審無罪判決は，本決定の判断枠組みに従って，DNA型鑑定の証拠能力を否定していることからすれば，本決定の判断枠組みは依然として有効なものと考えられる。捜査実務においては，DNA型鑑定のデーターベース化が進んでおり，裁判実務におけるDNA型鑑定も含めた科学技術を用いた事実認定は，その証拠のみにより有罪の認定をしているわけではなく，多くの証拠が総合されている。改めて科学的証拠のみを過信した事実認定がなされないようにすべきであろう。

[参考文献]
① 井上正仁・研修560号3頁
② 後藤眞理子・最判解刑事篇平成12年度172頁
③ 佐々木一夫・百選〔第10版〕148頁
④ 清水真・新報108巻1号201頁
⑤ 中島宏・判評519号44頁
⑥ 中野目善則・新報114巻9号8頁
⑦ 長沼範良・法教271号95頁
⑧ 三井誠・重判平成12年度182頁
⑨ 山名京子・判例セレクト2010〔Ⅱ〕43頁
⑩ 松下徹・刑ジ29号18頁

（滝沢　誠）

【173】証明力を争う証拠

最(三小)判平18・11・7 刑集60巻9号561頁，判時1957号167頁，判タ1228号137頁
現住建造物等放火，殺人，詐欺未遂被告事件(平成17年(あ)第378号)
第1審・大阪地判平11・3・30
第2審・大阪高判平16・12・20

●争　点●

328条により許容される証拠は，現に証明力を争おうとする供述をした者の当該供述とは矛盾する供述又はこれを記載した書面に限られるか。

1 〈事実の概略〉

被告人は借金の返済等に窮し，生命保険会社との保険契約に基づく保険金1500万円を詐取することを思いつき，内妻と共謀の上，ガソリン，ライター等を使用して居宅に放火し，火災事故を装い，その内妻の子A(当時11歳)を殺害した。家屋は全焼し，逃げ遅れたAは風呂場で焼死した。その後，被告人は保険金の支払いを請求したが，それを受け取る前に，警察の取調を受けることになった。

第一審において，被告人は起訴事実の全部を否認したが，有罪となり無期懲役を言い渡された(大阪地判平11・3・30刑集60巻9号575頁参照)。本件での検察側証人Bは，火災発生時に，被告人に消火器を貸していないし，被告人の消火行為も目撃していないと証言した。この証言を受けて弁護人は，「Bが被告人に消火器を貸した」と記載されている，消防指令補C作成にかかる「聞込み状況書」を証拠請求し，検察官の不同意意見を受けて，328条による証拠採用を求めた。公判裁判所は，提示命令によりその内容を確認した後，同条の書面には当たらないとして請求を却下した。

弁護人の控訴に対し，第二審裁判所は，328条により許容される証拠は，現に証明力を争おうとする供述をした者の当該供述とは矛盾する供述又はこれを記載した書面に限られると解すべきとの理由で，C作成の聞き込み状況書はCの供述を記載した書面であるから，同条により許容される証拠には該当しないと判示した(大阪高判平16・12・20刑集60巻9号655頁)。

弁護人は，原判決の法令違反を理由に上告し，供述の証明力を争う証拠としてであれば328条によりすべての伝聞証拠が許容される旨の判断をした福岡高判昭24・11・18高刑判特1号295頁を援用し，C作成の供述調書は328条により許容される証拠であると主張した。

なお，本件は平成24年3月7日に大阪地裁が再審決定をし，大阪高裁もその再審決定を支持し(平成27年10月23日)，平成28年8月10日に被告人は無罪となった(大阪地判平28・8・10判タ1437号226頁)。

2 〈判　旨〉

「本件上告を棄却する。」原判決は，弁護人の引用する判例と相反する判断をしたものというべきである。「しかしながら，刑訴法328条は，公判準備又は公判期日における被告人，証人その他の者の供述が，別の機会にしたその者の供述と矛盾する場合に，矛盾する供述をしたこと自体の立証を許すことにより，……その者の供述の信用性の減殺を図ることを許容する趣旨のものであり，別の機会に矛盾する供述をした事実の立証については，刑訴法が定める厳格な証明を要する趣旨であると解するのが相当である。」「刑訴法328条により許容される証拠は，信用性を争う供述をした者のそれと矛盾する内容の供述が，同人の供述書，供述を録取した書面(刑訴法が定める要件を満たすものに限る。)，同人の供述を聞いたとする者の公判期日の供述又はこれらと同視し得る証拠の中に現れている部分に限られるというべきである。」C作成の聞込み状況書は，Bの供述を録取した書面であるが，同書面には同人の署名押印がないから上記の供述を録取した書面に該当せず，これと同視し得る事情もないため，刑訴法328条が許容する証拠に当たらないというべきであり，原判決の結論は是認できる。

3 〈解　説〉

本判決は，328条(以下，本条という。)を根拠とする証明力を争う証拠(以下，弾劾証拠とい

う。）の範囲について，最高裁が初めて下した判断である。

弾劾証拠が供述者本人の自己矛盾供述に限られるか否かにつき，主に限定説と非限定説が対立していた。限定説は，本条を，同一人が別の機会に異なる内容の供述をしたという事実をもって，供述内容の真偽を問わず，その者の供述の信用性を減殺することができる旨の注意規定と解釈し，同条の証拠の対象範囲を制限しようとする立場である。一方，非限定説は，本条の文言に着目し，弾劾証拠はそもそも供述証拠として，すなわち，供述内容に添った事実認定を求めて法廷に提出される証拠ではないのであるから，その範囲を自己矛盾供述に限る必要性に乏しいと解する立場である。高裁の判例においては，福岡高判昭24・11・18高刑判特1号295頁が非限定説に立つものであり，東京高判平8・4・11高刑集49巻1号174頁が限定説を採用するものである。いずれの立場も相応の根拠を有すると見られるが，今日では限定説が通説とされている。もっとも，別の視点から，限定説か非限定説かの二者択一を採らず，原則，弾劾証拠は自己矛盾供述に限定されるとしながら，一定の場合に自己矛盾供述以外の証拠も認容していこうとする見解（中間説）や，証拠調べ請求をする当事者の地位の違いに応じて，検察官請求の場合には自己矛盾供述に限られるが，被告人側請求の弾劾証拠に関しては非限定の基準をとる見解（片面的構成説）等も提唱されている。

本条の弾劾証拠は，憲法37条2項及び刑訴法320条の規定する伝聞法則の例外である321条ないし324条（伝聞例外）の，さらなる例外に位置するものである。よって，本条により提出される証拠が，本来の供述証拠の性格を持たないこと，つまり，供述者の供述内容を真実だと主張して法廷に提出される証拠ではないことは，何を意味するかを充分に検討する必要がある。おそらく，弾劾証拠が通常の供述証拠に比し証拠能力要件を緩和されている目的は，伝聞例外に該当する供述証拠の信用性の判断に際し，伝聞法則の趣旨を害さないとの条件の下で，その供述と関連のある証拠資料の活用を事実認定者は必要とするであろうとの配慮であり，その立法者意図は，①認定事項の争点の混乱を生じないこと，及び，②伝聞法則の制度趣旨を僭脱するが如き立証は元来許されていないことを，所与の前提としているものと解すべきではないだろうか。①を重視すれば限定説に親しみやすくなるが，②を事実認定者が知悉，実践しているのであれば，非限定説を採用してもさほど弊害は生じにくいと解しうる。また，伝聞法則の原点に鑑みれば，本件証人Bの供述の信用性は，法廷での反対尋問によってこそ検証されるべきである。ただ，証人の前の不一致供述の場合に似た情況が認められるのであれば，前の不一致供述の書証を証拠採用する場合に類似した必要性が生じてこようが，それは，弾劾証拠として位置づけるべき書面の問題ではなくなってくる。

なお，消防吏員Cの作成したBの供述録取書は，321条1項1号ないし3号のような性格を有する供述録取書面ではなく，行政職員が行政上の目的で作成する調書であり，後に被告人に対して刑事責任を追及する企図で作成されたものではない。そのような書面を弾劾証拠としてではなく，通常の供述証拠として証拠請求すべき場合もあるのではないか，と提言する論者の意見も一理あるが，本件弁護人が，当該書面を本条に基づいて証拠請求している以上，本条の弾劾証拠の範囲という論点について，最高裁は判断をすればよく，その議論に関しては妥当な結論を示したものといえよう。ちなみに，伝聞例外たる供述録取書に求められる要件と，弾劾証拠として許容される供述録取書に求められる要件は，同じである必要はないものと考えられる。

[参考文献]
① 山田道郎・ジュリ1354号216頁
② 徳永光・法セ626号122頁
③ 大コンメンタール刑事訴訟法第5巻I393頁
④ 村岡啓一・百選[第9版]188頁

（早野　暁）

XI　裁判の効力・上訴・再審

【174】罪となるべき事実の特定

最（二小）決平22・3・17刑集64巻2号111頁，判時2081号157頁

職業安定法違反，詐欺，組織的な犯罪の処罰及び犯罪収益の規制等に関する法律違反被告事件（平成21年（あ）第178号）

第1審・大阪地判平19・11・30
第2審・大阪高判平20・12・11

● 争　点 ●

罪となるべき事実の特定
包括一罪の罪となるべき事実の特定方法

1〈事実の概略〉

被告人は，「難病の子供たちの支援を装い，平成16年10月21日ころから12月22日ころまでの間，アルバイトとして雇用した事情を知らない募金活動員らを大阪市，堺市，京都市，神戸市，奈良市等の各所の街頭に配置して，午前10時ころから午後9時ころまでの間，不特定多数の通行人に対し募金を呼びかけさせ，9名の者から総額約2万1,120円の交付を受けたほか，多数人から応募金名下に現金の交付を受け，合計2,493万円余りの金員を詐取した」等の公訴事実で起訴された。

第一審は，罪となるべき事実として，被告人が，難病の子供たちの支援活動を装って，街頭募金の名の下に通行人等から金を騙し取ろうと企て，上記公訴事実記載の方法により，同記載の期間中，各場所において，不特定多数の通行人から総額2,493万9,999円の現金を騙し取った，との事実を認定し，個々の詐欺行為の日時，場所，被害者，被害金額を特定せずに，期間中の全活動を包括して一つの詐欺罪を構成するとして，被告人を有罪とした。原審もこれを是認して控訴を棄却したため，被告人側が上告した。

2〈決定要旨〉

上告棄却

「この犯行は，偽装の募金活動を主宰する被告人が，約2か月間にわたり，アルバイトとして雇用した事情を知らない多数の募金活動員を関西一円の通行人の多い場所に配置し，募金の趣旨を立看板で掲示させるとともに，募金箱を持たせて寄付を勧誘する発言を連呼させ，これに応じた通行人から現金をだまし取ったというものであって，個々の被害者ごとに区別して個別に欺もう行為を行うものではなく，不特定多数の通行人一般に対し，一括して，適宜の日，場所において，連日のように，同一内容の定型的な働き掛けを行って寄付を募るという態様のものであり，かつ，被告人の1個の意思，企図に基づき継続して行われた活動であったと認められる。加えて，このような街頭募金においては，これに応じる被害者は，比較的少額の現金を募金箱に投入すると，そのまま名前も告げずに立ち去ってしまうのが通例であり，募金箱に投入された現金は直ちに他の被害者が投入したものと混和して特定性を失うものであって，個々に区別して受領するものではない。以上のような本件街頭募金詐欺の特徴にかんがみると，これを一体のものと評価して包括一罪と解した原判断は是認できる。そして，その罪となるべき事実は，募金に応じた多数人を被害者とした上，被告人の行った募金の方法，その方法により募金を行った期間，場所及びこれにより得た総金額を摘示することをもってその特定に欠けるところはないというべきである。」（須藤正彦および千葉勝美裁判官による補足意見がある。）

3〈解　説〉

1　裁判所は，検察官が公訴を提起した事実，すなわち，訴因という形で示された罪となるべき事実について，合理的な疑いを容れる余地のない程度に証明されたとの心証に達したとき，被告人に有罪判決を言い渡す（憲法38条1項，刑訴331条1項）。有罪判決には，罪となるべき事実，証拠の標目，法令の適用を示さなければならない（刑訴335条1項）。本条にいう「罪となるべき事実」とは，公訴事実の範囲内で裁判所が認定した犯罪構成要件に該当する事実のことをいい，犯罪構成事実，処罰条件に当たる事実，刑の加重事由にあたる事実がこれにあたる。

有罪判決に「罪となるべき事実」を記載する趣旨は，当事者に有罪判決の根拠となる事

実を理解させ，上訴の手がかりを与え，上訴審に対して審査の対象を明らかにするためである。そして，有罪判決に示すべき「罪となるべき事実」を，どの程度特定しなければならないかについては，検察官が起訴状に記載する訴因の特定と同様であると解されている。（もっとも，訴因の特定は訴因の告知機能を中心とした被告人の防禦の利益の観点が重要であるが，有罪判決における罪となるべき事実の特定では二重危険の禁止との関係が重要となることに留意する必要がある。）したがって，有罪判決に示すべき「罪となるべき事実」は，訴因と同様，できる限り日時，場所および方法を以て具体的に特定し摘示しなければならない。すなわち，犯罪の日時・場所，犯罪の主体と客体，主観的事情，犯罪の手段と方法，行為態様，結果の発生の有無，因果関係などをできる限り特定して判示する必要がある。しかし，裁判は，過去に起こった出来事について証拠によって遡って判断するものである以上，犯罪事実の細部まで常に詳細にわたって確定的に認定し摘示することは不可能である。最高裁は，この有罪の判決における「罪となるべき事実」の判示について，刑罰法令各本条の構成要件に該当すべき具体的事実を，当該構成要件に該当するかどうかを判定するに足りる程度に具体的に明示し，その罰条を適用する事実上の根拠を確認しできるようにすることをもって足る旨を示しており（最判昭24・2・10刑集3巻2号155頁），この点については学説上も特に異論はないようである。このように上記特定を要求する趣旨を満たす限度で，概括的記載が許される場合がある。

2 本件は，一連の街頭募金詐欺について，その全体を包括一罪としたうえで個々の被害者，被害金額を摘示しなくとも罪となるべき事実の特定に欠けることはないとした事案である。

一般に包括一罪については，犯罪を構成する個々の犯罪行為について，併合罪ほど具体的に示す必要はなく，全体として特定する包括的な判示でもよいものと解されている。全体としては犯罪成立要件を満たしているのが明らかなのにもかかわらず，個々の行為の具体的内容が不明だからといって処罰できないというのは不合理であるため，包括的判示を認める必要はあろう。しかしながら，事案によっては個々の行為の具体的内容が重要な場合もあり，そのような場合にはこれを具体的に特定する必要がある。法が罪となるべき事実の記載を要求したねらいに則り，できる限り特定されなければならないのであって，安易に概括的記載をなすことはあってはならない。包括的な記載が許されるかどうか，ないし，どの程度の記載がなされなければならないかは，個別の事案ごとに検討されなければならない。

本件のような街頭募金詐欺の場合には，被害者及び被害法益の特定性が希薄であり，これを特定することは多くの場合不可能であろう。一方で，犯行は定型的な方法で行われており，一定の期間，場所において，現に募金に応じた者が多数存在することとこれにより得た総金額が摘示されていれば，個々の被害者とその被害額が特定できなくとも，現に募金に応じた多数の者との関係で詐欺罪の犯罪成立要件が満たされるし，他の犯罪事実との区別もなされているといえよう。しかしながら，詐欺事件の場合，本来は被害者ごとに法益侵害が認められるので，これらを特定する必要があるし，大規模集団詐欺事件であっても，通常は個々の被害者や被害金額を特定することが可能な場合が多い。補足意見で須藤裁判官が本件における「犯意・欺もう行為の単一性，継続性，組織的統合性，時や場所の接着性，被害者の集団性，没個性性，匿名性などの著しい特徴」を，また，千葉裁判官が「被害者ないし被害法益の特殊性」を指摘するように，本決定は，街頭募金詐欺という特殊な具体的事情の下での判断であり，詐欺罪一般にはもちろんのこと，集団詐欺事件すべてに妥当するものではなく，その射程は限定して理解されるべきであろう。

［参考文献］
① 家令和典・最判解刑事篇平成22年度28頁
② 渡辺咲子・平成22年度重判解206頁
③ 早渕宏毅・研修743号13頁
④ 滝沢誠・専修ロージャーナル6号285頁
⑤ 堅山眞一・公判法体系Ⅲ（1975年）286頁

（麻妻和人）

【175】択一的認定

札幌高判昭61・3・24高刑集39巻1号8頁,判タ607号105頁
死体遺棄,道路交通法違反被告事件(昭和60年(う)第125号)
第1審・旭川地判昭60・8・23

●争　点●

遺棄された時点の被害者の生死について,いずれも証明されなかった場合,裁判所はいかなる認定をなすべきか

1〈事実の概略〉

被告人は,夕方頃から自宅の敷地等をショベルローダで除雪作業中,被害者(妻)をひいたことに気づかずに作業を続け,ひいてから約3時間後,被害者がいないことに気付いた。そこで,付近を探したところ,ひいてから約4時間後,除雪した雪の中に埋もれている被害者を発見した。

発見時の被害者は,被告人が呼びかけても何の反応もなく,呼吸や鼓動も感じられず,身体の一部は冷たく硬くなり,顔面も蒼白でやつれて変形していた。この様子を見た被告人は,被害者が死亡したものと思い込み,一旦は被害者を自宅に運ぼうとしたが,このまま届け出ても自分に殺人などの嫌疑がかかると考え,また,自己の会社や子供の将来を案じて,交通事故に見せかけて被害者を遺棄しようと決意し,ひいてから約6時間後,被害者を国道脇の路上に遺棄した。

第一審は,遺棄された時点で被害者が生存していたと認定した上で,被告人は,死体遺棄罪の故意で保護責任者遺棄罪を犯しているが,両罪には実質的な構成要件上の重なり合いがあるとして,軽い死体遺棄罪を認定した。

被告人は控訴し,両罪には構成要件上の重なり合いがないことを理由に無罪を主張した。

2〈判　旨〉

破棄・自判(確定)

本件の諸事情によれば,「少なくとも［遺棄した］時点においては,被告人のみならず,一般人から見ても,［被害者］は既に死亡していたものと考えるのが極めて自然である。」また,「法医学上の観点からみても……少なくとも遺棄時においては,［被害者］は死亡していた可能性が極めて高い。」

「刑事裁判における事実認定としては,［法医学的］判断に加えて,行為時における具体的諸状況を総合し,社会通念と,被告人に対し死体遺棄罪という刑事責任を問い得るかどうかという法的観点をふまえて,［被害者］が死亡したと認定できるか否かを考察すべきである。」

「遺棄当時［被害者］が……生存していたとすると,被告人は……重過失致死罪に該当するものというべく……死体遺棄罪に比べ重い罪を犯したことになってより不利益な刑事責任に問われ……また,被告人の主観を離れて客観的側面からみると……被告人は保護責任者遺棄罪を犯したことになるが,同罪も死体遺棄罪より法定刑が重い罪である。本件では,［被害者］は生きていたか死んでいたかのいずれか以外にはないところ,重い罪に当たる生存事実が確定できないのであるから,軽い罪である死体遺棄罪の成否を判断するに際し死亡事実が存在するものとみることも合理的な事実認定として許されてよい。」

3〈解　説〉

刑事裁判では,検察官の主張する被告人の犯罪事実(訴因という形で示された公訴事実)が,検察官によって合理的な疑いを容れない程度まで証明された時,被告人に有罪判決が下される(憲38条1項,刑訴333条1項)。そして,そこで証明・認定された犯罪事実が「罪となるべき事実」として判決書に記載される(335条1項)。

通常,全ての犯罪事実は特定した形で認定されるが,常にそうできるわけではない。例えば,被害者を屋上から落下させて殺害したという事案で,落下させた具体的な手段は複数考えられるが,いずれであるかは証明されなかった場合,「有形力を行使して」という概括的(又は択一的)な形で認定せざるを得ない(最決昭58・5・6刑集37巻4号375頁。なお,最判38・11・12刑集17巻11号2367頁,最決平13・4・11刑集55巻3号127頁も参照)。事実認定の性質上,犯罪事実の細目部分まで常にその全てを証明

することは不可能であり，少なくとも犯罪事実の重要な部分が証明されていれば被告人への科刑を基礎付けられるので，このような認定も許されるのである。また，被告人が暴行を加えて被害者を死亡させたことは明らかであるが，殺人の故意か暴行の故意かが明らかでない場合には，暴行の故意（傷害致死）の限度いわば縮小した形で認定される（なお，最決昭33・7・22刑集12巻12号2712頁を参照）。この場合，包摂事実（＝殺人の故意）の証明がないとしても，両事実は「包摂・被包摂関係」にあり，少なくとも，被包摂事実（＝暴行の故意）の限度では証明があったと見ることができるので，このような認定も許されるのである。

問題となるのは，本件のように，「公訴事実の同一性の範囲内にある事実で，共に有罪の可能性があり，しかもそれ以外の事実の可能性がなく，相互に排他的な関係にありながら，大小関係になく，犯罪類型を異にする」という場合に，審理の結果，いずれも証明されなかった時，裁判所は，「択一関係にあることを明示した形（明示的択一的認定）」又は「択一関係にある事実の内の軽い方の事実を選択した形（黙示的択一的認定）」で犯罪事実を認定することが許されるのか，別言すれば，このような形の認定であっても「犯罪の証明があった」といえるのか，ということである。

この問題につき，通説は，いずれの事実も証明されていない以上，明示的はもちろん黙示的な択一的認定も許されず，無罪を言い渡さなければならないとする。その理由として，①訴因の場合と異なり（256条5項），「罪となるべき事実」の択一的な記載を認める規定がないこと，②明示的であれ黙示的であれ，いずれの事実も証明されていない状態で認定することになるので「疑わしきは被告人の利益に」の利益原則に反すること，③択一的な形で認定することは，実質上，双方の事実を合成した構成要件を認めることになり，また，個別特定の構成要件の充足を基にした科刑でなくなるので罪刑法定主義に反することを挙げる。先例の大阪地判昭46・9・9判時662号101頁も，本件と同様の事案において，この理由付けを採用して無罪を言い渡している。

これに対して，有力説は，いずれかの事実であることは明らかなのに，一切，刑事責任を問われないのは国民の法感情に反するとして，次の理由付けを基に，黙示的に軽い方の事実の限度で認定すべきであるとする。すなわち，両立し得ない関係にある事実の内，重い方の事実に利益原則を適用し，この事実の証明がない場合，その結果として，一方の軽い方の事実が認められることになるとするのである。しかし，この理由付けに対しては，結論の先取りであるとの批判がなされている。

本件の場合，死体遺棄罪という結論は同じであるが，第1審は，前述の通り，故意（抽象的事実の錯誤）の問題として処理したのに対し，控訴審は，犯罪事実の証明（事実認定）の問題として処理しており，その理由付けは異なる。すなわち，控訴審は，事実認定について，「法医学的判断」に「社会通念」と「法的観点」を加えた形で行なって，遺棄された時点で被害者が死亡していた可能性が極めて高いことを示唆した上で，有力説と同様，「利益原則」を考慮して，死体遺棄罪を認定した。

この控訴審の理由付けは有力説を採用したものと見ることもできるが，他の説明も可能である。前述したように，保護責任者遺棄致死罪を認定するためには検察官による証明が必要であるが，本件の場合，その証明ができなかった。本件の諸事情からして，遺棄された時点で被害者が死亡していた可能性が極めて高いという状況に加え，その性質上，生か死のいずれしか考えられない中，生の証明がなかったのであるから，その結果，死の証明があったものと考えるのである。遺棄した事実自体は証明されており，不明なのは遺棄された時点での被害者の生死であるところ，このような論理に従って死体遺棄罪を認定しても，それは合理的な認定といえるであろう。

[参考文献]
① 大澤裕「刑事訴訟における『択一的認定』(1)～(4)」法協109巻6号919頁・111巻6号822頁・112巻7号921頁・113巻5号711頁
② 椎橋隆幸・展開211頁
③ 古江頼隆『事例演習刑事訴訟法(第2版)』423頁
④ 古江頼隆「択一的認定」百選[第9版]202頁
⑤ 安井哲章「択一的認定」椎橋隆幸編『よくわかる刑事訴訟法(第2版)』190頁
⑥ 横井大三『刑事裁判例ノート(4)』135頁

（田中優企）

XI 裁判の効力・上訴・再審

【176】訴因外事実の認定

最(三小)判平15・10・7刑集57巻9号1002頁，判時1843号3頁，判タ1139号57頁
建造物侵入，窃盗被告事件(平成14年(あ)第743号)
第1審・東京地八王子支判平13・6・8
第2審・東京高判平14・3・15

● 争 点 ●

常習罪が考えられる場合の訴因設定はどうあるべきか

検察官の訴追裁量権限を適切に行使させるためには，常習窃盗罪と単純窃盗罪の関係をどう考慮すべきか

1 〈事実の概略〉

被告人は，平成11年1月から4月までの間の窃盗・建造物侵入窃盗計4件について，平成12年4月，簡裁にて懲役1年2月の判決を受け，この判決は同年9月に確定した（前訴）。その後被告人は，平成10年10月から11年8月までの間の窃盗・建造物侵入窃盗計22件について地裁に起訴された（後訴）。公判で被告人は，各犯行はいずれも盗犯等防止法2条の常習特殊窃盗に該当し，一罪の一部につき既に確定判決を受けているから免訴が言渡されるべき旨主張した。

地裁判決では，被告人の行為を常習犯と認定するには疑問が残る，として被告人の主張は退けられ，懲役2年が言渡された。高裁は，「本件の証拠関係に照らすと，両訴因に掲げられた窃盗行為が実体的には常習特殊窃盗の一罪を構成することは，たやすく否定することができない」としつつも控訴を棄却した。これに対して被告人から判例違反（高松高判昭59・1・24：類似事案で，「確定判決の有無は，その事件の公訴事実の全部または一部について既に判決がなされているかどうかの問題であり，判決の罪名等判断内容とは関係なく，一罪の一部につきすでに確定判決を経ている」として免訴を言渡した）等を理由として上告がなされた。

2 〈判 旨〉

上告棄却

控訴審判決が前記高裁判断と相反することを認めた上で，原判決を支持した。

少なくとも第一次的には訴因が審判の対象であり，犯罪の証明なしとする無罪の確定判決も一事不再理効を有することに加え，……常習特殊窃盗罪の性質や一罪を構成する行為の一部起訴も適法になし得ることにかんがみると，前訴の訴因と後訴の訴因との間の公訴事実の単一性についての判断は，基本的には，前訴及び後訴の各訴因のみを基準としてこれらを比較対照することにより行うのが相当である。本件においては，前訴及び後訴の訴因が共に単純窃盗罪であって，両訴因を通じて常習性の発露という面は全く訴因として訴訟手続に上程されておらず，両訴因の相互関係を検討するに当たり，常習性の発露という要素を考慮すべき契機は存在しないのであるから，ここに常習特殊窃盗罪による一罪という観点を持ち込むことは，相当でないというべきである。そうすると，別個の機会に犯された単純窃盗罪に係る両訴因が公訴事実の単一性を欠くことは明らかであるから，前訴の確定判決による一事不再理効は，後訴には及ばないものといわざるを得ない。

なお，前訴の訴因が常習窃盗罪であり，後訴の訴因が余罪の単純窃盗罪である場合や，その逆の場合には，両訴因の単純窃盗罪と常習窃盗罪とは一罪を構成するものではないけれども，両訴因の単純窃盗罪と常習窃盗罪が実体的には常習窃盗罪の一罪ではないかと強くうかがわれるのであるから，訴因自体において一方の単純窃盗罪が他方の常習窃盗罪と実体的に一罪を構成するかどうかにつき検討すべき契機が存在する場合であるとして，単純窃盗罪が常習性の発露として行われたか否かについて付随的に心証形成をし，両訴因間の公訴事実の単一性の有無を判断すべきであるが，本件は，これと異なり，前訴及び後訴の各訴因が共に単純窃盗罪の場合であるから，前記のとおり，常習性の点につき実体に立ち入って判断するのは相当ではない。

3 〈解 説〉

検察官の訴追裁量権は，合理的なものであれば，大小関係にあるA罪をB罪に，という形で一部訴追・部分訴追する事が許される。ま

た，検察官の全く主張していない常習性の問題を裁判所が職権で取り上げて議論する必要はなく，強いれば却って不告不理の問題が生じる。ここまでは異論はないであろう。本件で最高裁は，前訴，後訴のいずれかの訴因に常習罪類型が含まれている場合には，全体として常習一罪を検討すべきである，として，公訴不可分の原則に依拠し，従来の判断（最判昭43・3・29刑集22巻3号153頁）を踏襲している。

その上で本件では，前訴提起の段階で後訴の内容に含まれる事実を検察官が既に把握しており，その後も余罪捜査を行わず，後になって被害者の処罰感情が起因となって別罪で起訴した，という経緯がある。本件判示で最も問題とされるべきは，仮に被告人の数件あるいは数十件の行為が全体として常習犯に該当する類型であって，しかも同時に訴追できる状況にあっても，これをそれぞれ一個の行為ごとに着目し，分割訴追してそれぞれに単純一罪として有罪を得る事ができる，あるいは分割訴追の際に他の訴因との同時訴追の配慮などしなくてよい，という理解が可能な点にある。これを正面から認めると，まさに憲法39条の禁じている検察官の訴追権限濫用を最高裁判所が許したことになりかねない。判文からは「基本的には，前訴及び後訴の各訴因のみを基準としてこれらを比較対照する」として，「基本的でない」事案があることを認めているようにも読み取れるが，その意図するところは些か不分明であり，濫用にどのように掣肘を加えることが出来るのか，本判断の射程が及ぶのか否かも定かではない。この点は批判を免れ得ないであろう。

本件では，常習一罪であっても，単純窃盗の併合罪であっても，実際の宣告刑は大差なく，被告人の実質的不利益に当たらないから，このような手法を用いても構わない，との判断を黙示的に行っているのであろうか。常習犯であることは，処断刑の下限を上げる点で機能しているとはいえ，宣告刑はあくまで行為の態様や被害規模などに左右されるから，必ずしも重い刑が言い渡されているとはいえない。その意味では，「軽い」二罪での処罰を「いずれも行為時に犯罪であった」として憲法39条の適用を否定した部分も，特段の不利益に当たらない，との判断を支えるものなのかもしれない。ただ，そう解する立場に立つとしても，訴追が許されるか否かという点と，最終的な量刑がどのようなものになるかという点は，問題関心が根本的に異なるから，これを混同することは許されない。

あるいは，窃盗行為の1つでも確定判決を経たならば，未解明の事案全てにつき訴追が禁止され，それを防ごうとすれば徹底的な余罪解明が必要とされるから，そのような事態を避けることを意図しているのであろうか。現行の法体系が，適式な余罪捜査で判明した犯罪行為を追訴することを許さず，不当な利益を被疑者・被告人に与えることを意図しているとは考えにくい。他方で上記のような検察官の分割訴追意図が仮にあった場合に，それを挫く工夫は必要である。

いずれにせよ，複数行為を一罪にまとめて処罰する「一罪」の定め方は，本件の様な場合のみならず，二重訴追や訴因変更（一罪を数罪に，あるいは数罪を一罪に変更する範囲の問題等）の場合にも顕出する。「罪数」の範囲と「訴因」の設定はそもそも制度的趣旨が異なり，これを全く同一のものとみて運用するには限界があろうし，「無罪の確定判決」が再訴遮断を画する基準とする旧法以来の運用にも問題がある。例えば，検察官の訴追権限に一定の制限を加え，合理的期間内に訴追されていない犯罪に関しては訴追意図がないとの推定を与え，後訴を遮断する形で同時訴追を義務付け，例外的に，当然払うべき努力によっても発見できなかった余罪が後に判明したときに，その例外的事情の説明責任を課して追訴を許すといった法制度も考慮されてよいであろう。

[参考文献]
① 宇藤崇・平成15年度重判解202頁
② 大澤裕・研修685号3頁
③ 小島淳・現代刑事法6巻6号88頁
④ 白取祐司・百選［第9版］208頁
⑤ 長沼範良・百選［第8版］204頁
⑥ 松田龍彦・新報111巻3＝4号307頁

（松田龍彦）

【177】 256条2項違反を理由とする控訴棄却と一事不再理効

最(大)判昭28・12・9刑集7巻12号2415頁，判時15号30頁
臨時物資需給調整法違反被告事件（昭和27年（あ）第2903号）
第1審・大阪簡判　第2審・大阪高判昭27・4・1

● 争　点 ●

起訴状の無効を理由とする公訴棄却判決の一事不再理効の有無

1 〈事実の概略〉

被告人は臨時物資需給調整法違反のかどで起訴されたが，起訴状に公訴事実の記載が欠けていた。256条2項は，起訴状に公訴事実の記載を求めており，それが欠けたので，公訴提起の手続がその規定に違反したため無効である場合に当たるとして，第1審裁判所が338条4号により公訴棄却の判決を言い渡し，検察官は上訴しないまま，上記判決は確定した。

その後，検察官は，同一の罪名で，被告人に対し公訴を提起し，臨時物資需給調整法により統制物資に決定されたガソリンを闇で販売したことを認定され，第1審裁判所は，有罪判決を言い渡した。被告人は控訴を申し立て，起訴された行為につきすでに公訴棄却の確定判決を受けているので，337条1号により免訴の判決を受けるのが相当であること，もし，そうでないとしても，量刑が不当であることを控訴趣意とした。控訴裁判所は，量刑は不当でなく，形式裁判たる公訴棄却の裁判においては，事件につき，または事件に関し審理・判断されていないので，公訴棄却の判決の確定は337条1号にいう確定判決には含まれないとして，控訴棄却の判決を言い渡した。

この控訴審の判決に対し，被告人は上告を申し立て，弁護人の主張する上告趣意は次のとおりである。

まず，第1に，本件は，いったん昭和25年に大阪簡易裁判所に記載され，起訴状への公訴事実の記載の欠如を理由に338条4号により公訴棄却された事件について，検察官が，再度公訴を提起したものだが，憲法39条末段の「同一の事件について重ねて刑事上の責任を問われない」ことの法意は，すでに有罪とされた事件について二重処罰を禁じただけでなく，二重訴追をも禁ずる趣旨であることは沿革上明らかであり，すでに事件について訴追がされた以上，危険に晒されており，公訴棄却となったのは検察官の落度であり，被告人の責任ではないので，憲法39条により原判決は破棄さるべきである。

2 〈判　旨〉

上告棄却

「本件が昭和25年10月6日大阪簡易裁判所において公訴棄却となった事件につきその後検察官が再度公訴を提起したものであることは所論のとおりであるが，右大阪簡易裁判所の公訴棄却の判決は，その理由とするところは，起訴状によれば上告人に対しても公訴が提起されていることは明らかであるが，同人に対する公訴事実の記載が欠如しているから，右公訴提起の手続がその規定に違反したため無効である場合に該当するものであるというにあって，刑訴338条4号によりなされたものである。所論は，憲法39条は二重処罰のほか，二重訴追をも禁じた趣旨であり，何人も裁判所により放免されたると，処罰されたるとを問わず，同一犯罪について再び審理されることのない旨を保障したものと解すべきであるとし，従って本件再度の公訴提起は憲法39条違反であり，同97条及び刑訴340条の趣旨からも破棄を免れないと主張するものである。

しかし，憲法39条は，本件のように，起訴状に公訴事実の記載が欠除していることを理由として公訴棄却の判決のなされた場合において，同一事件につき再度公訴を提起することを禁ずる趣旨を包含するものではないと解するのを相当とする。」

3 〈解 説〉

1 憲法39条本文は、「又，同一の犯罪について，重ねて刑事上の責任を問われない。」と規定する。同条の英文を日本文に直訳すると、「また，何人も二重の危険に置かれない。」と規定する。「刑事上の責任を問われない」というのも二重審判，二重科刑を禁じたのか，二重訴追を禁じたのかについて，文章だけでは明確でない。英文に則って解釈をしても，危険の発生を裁判所の判断の時期に求めるか，証明段階に入ったときに求めるか，起訴段階に求めるかによって結論は異なることになる。

この点，英米法にあっても，英米間では原則を異にしている。また，その危険の内容を，有罪判決を受けたために，被告人の生命，身体，財産について，それを制限または奪われる危険と解するか，それとも，訴追にさらされたことから生ずる，社会的・経済的・心理的因惑等を被る危険と解し，再度裁判に置かれ，訴追されることで被る不利益は，遅滞した裁判で被る不利益と類似したものと解するかによって，二重危険の禁止の内容には相違が生ずる。

2 憲法論として，二重危険・再度処罰の禁止は論ぜられなかったが，旧法来，わが国では，手続上確定判決を経た事件については一事不再理効が生じ，免訴により事件を打ち切る旨の規定が刑訴法にあり，現行法も，同様の規定を337条1号にもっている。旧法以来，起訴された事件について実体審理を尽くした結果，有罪または無罪の判決が言い渡され，それが手続上確定したときには，「事件」の実体について審判されたことを理由に，一事不再理効のあることが認められ，それはちょうど，英米法での前の無罪，前の有罪の抗弁と同様の機能を果たしてきた。

次に，337条に定められている免訴事由があるために免訴判決が下った場合に一事不再理効を認めるか否かについては見解が対立してきた。事件の実体を前提にしなければ免訴事由は考えられないとし，または，訴因に内在する事由が免訴事由であるとして，実体または訴因に関する審判を含むので一事不再理・二重危険禁止の効力を肯定する見解がかなり一般的である。

しかし，実体審理を伴わない形式裁判である免訴判決には一事不再理・二重危険禁止の効力も生じないとする見解も有力である。免訴以外の形式裁判たる公訴棄却の裁判については，実体や，訴因の内容に内在する事由が問題にならないことを理由に，二重危険禁止，一事不再理効を否定するのが一般で，本判決も大勢に従ったものである。

ところが，事件について政府側には一度の訴追の機会を与え，事件について有罪立証をする機会は与えるが，被告人側にも，事件は政府側の1回の立証の機会で終了させてもらう，貴重な権利があるとするのが公平に合致し，訴追されることから生ずる多くの不利益を回避させうるとする見解（近時の米合衆国最高裁判所の立場）に立つと，政府が立証の機会を与えられたのにそれに失敗した場合は，二重危険の禁止が認められなければならない。免訴の場合，起訴状に示された事実が真実でも罪となるべき事実を含まないとの理由による公訴棄却（339条）の場合は，この場合に入ることになろうが，本事例のような場合も，みずからの失敗で立証の機会を放棄するような形で失ったと解すれば，憲法39条の二重危険の禁止の効力が働き，免訴判決を下すべきだと解釈することもできるのである。

[参考文献]
① 田宮・一事
② 田口守一・刑事裁判の拘束力
③ 中野目善則・比較法雑誌16巻5号

（渥美東洋）

XI 裁判の効力・上訴・再審

【178】 検察官上訴

最(大)判昭25・9・27刑集4巻9号1805頁
昭和22年勅令第1号違反並びに衆議院議員選挙法違反被
　告事件(昭和24年(れん)第22号)
第1審・富山地魚津支　第2審・名古屋高金沢支

●争　点●
① 検察官上訴の合憲性
② 検察官上訴が許される範囲

1 〈事実の概略〉

　上告趣旨より推察する事実関係(第1審,第2審判決が判例集未登載のため)は,次のとおりである。被告人は,特定の候補者への投票を勧誘した行為の罪責を問われ,第1審では罰金刑を言い渡されたが,検察官から量刑不当を理由とする控訴がなされ,原審はその主張を容れて,被告人を禁錮3月に処すと判示した。これに対して,被告人側は次のような理由で上告を申し立てた。憲法39条後段は合衆国憲法修正第5条と同趣旨であり,それは「1度判決があった以上は確定をまつまでもなく二重の危険の原因あるものとされ,国家の機関たる検察官によって更に重き処罰を求められることは二重の危険の禁止に反するものとせらるるのである。旧刑訴法が大陸法系の一事不再理の原則を採り確定判決を経た同一犯罪に対して二重処罰を禁止するというのに対して一歩を進めたものと謂わねばならぬ。」つまり「確定をまたずして,第1審判決があればそのことによって二重の危険ありとするものと謂ふべく,即ち検察官が量刑の失当を理由としてより重き処罰を要求するが如き上訴権はこれを認めないものと解すべきである。」「原判決は検察官が刑の量定が軽きに失するとの理由により更に重き処罰を求むる本件の控訴を認めたことは憲法第39条に違反するものであって,不当に検察官の上訴権を認めた違法あるものと謂ふべくこの点に於て破毀すべきものである。」

2 〈判　旨〉

上告棄却

「元来一事不再理の原則は,何人も同じ犯行について,2度以上罪の有無に関する裁判を受ける危険に曝さるべきものではないという,根本思想に基くことは言うをまたぬ。そして,その危険とは,同一の事件においては,訴訟手続の開始から終末に至るまでの1つの継続的状態と見るを相当とする。されば,1審の手続も控訴審の手続もまた,上告審のそれも同じ事件においては,継続せる1つの危険があるのみであって,そこには二重危険(ダブル・ジェパーディ)ないし2度危険(トワイス・ジェパーディ)というものは存在しない。それ故に,下級審における無罪又は有罪判決に対し,検察官が上訴をなし有罪又はより重き刑の判決を求めることは,被告人を二重の危険に曝すものでもなく,従ってまた憲法39条に違反して重ねて刑事上の責任を問うものでもないと言わなければならぬ。従って論旨は,採用することを得ない。」

　本判決には5裁判官の捕足意見がある。長谷川裁判官──「被告人の地位の安定の保証は,判決確定の時に与えれば充分であって,二重危険の原則が示すが如く,未だ判決が確定しない場合とか,訴訟のある段階に達した場合において,地位の安定を保障することは我国情にてらし行き過ぎ」である。澤田,斎藤裁判官──「新刑訴における控訴制度は,同一事件の続審手続であって,もとより,同一犯罪について,重ねて刑事上の責任を問うものではない。それ故,検事上訴制度を認めた刑事訴訟は,何等憲法39条に違反するところはない。」藤田裁判官──「一旦無罪とされ,若しくは有罪として処罰されたことは,確定の裁判によってその有罪無罪なることが終局的に確定した場合をいうのであって,事件が訴訟手続進行の中途にあって,有罪無罪の裁判が宣告されてもその効力が未確定浮動の状態にある場合のごときはこれを含まない」。栗山裁判官──「控訴審が一連の控訴手続の一部である以上は,同一問責の状態は継続するものであるから,第1審の判決に対し検事が被告人に不利益な上訴をしても二重問責の問題を生じない。」

3 〈解 説〉

1 検察官上訴は合憲か

　検察官には被告人同様，上訴権が与えられている（351条）。検察官は，公益の代表者たる地位から，判決の誤りに気づいたときには，被告人の利益のためにも上訴しなければならない。しかし，逆に一度下された無罪判決や軽い刑の判決に対して，検察官は，有罪判決や重い刑の判決を求めて上訴することができるかが問題である。本判例では検察官の不利益上訴が，憲法39条の「何人も，……既に無罪とされた行為については，刑事上の責任を問はれない。又，同一の犯罪について，重ねて刑事上の責任を問はれない」の規定に違反するかが争われた。憲法39条が大陸法的な一事不再理の原則を定めたものか，英米法の二重の危険禁止の原則を定めたものかについて本判決は明確にしていないが，要は，被告人を二重の危険に曝すことを憲法は禁じているが，危険とは訴訟手続の開始から終結に至るまでの継続的状態であるとして，検察官の不利益上訴を違憲ではないとしたのである。検察官上訴の合憲性は，①誤った裁判，不当な裁判を上訴審で正すことは公益の代表者としての検察官が正義を実現するために必要であるし，また，刑訴法1条の実体的真実主義にも適っている，②二重の危険禁止の原則は英米の陪審裁判制度と密接に関連しており，職業裁判官が行うわが裁判制度下では，同原則を全く同一に解する必要はない，③現実に，控訴審の果たす役割が重要であると認められていること，などに支えられている（垣花・争点284頁）。このように，検察官による不利益上訴は合意であるとするのが判例であり，また，通説である。

2 検察官上訴が許される範囲

　しかし，検察官による不利益上訴は違憲であるとか，違憲の疑いがあるとの学説も有力である。有力説の根拠を以下に紹介するが，明文で検察官の上訴権が認められている現行法上は，不利益上訴の範囲を限定する解釈の方が無理がないと思われる。まず，判旨の言う危険継続論はアメリカ合衆国では少数意見であり合衆国最高裁の多数意見になったことはないのである。次に，わが国も採っている第1審公判中心主義の裁判においては攻撃・防禦を集中させた第1審の事実認定を尊重することになっており，また，上訴審での事実認定は古くなった記録に基づくものであるから，事実誤認が生じる危険もない訳ではなく，上訴審での事実認定が実体的真実主義に適っているとは必ずしも言えないのである。第3に，憲法は合衆国憲法を継受したとみるのが素直であり，合衆国の二重危険の理論によれば，訴追側は事件につき一度訴追・立証する機会が与えられるが，他方，被告人には一度で裁判を終了して貰う貴重な権利があるといわれている。被告人を再度裁判に巻き込むことは過度の負担となり圧政に通じると考えられている。そこで，検察官上訴を明文で認めている現行法の解釈としては，検察官上訴は狭く限定して解釈することで合憲といえるとの見解には説得力がある。すなわち，事実誤認を理由とする検察官上訴は全証拠の総合が推論結果と結びつかないほど不合理な場合（382条）に許され，また，事実認定が正しい手続に従って行われなかった場合（379条），法の適用の誤りがある場合（380条），事実認定が正当な裁判構成によらなかったり，正当な裁判の基礎を欠いて行われた場合（378条），そして量刑不当の場合（381条）である（渥美・新399頁以下）。法令の解釈，憲法解釈は上訴審の機能として解釈の統一を図ることが求められているからであり，また，量刑が公平な基準に基づき，恣意的になされていないことを確保することも上訴審に求められているからである。

[参考文献]
① 中野目善則・比較法雑誌17巻1号49頁
② 坂口裕英・憲法百選[第3版]78
③ 清野幾久子・憲法百選Ⅰ[第3版]124
④ 渥美・全訂刑訴法514頁
⑤ 原田國男・大コメ刑訴法第二版9巻14頁以下

（椎橋隆幸）

XI 裁判の効力・上訴・再審

【179】弁護届の追完と上訴審の弁護人の上訴権

最(一小)決昭45・9・24刑集24巻10号1399頁, 判時608号171頁
控訴棄却決定に対する異議申立棄却決定に対する特別抗告事件(昭和45年(し)第51号)
第1審・東京高決昭45・7・17

● 争 点 ●
第1審判決後に選任された弁護人に上訴権はあるか

1 〈事実の概略〉

被告人は業務上過失傷害事件について禁錮10月の有罪判決を受けたのち, 第1審の弁護人とは別の弁護士Iに控訴審の弁護を依頼した。Iは自己名義の控訴申立書と弁護人選任届を作成し, 事務員Yに対し, これを一括して原審裁判所に提出するよう指示した。Yは控訴提起期間の最終日に控訴申立書を原審裁判所に提出し受理されたが, 上記弁護届は忘れたため, 翌日の午前10時頃提出した。控訴審は公判開始後, 検察官の求めに応じて, 審判を決定手続に移したうえ, 本件控訴申立を不適法として, 決定で控訴を棄却した。これに対して, 被告人側は, 同裁判所に, 本件控訴申立は弁護人届の追完によって遡って有効になったとして異議を申し立てたが, 同裁判所は次のような理由で同異議申立を棄却した。

上訴申立は裁判の確定遮断および移審の効果を生じる重要な訴訟行為であり, その権限, 期間および方式に関する法規は厳格に守られねばならない。弁護士Iは原審弁護人ではないから, 控訴申立をするには控訴申立書とともに弁護届を裁判所に提出しなければならないのに, 期間内に提出しなかったので, Iの控訴申立は無権限者によるもので無効である。また, いわゆる遡及的追完は認めるべきではない。

上訴提起期間経過後に適法な上訴申立がなされうるのは, 上訴権回復の許される場合に限られる。また, 被告人側援用の最判昭29・7・7は, 被告人または原審弁護人によってすでに適法に上訴申立がなされていることを前提に, 上訴趣旨書提出期間後の弁護届の追完を認めたもので, 本件には妥当しない。

これに対して, 被告人側は, 控訴申立の瑕疵は弁護届の追完により治癒された, 手続の確実性を理由に被告人の裁判を受ける権利を奪うことは憲法32条・37条に違反する, 原決定は前記最高裁昭和29年の判例に違反する等を理由に特別抗告を申し立てた。

2 〈決定要旨〉

第一小法廷は, いずれの抗告理由も適法な理由にあたらないとして特別抗告を棄却したうえ, 括弧内で次のように判示した。「(原決定が適法に確定した事実関係のもとにおいては, 弁護人Iの申し立てた所論控訴申立は, 無権限者のしたものとして不適法であり, 控訴提起期間経過後に同弁護士を弁護人に選任する旨の届出が追加提出されたとしても, これにより右控訴申立が適法有効なものとなるものではないとした原決定の判断は正当である。)」

358

3 〈解 説〉

1 第1審判決後に選任された弁護人は原審における弁護人か

被告人，検察官などと並んで原審における弁護人にも上訴権がある（355条）。判例は旧々刑訴以来一貫して，第1審判決後に選任された弁護人は原審における弁護人ではないとして被告人のために上訴できないとした。なるほど，事件の内容に精通している原審の弁護人にのみ上訴権を認めることには一応の理由はある。しかし，原判決後に選任された弁護人でも事件の内容を知ることはできる。また理論的には，判決が確定するか上訴による移審があるまでは訴訟係属は原審にあるはずだから，原判決後に選任された弁護人も原審における弁護人といえそうである。昭和24年に最高裁が，第1審判決後に選任された弁護人は，原審の弁護人ではないから独立しては上訴できないものの，被告人からとくに上訴をする依頼をなす旨の明示がなくても，被告人を代理して被告人のために上訴することができるとした（最判昭24・1・12刑集3巻1号20頁）。上訴申立は上訴審の行為であり，それを原審の弁護人に許しているならば，上訴を依頼された弁護人にはより強い理由で上訴権を認める必要があろう。

2 弁護届の追完により控訴申立は違法となるか

弁護人の選任は裁判所に対する訴訟行為であり，起訴後は連署した書面を差し出してしなければならない（規則18条）。この選任行為の要式性を厳格に考えれば，弁護届を欠く弁護人名義の上訴申立は無権限者のしたもので無効である。無効であれば，上訴申立が裁判の確定遮断および移審の効果を生ずる行為で，手続の確実性，迅速性の強い要請があるため，期間経過による確定状態の強度も尊重されねばならないから，弁護届の追完は認められないとした本決定にも理由があるといえよう。しかし，弁護人の過誤によるものとはいえ，被告人に責任はないのに，選任行為の要式性を理由に被告人の裁判を受ける権利を奪うような法運用には問題がある。そこで本件上訴申立は無権限者のしたもので無効との前提に問題があるのではないか。

3 弁護制度の趣旨からみた弁護人の上訴権

被告人が弁護士に上訴を頼むのは利益保護に万全を期すためである。被告人は弁護士に上訴を依頼し弁護届に署名すれば，あとは弁護士に任せておいて大丈夫と期待するのは当然であるし，弁護制度の趣旨もそこにある。さて，前記昭和24年判例は次のように述べた。「被告人は特に上訴をする依頼を為す旨明示せざるも，自ら上訴を為さずして上訴審における弁護を弁護士たる弁護人に依頼したときは上訴をすることをも依頼したものと見るを相当とするから，かかる場合その弁護人は被告人を代理して被告人のため上訴することができる。」「その際被告人の代理たる旨を明示することは必ずしも必要……ではなく，要は，弁護届，上訴状等一件書類によりその趣旨を看取し得るを以て足る。」この判例および現憲法下での弁護士の役割の重要性から，被告人の上訴権を代理行使するには，被告人から依頼を受けた資格のある弁護士であればよく，弁護届は代理権を明らかにする1つの資料に過ぎず，代理権の存在は何らかの確実な方法で適当な時期に確認されればよいと解することができるであろう。弁護人依頼権という憲法および刑訴法で保障された被告人の最も基本的な権利を手続の明確性という規則の要請で必要以上に制限するのは許されまい。判例は手続の確実性を重視するあまり，被告人の権利を軽視しているといわざるをえない。

[参考文献]
① 井上正仁・警研46巻10号67頁
② 椎橋隆幸・百選［第3版］99
③ 田崎文夫・最判解刑事篇昭和45年度218頁

（椎橋隆幸）

【180】弁護人による上訴申立の代理

最(大)決昭63・2・17刑集42巻2号299頁，判時1267号16頁
控訴棄却決定に対する異議申立棄却決定に対する特別抗告事件（昭和62年（し）第107号）
第1審・大阪高決昭62・10・2

● 争 点 ●
上訴権を有しない者が選任した弁護人による上訴申立は適法か

1 〈事実の概略〉

被告人は昭和43年生まれの少年であるが，昭和62年に大阪地裁で業務上過失傷害により懲役1年以上1年6月以下の不定期刑を受けた。判決の翌日，被告人は母親が法定代理人親権者として弁護人Nを被告人の弁護人に選任した旨の大阪高裁宛の弁護人選任届と共に，N名義の被告人のための控訴申立書が同支部に提出された。（但し，特別抗告申立書によれば，以下の事情があった。被告人は第1審判決前に，Nに対し刑事弁護および交通事故の示談交渉を依頼したが，当時はまだ他の弁護士が原審弁護人として選任されていたために，民事事件の訴訟委任状のみを交付した。被告人は第1審判決当日，Nに対し正式に控訴審での刑事弁護を依頼したが，当日は弁護人選任届を提出せず，その翌日に母親の署名による弁護人選任届を持参した。）

原原審は控訴を棄却し，原審も異議申立を棄却した。Nは，(1)原判決後に近親者により選任された弁護人も法355条の原審における弁護人に該当する，(2)原決定は最判昭24年1月12日（刑集3巻1号20頁）に違反する，(3)本件では，実質的に被告人の選任を受けていた，(4)民法753条は刑訴法には適用がないことなどを理由に，特別抗告を申し立てた。

2 〈決定要旨〉

原決定取消，差戻

「およそ弁護人は，被告人のなしうる訴訟行為について，その性質上許されないものを除いては，これを代理して行なうことができるのであり，このことは，その選任者が被告人本人であるか，刑訴法30条2項所定の被告人以外の選任権者であるかによって，何ら変わりはないというべきであり，上訴の申立をその例外としなければならない理由も認められないから，原判決後被告人のために上訴をする権限を有しない選任権者によって選任された弁護人も，同法351条1項による被告人の上訴申立を代理して行なうことができると解するのが相当である。これと異なり，このような弁護人には，被告人のため上訴申立をする権限がないとした当裁判所の判例昭和44年9月4日第1小法廷決定（刑集23巻9号1085頁），同昭和54年10月19日第3小法廷決定（刑集33巻6号651頁）は，いずれもこれを変更すべきものである。」

3 〈解 説〉

1 第1審判決後に選任された弁護人には上訴権があることが認められた最判昭24・1・12（刑集3巻1号20頁）後も，判例は一貫して，弁護人選任権を有しない者の弁護人選任は無効としていた。被告人の妻が，第1審判決言渡し後にした弁護人選任は，法律上上訴申立権のない者が弁護人を選任すれば，上訴権を取得することになり，被告人の意思を離れて上訴申立が可能になるとの理由で，不適法と判断された（上記判旨中の2事件参照）。

2 本件下級審は先例に従い，本来上訴権のない弁護人選任権者によって選任された弁護人は上訴権を持たないとの，委任—代理の関係を用いて判断した。だが，刑の上では少年として処理されながら，上訴との関係では成人として扱われると均衡がとれないこと，弁護人を選任した者如何により，その弁護人による上訴が違法・不適法となるのでは手続が複雑になるため，民事事件では本件のような上訴は適法とされていること，また上記最決昭54年が，その事件で判例変更して，上訴を適法としても結果は同じであるとの理由付けを行なったが，このような結果論的な見方は憲法上の弁護権の基礎を崩すものであることなどの問題があった。

3 本決定は包括代理権説を採用しており，それによれば，弁護人選任権者—弁護人の関

係と弁護人―被告人の関係とを分離させることができ，民法753条の適用により，本来上訴申立権のない者の選任した弁護人が上訴を行なうという理論構成を回避でき，被告人の上訴申立権を厚く保護できるという長所がある。憲法で保護された弁護権は，刑事手続のあらゆる段階で被告人の利益を最大限に擁護することを前提としており，ひとたび弁護人が選任されれば，弁護人はその選任者の如何によらず，この被告人の利益の保護を最大限に図るために活動することになる。したがって，この弁護人の活動が，依頼人が誰であるかによって制限を受けるとの理論構成は憲法の弁護権の保障に正面から違反することになる。

憲法の下では，起訴後は被告人は国に対峙する者として（憲38条1項），国の主張・立証をあらゆる側面から批判・吟味する立場に立ち，その手段が基本権として保障されている。この弁護人の役割は，被告人のためのものであり，弁護人の活動が憲法の求める基準に至っていないと判断される場合には，弁護権の侵害が生じているといえる。この弁護人の役割は，その選任者が誰であるかによって変わるものではなく，選任者が誰であろうとも，被告人の利益をあらゆる側面から擁護する義務がある。弁護人を選任した者の持つ権利如何により，弁護人の役割が左右されるとすることは，被告人の批判的挑戦の機会を奪うものとなる。最高裁はこのことを，「被告人のなしうる訴訟行為について，その性質上許されないものを除いては，これを代理して行なうことができる」と表現して，弁護権の意味内容を正しく明らかにしたといえる。上訴は第1審の手続や判断内容を吟味する上で重要な意味を持つものであり，弁護人を選任した者が誰であるかによって左右される性質のものではない。この点は，少年事件であるにせよ，成人の事件であるにせよ，違いはない。

本決定により，この点での問題はなくなった。また，政策上の理由から，濫上訴のおそれがないことが明らかになったことも，上訴できる弁護人の範囲を拡大したことの一つの理由であると考えられる。その結果，355条と353条を関連させて解釈する余地はなくなり，少なくとも30条2項に規定された者により選任された弁護人による上訴は有効となる。

また，本決定が355条に言及しなかった理由は，移審の効果と「原審」弁護人との関係について争いがあり，この問題について将来再び争いが生ずるのを避ける狙いがあったと思われる。ただ，本決定が355条ではなく，包括代理権に依拠したことは，従来の，弁護人＝代理人との考え方，つまり，弁護人の過失や懈怠はそのまま被告人の責に帰するとの考え方が原則として採られていることを示しており，憲法上の弁護権の内容の理解については変化がない，換言すれば，弁護人の活動が憲法の求める基準に至っていないと判断される場合は弁護権侵害として捉え，それ以外の場合には，その責を被告人に帰するような考え方は依然として採られていないように思われる。

[参考文献]
① 判タ662号本件解説
② 岡部泰昌・批評257号191頁
③ 安廣文夫・最判解刑事篇63年度95頁
④ 渥美東洋・百選［第6版］84事件

（宮島里史）

【181】国選弁護人の欠如したときの控訴趣意書提出の懈怠

最(三小)決昭47・9・26刑集26巻7号431頁、判時684号96頁
控訴棄却決定に対する異議申立棄却決定に対する特別抗告事件(昭和47年(し)第43号)
異議審・東京高決昭47・7・7

● 争 点 ●
控訴趣旨書の提出と国選弁護人の選任

1 〈事実の概略〉

傷害事件で有罪とされた被告人は、東京高裁に控訴したが、指定期日までに私選弁護人選任届を提出せず、国選弁護人の請求もせず、本人名義の控訴趣意書の提出もなかった。ところが、同控訴趣意書提出最終日の翌日になって、弁護人M名義の控訴趣意書が提出され、さらに6日後Mを私選弁護人とする旨の弁護人選任届が提出された。控訴裁判所は控訴趣意書および弁護人選任届が遅延したのはやむをえない事情に基づくものとは認められないとして控訴棄却の決定をした(386条1項1号)。これに対して、被告人側は弁護人選任届および控訴趣旨書の提出が遅延した理由を述べ、異議を申し立てた(428条2項)が棄却された。これに対して、被告人側は、必要的弁護事件である本件においては、弁護人選任照会書に対する被告人からの回答がない場合は、裁判所は国選弁護人を選任すべきであるとして特別抗告(419条)を申し立てた。

2 〈決定要旨〉

原決定(第1刑事部の異議棄却決定)および原々決定(第13刑事部の控訴棄却決定)取消

「刑訴規則250条によって同規則178条3項が控訴の審判に準用される結果、同条1項前段の事件、すなわちいわゆる必要的弁護事件については、所定の期間内に弁護人の選任に関する照会に対して回答がなく、または弁護人の選任がないときは、裁判長は直ちに被告人のため弁護人を選任しなければならないのであり(最高裁昭和30年(あ)第4056号同33年5月9日第二小法廷決定・刑集12巻7号1359頁参照)、かかる事件につき被告人が控訴した場合において、もし右条項の規定に違背してこの選任がなされず、被告人に弁護人がないままであるときは、所定の期間内に控訴趣意書を差し出さないことに基づいて刑訴法386条1項1号により決定で右控訴を棄却することは、同法404条によって控訴の審判に準用される同法289条1項の許さないところと解するのが相当である。それゆえ、申立人の控訴を棄却した東京高等裁判所前示決定およびこれを維持した原決定は、判示控訴趣意書および弁護人選任提出の遅延がやむをえない事情に基づくか否かを問うまでもなく、本件がいわゆる必要的弁護事件についての控訴であり、申立人から弁護人の選任に関する照会に対して回答がなく、弁護人の選任もなかったのに、刑訴規則178条3項所定の措置をとることなく、控訴趣意書差出最終日が経過するまで申立人に弁護人がない状況のままで、申立人が所定の期間内に控訴趣意書を差し出さなかったことに基づき刑訴法386条1項1号によりその控訴を棄却した点およびこれを是認した点においていずれも違法であり、これを取り消さなければ著しく正義に反するものと認める。」

3 〈解説〉

1 必要的弁護事件の控訴審において弁護人はどの段階で選任されるべきか

控訴審の審判についても必要的弁護に関する289条が準用される（404条）ことに争いはない。問題はどのように準用されるかである。289条は一定の刑以上の罪について弁護人の出廷を開廷の要件としているが、構造的変化をした控訴審においても、開廷の要件として弁護人の選任をすれば足りるといえるのか問題である。学説には、(1)弁護人の選任が開廷の要件であるとする説、(2)控訴審の事後審たる性質にかんがみ控訴趣意書作成提出の可能な段階で必ず弁護人の選任が必要であるとする説、(3)被告人の控訴趣意書が提出されている場合は弁護人の選任は開廷に間に合えば足りるが、被告人の控訴趣意書がないときは、弁護人を選任して控訴趣意書提出の機会を与えなければ、控訴棄却は許されないとする説がある。判例の多くは当初(1)開廷要件説をとっていた（最決昭25・11・2刑集4巻11号2211頁など）。しかし、昭和28年の最高裁判例には(2)控訴趣意書提出説を主張する補足意見が現われたし、昭和30年には、本判例が引用するように、必要的弁護事件については、所定の期間内に弁護人の選任に関する照会に対して回答がなく、または弁護人の選任がないときは、裁判長は直ちに国選弁護人を選任すべきであるとの判断が示された（最(二小)決昭30・5・9刑集12巻7号1359頁）。そして、昭和44年には、必要的弁護事件の場合、私選弁護人選任の回答があっても、弁護届が提出されないときは、趣意書を作成提出するのに必要な余裕をおいて国選弁護人を選任すべきで、選任しないまま控訴棄却をするのは違法であると控訴趣意書提出説に立つ判例も出現した（広島高決昭44・3・25判時552号91頁）。このような判例の流れのなかで、本判決は、必要的弁護事件の場合に、控訴趣意書差出最終日までに弁護人を選任しないまま、控訴趣意書が提出期限内に提出されていないことを理由にして、決定で控訴を棄却するのは違法であるとしたのである。したがって、本判決が(2)説あるいは(3)説をとったのかはなお明確ではないが、(1)説ははっきりと否定されたといえる。そして、本判例の立場は、被告人側の弁護人選任に関する恣意に等しい自由を認めるものとの批判がある（横井・ノート(6)252頁）にもかかわらず、必要的弁護制度の趣旨および控訴審における弁護人の役割の重要性にかんがみれば、妥当な判示と評することができよう。

2 必要的弁護事件の控訴審における弁護人の重要性

必要的弁護制度は一定の重大な事件の訴訟手続において、弱い立場にある被告人を保護し、公正な裁判を保障するためのもので、被告人の意思にかかわりなく弁護人が付されるのであり、その点積極的な請求を要する36条の国選弁護制度とは異なる。また、控訴審は事後審であり、そこで果たす弁護人の役割は重要である。すなわち、控訴理由は法定され（377〜384条）、その方式にも定めがある（376条）。控訴審における被告人のための弁論は弁護人に限られており（388条）、弁護人になれるのは弁護士のみである（387条）。弁護人の弁論は控訴趣意書に基づいて行なわなければならないし（389条）、審判の対象は職権調査を除いては趣意書に包含された事項について行なわれる（392条）。以上から、控訴審における最も重要な訴訟行為は控訴趣意書の作成提出であり、また、その作成は法律専門家たる弁護人によらねばならない。必要的弁護事件の控訴については、控訴趣意書作成提出の可能な段階で弁護人を選任することが欠かせないであろう。

[参考文献]
① 田尾勇・最判解刑事篇昭和47年度159頁
② 垣花豊順・百選［第3版］105
③ 松尾浩也・総判刑訴(11)109頁

（椎橋隆幸）

XI 裁判の効力・上訴・再審

【182】 上訴の利益

東京高判昭40・6・3高刑集18巻4号328頁，判時427号53頁
鉄道営業法違反等被告事件（昭和38年（う）第2117号）
第1審・宇都宮簡判昭38・9・2

● 争　点 ●

本位訴因を排して予備的訴因で有罪とした原判決に対し本位訴因で有罪を主張する検察官に上訴の利益があるか。

1 〈事実の概略〉

被告人は，営利のため，昭和37年9月11日国鉄上野駅構内において，同日21時30分同駅発，青森行急行列車津軽号の座席1つを占有したうえ，上記座席を，本来かかる座席の譲渡の対価は無価格であるのに，不当に高価な額である500円で旅客に譲り渡したとして，物価統制令第9条ノ2（法定刑は10年以下の懲役または10万円以下の罰金）違反で起訴された。原審第2回公判期日において，原審裁判官が検察官に対し釈明権を行使し，これに対し検察官が，本件座席の対価が無価格であるということは，その正常な価格は零である旨釈明したうえ，上記公訴事実につき，前記日時場所において，被告人は，鉄道係員の許可を受けないで自己の占有した座席を金500円で売るべく，旅客に対してこれが勧誘をなした旨の鉄道営業法35条（法定刑は科料）に該当する訴因および罰条の予備的追加の申立をなして許可された。

原審裁判所は，物価統制令違反の本位的訴因については，列車の座席は本来無価格であり従って相当価額の存在しないものであるが，500円の対価が不当に高額であるとの認定をなすことができないので，物価統制令違反の証明がないことを理由に排斥し，予備的に追加された鉄道営業法違反の訴因について有罪の認定をなし，被告人を科料900円に処した。これに対し，検察官が控訴を申し立て，その理由として，被告人の本件行為は物価統制令第9条ノ2に該当することは明白であるのに拘らず，これを否定した原判決は法令の解釈，適用を誤ったものであると主張した。

東京高等裁判所は，検察官の控訴趣意を容れ，原判決を破棄自判し，被告人を物価統制令違反の罪につき罰金5000円に処した。上訴の利益の有無に関する判旨は次のとおりである。

2 〈判　旨〉

破棄自判

訴訟経過等に鑑みると，「(1)本件の訴因及び罰条の予備的追加は必ずしも検察官の自発的請求に基づくものではなく，検察官は物価統制令違反の訴因を主張していたに拘らず，裁判所が同令違反の罪の成否に疑を抱き，釈明権の行使によって訴因及び罪状の追加ないし変更を検察官に促したため，検察官がこの勧告ないし示唆に応じて申し立てた消息が窺われ，訴訟手続上の形式は兎もあれ，実質的には裁判所の命令に基づくものであると認められないこともないから，かかる場合検察官は，やはり当初から主張している物価統制令違反の本位的訴因について有罪の認定を求めるため上訴を申し立てる利益があることは明白である。

(2) 仮に，本件の訴因及び罰条の予備的追加が全く検察官の自発的請求に基づくものであるとしても，それが「予備的」なものである以上，検察官の真意はあくまで物価統制令違反の訴因を維持し，万一右訴因が排斥された場合を慮って，それこそ文字どおり「予備的」に鉄道営業法違反の訴因を追加したに過ぎず，決して物価統制令違反の訴因を撤回し，これと交換的に鉄道営業法違反の訴因を提起した訳ではないから，両訴因共に依然として裁判所の審判の対象を成しているものというべく，してみれば，この場合裁判所が本位的に主張されている物価統制令違反の訴因を排斥し，予備的に主張されている鉄道営業法違反の訴因を認容した判決の理由中事実の認定又は法令の解釈，適用に適正を欠くものがあるときは，検察官は，右の瑕疵を指摘し，以て当初から主張している物価統制令違反の本位的訴因について有罪の認定を求めるため上訴を申し立てる利益があると解するを妨げない。」

364

3 〈解 説〉

1 刑訴法は，検察官，被告人を上訴権者と規定し(351条)，上訴理由を法定しているので，上訴理由に該当する事由があれば上訴権者は上訴をなしうることになるが，さらに，法の明文がないにもかかわらず，適法に上訴をするためには，上訴の利益がなければならないと解すべきかが問題となる。本件は，検察官の上訴の利益が問題とされ，検察官が裁判所の命令によらないで予備的に訴因および罰金の追加を請求し，裁判所が本位的訴因を排斥して予備的訴因を有罪とした場合，検察官は本位的訴因について有罪の認定を求めて上訴を申し立てる利益があると判示された事例である。

2 まず，検察官の公益の代表者としての性格を強調し(検察庁法4条)，裁判が誤っていれば，裁判所が検察官の主張を認容した場合でも上訴できるので，特に検察官については上訴の利益を論じる必要がないとの説が主張されている(中野・後掲8頁以下等)。この説によれば，本件についても格別の理由をあげることなく，検察官の控訴は適法ということになる(井戸田・後掲121頁，谷口・後掲89頁)。これに対しては，検察官の当事者たる立場からは被告人の利益とならない上訴ができるが，公益の代表者たる地位に基づく検察官の上訴は，当事者としての立場から切り離して考え得る場合，即ち，被告人の利益のための上訴に限定されるべきであるので，検察官の公益の代表者たる性格からみれば，本件のように重い事実を主張して上訴をなすことは，それ自体はとうてい上訴の利益ありとすることはできないとの批判がある(井戸田・後掲121—122頁)。この批判に対しては，上訴の利益の観点から論じるより，二重危険禁止との関係で，事実誤認を理由とする検察官上訴の可否を論じるべきだとの再反論が可能だと思われる。

3 これに対し，訴因変更命令の性質を分析し，検察官がみずから訴因変更したときは，たとえそれが予備的な訴因であっても，その事実が判決において認められた場合は，事実誤認を理由として上訴できないが，裁判所が訴因変更を命令したときは，検察官が進んで訴因変更したものではないから，あたらしい訴因につき有罪の言渡しがされても，検察官は上訴によりその事実認定を争うことができるとする立場がある(団藤201頁注9)。恐らく，判旨(1)はこれに従ったものであろう(谷口・後掲90頁)。しかし，裁判所の変更命令に検察官が従って訴因を変更請求し，裁判所がこれを認めた場合，検察官は裁判所の変更命令が恣意的な判断による違法なものであっても，自ら変更請求したものであるから変更された訴因による認定に反対して上訴する利益はないことになると解すべきであろう(渥美・全訂刑訴法399頁)。

4 そこで，訴因の予備的追加制度の観点から分析する見解が主張される。検察官による訴因の予備的追加とは，本位的訴因が排斥されるならば予備的訴因を認容して欲しいとの趣旨の公訴の提起および維持の方策である。無罪に対する検察官上訴を合憲とすれば，本位的訴因を排して予備的訴因で有罪とした原判決に対し，本位的訴因で有罪を主張する検察官に上訴利益があることになる。判旨(2)は，この立場を採っているとみてよい。これに対し，予備的であれ，「訴因」が認容された点を重視すれば，本位的訴因を主張して上訴することは許されないとの批判がある(荒木・後掲221頁)。

[参考文献]
① 中野次雄「上訴の利益」総判刑訴(17)
② 井戸田侃・判評88号120頁
③ 谷口正孝・判夕204号87頁
④ 荒木伸怡・百選[第3版]220頁

(成田秀樹)

XI 裁判の効力・上訴・再審

【183】不利益変更禁止

最（二小）決平18・2・27刑集60巻2号240頁、判タ1205号161頁、判時1925号166頁

道路交通法違反，道路運送車両法違反，自動車損害賠償保障法違反，業務上過失傷害被告事件（平成17年（あ）第1680号）

第1審・津地伊勢支判平17・2・10
第2審・名古屋高判平17・7・4

● 争 点 ●

懲役刑と罰金刑とを刑法48条1項により併科している場合402条「原判決の刑より重い刑」に当るかの判断

1 〈事実の概略〉

本件は，業務上過失傷害1件及び道交法違反6件の事案で，うち道交法違反1件の法定刑は10万円以下の罰金，その余の6件は懲役と罰金の選択刑になっている。第1審は，後者につきいずれも懲役刑を選択し，それと前者の罰金刑とを刑法48条1項により併科し，「被告人を懲役1年6月及び罰金7000円に処する。その罰金を完納することができないときは，金7000円を1日に換算した期間（1日）被告人を労役場に留置する」とした。これに対し，被告人のみが量刑不当を理由に控訴した。

控訴審は，第1審判決後被告人が被害者にした賠償等を斟酌し，第1審判決を破棄，自判。「被告人を懲役1年2月及び罰金1万円に処する。その罰金を完納することができないときは，金5000円を1日に換算した期間（2日）被告人を労役場に留置する。」と判示した。

2 〈決定要旨〉

上告棄却

「第1審判決と原判決の自判部分は，いずれも懲役刑と罰金刑を刑法48条1項によって併科したものであるが，原判決が刑訴法402条にいう『原判決の刑より重い刑』を言い渡したものであるかどうかを判断する上では，各判決の主文を全体として総合的に考慮するのが相当である。」「原判決の刑は，第1審判決の刑に比較し，罰金刑の額が3000円多くされた上労役場留置期間の換算方法も被告人に不利に変えられ，その結果労役場留置期間が1日長くされているが，他方で懲役刑の刑期は4か月短くされているのであるから，これらを総合的に考慮すれば，実質上被告人に不利益とはいえず，上記の『原判決の刑より重い刑』に当たらないことは明らかというべきである。」

3 〈解 説〉

本決定は，第1審と控訴審がいずれも懲役刑と罰金刑とを刑法48条1項で併科している場合，402条の「原判決の刑より重い刑」に当るかにつき「各判決の主文を全体として総合的に考慮する」方法で判断し，また控訴審判決の刑の変更が，自由刑を軽減する一方，罰金を増額するのと同時に換算率を被告人に不利に変更し，その結果労役場留置期間が1日長くされた場合，これらを総合的に判断すれば実質上被告人に不利益はないと判示した。

1 402条の趣旨

402条は，被告人が控訴をし，又は被告人のため控訴をした事件については，原判決の刑より重い刑を言渡すことはできないとして，いわゆる不利益変更禁止の原則を規定している（414条で上告にも準用）。その趣旨は，被告人側上訴の結果かえって被告人に不利益な量刑を来すことがあれば，被告人が控訴権の行使を差控えることにもなるので，被告人の正当な上訴権の行使を量刑の面から保障しようという，政策的な考慮と解されている。

2 「原判決の刑より重い刑」の判断方法

本規定の適用に当り刑の軽重の判断基準を示す規定は刑訴法にない。初期の最高裁判例は大審院判例の評価方法を踏襲し，刑法9，10条により最も重い刑種の主刑について軽重を比較し，これが同じときは次に重い刑種の主刑について順次軽重を比較し，それでも主刑が同じときには執行猶予，未決勾留日数，労役場留置日数等の付随的処分について軽重を比較するという方法（以下「形式主義」）が採られていた。

しかし，最判昭26・8・1刑集5巻9号1715頁で最高裁は，主刑だけを比較する「形式主義」からは明らかに不利益変更に当らない事案で，第1，2審判決を実質的，総合的にみて両者の軽重を決める立場を採用し，従

前の判断方法を変更した。この判断方法をその後も、「主文の刑を刑名等の形式のみによらず、具体的に全体として総合的に観察し」判断すべきと確認している（最決昭39・5・7刑集18巻4号136頁）。このように主刑、付加刑だけでなく、これに付随する刑の執行猶予や保護観察、未決勾留日数の算入、労役場留置、追徴、公民権停止は、刑法9条の主刑・付加刑の実質内容に関わり、もしくはそれらに代わる刑の内容をなす点で402条の刑に当るとされ、これらも判断対象に絡めて、主文全体を具体的・総合的に判断する方法（以下「総合主義」）が実務上定着し、本決定もこれを踏襲している。

 3　懲役刑と罰金刑とを併科する場合

　本件のように懲役刑と罰金刑とが刑法48条1項によって併科され、主文1個で主刑2種の複雑な事案で、控訴審が、一方で懲役刑を短縮し、他方で罰金を増額した場合、両者を総合的に考慮してよいのかが問題となる。

　この点最高裁が、同一刑種内の変更で罰金の減少額と労役場留置日数の増加が問題となった事案で、併科主義による複数の罰金刑の軽重について「総合主義」による判断方法を採用している（最決昭28・3・26刑集7巻3号636頁及び最判昭33・9・30刑集12巻13号3190頁）ことに照らせば、本件でも「総合主義」が妥当するように思われる。

　ところで、刑法48条1項で懲役刑と罰金刑が併科され、控訴審において破棄事由となり得る量刑不当の審査を行うときこれを各刑ごとに行うべきかが争われた事案で、その一方に免訴とすべき破棄事由があった場合破棄事由のある方のみを破棄すべきであるとした裁判例（最判昭35・5・6刑集14巻7号861頁及び最判昭43・10・15刑集22巻10号940頁）との関係で法解釈上の疑義を主張する立場がある。破棄についてこのような可分的な扱いをすべき解釈が判例・通説となっていることが、不利益変更禁止の判断基準に影響を与えるのか。併科のような複雑な刑の軽重判断を求められる場合、個々の要素についての基準も併用して同条の該当性を判断する枠組みを作る必要も考えられるが、刑ごとに判断する方法を採ると、控訴審における量刑審査が、併科主義の科刑によらない事案に比してかなり硬直化する等の新たな問題が生じる点で賛同しがたい。

 4　労役場留置という取替え基準

　厳格に法が規律し分析的な判断が必要な事実認定と比べ、刑の量定は、自由な証明によって多くの量定資料をもとに、全体事情を総合した総合的判断となる。この意味でも、本件判旨が併科主義の科刑についても総合主義を維持したことは相当である。とはいえ、総合的に判断するとしても、やはり法的にも事実的にも客観的に確定できる補助手段があることが望ましい。そこで、懲役・禁錮等自由刑と罰金刑、その両者を関連づける媒介の役割を果たし、取替え基準となるのが労役場留置と考える。懲役と没収の関係のように、法律的に見て相互に対比できない、取替え得ない性質のものであれば比較は不可能だが、罰金不完納の場合の労役場留置は、いわゆる換刑処分で、自由刑と罰金刑は、これを媒介にして軽重を判断することができ、これを利用すれば402条の刑の軽重の判断もより客観的になるはずである。

　これを本件に当てはめると、本件は刑種は変わらず、主刑につき罰金額が約4割強増し3000円重く変更されている上、換算率を下げたため、労役場留置期間が1日増えた。この点のみ単にみれば被告人にとって不利益であるかのようだが、一方で懲役刑の刑期がおよそ2割に当る4月短縮されている。このように、本事案のような併科による場合に換算率で手がかりを示しながら判断できるのでそれなりの説得力をもつ。すなわち、そもそも換算率が正当であるとの前提に立てば、懲役刑が4月短縮された利益と罰金不完納の場合の労役場留置期間が1日延長された不利益を比較すれば、被告人にとって不利益な変更に当らないのは明らかである。

[参考文献]
① 高木俊夫・刑ジ7号79頁
② 芦澤政治・ジュリ1348号233頁
③ 宮城啓子・平成19年度重判解221頁
④ 江口和伸・ジュリ1394号113頁、およびこれらに掲記の諸論文参照。

（麻妻みちる）

【184】破棄判決の拘束力

最(二小)判昭43・10・25刑集22巻11号961頁,判時533号14頁
強盗殺人被告事件(昭和41年(あ)第108号)
第1審・山口地岩国支判昭27・6・2
第2審・広島高判昭28・9・18

●争 点●
① 破棄判決の理由とされた事実上の判断の拘束力の有無
② 破棄判決の拘束力の範囲

1 〈事実の概略〉

被告人4名とYは,共謀の上,昭和26年1月24日午後10時50分頃,甲方において,甲とその妻乙を殺害したうえ,現金を強取したとして起訴された。第1審および第2審は,上記の事実を認めて全員を有罪とした。Yについては上記控訴審判決が確定したが他4名は上告した。

1次上告審は「第1審及び原審に現われた証拠によっては,被告人4名につき原審の是認にかかる第1審判決が認定した事実を肯認するに足りず,結局判決に影響を及ぼすべき重大な事実誤認の疑があることに帰する。」として,1次控訴審判決を破棄して差し戻した。

2次控訴審は,上記破棄判決の趣旨に従い,更に事実の取調を重ね,その取り調べた証拠及び従前の証拠を検討し,「被告人らがYと通謀の上本件凶行をなしたものとは認め難く,むしろ各種の関係証拠を綜合すれば,右凶行は,Yが単独でなした疑いが濃厚である。」として第1審判決を破棄し,被告人らに無罪を言い渡した。これに対し検察官の上告があり,2次上告審は,上告趣意に対し刑訴法405条の上告理由にあたらないとして排斥したが,同法411条を発動して,「原判決には審理不尽,理由不備の欠陥があり,この欠陥は延いて原判決を破棄するのでなければ著しく正義に反するものと認められる程の事実誤認を導き出している」として,2次控訴審判決を破棄し差し戻した。

3次控訴審は,上記破棄判決の趣旨に従い,さらに詳細な事実の取調をしたが「すくなくとも原判決(第1審判決)の引用挙示する限度の証拠によっては,同判決摘示の被告人らに関する犯罪事実を認定するのに十分でないものといわなければならない。したがって,原判決には理由不備の違法がある。」として第1審判決を破棄したが,同控訴審及び従前の審級において取り調べた証拠を総合判断し,結局被告人らに対し有罪の判決をした。これに対し,被告人らが上告した。

3次上告審は職権調査の結果刑訴法411条3号によって原判決を破棄し,無罪の自判をした。本判決の最大の争点は事実誤認の有無であるが,破棄判決の拘束力に関する判示は以下の2点である。

2 〈判 旨〉

破棄自判

(1)「裁判所法4条は『上級審の裁判所の裁判における判断は,その事件について下級審の裁判所を拘束する。』と規定し,民訴法407条も,上告裁判所が破棄の理由とした事実上及び法律上の判断は差戻審を拘束する旨規定している。刑訴法にはこれに相応する法条はないが,前示のごとく,上告審も職権で事実認定に介入できるのであるから,条理上,上告審判決の破棄の理由とされた事実上の判断は拘束力を有するものと解すべきである。」

(2)「破棄判決の拘束力は,破棄の直接の理由,すなわち原判決に対する消極的否定的事由についてのみ生ずるものであり,その消極的否定的判断を裏付ける積極的肯定的事由についての判断は,破棄の理由に対しては縁由的な関係に立つにとどまりなんらの拘束力を生ずるものでない。」

3 〈解 説〉

1 裁判所法4条は，「上級審の裁判所における判断は，その事件について下級審の裁判所を拘束する」と規定する。この拘束力は，上級審と下級審の判断が不一致の場合，両者の間を事件が上下することを遮断するために認められている。本件は，①上告審の破棄判決はその後の上告審を拘束するということを黙示的前提としたうえで，②破棄判決における「事実上の判断」も拘束力をもつか，③拘束力の「範囲」が争点とされた。

2 破棄判決の拘束力はどの裁判所を拘束するかの問題につき，下級審の裁判所を拘束することは，裁判所法4条の明文があるので明らかである。破棄した上級審も自己の破棄判断に拘束されるかについては，同条は明文で規定していないので，一応問題となるが，自己の破棄判断に拘束され，これを変更することは許されないとするのが一般である（最決昭39・11・24刑集18巻9号639頁）。本判決も黙示的に，この通説・判例に従っている。

3 破棄判決における「事実上の判断」が拘束力を有するかについて，本判決は，初めて明示的にこれを肯定した（判旨⑴参照）。裁判所法4条は，明文で限定をしていず，控訴審では事実認定を争え，上告審では職権で事実認定に介入でき，事実事項について上訴を許していることになるので，上級審と下級審との判断不一致の場合に事件が上下することを遮断するには，当然「事実上の判断」にも拘束力が認められる。

4 拘束力を有する事実判断の「範囲」について，判旨⑵は，「破棄の直接の理由」すなわち原判決に対する「消極的否定的判断」についてのみ生じ，それを裏付ける「積極的肯定的事由」についての判断は，拘束力を有しないと判示した。

破棄判断の拘束力によって上級審と下級審との間の行き来を阻止する積極的な理由は，双方当事者に公正で十分な攻防の機会を与えて上級裁判所がいったん下した判断を争わせないという争点阻止効にあるとの立場からは，この判断は正当とされる（渥美・全訂刑訴法424頁）。

5 本件事案における具体的適用としては，まず，1次上告審の拘束力につき上記判決の破棄理由とされた事実上の判断は，「第1審及び原審に現われた証拠によっては被告人4名につき原審の是認にかかる第1審判決が認定した事実を肯認するに足りない」というにすぎないので，2次控訴審に広範に裁量があり，従って，1次上告審の趣旨に従い審理をさらにつくしての上であれば有罪・無罪のいずれの判決もその裁量の範囲内にあり，その裁量の範囲内の事項についてはその判断の当否を争い上告をすることが許されるから，上記事項に関しては2次上告審は1次上告審の判決の判断の拘束を受けないと判示された。

また，2次上告審の判決の拘束力を有する事実判断の範囲について，「①Yの供述及び②被告人等の警察自白の信用性を否定した2次控訴審判決の認定を否定する範囲内に限定されるものであり，……2次上告審判決が，さらにYの供述及び被告人らの警察自白の信用性を積極的に肯定すべき事由としてあげるところは，破棄の理由に関し縁由的事由にすぎないものであるから拘束力を有していないものと解すべきである」と判示された。さらに，3次控訴審は，この点につきあらゆる証拠調をやり直しているので，新しく事実認定をする裁量権を広範囲に有しており，3次上告審においては，2次上告審判決の事実判断の拘束力を考慮する必要はないと判示された。

[参考文献]
① 木梨節夫＝船田三雄・最判解刑事篇昭和43年度298頁
② 田宮・一事411頁

（成田秀樹）

XI 裁判の効力・上訴・再審

【185】控訴審での審判対象
——新島ミサイル事件

最(大)決昭46・3・24刑集25巻2号293頁,判時627号6頁
住居侵入,暴力行為等処罰に関する法律違反,傷害被告事件(昭和41年(あ)第2101号)
第1審・東京地判昭39・10・31
第2審・東京高判昭41・7・28

● 争　点 ●

科刑上一罪の関係にある複数の訴因の無罪部分には検察官が控訴せず,被告人だけが控訴した場合の控訴審での審判対象

1〈事実の概略〉

本件は,新島ミサイル試射場施設設置反対派の被告人らの共謀による住居侵入,暴力行為等処罰に関する法律違反(多数の威力を示し,共同してした脅迫,暴行,器物損壊),傷害の各事実が公訴事実とされた。

第1審判決は,上記のうち住居侵入ならびに暴力行為等処罰に関する法律違反の一部(多数の威力を示してした脅迫)については,被告人らを有罪としたが,その余の暴力行為等処罰法違反の部分(多数の威力を示し共同してした暴行・器物破壊)ならびに傷害については,無罪とし,ただ,上記暴行,器物破壊の点は上記脅迫と包括一罪の関係にあるとして起訴され,上記暴行,器物破損ならびに傷害は,上記住居侵入と牽連犯の関係にあるものとして起訴されたのであるから,これらの点について特に無罪の言渡をしないとした。これに対し,検察官は控訴せず,被告人だけが控訴した。

控訴審判決は,この控訴は理由がないとするとともに,職権調査によると無罪部分は事実誤認であるとして破棄し,自判して公訴事実の全部について被告人らを有罪とし,第1審判決と同じ刑を言い渡した。

被告人側は上記職権調査は違法であるとして上告した。

2〈決定要旨〉

上告棄却

「第1審判決がその理由中において無罪の判断を示した点は,牽連犯ないし包括一罪として起訴された事実の一部なのであるから,右第1審判決に対する控訴提起の効力は,それが被告人からだけの控訴であっても,公訴事実の全部に及び,右の無罪部分を含めたそのすべてが控訴審に移審係属すると解すべきである。そうとすれば,控訴裁判所は右起訴事実の全部の範囲にわたって職権調査を加えることが可能であるとみられないでもない。しかしながら,控訴審が第1審判決について職権調査をするにあたり,いかなる限度においてその職権を行使すべきかについては,さらに慎重な検討を要するところである。……現行刑訴法においては,いわゆる当事者主義が基本原則とされ,職権主義はその補充的,後見的なものとされている。……刑訴法はさらに控訴審の性格を原則として事後審たるべきものとし……その事後審査も当事者の申し立てた控訴趣意を中心としてこれをなすのが建前であって,職権調査はあくまで補充的なものとして理解されなければならない。……これを本件についてみるに,本件公訴事実中第1審判決において有罪とされた部分と無罪とされた部分とは牽連犯ないし包括一罪を構成するものであるにしても,その各部分は,それぞれ1個の犯罪構成要件を充足し得るものであり,訴因としても独立し得たものなのである。そして,右のうち無罪とされた部分については,被告人から不服を申し立てる利益がなく,検察官からの控訴申立もないのであるから,当事者間においては攻防の対象からはずされたものとみることができる。このような部分について,それが理論上は控訴審に移審係属しているからといって,事後審たる控訴審が職権により調査を加え有罪の自判をすることは,被告人控訴だけの場合刑訴法402条により第1審判決の刑より重い刑を言い渡されないことが被告人に保障されているとはいっても,被告人に対し不意打を与えることであるから,前記のような現行刑事訴訟の基本構造,ことに現行控訴審の性格にかんがみるときは,職権の発動として許される限度をこえたものであって,違法なものといわなければならない。」しかし,1,2審判決とも刑が全く同一であり,原判決の違法は,破

棄しなければ著しく正義に反するものとは認められない。（意見がある）

3 〈解 説〉

1 本決定は，科刑上一罪の関係にある複数の訴因の無罪部分には検察官が控訴せず，被告人だけが控訴した場合，無罪部分はすでに双方当事者の攻防から外されているので，現行刑訴の基本原理である当事者主義に照らして，職権調査の範囲に入らないとされた事例である。

2 従来は，移審の効力は一罪の全部に及ぶという原則から，このような控訴でも無罪部分を含めた控訴事実全体が移審し，控訴審に移審した控訴事実については，その全部につき当然職権調査を加えうるとしていた（名古屋高判昭32・12・25高刑集10巻12号809頁）。

3 本件法廷意見は，まず，現行刑訴法では当事者主義が基本とされ，控訴審の性格は事後審であることを強調し，職権主義は補充的・後見的なものだとする。そして，本件の場合，公訴事実全体が移審するが，事後審査も控訴趣意を中心とし，職権調査は補充的なものであるとの理解を前提に，1審が無罪とした部分は，当事者間において攻防の対象からはずれたものとみられるのであるから，これに職権調査をし，有罪と自判することは，被告人に不意打を与え，職権の発動として許されないと判示した。

これに対し，下村，村上両裁判官は，本件の場合，被告人だけが控訴の申立をしたものであっても，無罪部分を含めた控訴事実すべてが控訴審に移審係属し，控訴審においても審判の対象となり，したがって職権調査の対象にもなると判示した。法廷意見に対しては，移審しながら審判の対象外となる部分が生じるというのは矛盾である（青柳・判評151号32頁），当事者主義は実体的真実主義に奉仕する限度で存在するものなので，当事者主義が実体的真実主義を制約するような理解や運用は不当である（横井・研修283号66頁）との批判がある。

しかし，これらの批判は，前提として基本的に現行控訴審の構造を職権主義的に理解している点で説得的でないように思われる。

4 法廷意見の論拠をさらにすすめ，当事者に争いのない部分も含めて公訴事実全体が移審するが，その部分についての1審の判断に拘束力を認め，上訴審で同一判断が繰り返されることになるとの立場がある（田口・刑事裁判の拘束力316頁）。これによれば，本件の場合，無罪部分は相対的に一部確定し，この部分は移審するがもはや変更できず，したがって職権調査もできないとする。

さらに法廷意見の立場を徹底した立場としては，科刑上一罪・包括的一罪の関係にある複数訴因のうち一部に有罪，他の部分について無罪の判断が下され，理由中の判断が区分されているときは，主文との関係でも有罪部分，無罪部分は可分であるとし，無罪部分に対して被告人のみが上訴を申し立てている場合，無罪部分が確定し，移審しないと解する立場がある（千葉・後掲97〜98，庭山・公判大系Ⅳ115頁，渥美・全訂刑訴法536頁）。

これに対しては，無罪部分に検察官のみが上訴した場合も同じく可分性を認めざるを得ず，控訴審が有罪部分を無罪とすることもできなくなるはずだが，しかし，併合罪として起訴された場合とは異なり，この場合には無罪判決を下すことができるべきとの批判がある（田口・前掲322頁）。

5 なお，最高裁は本件の後，最決平23・3・5（刑集67巻3号267頁）において，科刑上一罪の場合だけでなく単純一罪であっても本件で採用された「攻防対象論」が適用されうる場合があることを明らかにした。すなわち，本位的訴因である賭博開帳図利の共同正犯は認定できないが，予備的訴因の賭博開帳図利の幇助犯は認定できるとした第1審判決に対し，被告人のみが控訴した事案で，検察官が控訴の申し立てをしなかった時点で本位的訴因である共同正犯については訴訟追行を断念したと見るべきであるとして，控訴審が職権により本位的訴因について調査を加えて有罪の自判をすることは許されないと判示した。

[参考文献]
① 千葉裕・最判解刑事篇昭和46年度87頁
② 龍岡資晃・百選〔第10版〕226頁

（成田秀樹）

【186】上告審の職権調査

最(一小)判昭47・3・9刑集26巻2号102頁,判時660号26頁
関税法違反,外国為替及び外国貿易管理法違反被告事件
（昭和42年（あ）第582号）
第1審・神戸地判昭36・5・23
第2審・大阪高判昭42・1・28

● 争 点 ●

無許可輸出罪の訴因につき第1審で無罪とされ,検察官が控訴したが,控訴審でも無罪とされ,無承認輸出罪の成立する余地があるとして破棄差し戻した判決に対し,被告人のみが上告した場合の,上告審の職権調査の範囲。

1 〈事実の概略〉

被告人は,昭和28年1月から同29年12月頃までの間31回に亘り,税関吏に対し他の薬品の輸出申告をして実際に輸出する薬品に対する輸出の免許・許可を受け,または,輸出の免許・許可を受けた薬品に他の薬品を混合する方法で,薬品を輸出したとして起訴された。第1審は,税関の輸出免許・許可は,抽象的に申告書に記載された品目に対するものでなく,具体的に税関に呈示された貨物自体に対してなされたものと解すべきで,その際外見上他の貨物と誤認させるに足るような偽装が施されたときは無免許・無許可輸出罪が成立するが,かかる偽装が施されていない場合は無免許・無許可輸出罪は成立しないとの法令解釈のもとに,無申告の部分3個の各事実を有罪とし,申告分28個の各事実については,偽装の施された証明なしとして無罪を言い渡した。この有罪部分に対し被告人が,無罪部分につき検察官が,それぞれ法令の解釈適用の誤りを理由に控訴した。第2審は,第1審の法令の解釈適用を正当とし,両当事者の論旨をいずれも理由がないとしながら,①第1審で無罪とされた被告人の行為中,31回にわたる輸出貨物のうち,輸出貿易管理令1条により通産大臣の承認を必要とする品目については被告人に無承認輸出につき犯意の認められるかぎり外国為替及び外国貿易管理法による無承認輸出罪が成立するので,第1審が無免許・無許可輸出罪の成立を否定するかぎり,検察官に釈明を促しこれらの罪に訴因を変更するか否かを確かめたうえ適宜な措置を取らなかった点で審理不尽の違法があるとし,②被告人の控訴部分（有罪とされた事実）については量刑不当を理由に,被告人に関する判決全部を破棄・差し戻した。これに対し検察官は上告せず,被告人のみが上告した。

2 〈判 旨〉

(1)裁判所は,起訴状記載の訴因が実体にそぐわないとみられる場合であっても,原則として検察官に訴因変更をうながすべき義務を負うものではないから,たとい1審が無免許・無許可輸出罪は成立しないが,無承認輸出罪は成立する余地があるとみたとしても,検察官に釈明を促し,同罪に訴因を変更するか否か確かめる義務はない。この義務の存在を前提として原判決が1審の訴訟手続に審理不尽の違法があるとしたのは,法令解釈を誤ったものであり,これを破棄しなければ著しく正義に違反する。

(2)ただ,被告人に対し無罪を言い渡した事実については,元来輸出の免許または輸出の効力は,輸出申告書に記載された貨物と同一か,少くともこれと同一性の認められる貨物に及ぶだけであって,それ以外の貨物に及ばないものと解すべきであるから,1審・2審が前記の法令解釈のもとに28個の各事実について無免許・無許可輸出罪の成立を否定したのは,いずれも法令の解釈を誤ったものというべきであるが,「右無免許または無許可輸出罪の訴因については,第1審判決において無罪とされ,検察官が控訴したが,原判決においても同じく犯罪は成立しないとされたので,原判決に対しては同被告人からこの点について不服を申し立てる利益がなく,検察官からの上告申立もなかったのであり,ただ原判決が前示のように右各事実は無承認輸出罪を構成する余地があるとして第1審判決を破棄し差し戻したことを違法として同被告人だけから上告申立のあった現段階においては,現行刑訴法の基本的構造にかんがみ,もはや無免許または無許可輸出罪の成否の点は当事者間において攻防の対象からはずされたもの

とみるのが相当であり，当審が職権により調査を加え，これを有罪とすべきものとして破棄差し戻し，もしくはみずから有罪の裁判をすることは許されないものといわなければならない（昭和46年3月24日大法廷決定参照）。」そこで，無罪とした1審判決を維持するほかない。
((2)につき，岸盛一裁判官の反対意見がある)

3 〈解 説〉

1 現行刑訴法は，上告趣意書に含まれている争点を義務的調査とし，411条所定の上告理由とされている事項について，裁量的な職権調査としているが，本件は，この上告審での職権調査の範囲に限界があるとした最初の最高裁判例である。

2 法廷意見で引用されている新島ミサイル事件（本書【185】参照）では，牽連犯または包括一罪として起訴された事実につき，その一部を有罪とし，その余について理由中で無罪の判断を示した第1審判決に対し，被告人だけが控訴を申し立てた場合，第1審判決が無罪とした部分に職権調査を加え有罪の自判をすることが許されるかが争点とされた。

法廷意見は，当事者主義が基本原則とされ，職権主義はその補充的，後見的なものとされる現行刑訴法の基本構造および事後審たることを原則とする現行控訴審の性格に照らせば，有罪部分と無罪部分が牽連犯・包括一罪の関係にあって実体法上一罪とされていても，各部分はそれぞれ1個の構成要件を充足し，訴因として独立しえるので，第1審判決が無罪とした部分は当事者間の攻防の対象からはずされるとして，この無罪部分に職権調査を加え有罪の自判をするのは許されないと判示した。

3 本件法廷意見は，本件のごとき事例で，検察官が上告せず，被告人のみが上告した場合，公訴事実としては1個であっても，無免許・無許可輸出罪と無承認輸出罪の訴因が想像的競合の関係にある場合に，両訴因が独立しうるものであるときは，現行刑訴法の基本構造にかんがみ，被告人が上告しなかった部分は，両当事者の攻防の対象からはずされたものであるから，裁判所の職権調査は，当事者の攻防の対象からはずされた部分には及ばないと判示した。本件は，新島ミサイル事件の法理が，無許可輸出罪と無承認輸出罪のような想像的競合にもあてはまるとしたものである。

4 岸裁判官の反対意見は，本件公訴事実は，たとえ無許可輸出罪と無承認輸出罪との想像的競合の関係を認めうる余地のあるものがあるとはいえ，起訴状では単に無許可輸出罪として訴因を構成され，それぞれ自然的観察においては単一の事実であるとし，無許可輸出・無承認輸出という法的評価をめぐる問題であるので，法令の解釈適用は裁判所の専権に属し，当事者の法的見解に拘束されないという。

だが，無許可輸出と無承認輸出とは，想像的競合の関係にあるとはいえ，輸出という事実については完全に重なっているが，「無許可」という事実と「無承認」という事実は別個であり，無許可輸出の訴因の立証で無承認輸出行為が十分に証明されたわけではない。また，両罪が一方の訴因で証明されていて，単に法的評価の相違だけが問題とされたわけではない。その意味で，無許可輸出と無承認輸出は相互に独立するといえるので，本件は新島ミサイル事件の射程内だといえよう（鬼塚・後掲137頁，渥美・後掲142頁）。

5 なお，事実認定はかわらないが，審級によって法律的評価がくいちがった場合は，本件の射程内に入るであろうか。例えば，第1審は窃盗で有罪と判示し，第2審は横領で有罪と判示され，これに対し被告人のみが上告した場合，上告審としては窃盗の訴因は攻防の対象からはずされるとみるべきであろうか。この場合は，単に法的評価に変化をきたしただけで，事案としては単純1罪であり，各部分が訴因として独立しえたという新島ミサイル事件の基準には合致しないとみるべきであろう（鬼塚・後掲140頁以下，渥美・後掲142頁）。

[参考文献]
① 鬼塚賢太郎・最判解刑事篇昭和43年度401頁
② 横井大三・研修288号57頁
③ 坂口裕英・判タ285号94頁
④ 渥美東洋・ジュリ535号140頁

（成田秀樹）

Ⅺ 裁判の効力・上訴・再審

【187】控訴審における事実の取調（1）――382条の2の「やむを得ない事由」

最（二小）決昭62・10・30刑集41巻7号309頁，判時1254号131頁
道路交通法違反被告事件（昭和62年（あ）第406号）
第1審・東京地判昭61・10・21
第2審・東京高判昭62・2・26

● 争　点 ●
控訴審において新たな取調が認められる範囲

1〈事実の概略〉

　被告人は最高速度が80km毎時と指定されている道路において，それぞれ，168km毎時（第1の事実）及び122km毎時（第2の事実）の速度で普通乗用車を運転したとの事実が第1審において認定され，懲役3月の実刑判決が下された。これに対して被告人側は事実誤認，自白の任意性を争って控訴したが棄却された。ところで，被告人は量刑上不利に扱われることを恐れて自白し，公判でも争わなかったが，予期に反して懲役3月の実刑を受けたため第1の事実を争う供述をしたのである。そこで，この新たな供述は382条の2の「やむを得ない事由」で請求できなかった証拠に該当すると主張したが，控訴審は特に理由も付さずこの主張を却けた。これに対して被告人側は，第1の事実については事実誤認の可能性が全くないとは言い切れない事案であるのだから，原審において被告人申請の各証拠の取調がなされるべきであった，「よって，本事案においては特に『巳むを得ない事由』に関し，精神的不能の場合も含むと解釈されるべき事情があったのであり，原判決がこれを容認しなかったのは，刑訴法第382条の2の解釈適用を誤ったものである」等として上告に及んだ。

2〈決定要旨〉

上告棄却
　弁護人の上告趣旨は，単なる法令違反，事実誤認，量刑不当の主張であって，刑訴法405条の上告理由に当たらないとした後，次のような職権による判断を下した。「原審において，弁護人は，被告人が第1審判決判示第一の事実を認めて争わなかったのは，量刑上有利に参酌してもらった方が得策であると考えていたものであるところ，第1審判決が懲役3月の実刑であったため，被告人は控訴して毎時168キロメートルもの高速で自動車を進行したことはないとの真実を述べるに至ったものである旨主張し，被告人の右のような新たな供述を被告人質問及び被告人作成の陳述書の形で提出しようとしたうえ，この新供述を裏づけるものということで証人2名及び書証5点の取調を請求したが，原審は，被告人の新証拠の提出を許さず（被告人質問は第1審判決後の情状に関してのみ実施した。），その余の右各証拠の取調請求を却下したことが明らかである。しかし，右弁護人主張のような事情があったとしても，そのような事情は刑訴法382条の2にいう『やむを得ない事由』に当らないとの原判決の判示は正当であるから，このような証拠は同法393条1項但書によりその取調が義務付けられるものではなく，ただ同項本文により取り調べるかどうかが裁量にまかせられているものであって，右原審の却下等の措置は，控訴裁判所に認められた裁量の範囲を逸脱していないことが明らかであるから，相当というべきである。

3 〈解説〉

1 控訴審の構造と新たな取調の範囲

現行法の控訴審は原判決の当否を審査する事後審の構造をとっている。すなわち,原判決が不当と認められた場合破棄するのが原則で自判するのは例外であり(397,398,400条),また,控訴審における新事実,新証拠の提出は制限されている(381,382条)。これは攻撃・防禦を第1審に集中させ,充実した審理を行わせ,事実については第1審の認定が強く尊重されることが狙われている。この第1審重視は,審理を初めからやり直す覆審,第1審の審理を続行する続審が第1審の軽視の傾向を助長し,また,濫上訴の弊害を伴うことを改めるためであった。しかし,現行法は事後審の性格を徹底している訳ではない。具体的妥当性を実現し,当事者の救済を図るために,刑訴法は例外的に控訴審における新たな事実の取調を認めている(382条の2,393条等)。証拠の第1審集中の狙いを損なわない限度で具体的正義を実現するためには,この新たな事実の取調はいかなる範囲で認められるべきかが,控訴審の構造の理解とも関係して,重要な問題である。

2 新たな取調が必要な「やむを得ない事由」の意義

やむを得ない事由によって第1審の弁論集結前に取調請求できなかった証拠で刑の量定不当又は事実誤認を証明できると信ずる理由があるときは新たな事実を控訴趣旨書に援用することができ(382条の2第1項),また,この「やむを得ない事由」の証明があったときは,新たな事実の取調は義務的となる(393条1項但書)。「やむを得ない事由」の意義について学説は,当該証拠の存在を知らなかった場合と知ってはいたが所在不明などの理由で取調を請求できなかった場合に限るとする物理的不能説と,それ以外に,証拠を提出する必要がないと考えて取調請求しなかった場合も含むとする心理的不能説とが対立していた。本判決はいずれの説に立つか明らかでないが,本件のような寛大な量刑を期待して第1審では争わず,見込に反して実刑判決が下されるや争うに至ったという事情はいずれの説に立っても「やむを得ない事由」に該るとはいえないだろう。なお,物理的不能説は証拠の存在を知らなかったことに過失の有無を問わないとすると取調できる範囲が不当に拡がることになるし,心理的不能説のいう「第1審で当該証拠を提出する必要がないと思っていた」という基準は曖昧である。そこで,相当な努力をしても当該証拠の存在を知りえなかった場合,知ってはいたが請求の必要がないと考えたとしても無理はないといえる場合に「やむを得ない事由」があるといえるとの見解は説得力があろう。

3 本決定の意義

従来の判例は「やむを得ない事由」に該るとした判例(最判昭48・2・16刑集27巻10号58頁など)と該らないとした裁判例(東京高判昭61・4・28判時1210号145頁など)とがあった。全体的特徴として,検察官の控訴による前科調書の記載漏れの事例において「やむを得ない事由」が認められ,被告人の控訴にはそれが認められていない。その主な理由は,検察官の控訴は多くの場合,通常の努力をしたが証拠を発見できなかった場合で,洩れた前科を取り調べるか否かで結論にかなりの違いが出る場合であるのに対し,被告人の控訴の多くはいわゆる投機的動機に基づくものであったからであろう。本決定は従来の判例の流れに沿ったもので,「やむを得ない事由」に該らない一場合をつけ加えたもので,また,「やむを得ない事由」に該らないとした初めての最高裁判例として意義がある。

[参考文献]
① 安廣文夫・ジュリ902号87頁,同最判解刑事篇昭和62年度198頁
② 後藤昭・重判解昭和62年度193頁
③ 田口守一・法セ400号107頁
④ 時武英男・百選[第6版]204頁

(椎橋隆幸)

【188】控訴審における事実の取調(2)——裁量による新証拠の取調

最(一小)決昭59・9・20刑集38巻9号2810頁, 判時1133号155頁
道路交通法違反被告事件(昭和58年(あ)第1436号)
第1審・豊島簡判昭58・6・3
第2審・東京高判昭58・9・29

● 争 点 ●
第1審で取り調べられていない新証拠を控訴審で取り調べることのできる範囲

1 〈事実の概略〉

被告人は、はみ出し通行禁止違反(道交17条4項、119条1項2号の2)の事実で起訴された。第1審(豊島簡裁)は被告人を有罪と認定したが、量刑は罰金9,000円、執行猶予2年間であった。これに対して検察官は上記量刑が執行猶予を付した点で不当に軽いとして控訴した。原審(東京高裁)において、検察官は、第1審判決後の調査によって判明したとして新たに被告人の速度違反の前科調書、交通事件原票謄本4通及び交通違反経歴等に関する照会回答書の取調を請求した。弁護人は382条の2第1項の「やむを得ない事由」がないとしてこの取調に異議を唱えた。同異議に対して検察官は次のように釈明した。①道交法違反関係の犯歴データは電子計算機にインプットされていないため原審当時は被告人の前科前歴が発見できず、原審での執行猶予判決後本籍地へ照会して初めて前科前歴が判明した。②罰金刑の求刑をする事案では、本籍地に対する前科前歴の照会まではしないのが検察庁の通常の取扱いである。そして、原審は、特に理由を示すことなく上記前科調書等を取り調べたうえ、量刑不当を理由に第1審判決を破棄し、罰金9,000円の実刑判決を下した。

それに対して、弁護人は、本件の道路規制は不当であること、被告人の行為は危険性がないこと、被告人の違反行為に到る動機は斟酌すべきであること、検察官が前科照会しなかったのは382条の2第1項のやむをえない事由とはいえないこと、を理由に、原判決には判決に影響を及ぼすべき重大な事実誤認があり、かつ法律解釈の重大な誤りがあり、また刑の量定が甚だしく不当であるとして上告に及んだ。

2 〈決定要旨〉

上告棄却

刑訴法382条の2第1項の「『やむを得ない事由』の証明の有無は、「控訴裁判所が同法393条1項但書により新たな証拠の取調を義務づけられるか否かにかかわる問題であり、同項本文は、第1審判決以前に存在した事実に関する限り、第1審で取調ないし取調請求されていない新たな証拠につき、右『やむを得ない事由』の疎明がないなど同項但書の要件を欠く場合であっても、控訴裁判所が第1審判決の当否を判断するにつき必要と認めるときは裁量によってその取調をすることができる旨定めていると解すべきであるから(最高裁昭26年(あ)第92号同27年1月17日第一小法廷決定・刑集6巻1号101頁、同昭和42年(あ)第127号同年8月31日第一小法廷決定・裁判集刑事164号77頁参照)、原審が前記前科調書等を取り調べたからといって、所論のようにこれを違法ということはできない。」

谷口正孝裁判官の補足意見

「私は、右の『やむを得ない事由』というのは、物理的不能の場合に限ると考えるが、同時に同法393条1項所定の控訴審における事実調については、同項但書所定の同法382条の2の『やむを得ない事由』の存したことについて疎明があった場合は、控訴裁判所としては常にその新たな証拠を取り調べる義務を負うが、同項本文の場合は、裁量として新たな証拠を取り調べることができる旨を規定したものと考える。」

3 〈解 説〉

1 「やむを得ない事由」の証明と控訴審での新証拠の取調の範囲

刑の量定不当又は判決に影響を及ぼすべき事実誤認を理由とする控訴申立において，「やむを得ない事由」で第1審で取調請求できなかった証拠は，控訴審において取り調べることができる（382条の2第1項）。この382条の2の疎明があった場合，裁判所は新証拠を控訴審において取り調べることが義務づけられる（393条1項但書）。では，382条の2の疎明がなかった場合，新証拠の取調は許されないか。本決定は「やむを得ない事由」の疎明がなかった場合でも，裁判所がその裁量によって新証拠の取調をすることができることを認めた点で意義がある。第1審で取り調べられていない新証拠を控訴審がどの範囲で取り調べてよいのかにつき，従来，学説は多岐に分れ，判例の立場も一様ではなかった。学説は次のように分類されている（小林充・註釈刑訴法4巻201頁参照）。①383条，393条1項但書，2項に定める場合のほか原裁判所で取り調べた証拠に限る（取調請求したが却下された証拠を含む）。②①に加えて原裁判所が審理の経過に照らし職権で取り調べるべきであった（又は取り調べるのが相当であった）証拠。③原審で直接取り調べられていなくても，原審の記録又は証拠にその存在が現われている資料であればよい。④当事者の請求による場合は①〜③に限定するが，職権による場合は無制限に新資料の取調が許される。⑤請求によると職権によるとを問わず，自由に新しい資料の取調が許される。⑥被告人に不利な証拠については①により，有利な証拠については⑤による。現在，①が多数説であるが④⑤は実務家を中心に有力となっている。右のような学説の状況の中で，本決定は④ないし⑤を採ることを明らかにしたものだと評された。また，従来の判例の立場についてはその評価が分れている。先例の基調が④ないし⑤であったと評価する論者にとっては本決定はそのことを確認したということになろう。

2 新証拠を義務的に取り調べる場合と裁量的に取り調べてよい場合との区別

裁判所の裁量によってあまりにも広く新証拠の取調を認めることは証拠の第1審中心主義を損ね，濫上訴，控訴審の負担過重を招くことになり，好ましいことではない。本件では「やむを得ない事由」の疎明があったのかは不明であるが，このような場合，控訴審は検察官の釈明をきいて，「やむを得ない事由」の疎明があったか否かを確認し，疎明があれば393条1項但書により取調をし，疎明がなければ，本文により裁量によって取調をする旨を明らかにすることが望ましいであろう。また，証拠の第1審中心主義の狙いを損なわない限度で具体的妥当性を実現するために例外的に新たな証拠の取調を認めるとの現行法の立場からすれば，「やむを得ない事由」の解釈は厳格にして，そこで救えない不都合を裁量による取調でカバーすると考えているのが393条の法意ということになるであろう。この場合，裁量行使の運用が恣意的にならないことが重要で，そのためには裁量行使の指針が示されることが望ましい。本決定は上記の指針を示していないが，今後の判例に期待したい。ところで，本件の前科調書等の取調を認めたことが妥当であったかは評価が分れている。確かに，前科調書等を取り調べるか否かは量刑に大きな影響を与える。しかし，罰金刑を求刑する事案では本籍地に対する前科前歴の照会までしないのが通例であるとはいっても，前科前歴は本籍地へ照会しさえすれば確実に判明するのである。この照会を求めることは検察官に酷とはいえないであろう。

[参考文献]
① 安廣文夫・曹時39巻11号145頁，同・最判解刑事篇昭和59年度381頁
② 石川才顕・判評317号69頁
③ 米山耕二・重判解昭和59年度201頁
④ 後藤昭・警研59巻3号32頁
⑤ 土本武司・百選［第5版］240頁
⑥ 高木俊夫・百選［第6版］206頁

(椎橋隆幸)

【189】抗告審における事実の取調（3）——少年保護事件抗告審における非行事実の認定に関する事実の取調

最(一小)決平17・3・30刑集59巻2号79頁，判時1894号152頁，判タ1177号157頁

強姦未遂保護事件に関し保護処分に付さない決定に対する抗告の決定に対する再抗告事件（平成17年（し）第23号）

第1審・静岡家沼津支決平16・3・22
第2審・東京高決平16・12・20

● 争　点 ●

検察官が参加する少年事件抗告審の事実取調・事実認定のあり方，および裁判所の裁量は，法改正後変化したか

1 〈事実の概略〉

本件被抗告人の少年は，計10名の共謀による強姦未遂の非行事実にて家裁送致され，当初事実を認めたものの否認に転じた。共犯者とされる9名中5名は保護処分，4名は逆送の後公判請求された。その公判及び保護事件での証人尋問の末，被害のあった日が当初供述のあった日よりも一週間前であったとされた。

本件で家裁は，検察官に補充捜査を求め，上記証言書類の送付を受けて，送致事実中被害日時を前記供述にあわせて変更した。結局家裁（原々審）は，被害者供述及び本件少年の自白，いずれも信用性に疑いがあり，非行事実の証明がないとして不処分の決定を行ったが，共犯者の自白供述，アリバイ供述等について信用性が具体的に検討されていないとして検察官は抗告受理を申し立て，高裁はこれを受理した。

抗告審（原審）では検察官が審理に関わり，高裁は検察官，付添人双方の意見を聞いた上，審理を尽くす必要があるとして，職権により上記自白供述・アリバイ供述に関係するを共犯者の刑事事件の記録等を二度にわたり取り寄せた（付添人は二度目の取り寄せにつき不要との意見を述べている）。その上で，原々審の記録を検討する限り，被害者供述及び本件少年の自白に信用性を認めなかった点は是認できず，取り寄せた記録による調査によっても共犯者らにアリバイは成立せず，被害者供述等の信用性に疑いはない，として原々決定を取り消し，差し戻した。

これに対し，原々審が検討していない点まで原審が事実を取り調べ，判断したことは，事後審としての裁量を逸脱している，と主張して，付添人は再抗告を申し立てた。

2 〈決定要旨〉

再抗告棄却

少年保護事件の非行事実認定に関する事実の証拠調べの範囲，限度，方法の決定は，家裁の完全な自由裁量に属するものではなく，合理的な裁量に委ねられたものである（最一小決昭58・10・26刑集37巻8号1260頁）……から，抗告裁判所による事実の取調も，少年保護事件の抗告審としての性質を踏まえ，合理的な裁量により行うべきものと解される。

検察官のした抗告受理の申立に基づく抗告審において，非行事実の認定に関し，原々審の取り調べた証拠を前提とする限り，被害者の供述等の信用性に関する原々審の消極的評価は是認できないが，これまで検討していなかった共犯者のアリバイ供述等の信用性を検討しなければ，被害者供述の最終的な信用性判断が出来ない等の事情の下では，原審がアリバイ供述等の信用性について，必要な事実の取調をして検討した上で，原々決定を取り消し，事件を差し戻したことは，合理的な裁量の範囲内として是認することができる。

3 〈解　説〉

少年保護事件における近年の法改正は実務に大きな影響を与えているが，本件での論点は，2000（平成12）年改正により新設された検察官の関与及び不処分に対する抗告受理の制度について争われたものである。この検察官関与及び抗告受理の制度についての理解・賛否は様々であるが，一般に非行事実認定の困難な事案における，事実認定の適正化を期すためであり，対審構造に移行したのではなく，あくまで従来の職権主義構造の一形態，と説

明されている。

さて，上記昭和58年最決の趣旨に反対する学説はあまりなく，またその趣旨は抗告審でも同様に考えるべきとする説が有力であったから，抗告審にも完全な自由裁量を与えたものではなく，家裁同様の判断を求める，という本判断には無理がなく，異論もあまり見られない。

問題となるのは判示の後段で，抗告審の合理的裁量行使といえるか否かである。本件に特有の事情として，

・被害者供述の変遷があり，それにともなう送致事実，犯罪が行われた日時の大幅変更があったこと。いうまでもなく，一度変更があった供述の信用性の吟味はより慎重であるべきことが求められる。

・高裁が家裁から送付された一件記録を検討する限り，家裁の判断と異なり被害者供述には信用性が認められるが，その一件記録には共犯者のアリバイ供述等の証拠が含まれていなかった。つまり，この時点で高裁は破棄差戻しを考慮できる状態であったが，アリバイ供述等の信用性如何によっては，被害者供述の信用性が否定される可能性が残されていた。つまり，少年の側に有利な事情をも検討している事になる。

・上記アリバイ供述等の証拠は，別途進行している共犯と目される刑事事件・少年保護事件の記録に含まれていることが抗告審の過程で判明した。

といった諸点が上げられる。

本件での事実の取調を，抗告審での自判を許していない少年法の趣旨を没却するもの，と評し，不要かつ裁量逸脱であるとする見解があり，家裁の供述信用性に関する評価を是認できない段階で差し戻して家裁に審理を尽くさせればよい，と理由付ける。背景には審理の迅速化ないし身柄拘束の短期化という要請も考えられるので，そのような理解も不可能ではないと思われる。しかしながら，審理不尽の点を調べた結果として高裁が家裁の結論を受け入れ，抗告が棄却された場合はその時点で審理は終結し，検察官は再抗告が許されない（少35条1項）。また，抗告裁判所の自判は許されていない（少33条2項）ため，抗告に理由ありとする場合は必ず差戻を行うことになるが，家裁の審理不尽を指摘はするものの，抗告審の具体的判断を示さずに差し戻した場合，再度家裁が原々審同様の結論を導いて，結果として事案の終結まで余計な時間を徒過することも考えられる。このため，非行事実の存否の検討に関しては抗告裁判所の本件での裁量行使のほうが有益と思われる。

さらには本件では，不告不理原則違反，あるいは憲法39条違反を考える余地もあろうかとは思われるが，全く争点となっていない点を抗告審で初めて持ち出す，いわば不意打ちの事案とは異なり，本件は関係証拠の評価の違い，あるいは証拠調べの不備が問題となる事案なので，結局のところ上記合理的裁量の範囲内か否かの問題に帰結するし，検察官が関与した審判といえど現時点では完全な対審構造ではなく，抗告審は審理不尽の是正目的とされるため，保護事件での不処分を「無罪」ととらえ，少年を再度の危険にさらすべきではなく速やかに手続から解放すべきである，とまでは考え難い。

本件は，上記法改正後の少年保護事件における抗告裁判所の裁量につき，最高裁が初の判断を示したことのみならず，具体的事実を踏まえた検討の一例として，実務の指針となるものと思われる。

[参考文献]
① 正木祐史・法セ606号122頁
② 藤井敏明・ジュリ1304号175頁
③ 廣瀬健二・平成17年度重判解214頁

（松田龍彦）

【190】控訴審での訴因変更

最(一小)判昭42・5・25刑集21巻4号705頁,判時486号75頁
器物損壊境界毀損被告事件(昭和41年(あ)第2022号)
第1審・大原簡判昭40・7・31
第2審・東京高判昭41・7・19

● 争 点 ●

控訴審における訴因罰条の追加と第一審判決破棄の適否

1 〈事実の概略〉

被告人は，M町E区S部落の責任者として，町の行事である道路愛護デーの作業として道路作業を指揮し町道を改修した。本件町道は，公図上，幅員が2間であるべきなのに，実際は，H方の石垣及び樹木が突き出ていて8，9尺しかないため，消防自動車の通行が困難であったので，Hの了解の有無を確認せずに，部落民を指揮して本件石垣およびその背後の樹木を損壊し，これを道路として整地した。Hの告訴に基づき，検察官は，被告人を石垣および樹木の器物損壊罪として起訴した。第1審は，「Hの宅地の道路沿いの石垣が町役場の公図より約70センチメートル道路に突き出ているとして，これを取り除いて道路の幅員を拡張するため，H所有の石垣の青石約43個を削り取り，同所にあった樹木4本を伐採し，もってこれを損壊した」との事実を認定し，器物損壊罪で罰金1万円（2年間執行猶予）に処した。これに対し，被告人は，石垣と樹木は町有の道路と附合しており（民242条），Hは所有権を有しないから告訴は無効である等を主張して，検察官は量刑不当を主張して，それぞれ控訴した。

第2審は，まず，道路のような公共用物については附合の原理は適用されないとして，Hの告訴を有効とし，被告人および検察官の主張をすべて理由なしとした。しかし，第2審において，検察官は，器物損壊罪と一所為数法の関係にあるものとして，「起訴状記載の日時，場所においてH所有の石垣の青石約43個を削り取り，もって境界を不明確ならしめた」との訴因および刑法262条の2（境界毀損）の罰条を追加していた。第2審は，上記追加にかかる境界毀損罪の成立を認め，「原審が原判示事実に対し器物損壊罪のみをもって問擬したのは，結局において法令の適用に誤があって，その誤が判決に影響を及ぼすことが明らかな場合にあたる」として，第1審判決を破棄，自判し，上記両罪の成立を認め，被告人に第1審と同一の刑を言い渡した。被告人は，上告して，附合の法理の解釈の誤り等を主張した。

2 〈判 旨〉

破棄・差戻

「1審判決にはなんら誤りはない旨判示しながら，原審において，新たに追加された訴因，罰条について，犯罪の成立が認められるということのみを理由に，1審判決には，結局において法令の適用に誤りありとして，これを破棄していることが明らかである。ところで，1審判決に，事実誤認ないし法令の違反があって，これが破棄されることが予想される場合に，控訴審裁判所が，検察官の訴因，罰条の追加変更を許すことは違法とはいえないのであるが，控訴審裁判所が右追加変更された訴因，罰条について審理判決することのできるのは，あくまでも，1審判決に事実誤認ないし法令違反があることを理由に控訴審でこれが破棄されることが前提とならねばならず，破棄が相当とされた場合に初めてこれについて審理判決することができるものと解すべきである。1審当時の訴因，罰条からみて，1審判決になんら誤りが見出されないのに，新たに訴因，罰条が追加変更されたことを理由に，その新しい訴因について1審判決がその存在を認めず，罰条を適用しなかったことが結局において1審判決の事実誤認ないし法令違反になるとして，これを破棄することは許されない。なんとなれば，現行刑訴法上の控訴審は，刑訴法393条2項等の場合を除き，本来その性質は，第1審判決になんらかの過誤があるか否かを審査するいわゆる事後審査をする裁判所であるからである。然るに本件において原審は，1審当時の訴因罰条について1審判決にはなんら誤りはないとし

ながら，新たに追加された訴因，罰条について犯罪の成立が認められるが故に1審判決に誤りがあるとしてこれを破棄しているのであって，原判決は，判決に影響を及ぼすべき法令の違反があり，これを破棄しなければ著しく正義に反するものと認められる。」

3 〈解 説〉

1 本件で，被告人は，宅地所有者Hが町有道路上に構築した石垣は，附合により町有になっているとして，Hの告訴は無効だと主張した。第2審は，審理の過程において，附合の法理が適用されるとの見解も考えられ，そうすると告訴が無効となり，器物損壊罪の成否が危ぶまれ，第1審判決破棄の場合を予想して，境界毀損の訴因の追加を許容したのではないかと思われる（海老原・後掲138頁）。

2 現行法の控訴審は，393条2項等の例外の場合を除き，原判決の当否を原判決の立場で審査する，事後審査を行う審級である。本件第1審判決は，器物損壊罪の訴因に対し，その犯罪事実を認定しその罰条を適用しただけであり，訴因に掲げられていない境界毀損罪の成否について判断しなくても当然であり，これを違法とすることはできない。控訴審で，訴因，罰条が追加された場合も，第1審判決を破棄するかどうかを判断する事後審査の段階では，追加された訴因，罰条を考慮すべきではなく，第1審判決に事実誤認または法令違反があって破棄される場合にのみ，追加された訴因，罰条が審判の対象とされることになる。ただ，自判は破棄と同時に行われるので，訴因の追加変更は，あらかじめ破棄自判に備えて破棄を停止条件として行われ，第1審判決が破棄されない場合は審理の対象とならないで終わることになる。本件では，第1審判決になんら誤りはないとしたのであるから，新たに追加された境界毀損罪について審理することなく，直ちに控訴を棄却すればよかったということになろう。

3 本判決は，原判決が訴因，罰条の追加を許可したこと自体は違法ではないとの前提にたつものと解されるが，控訴審における本件の訴因，罰条の追加が適法と解されるかも問題となろう（小野・後掲139頁）。

控訴審における訴因変更の可否について，判例は，原判決を破棄するための事実の取調の結果，自判できることを見越して訴因変更をすることはできるとする（最決昭29・9・30刑集8巻9号1565頁，最判昭30・12・26刑集9巻14号3011頁）。本件は，告訴の有効・無効に関して事実の取調が必要とされる事件であり，その機会に境界毀損罪についても審理，防禦を行わせることができるというのが，原裁判所の見解だったと思われる（小野・141頁）。

しかし，控訴審における事実の取調は，第1審と全く同様の審理を保障するものではないので，この様な事実の取調によって控訴事実を認定するのは，被告人に事実認定をコントロールする権利を保障した当事者主義（憲37条2項参照）に違反することになろう。この様に解すれば，控訴審で訴因変更が許されるのは，起訴状に記載された公訴事実についての1審の審理を前提にして，控訴審における公訴事実に関する審理をせずに，訴因を変更して直ちに控訴審裁判所が判決をすることができる例外的な場合に限定されることになろう（渥美・全訂刑訴法564頁）。

境界毀損罪の成立には，境界を損壊しただけでは足りず，その結果土地の境界を認識することを不能にすることが要件となる（高橋勝好・法曹12巻6号22頁）ので，この土地の境界の認識不能について検察官側が新たに立証する必要がある。この点の攻撃防禦は第1審の事実認定と全く同様に行わないと当事者主義違反となるのでこの様な場合に控訴審で訴因変更を許すのには疑問が残る。

[参考文献]
① 海老原震一・最判解刑事篇昭和42年度135頁
② 小野慶二・刑評29巻130頁

（成田秀樹）

【191】不意打ち認定
——よど号ハイジャック事件

最(三小)決昭58・12・13刑集37巻10号1581頁, 判時1101号17頁, 判タ516号86頁
強盗致傷, 国外移送略取, 同移送, 監禁被告事件(昭和55年(あ)第1284号)
第1審・東京地判昭52・3・1
第2審・東京高判昭55・6・10

● 争　点 ●
検察官の訴因設定内であっても, 審理中実質的に攻防対象から外れた争点を認定・自判することが, 控訴審で許されるか

1〈事実の概略〉

本件被告人は, 本事件発生時に別事件(いわゆる大菩薩峠事件等)で身柄拘束中であった。このため本件で最大の争点は, 本件ハイジャックの共謀共同正犯といいうるだけの謀議関与が被告人にあったか否かであった。

公判で検察官は, 当初当初謀議の日時を「昭和45年3月12日から14日」としていたが, 公判では専ら13日及び14日の協議, 特に13日夜の喫茶店Hでの協議に被告人が参加して具体的謀議に加わっていたことの立証に集中し, 被告人もこれを受け謀議への参加を強く否定し, 13日夜のアリバイを主張した。地裁は被告人の13日夜のアリバイ主張を退け, ほぼ検察官の主張に沿う事実を認定して有罪を宣告した。

控訴審たる原審において, 被告人は13日夜のアリバイを強く主張し, 新たな証人や書面によりこれを補充した。原審はこのアリバイ主張を容れ, これを否定した原々審には事実誤認があるとしつつも, 上記認定された協議は12日夜に喫茶店Hで行われたものであって, 被告人が加わっており, さらに13日昼及び14日にも被告人を含めた顔ぶれによる協議が続行されており, 結局この事実誤認は判決に影響を及ぼさない, と判示した(量刑不当については被告人の主張を容れて刑期を短縮した)。

原審において検察官は, 原々審が認定した13日, 14日以外の日に謀議が行われた旨の主張は一切しておらず, 裁判所も謀議があったのが13日でなく12日であったのか, といった当事者の注意を喚起するような訴訟指揮は行っていなかった。

2〈決定要旨〉

上告棄却

最高裁は, その余の証拠により共謀の事実は認められる, としたものの, 12日夜の謀議を認めた点は違法と認定した。

3月12日から14日までの謀議への関与を理由にハイジャックの共謀共同正犯として起訴された被告人につき, 13日及び14日の謀議, とりわけ13日夜の謀議への関与を重視してその刑責を認定した第一審判決に対し, 被告人のみが控訴を申し立てた事案において, 右謀議への関与の有無が謀議の成否上とりわけ重要である, との基本的認識に立つ控訴審が, 被告人の13日夜のアリバイの成立を認めながら, 協議は12日夜, 13日昼, 14日にも行われたとして共謀共同正犯の成立を肯定した。

しかし, 12日夜に協議が行われたという事実は, 第一審で検察官も最終的に主張せず, 第一審判決によっても認定されていないし, 原審においても検察官が特段の主張・立証を行わず, その結果として被告人・弁護人も何らの防御活動を行っていないのである。したがって, 実際の協議が現実には12日夜に行われたとの事実を認定しようとするのであれば, 少なくとも, 12日夜の謀議の存否の点を争点として顕在化させた上で十分の審理を遂げる必要があると解されるのであって, このような措置を取ることなく, 13日夜の被告人のアリバイ成立を認めながら, 率然として, 謀議の日を12日夜と認めて被告人の関与を認めた本件訴訟手続は, 本件事案の性質, 審理の経過等にかんがみると, 被告人に不意打ちを与え, その防御権を不当に侵害するものであって違法であるといわなければならない。

3 〈解 説〉

一言に「不意打ち禁止」といってもその意味は多様なものがある。被告人に対し，訴因制度をはじめとして，被告人に十分な告知・聴聞の機会を与え，訴訟当事者間に充実した審理を行わせる制度が保障されていることもその内に含まれるであろうし，一般的にこの不意打ち禁止を明言したといわれる最高裁判例（最決昭46・3・24刑集25巻2号293頁，いわゆる新島ミサイル事件，本書【185】）もあるが，訴因制度が全て不意打ち禁止のための規定とはいえないし，新島ミサイル事件判例も，その実は科刑上一罪の無罪部分に検察官が控訴しなかったので，控訴審以降の攻防対象から外れているはずなのに裁判所が職権調査を行い自判したことが問題となったものである。このため，不意打ちという言葉で括ると却って実体が見えにくくなる恐れがあり，注意が必要である。

さて，控訴審は事後審であり，法律審でもあるから，必ずしも事実の取調を必要としない。ただこれは，本来控訴審が自ら事実認定を行わず，ひとたび問題を発見したとしても自判ではなく破棄を原則とするからである（現実にはこの原則と例外が逆転してしまっている，としばしば批判される）。事実審たる公判であろうと本来は法律審たる控訴審以降であろうと，事実認定をする以上は当事者・論争主義の原則が適用されるべきで，検察官の主張により争点を明確にし，効果的な弁護を受けた被告人に十分な防御を尽くさせた上での事実認定を行うべきであった。

にもかかわらず，本件では控訴審で実質的に攻防から外れている「12日夜の協議による共謀」を認定している。なるほど，公判では検察官が当初謀議の日時を「12日から14日」と，12日をも含む訴因設定をしているので，形式的には検察官の主張の範囲内に含まれると解しうるかもしれない。しかし，その後の攻防ではまさに13日及び14日の謀議の有無が重大な争点となった一方で，検察官は最終的には12日の謀議について具体的な主張も立証も行っていない。また，控訴審では検察官は同旨の主張もしていない。

仮に12日の共謀を認定するのであれば，訴因変更に準じて検察官に求釈明を行ったり，あるいは証人や被告人に対して12日の行動につき質問をして注意喚起するなどの配慮があってしかるべきであるにもかかわらず，そのような訴訟指揮は本件記録からは読み取れない。本件はむしろ「攻防対象からはずれた」内容の認定——訴因逸脱認定に匹敵し，被告人に論争の機会を実質的に与えていないといってよいのである。

本件は，慎重な訴訟指揮を行っていないのにもかかわらず，控訴裁判所が安易に事実を認定した上で自判し，結果として被告人の防御権を軽視することに対して，「率然と」という表現を用いて最高裁が警鐘を鳴らしたと見るべきである。

なお，本判決はこれ以外にも，共謀の事実認定の有り様についての判断を示した一面をも有するが，本稿では割愛する。

[参考文献]
① 木谷明・ジュリ809号58頁
② 田口守一・昭和58年度重判解182頁
③ 牧田有信・新報93巻6＝8号197頁
④ 庭山英雄・百選［第6版］202頁

（松田龍彦）

【192】 事実取調と破棄自判 (1)
——三鷹事件

最(大)判昭30・6・22刑集9巻8号1189頁，判時52号1頁
電車顛覆致死等被告事件(昭和26年(あ)第1688号)
第1審・東京地判昭25・8・11
第2審・東京高判昭26・3・30

● 争　点 ●
破棄自判の際の事実取調の必要性(量刑)

1 〈事実の概略〉

本件はいわゆる三鷹事件の裁判であるが，表題に関する事実および下級審の判断は次のとおりである。

被告人は (当時の) 国鉄運転士であり，当時展開されていた組合運動を強く支持していたものであるが，電車を運転者なしで暴走させて脱線させることで電車の入・出庫を妨害し，これをストライキの契機としようと決意して，三鷹電車区車庫に入庫していた人の現在しない電車に起動操作をしてこれを発進させ，電車の往来の危険を生じさせた。ところが電車は被告人の予期に反して同駅下り1番線に暴走していき，同駅南口改札口前の車止に衝突して脱線したため，電車が破壊されるとともに，車止付近に居合わせた6名が轢死した。この事実につき被告人は刑法125条，127条，126条により無期懲役の判決を受けた。被告人，検察官双方が控訴を申し立てたところ，控訴審は，事実の取調をしないまま検察官の量刑不当の主張に理由があるとして，刑訴法400条但書によって第1審判決を破棄・自判し，被告人に死刑を言い渡した。

被告人は，第1審の言い渡した無期懲役刑の量刑の当否を判断するにあたり，控訴審が何ら新たな事実の取調をしないで無期懲役は軽きに失するとして死刑を言い渡したのは，憲法13条，31条，37条1項に違反するなどとして上告した。

2 〈判　旨〉

上告棄却
「控訴審において，第1審判決の事実誤認量刑不当その他の控訴理由の存否を審査するに当り，新たな事実の取調をなすべきか否かは，刑訴393条1項但書の場合の外は，控訴裁判所の裁量判断により得べきものであって，400条但書に『原裁判所及び控訴裁判所において取り調べた証拠による』ことを規定しているからといって，控訴裁判所が特にその必要なしと認める場合でも必ず新たな証拠の取調をした上でなければ自判できない旨を規定しているものと解すべきではない。

そして右自判の制度は，控訴審が本来事後審として第1審判決の当否を判断するものであることに対し，例外的に続審による判決手続を認めたものであって，控訴審において記録調査及び事実取調の結果第1審判決を破棄すべき理由ありと認め，しかもそれ以上審理をなすまでもなく，判決をなすに熟していると認めた場合においても，なお事件を第1審に差し戻しまたは移送しなければならないものとするときは，徒らに無用な手続を重ねるに過ぎないものといわなければならない。

されば控訴審における自判は，たとえその量刑が被告人に不利益に変更される場合であっても，自判をすることが必ずしも刑訴法の精神に反するということはできないのである。

また自判は被告人の審級の利益を失わしめるものということもできない。ただ自判する場合，殊に刑を重く変更する場合のごときは，控訴審が直接審理を経ていないことを自省して慎重を期さなければならないわけであって，すなわち客観的に見て，自判の結果が差戻または移送後の第1審判決よりも被告人にとって不利益でないということが，確信される場合でなければならないこと勿論である。

若しこの確信が相当と認められる場合ならば，自判により第1審の無期懲役刑を死刑に変更することもまた必ずしも違法ということはできないのである。」(4人の裁判官の少数意見がある。)

───── 3〈解 説〉─────

1 刑事裁判は，国側が訴因の形式で主張する公訴事実の有無を事実認定者が判断する場であり，それを超えた歴史的事実（真実）を裁判所が主体となって発見する場ではないから，公判では国側に1度の立証の機会を与えるとともに，被告人には，訴追内容を告知したうえ，事実認定者の面前でそれに反論する手段と機会を十分に与えて審理すべきことになる（当事者主義）。そこで当事者が事実を十分に争えばその結果を尊重すべきであるが，公判の裁判にルール違反（法令違反）や法令適用の誤りがあればそれは正さなければならないので，今度は裁判所が主体となってその審査をする。それが控訴審の役割である。現行刑訴法の定めからみて，わが国の控訴審が基本的に続審や覆審ではなく事後審（審査審）であることに異論はなく，したがって控訴に理由があるときの裁判は破棄・差戻が原則である。ところが，訴訟記録ならびに原裁判所，控訴裁判所で取り調べた証拠によって直ちに判決をすることができるときに例外的に控訴裁判所に自判を許すという法の立場（400条）にもかかわらず，実務上は職権による調査，新証拠の取調が広く行われ，差戻よりは自判が圧倒的に多い。

2 控訴審に自判が許されるのは，訴訟記録やそれまで取り調べた証拠で自判に適していると判断できる場合にまで差戻をすることは訴訟経済や迅速裁判の原則に反するからである。法は，破棄事由がある場合は差戻を原則としているが，控訴審が調査の結果破棄事由があると認め，さらに自判できると判断した際，どのようなときに事実の取調の必要があるかが問われる。憲法37条は事実認定者の面前での主張・立証の機会を当事者に保障していると解せば，当事者の主張を聴かずに新たな事実を認定することは控訴審にあっても許されないが（本書【193】参照），法律問題はその解釈・適用に責任をもつ裁判所が記録の調査のみで判断しても憲法には違反しない。
　また，公判裁判所での事実認定が縮小認定されるような場合も，新たに事実を認定するわけではないので，直ちに自判しても憲法に反することはなかろう。そこで量刑不当の場合をどのように考えるかが本件では問われた。一般的に，量刑資料は事実問題であろうが，罪刑の均衡や同種他事件との均衡を図るという観点では量刑は法律問題であるから，量刑資料となる事実の認定に変化がないかぎり事実の取調がなくとも自判ができると解してよかろう。ただ，本件では無期懲役刑を死刑に変更している点で通常の量刑と同様に解してもよいか疑問が残る。

3 わが国で死刑を選択刑としている刑罰法規は，合衆国の諸州のような死刑科刑の具体的な基準をもたないが，永山事件で最高裁は，犯行の罪質，動機，態様ことに殺害の手段方法の執拗性・残虐性，結果の重大性ことに殺害された被害者の数，遺族の被害感情，社会的影響，さらに犯人の年齢，前科，犯行後の情状など諸般の事情を考慮すべきことを判示している（昭58・7・8刑集37巻6号609頁）。
　そこで，一般的な量刑審査であれば多数意見がいうように「自判の結果が差戻し……後の第1審判決よりも被告人にとって不利益でない」ことを裁判官が確信するだけで刑を重く変更することが許されるかもしれないが，死刑の言渡しにあってはそれでは不十分で，いわば死刑相当事由の存在の認定が義務的であると理解すれば，無期刑を死刑に変更するときには，被告人に死刑相当事由の存在を争う機会を与えないで控訴審が自判することは許されないとも解されよう。

［参考文献］
① 土本武司・事実の取調と破棄自判(1)・警研57巻11号3頁
（小木曽綾）

【193】事実取調と破棄自判(2)

最(大)判昭31・7・18刑集10巻7号1147頁，判時82号3頁
連合国占領軍の占領目的に有害な行為に対する処罰等に関する勅令違反及び関税法違反等被告事件（昭和26年(あ)第2436号）
第1審・和歌山地田辺支判昭25・10・5
第2審・大阪高判昭26・4・6

● 争 点 ●
破棄自判の際の事実取調の必要性（犯罪事実）

1 〈事実の概略〉

被告人は他の者と共謀のうえ，免許を受けずに船舶を台湾に輸出しようと企て，同船舶に船長として乗り組み，これを運行して港を出港し，旧関税法76条に違反して「貨物」を輸出しようとしたとして起訴された。第1審は公訴事実の存否については判断しないまま，同条にいう「貨物」は「船舶」を含まないと解し，被告人が船舶を輸出したとしても同条の犯罪は成立しないとして無罪を言い渡した。控訴審は事実誤認，法令解釈の誤りの主張を容れ，「船舶」も同条にいう「貨物」にあたるとの解釈を示したうえ，事実の取調をすることなく，刑訴法400条但書により，訴訟記録および第1審で取り調べた証拠のみによって直ちに被告人が船舶を輸出した事実を認定し，第1審判決を破棄・自判して有罪判決を言い渡した。

2 〈判 旨〉

破棄・差戻

「船舶も……旧関税法にいわゆる『貨物』にあたり，免許を受けないで船舶を輸出したときは右旧関税法76条の罪が成立するものといわなければならない。……しかし第1審判決が公訴事実の存在を確定していないのに，原審が何ら事実の取調をすることなく，刑訴400条但書にもとづき訴訟記録及び第1審裁判所において取り調べた証拠だけで書面審理によって公訴事実の存在を確定し有罪の判決を言渡すことが適法か否かについて按ずるに（控訴裁判所は破棄事由があるかどうかを調査する事後審査の裁判所であって，必要なときは事実の取調をすることができ，その調査の結果，破棄事由があると思料したときは，控訴裁判所は原判決を破棄し，事件を移送もしくは差し戻すのを原則とする。），刑訴400条但書は，この原則に対し，右調査の結果，第1審判決に破棄事由があると思料した場合でも，訴訟記録並びに第1審裁判所において取り調べた証拠のみにより，又は，これと，前記破棄事由が存するか否かを調査するため控訴裁判所が事実の取調をしたときは，その取り調べた証拠と相俟って，被告事件について判決をするに熟している場合は例外として控訴裁判所自ら被告事件について判決をすることを許した規定と解すべきである。しかるに本件においては，第1審判決は被告人等がそれぞれ判示船舶を輸出しようと企てたとの公訴事実は，確定していないのであり，……右判決に対し検察官から控訴の申立があり，事件が控訴審に係属しても被告人等は，憲法31条，37条の保障する権利は有しており，その審判は第1審の場合と同様の公判廷における直接審理主義，口頭弁論主義の原則の適用を受けるものといわなければならない。従って被告人等は公開の法廷において，その面前で，適法な証拠調の手続が行われ，被告人等がこれに対する意見弁解を述べる機会を与えられた上でなければ，犯罪事実を確定され有罪の判決を言い渡されることのない権利を保有するものといわなければならない。……第1審判決が被告人の犯罪事実の存在を確定せず無罪を言渡した場合に，控訴裁判所が第1審判決を破棄し，訴訟記録並びに第1審裁判所において取り調べた証拠のみによって，直ちに被告事件について犯罪事実の存在を確定し有罪の判決をすることは，被告人の前記憲法上の権利を害し，直接審理主義，口頭弁論主義の原則を害することになるから，かかる場合には刑訴400条但書の規定によることは許されないものと解さなければならない。……本件第1審判決は被告人の犯罪事実を確定しないでただ法令の解釈として罪とならないとしてるのであるから原審が右1審判決の法令解釈に誤りがあると思料したときは，第1審判決を破棄し被告事件を第1審裁判所に

差し戻し若しくは移送するか，または自ら事実の取調をすべきに拘らず原審は何ら事実の取調をしないで直ちに訴訟記録及び第１審で取り調べた証拠のみにより被告事件につき有罪の判決をしたのは違法である。」（4人の裁判官の反対意見がある。）

3 〈解 説〉

1　控訴審は控訴理由の調査をするについて必要があるときは事実の取調をすることができる（393条1項本文）。控訴審での自判は制度上は例外であるから，破棄事由がある場合には控訴審は差戻の裁判をするのが原則であるが（400条），調査の結果自判ができると判断する際には，事実の取調を義務的と解すべき場合がある。本件の少数意見には，第１審において証拠とすることができた証拠は，すでに第１審で被告人の意見・弁解を聴いているのであるから，控訴審において重ねて意見・弁解を聴かなくとも控訴裁判所は自由に法律判断ないし事実判断をなしうるという見解が示されているが，多数意見が指摘するように，憲法37条が事実認定者の面前での当事者の主張・立証を保障していると理解すれば，公判裁判所が認定しなかった事実を控訴審が認定して自判するときには事実の取調を経なければ憲法上の権利を侵害することになろう。

控訴審の事実の取調は破棄事由の存否の判断のためだけに行われるもので，原審の記録および証拠によって破棄事由が発見されれば，それ以上の事実取調の必要はなく，差戻・移送するか，自判に適していれば自判すればよいはずであるのに，一定の事案にあっては事実の取調を自判の要件とするのは，審査審たる控訴審の構造と矛盾するという批判がある。しかし，現行法が控訴審を審査審と位置づけているということと，制度上は例外にせよ，自判するならば事実認定者の面前で当事者，とりわけ被告人が主張・立証する機会を奪われてはならないということとは別問題とみるべきであろう。

2　事実の取調の要否について最高裁は当初，公判裁判所が犯罪の証明がないとして無罪としたとき，控訴審が事実の取調なく有罪判決を下しても適法であるとしていたが（昭26・2・22刑集5巻3号429頁），三鷹事件（本書【192】事件）で無期懲役を死刑に変更する量刑について事実の取調を要するとする反対意見が現れ，本件では第１審が犯罪事実の存否を明確に認定しなかった場合に，控訴審が有罪判決をするには事実の取調を要するとする立場が多数となった。その後，事実の取調をしない控訴審の自判を違法とした事案としては，第１審が窃盗の公訴事実を認めるに足る証明がないとして無罪を言い渡したときに，控訴審が有罪を言い渡したもの（昭31・9・26刑集10巻9号1391頁），第１審が犯罪事実は認定したが，被告人は犯行当時心神喪失の状態にあったとして無罪の言い渡しをしたときに控訴審が心神耗弱と認定して有罪を言渡したもの（昭31・12・14刑集10巻12号1655頁），強姦致傷の公訴事実に対し第１審は傷害罪の成立を認めたが，控訴審が公訴事実どおり強姦致傷と認定したもの（昭32・6・21刑集11・6・1721），殺人の公訴事実について殺意の証明がないとして第１審が傷害致死の事実を認定したのに対し，控訴審が未必の故意を認定して殺人罪の成立を認めたもの（昭41・12・22刑集20巻10号1233頁）などがある。一方，事実認定はそのままで猥褻性という法解釈だけが争点となる場合には，「事実について当事者に争わせ，事実の取調をする意義を認めることができないから」，控訴審は事実の取調をする必要がなく（昭44・10・15刑集23巻10号1239頁），また量刑については本書【192】事件のほか，第１審が執行猶予付きの懲役刑を言い渡したとき，控訴審が実刑を言い渡すにも事実の取調は必要がない（本件と同日の大法廷判決刑集10巻7号1173頁）とされている。

[参考文献]
① 土本武司・事実の取調と破棄自判(3)・警研58巻2号3頁
② 小早川義則・百選［第6版］92

（小木曽綾）

【194】原審で主張されなかった違憲の主張

最(大)決昭39・11・18刑集18巻9号597頁、判時395号49頁
贈賄背任被告事件(昭和38年(あ)第2496号)
第1審・山形地新庄支判昭38・6・29
第2審・仙台高判昭38・10・4

● 争 点 ●

原審で主張されなかった違憲の主張について最高裁判所で判断することができるか否か。

1 〈事実の概略〉

公判裁判所は、被告人は、山形県農林部畜産課職員Hに、その職務に関して、家畜商業協同組合の設立許可を得るための特別有利な取り扱いを依頼し、その報酬とする趣旨で金員の供与及び酒食・宿泊の饗応接待をしたとの贈賄の事実を認定し、刑法198条第1項を適用して、同時に起訴された背任の事実とともに、併合罪としてこれを処断した。

これに対し被告人側から控訴を申し立てたが、控訴趣意書においては、贈賄の点に関し、事実誤認を主張し、前記Hに交付した金員は、被告人がかねて懇意にしていた同人に市場開設許可手続の費用として支払ったもので、同人に対する報酬として供与したものではなく、饗応の事実も、被告人ら馬喰仲間は会合ごとに飲食する慣習があるところ、たまたま来合わせたHをこれに加わらせただけであり、また、Hに贈ったぜんまいや冷凍鮎は社会的儀礼の範囲内のものであると主張した。

原審は、被告人が公務員であるHに特別な取り扱いを依頼する趣旨で金品の供与と酒食宿泊の饗応の接待をしたものだと認定し、仮に以前からHと被告人が顔見知りであったとしても従来から個人的に飲酒遊興を共にするほどの懇意な間柄にはなく、所論の正当な手続費用としてHに金を渡したものであるとはとうてい認められない、と判示し、背任に関する法令違反の主張も斥け、原判決には所論の如き事実誤認及び法令適用の誤りはいずれも認められず、論旨はすべて理由がないとして、被告人の控訴を棄却した。

被告人はこれに対し上告を申し立てたが、その弁護人(国選)は、上告趣意において、原審では主張していなかった新たな主張、すなわち、刑法198条(贈賄)の規定は、財産権の処分の自由を不当に制限するもので、憲法29条その他に違反し無効であり、したがって、憲法に違反して無効な刑法198条を適用して被告人に懲役8ケ月を言い渡した原判決は違法である、との主張をした。

2 〈決定要旨〉

上告棄却

所論は、刑法198条の規定は憲法29条1項に違反すると主張するが、記録に徴すれば、本件第1審判決は右刑法の条項を適用して被告人を有罪としたのに対し、被告人は控訴趣意書において右刑罰規定自体の合憲性を争う主張を全くせず、従って原判決もこの点になんら触れるところはなく、右控訴を棄却したものであることが明らかである。このように原審で主張判断を経なかった事項に関し、当審において新たに違憲をいう主張は、適法な上告理由に当たらない。けだし、元来、上告は、控訴審の判決に対する上訴であるから、控訴審で審判の対象とならなかった事項を上告理由として主張することは許されないものと解すべきであり、また控訴審では、控訴趣意書に包含されている事項を調査すれば足り、これに包含されていない事項については、たとえそれが第1審判決の適用法条の合憲性の有無に関するものであっても、職権調査の義務を当然に負うものではなく、この点に関し判断をしなかったからといって、上告を以て攻撃されるべき違法とは云い難いからである。

3 〈解 説〉

1 本件は，原審で主張されなかった刑事実体法に関する違憲の主張（405条）が適法な上告理由に当たらないと判示した最初の最高裁判所判例である。これまでの先例は，原審で主張判断されなかった訴訟手続に関する違憲の主張に関しては，適法な上告理由にならないとする立場をとってきている（例えば，最判昭36・7・19刑集15巻7号1194頁など）が，原審で主張されていない事項でも，刑事実体法の違憲の主張が関係する場合には，適法な上告理由となると判示してきていた（例えば，最判昭26・7・11刑集5巻8号1419頁，最判昭28・3・18刑集7巻3号577頁，最判昭28・5・6刑集7巻5号932頁，最判昭30・12・14刑集9巻13号2756頁，最判昭31・6・13刑集10巻6号830頁など）。

2 原審で主張され判断されなかった争点を審査しないとする最高裁判所先例は，上告は控訴審の判断に対する審査であり，控訴での審判の対象とならなかった第1審判決の瑕疵は上告理由にはならないとの解釈によるものであろう。他方，刑罰法規の違憲の主張が関係する場合には，適用法条の合憲性の問題が直ちに有罪，無罪の分岐点となること，適用法条には黙示の合憲判断がなされていることなどが理由として挙げられるが，これには，控訴審は1審の判断に対する職権調査義務を負わないので黙示的判断があるとみることは疑問であり，また，この義務を負うとしてもその違反は憲法違反ではないので，411条の職権破棄事由とはなり得ても，405条の上告理由にはならないとする見解もある。

3 最高裁の憲法判断は，一般的抽象的な判断を示す立法府と異なり，当の事件の事実の枠組の中で当事者が熱心に主張し，論争し，下級審が判断した争点について，先例を基礎に，情報を十分に持って，原理との関連で求められる法運用を洞察して下されるべきものである。下級審での当事者の主張と下級審の判断は，最高裁における法形成の重要な法源であり，最高裁が憲法問題について慎重な判断をする観点から，原審で主張されなかった違憲の主張は適法な上告理由に当たらないとする立場は，重要な検討資料ともいうべき原審判断が重要な意味を持つので，一般的には妥当であろう。他方，刑事実体法の違憲の主張が初め最高裁判所でなされたときでも，その主張に理由がある場合には処罰根拠のない処罰になる。下級審での主張がない場合であれ，違憲な場合にこれを放置して，本来処罰できないはずの者を処罰することは実体的正義に悖る。この場合には，瑕疵の程度が大きい。ここに，例外的に，実体刑罰法規の違憲の主張が関係する場合に原審での違憲の主張がなくとも適法な上告理由とした先例の基礎があるのではなかろうか。だが，「財産権の処分の自由の不当な制約」を理由とする贈賄罪の違憲の主張をいう本件の上告趣意は，一見して合理性がないことが明らかであり，処罰根拠を欠くことが懸念される場合ではない。本件はこれまでの先例を否定したものではなく，刑罰法規の違憲の主張が一見して合理性を欠くと認められない場合は，従来の先例により，適法な上告理由と解されてもよいだろう。処罰根拠が関係する場合には，慎重を期す意味で，従前の先例の立場も意味があるものと思われる。

[参考文献]
① 青柳文雄・判評79号29頁
② 最判解刑事篇昭和39年度134頁（海老原調査官）
③ 伊達秋雄・法律実務講座11巻2514—5頁
④ 鈴木享子・百選［第3版］110
⑤ 竹内正・百選［第5版］111

（中野目善則）

【195】控訴審における事実誤認の調査

最（一小）判平24・2・13刑集66巻4号482頁，判時2145号9頁

覚せい剤取締法違反，関税法違反被告事件（平成23年（あ）第757号）
第1審・千葉地判平22・6・22
第2審・東京高判平23・3・30

● 争 点 ●
刑訴法382条にいう「事実誤認」の意義

1 〈事実の概略〉

本件被告人は，営利の目的で，クアラルンプール国際空港（マレーシア）発，成田国際空港行きの航空機に搭乗する際に，覚せい剤が収納されたチョコレート缶をボストンバック内に隠して，これを機内預託手荷物として預けて同機内に積み込ませ，成田国際空港において，これを同機外に搬出させたという覚せい剤取締法違反（覚せい剤営利目的輸入），及び次いで税関検査場において，輸入してはならない貨物である覚せい剤を申告せずに輸入しようとしたが，税関職員に発見されたため，未遂に終わったという関税法違反（輸入してはならない貨物の輸入未遂）で起訴された。

本件では，被告人がこのチョコレート缶の中に覚せい剤等の違法薬物が隠されていることを認識していたか否か（覚せい剤の認識）が争点となった。検察官は，被告人の覚せい剤の認識を推認させる間接事実を指摘し，これを総合すれば，被告人の覚せい剤の認識が認められる旨主張したのに対し，被告人は，マレーシアには依頼を受けて偽造旅券の密輸入のために訪れ，このチョコレート缶は，偽造旅券の密輸相手から土産として預かったものであり，当初は，違法薬物が隠されているのではないかという一抹の不安を感じたものの，その後，外見上異常がないことを確認して不安が払拭されたため，その内容物を知らなかった旨弁解し，覚せい剤の認識を否定した。

第1審判決（裁判員裁判）は，検察官が主張した間接事実について個別に検討した上で，被告人の弁解の信用性を否定することができないとして，被告人に無罪を言い渡した。これに対して，検察官が，事実誤認を理由に控訴を申し立てた。

原判決は，被告人の供述の信用性を否定し，さらに，検察官が主張した間接事実は覚せい剤の認識を認める証拠となり得ると判断し，この間接事実の評価等に関する第1審判決指摘の疑問や説示は是認できないとした上で，これらを総合すれば，被告人の覚せい剤の認識が認められるとして，事実誤認を理由に第1審判決を破棄し，被告人を懲役10年及び罰金600万円に処した。これに対して，弁護人が，事実誤認，刑訴法382条の解釈の誤りなどを理由に上告を申し立てた。

2 〈判 旨〉

破棄自判（控訴棄却，無罪確定）

「刑訴法は控訴審の性格を原則として事後審としており，控訴審は，第1審と同じ立場で事件そのものを審理するのではなく，当事者の訴訟活動を基礎として形成された第1審判決を対象とし，これに事後的な審査を加えるべきものである。第1審において，直接主義・口頭主義の原則が採られ，争点に関する証人を直接調べ，その際の証言態度等も踏まえて供述の信用性が判断され，それらを総合して事実認定が行われることが予定されていることに鑑みると，控訴審における事実誤認の審査は，第1審判決が行った証拠の信用性評価や証拠の総合判断が論理則，経験則等に照らして不合理といえるかという観点から行うべきものであって，刑訴法382条の事実誤認とは，第1審判決の事実認定が論理則，経験則等に照らして不合理であることをいうものと解するのが相当である。したがって，控訴審が第1審判決に事実誤認があるというためには，第1審判決の事実認定が論理則，経験則等に照らして不合理であることを具体的に示すことが必要であるというべきである。このことは，裁判員制度の導入を契機として，第1審において直接主義・口頭主義が徹底された状況においては，より強く妥当する。

そして，原判決は，第1審判決に論理則，経験則等に照らして不合理な点があることを十分に示したものとは評価することができず，刑訴法382条の解釈適用を誤った違法がある。（なお，白木勇裁判官の補足意見がある。）

3 〈解 説〉

1 控訴理由である「事実誤認」（刑訴法382条）の意義については，学説を大別すると，心証

比較説と論理則・経験則等違反説とに分けられる。前者は，控訴審の心証と第1審の心証とを比較した上で，両者が一致しない場合には，控訴審の心証を優先させて，事実誤認があるとするものであり，後者は，第1審の判断過程または結論に論理則，経験則等の違反がある場合には，事実誤認があるとするものである。

　この点，白木裁判官の補足意見において，「これまで，刑事控訴審の審査の実務は，控訴審が事後審であることを意識しながらも，記録に基づき，事実認定について，あるいは量刑についても，まず自らの心証を形成し，それと第1審判決の認定，量刑を比較し，そこに差異があれば自らの心証に従って第1審判決の認定，量刑を変更する場合が多かったように思われる。」と述べられている通り，従来の控訴審は，心証比較説的な運用がなされていた面があった。

　これに対して，本判決は，刑訴法382条の「事実誤認」の意義を「第1審判決の事実認定が論理則，経験則等に照らして不合理であること」と判示し，論理則・経験則等違反説を採ることを明らかにした。それゆえ，仮に控訴審と第1審の心証を比較して両者が一致しない場合であっても（同説でも，控訴審が心証形成することまでは否定されない。），論理則，経験則等の違反があるとまではいえなければ，事実誤認があるとはいえないことになる。なお，上告審における事実誤認の審査方法については，最高裁はさきに【196】事件において同説を採ることを明らかにしている。

　2　さて，いわゆる裁判員法の施行により，対象事件の第1審については，原則として，裁判官と一般の国民の中から選任された裁判員とが協働して審理・裁判することになった。およそ第1審の構造に何らかの変化があった場合には，上訴審の在り方にも影響があるものと考えられるが，同制度の導入に当たって，刑訴法の上訴審に関する規定の変更はほとんどなされなかった。しかし，論者の多くは，同制度導入の趣旨が損なわれることなど，種々の根拠を挙げて，控訴審の審査は謙抑的になるべきであるとしていた。

　この点，本判決は，論理則・経験則等違反説を採る根拠として，控訴審の性格が事後審であること，及び第1審において直接主義・口頭主義の原則が採られていることを挙げており，裁判員制度の導入を直接の根拠とはしていない。

　まず，現行刑訴法における控訴審の性格は事後審であり，控訴審は，事件そのものではなく第1審判決の当否を審査することが原則である（【185】事件参照）。それゆえ，第1審判決の当否を審査するという点で，論理則・経験則等違反説がより適合するといえるのである。

　また，本判決でいうところの直接主義・口頭主義に基づき，第1審では証人を直接尋問し，その証言態度等（いわゆる態度証拠）も踏まえて供述の信用性を判断し，それらを総合して事実認定を行うことになるが，控訴審は，この態度証拠を考慮することができないことから，心証を比較して控訴審の心証を第1審の心証に優先させることはできないと考えられるのである。

　もっとも，控訴審の性格が事後審となったのは，現行刑訴法施行を契機とするものであるし，第1審の直接主義・口頭主義の要請も同じく，裁判員制度の導入がきっかけとなったわけではない。ただ，これらが必ずしも十分に実現されてきたとはいえなかったが，同制度の導入を契機として，第1審の直接主義・口頭主義が徹底されたことにより，ここで刑訴法382条の「事実誤認」の意義を明示したものである。

　3　最後に，本判決の射程に関して2つの問題がある。第1に，第1審が裁判員裁判で審理・裁判された事件に限定されるか否かであるが，「第1審における直接主義・口頭主義の原則の徹底」は，仮に裁判員制度の導入を契機としたものであったとしても，裁判員裁判に限定されるものではないから，消極に解すべきである。第2に，第1審判決が無罪である事件に限定されるか否かであるが，本判決は，刑訴法382条の「事実誤認」の意義に対する判断であって，第1審判決が有罪か無罪かは，直接関連しないというべきであって，これもまた消極に解すべきである（なお，そもそも，無罪判決に対する検察官上訴は，憲法39条により制限されるとする見解はあるが，判例はこれを合憲と解する（【178】事件）。）。

［参考文献］
① 上岡哲生・最判解刑事篇平成24年度115頁
② 村瀬均・百選［第10版］100
③ 原田國男・刑ジ33号37頁

（氏家　仁）

XI 裁判の効力・上訴・再審

【196】上告審における事実誤認の審査方法

最(三小)決判平21・4・14刑集63巻4号331頁, 判時2052号151頁, 判タ1303号95頁
強制わいせつ被告事件(平成19年(あ)第1785号)
第1審・東京地判平18・10・31
第2審・東京高判平19・8・23

● 争 点 ●
① 上告審における事実誤認の主張に関する審査方法
② 論理則・経験則違反の認定方法

1 〈事 実〉

被告人は，大要以下のような公訴事実で起訴された。「被告人は，平成18年4月18日午前7時56分ころから同日午前8時3分ころまでの間，東京都世田谷区内の小田急電鉄株式会社成城学園前駅から下北沢駅に至までの間を走行中の電車内において，乗客である当時17歳の女性に対し，パンティの中に左手を差し入れその陰部を手指でもてあそぶなどし，もって強いてわいせつな行為をした」
第1審の東京地裁は，公訴事実の通りの被害を受けたとする上記女性（以下A）の供述に信用性を認め，公訴事実と同旨の犯罪事実を認定して，被告人を強制わいせつで有罪とし懲役1年10月（実刑）に処した。原審の東京高裁は，第1審の事実認定を是認して控訴を棄却した。被告人側が憲法違反，判例違反を理由に上告した。

2 〈決定要旨〉

破棄自判

当審における事実誤認の主張に関する審査は，当審が法律審であることを原則としていることにかんがみ，原判決の認定が論理則，経験則等に照らして不合理といえるかどうかの観点から行うべきであるが，本件のような満員電車内の痴漢事件においては，被害事実や犯人の特定について物的証拠等の客観的証拠が得られにくく，被害者の供述が唯一の証拠である場合も多い上，被害者の思い込みその他により被害申告がされて犯人と特定された場合，その者が有効な防御を行うことが容易ではないという特質が認められることから，これらの点を考慮した上で特に慎重な判断をすることが求められる。
……被告人は，捜査段階から一貫して犯行を否認しており，本件公訴事実を基礎付ける証拠としては，Aの供述があるのみであって物的証拠等の客観的証拠は存在しない。……被告人は，本件当時60歳であったが，前科，前歴はなく，この種の犯行を行うような性向をうかがわせる事情も記録上は見当たらない。したがって，Aの供述の信用性判断は特に慎重に行う必要があるのであるが，(1)Aが述べる痴漢被害は，相当に執拗かつ強度なものであるにもかかわらず，Aは，車内で積極的な回避行動を執っていないこと，(2)そのことと前記……Aのした被告人に対する積極的な糾弾行為とは必ずしもそぐわないように思われること，また，(3)Aが，成城学園前駅でいったん下車しながら，車両を替えることなく，再び被告人のそばに乗車しているのは不自然であること……などを勘案すると，同駅までにAが受けたという痴漢被害に関する供述の信用性にはなお疑いをいれる余地がある。そうすると，その後にAが受けたという公訴事実記載の痴漢被害に関する供述の信用性についても疑いをいれる余地があることは否定し難いのであって，Aの供述の信用性を全面的に肯定した第1審判決及び原判決の判断は，必要とされる慎重さを欠くものというべきであり，これを是認することができない。被告人が公訴事実記載の犯行を行ったと断定するについては，なお合理的な疑いが残るというべきである。
（那須弘平裁判官・近藤宗晴裁判官の補足意見，堀籠幸男裁判官・田原睦夫裁判官の反対意見がある。）

3 〈解 説〉

1 上告審における事実誤認の主張に関する審査方法

事実誤認の主張に関し上訴審がとるべき審査方法に関しては，論理則・経験則違反説と心証優位説の対立がある。前者は，公判裁判所の事実認定が論理則・経験則に反しているか否かを問うものであり，後者は，上訴裁判所が自ら心証を形成し，その心証に公判裁判所の事実認定が合致しているか否かを問うものである。本件では，反対意見を含め裁判官全員一致で，経験則・論理則違反説をとることを明らかにした。

経験則・論理則違反説の根拠として一般的にいわれているのは，証人尋問において証人の態度等に直に触れた判断が可能である公判裁判所の判断を尊重することが，直接主義の要請に適うというものである。近年においてはさらに，裁判員制度を導入して，証拠の評価に一般国民の健全な良識にもとづく多様な判断を反映させようとしていることから，公判裁判所の事実認定を尊重すべきであるともいわれている。だが，より根本的には，憲法37条が当事者・論争主義を採用し，公判において被告人に対し事実認定者による事実認定をコントロールする地位を与えていることに根拠を求めるべきであろう。

2 痴漢事件の有罪判決についての論理則・経験則違反の認定方法

多数意見と反対意見が，ともに論理則・経験則違反説に依りつつ結論を異にしている理由は，満員電車内の痴漢事件における事実認定上の問題と関係している。多数意見が指摘しているように，この種の事案は客観的証拠が得られにくく，被害者の供述が唯一の証拠であることも多い上，被告人による反対尋問も功を奏しない場合が多い。そのため，被害者供述の信用性判断の誤りが誤判に直結する。そこで，多数意見は，被害者供述の信用性判断を慎重に行うべきことを強調し，その上で，本件被害者供述には被害状況等に関して不自然な点があり，本件では合理的な疑いを容れない程度の証明がなされていないとした。

この点，反対意見が，本件の事実認定には論理則・経験則違反はないとしていることから，多数意見が論理則・経験則違反をどのように認定したのかが問題となる。これに関する説明はほとんどないが，「経験則には幅がある」との見方もあることから，被害者供述の信用性について経験則に沿った複数の認定，評価が成り立つ場合に，本件のような事案では，より慎重な認定，評価の方を採用すべきとの立場に立っているのではないかと推測される。

有罪・無罪の認定が被害者供述にもっぱら依拠することになり，しかも，反対尋問が効奏しないことが多いのであれば，補強法則を応用するなどして，供述の裏付けとなる客観的証拠がなければ「合理的な疑いを容れない程度の証明」には至らないとする事実認定上のルールを定める方法での対処もあり得たかと思われる。しかし，多数意見はそこまでは踏み込まずに，供述の信用性についての慎重で多面的な判断を事実認定者に求めるという方法をとった。もっとも，これにより，論理則，経験則違反という基準を，一般的に理解されているのとは異なって用いることとなり，結局，これでは心証優位説と実質的に変わらないのではないかとの疑問も生じる。上告審における事実誤認の主張に関する審査の在り方としては，その適切さに問題を残しているようにも思われる。

いずれにしても，本判決は，有罪判決に対する審査の場合で，事実認定が被害者供述にもっぱら依拠し，しかも，反対尋問が効奏しないことが多いという事情のある事案について下されたものであり，その射程はこうした事案に限定されるものであろう。

［参考文献］
① 中川孝博・季刊刑事弁護59号101頁
② 名倉弁護団・季刊刑事弁護59号77頁
③ 後藤弘子・法セミ54巻8号57頁
④ 中川孝博・法セミ54巻10号4頁
⑤ 荒木友雄・刑ジ19号97頁
⑥ 家令和典・最判解刑事篇平成21年度119頁
⑦ 遠藤邦彦・百選〈第10版〉160頁

（柳川重規）

XI 裁判の効力・上訴・再審

【197】終局前の裁判と抗告

最(一小)決昭44・9・18刑集23巻9号1146頁,判時567号91頁
提出命令に対する特別抗告事件(昭和44年(し)第59号)
第1審・福岡地判昭44・8・28

● 争 点 ●
① 提出命令は「判決前にした決定」に該当するか
② 提出命令は押収に関する決定に該るか

1 〈事 実〉

被疑者たる福岡県警察本部長ほか870名に対する特別公務員暴行陵虐等付審判請求事件について,第1審の福岡地裁は,RKB毎日放送株式会社代表取締役社長Kほか4名に対して,いわゆる博多駅頭事件の状況を撮影したフィルムの提出命令(99条2項)を発し,上記各決定は4名に送達された。提出命令を受けた4名は,報道の自由(報道を受取る国民の側からみれば国民の「知る権利」)は民主社会の基盤をなすものとしてとくに重要で,憲法21条によって保障されているが,フィルム等の提出命令が適法とされ,報道以外の目的に使われることになると,取材の自由が制約され,公平かつ多角的な報道が不可能となるものであり,このような提出命令は報道の自由に対する公共の福祉の名の下に許される制限を超えたもので,報道の自由を保障した憲法21条に違反するものとしてその取消を求めて最高裁に特別抗告を申し立てた。なお,4名は福岡高裁に対しても一般抗告を申し立てた。

2 〈決定要旨〉

抗告棄却

「刑訴法433条によれば,最高裁判所に特別抗告をすることが許されるのは,その対象である決定または命令に対し同法により不服を申し立てることができない場合に限られるのであって,原決定または命令に対し,同法上抗告もしくは異議の申立をすることができる場合には,直接最高裁判所に特別抗告を申し立てることが許されないことは明らかである。そして,同法420条1項によれば『裁判所の管轄又は訴訟手続に関し判決前にした決定』に対しては,特に即時抗告を許す旨の規定のある場合のほかは抗告をすることはできないのであるが,本件各提出命令は,判決を直接の目標とする訴訟手続においてなされたものではないが,付審判請求手続において,終局決定をするため,その前提として裁判所によってなされた個々の決定の一つであるから,『訴訟手続に関し判決前にした決定』に準ずるものとして同条同項にいう『決定』には該当するものというべきである。しかしながら,提出命令は,命令を受けた者がこれに応じて,その対象となった物件を提出し,裁判所が領置することにより押収の効力が生ずるのであるから,同条2項にいう押収に関する決定にあたるものと解するのが相当である。そうすると,同条1項による制限は解除され,しかもこのような裁判に対し,不服を許さないとする特別の規定も存しないから,本件各提出命令は,同法419条にいう『裁判所の決定』として,これを受けた者は同法352条により高等裁判所に通常の抗告をすることができるのである。しからば,本件各提出命令は,刑訴法により不服を申し立てることができる決定にあたるから,直接当裁判所に申し立てた本件特別抗告は,刑訴法433条の要件を備えない不適法なものであって,棄却を免れない。」

3 〈解 説〉

1 提出命令は「判決前にした決定」に該当するか

特別抗告は一般抗告が許される場合には認められない（433条1項）。一般抗告中、即時抗告が許される場合は明文で定められている（419条）ので、本決定のような場合は通常抗告が許されるかが問題である。ところで、まず、420条1項によれば、裁判所の訴訟手続に関し判決前にした決定に対しては通常抗告が許されない。その理由は、終局前の、終局裁判の基礎となる個々のいわば中間的裁判について、いちいち不服申立を認めていては、訴訟の円滑な進行が阻害されるし、また、当該裁判に不服のある者には終局裁判に対する上訴において争う機会を与えれば十分であるからだといわれる。最高裁は、付審判請求棄却決定は判決を目標とするものではないから、訴訟手続に関し判決前にした決定とはいえないとして通常抗告を許した（最決昭28・12・22刑集7巻13号2595頁）が、それは、付審判請求棄却決定は、その後その決定を基礎として発展する訴訟や終局裁判を考えることができないので、「終局裁判」の一つと考えられる（渥美・刑訴百選〔第3版〕114）からである。したがって、本決定が、本件の提出命令は、付審判請求に対する決定の前提となる決定であるから、420条1項の「訴訟手続に関し判決前にした決定」に準ずるものとしたことは正当である。

2 提出命令は押収に関する決定に該るか

提出命令が「訴訟手続に関し判決前にした決定」に準じるとした場合でも例外的に通常抗告が認められないか、すなわち、提出命令が420条2項にいう「押収に関する決定」と解されるかが問題である。本判例は同条同項の適用を認めて、同条1項の制限を解除して、419条の原則に戻り、本件は通常抗告の認められる場合だとした。提出命令が420条2項の押収に関する決定といえるかについて、強制処分により不当に侵害された利益を急速に救済するとの同条項の趣旨からすれば、それ自体によってとくに不利益を受ける虞れのない提出命令に抗告を認めることは不必要だとの反対説もある（高田・注解刑訴（上）313頁）が、通説は、強制処分によって不当に利益を侵害された場合は、終局裁判に対する上訴では適切に救済されないし、また、人権保障の観点から迅速な救済を与える必要があることから、肯定に解し、通常抗告を認める。さて、提出命令に応じて物が提出された場合、直ちに押収の効力が生じるのであろうか。直ちに押収の効果は生ぜず、改めて差押を必要とするとの見解もある（青柳・（下）584頁）が、通説は、提出により直ちに押収の効力を生ずるとする（団藤・411頁）。通説のように考えれば、提出命令による提出義務の履行は直ちに強制処分たる押収に通じるという不利益を生ずるし、また、提出義務を負うこと自体が、提出命令を受けた者にとって不利益である（渥美・前掲）。さらに、提出命令は、当事者以外の第三者に向けられるのがほとんどの場合であるといわれ、不利益を受けた第三者は上訴においてその点を争うことは通常できないので、通常抗告を認めなければ第三者の利益が保障されないことになる（渥美・前掲、海老原・解説44・328頁）。また、提出命令が「押収及び捜索」の章に規定されていることも副次的な一つの根拠となるであろう（海老原・前掲）。本決定が提出命令を押収に関する決定と解して通常抗告の対象にしたのは正当といえよう。本件提出命令が押収に関する決定であれば、420条2項により、419条の通常抗告ができることになるので、本件のように特別抗告を申し立てても不適法として棄却されることになる。

[参考文献]
① 渥美東洋・百選〔第3版〕114
② 海老原震一・最判解刑事篇昭和44年度328頁

（椎橋隆幸）

【198】特別抗告の許否

最(三小)決昭29・10・8刑集8巻10号1588頁
証拠採用決定に対する特別抗告事件(昭和29年(し)第37号)
第1審・福岡地判昭29・6・24

● 争 点 ●

伝聞例外として供述調書を証拠に許容する裁判は、「この法律により不服を申し立てることができない決定又は命令」として特別抗告の対象になるか。

1 〈事実の概略〉

被告人Mほか4名に対する所得税法違反被告事件の第1審裁判所の第15回公判期日において、検察官は、321条1項2号の書面として、証人Sの検察官供述調書について証拠調を請求した。弁護人は、上記の供述調書は強制誘導によるものであり、かつ信用すべき特別の情況のもとに作成されたものではない等の理由により異議を申し立てた。

裁判所は、上記の異議にかかわらず、証拠能力ありとして、これを証拠に採用する旨の決定をなし、証拠調を終了した。そこで、弁護人は、上記の証拠採用決定に対して判例違反を理由として特別抗告の申立をした。

2 〈決定要旨〉

抗告棄却

「刑訴法420条1項によれば、右証拠採用決定のような『訴訟手続に関し判決前にした決定』に対しては、直接に抗告することを許されていないのであるが（重ねて異議を申し立てることもできない。刑訴規則206条）、この種の決定に対して抗告することを許さないとする所以のものは、かかる決定に対しては一々独立に不服を申し立てることを許さなくとも、その決定の不当不法が本案判決に影響を及ぼす限り、その終局判決に対する上訴において（上告においては、原則として憲法違反および判例違反を理由とする場合に限ること勿論である）、その救済を求めることができるからに外ならない（昭和26年（し）第71号同28年12月22日大法廷決定『集7巻13号2595頁』、昭和26年（し）第103号同27年12月27日第一小法廷決定『集6巻12号1477頁』参照）。そればかりでなく、証拠採用決定の如きものは、当該裁判所において証拠調施行前にこれを取り消し得るものであり、証拠調施行後においてもその証拠の全部また一部を排除することができるのであって、従って右決定に、かりに違法違憲があったとしても、その段階においては未だ本案判決に影響を及ぼすべきものであるか否かさえ、不確定の状態にあるのであるから、刑訴法はこれに対して即時抗告の申立をすることすら、未だ実益がないものとして、これを認めなかったものと解せられる。

以上の如く本案判決に対する上訴においてその当否を争うことが出来るものであるから本件における原決定の如き『訴訟手続に関し判決前にした決定』は、刑訴433条1項にいわゆる『この法律により不服を申し立てることができない決定』にあたらないものと解するのが相当である。従って、所論判例違反の主張につき判断するまでなく、本件特別抗告は不適法として棄却を免れない。」

3 〈解 説〉

　433条1項は,「この法律により不服を申し立てることができない決定又は命令」に特別抗告を限定している。他方,刑訴法は,証拠調べに関する決定のような「訴訟手続に関し判決前にした決定」に対する抗告の申立（420条1項）と異議の申立（428条2項）を認めていない。これを法文上の根拠に,証拠調べの決定や証拠調べに関する異議却下の決定等,訴訟手続に関する判決前の決定に対する特別抗告を適法とする立場（高田525頁）があり,当初の最高裁判所の裁判例はこうした決定に対する特別抗告を適法と扱ってきた（最決昭24・9・7刑集3巻10号1563頁, 最決昭25・3・27刑集4巻3号420頁, 最決昭28・9・1刑集7巻9号1796頁, 最決昭28・10・23刑集7巻10号1968頁, 非限定説）。この非限定説の根拠は,決定に関係する憲法問題,判例違反の問題,法令解釈の統一上必要な問題については,終局判決とは独立に最高裁判所の判断を受けさせるのが法的安定性に適うということにある。ところが,非限定説に立つと,訴訟経済を図りながら具体的な争訟を解決するという裁判制度の当然の前提に反する結果が生じる。なぜなら,非限定説によると,訴訟当事者は具体的な利害関係のない主張を展開し,裁判所が具体的な紛争解決から離れた法律問題を扱うようになるからである。420条1項が「訴訟手続に関し判決前にした決定」を抗告の対象からはずしたのは,このような見方から,こうした決定に独立の不服申立の道を開かなくても,これが終局判決に影響を及ぼす場合には終局判決自体を争う上訴で救済を図ることができる点に着目したからだと解することができる（同旨,最決昭28・12・22刑集7巻13号2595頁）。

　そこで,通常上訴で争うことができる決定は「この法律により不服を申し立てることが」できるのであって,「不服を申し立てることができない決定」には当たらない点に着目して,これを特別抗告の対象からはずす立場がある（団藤7訂版575頁,限定説）。本決定はこの立場を明確にした裁判例である（このほかに,最決昭26・7・20刑集5巻8号1571頁, 最決昭29・2・4ジュリ55号60頁, 最決昭27・12・27刑集6巻12号1477頁, 最決昭35・2・23刑集14巻2号193頁, 最決昭32・11・2刑集11巻12号3056頁, 最決昭33・4・18刑集12巻6号1109頁, 最決昭36・2・7刑集15巻2号304頁）。

　しかし,本決定後,限定説に例外があることを示す裁判例がある。例えば,詐欺罪による懲役1年の前科がある被告人に執行猶予を付し得ることになる10月余先に判決言渡しを延期する公判期日変更決定に関する最決昭36・5・9刑集15巻5号771頁や,被告人の留学の便宜を考慮し5年後に被告人が帰国したときに判決宣告をすることを意図した,判決宣告期日を追って指定する旨の裁判長の処分に対する特別抗告を適法とする前提で判決した最決昭37・2・14刑集16巻2号85頁, 証拠開示命令に関する最決昭44・4・25刑集23巻4号248頁がある。これは,訴訟の過程で,終局判決に対する上訴を待っていたのではおよそ十分な救済を図ることができない重大な利益に係る裁判が下された場合に対応しようとするもので,具体的な争訟の解決という裁判所の役割から,訴訟手続に関する判決前の決定を終局判決に対する上訴を通して争わせるという限定説に矛盾しない。最高裁判所は,①原裁判に重大な違法があることと,②終局裁判に対する上訴では効果的な救済を図ることができないことが,例外的に特別抗告が許される要件であるとしている（最決昭49・3・13刑集28巻2号1頁）。

［参考文献］
① 天野憲治・最判解刑事篇昭和29年度291頁
② 田尾勇・最判解刑事篇昭和44年度166頁
③ 寺澤栄・最判解刑事篇昭和49年度303頁

（堤　和通）

【199】再審請求証拠の明白性 (1)
——白鳥事件決定

最(一小)決昭50・5・20刑集29巻5号177頁、判時776号24頁
再審請求棄却決定に対する異議申立棄却決定に対する特別抗告事件(昭和46年(し)第67号)
異議審・札幌高決昭46・7・16

● 争 点 ●
435条6号の証拠の明白性の意義

1 〈事実の概略〉

1 本件は、いわゆる白鳥事件の再審請求却下決定事件であり、再審要件の1つである明白性(435条6号)に新たな基準を樹立したので有名な事件である。

2 昭和27年1月21日夜半、札幌市警察の警備課長白鳥一雄警部が、札幌市内の街路を自転車で走行中、背後から何者かによって拳銃で射たれ殺害された。

この事件は公安警備に当たっていた白鳥警部の殺害が日本共産党の地区委員会で謀議されたものとして、地区委員長Mほかの者が殺人罪で起訴され、首謀者とされたMは、第1・2審でそれぞれ有罪判決の言渡を受け、無期懲役、懲役20年の刑の言渡を受け、上告も、昭和38年10月17日に棄却され、判決は確定し(最刑集17巻10号1795頁)、刑の執行を受けていた。

上記Mは、ソ連やチェコスロバキヤの学者の意見書も含めて各種の証拠を挙げて、435条6号を根拠に再審請求をした。この再審請求に対し、札幌高等裁判所は、再審請求棄却の決定を下した。

札幌高裁は、次の理由で、証拠が「あらた」＝新規性＝であることは認めたが、同条6号でいう「明らか」＝明白性＝であることを認めなかったのである。

まず、証拠の新規性について、一般論として、(1)裁判所に対する関係だけでなく再審請求者にとっても証拠が新規であること、請求者が知っていたか、当然知りえた場合には新規性が欠如する。(2)原審で証拠調請求がされていた証拠は取り調べられていなくても新規性はない。(3)証拠の発見が原判決の確定前であっても、原手続で提出することが法律上または事実上不能か著しく困難であったときには、新規性を認めうる。(4)新規性は証拠方法と証拠資料の両面から検討されるが、鑑定人には証人と異なり代替性があるから、鑑定の場合は、専ら証拠資料としての鑑定内容で決められるとして、従前の鑑定の結論との異同を問わず、利用した基礎資料において異なる等証拠資料としての意義、内容において異なると認められれば、新規性がある。

このようにして、証拠の新規性を肯定しながら、明白性とは、有罪等の確定判決を覆し無罪等の事実認定に到達する高度の蓋然性を意味し、その明白性の判断は、新証拠と既存の確定判決の基礎となった全証拠との総合的関連で決さるべきとし、新規な証拠であれ、明白性を欠くとした。

これに対し再審請求者が特別抗告を申し立てた。

2 〈決定要旨〉

抗告棄却

「刑訴法435条6号にいう『無罪を言い渡すべき明らかな証拠』とは、確定判決における事実認定につき合理的な疑いをいだかせ、その認定を覆すに足りる蓋然性のある証拠をいうものと解すべきであるが、右の明らかな証拠であるかどうかは、もし当の証拠が確定判決を下した裁判所の審理中に提出されていたとするならば、はたしてその確定判決においてなされたような事実認定に到達したであろうかどうかという観点から、当の証拠と他の全証拠を総合的に評価して判断すべきであり、この判断に際しても、再審開始のためには確定判決における事実認定につき合理的な疑いを生ぜしめれば足りるという意味において、『疑わしきは被告人の利益に』という刑事裁判における鉄則が適用されるものと解すべきである。」

3 〈解 説〉

1 435条6号の「無罪等の判決を下すべき明らかな証拠」とは，従来，再審請求の基礎になるとして提出された新証拠がそれだけで確定判決について合理的な疑いを抱かせ，確定判決で示された，その証拠が証明しようとしている事実についてなされ事実認定を覆すに足る蓋然性のある証拠であるといわれてきた。

そして，確定判決は，確定した「真実」として尊重され，新証拠を用いて確定すれば，確定判決に示されている事実認定を覆さなくては奇妙であると思われるほどのものでなければならないとされ，むしろ，再審請求においては，「疑わしきは確定力の利益に」判断されるべきだとされてきたのである（この意味で，「疑わしきは被告人の利益に」の原則は再審請求においては適用されないとの立場を示すものには，たとえば名古屋高決昭34・7・15下刑集1巻7号1550頁）。

この立場を誇張すると，新たな証拠が，無罪の判決を求める再審請求の場合を例にとれば，原裁判での被告人が起訴された事実について無罪であることを「明らか」に示すか，少なくとも蓋然的なものでなければならないということになるであろう。無罪であることを被告人が明らかに示す証明を，全事実認定の情況の下で，しなければならないとすると，後述のように問題を生ずるので，本件の原決定を下した札幌高等裁判所も，「無罪等の事実認定に到達する高度の蓋然性」と表現していた。

2 ところが，本棄却決定では，確定判決での事実認定について合理的な疑いをいだかせ，その認定を覆すに足る蓋然性ある証拠と表現し，その証拠を新たに加えてみて総合的に事実認定して被告人の有罪について合理的な疑いが生ずれば，「疑わしきは被告人の利益に」の原則を適用して，再審開始決定をすべきだというのである。

この決定の基礎には，刑事裁判においては，検察官が挙証責任を負っているとし（【121】），検察官が合理的な疑いを容れない程度に立証しなければ，被告人は無罪であるとの無罪推（仮）定の原則を維持することが刑事裁判の鉄則であることを，再審開始決定手続においても示そうとしたものと思われる。憲法38条1項の自己負罪拒否特権法理によると，無罪の推定に基づく検察官の挙証責任を前提とした裁判を被告人に保障することを具体的な内容にしているものと解することができる。そうだとすれば，新証拠を加えて認定を行なうと仮定したとき，被告人の有罪について，合理的な疑いを容れる結果となれば，原判決を維持することはできないのは当然のことであろう。この場合でも，原判決を「疑わしきは確定力の利益に」の原則を適用すれば，無罪の挙証責任が被告人に課され，有罪の推定をとることになるからである。

ただ，本決定のこのような理解は，全事実認定の総合判断を前提にするものとなることは，判文上も明らかであるし，上述の説明からも，それは当然のこととなる。本件は総合的な事件についての事実認定を離れて，その新証拠のみを独立して評価し，それが被告人の無罪を立証しうる「一」証拠であることが明らかか否かを基準にして，その場面で「疑わしきは」の原則を適用しようとしたのではない。

3 また，弾劾システム（憲38条1項）に忠実な立場に立法，裁判所の前に示された全証拠の結果によって，起訴された被告人の犯行について，「合理的疑い」が残る場合には，有罪判決を維持することはできないことになる。わが憲法に，この弾劾システムを基本原則にするので，これに違反する有罪は破棄せざるをえないといえよう。

法文と法構造には無い「疑わしきは被告人の利益に」という，むしろ糺問システムの要求ではなく憲法に基礎を置く「弾劾システム」の要求に忠実であるべきであろう。

[参考文献]
① 大野平吉・重判解昭和50年度170頁
② 松岡正章・ジュリ593号42頁
③ 松尾浩也・警研53巻3号60頁

（渥美東洋）

【200】再審請求証拠の明白性 (2)
——財田川決定

最(一小)決昭51・10・12刑集30巻9号1673頁,判時828号23頁
再審請求棄却決定に対する即時抗告棄却決定に対する特
　別抗告事件(昭和49年(し)第118号)
第2審・高松高判昭49・12・5
第1審・高松地丸亀支判昭47・9・30
差戻第2審・高松高決昭56・3・14
差戻第1審・高松地決昭54・6・6

● 争　点 ●
435条6号の「証拠の明白性」の意義

1〈事実の概略〉

1　被告人は「借金の支払と小遣銭に窮し,小金をもっていると考えた財田川村の1人暮しの被害者から金員を強奪しようと企て,昭和25年2月28日午前2時過ぎ頃,国防色ズボン等を身につけ,刺身包丁をもって同人方に到り,屋内に入り,就寝中の同人の枕許辺りを物色したが胴巻がみつからず,そこでいっそ同人を殺害して金員を奪おうととっさに決意し,同人の頭,腰,顔を多数回切りつけ,突くなどして,同人の腹に巻いてあった胴巻の中から現金13,000円位を強奪したあと,止めを刺すべく,心臓部に1回包丁を突き刺し,包丁を全部抜かずにさらに同じ部位を突き刺して同人を殺害した」との公訴事実で起訴された。被告人は第1審公判で捜査段階での自白を全面的に翻して犯行を否認したが,第1審は公訴事実を認めて,被告人に死刑判決を言い渡した。第2審は控訴を棄却し,上告審は被告人の上告を棄却し,第1審判決は確定した(昭和32年1月22日言渡判決)。

2　昭和32年3月30日被告人たる申立人から435条1・2号所定の事由を理由に再審請求がされた。第1審は453条1・2・6号所定の事由はないとして再審請求を棄却し(昭和33年3月20日付),棄却決定と同時に即時抗告申立期間を延長して7日間としたが,申立人は即時抗告を申し立てなかった。

3　さて本件の再審請求は昭和44年4月に,それに先立って申立人が裁判所に当てた無罪を訴える信書の真意が再審請求の申立に当たると扱われて開始された第2次再審請求に対する手続である。その理由中重要なものは,自白は拷問によるもので虚偽のものであり任意性がない,犯行時に申立人が着けていたとされる国防色ズボンは申立人の弟が普段はいていたものとすりかえられている,自白内容が虚偽であることを示す証拠がある,というのであった。原原審(昭和47年7月30日付)は,審理の過程で,新証拠として前期手記の筆跡鑑定を命じ,鑑定人T作成の鑑定書を取り調べたほか,公判手続の証拠調にも比しうるほどの詳細な事実認定をしたのち,刑訴法所定の再審事由のいずれにも当たらないとしてこれを棄却した。原審(昭和49年12月5日付)は原原審の判断を相当として,原原決定を是認した。これに対する特別抗告事件が本決定である。

2〈決定要旨〉

決定取消,地裁へ差戻

原決定が原原決定の認定を認め,確定判決に代わる事実証明がされたとはいえないとした判断を一応首肯しつつ,自白内容が事実によく合わないとか,確定判決の認定自体に必ずしも首肯できないところがあるとかの判断を重ねたうえで,被告人の自白の信用性に疑問を抱き,被告人が作成したといわれる犯行を示した手記の内容についても疑問が多いとして,新証拠であるT鑑定人作成の手記のかなりの部分に被告人の文字形状に違いがあるとする新鑑定を既存の全証拠と総合的に評価すると,自白内容への疑惑は,確定判決の証拠判断の当否に影響を及ぼすことは明らかなので,原又は原原決定が少くともT鑑定の証明力の正確性や手記の筆蹟の同一性について,別の鑑定人の鑑定を求めるとか,鑑定条件を変えて鑑定をTに求めるなどすれば,再審事由の存在を認定し,確定判決の事実認定を動揺させる蓋然性もありえたと思われるとして,原および原原決定を取り消し,事件を松山地裁に差し戻した。

3 〈解 説〉

1 435条6号の明白性については,【199】の白鳥決定の基準を踏襲し,ここでも「疑わしきは被告人の利益に」の刑事裁判における「鉄則」の適用が明示的に言及された。そして,この原則の本財田川事件への適用に当たって,「確定判決が認定した犯罪事実の不存在が確実であるとの心証を得ることを必要とするものではなく,確定判決における事実認定の正当性の疑いが合理的な理由に基づくものであることを必要とし,かつ,これをもって足りると解すべきであるから,犯罪の証明が十分でないことが明らかになった場合にも右の原則があてはまるのである。」といって,確定判決であれ,何であれ,有罪判決にあっては,いずれのものであれ,合理的な疑いが伴い,合理的な疑いを容れる程度の証明がなされていないと認定しうる場合(これを白鳥・財田川の両決定は,「疑わしきは被告人の利益に」の鉄則の適用だと表現するものと思われる)には,有罪判決を維持することはできず,435条6号の新規の証拠により,かかる状態に確定判決の内容が至れば,再審開始決定をし,あらためて,合理的疑いを容れない程度の立証が被告人の有罪確定について果たされているか否かを審理し直そうというのである。このような意味で,無罪推(仮)定の原則を展開して,それを確定判決にも適用しようとするかぎり,新証拠も含めて,確定判決で用いられた全証拠との総合認定が必要となるのは当然である。これに対して,435条6号にいう,新規性のある証拠が,それだけで,事件についての総合認定にかかわらず,確定判決の認定事実のうちの一部について,配慮を払わなければならないほど,合理的な疑問を生むことが明らかなときに,独立に新証拠をとらえて同条6号の要件を具備しているとはいわないのである。この一証拠がそのような疑問を生ぜしめるものといえるときに,再審開始決定すると,その後は,全く新たな公判手続で被告人について再度公判が開かれ,そこでは再審に当たる裁判所の自由な,確定判決を下した裁判所の心証形成に拘束されない認定により判決がくだされることになる。だが,それでは,確定判決の事実認定を下した裁判所の心証形成は全く排され,尊重されず,4審・5審の覆審を認めることに通ずるからであろう。

このことを,本財田川決定は明らかにして,次のようにいう。「そのこと(鉄則たる「疑わしきは被告人に」の原則の適用が,本事例のような場合にもあること)は,単なる思考上の推理による可能性に止まるものをもって足りるとするものでもなく,また,再審請求を受けた裁判所が,特段の事情もないのに,みだりに判決裁判所の心証形成に介入することを是とするものでもないことは勿論である。」

2 ところで,本決定によると,自白の内容を疑わせるのに,再審請求を受けた裁判所がみずから,確定判決の事実認定を書面で審理したうえで,つまり,心証を引き継がないで行なうかのような口吻を漏らす点が議論を呼んでいる。しかし,確定判決の内容に介入することを是としないと明言する以上,鑑定人Tの鑑定に触発されて,手記の筆蹟に疑念をもつから自白内容やその任意性に疑問が生じたとみれば,確定判決の心証を引き継ぎつつ,それに新証拠たるT鑑定の内容を加えて,被告人の行為に合理的疑いを生じたと認定できた場合をいっているものとみるのが相当であろう。

3 ここでも,弾劾システム「無罪推(仮)定」の原則に目を向けるべきである。米国は弾劾システム違反を理由に,このような有罪を「根拠を欠く身柄拘束」とみ,人身保護令状の制度的問題の解決をしている。

[参考文献]
① 特集「誤判救済と刑事再審」ジュリ601号掲載の諸論文
② 礒辺衛・最判解刑事篇昭和51年度284頁

(渥美東洋)

判例索引

〔最高裁判所〕

最(大)判昭23・7・29刑集2巻9号1012頁……………………………………【143】
最(二小)判昭24・1・25刑集3巻1号58頁………………………………………【106】
最(三小)判昭24・7・19刑集3巻8号1348頁……………………………………【148】
最(大)判昭24・11・2刑集3巻11号737頁………………………………………【91】
最(大)判昭24・11・30刑集3巻11号1857頁……………………………………【91】
最(三小)判昭25・6・13刑集4巻6号995頁……………………………………【148】
最(大)判昭25・9・27刑集4巻9号1805頁………………………………………【178】
最(一小)判昭25・10・5刑集4巻10号1875頁…………………………………【124】
最(二小)決昭26・6・1刑集5巻7号1232頁……………………………………【149】
最(大)判昭27・3・5刑集6巻3号351頁…………………………………………【68】
最(一小)判昭27・10・30刑集6巻9号1122頁…………………………………【106】
最(大)判昭28・4・1刑集7巻4号713頁…………………………………………【93】
最(一小)判昭28・10・15刑集7巻10号1934頁…………………………………【164】
最(三小)判昭28・11・10刑集7巻11号2089頁…………………………………【102】
最(大)判昭28・12・9刑集7巻12号2415頁……………………………………【177】
最(二小)判昭29・5・14刑集8巻5号676頁……………………………………【107】
最(三小)決昭29・10・8刑集8巻10号1588頁…………………………………【198】
最(三小)決昭29・10・19刑集8巻10号600頁…………………………………【101】
最(三小)判昭30・1・11刑集9巻1号14頁………………………………………【155】
最(大)判昭30・6・22刑集9巻8号1189頁………………………………………【148】
最(大)判昭30・6・22刑集9巻8号1189頁………………………………………【192】
最(三小)判昭30・11・29刑集9巻12号2524頁…………………………………【150】
最(大)判昭30・12・14刑集9巻13号2760頁……………………………………【24】
最(三小)判昭30・12・26刑集9巻14号2996頁…………………………………【34】
最(一小)判昭31・4・12刑集10巻4号540頁……………………………………【113】
最(大)判昭31・7・18刑集10巻7号1147頁……………………………………【193】
最(大)判昭32・2・20刑集11巻2号803頁………………………………………【94】
最(大)決昭32・7・17刑集11巻7号1842頁……………………………………【92】
最(二小)決昭32・11・2刑集11巻12号3047頁…………………………………【146】
最(二小)判昭33・2・21刑集12巻2号288頁……………………………………【109】
最(大)判昭33・2・26刑集12巻2号316頁………………………………………【123】
最(大)判昭33・5・28刑集12巻8号1718頁……………………………………【122】
最(大)判昭33・5・28刑集12巻8号1718頁……………………………………【144】
最(二小)決昭34・7・24刑集13巻8号150頁……………………………………【102】
最(一小)決昭35・3・2刑集4巻4号462頁………………………………………【165】
最(一小)判昭35・9・8刑集14巻11号1437頁…………………………………【161】
最(大)判昭36・6・7刑集15巻6号915頁…………………………………………【54】
最(三小)判昭36・6・13刑集15巻6号961頁……………………………………【103】
最(三小)決昭36・11・21刑集15巻10号1764頁…………………………………【37】
最(大)判昭37・5・2刑集16巻5号495頁…………………………………………【65】
最(大)判昭37・11・28刑集16巻11号1593頁……………………………………【86】
最(大)判昭37・11・28刑集16巻11号1633頁……………………………………【96】
最(一小)判昭38・10・17刑集17巻10号1795頁…………………………………【151】
最(二小)判昭39・6・1刑集18巻5号177頁……………………………………【136】

最(大)決昭39・11・18刑集18巻9号597頁 …………………………………………【194】
最(大)判昭40・4・28刑集19巻3号270頁 …………………………………………【116】
最(三小)決昭40・12・24刑集19巻9号827頁 ………………………………………【100】
最(三小)決昭41・6・10刑集20巻5号365頁 ………………………………………【126】
最(二小)判昭41・7・1刑集20巻6号537頁 …………………………………………【137】
最(三小)判昭41・7・26刑集20巻6号711頁 ………………………………………【103】
最(三小)決昭41・7・26刑集20巻6号728頁 ………………………………………【44】
最(三小)決昭41・11・22刑集20巻9号1035頁 ……………………………………【128】
最(一小)判昭42・5・25刑集21巻4号705頁 ………………………………………【190】
最(大)判昭42・7・5刑集21巻6号748頁 ……………………………………………【129】
最(一小)判昭42・12・21刑集21巻10号1476頁 …………………………………【147】
最(一小)決昭43・2・8刑集22巻2号55頁 …………………………………………【142】
最(二小)決昭43・10・25刑集22巻11号961頁 ……………………………………【184】
最(三小)決昭43・11・26刑集22巻12号1351頁 …………………………………【114】
最(三小)決昭44・3・18刑集23巻3号153頁 ………………………………………【48】
最(三小)決昭44・7・14刑集23巻8号1057頁 ……………………………………【35】
最(一小)決昭44・9・18刑集23巻9号1146頁 ……………………………………【197】
最(一小)決昭44・10・2刑集23巻10号1199頁 ……………………………………【67】
最(大)決昭44・11・26刑集23巻11号1490頁 ……………………………………【46】
最(大)判昭44・12・24刑集23巻12号1625頁 ……………………………………【15】
最(一小)決昭45・9・24刑集24巻10号1399頁 ……………………………………【179】
最(大)昭45・11・25刑集24巻12号1670頁 ………………………………………【138】
最(大)決昭46・3・24刑集25巻2号293頁 …………………………………………【185】
最(三小)判昭46・6・22刑集25巻4号588頁 ………………………………………【100】
最(一小)判昭47・3・9刑集26巻2号102頁 ………………………………………【186】
最(三小)判昭47・7・25刑集26巻6号366頁 ………………………………………【110】
最(三小)判昭47・9・26刑集26巻7号431頁 ………………………………………【181】
最(大)判昭47・12・20刑集26巻10号631頁 ………………………………………【83】
最(一小)判昭48・12・13判時725号104頁 …………………………………………【125】
最(一小)判昭50・4・3刑集29巻4号132頁 …………………………………………【22】
最(一小)決昭50・5・20刑集29巻5号177頁 ………………………………………【199】
最(一小)判昭50・8・6刑集29巻7号393頁 …………………………………………【84】
最(三小)決昭51・3・16刑集30巻2号187頁 ………………………………………【1】
最(一小)決昭51・10・12刑集30巻9号1673頁 ……………………………………【200】
最(一小)判昭51・10・28刑集30巻9号1859頁 ……………………………………【145】
最(一小)決昭51・11・18刑集202号379頁 …………………………………………【49】
最(二小)決昭52・8・9刑集31巻5号821頁 ………………………………………【25】
最(二小)決昭52・8・9刑集31巻5号821頁 ………………………………………【32】
最(一小)決昭53・3・6刑集32巻2号218頁 ………………………………………【108】
最(三小)判昭53・6・20刑集32巻4号670頁 ………………………………………【9】
最(三小)決昭53・6・28刑集32巻4号724頁 ………………………………………【167】
最(一小)判昭53・7・10民集32巻5号820頁 ………………………………………【39】
最(二小)判昭53・9・4判時898号27頁 ………………………………………………【84】
最(一小)判昭53・9・7刑集32巻6号1672頁 ………………………………………【10】
最(一小)判昭53・9・7刑集32巻6号1672頁 ………………………………………【130】
最(一小)決昭53・9・22刑集32巻6号1774頁 ……………………………………【7】
最(三小)判昭54・7・24刑集33巻5号416頁 ………………………………………【90】
最(三小)決昭54・10・16刑集33巻6号633頁 ……………………………………【168】

最(一小)決昭55・4・28刑集34巻3号178頁 ……………………………………【45】
最(三小)決昭55・9・22刑集34巻5号272頁 ……………………………………【8】
最(一小)決昭55・10・23刑集34巻5号300頁 …………………………………【58】
最(一小)決昭55・12・17刑集34巻7号672頁 …………………………………【69】
最(一小)決昭55・12・17刑集34巻7号721頁 …………………………………【48】
最(一小)決昭56・4・25刑集35巻3号116頁 …………………………………【96】
最(二小)判昭56・6・26刑集35巻4号426頁 …………………………………【69】
最(三小)決昭56・7・14刑集35巻5号497頁 …………………………………【71】
最(一小)決昭57・5・25判時1046号15頁 ……………………………………【121】
最(三小)判昭58・7・12刑集37巻6号791頁 …………………………………【140】
最(三小)判昭58・9・6刑集37巻7号730頁 …………………………………【115】
最(三小)判昭58・12・13刑集37巻10号1581頁 ………………………………【191】
最(三小)決昭59・2・13刑集38巻3号295頁 …………………………………【6】
最(二小)決昭59・2・29刑集38巻3号479頁 …………………………………【18】
最(一小)決昭59・9・20刑集38巻9号2810頁 …………………………………【188】
最(二小)決昭59・12・21刑集38巻12号3107頁 ………………………………【169】
最(二小)判昭61・2・14刑集40巻1号48頁 …………………………………【16】
最(一小)決昭61・3・3刑集40巻2号175頁 …………………………………【170】
最(二小)判昭61・4・25刑集40巻3号215頁 …………………………………【131】
最(一小)決昭62・3・3刑集41巻2号60頁 …………………………………【171】
最(二小)決昭62・10・30刑集41巻7号309頁 …………………………………【187】
最(大)決昭63・2・17刑集42巻2号299頁 …………………………………【180】
最(三小)決昭63・2・29刑集42巻2号314頁 …………………………………【72】
最(二小)決昭63・9・16刑集42巻7号1051頁 …………………………………【132】
最(一小)決昭63・10・24刑集42巻8号1079頁 ………………………………【104】
最(二小)決平1・1・23判時1301号155頁 ……………………………………【139】
最(二小)決平1・1・30刑集43巻1号19頁 …………………………………【47】
最(三小)決平1・7・4刑集43巻7号581頁 …………………………………【19】
最決平2・6・27刑集44巻4号385頁 …………………………………………【63】
最(二小)決平2・7・9刑集44巻5号421頁判時1357号34頁、判タ736号83頁(椎橋) …【47】
最(三小)判平3・5・10民集45巻5号919頁 …………………………………【40】
最(二小)決平4・12・14刑集46巻9号675頁 …………………………………【95】
最(一小)決平6・9・8刑集48巻6号263頁 …………………………………【50】
最(三小)決平6・9・16刑集48巻6号420頁 …………………………………【3】
最(三小)決平6・9・16刑集48巻6号420頁 …………………………………【59】
最(三小)決平6・9・16刑集48巻6号420頁 …………………………………【133】
最(大)判平7・2・22刑集49巻2号1頁 ………………………………………【70】
最(大)判平7・2・22刑集49巻2号1頁 ………………………………………【160】
最(三小)決平7・2・28刑集49巻2号481頁 …………………………………【88】
最(三小)決平7・5・30刑集49巻5号703頁 …………………………………【11】
最(三小)判平7・6・20刑集49巻6号741頁 …………………………………【156】
最(三小)決平8・1・29刑集50巻1号1頁 …………………………………【23】
最(三小)決平8・1・29刑集50巻1号1頁 …………………………………【55】
最(三小)平8・10・29刑集50巻9号683頁 ……………………………………【134】
最(一小)判平9・1・30刑集51巻1号335頁 …………………………………【66】
最(二小)決平10・5・1刑集52・4・275頁 …………………………………【53】
最(一小)決平11・2・17刑集53巻2号64頁 …………………………………【12】
最(大)判平11・3・24民集53巻3号514頁 ……………………………………【41】

405

最(三小)決平11・12・16刑集53巻9号1327頁 ………………………………………【60】
最(三小)判平12・6・13民集54巻5号1635頁 ………………………………………【42】
最(二小)決平12・7・12刑集54巻6号513頁 ………………………………………【166】
最(二小)決平12・7・17刑集54巻6号550頁 ………………………………………【172】
最(二小)決平12・10・31刑集54巻8号735頁 ………………………………………【157】
最(三小)決平13・4・11刑集55巻3号127頁 ………………………………………【105】
最(一小)決平14・7・18刑集56巻6号307頁 ………………………………………【97】
最(一小)決平14・10・4刑集56巻8号507頁 ………………………………………【52】
最(二小)判平15・2・14刑集57巻2号121頁 ………………………………………【135】
最(大)判平15・4・23刑集57巻4号467頁 …………………………………………【99】
最(一小)決平15・5・26刑集57巻5号620頁 ………………………………………【5】
最(三小)判平15・10・7刑集57巻9号1002頁 ………………………………………【176】
最(一小)決平15・11・26刑集57巻10号1057頁 ……………………………………【158】
最(一小)決平15・11・26刑集57巻10号1057頁 ……………………………………【158】
最(一小)決平16・7・12刑集58巻5号333頁 ………………………………………【13】
最(一小)決平17・3・30刑集59巻2号79頁 …………………………………………【189】
最(一小)判平17・4・14刑集59巻3号259頁 ………………………………………【153】
最(三小)判平17・4・19民集59巻3号563頁 ………………………………………【43】
最(一小)決平17・8・30刑集59巻6号726頁 ………………………………………【82】
最(二小)決平17・9・27刑集59巻7号753頁 ………………………………………【162】
最(二小)決平18・2・27刑集60巻2号240頁 ………………………………………【183】
最(三小)判平18・11・7刑集60巻9号561頁 ………………………………………【173】
最(三小)決平18・11・20刑集60巻9号696頁 ………………………………………【73】
最(一小)決平19・2・8刑集61巻1号1頁 ……………………………………………【51】
最(一小)決平19・10・16刑集61巻7号67頁 ………………………………………【117】
最(三小)決平19・12・13刑集61巻9号843頁 ………………………………………【33】
最(三小)決平19・12・25刑集61巻9号895頁 ………………………………………【78】
最決平20・3・5判タ1266号149頁 …………………………………………………【85】
最(二小)決平20・4・15刑集62巻5号1398頁 ………………………………………【17】
最(二小)決平20・4・15刑集62巻5号1398頁 ………………………………………【64】
最(三小)決平20・6・25刑集62巻6号1886頁 ………………………………………【79】
最(二小)決平20・8・27刑集62巻7号2702頁 ………………………………………【163】
最(一小)決平20・9・30刑集62巻8号2753頁 ………………………………………【79】
最(三小)判平21・4・14刑集63巻4号331頁 ………………………………………【196】
最(三小)判平21・7・14刑集63巻6号623頁 ………………………………………【81】
最(三小)決平21・9・28刑集63巻7号868頁 ………………………………………【61】
最(一小)決平21・10・20判タ1314号144頁 ………………………………………【74】
最決平22・3・17刑集64巻2号111頁 ………………………………………………【174】
最判平22・4・27刑集64巻3号233頁 ………………………………………………【120】
最判平23・10・20刑集65巻7号999頁 ………………………………………………【159】
最(大)判平23・11・16刑集65巻8号1285頁 ………………………………………【80】
最判平24・2・13刑集66巻4号482頁 ………………………………………………【195】
最決平24・2・29刑集66巻4号589頁 ………………………………………………【105】
最判平24・9・7刑集66巻9号907頁 …………………………………………………【127】
最決平25・2・20刑集67巻2号1頁 …………………………………………………【127】
最決平25・3・18刑集67巻3号325頁 ………………………………………………【76】
最決平26・3・17刑集68巻3号368頁 ………………………………………………【98】
最決平26・11・17決定判時2245号124頁 …………………………………………【30】

最決平26・11・18刑集68巻9号1020頁……………………………………………【36】
最決平27・5・25刑集69巻4号636頁……………………………………………【77】
最決平27・10・22裁判集刑318号11頁……………………………………………【30】
最判平27・12・3刑集69巻8号815頁……………………………………………【75】
最(大)判平29・3・15刑集(登載予定)………………………………………………【2】
最大判平29・3・15刑集登載予定………………………………………………【62】

〔高等裁判所〕
東京高判昭25・7・29高刑集3巻2号348頁………………………………………【118】
東京高判昭40・6・3刑集18巻4号328頁………………………………………【182】
東京高判昭46・2・20高刑集24巻1号97頁………………………………………【119】
仙台高判昭47・1・25刑裁月報4巻1号14頁……………………………………【57】
大阪高判昭47・7・17高刑集25巻3号290頁……………………………………【28】
大阪高決昭49・7・18判時755号118頁……………………………………………【38】
福岡高那覇支判昭51・4・5判タ345号321頁……………………………………【111】
大阪高判昭52・6・28刑月9巻5・6号334頁……………………………………【141】
東京高判昭58・1・27判時1097号146頁……………………………………………【152】
札幌高判昭61・3・24高刑集39巻1号8頁………………………………………【175】
東京高判昭63・11・10東高刑時報39巻9〜12号36頁…………………………【154】
東京高判平2・11・29高刑集43巻3号202頁……………………………………【87】
東京高判平4・4・8判時1434号140頁……………………………………………【20】
福岡高判平5・3・8判タ834号275頁……………………………………………【56】
東京高判平14・9・4判時1808号144頁……………………………………………【21】
東京高判平20・7・17判例集未登載………………………………………………【14】
東京高判平20・11・18高刑集61巻4号6頁………………………………………【112】
東京高判平21・7・1判タ1314号302頁……………………………………………【4】

〔地方裁判所〕
東京地判昭38・11・28下民集14巻11号2336頁……………………………………【89】
金沢地七尾支昭44・6・3刑裁月報1巻6号657頁………………………………【26】
東京地判昭45・2・26刑裁月報2巻2号137頁……………………………………【27】
仙台地決昭49・5・16判タ319号300頁……………………………………………【31】
東京地判昭49・12・9刑裁月報6巻12号1270頁…………………………………【29】
京地決昭50・1・29判時766号25頁………………………………………………【38】

執筆者紹介 （*は編者，以下五十音順）

*渥美東洋　　　　　　　　　　　　　　　[8][10][37]〜[39][45][48][58][69][83][84]
　　　　　　　　　　　　　　　　　　　　[86][96][100]〜[116][119][126][148]〜[150]
　　　　　　　　　　　　　　　　　　　　[164][177][199][200]

*椎橋隆幸（中央大学名誉教授・弁護士）　　[9][15][16][40][42][46][47][130]
　　　　　　　　　　　　　　　　　　　　[138][142]〜[144][147][155][161][167][171]
　　　　　　　　　　　　　　　　　　　　[178][179][181][187][188][197]

*柳川重規（中央大学教授）　　　　　　　　[98][105][133]〜[135][196]

麻妻和人（桐蔭横浜大学准教授）　　　　　[67][68][81][136][141][146][174]

麻妻みちる（中央大学兼任講師）　　　　　[82][88][183]

氏家　仁（中央大学兼任講師）　　　　　　[195]

小木曽綾（中央大学法科大学院教授）　　　[23][55]〜[57][59][61][64][192][193]

香川喜八郎（亜細亜大学教授）　　　　　　[5][6][131][132][137][139]

亀井源太郎（慶應義塾大学教授）　　　　　[117][118][121]〜[123]

菊池則明（東京高等裁判所判事）　　　　　[33][151]〜[154][162]

倉持俊宏（横浜地方検察庁）　　　　　　　[156]〜[158]

清水　真（明治大学法科大学院教授）　　　[44][80][89]〜[92]

滝沢　誠（中央大学法科大学院教授）　　　[2][21][62][73][74][85][166][172]

田中優企（駒澤大学准教授）　　　　　　　[30][36][43][93][94][99][145][163][175]

檀上弘文（中京大学教授）　　　　　　　　[4][49]〜[51][53][60]

堤　和通（中央大学教授）　　　　　　　　[22][24]〜[29][32][198]

中野目善則（中央大学教授）　　　　　　　[1][18]〜[20][54][63][70][71][95][140]
　　　　　　　　　　　　　　　　　　　　[160][170][194]

中村真利子（首都大学東京助教）　　　　　[159]

成田秀樹（京都産業大学教授）　　　　　　[182][184]〜[186][190]

早野　暁（日本赤十字豊田看護大学兼任講師）　[173]

堀田周吾（首都大学東京准教授）　　　　　[17][41][75]

松田龍彦（松山大学准教授）　　　　　　　[52][176][189][191]

丸橋昌太郎（信州大学准教授）　　　　　　[34][35][124]〜[125][128][129]

三明　翔（琉球大学法科大学院准教授）　　[120][127]

宮木康博（名古屋大学大学院教授）　　　　[3][7][11]〜[14]

宮島里史（桐蔭横浜大学法科大学院教授）　[72][165][168][169][180]

安井哲章（中央大学教授）　　　　　　　　[65][66][76]〜[79][97]

山本保慶（大阪地方検察庁検事）　　　　　[31][87]

刑事訴訟法基本判例解説〔第 2 版〕

2012(平成24)年11月30日　第 1 版第 1 刷発行
2018(平成30)年 4 月20日　第 2 版第 1 刷発行
8620-5：P432￥3000　012-080-020

編著者　椎橋隆幸　柳川重規
発行者　今井　貴　稲葉文子
発行所　株式会社　信　山　社
〒113-0033　東京都文京区本郷6-2-9-102
Tel 03-3818-1019　Fax 03-3818-0344
info@shinzansha.co.jp
笠間才木支店　〒309-1611　茨城県笠間市笠間515-3
笠間来栖支店　〒309-1625　茨城県笠間市来栖2345-1
Tel 0296-71-0215　Fax 0296-72-5410
出版契約 2018-8620-5-02010 Printed in Japan

ⓒ編者・著者, 2018　印刷・製本／亜細亜印刷・渋谷文泉閣
ISBN978-4-7972-8620-5 C3332　分類327.610-c002　刑事訴訟法

JCOPY　〈(社)出版者著作権管理機構　委託出版物〉
本書の無断複写は著作権法上での例外を除き禁じられています。複写される場合は、
そのつど事前に、(社)出版者著作権管理機構（電話 03-3513-6969, FAX 03-3513-6979,
e-mail:info@copy.or.jp）の許諾を得てください。

学術選書

1. 民事紛争解決手続論 — 太田 勝造 著
2. 人権論の新構成 — 棟居 快行 著
3. 労災補償の諸問題（増補版） — 山口 浩一郎 著
4. 訴訟と非訟の交錯 — 戸根 住夫 著
5. 行政訴訟と権利論（新装版） — 神橋 一彦 著
6. 立憲国家と憲法変遷 — 赤坂 正浩 著
7. 立憲平和主義と有事法の展開 — 山内 敏弘 著
8. 隣地通行権の理論と裁判（増補版） — 岡本 詔治 著
9. 陪審と死刑 — 岩田 太 著
10. 国際倒産 vs. 国際課税 — 石黒 一憲 著
11. 企業結合法制の理論 — 中東 正文 著
12. ドイツ環境行政法と欧州 — 山田 洋 著
13. 相殺の担保的機能 — 深川 裕佳 著
14. 複雑訴訟の基礎理論 — 徳田 和幸 著
15. 普遍比較法学の復権 — 貝瀬 幸雄 著
16. 国際私法及び親族法 — 田村 精一 著
17. 非典型担保の法理 — 鳥谷部 茂 著
18. 要件事実論概説 契約法 — 並木 茂 著
19. 要件事実論概説 II — 並木 茂 著
20. 国民健康保険の保険者 — 新田 秀樹 著
21. 違法性阻却原理としての新目的説 — 吉田 宣之 著
22. 不確実性の法的制御 — 戸部 真澄 著
23. 外交的保護と国家責任の国際法 — 広瀬 善男 著
24. 人権条約の現代的展開 — 申 惠丰 著
25. 民法学と消費者法学の軌跡 — 野澤 正充 著
26. ドイツ新債務法と法改正 — 半田 吉信 著

学術選書

- [27] 債務不履行の救済法理 　　　潮見 佳男 著
- [28] 刑事訴訟法の理論的展開 　　椎橋 隆幸 著
- [29] 家制度の廃止 　　　　　　　和田 幹彦 著
- [30] 人権論の間隙 　　　　　　　甲斐 素直 著
- [31] 通行権裁判の現代的課題 　　岡本 詔治 著
- [32] 適合性原則と私法秩序 　　　王　冷然 著
- [33] 民事判決効の理論（上） 　　吉村 德重 著
- [34] 民事判決効の理論（下） 　　吉村 德重 著
- [35] 比較民事手続法 　　　　　　吉村 德重 著
- [36] 民事紛争処理手続 　　　　　吉村 德重 著
- [37] 労働組合の変貌と労使関係法 　道幸 哲也 著
- [38] フランス社会保障法の権利構造 伊奈川 秀和 著
- [39] 子ども法の基本構造 　　　　横田 光平 著
- [40] 憲法学の倫理的転回 　　　　三宅 雄彦 著
- [41] 雇用終了の法理 　　　　　　小宮 文人 著
- [42] 家事調停論（増補版） 　　　髙野 耕一 著
- [43] 表現権理論 　　　　　　　　阪本 昌成 著
- [44] 商標権侵害と商標的使用 　　大西 育子 著
- [45] 報道の自由 　　　　　　　　山川 洋一郎 著
- [46] 低炭素社会の法政策理論 　　兼平 裕子 著
- [47] 放送の自由の基層 　　　　　西土 彰一郎 著
- [48] 所得支援給付法 　　　　　　木村 弘之亮 著
- [49] 18世紀フランスの憲法思想とその実践 畑 安次 著
- [50] 環境行政法の構造と理論 　　髙橋 信隆 著
- [51] 労働者代表制度と団結権保障 大和田 敢太 著
- [52] 国際知的財産権保護と法の抵触 金 彦叔 著

学術選書

- 53 広範囲応答型の官僚制　　　　　　　原田　久 著
- 54 武器輸出三原則　　　　　　　　　　森本 正崇 著
- 55 英国M&A法制における株主保護　　　富永 千里 著
- 56 著作権と憲法理論　　　　　　　　　大日方信春 著
- 57 核軍縮と世界平和　　　　　　　　　黒澤　満 著
- 58 詐害行為取消権の法理　　　　　　　中西 俊二 著
- 59 行政法学の方法と対象　　　　　　　遠藤 博也 著
- 60 行政過程論・計画行政法　　　　　　遠藤 博也 著
- 61 行政救済法　　　　　　　　　　　　遠藤 博也 著
- 62 国家論の研究　　　　　　　　　　　遠藤 博也 著
- 63 フランス信託法　　　　　　　　　　小梁 吉章 著
- 64 21世紀国際私法の課題　　　　　　　山内 惟介 著
- 65 対話が創る弁護士活動　　　　　　　大澤 恒夫 著
- 66 近代民事訴訟法史・ドイツ　　　　　鈴木 正裕 著
- 67 公的年金制度の再構築　　　　　　　石崎　浩 著
- 68 最低賃金と最低生活保障の法規制　　神吉知郁子 著
- 69 雇用関係法Ⅰ　　　　　　　　　　　秋田 成就 著
- 70 雇用関係法Ⅱ　　　　　　　　　　　秋田 成就 著
- 71 国際法論集　　　　　　　　　　　　村瀬 信也 著
- 72 憲法学の可能性　　　　　　　　　　棟居 快行 著
- 73 労使関係法Ⅰ　　　　　　　　　　　秋田 成就 著
- 74 支配株主規制の研究　　　　　　　　朱　大明 著
- 75 行政裁量とその統制密度(増補版)　　宮田 三郎 著
- 76 民法の体系と変動　　　　　　　　　小野 秀誠 著
- 77 戦後日本の経済外交　　　　　　　　高瀬 弘文 著
- 78 北朝鮮外交と東北アジア　　　　　　高　一 著

総合叢書

1. 企業活動と刑事規制の国際動向　甲斐 克則・田口 守一 編
3. 議会の役割と憲法原理　浦田 一郎・只野 雅人 編
4. 自治体の出訴権と住基ネット　兼子 仁・阿部 泰隆 編
5. 民法改正と世界の民法典　民法改正研究会（代表 加藤雅信）著
6. 家族のための総合政策Ⅱ　本澤 巳代子／ベルント・フォン・マイデル 編
7. テロリズムの法的規制　初川 満 編
8. 法発展における法ドグマーティクの意義　松本 博之・野田 昌吾・守矢 健一 編
9. 「民法（債権関係）の改正に関する中間的な論点整理」に対する意見書　東京弁護士会 編著
10. 地域統合とグローバル秩序　森井 裕一 編
11. グローバル化時代の国際法　植木 俊哉 編
12. 移植医療のこれから　町野 朔・山本 輝之・辰井 聡子 編
13. 中東の予防外交　吉川 元・中村 覚 編

● 判例プラクティスシリーズ ●

判例プラクティス憲法〔増補版〕

憲法判例研究会 編

淺野博宣・尾形健・小島慎司・宍戸常寿・曽我部真裕・中林暁生・山本龍彦

判例プラクティス民法Ⅰ〔総則・物権〕
判例プラクティス民法Ⅱ〔債権〕
判例プラクティス民法Ⅲ〔親族・相続〕

松本恒雄・潮見佳男 編

判例プラクティス刑法Ⅰ〔総論〕

成瀬幸典・安田拓人 編

判例プラクティス刑法Ⅱ〔各論〕

成瀬幸典・安田拓人・島田聡一郎 編

―― 信山社 ――

◆ **新時代の刑事法学**
　――椎橋隆幸先生古稀記念（上・下）

　　井田良・川出敏裕・高橋則夫・只木誠・山口厚 編

◆ **変動する社会と格闘する判例・法の動き**
　　渡辺咲子先生古稀記念

　　　京藤哲久・神田安積 編

◆ **刑事訴訟法制定資料全集―昭和刑事訴訟法編**
　　日本立法資料全集

　　　井上正仁・渡辺咲子・田中開 編著

◆ **刑事訴訟法講義**（第7版）

　　　渡辺咲子 著

◆ **判例講義　刑事訴訟法**

　　　渡辺咲子 著

――――― 信山社 ―――――

◆ 刑事訴訟法の理論的展開
椎橋 隆幸 著

刑事訴訟の実務を支える理論を構築

近時特に争われている論点を中心に、刑事手続の重要問題につき考察を加えた論文集。捜査から再審まで刑事訴訟法の手続全体を総覧したのち、司法制度改革・少年法制・死刑制度という刑事裁判にかかわる問題について考究した。従来の理論と実務に目配りしつつも時代の変化に即応した理論の創造を試みる。刑事訴訟の実務を支える理論の特徴と改善すべき点について知る上で有益な一冊。

◆ 刑事弁護・捜査の理論
椎橋 隆幸 著

捜査公判の重要問題を弁護と捜査の両局面から取り上げ

◆ プライマリー刑事訴訟法〔第6版〕
椎橋 隆幸 編著

初めて学ぶ人のための刑事訴訟法入門

◆ ブリッジブック刑事裁判法
椎橋 隆幸 編著

明快叙述の新しい基本テキスト

―― 信山社 ――